STUDIEN ZUR JÜDISCHEN BIBEL UND IHRER GESCHICHTE

VON

JOHANN MAIER

WALTER DE GRUYTER · BERLIN · NEW YORK

∞ Gedruckt auf säurefreiem Papier,
das die US-ANSI-Norm über Haltbarkeit erfüllt.

ISBN 3-11-018209-2

Bibliografische Information Der Deutschen Bibliothek

Die Deutsche Bibliothek verzeichnet diese Publikation in der Deutschen Nationalbibliografie;
detaillierte bibliografische Daten sind im Internet über http://dnb.ddb.de abrufbar.

Printed in Germany
Einbandgestaltung: Christopher Schneider, Berlin

JOHANN MAIER

STUDIEN ZUR JÜDISCHEN BIBEL UND IHRER GESCHICHTE

W
DE
G

STUDIA JUDAICA

FORSCHUNGEN ZUR WISSENSCHAFT
DES JUDENTUMS

HERAUSGEGEBEN VON
E. L. EHRLICH UND G. STEMBERGER

BAND XXVIII

WALTER DE GRUYTER · BERLIN · NEW YORK

Vorwort

Die in diesem Band vereinten Aufsätze zur Bibel und ihrer jüdischen Auslegungsgeschichte sind inhaltlich revidiert, bibliographisch aktualisiert und
in ihrer editorischen Gestalt vereinheitlicht worden, insofern nicht mehr mit
ihren Originalfassungen identisch. Thematisch behandeln die Aufsätze zum
einen Fragestellungen bezüglich der Entstehung der ‚Bibel' und ihrer Funktion im Judentum, zum anderen fast durchwegs Texte und Vorstellungen,
die für das Selbstverständnis des Judentums von Bedeutung geworden
sind. Für die Zustimmung zur Neupublikation einiger neuerer Untersuchungen möchte ich hier folgenden Verlagshäusern Dank sagen: Aschendorff Verlag, Münster (§ 18); Verlag E. J. Brill, Leiden (§ 8); Verlag W. Kohlhammer, Stuttgart (§ 4); Verlag Vandenhoeck & Ruprecht, Göttingen (§ 3).
Dem Verlag de Gruyter und insbesondere Herrn Dr. Claus-Jürgen
Thornton danke ich für die aufmerksame Betreuung des Publikations-
vorhabens und den beiden Herausgebern der Reihe *Studia Judaica* für ihr
Interesse an dieser Publikation. Meiner lieben Frau habe ich auch in diesem
Fall wieder sehr herzlich für ihre Hilfe bei der Korrektur zu danken.

Mittenwald, im Mai 2004   Johann Maier

Inhalt

Abkürzungen

Die Abkürzungen für das rabbinische Schrifttum und für Zeitschriften, Serien und Lexika folgen in der Regel S. M. Schwertner, Internationales Abkürzungsverzeichnis für Theologie und Grenzgebiete, Berlin – New York ²1992.

ÄAT	Ägypten und Altes Testament
AAWG.PH	Abhandlungen der Akademie der Wissenschaften in Göttingen. Philologisch-historische Klasse
ABSt	Archaeology and Biblical Studies
Aeg.	Aegyptus. Rivista italiana di egittologia e di papirologia
AEPHE.R	Annuaire de l'École Pratique des Hautes Études. Section des Sciences Religieuses
AGAJU	Arbeiten zur Geschichte des antiken Judentums und des Urchristentums
ALGHJ	Arbeiten zur Literatur und Geschichte des Hellenistischen Judentums
AKG	Arbeiten zur Kirchengeschichte
AnBib	Analecta biblica
ANETS	Ancient Near Eastern Texts and Studies
ANRW	Aufstieg und Niedergang der Römischen Welt
ARGU	Arbeiten zur Religion und Geschichte des Urchristentums
ASEs	Annali di storia dell'Esegesi
AStE	Annuario di Studi Ebraici
Aug.	Augustinianum
BA	Biblical Archaeologist
BASOR	Bulletin of the American Schools of Oriental Research
BAug	Bibliothèque Augustinienne
BBA	Berliner byzantinistische Arbeiten
BBB	Bonner Biblische Beiträge
BeO	Bibbia e Oriente
BEThL	Bibliotheca Ephemeridum Theologicarum Lovaniensium
BGBE	Beiträge zur Geschichte der biblischen Exegese
Bib.	Biblica
BibOr	Biblica et Orientalia
BIJS	Bulletin of the Institute of Jewish Studies
BiKi	Bibel und Kirche
BiLiSe	Bible and Literature Series
BJSt	Brown Judaic Studies
BK	Biblischer Kommentar
BN	Biblische Notizen
BSOAS	Bulletin of the School of Oriental and African Studies
BWANT	Beiträge zur Wissenschaft vom Alten und Neuen Testament
BZ	Biblische Zeitschrift

BZAW	Beihefte zur Zeitschrift für die alttestamentliche Wissenschaft
BZNW	Beihefte zur Zeitschrift für die neutestamentliche Wissenschaft
CB.AT	Coniectanea biblica. Old Testament Series
CBQ	Catholic Biblical Quarterly
CBQ.MS	Catholic Biblical Quarterly. Monograph Series
CCER	Cahiers du Cercle Ernest-Renan
CRI	Compendia rerum Iudaicarum ad novum testamentum
DBAT	Dielheimer Blätter zum Alten Testament und seiner Rezeption in der Alten Kirche
DBS	Dictionnaire de la Bible. Supplément
DSD	Dead Sea Discoveries
EB(B)	Encyclopaedia Biblica. Ed. Institutum Bialik
EdF	Erträge der Forschung
EHS	Europäische Hochschulschriften
EJ	Encyclopaedia Judaica
ErIs	Ereṣ-Yiśrā'ēl
EstB	Estudios biblicos
EThL	Ephemerides Theologicae Lovanienses
ETR	Études théologiques et religieuses
EuA	Erbe und Auftrag
FAT	Forschungen zum Alten Testament
GRBS	Greek, Roman and Byzantine Studies
Gym.	Gymnasium
HAT	Handbuch zum Alten Testament
HBT	Horizons in Biblical Theology
Henoch	Henoch
HSM	Harvard Semitic Monographs
HSS	Harvard Semitic Series
HUCA	Hebrew Union College Annual
Interpr.	Interpretation
Iraq	Iraq (London)
JAC	Jahrbuch für Antike und Christentum
JAC.E	Jahrbuch für Antike und Christentum. Ergänzungsband
JAOS	Journal of the American Oriental Society
JBL	Journal of Biblical Literature
JBQ	The Jewish Bible Quarterly
JBTh	Jahrbuch für Biblische Theologie
Jdm	Judaism
JEOL	Jaarbericht van het Vooraziatisch-Egyptisch Genootschap Ex Oriente Lux
JETS	Journal of the Evangelical Theological Society
JJS	Journal of Jewish Studies
JNES	Journal of Near Eastern Studies
JNWSL	Journal of Northwest Semitic Languages
JQR	Jewish Quarterly Review
JR	Journal of Religion
JSHRZ	Jüdische Schriften aus hellenistisch-römischer Zeit

JSJ	Journal for the Study of Judaism in the Persian, Hellenistic and Roman Period
JSJ.S	Journal for the Study of Judaism in the Persion, Hellenistic and Roman Period. Supplements
JSNT.S	Journal for the Study of the New Testament. Supplement Series
JSocS	Jewish Social Studies
JSOT	Journal for the Study of the Old Testament
JSOT.S	Journal for the Study of the Old Testament. Supplement Series
JSP.S	Journal for the Study of the Pseudepigrapha. Supplement Series
JSQ	Jewish Studies Quarterly
JThSt	Journal of Theological Studies
JudUm	Judentum und Umwelt
KuD	Kerygma und Dogma
LCL	Loeb Classical Library
LouvSt	Louvain Studies
MGWJ	Monatsschrift für Geschichte und Wissenschaft des Judentums
MSSNTS	Society of New Testament Studies. Monograph Series
MVAG	Mitteilungen der Vorderasiatischen Gesellschaft
NEB.NT	Neue Echter Bibel. Neues Testament
NTS	New Testament Studies
OBO	Orbis biblicus et orientalis
ÖBS	Österreichische Biblische Studien
PAAJR	Proceedings of the American Academy for Jewish Research
PEQ	Palestine Exploration Quarterly
PIJS	Papers of the Institute of Jewish Studies
POTWSA	Publications by Die Ou-Testamentiese Werkgemeenskap in Suid-Afrika
PRE	Paulys Real-Encyclopädie der classischen Alterthumswissenschaft
PWCJS	Proceedings of the World Congress of Jewish Studies
Qad.	Qadmonijjot
RAC	Reallexikon für Antike und Christentum
RB	Revue Biblique
RdQ	Revue de Qumrân
RÉJ	Revue des études juives
Religion	Religion. A Journal of Religion and Religions
RHPhR	Revue d'histoire et de philosophie religieuses
RHR	Revue de l'histoire des religions
RISG	Rivista italiana per le scienze giuridiche
RivBib	Rivista Biblica
RSR	Revue des sciences religieuse
RStB	Ricerche storico-bibliche
RStR	Religious Studies Review
RThom	Revue Thomiste
SBAW.PH	Sitzungsberichte der Bayerischen Akademie der Wissenschaften in München. Philosophisch-Historische Klasse
SBL.DS	Society of Biblical Literature Dissertation Series
SBL.MS	Society of Biblical Literature Monograph Series
SBL.SP	Society of Biblical Literature Seminar Papers

ScJS   Scandinavian Jewish Studies
ScrHie   Scripta Hierosolymitana
Sef.   Sefarad
SFSHJ   South Florida Studies in the History of Judaism
SHAW.PH   Sitzungsberichte der Heidelberger Akademie der Wissenschaften. Philo-
            sophisch-historische Klasse
SJLA   Studies in Judaism in Late Antiquity
SJOT   Scandinavian Journal of the Old Testament
SR   Studies in Religion/Sciences Religieuses
StJ   Studia Judaica
StPB   Studia post-biblica
StPhilo   Studia Philonica
StTDJ   Studies on the Texts of the Desert of Judah
SVTP   Studia in veteris testamenti pseudepigrapha
Tarb.   Tarbiz
ThFr   Theologie und Frieden
ThRev   Theological Review
ThRv   Theologische Revue
ThZ   Theologische Zeitschrift. Theologische Fakultät der Universität Basel
TRE   Theologische Realenzyklopädie
TSAJ   Texts and Studies in Ancient Judaism
TSMJ   Texts and Studies in Medieval and Early Modern Judaism
TynB   Tyndale Bulletin
UF   Ugarit-Forschungen
USQR   Union Seminary Quarterly Review
UTB   Uni-Taschenbücher
VigChr   Vigiliae Christianae
VT   Vetus Testamentum
VT.S   Vetus Testamentum Supplements
WdF   Wege der Forschung
WO   Die Welt des Orients
WThJ   Westminster Theological Journal
WUNT   Wissenschaftliche Untersuchungen zum Neuen Testament
ZA   Zeitschrift für Assyriologie
ZAGV   Zeitschrift des Aachener Geschichtsvereins
ZAH   Zeitschrift für Althebraistik
ZAW   Zeitschrift für die alttestamentliche Wissenschaft
ZBK.AT   Zürcher Bibelkommentare. Altes Testament
ZDPV   Zeitschrift des Deutschen Palästina-Vereins
ZNW   Zeitschrift für die neutestamentliche Wissenschaft
ZS   Zeitschrift für Semitistik und verwandte Gebiete

A. Torah, Propheten und Schriften (TN''K), „Kanon"
und Exegese in der jüdischen Überlieferung

§ 1

Möglichkeiten und Formen theologischer Exegese im Judentum

1. Die Heilige Schrift und ihre autoritative Qualität

1.1 Voraussetzungen der traditionellen Auffassung

Die Bibel gilt im allgemeinen ganz selbstverständlich als schriftliche Offenbarungsgrundlage des Judentums, und dementsprechend hoch wird auch die Bedeutung ihrer Auslegung veranschlagt. In der Tat gibt es durch die Jahrhunderte hindurch eine reiche Auslegungsliteratur zur Bibel, die schon oft Gegenstand von Darstellungen gewesen ist,[1] aber oft unter eher christlichen als jüdischen Gesichtspunkten, weil die grundlegende Differenz zwischen absolut verbindlichen gesetzlichen Traditionen, der sogenannten

---

1   Zur allgemeinen Orientierung siehe J. MAIER, Geschichte der jüdischen Religion, Freiburg/Br. 1992², 89–98. 199–207. 462–469; M. GREENBERG, Jewish Bible Exegesis. An introduction, Jerusalem 1982; B. UFFENHEIMER – H. Graf REVENTLOW (eds.), Creative Biblical Exegesis. Christian and Jewish Hermeneutics through the Centuries, Sheffield (JSOT.S 59) 1988; F. E. GREENSPAHN (ed.), Scripture in the Jewish and Christian Tradition, Nashville 1982; W. H. PROPP – B. HALPERN – D. N. FREEDMAN, The Hebrew Bible and its Interpreters, Winona Lake (Biblical and Judaic Studies 1) 1990; S. KAMIN, Jews and Christians Interpret the Bible, Jerusalem 1991; M. FISHBANE (ed.), The Midrashic Imagination. Jewish Exegesis, Thought and History, Albany 1993; S. J. SIERRA (ed.), La lettura ebraica delle Scritture, Bologna 1996; M. SÆBØ (ed.), Hebrew Bible/Old Testament. The History of its Interpretation, 2 vols., Göttingen 1996ff., vol. I: From the Beginnings to the Middle Ages (until 1300), Part 1: Antiquity, 1996; Part 2: The Middle Ages, 2000; Y. Z. MOSHKOVITZ, Paršanût ha-Miqra' le-dôrôtäha, Jerusalem 1998; H. K. VROOM – J. D. GORT (eds.), Holy Scripture in Judaism, Christianity and Islam: Hermeneutics, Values and Society, Amsterdam 1998; I. KALIMI, Der Platz der Bibel im Judentum und die klassisch-jüdische Schriftauslegung. Eine paradoxe Konstellation, Oldenburg 1999; B. CHIESA, Filologia storica della Bibbia ebraica. I. Da Origene al medioevo, II. Dall'età moderna ai nostri giorni, Brescia 2000/2002; D. KROCHMALNIK, Schriftauslegung. Neuer Stuttgarter Kommentar. Altes Testament, Stuttgart 2003.

‚Torah', und den anderen biblischen Inhalten nur selten ausreichend Beachtung findet.[2]

In der jüdischen Tradition gilt seit den letzten beiden Jahrhunderten vor der Zerstörung des Jerusalemer Tempels (70 n. Chr.) der Pentateuch als verbindliche schriftliche Erwählungs- bzw. Bundesverpflichtung für Israel als Volk (als Kollektiv!), von Gott dem Mose am Berg Sinai offenbart. Im engsten Sinn handelt es sich um 365 Verbote und 248 Gebote im Pentateuch, zusammen 613 Vorschriften, die in der Gattung des *Sefär ha-miçwôt* („Buch der Gebote") auch Gegenstand einer eigenen Auslegungstradition sind.[3] Die gesetzlichen Teile des Pentateuchs stellen aber keinen Gesetzes-Kodex dar, es handelt sich nur um Ansätze zu Systematisierungen und um Sammlungen aus verschiedenen Zeiten, unter Umständen auch aus verschiedenen Geltungsbereichen. Vieles von diesem Material hatte ursprünglich nur programmatischen Charakter und wirkte erst nach der Aufnahme in den Pentateuch und nach dessen allgemeiner Anerkennung als ‚Torah' schlechthin auch praxisbestimmend. Kurz und gut: die Torah im Pentateuch war als Gesetzbuch eines jüdischen Gemeinwesens von vornherein unzulänglich, zumal der größere Teil der enthaltenen Regelungen rituelle und kultische Belange betrifft und weite Bereiche des Rechts nur mangelhaft oder überhaupt nicht abgedeckt werden. Im Rechtswesen konnte man sich daher auch nie nach den Pentateuchgesetzen allein richten; es waren stets weitere Vorschriften erforderlich, und mit dem Wandel der Verhältnisse ergab sich auch die Notwendigkeit, die festgeschriebene ‚Torah' aktualisierend zu interpretieren. Die Kluft zwischen der Rechtspraxis, die sich auf unterer Ebene ohnedies mehr nach überliefertem Gewohnheitsrecht richtete, und der programmatisch ‚vollkommenen Torah' war auch insofern beträchtlich, als fast immer die Möglichkeit bestand, das Recht und die Gerichte der fremden Umwelt in Anspruch zu nehmen. Denn selbst in den letzten Jahrhunderten der Antike gelang es den Rabbinen mit ihrer hochentwickelten Halakah noch immer nicht, die örtlichen Gerichtshöfe voll unter ihre Kontrolle zu bringen, denn die jüdischen Ortsgemeinden verstanden sich grundsätzlich als autonome Repräsentationen Israels und beanspruchten eine entsprechende Autorität. Erst im Lauf des Mittelalters kam ein Kompromiß zwischen Gemeindeautorität und rabbinischer Autorität zustande.

---

2   J. MAIER, Torah und Pentateuch, Gesetz und Moral. Beobachtungen zum jüdischen und christlich-theologischen Befund, in: A. VIVIAN (Hg.), Biblische und judaistische Studien. Festschrift für Paolo Sacchi, Frankfurt/M. – Bern 1990, 1–54.

3   A. H. (Z.) RABINOWITZ, Taryag. A study of the origin and historical development from the earliest times to the present day, of the tradition that the written Torah contains six hundred and thirteen mitzwoth, Jerusalem 1972; DERS., Ha-miçwah weha-Miqra`, Jerusalem 1988.

Wie stark das Selbstbewußtsein der Gemeinden war, zeigt auch die Tatsache, daß die Position des Gemeinderabbiners, die seit dem Spätmittelalter
aufgekommen war, die eines Gemeindeangestellten war, so daß sein Prestige
vor allem von seinem Ansehen als gelehrter Persönlichkeit abhängig war.
Diese Spannung zwischen Gemeindeautorität und rabbinisch-gelehrtem
Führungsanspruch blieb bis heute erhalten, und sie wirkte sich auch insofern
aus, als am örtlichen Brauch sogar entgegen einer halakischen Bestimmung
festgehalten werden konnte. Dem Anspruch der Torahgelehrten und damit
auch ihrer Torahinterpretation waren also durchaus auch Grenzen gesetzt.
Ihr Prestige beruht aber gar nicht so sehr auf ihrer fachlichen Kompetenz
bezüglich der Pentateuch-Torah, weit bedeutender ist ihre Monopolstellung
als Hüter und Wahrer des gesamten jüdischen Rechts, das neben der Torah
im Pentateuch noch die weit umfangreichere Mündliche Torah zur Grundlage hat. Die rabbinische Tradition und Interpretation bildet die Basis für
die jeweils aktuelle Halakah, das jüdische Recht.[4] Und dieses jüdische Recht
umfaßt sämtliche Lebensbereiche und ist die Quelle aller Autorität,[5] seine
Anwendung verwirklicht Gottes Willen und Herrschaft, bedeutet letztlich
eine mittelbare Theokratie, ausgeübt durch die von der Torah legitimierten
Instanzen.[6] Dieses Konzept einer doppelten Torah reicht in den Wurzeln bis
in die letzte Zeit vor der Tempelzerstörung im Jahr 70 n. Chr. zurück, in
pharisäische Zirkel, deren Auffassungen und Praktiken nach der Tempelzerstörung im sogenannten rabbinischen Judentum weiter ausgebaut und
verallgemeinert worden sind.

Das Judentum der hellenistisch-römischen Zeit war bis zur Zerstörung
des Zweiten Tempels im Jahre 70 n. Chr. nämlich geteilter Meinung über
den Umfang dessen, was als Torah gelten soll, über den richtigen Sinn der
Pentateuch-Torah und der rechten Praxis sowie über die Bedeutung solcher
Praxis für den Geschichtslauf. In diesen internen Kontroversen spielte die
Argumentation mit bereits als autoritativ anerkannten Schriften eine immer
größere Rolle, und in den beiden letzten Jahrhunderten v. Chr. entstanden
zwei Gruppen von Schriften, die zur Zeit des Neuen Testaments bereits
ganz selbstverständlich mit Offenbarungsanspruch zitiert werden, die
‚Torah‘ im Sinne des Pentateuchs und die ‚Propheten‘ mit den ‚Psalmen
Davids‘. Die Schriftwerdung, also die Entstehung der Bibel, war schon im
palästinischen Judentum alles andere als einheitlich, erfolgte im hellenistisch-jüdischen Raum auf der Basis griechischer Übersetzungen auf eine
besondere Weise, und wurde durch die Christen und deren vorrangiges

---

4 Weiteres bei N. RAKOVER, The Multi-Language Bibliography of Jewish Law,
   Jerusalem 1990.
5 M. WALZER etc. (eds.), The Jewish Political Tradition. I. Authority, New Haven 2000.
6 G. WEILER, Jewish Theocracy, Leiden 1988.

Interesse am Schriftbeweis am weitesten vorangetrieben.[7] In Relation zu diesen Prozessen nahmen auch die Bemühungen um das – beanspruchte richtige – Verständnis solcher Texte zu.[8] Während in der Fachliteratur – wohl durch das Selbstverständnis der Bibelwissenschaftler motiviert – gern von einem schriftgelehrten Interesse als Hauptmotiv solcher Schriftdeutungen ausgegangen wird, sind sie eher auf konkrete Herausforderungen zurückzuführen, die nach Ort und Zeit wechselten und innerhalb der einzelnen jüdischen Richtungen auch nicht zugleich wirksam wurden. Innerjüdische Kontroversen waren ein entscheidender Faktor, man benutzte bereits als unstrittig irgendwie autoritativ geltende Texte als Argumentationsmittel, und dazu kam die Notwendigkeit der geistigen Auseinandersetzung mit der nichtjüdischen Umwelt.[9] Nicht zu vergessen ist auch die politischstaatsrechtliche Perspektive, denn je höher in den Augen der fremden Herrschaft und der Umwelt das Prestige eines jüdischen Textes war und so als Garantie für die jüdische Autonomie diente, desto gewichtiger wurde er auch intern. In diesem politisch-rechtlichen Zusammenhang spielte die Übersetzung des Pentateuchs ins Griechische eine maßgebliche Rolle.[10]

---

7   J. TREBOLLE BARRERA, The Jewish Bible and the Christian Bible. An introduction to the history of the Bible, transl. by W. G. E. WATSON, Leiden 1998; J. MAIER, Le Scritture prima della Bibbia, Brescia (Introduzione allo studio della Bibbia. Supplementi 11) 2003.

8   Siehe D. PATTE, Early Jewish Hermeneutic in Palestine, Missoula 1975; M. FISHBANE, Biblical Interpretation in Ancient Israel, Oxford 1985; M. J. MULDER (ed.), Mikra, Assen (CRI) 1988; D. INSTONE BREWER, Techniques and Assumptions in Jewish Exegesis before 70 CE, Tübingen (TSAJ 30) 1992; J. H. CHARLESWORTH – C. A. EVANS (eds.), The Pseudepigrapha and Early Biblical Interpretation, Sheffield (JSPE.S 14) 1993; SÆBØ (ed.), Hebrew Bible/Old Testament I/1 (Anm. 1); C. A. EVANS – J. A. SANDERS (eds.), The Function of Scripture in Early Jewish and Christian Tradition, Sheffield (Studies in Scripture in Early Judaism and Christianity 6/JSNT.S 154) 1998; L. V. RUTGERS – P. W. VAN DER HORST – H. W. HAVELAAR – L. TEUGELS (eds.), The Use of Sacred Books in the Ancient World, Leuven 1998; M. E. STONE – E. G. CHAZON (eds.), Biblical Perspectives: Early Use and Interpretation of the Bible in Light of the Dead Sea Scrolls, Leiden (StTDJ 28) 1998; C. A. EVANS (ed.), The Interpretation of Scripture in Early Judaism and Christianity: Studies in Language and Tradition, Sheffield (JSPE.S 33) 2000; J. C. VANDERKAM, From Revelation to Canon: Studies in the Hebrew Bible and Second Temple Literature, Leiden (JSJ.S 62) 2000.

9   I. KALIMI, Early Jewish Exegesis and Theological Controversy: Studies on Scriptures in the Shadow of Internal and External Controversies, Leiden (Jewish and Christian Heritage 2) 2001.

10 H.-J. FABRY – U. OFFERHAUS (Hg.), Im Brennpunkt: Die Septuaginta. Studien zur Entstehung und Bedeutung der Griechischen Bibel, Stuttgart (BWANT VIII,13 [153]) 2001.

Zuletzt kam es auch zu recht umfassenden ausdeutenden Behandlungen dieser als altehrwürdig und maßgeblich geltenden Schriften. Um die Wende vom 1. vor- zum 1. nachchristlichen Jahrhundert schrieb Philo von Alexandrien in hellenistisch-jüdischem Geist und mit weitreichenden allegorisierenden Deutungen eine ganze Reihe von kommentar- oder traktatähnlichen Schriften, und bald nach dem Ende der Periode des Zweiten Tempels verfaßte Flavius Josephus seine *Antiquitates Iudaicae*, eine umfangreiche Geschichte Israels anhand der biblischen Überlieferungen.[11] Die Werke beider Autoren sind aber nur dank christlichem Interesse erhalten geblieben, denn das rabbinische Judentum räumte weder der hellenistisch-jüdischen Literatur noch den Werken des Josephus einen Platz in seiner Tradition ein, so daß dieses reiche exegetische Erbe innerjüdisch ohne weitere Nachwirkung blieb.

Nach der Tempelzerstörung setzte sich nämlich die aramäisch-sprachige pharisäisch-rabbinische Richtung als maßgebliche Spielart des Judentums gegenüber konkurrierenden Strömungen in Palästina und vor allem gegenüber dem griechischsprachigen hellenistischen Judentum durch. Mit der Mündlichen Torah, die ab 200 n. Chr. in der rabbinischen Literatur (Mischna, Tosefta, palästinischer und babylonischer Talmud, Midraschim) auch schriftlich niedergelegt wurde, schuf man ein Normensystem, das alle Lebensbereiche einschloß und abdeckte und das prinzipiell als vollkommen gewertet wurde. Offenbarung beschränkt sich im jüdischen Verständnis also nicht auf die Bibel allein und wird innerhalb der Bibel qualitativ noch sehr markant differenziert.[12]

Das heißt auch: An sich enthält die Torah alles, doch ist davon nicht alles verfügbar, erst durch die rabbinischen Experten wird als Halakah festgelegt, was als jeweils anzuwendendes jüdisches Recht gelten soll. Damit war die Grundlage für alles spätere jüdische Recht geschaffen.[13] Doch sah

---

11 Siehe zur Orientierung in diesem Band: „Die biblische Geschichte des Flavius Josephus" (siehe unten S. 125–136).

12 J. MAIER, Offenbarung im Judentum der Antike. Mit wirkungsgeschichtlichen Ausblicken, in: J. WERBICK (Hg.), Offenbarungsanspruch und fundamentalistische Versuchung, Freiburg/Br. 1991, 89–140; J. WHITLOCK, Schrift und Inspiration. Studien zur Vorstellung von inspirierter Schrift und inspirierter Schriftauslegung im antiken Judentum und in den paulinischen Briefen, Neukirchen-Vluyn (WMANT 98) 2002.

13 A. M. SCHREIBER, Jewish Law and Decision Making, Philadelphia 1979; M. ELON, The Principles of Jewish Law, Jerusalem 1975; DERS., Jewish Law. History, Sources, Principles, Jerusalem I–IV 1994; M. P. GOLDING (ed.), Jewish Law and Legal Theory, Aldershot 1994; N. S. HECHT – B. S. JACKSON etc., An Introduction to the History and Sources of Jewish Law, Oxford 1996; L. JACOBS, A Tree of Life, Diversity. Flexibility and Creativity in Jewish Law, London 2000²; J. NEUSNER, The Halakhah: Historical and Religious Perspectives, Leiden 2002.

man darin nicht bloß Gesetze einer gottgewollten Ordnung, sondern – wie schon in der Kultordnung – die göttliche Schöpfungsordnung überhaupt, so daß man glaubte, von ihrer Beachtung hinge das Gedeihen in der Natur und darüber hinaus auch der geschichtliche Verlauf ab. Und dies nicht nur bezüglich der Volksgeschichte allein, sondern der Weltgeschichte insgesamt. Die Bedeutung der Torah und der rechtlichen Tradition für das praktische Leben wird also auch noch durch eine Torahtheologie erweitert.[14] Torahgehorsam fördert nach diesem Erwählungsglauben den Fortschritt der Geschichte auf ihr gottgesetztes Ziel hin, Ungehorsam hemmt ihn. Auseinandersetzungen um die Deutung und Anwendung des geoffenbarten Gotteswillens hatten daher stets auch etwas mit Geschichtsdeutung zu tun, und je akuter die Hoffnung auf eine nahe Erfüllung der endzeitlichen Verheißungen, desto intensiver auch das Bemühen um die rechte Erfüllung der Torah, desto tiefer und folgenreicher aber auch die Differenzen bei der Auslegung der überkommenen Normen. Jüdische Exegese der Torah in ihren gesetzlichen Inhalten konnte daher nie bloße Rechtsgelehrsamkeit bzw. Gesetzesgelehrsamkeit sein, sie erfolgte im Bewußtsein, daß Toraherfüllung geschichtsbestimmend wirkt, und daher waren die Deutungen auch heftiger umstritten als in normalen Fällen von Interpretation schriftlich fixierter Überlieferungen.

Die Interpretation, mit dem Übergang zu einer Buchreligion automatisch ständige Begleitfunktion der Anwendung biblischer Texte, erfüllte jedenfalls im Judentum von da an auch die Funktion der Novellierung des biblischen Rechts, sobald etwas davon nicht praktikabel oder als ergänzungsbedürftig erscheint. Folgerichtig ist die Torah-Interpretation nicht so sehr um den ursprünglichen Sinn einer Schriftpassage bemüht, wie es die moderne wissenschaftliche Exegese ist, als vielmehr um die jeweilige Anwendbarkeit in der Praxis oder um die jeweilige erbauliche oder theologische Verwendbarkeit. Interpretation bedeutet aber stets auch Ermessensentscheidung und – in Anbetracht der erwähnten Funktion der Anwendung – Vertretung von Interessen. Es besteht folglich auch in der Darlegung und Auslegung der 613 Gebote und Verbote der Schriftlichen Torah und der normalen Kommentierung biblischer Bücher ein beachtenswerter Unterschied, denn ihre eigentlich verbindliche Auslegung erhielten die biblischen Gesetze nicht in den Bibelkommentaren, sondern in den Kompendien des jüdischen Rechts.

---

14   J. NEUSNER, The Perfect Torah, Leiden 2003.

1.2 Die ‚Heiligen Schriften' des traditionellen Judentums

In der Zeit vor 70 n. Chr. gab es im Judentum keine einheitliche Wertung der Autorität überlieferter Texte.[15] Diese variierte nicht nur nach Zeit und Ort, sondern auch in den einzelnen jüdischen Richtungen, darüber hinaus kamen apologetische Anliegen im Rahmen der Auseinandersetzung mit der nichtjüdischen Umwelt zum Zug, und zwar sowohl im Sinne geistig-literarischer Auseinandersetzung wie politischer. Selbst nach 70 n. Chr., als die rabbinische Richtung sich durchzusetzen begann, waren die Kriterien zur Definition dessen, was man heute als biblisch oder kanonisch bezeichnet, noch recht diffus.[16] Unverkennbar, aber gleichwohl in der Geschichte der Bibelauslegung meist nicht voll wahrgenommen ist die Beschränkung absoluter Verbindlichkeit auf Texte und Inhalte, die als Torah galten. Nachdem im innerjüdischen Parteienstreit der beiden Jahrhunderte vor und nach der christlichen Zeitrechnung der Pentateuch als gemeinjüdisches Basisdokument immer mehr Bedeutung erlangt hatte, kristallisierte sich in der hebräischen Tradition eine dreiteilige Sammlung von 22 bzw. 24 Schriften heraus, die dem entspricht, was heute christlicherseits als hebräisches Altes Testament bekannt ist. Wie in diesem Band oben einleitend bereits beschrieben, handelt es sich aber um drei Teile von unterschiedlicher Offenbarungsqualität.

1) Im Pentateuch ist der kleinere, schriftliche Teil der Torah vom Sinai enthalten.

2) Strömungen, denen an bestimmten Geschichtsdeutungen in Verbindung mit endgeschichtlich orientierten Zukunftsplänen lag, werteten über den Pentateuch hinaus noch die sogenannten ‚Propheten' als Offenbarung. Dieses Corpus besteht aus den Geschichtsbüchern Josua bis Könige und den eigentlichen Prophetenschriften. Das setzt eine andere Sicht und Wertung der biblischen Propheten voraus, als sie unter Christen und modernen Reformjuden üblich ist. Es handelt sich vielmehr in erster Linie um Geschichtsdarstellung, die in bezug auf die Zukunft in Weissagung übergeht.

3) Die sogenannten ‚Schriften' (Hagiographen) traten in hellenistisch-römischer Zeit als ein vage definierter dritter Komplex hinzu, mit den ‚Psalmen Davids', die ebenfalls als prophetische, durch Gottes Geist bestimmte Dichtungen verstanden wurden. Erst im 3./4. Jahrhundert n. Chr., nach der Ausgrenzung der von den Christen benutzten griechischen Übersetzungen

---

15 Siehe in diesem Band: „Zur Frage des biblischen Kanons im Frühjudentum im Licht der Qumranfunde" (siehe unten S. 33–77).

16 J. MAIER, Jüdische Auseinandersetzung mit dem Christentum in der Antike, Darmstadt (EdF 177) 1982, 10–114.

biblischer Schriften, bildete sich ein dreiteiliges Corpus mit den uns überlieferten 24 Büchern in hebräischer (zum Teil aramäischer) Sprache heraus.[17]

Die Prozesse, die zu diesem Ergebnis geführt haben, werden gern als Kanonbildung oder gar Kanonisierung bezeichnet, aber der Begriff des Kanons ist irreführend, denn er setzt eine christliche, vor allem auf die religiöse Lehre bezogene Definition der Heiligen Schrift voraus, die es so im rabbinischen Judentum nicht gegeben hat. Hier stand vielmehr die liturgische Verwendung mit entsprechenden rituellen Reinheits- und Unreinheitskriterien im Zentrum der Diskussion.

Die Abstufung in drei autoritätsmäßig abgestufte Bibelteile blieb bis zur Aufklärung, in orthodoxen/chasidischen und teilweise konservativen jüdischen Gruppen sogar bis heute voll wirksam. Zwar gibt es den Gesamtbegriff *miqra'* ([zu verlesende] Schrift) oder *kitbê ha-qôdäš* (Schriften der Heiligkeit). Meistens spricht man jedoch vom *TN"K*, abgekürzt für *Tôrah* (Schriftliche Torah, Pentateuch; exakt: die verbindlichen Vorschriften im Pentateuch), *Nᵉbî'îm* (1. Ältere Propheten = Josua bis Ende 2. Könige; 2. Jüngere Propheten = Jesaja bis Maleachi) und *Kᵉtûbîm* (Hagiographen).

Zur Schriftlichen Torah der Bibel trat somit als größerer Teil der Sinaioffenbarung die Mündliche Torah außerhalb der Bibel, und diese ebenfalls absolut verbindliche Tradition konnte doppelt autorisiert werden:

1) durch Ableitung aus bzw. Rückführung auf die schriftliche Torah per Interpretation, wobei bestimmte hermeneutische Regeln eingeführt wurden, sieben angeblich von Hillel, 13 von R. Jischmael, im wesentlichen Verfahrensweisen, die auch in der antiken Rhetorik üblich waren, etwa Analogieschluß, Schluß vom Leichteren auf das Schwerere etc.;

2) durch die Behauptung direkter mündlicher Offenbarung und Tradition vom Sinai, unabhängig von der Notwendigkeit einer Begründung von der schriftlichen Torah her.

Ergänzt wird diese verbindliche Überlieferung durch Verfügungen der rabbinischen Gesetzesgelehrten oder der jüdischen Gemeindeinstitutionen (*taqqanôt*) sowie durch den Brauch (*minhag*).

Im Verhältnis zur Torah enthalten die ,Propheten' also substantiell keine zusätzliche verbindliche Offenbarung. Ein Prophet kann nach jüdischem Recht überhaupt keine neue verbindliche Regelung offenbaren, er kann höchstens für begrenzte Zeit aus zwingenden Gründen eine vorhandene Regelung außer Kraft setzen.

Diese Gewichtung der drei Korpora hat sich auch liturgisch niedergeschlagen. Die synagogale Schriftlesung besteht aus zwei Teilen:[18]

---

17   S. Z. LEIMAN, The Canonization of Hebrew Scripture, Hamden 1976.

1) die Torah-Perikopen im Rahmen einer *lectio continua*, also voll durch den ganzen Pentateuch;

2) die Propheten-Perikopen (*Haftarot*), ausgewählte, den einzelnen Torah-Perikopen bewußt zugeordnete Prophetentexte. Diese Lesetexte bestimmen daher von vornherein und in ihrer Wirkung wechselseitig einen nicht geringen Teil des Textverständnisses.

Die liturgische Schriftlesung erfolgt aus Schriftrollen, die von rabbinisch anerkannten Schreibern nach bestimmten Schreibvorschriften erstellt worden sind. Solche Exemplare ‚verunreinigen die Hände' und sind insofern ‚heilige Schrift(roll)en', bedürfen daher zur Handhabung einer rituellen Händewaschung. Der geschriebene Text, nicht der Inhalt gilt somit als heilig, ebenso Gottesnamen innerhalb von Texten.

Die *Ketûbîm* (Schriften/Hagiographen) haben im Unterschied zu Torah und Propheten keinen vergleichbaren Platz innerhalb der Liturgie, sie spielen dennoch im Detail – als Einzelpassagen und Einzelverse – eine beträchtliche Rolle in der liturgischen, erbaulichen und exegetischen Literatur, insbesondere die Psalmen, und den fünf sogenannten *Mᵉgîllôt* kommt noch eine eigene Rolle zu, als Texte für öffentliche, aber nichtliturgische Festtagslesungen.

Außerdem gilt es zweierlei zu beachten:

1) Für die Praxis im Alltag ergibt die schriftliche Torah inhaltsbedingt weniger, die mündliche Torah ist daher für die Praxis weitaus wichtiger. Von daher ist der Begriff ‚biblisch' als Merkmal der Gewichtigkeit unangemessen, was christlicherseits häufig übersehen oder mißdeutet wird.

2) Für erbauliche und theologische Zwecke ergibt sich ein Vorrang für Torah und Propheten zusammen, jedoch ein freies Feld zur Verwertung und Anwendung der Hagiographen. Ja, es kommt nicht selten zu Bemühungen um eine Zuordnung von Hagiographen-Texten, vor allem Psalmtexten, zu Torah und Prophetenperikopen, aber dies alles ohne dogmatisch-verbindliche Konsequenz. Dies schließt keineswegs aus, daß bestimmten Hagiographen (nicht zuletzt den Psalmen) eine besondere Bedeutung in meditativ-erbaulicher Hinsicht zukommen konnte.

Dennoch gilt für die jüdische Seite ebenso wie für die christliche Seite, daß die religiösen Autoritäten eine zu intensive, zeitraubende Beschäftigung mit der Bibel nicht wünschten. Die Leute sollten nicht zu viel selber lesen, auch die 22 Bücher des TN"K nicht zu viel, sie sollten vielmehr die Vorträge der rabbinischen Gelehrten hören und sich lieber mit der aktuellen Halakah befassen.

---

18 J. MAIER, Schriftlesung in jüdischer Tradition, in: F. AGNAR (Hg.), Streit am Tisch des Wortes? Zur Deutung und Bedeutung des Alten Testaments und seiner Verwendung in der Liturgie, St. Ottilien 1997, 505–559.

1.3 Das ‚Alte Testament' im Christentum

Das Christentum hatte vorrangiges Interesse an der Geschichtsdeutung und in diesem Rahmen an der Darlegung der heilsgeschichtlichen Bedeutung Jesu Christi, folglich dominierten für christliches Bewußtsein die Propheten (das heißt Jesaja bis Maleachi). Die Psalmen dienten überdies noch in besonderem Maß der Erbauung, und alles stand unter dem Vorzeichen der christologischen Auslegung. Die Torah war nach dieser Aussage ‚erfüllt', das heißt ihre Funktion als Motor der Heilsgeschichte mit und in Jesus Christus zum Ziel gekommen, ihrer verbindlichen Note als Erwählungsverpflichtung entkleidet und nur mehr auswahlweise im Bereich der Ethik oder anderer Bereiche verwendbar. Aufklärung und moderne Richtungen haben den ethischen und teilweise auch noch erbaulichen Akzent verstärkt, den christologischen mehr oder minder zurückgesetzt. Da das Religionsspezifische des Christentums im Verhältnis zum Judentum gerade in der christologischen Auslegung zutage trat, bot die gemeinsame Bibel für Christen und Juden im allgemeinen mehr Stoff zu Auseinandersetzungen als Gemeinsamkeiten. Immerhin blieb ein gemeinsamer Text als Diskussionsgrundlage, was der Islam dann nicht aufzuweisen hatte. Allerdings gilt die Einschränkung, daß die Christen weithin nur die griechische und später lateinische Bibel zu benutzen pflegten, die Juden sich aber selbstverständlich auf den hebräischen Text beriefen, so daß ernsthaftere exegetische Kontakte nur mit christlichen Hebraisten zustande kommen konnten, und solche gab es bis zur Zeit des Humanismus nur sehr wenige.

1.4 Herausforderungen

Mit der Übersetzung biblischer Bücher ins Griechische seit dem frühen 3. Jahrhundert v. Chr.[19] ergab sich für die griechischsprachige Judenheit eine auslegungsgeschichtliche Sonderentwicklung, und da eine Übersetzung in jedem Fall Interpretation bedeutet,[20] verwundert es nicht, daß die frühesten Beispiele kontinuierlicher Auslegung biblischer Schriften aus dem jüdischen Alexandrien stammen. In jedem Fall gilt, daß die griechischen

---

19 N. Fernández Marcos, The Septuagint in Context. Introduction to the Greek Versions of the Bible, Leiden 2000.

20 E. Tov, Approaches towards Scripture Embraced by the Translators of the Greek Scripture, in: U. Mittmann-Richert – F. Avemarie – G. S. Oegema (Hg.), Der Mensch vor Gott. Forschungen zum Menschenbild in Bibel, antikem Judentum und Koran. Festschrift für Hermann Lichtenberger zum 60. Geburtstag, Neukirchen-Vluyn 2004, 213–227.

Übersetzungen und deren griechische Sprachgestalt[21] das weitere Verständnis maßgeblich bestimmt haben, weshalb nach 70 n. Chr. die rabbinische Richtung auch bemüht war, entweder eigene Übersetzungen zu fördern oder die griechische Auslegungstradition überhaupt zu verdrängen.[22] Dazu trug auch der Umstand bei, daß das aufstrebende Christentum die griechische Bibel mit dem neuen Testament als ‚Heilige Schrift' wertete und missionarisch intensiv verwertete.[23] Die eigenen exegetischen Grundlagen der Rabbinen schlugen sich in den aramäischen Bibelübersetzungen, den sogenannten Targumim nieder, die dann auch im traditionellen jüdischen Schulunterricht mit dem hebräischen Text mitgelernt wurden.[24]

Eine Herausforderung besonderer Art stellte für die antike Bibelexegese die religiöse Strömung der antiken Gnosis dar, deren Einzelrichtungen zum Teil (griechische) biblische Texte in einer ganz charakteristischen Auswahl (Schöpfungs- und Urgeschichte) oder in ausgesprochener Umwertung benutzte und meist allegorisierend umdeutete, aber auch gezielt wörtlich nahm und polemisch in Frage stellte. Das griechischsprachige Diasporajudentum hatte mit solchen Deutungen wahrscheinlich – wie die Kirche – öfter zu kämpfen, das hebräisch/aramäisch schreibende rabbinische Judentum hingegen weniger. Nur indirekt, durch oppositionelle Gruppen vermittelt, drangen ähnliche kritische Deutungen bis in rabbinische Kreise, vor allem in Konfrontationen mit den assimilationswilligen, rabbinenfeindlichen Juden, die in Talmud und Midrasch als *mînîm* bezeichnet werden und rabbinische Gesprächspartner nicht zuletzt mit bibelkritischen Äußerungen provozierten.[25] Auch Philosophie und Bildung der Umwelt wirkten sich in der aramäischsprachigen Judenheit nur in solch reduzierter Form aus, doch das änderte sich, sobald nach der arabischen Eroberungswelle im islamischen Herrschafts- und Kulturbereich das Arabische auch von den Juden angenommen war und so der Zugang zur Umweltkultur sprachlich offenlag, im deutlichen Unterschied zur christlichen Welt, wo nach dem Aufkommen der Volkssprachen die Kenntnis des Lateinischen als allgemeiner Kultursprache lange Zeit auf christliche Religionsdiener und staatliche Funktionäre eingegrenzt blieb. Die gewichtigste Herausforderung war und blieb für die

---

21 G. WALSER, The Greek of the Ancient Synagogue, Lund 2002.

22 G. VELTRI, Eine Tora für den König Talmai. Untersuchungen zum Übersetzungsverständnis in der jüdisch-hellenistischen und rabbinischen Literatur, Tübingen (TSAJ 41) 1993.

23 M. HENGEL – A.-M. SCHWEMER (Hg.), Die Septuaginta zwischen Judentum und Christentum, Tübingen (WUNT 72) 1994; M. HENGEL, The Septuagint as Christian Scripture – Its Prehistory and the Problem of Its Canon, Edinburgh 2001.

24 Siehe zur Orientierung: E. LEVINE, The Aramaic Version of the Bible. Contents and Context, Berlin (BZAW 174) 1988.

25 S. STERN, Jewish Identity in Early Rabbinic Writings, Leiden 1994, 109ff.

jüdische Seite jedoch die Konfrontation mit dem Götzendienst. Alles, was mit Fremdkult zusammenhängt, gilt nicht bloß als religiös schädlich, sondern auch als rituell verunreinigend, weshalb nach den offiziellen Normen soziale Kontakte mit Götzendienern auf das Notwendigste eingeschränkt werden sollten. Der Islam gilt im jüdischen Recht als monotheistische Religion und daher zwar als Fremdkult, nicht aber als Götzendienst, was die Möglichkeiten sozialer und kultureller Kontakte entsprechend ausweitete. Anders im Blick auf das Christentum, das bei jüdischen Autoritäten bis in die frühe Neuzeit unter Götzendienstverdacht blieb.

Es war folglich gerade die islamische Beschäftigung mit dem Koran und seiner Auslegung,[26] die unter den arabischsprachigen gebildeten Juden entsprechende Aktivitäten auslöste, wobei freilich im interreligiösen Austausch die Tatsache, daß der Islam über keinen Bibeltext verfügt, sondern nur variierende biblische Stoffe kennt, sich als Blockade erwies. Bibelexegese war in der Auseinandersetzung mit dem Islam daher tabu, während man mit manchen christlichen Gelehrten auf der Basis des Bibeltextes diskutieren und ihre Deutungen unter Berufung auf den Wortlaut abweisen konnte. Zur selben Zeit hatte das rabbinische Judentum aber die bis dahin ärgste Herausforderung seiner Geschichte zu bewältigen. In den ersten Jahrhunderten der islamischen Herrschaft hatten sich oppositionell orientierte Juden zu einer immer zahlreicher werdenden Bewegung zusammengefunden, die der rabbinischen Autorität dadurch den Boden entzog, daß sie die Mündliche Torah nicht als verbindliche Offenbarung vom Sinai anerkannte, sondern nur die biblische Torah allein als verbindlich gelten ließ, weshalb man diese Opponenten auch als Karäer (vgl. *miqra'* – „Schrift") bezeichnete. Folglich bemühten die sich auch ganz besonders um die biblische Texttradition, was selbst von den rabbinischen Gegnern als beispielhaft anerkannt wurde, und dementsprechend erhielt auch die Bibelauslegung einen höheren Stellenwert.[27] Dabei ergaben sich im Kontext der islamischen Umwelt neue

---

26 H. GAETJE, Koran und Koranexegese, Zürich 1971; J. WARNSBROUGH, Quranic Studies. Sources and Methods of Scriptural Interpretation, Lund 1977; Versteegh K., Arabic Grammar and Qur'anic Exegesis in Early Islam, Leiden 1993; P. NWIYA, Exégèse coranique et langage mystique. Nouvel essai sur le lexique technique des mystiques musulmans, Beyrouth 1970.

27 D. FRANK, Karaite Exegesis, in: SÆBØ (ed.), Hebrew Bible (Anm. 1) I/2, 110–128; B. CHIESA, Dai "Principii dell'esegesi biblica" di Qirqisani, JQR 73, 1982/83, 124–137; DERS., Il Giudaismo caraita, in: Atti del V Congresso internazionale dell'AISG, Roma 1987, 151–173; H. BEN-SHAMMAÍ, Ha-paršan ha-qᵉra'ĵ û-sᵉbîbatô ha-rabbanît, PWCJS 9, Panel session. Bible Studies and Ancient Near East, 1987/88, 43–58; M. POLLIACK, The Karaite Tradition of Arabic Bible Translation. A Linguistic and Exegetical Study of Karaite Translations of the Pentateuch from the Tenth to the

Möglichkeiten,[28] vor allem in philologischer Hinsicht mit dem Aufkommen einer hebräischen Lexikographie und Grammatik,[29] in weltanschaulicher Hinsicht mit der Wiederentdeckung der antiken Philosophie,[30] und juristisch-methodologisch durch die Tendenz zur Systematisierung. Vom 10. bis ins frühe 13. Jahrhundert war der Ausgang des Ringens der beiden Richtungen, die sich gerade auf dem Gebiet der Bibeltextpflege (Masorah) und Exegese wechselseitig zu überbieten suchten, noch nicht abzusehen, danach verloren die Karäer aber rasch an Boden. Ihr bibelwissenschaftliches Erbe blieb aber auch innerhalb der rabbinischen Richtung weiter wirksam.

Wie bereits vermerkt, sah man in der christlichen Bibelexegese ein positives Merkmal des ansonsten für götzendienstverdächtig gehaltenen Christentums. Daher war man auch bereit, mit christlichen Gelehrten darüber zu diskutieren, um ihre Deutungen als nicht textgemäß und irrig zu widerlegen. Tatsächlich waren einzelne christliche Exegeten bereit, sich an der jüdischen Exegese zu orientieren, aber das beschränkte sich fast durchwegs auf die Anwendung des einfachen Schriftsinnes.[31] Die Apologetik hat daher an der mittelalterlichen jüdischen Exegese einen beträchtlichen Anteil und umgekehrt.[32]

Eleventh Centuries C. E., Leiden 1997; GEOFFREY KHAN (ed.), Exegesis and Grammar in Medieval Karaite Texts, Oxford 2001.

28 Vgl. B. CHIESA, Creazione e caduta dell'uomo nell'esegesi giudeo-araba medievale, Brescia 1989.

29 G. KHAN, The Early Karaite Tradition of Hebrew Grammatical Thought. Including a Critical Edition, Translation and Analysis of the Diqduq of ʾAbu Yaʿqub Yudus ibn Nuh on the Hagiographa, Leiden 2000; F. E. GREENSPAHN, The Significance of Hebrew Philology for the Development of a Literal and Historical Jewish Bible Interpretation, in: SÆBØ (ed.), Hebrew Bible (Anm. 1) I/2, 56–63; E. J. REVELL, The Interpretative Value of the Massoretic Punctuation, in: ebd., 64–73.

30 S. WEISBLÜTH, Dᵉrakîm bᵉ-faršanût ha-pîlôsôfît ha-jᵉhûdît la-Miqraʾ, Tel Aviv 1985; M.-R. HAYOUN, L'exégèse philosophique dans le judaïsme médiéval, Tübingen (TSMJ 7) 1992; SARA KLEIN-BRASLAVY, The Philosophical Exegesis, in: SÆBØ (ed.), Hebrew Bible (Anm. 1) I/2, 302–320.

31 H. HAILPERIN, Rashi and the Christian Scholars, Pittsburgh 1963; S. KAMIN, Affinities between Jewish and Christian Exegesis in Twelfth Century Northern France, PWCJS 9, 1989, Panel Session: Bible Studies and Ancient Near East, 141–155; J. W. M. VAN ZWIETEN, The Place and Significance of Literal Exegesis in Hugh of St. Victor. An analysis of his notes on the Pentateuch, the book of Judges and the four books of Kings, Amsterdam 1992; W. BUNTE, Rabbinische Traditionen bei Nikolaus von Lyra. Ein Beitrag zur Schriftauslegung des Spätmittelalters, Frankfurt/M. (JudUm 58) 1994; R. BERNDT, The School of St. Victor in Paris, in: SÆBØ (ed.), Hebrew Bible (Anm. 1) I/2, 467–495.

32 F. E. TALMAGE, Apples of Gold and Settings of Silver. Studies in Medieval Jewish Exegesis and Polemics, ed. B. D. WALFISH, Toronto 1999; G. STEMBERGER, Elements

Bis zur Aufklärung blieben diese Konstellationen weitgehend gleich, doch
eröffnete im 16. Jahrhundert die gesetzliche Neubewertung des Christentums als einer nicht heidnischen Religion eine Fülle neuer Möglichkeiten und
Herausforderungen, weil Vertreter des Humanismus und der Renaissance
ein intensives gelehrtes Interesse an der als altehrwürdig geltenden jüdischen Tradition und nicht zuletzt auch am Hebräischen als der Ursprache
der Menschheit an den Tag legten.[33] Während im Mittelalter nur wenige
christliche Gelehrte die jüdische exegetische Tradition zur Kenntnis nahmen
bzw. nehmen konnten, wurde sie nun zum Gegenstand akademischer Neu-
gier und Routine, wobei nicht selten Konvertiten mit ihren mitgebrachten
Kenntnissen eine maßgebliche Rolle spielten. Die jüdischen Autoritäten
freilich sahen in all dem eher eine Gefahr und Herausforderung, zumal in
der Tat christliche Gelehrsamkeit und Judenmission bis ins 20. Jahrhundert
eng verbunden blieben. Die Ablehnung der ,fremden' Bibelwissenschaft,
die noch dazu einen ihrer wichtigsten Initiatoren im abtrünnigen Baruch
Spinoza hatte,[34] neutralisierte also die humanistischen Impulse weitgehend,
und die jüdischen Aufklärer mußten ihre bibelwissenschaftlichen Bemühungen gegen heftige traditionalistische Widerstände neu ansetzen.

1.5 Das Reformjudentum

Die jüdischen Aufklärer um Moses Mendelssohn haben mit der Übersetzung in ein mit hebräischen Lettern gedrucktes Schriftdeutsch und einem
hebräischen Kommentar (Be'ûr) eine Zweisprachigkeit erstrebt, die jüdische
Tradition und moderne Umwelt verbinden sollte. Dies ist so nicht erreicht
worden, und so erschienen die allermeisten modernen Publikationen
jüdischer Bibelwissenschaft bis zur Gründung des Staates Israel in den
europäischen Literatursprachen.[35]

---

of Biblical Interpretation in Medieval Jewish-Christian Disputation, in: SÆBØ (ed.),
Hebrew Bible (Anm. 1) I/2, 578–590.

33 G. VELTRI, Die Heilige Sprache, in: DERS., Gegenwart der Tradition. Studien zur
jüdischen Literatur und Kulturgeschichte, Leiden (JSJ.S 69) 2002, 38–52.

34 W. E. STUERMANN, Benedict Spinoza: A Pioneer in Biblical Criticism, PAAJR 29,
1960/61, 133–179; S. ZAC, Spinoza et l'interpretation de l'Écriture, Paris 1965;
F. SHLOMOVITZ, Spînôzah û-biqqôrät ha-Miqra', Mäḥqerê Jerûšalajim be-maḥ⁼šäbät
Jiśra'el 2,2, 1982/83, 232–254; PH. CASSUTO, Spinoza et les commentateurs juifs.
Commentaire biblique au premier chapitre du „Tractatus theologico-politicus de
Spinoza", Aix-en-Provence 1998.

35 M. Z. SEGAL, Paršanût ha-miqra', Jerusalem 1944.

Die Reformer des 19./20. Jahrhunderts folgten dem Trend der Aufklärung[36] und sahen wie das liberale Christentum den eigentlichen Offenbarungsinhalt im ethischen Bereich. Man konzentrierte sich demgemäß auf
Dekalog und Propheten, während die Torah mit der verbindlichen Tradition
weniger als eigentlicher Offenbarungsinhalt denn als Mittel zur Erhaltung
der Wahrheit gewertet wurde. Da diese Akzentverschiebung aber in einer
Frontstellung gegenüber der jüdischen Orthodoxie erfolgte und gegenüber
dem sogenannten ‚talmudischen Judentum' das ‚Prophetische' und Ethische
der Bibel hervorgekehrt wurde, tat sich das Reformjudentum im Unterschied zum liberalen Protestantismus mit der modernen Bibelwissenschaft
etwas schwer, denn man zog ja nicht gern die Offenbarungsgrundlage in
Zweifel, auf die man sich bei der Abwehr des Anspruchs der Traditionalisten
stützen wollte. Für die moderne jüdische Exegese in wissenschaftlichem
Sinn bestanden von daher also gewisse Hemmnisse, gerade bei den Liberalen, während konservative Juden sich dabei leichter taten, da ihr Verständnis
der Religion und Praxis eben weniger vom biblischen Befund abhing.
Dennoch blieb etwa die Pentateuchkritik bis in jüngste Zeit ein Gebiet, das
fast durchwegs gemieden wurde. Im übrigen zeigen reformjüdische wie
konservativ-jüdische Richtungen im deutlichen Gegensatz zur jüdischen
Orthodoxie und in Übereinstimmung mit der modernen Bibelwissenschaft
ein ausgeprägtes historisches Interesse an der Bibel und der biblischen Zeit,
auch an dem, was eventuell ‚ursprünglich' gemeint war, während für das
traditionsgebundene Judentum immer bedeutsamer war, was mit den
biblischen Texten im Lauf der Jahrhunderte gemacht worden ist. Kennzeichnend dafür ist neben der großen Zahl von Kommentaren die Anzahl
weiterführender Super-Kommentare.

1.6 Neuere Tendenzen

Das historische Interesse an Bibel und biblischer Zeit, verbunden mit einer
ausgeprägten Neigung zu archäologischer Arbeit, kennzeichnet auch jüdische Kreise, die in mehr oder minder bewußter zionistischer Orientierung
etwas wie nationale Selbstfindung oder Selbstdefinition betreiben. In der
Regel dominiert dabei weder die Torah noch das Propheten-Corpus, im
Brennpunkt steht die Geschichte des alten Israel in seiner staatlichen
Existenz auf dem Boden des Landes Israel. Das Erforschte dient jedoch
keineswegs bloß der Entdeckung der Vergangenheit, also einem lediglich
wissenschaftlichen Zweck, das Biblische hat seinen Wert als Modell für

---

36 CH. SHELI, Mähqar ha-miqra` be-sifrût ha-haśkalah, Jerusalem 1942.

Gegenwärtiges und Zukünftiges, auch in der Politik. Die Realität des zionistischen Aufbaus sowie die Politik des Staates Israel schoben sich verhältnismäßig stark in den Vordergrund, wobei die publikumswirksame Archäologie in Israel allen anderen Disziplinen lange Zeit die Show stahl. An den Universitäten im Staat Israel erreichte die Bibelwissenschaft nach einer noch von der Antipathie gegenüber der kritischen protestantischen Bibelwissenschaft bestimmten Anfangsphase jedenfalls ein hohes, allgemein anerkanntes Niveau,[37] und das mit Einschluß der orthodoxen Bar-Ilan-Universität in Ramat Gan,[38] während die traditionelle Beschäftigung mit dem *TN"K* jenen religiösen Institutionen (*Ješîbôt*) vorbehalten bleibt, die eher eine vor-aufklärerische Ghetto-Bildung pflegen.

So weit vertritt die in die moderne internationale Bibelwissenschaft integrierte jüdische Bibelwissenschaft kaum mehr spezifische jüdische Anliegen, auch wenn sie von den eigenen Voraussetzungen her viele Impulse zu neuen Fragestellungen und Sichtweisen vermittelt. Auf diesem wissenschaftlichen Gebiet ist ein globaler Begriff Bibel/biblisch oder ‚Schrift‘ üblich, der auch auf reformjüdischer und nationaljüdischer Seite begegnet, ohne daß christlicherseits immer begriffen wird, um welch unterschiedliche Konzepte es sich dabei handeln kann.

Spannungen zwischen moderner jüdischer Exegese und traditionalistischen Zugängen zum *TN"K* sind speziell in Israel zu vermerken. Die Ansätze zu einer bewußten Konfrontation zwischen traditionalistischer und moderner Exegese liegen weit zurück, nämlich in der Abwehr ‚fremder‘ Wissenschaft mit der Behauptung einer spezifischen ‚Weisheit Israels‘. In der Tat könnte hier die wissenschaftliche Exegese ohne besondere Zweckbestimmung außer acht bleiben, da sie von jedermann ohne Maßgabe der religiösen oder nationalen Zugehörigkeit betrieben werden kann; denn es kommt dabei ja nur auf die Beherrschung der Methoden und auf die Gelehrsamkeit und Begabung des Exegeten an, nicht auf sein religiöses Bekenntnis. Im gezielten Gegensatz dazu wurde darum in traditionalistischen jüdischen Kreisen die Forderung nach einer spezifisch jüdischen Hermeneutik erhoben, die nicht den üblichen wissenschaftlichen, fremden Methoden folgt. Die Motivationen sind dabei recht bunt, sie reichen von ausgesprochen religiös-konservativem Traditionalismus bis zu profan-nationalistischem Chauvinismus.

---

37 N. M. Sarna, The Modern Study of the Bible in the Framework of Jewish Studies, PWCJS 8,5, 1983, 19–27; Z. Talshir, Textual and Literary Criticism of the Bible in Post-Modern Times. The Untimely Demise of Classical Biblical Philology, Henoch 21, 1999, 235–252.

38 M. Ahrend, Fundamentals of Bible Teaching, Ramat Gan 1987.

Aufs Ganze gesehen ergibt sich der bemerkenswerte Befund, daß das Gewicht des Biblischen in dem Maße wächst, wie sich die einzelnen Gruppen vom traditionellen Standort in Richtung Reform oder Nationalismus entfernen. Christen, die es gewohnt sind, ziemlich unreflektiert dem Biblischen einen überragenden Stellenwert einzuräumen, kommen daher angesichts dieser Erscheinung leicht zu irrigen Schlußfolgerungen und Wertungen. Dies um so leichter, als sich im jüdisch-christlichen Gespräch die vorgeblich gemeinsame Bibel als Gesprächsgrundlage geradezu anbietet, auch wenn sie für die jüdisch-orthodoxe Seite selbst nur einen vergleichsweise bescheidenen Stellenwert hat. Je mehr die Bibel im jüdisch-christlichen Gespräch im Vordergrund steht, desto weniger geraten die tatsächlichen, nämlich halakischen (gesetzlichen) Anliegen der Orthodoxie ins Blickfeld.[39]

In neuester Zeit sind in der Bibelexegese jüdisch-christliche Gemeinschaftsunternehmen in Mode gekommen. Natürlich ist es ein begrüßenswerter Fortschritt, daß Vertreter verschiedener Religionen miteinander ins Gespräch kommen und auch auf diese Weise gemeinsam arbeiten. Wieweit jedoch der theologische Ertrag zum besseren wechselseitigen Verständnis der Religionen selbst beitragen kann, ist eine offene Frage. Ein waschechter jüdischer Traditionalist hat von apologetischen Zwängen abgesehen naturgemäß kein Interesse daran, mit Nichtjuden über Judentum zu disputieren. Soweit säkular orientierte Bibelwissenschaftler mit am Werk sind, ist das Ergebnis theologisch eigentlich irrelevant. Bei denominationsmäßig (modern-orthodox, konservativ, reformjüdisch) gebundenen Exegeten ist von Interesse, ob die theologische Orientierung ihrer christlichen Partner als eine entsprechende eingestuft werden kann. Ist dies nicht der Fall, ergeben sich absonderliche Mißverhältnisse und Mißverständnisse.

2. Unterschiedliche Beschäftigung mit dem Text

2.1 Texterklärung

Eigentliche Exegese, das Bemühen, den Wortlaut in seiner gemeinten Bedeutung zu erhellen, war eher die Ausnahme von der Regel, im Altertum ganz gewiß. Erst im Mittelalter kam bei manchen Exegeten diese historisch-philologische Zielsetzung zum Zug.

---

39 Das gilt auch angesichts prominenter Ausnahmen; vgl. dazu etwa T. COHN-ESKE-
    NAZI – G. A. PHILLIPS – D. JOBLING (eds.), Levinas and Biblical Studies, Leiden 2003.

2.2 Midrasch

In der rabbinischen Literatur finden sich laufend Einzelauslegungen zu biblischen Passagen,[40] aber auch Schriften zu ganzen biblischen Texten, die sogenannten Midraschim.[41] Letztere gibt es aber in erster Linie zu den Büchern des Pentateuchs, nicht zu den eigentlichen Prophetenbüchern, obschon diese intensiv verwertet worden sind.[42] Der überwiegende Teil der traditionellen Exegeten wollte nicht den ursprünglichen Sinn eruieren, sondern vom Text etwas erfragen. Der terminus technicus für dieses Bemühen ist das Verb *drš* (suchen, fragen, befragen, untersuchen), davon abgeleitet wurden *dᵉraš*, *dᵉrašah*, *dᵉrûš* und *midraš*. In alter Zeit war das Verb auch ein terminus technicus der Orakelbefragung gewesen; die Heiligen Schriften traten gewissermaßen an die Stelle des Orakels und die Exegeten an die Stelle der Orakelpriester oder Propheten. Die Schrift wird von diesen befragt, das Erfragte wird dargelegt, und für beide Prozesse diente das Verb *dᵉraš*, daher bedeutet *midraš* auch den Vortrag oder die (offizielle) Niederschrift. Oder man spricht von *dᵉrašah*, dem Lehrvortrag bzw. der Predigt (Homilie).[43] Die homiletischen Midraschim bestehen aus Sammlungen solcher an den Inhalten und speziell an den Anfangsversen der Leseperikopen orientierten Auslegungen, was auch für gewisse synagogale Dichtungen zutrifft. Gegenstand dieser mit dem Verb *drš* bezeichneten Auslegungen waren in der alten Zeit aber nur nichtgesetzliche Texte, nicht Torah im eigentlichen Sinn. Die *tôrah* war und ist Gegenstand der *hôra'ah*, der verbindlichen halakischen Anweisung, die im Fall biblischer Gesetzesinhalte interpretierende Vorgänge voraussetzen kann, aber nicht muß. Wenn also von halakischen Midraschim die Rede ist, dann ist dies eher im buchtechnischen Sinne von Niederschriften halakischer Auslegungen zu gesetzlichen Pentateuchtexten gemeint.

---

40   Stimuli. Exegese und ihre Hermeneutik in Antike und Christentum. Festschrift für Ernst Dassmann, Münster (JAC.E 23) 1996; A. SAMELY, Rabbinic Interpretation of Scripture in the Mishnah, Oxford 2002; D. BOYARIN, Sparks of the Logos: Essays in Rabbinic Hermeneutics, Leiden 2003.

41   Zur Orientierung: G. STEMBERGER, Einleitung in Talmud und Midrasch, München 1992⁸; DERS., Midrasch. Vom Umgang der Rabbinen mit der Bibel, München 2002²; P. S. ALEXANDER (ed.), Midrashic Interpretation. I. Exegetical Midrashim, II. Homiletical Midrashim, Sheffield 1988.

42   Vgl. nun als Beispiel: M. BEN-YASHAR – B. GOTTLIEB – S. PENKOWER, The Bible in Rabbinic Interpretation. Vol. I: The Book of Hosea, Ramat Gan 2003.

43   M. HIRSHMAN, The Preacher and his Public in Third Century Palestine, JJS 42, 1991, 108–114; D. LENHARD, Die rabbinische Homilie. Ein formalanalytischer Index, Frankfurt/M. 1998.

In der rabbinischen Auslegungstradition sind Mechanismen zu beobachten, die den Autoren selber nicht immer bewußt gewesen sein müssen, weil es sich um eingefleischte Vorgänge handelte:

1) die selbstverständliche wechselseitige Beeinflussung der Bedeutung bzw. Deutung von Torah- und Prophetenperikopen;

2) die aus der Tradition überkommene, zum Teil auch mnemotechnisch gestützte Zuordnung vieler biblischer Passagen zueinander ergab etwas wie Assoziationsketten. In der Midraschliteratur und in talmudischen Texten sowie in Gebeten und in synagogalen Dichtungen finden sich nicht selten mehr oder minder feste Zusammenstellungen biblischer Verse, die auf solchen Assoziationsketten beruhen. Wurde ein Vers davon zitiert, wirkten die anderen bewußt oder unbewußt bei der Erklärung mit ein. Die Kenntnis solcher den literarischen Kontext überschreitender Assoziationskontexte ist nicht selten ausschlaggebend für das Verständnis der Interpretationsvorgänge.

3) Mechanismen des Schulbetriebs. Sowohl Entstehung wie literarische Ausformung und Fixierung derartiger Auslegungstraditionen sind durch die Umstände und Möglichkeiten des rabbinischen Schulbetriebs bestimmt: Neuerörterungen von Überkommenem, ergänzende und kumulierende Diskussion, alles im Rahmen einer ziemlich festgeprägten Formelsprache, von mnemotechnischen Bedürfnissen[44] und sogar von einem gewissen Unterhaltungswert geprägt. Aber das ergab kaum jemals größere literarische Einheiten, und vom Werk eines Autors kann überhaupt nicht die Rede sein. Erst spät, im Mittelalter, treten Einzelpersonen als Redaktoren abschließender Fassungen der Traditionsstränge und Schulmeinungen auf, aber zu der Zeit gab es im Unterschied zur rabbinischen Schultradition bereits eine Autorenliteratur und daher auch Verfasser laufender Kommentare zu Bibeltexten.[45]

2.3 Geschichtstypologie

Die Überzeugung, daß die Ereignisse der vergangenen Heilsgeschichte beispielhafte Bedeutung für die Ereignisse der Gegenwart und (nicht zuletzt endzeitlichen) Zukunft haben, beherrscht einen großen Teil der Bibeldeutung, sie bestimmt weithin das Geschichtsbild und die politische Orientie-

---

44 B. GERHARDSSON, Memory and Manuscript. Oral Tradition and Written Transmission in Rabbinic Judaism and Early Christianity, Lund 1961; Grand Rapids 1998³; J. NEUSNER, The Memorized Torah. The mnemonic system of the Mishnah, Chico (BJSt 96) 1985.

45 A. MEIR, Ha-parshanût ha-jehûdît bîmê ha-bênajîm, Montreal 1994; E. Z. MELAMMED, Bible Commentators (hebr.), I–II, Jerusalem 1975.

rung.[46] Maßgeblich wirkte in diesem Sinn das oben bereits erwähnte Schema der vier Weltreiche des Danielbuchs nach, da man das vierte und letzte Weltreich vor der Gottesherrschaft mit der römischen Weltmacht und in der Folge in nahtlosem Übergang mit der christlichen Weltmacht identifizierte. Esau als Stammvater Edoms gilt als Typos dieser letzten Weltmacht und als Antitypos zu Jakob/Israel, folglich wurden alle Esau/Edom-Stellen der Bibel auf diese politisch-religiöse Konfrontation bezogen. Die rabbinische Literatur ist in hohem Maß von dieser Geschichtsschau bestimmt.[47] Analog dazu galt dann Ismael als Ahnherr der Araber und als Typos der islamischen Weltmacht.[48]

Im Fall akuter Endzeiterwartung wird die Gegenwart als Zeit der Erfüllung biblischer Weissagungen verstanden, man deutet biblische Texte aktualisierend. Im 2./1. Jahrhundert v. Chr. legte man in einer frühjüdischen Gruppe, die aus den Texten von Qumran bekannt ist, Prophetentexte ganz gezielt aktualisierend aus, deutete sie unter dem Eindruck der erhofften nahen Endzeit auf die Gegenwart und sah darin ihren eigentlichen Inhalt. Mit dieser Methode, in den Texten selbst *pešär* genannt, schlüsselt man die Texte atomisierend so auf, wie es das aktuelle Interesse erforderte.[49] Und selbstverständlich verfocht diese Richtung auch ihre speziellen Auffassungen von den verbindlichen Normen der Torah. Gesetzesgelehrter und heilsgeschichtstheologischer Anspruch gingen also von früh an Hand in Hand.

2.4 Die halakische, religionsgesetzliche Auslegung

Die Aufgaben der halakisch interessierten Exegese sind vergleichsweise enger definiert, es geht dabei um: (a) Neudeutung und erläuternde Deutung biblischer Vorschriften, (b) Rückführung bzw. Ableitung bestehender oder neuer Regelungen auf biblische Bestimmungen mit Hilfe der traditionellen hermeneutischen Regeln,[50] (c) Benutzung biblischer Texte als Raster zur

---

46 J. MAIER, Geschichte in jüdischer Tradition, in: Geschichte denken, Münster (Religion – Geschichte – Gesellschaft 13) 1999, 3–17.

47 J. NEUSNER, The Idea of History in Rabbinic Judaism, Leiden 2004.

48 J. MAIER, Zwischen den Mächten. Gottesherrschaft und Weltpolitik in der Gedankenwelt des mittelalterlichen Judentums, in: J. T. MARCUS (ed.), Surviving the Twentieth century. Social Philosophy from the Frankfurt School to the Columbia Faculty Seminars, New Brunswick – London 1999, 397–412.

49 E. JUCCI, Interpretazione e storia nei Pesharim qumranici, BeO 29, 1987, 163–170; H.-J. FABRY, Methoden der Schriftauslegung in den Qumrantexten, in: Stimuli (Anm. 40), 18–33.

50 G. STEMBERGER, Der Talmud, München 1987², 55ff.; P. S. ALEXANDER, Quid Athenis et Hierosolymis? Rabbinic Midrash and Hermeneutics in the Graeco-Roman

Anordnung und Darlegung der vorhandenen verbindlichen Tradition, der Halakah, was auf den ersten Blick zwar den Eindruck eines mehr oder minder laufenden Midrasch zu biblischen Texten ergibt, jedoch offenkundig nicht in erster Linie der Auslegung oder gar der Erklärung dieser Texte dient. Der biblische Text dient vielmehr als Ordnungsprinzip, was indes juristisch unbefriedigend bleibt, da innerbiblisch eben keine logische Anordnung der Vorschriften vorgegeben ist. Wie weit auch die Konfrontation mit dem Christentum einwirkte,[51] wird unterschiedlich beurteilt, die meisten der dafür angeführten Beispiele lassen sich auch anders verstehen.

Ungeachtet der Versuche, die Erklärung der 613 Gebote und Verbote in der Gattung des *Sefär ha-miçwôt* oder die Erklärung des Dekalogs zu einer Systematik des jüdischen Rechts auszugestalten, gilt die Feststellung, daß die maßgebliche Alternative zum halakischen Midrasch zwangsläufig der Gesetzeskodex wurde, die systematische Darstellung der verbindlichen Tradition ohne Rücksicht auf biblisches Gerüst.

2.5 Spekulative Tendenzen

Der Großteil der spätantiken rabbinischen Methoden der Auslegung und Textanwendung ist nicht spezifisch jüdisch, sondern entspricht Methoden der antiken Rhetorik. Besonderheiten bedingte jedoch schon die Überzeugung, daß die Bibel als Offenbarungsurkunde die Quelle aller Erkenntnis und die Basis jeder Ordnung sei und somit auch für jedes exegetische, theologische und praktische Problem eine adäquate Lösung enthalte. Einen spekulativen Ansatz bot die Wertung des Hebräischen als Schöpfungssprache (Gen 1), verbunden mit dem allgemeinen antiken Buchstabenglauben,[52] wobei – wie im Griechischen – Buchstaben zugleich als Zahlzeichen verwendet wurden und so weitere, vor allem kosmologische Spekulationen angeschlossen werden konnten.[53] Das zog die dem Spieltrieb besonders entgegenkommende Gematrie nach sich, wobei die Zahlenwerte von Wörtern und ganzen Passagen errechnet und im Fall von parallelen Ergebnissen inhaltliche Entsprechungen postuliert werden. Auch Buchstabenumstellungen (*tᵉmûrah*) wurden gern vorgenommen. In der jüdischen Vorstellung vom Hebräischen

---

World, in: PH. R. DAVIES – R. T. WHITE (eds.), A Tribute to Geza Vermes, Sheffield 1990, 101–126.

51 H. W. BASSER, Studies in Exegesis. Christian Critiques of Jewish Law and Rabbinic Responses, 70–300 C.E., Leiden 2000.

52 F. DORNSEIFF, Das Alphabet in Mystik und Magie, Leipzig 1925.

53 I. HEINEMANN, Darkê ha-ʾaggadah, Jerusalem 1954², 103ff.; I. GRUENWALD, Buchstabensymbolik II., TRE 7, 1980, 306–309.

kam es über antike Sprachauffassungen hinaus zu Sonderentwicklungen.[54]
Ein besonders weites Feld für solche Verfahrensweisen und Spekulationen
boten nämlich die zahlreichen biblischen Gottesnamen mit ihrer Schreib-
weise und Aussprache, insbesondere das Tetragramm JHWH, und darüber
hinaus auch die Gottesattribute. Die schöpfungstheologisch-kosmologische
Symbolik der hebräischen Buchstaben und mancher Bibelinhalte wirkte sich
für spekulative Tendenzen stimulierend aus. Derartige Ansätze aus der
Spätantike haben im 7./8. Jahrhundert im *Sefär Jᵉçîrah* (Schöpfungs-Buch)
eine erste systematische Zusammenfassung erfahren,[55] und im Mittelalter
traten sie, zunächst kondensiert in Form von Kommentaren zum *Sefär
Jᵉçîrah*, in den Dienst philosophierender und mystischer Strömungen.

2.6 Systematische theologisch-spekulative Exegese

Bewußte Anwendung philosophischer Gesichtspunkte auf die Auslegung
heiliger Schriften begegnet zuerst im griechischsprachigen Judentum,[56]
insbesondere bei Philo im frühen 1. Jahrhundert n. Chr.[57] Das erforderte
nicht nur in vielen Fällen eine Vermeidung des Wortsinns, sondern förderte
überhaupt Auslegungen allegorisierender Art,[58] die in der Umwelt bereits
in Mode waren.[59] Philo hatte aber keine Nachwirkung im rabbinischen,
aramäisch-hebräischsprachigen Judentum, daher kommt es erst im Mittelalter im islamischen Milieu zu einer philosophierenden Exegese,[60] bei der

---

54 D. LAU, Wie sprach Gott: «Es werde Licht»? Antike Vorstellungen von der Gottes-
    sprache, Frankfurt/M. (Lateres 1) 2003.
55 L. R. GLOTZER, The Fundamentals of Jewish Mystic. The Book of Creation and its
    commentaries, Northvale 1992.
56 Einen instruktiven Überblick und Einblick gewährt F. SIEGERT, Early Jewish Inter-
    pretation in a Hellenistic Style, in: SÆBØ (ed.), Hebrew Bible (Anm. 1) I/1, 162–189.
57 V. NIKIPROWETZKY, Le commentaire de l'Écriture chez Philon d'Alexandrie, Leiden
    1977 (mit Bibliographie); J. CAZEAUX, La trâme et la chaine, ou, Les structures
    littéraires et l'exégèse dans cinq des traités de Philon d'Alexandrie, I–II, Leiden
    (ALGHJ 15 und 20) 1983/1988.
58 I. CHRISTIANSEN, Die Technik der allegorischen Auslegungswissenschaft bei Philon
    von Alexandrien, Tübingen 1969; CHR. BLÖNNINGEN, Der griechische Ursprung der
    jüdisch-hellenistischen Allegorese und ihre Rezeption in der alexandrinischen
    Patristik, Frankfurt/M. (EHS XV,59) 1992.
59 H.-J. HORN – H. WALTER (Hg.), Die Allegorese des antiken Mythos, Wiesbaden
    (Wolfenbütteler Forschungen 75) 1997.
60 W. BACHER, Die Bibelexegese der jüdischen Religionsphilosophen des Mittelalters
    vor Maimuni, Budapest 1892; HAYOUN, a.a.O. (Anm. 30); R. GOETSCHEL, Exégèse
    littéraire, philosophie et mystique dans la pensée juive médiévale, in: M. TARDIEU

man in unterschiedlichem Maß auch allegorisierende Deutungen vornahm.[61] Während in der Neuzeit diese Richtung zurücktrat, knüpften die jüdischen Aufklärer wieder bewußt an die mittelalterliche Tradition an.[62] Philosophierende Exegese mußte aber nicht notwendig einen Kontrast zu einer mystischen Religiosität bilden, wie es im aschkenasischen Chasidismus des 13.–14. Jahrhunderts empfunden wurde.[63] Abraham, Sohn des aristotelisierenden Theologen und Rechtsgelehrten Mose b. Maimon (Maimonides), war ein beredtes Beispiel für mystisch-philosophische Exegese im mittelalterlichen Ägypten.[64] Auch die Kabbalah – siehe unten – deutete die Bibel spekulativ, zum Teil näher an der rabbinischen Gattung des Midrasch, zum Teil mehr der philosophierenden Exegese verwandt.[65]

Beide Richtungen brachten umfangreiche hermeneutische Darlegungen hervor, nicht zuletzt eine Unterscheidung verschiedener Schriftsinne (siehe unten), wobei eine eklatante Spannung zwischen dem traditionell sehr betonten Wortsinn und der allegorischen ‚wahren' Bedeutung auftrat.

(ed.), Les règles de l'interprétation, Paris 1987, 163–172; F. E. TALMAGE, David Kimhi, Cambridge/Mass. 1975.

61 I. HEINEMANN, Die wissenschaftliche Allegoristik des jüdischen Mittelalters, in: HUCA 23, 1950/51, 611–643; W. Z. HARVEY, On Maimonides' Allegorical Readings of Scripture, in: J. WHITMAN (ed.), Interpretation and Allegory, Leiden (Brill's Studies in Intellectual History 101) 2000, 181–188; M. Z. COHEN, Three Approaches to Biblical Metaphor. From Abraham Ibn Ezra to David Kimchi, Leiden 2003; B. MESCH, Studies in Joseph ibn Caspi, Fourteenth century Philosopher and Exegete, Leiden 1975; B. HERRING, Joseph ibn Kaspi's "Gevia' kesef". A study in medieval Jewish philosophy and Bible commentary, New York 1982.

62 R. JOSPE, Biblical Exegesis as a Philosophic Literary Genre. Abraham ibn Ezra and Moses Mendelssohn, in: Jewish Philosophy and the Academy, Madison – London 1996, 48–92.

63 G. BRIN, Studies in R. Judah the Pious' Exegesis to the Pentateuch, in: Studies in Talmudic Literature, in: M. A. FRIEDMANN etc., Post-Biblical Hebrew and in Biblical Exegesis, Tel Aviv 1983, 215–276; I. G. MARCUS, Exegesis for the Few and for the Many: Judah he-Hasid's Biblical Commentaries, Jerusalem Studies on Jewish Thought 8, 1989, 1–26.

64 P. FENTON, Maimonides und die Maimonideische Schule der Exegese im Osten: Philosophische und mystische Exegese, in: W. STEGMAIER (Hg.), Die philosophische Aktualität der jüdischen Tradition, Frankfurt/M. 2000, 150–187; vgl. DERS., The Post-Maimonidean Schools of Exegesis in the East: Abraham Maimonides, the Pietists, Tanḥum ha-Yerushalmi and the Yemenite School, in: SÆBØ (ed.), Hebrew Bible (Anm. 1) I/2, 433–455.

65 S. M. STERN, Rationalists and Kabbalists in Medieval Allegory, in: JJS 6, 1955, 73–86; G. VAJDA, Recherces sur la philosophie et la kabbale dans le pensée juive du Moyen Age, Paris 1962, 67ff. 148ff.

2.7 Texterklärende und philologisch-historische Kommentare

Die Tradition der rabbinischen Midraschim reicht weit ins Mittelalter hinein und lieferte für konventionelle, erbauliche Auslegungen auch weiterhin die Grundmuster.[66]

Auf der Basis der durch die Masoreten mit Hilfe diakritischer Zeichen (Punktation) festgelegten Aussprache des überlieferten biblischen Konsonantentextes entstand Hand in Hand mit der aufkommenden arabischen Sprachwissenschaft eine hebräische Lexikographie und Grammatik, die auf das Bibelverständnis der Folgezeit normierend einwirkte. Im Hoch- und Spätmittelalter entstanden Kommentarwerke, die in mancher Hinsicht Ergebnisse der modernen philologisch-historischen Bibelexegese vorwegnahmen. Von Karäern abgesehen, war es vor allem Saadja b. Josef Gaon (gest. 942 n. Chr.) in Baghdad, der auf diesem wie auf anderen Gebieten wegweisend gewirkt hat.[67] Im islamischen Bildungsraum faßte diese philologische und literarisch ausgerichtete Exegese alsbald Fuß.[68] Allerdings gehörten die Autoren zu einer elitären Bildungsschicht, die bei Traditionalisten im Verdacht stand, zu sehr Fremdeinflüssen zu erliegen. Geographisch gehörten sie vor allem in den islamischen Raum,[69] doch auch in Südfrankreich[70] und Italien waren solche Exegeten vertreten. Im Spätmittelalter und in der Neuzeit trat in Entsprechung zur äußeren Bedrohung die Abgrenzungstendenz auch auf diesem Gebiet immer stärker in den Vordergrund. Dennoch verlor dieser Teil der exegetischen Literatur seine Wirkung nie völlig, gerade die hohe Zahl von Superkommentaren zu den Bibelkommentaren des sowohl philologisch wie philosophisch orientierten Abraham ben Meir ibn Ezra (1089–1164) aus Spanien[71] beweist dies.

---

66 M. IDEL, Midrashic versus other Forms of Jewish Hermeneutics. Some comparative reflections, in: M. FISHBANE (ed.), The Midrashic Imagination, Albany 1993, 45–58.

67 E. SCHLOSSBERG, RS"G – Rab Sa'adjah Ga'ôn paršan ha-Miqra', Mahanajim 3, 1992/93, 76–91.

68 A. MAMAN, The Linguistic School: Judah Hayyūj, Jonah ibn Janah, Moses ibn Chiquitilla and Judah ibn Bal'am, in: SÆBØ (ed.), Hebrew Bible (Anm. 1) I/2, 261–281; M. COHEN, The Aesthetic Exegesis of Moses ibn Ezra, in: ebd., 282–301.

69 A. SAENZ BADILLOS, Los judíos de Sefarad ante la Bíblia. La interpretación de la Bíblia en el medioevo, Córdova 1996; R. BRODY, The Geonim of Babylonia as Biblical Exegetes, in: SÆBØ (ed.), Hebrew Bible (Anm. 1) I/2, 74–88; F. E. GREENSPAHN, Medieval Jewish Bible Exegesis in Northern Africa, in: ebd., 89–95; A. SÁENZ BADILLOS, Early Hebraists in Spain: Menahem ben Saruq and Dunash ben Labrat, in: ebd., 96–109.

70 M. COHEN, The Qimhi Family, in: SÆBØ (ed.), Hebrew Bible (Anm. 1) I/2, 388–415.

71 U. SIMON, Abraham ibn Ezra, in: SÆBØ (ed.), Hebrew Bible (Anm. 1) I/2, 377–387.

Wirkungsgeschichtlich gewichtiger wurde, dem Trend zum Traditionalismus entsprechend, freilich ein anderer Kommentar-Typ. Er fußt noch
nicht auf der arabistisch inspirierten neuen Hebraistik, sondern auf Traditionen, die noch weithin auf der älteren palästinischen und in Byzanz/
Italien/Mitteleuropa weitergepflegten Erklärung des masoretischen Textes
und dabei insbesondere auf Worterklärungen beruhen. Salomo b. Isaak (abgekürzt: RŠ"J, oft als „Raschi" zitiert), gest. 1105, hat diese Überlieferungen
in knapper Form schriftlich fixiert. Dieser Raschi-Kommentar,[72] der vor
allem in Nordfrankreich eine ganze Exegetenschule nach sich gezogen hat,[73]
wurde bald überall im Unterricht mit dem hebräischen masoretischen Text
mitgelernt. Auch in den gedruckten ‚Rabbinerbibeln' begegnet er regelmäßig, doch neben ihm auch Kommentare des Abraham ibn Ezra und je nach
Ausgabe noch andere. Diese Rabbinerbibeln, die auch die antiken aramäischen Übersetzungen (Targumim) enthalten, vermitteln einen guten ersten
Einblick in die Hauptrichtungen der traditionellen jüdischen Auslegungen.

Die rabbinische Gattung der *derašah* (Homilie) ist im Mittelalter kontinuierlich weitergepflegt worden,[74] im Spätmittelalter und in der Neuzeit wurde
sie sogar Mode und wirkte im synagogalen Gottesdienst als Attraktion.
Auch hier spiegeln sich die verschiedenen Richtungen des damaligen Judentums, doch überwog letztlich eine popularisierend-kabbalistische Tendenz.

3. Die Schriftsinne

3.1 Der ‚einfache Schriftsinn' (*pešaṭ*)

Was als *pešaṭ* bezeichnet wird, deckt sich meist mit der wörtlichen Bedeutung, doch dies nicht immer. Genauer gesagt: dieser ‚einfache Schriftsinn'
ist der allgemein am ehesten akzeptable, sei es aufgrund des Textes, des
gesunden Menschenverstandes oder auf Grund überkommener Deutungs-

---

72 B. J. GELLES, Peshat und Derash in the Exegesis of Rashi, Leiden 1981; S. KAMIN,
    Rashi's Exegetical Categorization in Respect to the Distinction between Peshat and
    Derash (hebr.), Jerusalem 1986; B. GLASS, Pešaṭ û-deraš be-faršanûtô šäl RŠ"J,
    Jerusalem 1992.

73 A. GROSSMAN, The School of Literal Jewish Exegesis in Northern France, in: SÆBØ
    (ed.), Hebrew Bible (Anm. 1) I/2, 321–371. Für ein Beispiel der Weiterentwicklung
    dieser exegetischen Schule siehe die eingehende Analyse von M. M. AHREND, Le
    commentaire sur Job de Rabbi Yoseph Qara`, Hildesheim 1978.

74 K. HOROVITZ, Daršanîm, derašôt we-sifrût ha-derûsh bi-Sefarad, in: H. BEINART (ed.),
    Môräšät Sefarad, Jerusalem 1992, 309–320.

gewohnheiten.[75] So wurde zum Beispiel von früh an das Hohelied nicht als Sammlung profaner Liebeslieder verstanden, sondern selbstverständlich als allegorische Beschreibung des Verhältnisses zwischen Gott und Volk, so daß diese allegorische Deutung[76] als die normale, die ‚einfache' gelten konnte.[77] Oder wenn in der Genesis von Jakob und Esau die Rede ist, wird selbstverständlich in der ganzen rabbinischen Literatur vorausgesetzt, daß Esau der Ahnvater Edoms ist und ‚Edom' die römische, später christlich-römische Weltmacht repräsentiert, während Jakob für Israel steht. Erst im Mittelalter begann man, hier zu differenzieren und vom eigentlichen ‚Wortsinn' zu sprechen. Die Grundregel lautet übrigens, daß der Wortsinn nur dann aufgehoben werden soll, wenn es unvermeidlich erscheint. Das heißt aber nicht, daß er als allein zulässiger Schriftsinn gilt.

3.2 Die vier Schriftsinne

Schon in der rabbinischen Literatur hat es neben dem einfachen Schriftsinn noch andere Möglichkeiten der Textauffassung und Textanwendung gegeben, vor allem wurde dem *pᵉšaṭ* noch der in Bibel-Anwendungen führende *dᵉraš* beigesellt, und diese Zweiteilung spielte auch weiterhin eine gewichtige Rolle.[78] Im späten Mittelalter unterschied man schließlich vier Schriftsinne.[79]

Ähnlich der Entwicklung in der christlichen Exegese werden vom späten Mittelalter an vier Schriftsinne unterschieden: (1) *pᵉšaṭ* (einfacher Schriftsinn), (2) *rämäz* (Andeutung), vor allem im Sinne erbaulicher/homiletischer Verwertung, (3) *dᵉraš* (Darlegung), die ethische Anwendung, und

75 R. LOEWE, The "Plain" Meaning of Scripture in Early Jewish Exegesis, PIJS 1, 1964, 140–185; ST. GARFINKEL, Clearing *Peshat* and *Derash*, in: SÆBØ (ed.), Hebrew Bible (Anm. 1) I/2, 129–134.

76 P. KUHN, Hohelied II. Auslegungsgeschichte im Judentum, TRE 15, 1986, 503–508; I. HEINEMANN, Altjüdische Allegoristik, Breslau 1936; P. VULLIAUD, Le Cantique des Cantiques d'après la Tradition juive, Paris 1925; R. IFRAH, Le Cantique des cantiques dans l'exégèse traditionnelle juive, AEPHE.R 80–81 (1972/73–1973/74), 67f.; A. GREEN, The Song of Songs in Early Jewish Mysticism, Oriens 2,2, 1987, 49–63.

77 In mehr oder minder bewußter Konkurrenz zur christlichen Hohelieddeutung; vgl. E. E. URBACH, Rabbinic Exegesis and Origen's Commentaries on the Song of Songs and Jewish-Christian Polemics, Tarb. 30, 1960/61, 148–170; DERS., The Homiletical Interpretation of the Sages and the Exposition of Origenean Canticles and the Jewish-Christian Disputation, in: ScrHie 22, 1971, 247–275.

78 Y. MAORI, The Approach of Classical Jewish Exegetes to *peshat* and *deras* and its implications for the Teaching of Bible Today, Tradition 21,3, 1984, 40–53.

79 G. SCHOLEM, Zur Kabbala und ihrer Symbolik, Zürich 1960, 72ff.

(4) *sôd* (Geheimnis), den geheimen (philosophischen, kabbalistischen) Schriftsinn, den nur erkenntnismäßig Fortgeschrittene erreichen. Zwei Lager haben
von diesen Möglichkeiten vor allem Gebrauch gemacht: (1) die bereits
erwähnten philosophierenden Exegeten, die gezwungen waren, ihre philosophischen Ansichten dem Text zu unterlegen. Widersprach der Wortsinn
den Kriterien der Vernunft oder philosophischen Lehren, mußte er durch
allegorische Interpretation ausgeräumt werden, in Einzelfällen genügte
dazu die Deutung als Bild bzw. Metapher. *Sôd* ist dann der philosophische,
der ‚wahre' Sinn. (2) Die kabbalistischen Exegeten (siehe unten) überbrückten
den schroffen Zwiespalt, der zwischen der philosophierenden Allegoristik
mit ihrer Aufhebung des ‚einfachen Schriftsinnes' und den traditionellen
Auslegungsgewohnheiten eingetreten war. Dies im Rahmen einer systematisch eindrucksvollen Gesamtkonzeption, die auch hermeneutisch-exege-
tisch eine neue Periode einleitete und in der Tat eine eigentümlich jüdische
Interpretation hervorbrachte, wobei *sôd*, der vierte Schriftsinn, den eigentlich
kabbalistischen darstellt, der Wortsinn dabei aber nie aufgehoben zu werden
braucht. In den Auseinandersetzungen mit der christlichen Seite kam
allerdings so gut wie nur der erste, einfache Schriftsinn zur Anwendung.[80]

4. Kabbalistische Exegese

4.1 Der Wirkungszusammenhang zwischen ‚Oben' und ‚Unten'

Die Exegese der Kabbalisten ist integraler Bestandteil ihres spekulativen
Systems, das in einem noch nie dagewesenen Ausmaß eine systematisch-
spekulative Theologie mit einer für geradezu theurgisch wirksam gehalte-
nen Frömmigkeitspraxis verbunden und sowohl Traditionstreue als auch
Neuschöpfungen ermöglicht hat.[81]
 Im Rahmen eines neuplatonisch bestimmten Weltbildes benutzten die
Kabbalisten, die ihre Lehre als Kabbalah (*qabbalah*, Tradition) schlechthin
ausgaben, alle traditionellen Einzelelemente jüdischer Welt- und auch
Schriftdeutung als Bausteine für ein geschlossenes, wenn auch im Detail
sehr variables System.[82] Wie die philosophierenden Theologen gingen auch

---

80 G. STEMBERGER, Elements (Anm. 32) I/2, 578–590.
81 Für die Grundvoraussetzungen s. SCHOLEM, a.a.O. (Anm. 79), 42–116 (zum Teil
 auch 21ff.).
82 M. IDEL, Language, Torah, and Hermeneutics in Abraham Abulafia, Albany 1988;
 DERS., Preliminary Observations on the Variety of Kabbalistic Exegesis, Rabbi Mordechai Breuer Festschrift, II, Jerusalem 1992, 773–784; DERS., Kabbalistic Exegesis,
 in: SÆBØ (ed.), Hebrew Bible (Anm. 1) I/2, 456–466; I. MOSE, PaRDeS. Some

sie von der absoluten Transzendenz der Gottheit selbst aus, bezeichneten diese auch vorzugsweise als 'ên sôf (Unendliches). Nur die Wirkungskräfte der Gottheit sind mehr oder minder erfaßbar, sie bilden ein Gefüge von zehn Sefirot, die gern als Makro-Anthropos dargestellt werden, aufeinander einwirken und alle Vorgänge ‚Unten' im Ablauf ihrer Wechselwirkungen bestimmen. Aber der Einfluß geht nicht bloß von oben nach unten, zwei Faktoren bedingen auch einen Einfluß von unten nach oben: (a) die neuplatonische Vorstellung vom oberen Ursprung der Seele, deren Selbstvervollkommnung in der leiblichen Existenz und deren Rückkehr; (b) die Erwählungstheologie der Tradition: Israels Verhalten in Gehorsam oder Sünde wirkt auf die Vorgänge oben ein und bestimmt so wieder die Einwirkung von oben auf unten mit. Nicht nur die meditative Versenkung bzw. Erhebung der Seele, sondern gerade auch die Torah-Praxis in allen alltäglichen Details erhält somit eine kosmisch-transkosmische Wirkungsmächtigkeit.[83]

4.2 Sprachtheologische und kosmologische Aspekte

Schon die Rabbinen hatten von der Torah als Weltgesetz und Schöpfungsplan gesprochen, der hebräischen Sprache als Sprache der Schöpfung eine einzigartige Qualität zugewiesen, ja sogar die einzelnen Buchstaben und deren Verbindungen als Schöpfungspotenzen gewertet, was im bereits erwähnten frühmittelalterlichen Sefär J^eçîrah systematisiert worden ist. Die Kabbalisten griffen dies in konsequent systematischer Weise auf, bauten es in ihr neuplatonisch geprägtes Weltbild ein und verbanden es mit ihrer Sefirot-Lehre und ihrer Auffassung vom Wirkungszusammenhang zwischen oben und unten. Die Torah wird dabei insgesamt und bis ins Detail der Buchstaben unmittelbar mit den Sefirot-Kräften verbunden. In der dritten Sefirah, ‚Weisheit' (ḥokmah), liegt der Ursprung der Torah als Ur-Idee, als noch ganzheitliches Konzept. In der vierten Sefirah, ‚Einsicht' (bînah), gewinnen die Buchstaben der Schöpfungssprache, also der Torah, ihre ideelle Form. Die sechste, zentrale Sefirah repräsentiert die schriftliche Torah. Die zehnte, unterste, alles von oben nach unten und von unten nach oben vermittelnde Sefirah repräsentiert die mündliche Torah. Wer Torah studiert, bewegt also Sefirot-Kräfte, wer Torah praktiziert, nicht minder. Auch wer

---

reflections on kabbalistic hermeneutics, in: J. J. COLLINS (ed.), Death, Ecstasy, and Other-Wordly Journeys, Winona Lake 1995, 249–268; B. ROJTMAN, Black Fire on white Fire. An Essay on Jewish Hermeneutics, from Midrash to Kabbalah, Berkeley 1998.

83   Beispiele für klassisch-kabbalistische Exegese in deutscher Übersetzung siehe in J. MAIER, Die Kabbalah, München 1992.

Exegese betreibt oder Bibel- und Gebetstexte meditierend liest, greift in den Wirkungszusammenhang zwischen Oben und Unten ein. Mit in diesen Zusammenhang gehört die Anwendung von Gematrie (Auswertung des Zahlenwertes der Buchstaben), *temûrah* (Buchstabenumstellung), *çêrûf* (Buchstabenkombination) und ähnlichen, stark ins Unkontrollierbare, Spielerische reichenden Praktiken, doch handelte es sich bei diesen Verfahren nicht um ein zentrales Anliegen. Sie gewannen aber später im Lauf der Popularisierung der Kabbalah immer mehr an Gewicht, und noch heute erscheinen gar nicht wenige Publikationen in diesem Geist. Mit eine Ursache dafür liegt in den Möglichkeiten der Computertechnik, mit der traditionelle Verfahrensweisen wie die Gematrie noch effektiver – und wissenschaftlich beurteilt dementsprechend noch befremdlicher – angewendet werden können.[84]

4.3 Anthropologische Aspekte

Die Rabbinen hatten bereits die 613 (248 Gebote + 365 Verbote) Vorschriften in der Torah zu den Körperteilen des Menschen in Beziehung gesetzt, den Körper des Menschen selbst im Sinne einer weitverbreiteten antiken Ansicht als Mikrokosmos in Analogie zum Makrokosmos verstanden, und im *Sefär Jeçîrah* wurden solche Ansichten erstmals nach den drei Kategorien Kosmos, Mikrokosmos (Mensch) und Zeitlauf systematisiert.

Die Kabbalisten bauten auch dies aus. Das Gefüge der Sefirot-Kräfte wurde als Ur-Adam (*'Adam qadmôn*), als menschengestaltige Manifestation der göttlichen Wirkungsoffenbarung, dargestellt. Die Gebotserfüllungen werden entsprechenden Körperteilen zugeordnet, stehen somit nicht bloß in Analogie zu Kosmos und Sefirot-Vorgängen, sondern stellen den Kabbalisten mit allen seinen Gliedern in den erwähnten Wirkungszusammenhang. Selbst die Meditation, das Aussprechen der heiligen Texte selbst, bewegt etwas innerhalb des Verhältnisses zwischen den geistigen Seelenkräften und den Sefirot-Kräften und damit im Sefirot-Gefüge selbst. Der meditative Erkenntnisprozeß gleicht einem Seelenaufstieg in die Welt der Sefirot. Noch nie und auch nie wieder haben die Einzelheiten der Frömmigkeit, die sonst so leicht als Brauchtum und Gewohnheit erscheinen, eine derart weitreichende Deutung erfahren, und dementsprechend ernsthaft waren auch Anliegen und Vorgang kabbalistischer Bibelauslegung. Kein Wunder, daß auch heute manche Juden und sogar Nichtjuden versuchen, daran anzuknüpfen und von kabbalistischen Voraussetzungen her ein tieferes Verständnis der Schrift zu erreichen. Aber die kabbalistische Auslegung

---

84 Vgl. etwa M. KATZ, Computorah, Jerusalem 1996; A. BITON, Sefär be-re'šît, Kiryat Gat 2003.

entbehrt der Kontrollierbarkeit, sie wuchert leicht ins Phantastische aus, weil den Deutungen keine Grenzen gesetzt sind. In Spätmittelalter und Neuzeit kam es diesbezüglich zu teilweise grotesken Auswüchsen, und auch derzeit erscheinen höchst seltsame Produkte dieser Art.

Der Erfolg der Kabbalah gegenüber der philosophierenden Exegese beruhte auf dem Umstand, daß sie den Wortsinn in keinem einzigen Fall aufzuheben brauchte. Spricht ein Bibelvers von Gottes Arm, so war dies für die philosophierenden Theologen ein krasser Anthropomorphismus, der als Metapher gedeutet werden mußte. Der Kabbalist war zwar ebenfalls der Meinung, daß die Gottheit keinen Arm haben könne, bezog den ‚Arm‘ aber auf eine der oberen linken oder rechten Positionen in einem Schema der zehn Sefirot in Form einer Mannesgestalt, im sogenannten 'Adam qadmôn (zu unterscheiden vom 'Adam ri'šôn von Gen 1–3).

Mit der Aufklärung ist die Kabbalah und somit die kabbalistische Schriftdeutung im Judentum weithin verdrängt worden, in orthodoxen und chasidischen Kreisen freilich wurde sie weitergepflegt, und derzeit ist sie geradezu in Mode, teils infolge einer weltweit propagierten popularisierten Kabbalah, weithin sogar Pseudo-Kabbalah, und teils im Rahmen einer eigentümlichen Renaissance einer orthodox-ghettohaften, osteuropäischen Spielart des Judentums. Teils infolge größerer Unbefangenheit (oder verlorengegangenen Respekts) gegenüber der Tradition, teils auf der Suche nach jüdischer Selbstdefinition, und zu einem guten Teil im Sinne moderner Ersatzreligion, werden kabbalistische Elemente auf mancherlei Weise eklektisch aufgegriffen und verwertet, teils auf eine noch nachvollziehbare Weise,[85] meistens aber mit ungezügelter Phantasie entsprechend den Bedürfnissen einer modischen Wellness-Religion.

---

85 Vgl. z.B. den neo-kabbalistischen Kommentar von A. D. GRAD, Le véritable Cantique de Salomon, Paris 1970.

§ 2

Zur Frage des biblischen Kanons im Frühjudentum im Licht der Qumranfunde

1. Einleitung

Auch wenn in der Antike die Vorstellung von mehr oder minder fest umrissenen Schriftengruppen nachzuweisen ist und die Entstehung der zur ,Bibel' gewordenen Schriftensammlung in einem solchen Rahmen gesehen werden kann,[1] gilt doch, daß die Definition eines ,Kanons' biblischer Schriften strenggenommen erst im Christentum vorgenommen wurde.[2] Und zwar in etwa derselben Zeit, in der die endgültige Festlegung der Zahl der ,heiligen Schriften' auch im Judentum erfolgte, nämlich im Lauf des 3./4. Jahrhunderts n. Chr.[3] Es ist zwar lange üblich gewesen, von einer ,Synode' zu sprechen, die gegen Ende des 1. Jahrhunderts in Jamnia/Jabne stattgefunden und unter anderm den Kanon der hebräischen Bibel beschlossen haben soll, aber dies ist in dreierlei Hinsicht unzutreffend.[4] Einmal hat es in Jabne eine solche Versammlung nie gegeben, sondern nur eine früh-rabbinische Schule, die eine führende Bedeutung erlangt und damals mit anderen Schulen eine Reihe von Übereinstimmungen erzielt hat, die als Beschlüsse von Jabne in die Tradition eingegangen sind. Sodann suggeriert der Ausdruck ,Synode' eine unangemessene Entsprechung zu kirchlichen

---

1   M. FINKELBERG – G. G. STROUMSA, Homer, the Bible, and Beyond: Literary and Religious Canons in the Ancient World, Leiden (Jerusalem Studies in Religious Culture 2) 2003.

2   B. METZGER, The Canon of the New Testament, Oxford 1987, 289–293; P. BRANDT, Endgestalt des Kanons. Das Arrangement der Schriften Israels in der jüdischen und christlichen Bibel, Berlin – Wien (BBB 131) 2001.

3   S. Z. LEIMAN, The Canonization of Hebrew Scripture. The Talmudic and Midrashic Evidence, Hamden/Conn. 1976.

4   R. C. NEWMAN, The Council of Jamnia and the Old Testament Canon, WThJ 381, 1975/76, 319–349; G. STEMBERGER, Jabne und der Kanon, JBTh 3, 1988, 163–174; G. VELTRI, Voraussetzungen der Kanonbildung und die Yavne-Legende, in: DERS., Gegenwart der Tradition. Studien zur jüdischen Literatur und Kulturgeschichte, Leiden (JSJ.S 69) 2002, 23–37.

Synoden und deren Funktionen und Konsequenzen. Und schließlich ist es damals nicht zu einer abschließenden Kanonbildung gekommen, man hat lediglich festgestellt, daß über eine bestimmte Anzahl von Büchern hinaus keine weiteren zu den Schriften zählen sollen, die (zum Teil) für die liturgische Lesung verwendet und allgemein gelesen bzw. gelernt werden sollen. Ein Anliegen scheint in der frühen Zeit nach der Tempelzerstörung aber den Rabbinen in der Tat besonders am Herzen gelegen zu haben, nämlich die Anerkennung des Ranges der ,Schriften', der dritten Gruppe nach ,Torah' und ,Propheten' (und Psalter). Bezeichnend dafür ist die Diskussion darüber, ob auch diese Schriften ,die Hände verunreinigen'. Der Ausdruck ist im strengen Sinne ein rituell-kultischer: Heiliges ,verunreinigt' etwas rituell nicht Gleichrangiges. Im Bemühen, das priesterliche Verfügungsmonopol über die ,heiligen Schriften' zu unterlaufen, postulierten sie zunächst für die nach den eigenen Vorschriften erstellten Schriftrollen einen Heiligkeitsgrad, der für die Handhabung der Rollen eine rituelle Händewaschung erforderte. Das betraf im Grunde nur Schriftrollen, die zur liturgischen Lesung dienten, also Pentateuch- und Prophetenrollen. Alsbald weiteten die Rabbinen den Sinn des Ausdrucks jedoch aus, so daß auch von Hagiographen gesagt werden konnte, daß sie die Hände verunreinigen. Mit dieser eher metaphorischen Kennzeichnung charakterisierten sie ein Corpus von Schriften, das zusätzlich zu den bereits feststehenden Corpora des Pentateuchs und der Propheten auch noch die Hagiographen umfaßt, den *TN"K* (*Tôrah, Nebî'îm, Ketûbîm*). Von einer Gleichstellung in ritueller Hinsicht kann aber keine Rede sein, die drei Teile des *TN"K* blieben weiterhin deutlich abgestuft.

Die anachronistische Anwendung des inhaltlich christlich bestimmten Kanon-Begriffs[5] auf ältere Zeiten kann schwerwiegende Mißverständnisse provozieren, denn natürlich bedingte die Kanonisierung auch eine andere Einstellung zum Text. Die christliche Kanonbildung erfolgte außerdem vorrangig unter dem Vorzeichen innerchristlicher Lehrstreitigkeiten, und daher wurde die Bibel vor allem zur Offenbarungsgrundlage der kirchlichen Lehre. Und zwar mit charakteristischen Schwerpunktverlagerungen: Nun lag der Schwerpunkt auf den Propheten und auf dem Psalter und auf den nichtgesetzlichen Inhalten des Pentateuchs, und zwar im Sinne der christologischen Auslegung, während das ,Gesetz' bedeutungsmäßig zurückgestuft und in Teilen für nicht mehr gültig erklärt wurde.

Auch äußerlich ist die Diskrepanz unübersehbar. Für die Rabbinen ging es um hebräische (und zum Teil aramäische) Schriften, für die Christen um

---

5   H. OHME, Kanon ekklesiastikos. Die Bedeutung des altkirchlichen Kanonbegriffs, Berlin (AKG 67) 1997.

griechische (und dann lateinische) Übersetzungen. Und außerdem enthielt die griechische Bibel einen gewissen Mehrbestand (die sogenannten deuterokanonischen bzw. apokryphen Bücher).[6] Wieweit dieser ‚Kanon' bereits im hellenistischen Judentum vorgeformt war, ist schwierig zu beantworten, weil die erhaltenen Zeugnisse für den jüdischen Raum über den Pentateuch hinaus nur wenig eindeutige Aussagen enthalten.[7]

Im rabbinischen Judentum ergab sich zwischen 70 n. Chr. und dem 4. Jahrhundert n. Chr. ebenfalls eine Diskussion über den Umfang der Schriften, die man zu einer Anzahl von autoritativen Texten zählen kann. Hier hat der Pentateuch (die ‚Schriftliche Torah') einen absoluten Vorrang vor den ‚Propheten' (Josua bis 2. Könige) und diese wieder vor den ‚(übrigen) Schriften'. Vorrang haben gesetzliche Inhalte, gefolgt von geschichtlichen Gesichtspunkten. Die rabbinische Diskussion ging vor allem von der Frage aus, welche Schriftrollen-Exemplare für die liturgische Lesung tauglich sind, während die lehrmäßige Relevanz der Inhalte nur am Rande ins Spiel kam.

Das alles zeigt, daß es nicht nur einen ‚Kanon' gegeben hat. Die Überbewertung und anachronistische Anwendung des Kanonbegriffs verstellte außerdem oft den Blick für die Tatsache, daß die bekannten ‚kanonischen' Schriften in alter Zeit nicht als alleinige autoritative Überlieferungen galten. Es hat über die ‚deuterokanonischen' Bücher hinaus noch Schriften gegeben, die ebenfalls hohes Ansehen genossen bzw. als Offenbarungsschriften gewertet wurden.[8]

Bis zu den Qumranfunden war die Behandlung des Kanons und seiner Geschichte ein wenig variabler Standard-Gegenstand der biblischen Einleitungswissenschaft oder der Dogmengeschichte gewesen. Nach den ersten Publikationen von Texten aus den Qumranhöhlen im Jahr 1951, vor allem der großen Jesajarolle (1QIs^a) und des Habakkuk-Kommentars (1QpHab), hat sich diese Situation geändert, auch wenn manche Darstellungen den Befund der Qumrantexte noch immer ausklammern, weil es vor allem um die christliche Bibel geht.[9] Eigentlich müßte die jüdische Seite bei der

---

6   M. MÜLLER, Die Septuaginta als die Bibel der neutestamentlichen Kirche, KuD 42, 1996, 65–78; J. BARTON, The Spirit and the Letter. Studies in the Biblical Canon, London 1997; JOHAN LUST, Septuagint and Canon, in: J. M. AUWERS – H. J. DE JONGE (eds.), The Biblical Canons, Leuven 2003, 39–55.

7   Zu einem vergleichenden Überblick siehe S. A. NIGOSIAN, Formation of Jewish and Christian Scriptures, ThRev 24, 2003, 127–140.

8   J. C. VANDERKAM, Authoritative Literature in the Dead Sea Scrolls, DSD 5, 1998, 382–402; DERS., Revealed Literature in the Second Temple Period, in: DERS., From Revelation to Canon: Studies in the Hebrew Bible and Second Temple Literature, Leiden (JSJ.S 62) 2000, 1–30.

9   Überblick über die ältere Literatur bei CHR. DOHMEN, Der biblische Kanon in der Diskussion, ThRv 91, 1995, 452–459.

Behandlung der Schriftverwendung Jesu ins Blickfeld kommen, was aber manchmal nur in begrenztem Maß der Fall ist.[10]

Mehrere Publikationen behandeln die Entstehung eines autoritativen Schriften-Corpus im größeren Zusammenhang der Kanonbildung überhaupt[11] oder in einem engeren Rahmen,[12] und bei alledem wird auch die Geschichte der griechischen ‚Bibel' in einem neuen Licht gesehen.[13] Die

---

10 E. B. POWERY, Jesus Reads Scripture. The Function of Jesus' Use of Scripture in the Synoptic Gospels, Leiden 2003.

11 Die Zahl einschlägiger Publikationen ist bemerkenswert groß; siehe vor allem: J. A. SANDERS, Torah and Canon, Philadelphia 1976²; D. G. MEADE, Pseudonymity and Canon: An investigation into the relationship of authorship and authority in Jewish and earliest Christian tradition, Tübingen (WUNT 39) 1986 (und dazu: G. STEMBERGER, Pseudonymität und Kanon. Zum gleichnamigen Buch von David G. Meade, JBTh 3, 1988, 267–273); M. J. MULDER (ed.), Mikra, Assen 1988; E. P. SANDERS, Jewish Law from Jesus to the Mishnah, London 1990; R. I. VASHOLZ, The Old Testament Canon in the Old Testament Church, Lewiston (ANETS 7) 1990; A. E. STEINMAN, The Oracles of God. The Old Testament Canon, St. Louis/Missouri 1999; J. W. MILLER, The Origins of the Bible. Rethinking the Canon, New York 1994; M. SÆBØ, On the Way to Canon: Creative Tradition History in the Old Testament, Sheffield (JSOT.S 191) 1998; PH. R. DAVIES, Scribes and Schools. The Canonization of the Hebrew Scriptures, Louisville 1998; A. VAN DER KOOIJ – K. VAN DER TOORN (eds.), Canonization and Decanonization. Papers presented to the International Conference of the Leiden Institute for the Study of Religions 9–10 January 1997, Leiden 1998; M. PERANI, Il processo di canonizzazione della Bibbia Ebraica. Nuove prospettive metodologiche, RivBibl 48, 2000, 385–400; D. VOLGGER, Heilige, kanonische Schriften, Antonianum 75, 2000, 429–459; P. BRANDT, Endgestalt des Kanons. Das Arrangement der Schriften Israels in der jüdischen und christlichen Bibel, Berlin – Wien (BBB 131) 2001; L. M. MCDONALD – J. A. SANDERS (eds.), The Canon Debate, Peabody/Mass. 2002.

12 E. ULRICH, The Canonical Process. Textual Criticism and Later Stages in the Composition of the Bible, in: M. FISHBANE etc. (eds.), Sha'arei Talmon, Winona Lake 1992, 267–291; DERS., Canon, in: L. H. SCHIFFMAN – J. C. VANDERKAM, Encyclopedia of the Dead Sea Scrolls, I, Oxford – New York 2000, 117–120; J. WHITLOCK, Schrift und Inspiration. Studien zur Vorstellung von inspirierter Schrift und inspirierter Schriftauslegung im antiken Judentum und in den paulinischen Briefen, Neukirchen-Vluyn (WMANT 98) 2002, 122–151; S. TALMON, The Crystallization of the "Canon of Hebrew Scriptures" in the Light of Biblical Scrolls from Qumran, in: S. MCKENDRICK – O. O'SULLIVAN (eds.), The Bible as Book: The transmission of the Greek Text, New Castle, DE 2003, 5–20; E. ULRICH, Qumran and the Canon of the Old Testament, in: AUWERS – DE JONGE (Anm. 6), 57–80.

13 N. FERNÁNDEZ MARCOS, Introducción a las versiones griegas de la Bíblia, Madrid 1979; DERS. (ed.), La Septuaginta en la investigación contemporánea, Madrid 1985; A. PIETERSMA (ed.), De Septuaginta (Festschrift J. W. Wevers), Mississauga/Ont. 1984; R. W. KLEIN, Textual Criticism of the Old Testament. The Septuagint after Qumran, Philadelphia 1974.

Bezeugung biblischer Schriften und deren Bedeutung für die in den Qumrantexten bezeugte priesterlich geprägte Tradition und für das Verständnis vieler einzelner Qumrantexte wurde auch für sich eingehend behandelt,[14] die Verwendung und Interpretation biblischer Texte und Passagen in wichtigen Qumranschriften wurde untersucht. In der Regel wurde dabei freilich der Qumran-Befund in das übliche Bild von der Kanonbildung eingepaßt und von daher gedeutet, also nicht so sehr von den Voraussetzungen und Gegebenheiten aus, die für die Qumrantraditionen selbst maßgeblich gewesen waren. Obwohl im Lauf der Zeit eine gewisse Infragestellung der geläufigen Vorstellungen eintrat, wurde und wird die hebräische ‚Bibel‘ daher noch häufig in dem uns bekannten Umfang und mit der uns geläufigen Wertung auch für die Jahrhunderte vor Christus und für die Leute vorausgesetzt, die hinter den Qumranschriften gestanden haben. Jedenfalls ist in der Fachliteratur trotz des mittlerweile erwachten kritischen Bewußtseins weithin nach wie vor von ‚Kanon‘ und ‚kanonisch‘ die Rede.[15] Für viele Jahre blieb die instruktivste Übersicht über Bestand und Bedeutung der Bibeltexte aus Qumran ein Buch von F. M. Cross,[16] auch wenn im Lauf der Jahre zahlreiche Publikationen zum neuen Sachverhalt im Ganzen oder zu Einzelaspekten folgten, wobei die textgeschichtlichen Aspekte begreiflicherweise die größte Aufmerksamkeit auf sich gezogen haben.[17] Die sensationelle Tatsache, daß zumindest für ein biblisches Buch, Jesaja, ein vollständiger Text gefunden wurde, der ca. tausend Jahre hinter die mittelalterlichen großen Handschriften zurückreicht, hat eben einen entsprechenden Eindruck gemacht.

---

14 E. D. HERBERT – E. TOV (eds.), The Hebrew Bible and the Judaean Desert Discoveries, London 2002.

15 H.-J. FABRY, Der Umgang mit der kanonischen Tora in Qumran, in: E. ZENGER (Hg.), Die Tora als Kanon für Juden und Christen, Freiburg/Br. 1996, 293–327; C. A. EVANS, The Dead Sea Scrolls and the Canon of Scripture in the Time of Jesus, in: P. W. FLINT (ed.), The Bible at Qumran: Text, Shape, and Interpretation, Grand Rapids – Cambridge 2001, 67–79; A. MOENIKES, Die Tora des Mose. Beispiel eines kanongeschichtlichen Prozesses, in: M. HUTTER – W. KLEIN – U. VOLLMER (Hg.), Hairesis. Festschrift für Karl Hoheisel, Münster (JAC.E 34) 2002, 19–32.

16 F. M. CROSS, The Ancient Library of Qumran and Modern Biblical Studies, Garden City 1958; Sheffield 1995³; deutsche Übersetzung: Die antike Bibliothek von Qumran und die moderne Wissenschaft. Ein zusammenfassender Überblick über die Handschriften vom Toten Meer und ihre einstigen Besitzer, Neukirchen 1967.

17 Siehe vor allem: F. M. CROSS – S. TALMON (ed.), Qumran and the History of the Biblical Text, Cambridge/Mass. 1975; E. TOV, Der Text der Hebräischen Bibel. Handbuch der Textkritik, Stuttgart 1996.

Betrachtet man die nunmehr vollständigen Auflistungen der biblischen Qumrantexte,[18] ergibt sich für die Kanonfrage vordergründig ein ausgesprochen positiver Befund. Fast alle Bücher der hebräischen Bibel sind zumindest durch Fragmente bezeugt. Nur Haggai, Ester und Nehemia fehlen, wahrscheinlich auch die Chronikbücher und Esra, denn die identifizierten kleinen Fragmente könnten sehr wohl aus damals noch selbständig vorhandenen Quellenschriften stammen (siehe unten). Das chronistische Geschichtswerk bezeugt offenbar trotz vieler sachlicher Gemeinsamkeiten in kultischen Belangen eben eine andere priesterliche Traditionslinie.

Leider blieb nur vom Buch Jesaja ein vollständiger Text erhalten, und von vielen biblischen Schriften liegen nur so kleine Fragmente vor, daß sie den biblischen Textbestand lediglich in Grenzen bestätigen können. Vor allem die Tatsache, daß keine Pentateuch-Rolle vollständig erhalten blieb, ist zu bedauern. Noch viel mehr gilt dies im Blick auf die ursprünglich sehr umfangreichen Pentateuchfassungen, die man meist auf den ‚kanonischen' Pentateuch zurückführt. Der Sachverhalt ist jedoch komplizierter.[19] Während ein Teil (4Q364–365) tatsächlich dem ‚biblischen' Pentateuch bzw. dem samaritanischen Pentateuch nahesteht, weisen 4Q366–367 auffällig andere Textfolgen auf, und 4Q158 enthält auffällige, eingearbeitete Erklärungen. Diese Vielfalt von Fassungen ist indes so ungewöhnlich nicht. Schon aus der Septuaginta war für gewisse biblische Bücher das Vorhandensein einer anderen Vorlage oder gar zweier Fassungen bekannt, nun wird dieser Befund durch Qumrantexte bestätigt und noch erweitert. Das gilt für das Buch Josua,[20] das Buch der Richter,[21] und insbesondere für die Samuelbücher.[22] Für die Samuelbücher hat sich ein recht komplizierter Sachverhalt

18 D. L. WASHBURN, A Catalogue of Biblical Passages in the Dead Sea Scrolls, Leiden (SBL. Text-Critical Studies 2) 2003; J. MAIER, Le Scritture prima della Bibbia, Brescia (Introduzione allo studio della Bibbia. Supplementi 11) 2003, 158–259.

19 M. SEGAL, 4QReworked Pentateuch or 4QPentateuch?, in: L. H. SCHIFFMAN – E. TOV – J. C. VANDERKAM – G. MARQUIS (eds.), The Dead Sea Scrolls Fifty Years after their Discovery, Jerusalem 2000, 391–399.

20 E. TOV, Joshua, Book of, in: Encyclopedia of the Dead Sea Scrolls (Anm. 12) I, 431–434.

21 J. TREBOLLE BARRERA, Judges, Book of, in: Encyclopedia of the Dead Sea Scrolls (Anm. 12) I, 455.

22 E. C. ULRICH, The Qumran Text of Samuel and Josephus, Atlanta 1978; S. PISANO, Additions or Omissions in the Book of Samuel. The Significance Pluses and Minuses in the Masoretic, LXX and Qumran Texts, Freiburg/Schweiz – Göttingen (OBO 57) 1984; S. P. BROCK, The Recensions of the Septuagint Version of 1 Samuel, Torino (Quaderni di Henoch 9) 1995; D. W. PARRY, Retelling Samuel: Echoes of the *Books of Samuel* in the Dead Sea Scrolls, RdQ 17 (65–68), 1996, 293–306; A. FINCKE, The Samuel Scroll from Qumran: 4QSamª Restored and Compared to the Septuagint and 4QSamᶜ, Leiden (StTDJ 43) 2001; F. POLAK, Samuel, First and

ergeben, denn es existierten offenbar verschiedene Fassungen. Auch die Textgestalt von 4Q51 und ihr Verhältnis zu 1. Chronik und zur Septuaginta, die ebenfalls zwei Rezensionen bezeugt, sowie zur griechischen Vorlage des Flavius Josephus gab Anlaß zu Diskussionen. Es geht nämlich in einigen Fällen nicht bloß um Textvarianten, sondern auch um zusätzliches Material. 4Q52 ist eine der ältesten Bibelhandschriften aus Qumran, weist aber weniger Eigenheiten auf, steht manchmal der Septuaginta und manchmal dem masoretischen Text näher. 4Q53 ist eine Kopie ohne wesentliche textliche Besonderheiten und stammt von der Hand des Schreibers, der auch 1QS kopiert hat, seine herkömmliche Datierung ist neuerdings umstritten und muß vielleicht nach unten korrigiert werden. Aber diese Handschrift hatte den erweiterten Schluß der Septuaginta. Der etwas diffuse Befund weist auf eine von früh an vielfältige Überlieferung.

Eine besondere Hochschätzung bzw. ein spezifischer Gebrauch bestimmter Schriften wäre auch durch die Feststellung buch- und schreibtechnischer Sondermerkmale objektiv nachweisbar, doch haben erste Versuche dieser Art einer Überprüfung nicht standgehalten. Man hatte innerhalb der Qumrantradition keinen Anlaß, biblische Texte deutlich anders zu schreiben als nichtbiblische. Die buchtechnischen Fragen sind inzwischen weitgehend geklärt, die Qumranschriften wurden zum größten Teil auf Lederrollen geschrieben, die in der Größe recht variieren konnten, zum kleineren Teil auf Papyrusrollen, und zwar auch ,biblische' Bücher.[23] Kanongeschichtlich ist von Interesse, daß die Leder-Schriftrollenform auch später (aber standardisiert) in der synagogal-rabbinischen Tradition bis heute für Exemplare verbindlich blieb, die der liturgischen Lesung dienen sollten, während man

Second Books of, in: Encyclopedia of the Dead Sea Scrolls (Anm. 12) II, 819–823. Vgl. auch C. E. MORRISON, The Character of the Syriac Version of the First Book of Samuel, Leiden 2001.

23 M. HARAN, Book Scrolls in Pre-exilic Times, JJS 33, 1982, 161–173; DERS., More Concerning Book Scrolls in Pre-exilic Times, JJS 35, 1984, 84–85; DERS., Bible Scrolls in the Early Second Temple Period (Hebr.), ErIs 16, 1982, 86–92; DERS., Bible Scrolls in Eastern and Western Jewish Communities from Qumran to the High Middle Ages. HUCA 56, 1985, 21–62; DERS., Book Size and the Device of Catchlines in the Biblical Canon, JJS 36, 1985, 1–11; J. MAIER, Jüdische Auseinandersetzung mit dem Christentum in der Antike, Darmstadt 1982, 10–114; Y. SHAVIT, The "Qumran Library" in the Light of the Attitude towards Books and Libraries in the Second Temple Period, in: M. O. WISE etc. (eds.), Methods of Investigation of the Dead Sea Scrolls and the Khirbet Qumran Site. Present Realities and Future Prospects, New York (Annals of the New York Academy of Sciences 722) 1994, 299–318; Y. SPIEGEL, Chapters in the History of the Hebrew Book. Scholars and their Scholia, Ramat Gan 1996.

im christlichen Bereich diese liturgisch verankerte Tradition nicht aufnahm, sondern die billigere Kodexform wählte und populär machte.

Merkmale orthographischer Art, vor allem der Wechsel von Plene- und Defektivschreibung[24], aber auch die Textgliederung[25] schienen Anhaltspunkte liefern zu können. Von der Orthographie her beobachtete man anfangs zum Beispiel einen höheren Stabilitätsfaktor für die damals bekannten Pentateuchtexte und erschloß daraus einen entsprechend höheren Autoritätsgrad und eine besondere Qumran-Orthographie.[26] Auch die Verwendung von Gottesnamen und die Schreibung des Tetragramms schienen Anhaltspunkte zu liefern,[27] aber mit der Zunahme der Anzahl publizierter Texte relativierten sich die Befunde.[28] Anfangs schien die Verwendung der althebräischen Schrift ein Kriterium darzustellen, aber das gilt so nicht, auch wenn den Rollenfragmenten in althebräischer Schrift und auch den beacht-

---

24 W. WEINBERG, The History of Hebrew Plene Spelling, Hoboken/N.J. 1985; F. I. ANDERSEN – M. D. FORBES, Spelling in the Hebrew Bible, Rom 1986.

25 J. M. OESCH, Petucha und Setuma, Freiburg/Schweiz – Göttingen (OBO 27) 1979; DERS., Textgliederung im Alten Testament und in den Qumranhandschriften, Henoch 5, 1983, 289–321; F. LANGLAMET, Les divisions masorétiques du Livre de Samuel. A propos de la publication du Code de Caire, RB 91, 1984, 481–519; E. TOV, Sense Divisions in the Qumran Texts, the Masoretic Text, and Ancient Translations of the Bible, in: J. KRASOVEC (ed.), Interpretation of the Bible, Ljubljana 1998, 121–146; M. C. A. KORPEL – J. M. OESCH (eds.), Studies in Scriptural Unit Division, Assen 2002.

26 D. N. FREEDMAN, The Massoretic Text and the Qumran Scrolls. A study in orthography, in: F. M. CROSS – S. TALMON (eds.), Qumran and the History of the Biblical Text, Cambridge 1975, 196–211; E. TOV, The Orthography and Language of the Hebrew Scrolls Found at Qumran and the Origin of these Scrolls, Textus 13, 1986, 31–57; E. QIMRON, The Hebrew of the Dead Sea Scrolls, Atlanta 1986, 17ff.; D. N. FREEDMAN – A. D. FORBES – F. I. ANDERSEN, Studies in Hebrew and Aramaic Orthography, Winona Lake 1992; J. CAMPBELL, Hebrew and its Study at Qumran, in: W. HORBURY (ed.), Hebrew Study from Ezra to Ben Yehuda, Edinburgh 1999, 38–52; J. R. DAVILA, Orthography, in: Encyclopedia of the Dead Sea Scrolls (Anm. 12) I–II, 625–628.

27 H. STEGEMANN, Religionsgeschichtliche Erwägungen zu den Gottesbezeichnungen in den Qumrantexten, in: M. DELCOR (ed.), Qumrân: Sa piété, sa théologie et son milieu, Paris – Leuven 1978, 195–217.

28 D. W. PARRY, Notes on Divine Name Avoidance in Scriptural Units of Legal Texts of Qumran, in: M. J. BERNSTEIN – F. GARCÍA MARTÍNEZ – J. KAMPEN, Legal Texts and Legal Issues. Proceedings of the Second Meeting of the International Organization for Qumran Studies. Published in Honour of Joseph M. Baumgarten, Cambridge 1995, Leiden (StTDJ 23) 1997, 437–449; D. GREEN, Divine Names: Rabbinic and Qumran Scribal Techniques, in: SCHIFFMAN – TOV – VANDERKAM – MARQUIS, a.a.O. (Anm. 19), 497–511; M. RÖSEL, Names of God, in: Encyclopedia of the Dead Sea Scrolls (Anm. 20) I–II, 601f.

lich frühen Resten griechischer Übersetzungen wegen ihres Alters eine besondere Bedeutung zukommt.[29] Sprachlich lassen sich ebenfalls Unterschiede feststellen, die bei bestimmten Texten auf eine bewußte Nachahmung des biblischen Hebräisch hindeuten, aber dies scheint mehr von der Literatursorte und Gattung abzuhängen als von einer vorausgesetzten Kanonizität.

Der Pentateuch dürfte schon so früh als unstrittige Überlieferung gegolten haben, daß auch die Samaritaner ihn akzeptiert haben.[30] Dies allerdings mit gewissen Modifikationen und in einem sehr interessanten Verhältnis zur Qumranüberlieferung.[31] Offen bleibt dabei allerdings, in welcher Funktion der Pentateuch diese seine Bedeutung erhalten hat. Denn ‚Torah' als absolut verbindliche Offenbarung und meist mit Mose verbunden war damals nicht auf die gesetzlichen Pentateuchinhalte beschränkt, was spätestens mit der Publikation der Tempelrolle (11Q19) deutlich geworden ist.[32] Damit stellt sich die Frage nach dem Zusammenhang zwischen sogenannter Kanonbildung und frühjüdischen Richtungen. Man suchte auch hier schon für frühe Zeit zu Ergebnissen zu kommen,[33] doch erlauben die Quellen nur wenige konkrete und beweisbare Feststellungen. Sicher ist, daß die eschatologisch orientierten Strömungen, und damit (in gemäßigter Haltung) auch die Pharisäer, über den Pentateuch hinaus auch das Prophetencorpus als autoritative Schriftengruppe gewertet haben, aber nicht in demselben Maß wie die ‚Torah' bzw. den Pentateuch. Der Ausdruck ‚Torah und Propheten' begegnet daher als früheste und häufigste Bezeichnung für ein Doppel-Corpus von Schriften mit zwei abgestuften Autoritätsgraden.[34] Wenn gelegentlich die ‚Psalmen Davids' auch genannt werden, handelt es sich nur ansatzweise um ein drittes Corpus, weil die Psalmen als inspirierte Dichtungen Davids galten und somit eher als Ergänzung zu den Prophetenschriften, so daß die Qumrantexte keinen wirklichen Beleg für einen drei-

29 Siehe dazu in diesem Band den Beitrag: „Pentateuch, Torah und Recht zwischen Qumran und Septuaginta" (siehe unten S. 111–124).

30 E. ESHEL, Dating the Samaritan Pentateuch's Compilation in Light of the Qumran Biblical Scrolls, in: S. M. PAUL etc. (eds.), Emanuel. Studies in the Hebrew Bible, Septuagint and Dead Sea Scrolls in honor of Emanuel Tov, Leiden 2003, 215–240.

31 E. TOV, Rewritten Bible Compositions and Biblical Manuscripts, with Special Attention to the Samaritan Pentateuch, DSD 5, 1998, 334–354.

32 E. FRERICHS, The Torah Canon of Judaism and the Interpretation of Hebrew Scripture, HBT 9, 1987, 13–25; A. VIVIAN, Il concetto di Legge nel "Rotolo del tempio" (11Q Temple Scroll), RStB 3, 1991, 97–114.

33 M. SMITH, Palestinian Parties and Politics that Shaped the Old Testament, New York 1971; A. LEMAIRE, Les écoles et la formation de la Bible dans l'ancien Israel, Freiburg/Schweiz – Göttingen (OBO 39) 1981.

34 ST. B. CHAPMAN, The Law and the Prophets. A Study in Old Testament Canon Formation, Tübingen (FAT 27) 1999.

teiligen ‚Kanon' enthalten, auch wenn in 4QMMT die Wortwahl darauf hinzudeuten scheint.[35]

Gewiß ist auch, daß die Ausbildung der Vorstellung von autoritativen Schriften nicht bloß in den innerjüdischen Auseinandersetzungen, sondern auch im Verhältnis zur Außenwelt eine Rolle gespielt hat. Im Inneren ging es um die Kontrolle über Schriften, die allgemein als autoritativ anerkannt waren und um deren Verwendung zur Festigung eigener Positionen.[36] Im Außenverhältnis ging es um die Rechtsgrundlage der jüdischen Sonderexistenz, der Pentateuch hatte ja die Funktion eines Basisdokuments für die jüdische Autonomie erhalten. Die Kontrolle über solche Schriften lag traditionell in priesterlich-levitischen Händen,[37] die Musterexemplare befanden sich im Heiligtum. Die Heiligkeit des Ortes bedingt eine gleich hohe rituelle Qualität des hinterlegten Exemplars, daher wird es später als Kultutensil gewertet, dessen Handhabung nicht jedermann zusteht und entsprechenden Regeln unterliegt.

In dieser Hinsicht muß dem Pentateuch als dem Bundesdokument und dessen im Tempel deponierten bzw. vorhandenen Exemplaren wohl eine besondere Bedeutung zugemessen werden. Im Aristeasbrief (spätes 2. Jahrhundert v. Chr.) wird §§ 176–179 die Heiligkeit von Pentateuchexemplaren (des ‚nómos der Juden') als selbstverständlich vorausgesetzt (vgl. §§ 305ff.) und sogar eine numinose Qualität angenommen (§§ 312ff.), was sicher nicht allein auf ägyptisch-hellenistischen Vorstellungen von ‚heiligen Büchern' beruht, sondern eine durch das Heiligtum vorgegebene Heiligkeit voraussetzt. In dem ebenfalls durch priesterliche Tradition bestimmten Hebräerbrief wird 9,19 folglich angegeben, daß während des Bundesschlußrituals auch ‚die Buchrolle' mit Blut besprengt worden sei.[38]

Das priesterliche Monopol konnte nicht bloß durch Verfügung über eigene Textexemplare unterlaufen werden, es wurde auch durch Einführung weiterer, die eigenen Ansichten stützender Schriften relativiert. So ergaben sich mit der Zeit auch gruppengebundene Einrichtungen außerhalb des Tempels mit vergleichbaren oder gar konkurrierenden Ansprüchen. Die Qumrantexte stammen aus einer innerpriesterlichen Fraktion und Tradition, in der die alten Prärogative erhalten blieben, ja sogar noch akzentuiert

---

35 J. G. CAMPBELL, 4QMMTᵇ and the Tripartite Canon, JJS 51, 2000, 181–190.

36 G. BRUNS, Canon and Power in the Hebrew Scriptures, Critical Inquiry 10, 1984, 462–480.

37 U. RÜTERSWÖRDEN, Amt und Öffentlichkeit im Alten Testament, JBTh 11, 1996, 55–68.

38 Vielleicht liegt eine vom Text in Ex 24,3–8 abweichende Verarbeitung des Stoffes zugrunde, da noch andere Details genannt werden, die im Pentateuch sonst nur Num 19,6 und dort in einem anderen rituellen Kontext erwähnt sind.

wurden. Im pharisäisch-rabbinischen Lehrhaus und später auch in der Synagoge hingegen nahmen die laizistisch orientierten Rabbinen gerade solche Privilegien für sich in Anspruch, die sie zuvor der Priesterschaft streitig gemacht hatten.[39]

2. Zum Sprachgebrauch

Es gibt in alter Zeit keine jüdische Bezeichnung für das, was heute als (hebräische) ‚Bibel' bezeichnet wird. Auch die Zitierformel „es steht geschrieben" setzt einen solchen Begriff der Bibel nicht voraus.

In der christlichen Literatur werden Torah und Pentateuch meist gleichgesetzt. Der Pentateuch enthält zwar Torah, stellte aber nie ‚die Torah' dar. Nur in einem eingeschränkten Sinn, als Bezeichnung des Pentateuchs im Verhältnis zu anderen ‚biblischen' Schriften, bedeutet Torah den Pentateuch. Geläufig ist die Bezeichnung ‚Torah des Mose' bzw. ‚Buch des Mose', aber da gilt auch, daß nicht unbedingt der uns überlieferte Pentateuch gemeint sein muß. Tôrah ist nämlich im Sprachgebrauch der Rechtstraditionen zunächst eigentlich die Bezeichnung für jede einzelne priesterliche/mosaische Anweisung, für kleine themagebundene Sammlungen solcher Einzelanweisungen und zugleich für die Gesamtheit der Vorschriften, die auf Gottes Offenbarung zurückgeführt werden.[40]

In alter Zeit stand nicht der Text bzw. die Textgestalt, sondern der im Text überlieferte Inhalt im Vordergrund, was einen relativ freien Umgang mit dem Wortlaut ermöglichte. Noch Josephus, der schon merklich auf den Kanonbegriff zusteuerte, konnte die Überzeugung äußern, in seinen *Antiquitates Judaicae* nichts hinzugefügt und nichts weggelassen zu haben, damit eine Phrase des Deuteronomiums gebrauchend, die in der jüdischen Rechtsgeschichte zu einem festen Prinzip geworden ist, aber auch in der hellenistischen Welt bekannt war.[41] Das Kriterium für diese Behauptung bildete offensichtlich nicht der genaue Wortlaut, sondern eine bestimmte Auffassung und Bewertung des Inhalts. In der Tat dauerte die Standardisierung und Fixierung des Textes (die Arbeit der Masoreten) ja auch noch lange über die Zeit hinaus, in der die umfangmäßige Definition dessen erfolgte, was zu den autoritativen Schriften gezählt werden kann.[42]

---

39 J. MAIER, Jüdische Auseinandersetzung (Anm. 23), 10–114.

40 F. GARCÍA LÓPEZ, Dalla Torah al Pentateuco, RStB 3, 1991, 11–26.

41 L. H. FELDMAN, Studies in Josephus' Rewritten Bible, Leiden (JSJ.S 58) 1998, 539–570; G. VELTRI, Gegenwart der Tradition (Anm. 4), 3–22.

42 G. VELTRI, Voraussetzungen der Kanonbildung (Anm. 4).

In diesem Zusammenhang ist es unerläßlich, die in der jüdischen Tradition so deutliche Abstufung der Offenbarungsautorität in 1. ‚Torah' (als Pentateuch), 2. ‚Propheten' und 3. ‚Schriften' auch historisch ernst zu nehmen. Zwar hat im rabbinischen Judentum die ganze Schrift (*miqra'*) mit ihren drei Teilen (*TN"K*) ein immer größeres Gewicht erhalten, so daß in der Folge auch verstärkt darauf Wert gelegt wurde, einen Sachverhalt aus allen drei Teilen des *TN"K* zu begründen. Aber das diente vorwiegend erbaulichen Zwecken. Immer hebt sich in jüdischen Überlieferungen der Autoritätsanspruch für den gesetzlichen Inhalt des Pentateuchs ganz deutlich von dem für die ‚Propheten' ab, deren Bedeutung vom Neuen Testament aus betrachtet natürlich anders bestimmt wird,[43] zumal weil in der Theologie ein stark theologisch bestimmter Propheten-Begriff vorherrscht.

Auch die liturgische Verwendung zeigt diese Abstufung an. Die Torah wird bis heute in Perikopen eingeteilt in einem Zyklus vollständig gelesen, aus dem Propheten-Corpus kommen nur Auswahlperikopen zu den Pentateuch-Perikopen zur Verlesung, und für die Hagiographen gibt es in dieser Form überhaupt keine liturgische Lesung.[44] Es ist daher nicht sinnvoll, einen einheitlichen Begriff von Kanonizität vorauszusetzen, zu fragen ist nach den Kriterien, die jeweils für den Nachweis der Autorität solcher Schriften angeführt werden. An der synagogal-liturgischen Verwendung wird noch erkennbar, daß rituelle Gesichtspunkte eine maßgebliche Bedeutung hatten, galten doch nur jene Exemplare von Schriftrollen als ‚heilig' und tauglich, die nach ganz bestimmten Vorschriften hergestellt worden sind. Das heißt aber, daß nach diesen rituellen Kriterien nicht der Textinhalt heilig ist, sondern das Schriftrollenexemplar mit seinen Buchstaben, nicht zuletzt die Gottesnamen, und daher wird für die Handhabung auch eine rituelle Händewaschung vorgeschrieben. Nur in hellenistisch-jüdischen Kreisen hat sich, griechisch-ägyptischem Sprachgebrauch folgend, der Ausdruck ‚Heiliges Buch' oder ‚Heilige Schrift' eingebürgert, der dann im Christentum gang und gäbe geworden ist.[45] Im Judentum bezog sich die Bezeichnung ‚heilige Schriften' mit der Zeit allerdings auch auf die Hagiographen.

---

43 W. M. SCHNIEDEWIND, The Word of God in Transition. From Prophet to Exegete in the Second Temple Period, Sheffield (JSOT.S 197) 1995.

44 J. MAIER, Schriftlesung in jüdischer Tradition, in: F. AGNAR (Hg.), Streit am Tisch des Wortes? Zur Deutung und Bedeutung des Alten Testaments und seiner Verwendung in der Liturgie, St. Ottilien 1997, 505–559; L. H. SCHIFFMAN, The Early History of Public Reading of the Torah, in: ST. FINE (ed.), Jews, Christians, and Polytheists in the Ancient Synagogue. Cultural interaction during the Greco-Roman period, London – New York 1999, 44–56; G. STEMBERGER, Schriftlesung II, TRE 30, 1999, 558–563.

45 O. WISCHMEYER, Das heilige Buch im Judentum, ZNW 86, 1995, 218–242.

In alter Zeit war das vorgeblich ehrwürdige Alter und die damit vorgegebene Authentizität und Verläßlichkeit das wichtigste Kriterium für die
Hochschätzung bestimmter Schriften. Die Vorstellung von einer Inspiration
taucht zwar in Einzelfällen auf, kam aber erst im hellenistischen Judentum
richtig zum Tragen, und dort immer noch mit einem deutlichen Vorrang
des Pentateuchs.[46]

3. Der Pentateuch und die Torah

3.1 Stoff, Textformen und Funktionen

Ein zunächst noch offeneres Verhältnis zwischen Text und Stoff entsprach
juristischen Bedürfnissen. Der Sachverhalt ist es, der beschrieben werden
muß, und die Rechtsvorschrift und die Sanktion sind es, die festgelegt werden müssen. Der exakt tradierte Text hingegen ist ein sekundäres Anliegen,
erst spürbar, sobald den Inhalten in ihrem Wortlaut Offenbarungscharakter
zugeschrieben wird. Für die Torah dürfte dieses Stadium zwar recht früh
anzusetzen sein, wie früh, ist allerdings noch immer unklar. Geht man
davon aus, daß in der frühen nachexilischen Zeit die Textgestalt noch nicht
das Gewicht hatte, das ihr gegen Ende des Zweiten Tempels zukam, wird
man für die persische Periode noch mit beträchtlichen Variablen zu rechnen
haben, vor allem, wenn man in Rechnung stellt, daß vom überlieferten
Recht in einigen seiner Sparten unterschiedliche Fassungen vorhanden gewesen sein konnten, den Bedürfnissen einzelner Gruppen bzw. Funktionen
angepaßt. Die Priesterschaft müßte eigentlich detailliertere und umfangreichere Fassungen des Kultgesetzes zur Hand gehabt haben als die davon nur
teilweise betroffenen Laien. Dasselbe mag für Funktionäre der Verwaltung
und der Justiz gelten.

Möglicherweise ist in persischer Zeit eine der damals vorhandenen
Pentateuchfassungen als Kompromißfassung ausgewählt worden, um
unterschiedliche Richtungen in Judäa durch ein gemeinsames Basisdokument zu verbinden. Dies schließt also nicht aus, daß daneben und auch
weiterhin noch sachgebietsbezogene Fassungen existierten, die nicht publik
waren, und es schließt auch nicht aus, daß es gerade wegen des erreichten
Kompromisses in oppositionellen Kreisen ältere und neuere Fassungen von
Teilen oder des ganzen Stoffes gab, den man mit der Mose-Überlieferung
verband und aus Oppositionsgeist heraus weiter pflegte oder im Bedarfsfall
neu aktualisierte.

---

46 J. WHITLOCK, a.a.O. (Anm. 12).

Die Tempelrolle von Qumran hat solche Überlegungen provoziert, weil die anfangs textgeschichtlich zentrierte Betrachtung der pentateuchischen Inhalte zu keinem befriedigenden Ergebnis geführt hat, es sei denn, man hält von vornherein den masoretischen Text für die Norm, von der aus man die ‚Abweichungen' verzeichnet, ein Verfahren, das durchaus verbreitet ist. Seither sind auch ‚parabiblische' Texte und nichtbiblische Pentateuchfassungen publiziert worden, was die Lage komplizierter erscheinen läßt. Man war zu der Zeit eben noch mehr am Stoff als am Text orientiert. Der Text des Pentateuch mußte aber in dem Maß an Gewicht gewinnen, als er bestimmte Funktionen im Rahmen innerjüdischer Einrichtungen erhielt. Solche Funktionen konnten sein:

a) Die Repräsentanz der Rechtsordnung. Als innerjüdisch unstrittiges, im Tempel deponiertes Basisdokument verlieh der Pentateuch der bestehenden Rechtsordnung den Rang einer auf Offenbarung (durch Mose) fußenden Darlegung des Gotteswillens und damit eine entsprechende Verbindlichkeit. Dies bedeutete die Absicherung einer Rechtsbasis auf höherer Ebene für die Praxis im Tempelstaat, nicht aber, daß der Pentateuch jemals als Gesetzbuch in der Praxis des normalen Rechtswesens gedient hat. Der Pentateuch repräsentierte am Heiligtum vielmehr den Anspruch der obersten legislativen und judikativen Instanz an dem ‚Ort', an dem Gott bzw. sein Name einwohnt und seinen Willen in Form von ‚Torah' offenbart.

b) Die öffentliche Verlesung dieser Basisurkunde zu regelmäßigen oder außergewöhnlichen Anlässen, in Teilen oder als Ganzes in einem Lese-Zyklus, dürfte in erster Linie durch diese vorrangig rechtliche Bedeutung bedingt gewesen sein.[47] Der religiöse Aspekt war mit der Qualität als Offenbarung allerdings mit vorgegeben. Und zwar grundsätzlich mit den Lesungen zu außergewöhnlichen Anlässen vor großem Publikum am Tempel.

c) Eine liturgische Funktion erhielt diese Lese-Praxis, sobald sie Teil einer regelmäßigen gottesdienstlichen Veranstaltung auch außerhalb des Tempels wurde. Eine frühe gottesdienstliche Praxis ist für Militärkolonien in Kleinasien und Ägypten anzunehmen, die – jedenfalls in Ägypten – auch über kultische Einrichtungen verfügten.[48] Dies war offenbar in den Diasporagemeinden sehr früh der Fall, wo religiöse Gemeinschaft (‚Synagogengemeinde') und jüdische Ortsgemeinde in eins fielen. Hier diente die öffentliche Toralesung abgesehen von didaktischen Zielsetzungen vor allem

---

47 Vgl. auch A. BAUMGARTNER, The Torah as a Public Document in Judaism, SR 14, 1985, 17–24.

48 J. MAIER, Liturgische Funktionen der Gebete in den Qumrantexten, in: A. GERHARDS – A. DOEKER – P. EBENBAUER (Hg.), Identität durch Gebet. Zur gemeinschaftsbildenden Funktion institutionalisierten Betens in Judentum und Christentum, Paderborn (Studien zum Judentum und Christentum) 2003, 59–112 (72ff.).

dem demonstrativen Nachweis der Autonomie-Grundlage. Für die Motivation dieser Praxis ist wohl der ‚Altersbeweis' mit ausschlaggebend gewesen: Der ostentative Nachweis des Alters dieser Traditionen, die den gesamten Zeitraum zwischen Schöpfung und Gesetzgebung am Sinai und mit den ‚Propheten' darüber hinaus die Geschichte des ersten Tempels und zum Teil noch darüber hinaus umfassen, demonstrierte Ehrwürdigkeit und Zuverlässigkeit. In Palästina hingegen muß mit komplizierteren Verhältnissen gerechnet werden, weil Ortsgemeinde und religiöse Gemeinschaft meist nicht identisch waren und dazu noch die verschiedenen jüdischen Richtungen ins Spiel kommen. Die gottesdienstliche Pentateuchlesung hat die Lesung von ausgewählten Prophetenperikopen auf Grund des vorherrschenden, eschatologisch ausgerichteten Geschichtsbildes nach sich gezogen. Von alledem ist in den aus priesterlicher Tradition stammenden Qumrantexten aber nichts zu finden, denn die wenigen Hinweise auf das Lesen von Texten sagen über eine liturgische Zweckbestimmung nichts aus.

Eine liturgische Verwendung erforderte auch Kriterien bezüglich der dafür brauchbaren Schriftexemplare und letztlich des korrekten Wortlauts. Wie noch in rabbinischer Überlieferung bekannt war, gab es im Tempel so etwas wie Musterexemplare der Schriftrollen, die als Tempelschriftrollen verständlicherweise von vornherein auch den entsprechenden Heiligkeitsgrad und Reinheitsgrad hatten, und das erforderte eine entsprechende rituelle Handhabung. Daß die priesterlich-levitische, abstammungsmäßig definierte soziale Gruppe zunächst monopolartig über die heiligen Musterexemplare verfügte, war im Meinungskampf des damaligen Judentums ein erheblicher Vorteil, der nichtpriesterliche Gruppen provozieren mußte. Aber dieser Vorteil schrumpfte mit der Zahl jener Priester und Leviten, die sich oppositionellen Richtungen anschlossen.

Diese frühen Verhältnisse haben auch später, also noch in der rabbinischen Synagoge, Spuren hinterlassen. Einmal gilt die Torah bis heute als die eigentliche Offenbarung, der die Prophetenperikopen nur nach- und beigeordnet werden. Demgemäß gibt es auch für den Pentateuch andere Schreibvorschriften als für die ‚Propheten'. Zum anderen blieb den Priestern als eines ihrer wenigen Privilegien der Vorrang bei der liturgischen Lesung. ‚Heilige Schriften' waren also im Judentum zunächst ‚Schriften des Heiligtums', also heilig im Sinne dinglicher Heiligkeit, nicht im Sinn eines heiligen Schriftinhalts. Es ist die für liturgische Lesungen taugliche Schriftrolle, die ‚die Hände verunreinigt' und bei der Handhabung eine rituelle Händewaschung erfordert, nicht ein normal geschriebener Bibeltext und nicht der Textinhalt.

Man könnte annehmen, daß zwischen der Zuverlässigkeit und dem Alter der Textüberlieferung und der späteren ‚kanonischen' Qualität einer bestimmten Textform ein positiver Zusammenhang besteht. Man ging auch anfangs davon aus, daß der traditionelle Bibeltext, also die im Mittelalter fixierte ,masoretische' Texttradition, in diesem Sinn als vorgegeben gelten kann. Nun liegt der Pentateuch in mehreren Textformen vor: in der zum masoretischen Text führenden ,protomasoretischen' Tradition, im samaritanischen Pentateuch[49] und in Qumran-Pentateuchtexten. Darüber hinaus sind die offensichtlich unterschiedlichen hebräischen Vorlagen griechischer Übersetzungen mit zu bedenken, was selbst die in christlicher Tradition weitergeführte ,Septuaginta' erkennen läßt.[50] Die Textform, die zum masoretischen Text hinführt, ist aber handschriftlich nicht als älteste nachweisbar, was indes nicht heißt, daß sie jünger ist, denn es handelt sich ja um gruppengebundene handschriftliche Traditionen. Die kanonisch gewordene Pentateuch-Textgestalt stammt im Unterschied zu den meisten Qumrantexten allerdings schwerlich aus der Tempeltradition, sie repräsentiert vielmehr den zu einer bestimmten Zeit, nämlich im späten ersten vorchristlichen Jahrhundert, erreichten gemeinsamen Nenner innerhalb der frühjüdischen Parteienlandschaft. Es ist also diese Konstellation um die Zeitenwende, die für die mehr oder minder ,kanonische' Qualität des Pentateuchs in der palästinischen Überlieferung entscheidende Folgen gehabt hat, während die griechischen Fassungen in dieser Hinsicht bereits einen entsprechenden Vorsprung aufzuweisen hatten. Denn im ägyptisch-hellenistischen Kulturraum war die Rede von ,heiligen' Büchern bzw. Schriften gang und gäbe, und daher tauchen auch die ersten jüdischen Belege für solche Bezeichnungen im hellenistischen Judentum auf. Dabei ging es nicht um die dingliche Heiligkeit von Buchexemplaren, denn im selben kulturellen Raum hatte auch die Vorstellung von der Inspiration solcher Texte einen festen Platz. Allerdings dominierte auch hier der Pentateuch, die Geschichtsbücher und Prophetenbücher sind deutlich zweitrangig, und von den ,übrigen Schriften' ist bis auf den Psalter kaum die Rede.

Die eigentlichen Prophetenbücher wurden eher als Geschichtsbücher verstanden, daher dann auch mit diesen in einem Corpus zusammengefaßt. Sie dienten so dem apologetischen Anliegen, Alter und Kontinuität der eigenen Überlieferungen für die Zeit seit dem Tod Moses nachzuweisen. In der pharisäisch-rabbinischen Richtung hatten die ,Propheten' (im Sinne des Corpus von Josua bis 2. Könige) schon früh einen festen Platz neben dem Pentateuch, auch in der Schriftlesung, doch ist bemerkenswert, daß die rabbinische

---

49   L. F. GIRON, Datos para una historia de los Samaritanos y los origenes de su Pentateuco, El Olivo 22, 1985, 149–174.

50   A. AEJMELAEUS, What Can We Know about the Hebrew »Vorlage« of the Septuagint?, ZAW 99, 1987, 58–89.

Midraschliteratur sich dennoch ganz massiv auf den Pentateuch konzentriert, was ebenfalls eine entsprechend unterschiedliche Wertung anzeigt.

3.2 Die Tempelrolle aus Qumran

Die längste bekannt gewordene Schriftrolle aus Qumran, 1978 durch Y. Yadin ediert,[51] kann neben der Kriegsrolle am ehesten in Anspruch nehmen, ein wohlkomponiertes Buch darzustellen.[52] Inhaltlich fällt eine an dem Prinzip der abgestuften Heiligkeit orientierte Stoffanordnung ins Auge. Am Anfang (systematisch: im Zentrum) steht das Heiligtum, wie es nach der Landnahme hätte erbaut werden sollen, also der eigentlich von Gott gewollte erste Tempel mit seinem Kult. Darauf folgen Bestimmungen für die Stadt des Heiligtums und für ihre Umgebung, für Städte im Heiligen Land und für das Volk im Heiligen Land. In den Teilen zum Opferkult ist ebenso wie in den letzten Abschnitten ein Zug zur juristischen Systematisierung der in der Bibel differierenden Überlieferungen zu beobachten und zugleich ein Ansatz zu einer Sachordnung. In beiden Fällen begegnen Verfahren, die bei rein textgeschichtlicher Betrachtung nicht ausreichend zu beurteilen sind, vor allem nicht unter der Voraussetzung einer Kanonizität des Textes im Sinne der auf den Masoretischen Text zulaufenden Fassungen.

Im Teil über die Tempelanlage, der gewissermaßen die im Pentateuch enthaltenen Vorschriften für die Erstellung des Zeltheiligtums durch solche über den Bau des festen Heiligtums ergänzt, überraschte die Diktion. Sie entspricht direkter Gottesrede, wie sie in Pentateuchpartien der Sinaioffenbarung begegnet. Und sie begegnet nicht nur in bislang unbekannten Textpassagen, sondern auch in Textbestandteilen, die solchen im Deuteronomium entsprechen, wo die 3. Person vorzufinden ist. Über die Datierung der Tempelrolle gehen die Meinungen nach wie vor auseinander. Y. Yadin wollte in ihr vor allem Reaktionen auf die Hasmonäerherrschaft sehen. H. Stegemann hingegen hält den Text für vorqumranisch und möchte ihn als etwas wie ein sechstes Buch Mose in die persische Periode datieren.[53] Möglicherweise liegt die Wahrheit in der Mitte. Die Endgestalt des Buches könnte ins frühe 2. Jahrhundert gehören, die einzelnen Traditionskomplexe aber machen einen älteren Eindruck, sie könnten in

51 Y. YADIN, The Temple Scroll, I–III, Jerusalem 1978.

52 J. MAIER, Die Tempelrolle vom Toten Meer und das „Neue Jerusalem", München (UTB 829³) 1997; A. STEUDEL, Die Texte aus Qumran, II, Darmstadt 2001, 1–157.

53 H. STEGEMANN, The Literary Composition of the Temple Scroll and Its Status at Qumran, in: G. J. BROOKE (ed.), Temple Scroll Studies, Sheffield 1989, 123–148.

spätpersischer und frühhellenistischer Zeit ihre literarische Gestalt erhalten haben, was ein noch höheres Alter für Einzelinhalte nicht ausschließt.

Ohne Zweifel will die Tempelrolle ‚Torah' sein, sie repräsentiert eine noch kreative torah-legislative, das heißt torah-offenbarende Tradition.[54] Galten diese Torah-Traditionen aber jemals auch im Sinne angewandten Rechts? Zum Teil dürfte dies zutreffen, aber noch stärker dürfte der programmatische Charakter zu veranschlagen sein. B. Z. Wacholder vertrat die These, es handle sich um die ‚neue Torah' der Qumrangemeinde, und das in ihr beschriebene Heiligtum sei das Heiligtum der Endzeit.[55] Das paßt allerdings nicht zu den sonstigen Nachrichten über das eschatologische Heiligtum,[56] zudem vermag Wacholder auf diese Weise die sonstigen Qumran-Pentateuchtexte und deren Verwendung nicht zu erklären. Da die vorhandenen Fragmente strenggenommen nur drei Exemplare der Tempel-rolle bezeugen,[57] kann man mit H. Stegemann bezweifeln, daß der Text für die Gemeinschaft hinter den Qumrantexten wirklich von praktischer Bedeutung war, was die tatsächliche Geltung von Einzelvorschriften zu einer bestimmten Zeit nicht ausschließt. Für das Ganze liegt die Annahme einer programmatischen Komposition jedenfalls nahe, einst veranlaßt durch die Bautätigkeiten am Tempel unter Antiochus III. und unter Herodes dem Großen wegen seiner Tempelbaumaßnahmen erneut aktuell geworden und daher auch wieder kopiert.

3.3 ‚Offenbares' und ‚Verborgenes'

Innerhalb der Torah-Autorität im weiteren Sinn, also für die Feststellung der jeweils gültigen Normen (später: *hᵃlakah*), begnügte sich die durch die Qumrantexte bezeugte Richtung nicht mit der schriftlich überlieferten Torah im Pentateuch. Das heißt aber nach kanontheologischen Gesichtspunkten geurteilt: Die absolut verbindliche Offenbarung, also ‚Torah' in welchem Umfang auch immer, ist nicht im Rahmen der üblichen Vorstellung von der

---

54 PH. R. CALLAWAY, Extending Divine Revelation. Micro-compositional strategies in the Temple Scroll, in: BROOKE, a.a.O. (Anm. 53), 149–162, hat den autoritativen Anspruch wohl noch zu tief angesetzt.

55 B. Z. WACHOLDER, The Dawn of Qumran, Cincinnati 1983. Daß neben dieser ‚neuen Tora' die ‚alte' weiter akzeptiert blieb, vermutet W. MCCREADY, A Second Torah at Qumran?, SR 14, 1985, 5–15.

56 F. GARCÍA MARTÍNEZ, La »nueva Jerusalem« y el Templo futuro de los manoscritos de Qumran, in: D. MUÑOZ LEÓN (ed.), Salvación en la Palabra, Madrid 1985, 563–590.

57 F. GARCÍA MARTÍNEZ, Multiple Editions of the Temple Scroll?, in: SCHIFFMAN – TOV – VANDERKAM – MARQUIS, a.a.O. (Anm. 19), 364–371.

‚Bibel' allein definierbar. Schon früh herrschte die Meinung vor, daß die Torah an sich ‚vollkommen' sei (Ps 19,8), den Gotteswillen insgesamt umfaßt und alle Gebiete abdeckt. Zugleich aber auch, daß die vollkommene Torah nie voll verfügbar ist, sondern in vielen Teilen verborgen bleibt, und nur so weit ‚offenbar' wird, wie es die Erfordernisse der jeweiligen Zeit erfordern. Folglich sprach man vom ‚Gesetz der Zeit' oder ähnlich. Wie aber werden von der vollkommenen Torah die in jeder Epoche erforderlichen speziellen Normen offenbar? Wer war befugt, bislang ‚verborgene' Normen für eine bestimmte Zeit ‚offenbar' zu machen und als geltendes Recht zu deklarieren? Ein solches Verfahren setzt eine dafür zuständige Institution voraus, und dieser oblag eine offenbarende Funktion, nicht bloß die Interpretation vorliegender Überlieferungen. Das geschah offenbar mittels einer priesterlich-prophetischen Funktion am Heiligtum, und zwar im Sinne des „Propheten wie Mose" von Dt 18,18[58] bzw. eines *môreh çädäq*.[59] Diese Institution geriet nach 200 v. Chr. in den Strudel innerjüdischer Auseinandersetzungen, wurde von den Hasmonäern boykottiert und erlosch mit dem Tod des letzten Amtsinhabers um ca. 140 v. Chr.

Torah wurde mit diesem Verfahren fortgeschrieben und jeweils in einer besonderen ‚Ordnung' (*säräk*) oder ‚Niederschrift' (*midraš*) festgehalten, daher konnte von einer (jeweils) „letzten Niederschrift der Torah" die Rede sein.

Wenn in 1QSa 1,6f. bestimmt wird, daß jedermann im endzeitlich wiederhergestellten Israel im Buch *HGW/J* unterrichtet und seinem Alter gemäß in den Bundesgesetzen unterwiesen werden muß, und dieses uns unbekannte Buch auch sonst neben der Torah des Mose als maßgebliche Normensammlung erwähnt wird, sprengt dies ebenfalls die Grenzen des späteren Kanonbegriffs. Das gilt auch für manche Inhalte der Damaskus-schrift (CD). In CD 10,4–6 erscheint das Buch *HGJ/W* den ‚Grundlagen des Bundes' sogar vorgeordnet, und zwar als Basis für die Rechtsprechung. In CD 13,2f. gilt für die Zehnergruppe, daß sie von einem im Buch *HGJ/W* bewanderten Priester geführt werden soll. Kenntnis dieses Buchs wird CD 14,7f. auch vom priesterlichen Vorsitzenden der Gemeindeversammlung gefordert, und danach ist von „allen *mišpᵉṭê ha-tôrah*" die Rede, so daß man

---

58 S. DEMPSTER, An Extraordinary Fact: Tora and Temple and the Contours of the Hebrew Canon, I., TynB 48, 1997, 23–56.

59 J. MAIER, Der Lehrer der Gerechtigkeit, Münster (Franz-Delitzsch-Vorlesung 5) 1996; DEMPSTER, a.a.O. (Anm. 58); J.-C. REEVES, The Meaning of Moreh Sedeq in the Light of 11QTorah, RdQ 13 (49–52), 1988, 287–298. Dieser Aspekt wird in der gegenwärtigen Forschung allerdings kaum ernsthaft in Erwägung gezogen. Vgl. den Überblick bei M. A. KNIBB, Teacher of Righteousness, in: Encyclopedia of the Dead Sea Scrolls (Anm. 12) II, 918–921.

das Buch nicht ohne weiteres mit der (‚offenbaren') Torah oder mit dem
Pentateuch identifizieren kann. In der geläufigen Redeweise wäre ihm
‚Kanonizität' sicher nicht abzusprechen, aber eine solche Bezeichnung ist
dem Verständnis des Sachverhalts kaum förderlich.

4. Das Prophetencorpus

Mit Sicherheit galten die eigentlichen Prophetenbücher in der Qumrantradition als Texte mit Offenbarungscharakter. Der Umfang eines Propheten-
Corpus im Sinn des *TN"K* ist damit aber nicht gesichert. Als am massivsten
belegt und verwertet hebt sich das Jesajabuch deutlich von den übrigen Prophetenschriften ab, und es ist auch in seiner textlichen Gestalt bemerkenswert stabil. Die Autorität des Jesajabuchs scheint also sehr früh unbestritten
gewesen zu sein. Ezechiel erscheint, wie auch die spätere Textgeschichte
noch erkennen läßt, von diffuserem Charakter, aber für spekulative Traditionen von hohem Interesse. Die zwölf ‚kleinen Propheten' hat man auch
auf eine Schriftrolle geschrieben, also als ein Buch tradiert, aber die Zahl der
Belege und Zitate ist für die einzelnen Bücher recht unterschiedlich. Das
Buch Daniel zählte übrigens in dieser Tradition zweifellos auch mit zu den
Propheten und ist erst später zurückgestuft worden.[60] Die Art der Offenbarungsqualität ist allerdings von jener der Torah grundverschieden. Dies
wird anhand der in Qumranschriften bezeugten *Pešär*-Interpretation der
Propheten (und Psalmen) deutlich.[61] Es wird zwar vorausgesetzt, daß der
Prophet Offenbarungen empfangen hat, aber zugleich angenommen, daß er
selber die Bedeutung seiner Worte nicht verstehen konnte. Der wahre Sinn
wird erst durch einen zweiten Offenbarungsschritt, durch die *Pešär*-Aus-
legung, offenbar. Im Grund entspricht dies der in der ganzen jüdischen
Tradition vertretenen Auffassung, daß nicht bloß die normalen Propheten,
sondern auch die ‚biblischen' nur indirekt Offenbarungen empfangen
können, während Mose die Torah direkt von Gott empfangen habe. So wird
etwa 1QpHab 7,1–5 behauptet, erst der *Môreh ha-çädäq* (meist: ‚Lehrer der
Gerechtigkeit') habe dank göttlicher Eingebung den Sinn der Propheten-
worte erfaßt, und zwar als Weissagung auf das ‚Ende der Tage', das mit der
Zeit des *Môreh* einsetzt. Folglich wird der Prophetentext durch den *pešär*
ohne Rücksicht auf Textsinn und Kontext detailliert auf aktuelle zeitgenössische Ereignisse und auf die unmittelbare Zukunft ausgedeutet. Die

---

60 K. Koch, Is Daniel also among the Prophets?, Interpr. 39, 1985, 117–130.
61 M. P. Horgan, Pesharim, Washington 1979; G. J. Brooke, Exegesis at Qumran,
    Sheffield 1985, 38ff.; E. Jucci, Il Pesher, un ponte tra il passato e il futuro, Henoch 8,
    1986, 321–338.

Prophetenschriften verdankten ihren autoritativen Rang einem heilsgeschichtstheologischen Interesse im Rahmen der endzeitlich orientierten
Stimmung im frühen Judentum. In Kreisen mit akuter Endzeiterwartung
erlangten sie im Sinne der aktualisierenden *pešär*-Deutung eine entscheidende Funktion im Meinungsstreit.

Es besteht aber eine Beziehung zwischen dieser Prophetendeutung und
der Frage nach dem jeweils ‚Offenbaren‘ aus der Torah, und darum ist die
Zuschreibung der beiden Kompetenzen, der Torahoffenbarung und jene der
inspirierten *pešär*-Deutung, an den *Môreh ha-çädäq* kein Zufall, sondern
sachbedingt. Um zu wissen, was von der ja teilweise ‚verborgenen‘ Gesamt-
Torah ‚offenbar‘ werden soll, muß man eben auch die dafür bestimmte Zeit
kennen. Der Anspruch auf absolut verbindliche Torah-Fortschreibung und
auf (zuletzt eschatologisch zugespitzte) Geschichtsdeutung ist wohl auch
vor dem Wirken des *Môreh ha-çädäq* schon am Heiligtum institutionell
verbunden gewesen. Die Wurzeln liegen in der offiziellen Annalistik der
Königszeit, und es gibt in der Tat Hinweise auf eine institutionalisierte
Geschichtsschreibung durch Propheten.[62] In der frühjüdischen Literatur
wurden die Prophetenschriften auch meist unter dem Gesichtspunkt der
Geschichtsschreibung gesehen, noch Flavius Josephus vertrat diese Sicht
sehr deutlich. Und nicht zuletzt bilden die Geschichts- und Prophetenbücher auch noch im rabbinischen *TN"K* ein Corpus für sich.

Torah und Propheten weisen also graduell und qualitativ unterschiedliche
Offenbarungsqualität und Verbindlichkeit auf, und demgemäß unterliegen
sie auch unterschiedlichen hermeneutischen Verfahren. Für die Torah
gelten die mit den Verben *hôrôt* (verbindlich anweisen) und *drš* (deklarieren) bezeichneten Verfahren, für Prophetentexte die *pešär*-Methode. Ein
gesetzlicher Torah-Text wurde konsequenterweise nie einer *pešär*-Deutung
unterworfen, und das Verb *drš* erhielt die Bedeutung ‚auslegen‘ erst in
talmudischer Zeit.

---

62 Nach der chronistischen Tradition wurden Chroniken von Propheten verfaßt, laut
    1Chr 29,29 von Samuel, Natan und Gad, von denen der letztere auch 2Chr 9,29
    erwähnt wird, und zwar neben Ahia und Iddo. 2Chr 12,15 stellt fest: *Die Geschich-
    ten Rehabeams, die früheren wie die späteren, sind ja niedergeschrieben in den Worten des
    Propheten (nabî') Schema'jah* (cf. 1Kön 12,22–24/2Chr 11,2–4; 12,5–8) und des Sehers
    (chôzäh) Iddo .... 2Chr 13,22 verweist für den König Abia wieder auf einen
    Propheten Iddo, wahrscheinlich ein Name, der innerhalb einer priesterlichen oder
    levitischen (1Chr 6,6) Familie üblich war (cf. Sach 1,1.7/Esra 5,1; 6,14; Neh 12,4.16).
    Jesaja b. Amos soll nach 2Chr 26,22 die Chronik des Königs Uzzia geschrieben
    haben. Es ist kaum anzunehmen, daß damit nur uns vorliegende Jesaja-Texte
    gemeint waren. Zur Zeit der Abfassung von 1.–2. Chronik wurde also angenommen,
    daß die offizielle Geschichtsschreibung eine priesterlich-prophetische Aufgabe sei,
    so wie es später auch noch der Priester Flavius Josephus meinte.

Bedauerlich ist, daß aus den Qumrantexten nichts über eine Schriftlesung zu erfahren ist; es wäre in dem Zusammenhang interessant, ob es in diesen Kreisen bereits Pentateuch-Leseabschnitte und eventuell auch schon Prophetenperikopen gab. Die Texteinteilung stimmt zwar häufig mit jener der späteren Lesepraxis überein, aber als Beweis für eine solche kann sie nicht dienen, weil die Texteinteilung ja vorrangig nach Sinneinheiten und demgemäß auch bei nichtbiblischen Texten vorgenommen wurde.[63]

5. Psalmen David, Psalmensammlungen und Psalter

Eines steht mit Sicherheit fest: Den Psalmen, die man auf David zurückführte, kam ein besonderer Rang zu, und zwar infolge ihrer kultliturgischen Zweckbestimmung. Laut 11Q5 Kol. 27,2–11 soll David insgesamt 4050 Dichtungen zu bestimmten kultischen Anlässen im Jahreszyklus verfaßt haben, und Zeile 11 lautet: „All diese sprach er durch Prophetie, die ihm gegeben worden war vor dem Höchsten".[64] Hier sprengt das Kriterium der Inspiration bzw. Prophetie (zugleich des Alters) den herkömmlichen Rahmen des ‚Kanonischen'.[65] Die hohe Zahl der Dichtungen erscheint nur auf den ersten Blick phantastisch. Innerhalb einer ausgefeilten kultliturgischen Ordnung im Rahmen der Zeit- und Kalendereinteilung der Qumrantradition verteilen sich die 4050 Dichtungen auf durchaus plausible Art, und das entspricht den zahlreichen Überresten von Gebeten für verschiedene liturgische Anlässe. Dergleichen konnte natürlich nur innerhalb einer angemessenen Institution organisiert werden, nämlich am Heiligtum. Die einschlägigen Qumrantexte dürften zum größten Teil von daher stammen.[66]

Die vergleichsweise gut erhaltene Schriftrolle 11Q5[67] enthält wie weitere, leider nur durch wenige Fragmente vertretene Sammlungen gleicher

63 E. Tov, Sense Divisions in the Qumran Texts, the Masoretic Text, and Ancient Translations of the Bible, in: J. Krasovec (ed.), Interpretation of the Bible, Ljubljana 1998, 121–146; vgl. auch H. G. Snyder, Naughts and Crosses: Pesher Manuscripts and their Significance for Reading Practices at Qumran, DSD 7, 2000, 26–48.

64 J. A. Sanders, The Psalms Scroll of Qumran 11 (11QPsᵃ), Oxford 1965, 91–93.

65 H.-J. Fabry, 11QPsᵃ und die Kanonizität des Psalters, in: E. Haag – F. L. Hossfeld (Hg.), Freude an der Weisung des Herrn. Beiträge zur Theologie der Psalmen (Festschrift Heinrich Gross), Stuttgart 1986, 45–67; ders., Der Psalter in Qumran, in: E. Zenger (Hg.), Der Psalter in Judentum und Christentum, Freiburg/Br. 1998, 137–163.

66 J. Maier, Liturgische Funktionen (Anm. 48), 59–112.

67 Text: J. A. Sanders, a.a.O. (Anm. 64); Y. Yadin, Another Fragment of the Psalms Scroll from Qumran Cave 11 (11QPsᵃ), Textus 5, 1966, 1–10; P. W. Flint, DJD XXXVI, Oxford 2000, 29–36.

Art die biblischen Psalmen nicht in der Folge im kanonischen Psalter, und dazwischen begegnen auch ‚nichtkanonische' Dichtungen.[68] Zwar wird in der Forschung für Qumran auch energisch ein Vorrang des kanonischen Psalters verfochten.[69] Doch zu jener Zeit und in dieser Tradition waren praktische Gesichtspunkte, nämlich die kultische Zweckbestimmung, von größerem Interesse als ‚kanontheologische' Erwägungen.

Diese prophetisch-poetischen Schöpfungen Davids wurden im Bedarfsfall wie prophetische Texte der *pešär*-Interpretation unterzogen.[70] Die prophetische Qualität Davids war übrigens kein spezifisch qumranischer Topos, auch im späteren Judentum und im Christentum wurde David als Prophet betrachtet.

So ist festzustellen, daß die zahlreichen kultliturgisch zweckbestimmten Dichtungen Davids in der Qumrantradtion und darüber hinaus als inspiriert gegolten haben. Der uns geläufige, kanonisch gewordene Psalter scheint hingegen seine autoritative Geltung und seine Publizität nicht durch eine kultisch-liturgische Funktion erlangt zu haben. Er stellt eine ‚publizierte' Auswahl aus einem ursprünglich viel umfangreicheren Bestand an liturgischen Dichtungen dar. Die Auswahl-Sammlung ist vorwiegend im privaten und im früh-synagogalen Bereich populär geworden, aber nicht, weil sie als Ganze liturgisch von Bedeutung war. Für die liturgische Praxis hat sie auch im synagogalen Gottesdienst keine Rolle gespielt.[71] Der maßgebliche Sitz im Leben des kanonisch gewordenen Psalters, dessen Bestand übrigens nicht nur in den griechischen Übersetzungen noch lange geschwankt hat, ist eher im Bereich der häuslichen und privaten Frömmigkeitspraxis zu suchen, die dann auch die Christen zu ihrer intensiven Verwendung von Psalmen veranlaßt hat. Für den kultischen Bereich selbst galten andere Voraussetzungen. Sieht man von den wenigen Stücken ab, die im überkommenen Psalter für eine kultische Verwendung wirklich in Anspruch genommen werden können, also gewisse Festpsalmen und die ‚Tagespsalmen' der Leviten zum Tamidopfer der Wochentage, kommt man

---

68 P. W. FLINT, Psalms, Book of, in: Encyclopedia of the Dead Sea Scrolls (Anm. 12) II, 702–707.

69 U. DAHMEN, Psalmentexte und Psalmensammlung. Eine Auseinandersetzung mit P. W. Flint, in: DERS. – A. LANGE – H. LICHTENBERGER (Hg.), Die Textfunde vom Toten Meer und der Text der Hebräischen Bibel, Neukirchen-Vluyn 2000, 109–126; DERS., Psalmen- und Psalterrezeption im Frühjudentum. Rekonstruktion, Textbestand, Struktur und Pragmatik der Psalmenrolle 11QPsᵃ aus Qumran, Leiden (StTDJ 49) 2003.

70 M. J. BERNSTEIN, Pesher on Psalms, in: Encyclopedia of the Dead Sea Scrolls (Anm. 12) II, 655f.

71 Vgl. J. MAIER, Zur Verwendung der Psalmen in der synagogalen Liturgie, in: H. BECKER – R. KASZYNSKI (Hg.), Liturgie und Dichtung, I, St. Ottilien 1983, 55–90.

nicht um die Schlußfolgerung herum, daß der größte Teil der im Tempelkult beheimateten Texte nicht erhalten geblieben ist, weil er eben gar nicht
‚publik' gemacht worden ist, sondern zur internen priesterlich-levitischen
Berufstradition gehörte.

6. Drei Corpora autoritativer Schriften?

Es gibt zwar eine Passage im Qumrantext 4QMMT, der gern als Beleg für
einen dreiteiligen Kanon angegeben wird, doch führt der Text nicht über
das bisher über Pentateuch, Propheten und Psalmen Erwähnte hinaus:[72] „...
(10) haben wir (das) an dich [geschrieben], damit du Einblick gewinnst ins
Buch Moses [und] in die Büch[er der Pro]pheten und in Davi[ds Psalmen]
(11) [und hinsichtlich der Praktiken] einer jeden Generation."
    Feststellbar sind auf Grund der Qumranzeugnisse folgende Sach-
verhalte:
    Pentateuch und einzelne Pentateuchbücher wurden als – ein – ‚Buch des
Mose' und somit in rechtlicher Hinsicht als Torah, das heißt als absolut
verbindliche Offenbarung gewertet. Das gilt aber nicht allein für Gesetze im
kanonisch gewordenen Pentateuch, denn Torah in Form direkter Gottesrede
begegnet zum Beispiel auch in der Tempelrolle (11Q19). Erst im Lauf des
1. Jahrhunderts v. Chr. wurde der biblische Pentateuch mehr und mehr mit
der Torah des Mose schlechthin identifiziert. Als am zahlreichsten vertreten
und am meisten verwendet erweist sich übrigens eindeutig das Deuteronomium.
    Wenn aus Prophetenbüchern zitiert wurde, dann ebenfalls unter der
Voraussetzung, daß es sich um Offenbarungen Gottes handelt, was manchmal auch in der Zitierweise zum Ausdruck kommt. Aber es handelt sich
dabei nicht um Torah und daher auch nicht um etwas absolut Verbind-
liches, was mit der Einzigartigkeit der biblischen Mose-Figur illustriert
worden ist. Die Anzahl der Exemplare, der Zitate und Textverwendungen
lassen außerdem auf ein recht unterschiedliches Gewicht der einzelnen
Prophetenbücher schließen, Jesajabuch und Danieltraditionen dominieren
jedenfalls deutlich. Man hat offensichtlich auch von früh an einen quali-
tativen Unterschied zwischen diesen ‚biblischen' Propheten und anderen
Fällen von Prophetie angenommen. Das scheint auch mit einer Zeitgrenze
zusammenzuhängen, die mit einer verbreiteten Abwertung des Zweiten

---

72   J. G. CAMPBELL, 4QMMT⁸ and the Tripartite Canon, JJS 51, 2000, 181–190; TIMOTHY
      H. LIM, The Alleged Reference to the Tripartite Division of the Hebrew Bible, RdQ
      20, 2001, 23–37.

Tempels gegenüber dem Ersten Tempel und dessen Periode zusammenhängt. Man hat darum später auch vom Aufhören der Prophetie bzw. des
‚heiligen Geistes' gesprochen,[73] womit man diese spezifische, alte Prophetie
meinte, das weitere Auftreten von Propheten jedoch nicht ausschloß.

Die zahlreichen ‚Psalmen Davids' galten als prophetisch inspirierte,
kultliturgisch zweckbestimmte Dichtungen. Inwieweit sich diese Wertung
auf Psalmensammlungen und auf den biblischen Psalter übertragen hat,
bleibt in dem Maß offen, als die Zweckbestimmung solcher Sammlungen
nicht definiert werden kann. Hinsichtlich ihrer Offenbarungsqualität hat
man die ‚Psalmen Davids' jedenfalls ähnlich wie die Prophetenschrift
bewertet und verwertet, nicht zuletzt im Sinne der *pešär*-Interpretation.

Nichts weist überdies darauf hin, daß in der Qumrantradition die
Geschichtsbücher bereits mit den eigentlichen Prophetenschriften zu einem
Corpus zusammengefaßt worden sind. Über ihre autoritative Qualität ist
nichts zu eruieren.

Ebenfalls so gut wie nichts läßt sich bezüglich der einzelnen Hagiographen feststellen, und von einem Hagiographencorpus im kanonischen
Sinn fehlt in Qumran jede Spur. Selbst im rabbinischen Judentum bestand
bezüglich einzelner Bücher noch lange eine gewisse Unsicherheit. Der
Befund für die einzelnen Bücher fällt jedenfalls recht unterschiedlich aus.[74]

Nicht nur der Umfang dessen, was als ‚Torah' bewertet wurde, sprengt
der Befund die Grenzen des traditionellen ‚Kanons'. In der Septuginta-
Tradition sind die sogenannten ‚deuterokanonischen' Bücher vertreten, und
einige von diesen sind durch Qumranfragmente in ihrer sprachlichen
Originalgestalt belegt. Darüber hinaus wurde eine Reihe von Schriften so
häufig kopiert, zitiert und verwertet, daß man eine höhere Bedeutsamkeit
veranschlagen muß als für manche ‚biblische' Bücher. Folgende Übersicht
über die festgestellte oder vermutliche Anzahl der Exemplare illustriert
diesen Sachverhalt:

---

73   O. H. STECK, Der Abschluß der Prophetie im Alten Testament. Ein Versuch zur
     Frage der Vorgeschichte des Kanons, Neukirchen 1991; J. NEUSNER, In the View of
     Rabbinic Judaism, what, Exactly, Ended with the Prophets?, in: R. M. BERCHMAN
     (ed.), Mediators of the Divine. Horizons of Prophecy, Divination, Dreams and
     Theurgy in Mediterranean Antiquity, Atlanta (SFSHJ 163) 1998, 45–60.
74   B. J. DIEBNER, Erwägungen zum Prozeß der Sammlung des dritten Teiles der antik-
     jüdischen Bibel, der KTWBJM, DBAT 21, 1985, 139–199.

Biblische Bücher:

Buch	Anzahl
Genesis	20 (17)
Exodus	17 (15)
Leviticus	14 (10)
Numeri	08 (6)
Deuteronomium	32 (26)
Josua	02
Richter	03
Samuel	04
Könige	03
Jesaja	22 (21)
Jeremia	06
Ezechiel	06
Daniel	08
XII-Prophetenbuch	08
Psalmen	36
Psalmen 151–155	02 (1)
Hiob	03
Proverbia	02
Hohelied	04
Rut	04
Klagelieder	04
Qohelet (Prediger)	02
Tobit	05
Sirach	01

Nichtbiblische Bücher:

Jubiläenbuch	19
Damaskusschrift/CD	12
1QS	11 (13?)
Henochschriften	11
1QH	09
Šîrôt ʿôlat ha-šabbat	08
Buch der Giganten	07
1QM	07
4QMMT	06
Neues Jerusalem	06

Man hat 4Q118 (DJD XVI, 295–297) als Rest einer Handschrift (50–25 v. Chr.) des Buches der Chronik identifiziert, weil in Kol. II ein Wort zu 2Chr 28,27 enthalten ist und das Weitere zu 2Chr 29,1–3 passt. Doch Kol. I enthält Textreste, die nicht zum Chroniktext stimmen. Die chronographischen Notizen in 2Chr 27,26–29,3 stammen jedoch schwerlich vom Chronisten, sondern aus seiner Quelle. Daher dürfte das Fragment wohl eher aus einer Quelle des Chronisten oder aus einem Werk stammen, das aus der gleichen oder aus einer ähnlichen Quelle geschöpft hat. 1.–2. Chronik ist also in Qumran nicht belegt, sondern nur die in 2Chr 27,1–3 enthaltene Textpassage. So ist in 4Q381 Frg. 33 a+b + Frg. 35, in einer Handschrift mit nichtbiblischen Psalmdichtungen, ein Gebet des Königs Manasse überliefert, das der Chronist laut 33,18 zwar in einer seiner Quellen vorgefunden, aber nicht aufgenommen hat.[75]

Ähnlich steht es mit den Belegen für das Buch Esra.[76] In 4Q117 (DJD XVI, 291–293), eine Handschrift von ca. 50 v. Chr., wurde auf Frg. 1 Text aus Esra 4,2–6 (vgl. 3Esra 5,66–70), auf Frg. 2 Text aus Esra 4,9–11, und auf Frg. 3 Text aus Esra 5,17; 6,1–5 (vgl. 3Esra 6,20–25) identifiziert, wenn auch mit zwei kleinen Textvarianten gegenüber dem masoretischen hebräischen und (Frg. 3) aramäischen Text. Sie entsprechen nicht dem Text einer Vorlage des griechischen 3. Esrabuches, das noch Josephus benutzt hat, aber dann durch das heute kanonische Esrabuch verdrängt worden ist. Ob sie tatsächlich dieses kanonische Esrabuch bezeugen, bleibt dennoch fraglich. Keines der drei Textfragmente stammt nämlich aus der ‚Esra-Quelle‛, alle drei gehören in eine ältere literarische Einheit, die bei der Redaktion des biblischen Buches mit aufgenommen worden ist. Esra 4,1–6,22 ist ja ein Bericht, der hauptsächlich aus einer älteren Sammlung aramäischer Dokumente zur nachexilischen Jerusalemer Geschichte (4,6–6,18) besteht. Dieser Bericht schließt mit der Feier des Passah-Mazzot-Festes, das auch im Zusammenhang mit den Elephantine-Papyri (2.2) als ein besonderes Anliegen des späten 5. Jahrhunderts erscheint. Einleitung (Esra 4,1–5) und Schlußteil (6,19–22) stammen also wohl nicht erst vom Redaktor des chronistischen Werkes. Es besteht also die Möglichkeit, daß auch diese drei Qumranfragmente aus einer damals noch vorhandenen oder andernorts verarbeiteten Quelle des biblischen Buches stammen.

Eine weitere Infragestellung der kanontheologischen Deutung stellt die Existenz von Schriften dar, die man als ‚para-biblical‛ kennzeichnet oder als

75 W. M. SCHNIEDEWIND, A Qumran Fragment of the Ancient "Prayer of Manasseh"?, ZAW 108, 1996, 105–107.
76 M. SÆBØ Esra/Esraschriften, TRE 10, 1982, 374–386; J. BLENKINSOPP, Ezra and Nehemiah, Books of, in: Encyclopedia of the Dead Sea Scrolls (Anm. 12) I, 284f.

überarbeitete (‚reworked') Fassungen biblischer Bücher ansieht.[77] Die Grenzen zwischen solchen Schriften und später ‚kanonisch' gewordenen waren damals offensichtlich noch nicht in der Weise vorhanden, wie sie im kanontheologisch vorgeprägten Bewußtsein moderner Autoren bestehen.

Der Zahl an Exemplaren entspricht auch das Maß der Verwendungen einzelner Passagen. Deuteronomium und Jesajabuch dominieren deutlich, übrigens auch im Neuen Testament.[78] Dabei ist freilich zu bedenken, daß die Verwendung der Jesajaworte vor allem mit jener der deuteronomischen Paränesen Hand in Hand ging, die in der jüdischen Tradition so wichtigen rechtlichen Inhalte des Deuteronomiums hingegen auf der christlichen Seite kaum ins Gewicht fallen.

Berücksichtigt man auch die textkritischen bzw. textgeschichtlichen Befunde, dann zeigt sich ein buntes Bild, das die Annahme einer Art Kanonizität ebenfalls nicht zu stützen vermag. Weder für einzelne Corpora wie Pentateuch, Propheten oder Psaltersammlungen, noch für einzelne Bücher lassen sich einheitliche Texttraditionen nachweisen. Es zeichnen sich wohl gewisse Textformen ab, doch keine hervorstechenden Besonderheiten für bestimmte Bücher oder Corpora.

Gruppenspezifische Beweggründe für eine unterschiedliche Bewertung einzelner Schriften hat es gewiß gegeben, die Verfügung über autoritative Texte war gewiß ein probates Mittel bei Auseinandersetzungen zwischen rivalisierenden Richtungen. Dabei waren Inhaber der politischen Macht natürlich in einer besseren Position. Man wird also annehmen dürfen, daß die Makkabäer/Hasmonäer nach ihrem Aufstieg zur Macht diesbezüglich einen nachhaltigen Einfluß ausgeübt haben. In der Tat wird dem Judas Makkabäus eine Initiative zur Wiederherstellung des in den Kämpfen zerstörten oder verstreuten Bücherbestandes am Tempel zugeschrieben.[79] Man darf davon ausgehen, daß dabei Traditionen oppositioneller Gruppen ausgeklammert wurden, eben auch Bücher, die in den Qumranhöhlen wieder ans Tageslicht gekommen sind. Der ‚kanonische' Pentateuch dürfte damals gegenüber anderen Fassungen eine entsprechende Aufwertung erfahren haben.

---

77 Dazu s. S. WHITE CRAWFORD, The "Rewritten Bible" at Qumran: A Look at Three Texts, ErIs 25, 1999, 1*–8*; DERS., Reworked Pentateuch, in: Encyclopedia of the Dead Sea Scrolls (Anm. 12) II, 775–777; A. LANGE, The parabiblical literature of the Qumran library and the canonical history of the Hebrew Bible, in: S. M. PAUL etc. (eds.), Emanuel (Anm. 30), 305–321.

78 G. J. BROOKE, "The Canon within the Canon" at Qumran and in the New Testament, in: ST. E. PORTER – C. A. EVANS (eds.), The Scrolls and the Scriptures. Qumran Fifty Years After, Sheffield (JPS.S 26) 1997, 242–266.

79 ARIE VAN DER KOOIJ, Canonization of Ancient Hebrew Books and Hasmonaean Politics, in: AUWERS – DE JONGE (Anm. 6), 27–38.

7. Zeugnisse außerhalb der Qumrantexte

7.1 Sirachbuch

Den ältesten Beleg für ein Corpus, das in etwa dem ‚Alten Testament' entspricht, findet man meistens im Buch Ben Sira, das demgemäß im Rahmen der Beschreibungen der Kanongeschichte eine prominente Rolle spielt.[80] Das Buch war ursprünglich hebräisch abgefaßt, was durch Handschriften aus der Geniza von Kairo und nun teilweise auch durch einige Qumranfragmente und ein größeres Fragment von Masada bezeugt ist. Der Text ist jedoch nicht einheitlich überliefert, und in rabbinischer Zeit sprach man sogar von ‚Büchern des Ben Sira'. Und man zitierte daraus manchmal wie aus biblischen Schriften, konnte sich aber schließlich für keine der Fassungen entscheiden, als es um die Frage der Zugehörigkeit zu den ‚heiligen Schriften' ging. Die älteste hebräische Fassung könnte aus der Zeit um 200 v. Chr. stammen, ist weithin aus vorhandenen Stücken kompiliert und in einem frühen Stadium noch ergänzt worden. Darauf weisen unter anderem die abweichende Anordnung und das Auftauchen zusätzlicher Stücke in der griechischen Übersetzungstradition hin, deren Kapitel-Zählung hier vorausgesetzt wird.

Für Sir 38,34b–39,4 ist leider kein hebräischer Text erhalten. Der Kontext handelt von Berufsgruppen, und Kap. 38 beschreibt und lobt die Tätigkeiten der Handwerker, schränkt aber ihre Bedeutung 38,33–34 gegenüber dem Stand der Schreiber durch einen Negativkatalog ein, der den Tätigkeitsmerkmalen dieser Berufsgruppe der Schreiber-Gelehrten in 38,34b–39,4 entspricht. In ihre Kompetenz fällt das ‚Gesetz des Höchsten', die Erforschung aller Weisheit der Alten, die Prophetie, die Kenntnis der Rätsel der Gleichnisrede, der öffentliche Dienst, der diplomatische Dienst und die Schlichtung zwischenmenschlicher Konflikte.

Die Passage scheint im ersten Teil nur auf den ersten Blick und für sich betrachtet eine dreiteilige schriftliche Tradition vorauszusetzen: Gesetz, Prophetie, Gleichnisse/Weisheitssprüche, doch schon die andere Reihung läßt daran Zweifel aufkommen.

Mit ‚Gesetz des Höchsten' ist zweifelsfrei die Torah gemeint, aber schwerlich nur jene im Pentateuch. Darüber hinaus geht es einfach um

---

80 Überblick bei: J. MARBÖCK, Sirach/Sirachbuch, TRE 31, 1999, 307–317. Ferner s. vor allem O. WISCHMEYER, Die Kultur des Buches Jesus Sirach, Berlin (BZNW 77) 1995; N. CALDUCH-BENAGES, Ben Sira y el Canon de las Escrituras, Gregorianum 78, 1997, 359–370; P. C. BEENTJES, Canon and Scripture in the Book of Ben Sira, in: M. SÆBØ (ed.), Hebrew Bible. Old Testament. The History of its Interpretation, I Part 2, Göttingen 2000, 591–605.

literarische und wissenschaftliche Bildung. Universalität der Bildung (vgl. Dan 1,4) und nicht kanonische Beschränkung kennzeichnet das Idealbild eines solchen Weisen, dem hier auch eine hohe Bedeutung im öffentlichen Leben zugemessen wird, und nicht zuletzt auch im Blick auf Geschichtskenntnis.[81] Darüber hinaus geht es auch um eine Rolle im Sinne religiöser Dienstleistungen. Die Fortsetzung dieses Lobgedichts auf den Weisen in Sir 39,5–11 bringt dies eindrücklich zum Ausdruck.

Die beschriebenen Funktionen entsprechen allem Anschein nach denen des *maśkîl* in den Qumrantexten (vgl. auch vor allem 4Q417 Frg. 2 i) und dem hohen Prestige, das den *maśkîlîm* auch im Danielbuch (Dan 11,33) zugesprochen wurde.[82] Auch im Aristeasbrief §§ 121–122 werden ähnliche Eigenschaften erwähnt, und dazu paßt auch die dort §§ 181ff. beschriebene Serie von Gelagen mit Gesprächen.

Kennzeichnend ist insbesondere der Begriff der Torah. Neben Prov 9 enthält *Ben Sira* nämlich die ersten klaren Zeugnisse für ein Torah-Konzept, das den Anspruch erhebt, die Weisheit überhaupt und letztlich sogar die göttliche Schöpfungsweisheit zu repräsentieren.[83] Der Lobeshymnus auf die Weisheit in Kap. 24 wird in v. 22ff. auf das Buch der Torah zugespitzt, aber eben so, daß damit alle Torah und Weisheit repräsentiert erscheint.

Wie weit diese universalistische Konzeption von Torah und Bildung noch von einer ,kanonischen' Beschränkung auf einen Text entfernt war und noch die universale Kompetenz des (priesterlich-levitischen) Weisen verfocht, zeigt auch der Abschluß des Lobpreises für den Hohepriester Simon in Kap. 50,27–29, wo Redewendungen auftauchen, die später nur mehr auf die ,kanonische' Torah bezogen werden konnten. Natürlich schließt die vorausgesetzte Universalbildung auch die Kenntnis der eigenen Traditionen ein, die über das hinausgingen, was Torah umfassen konnte. Ben Sira hat in einem emphatischen Lob der Väter 44,1–49,16 poetisch zum Ausdruck gebracht, was man in seinem gesellschaftlichen Ambiente dabei im Sinne hatte. Und da dieses Lob der Väter Kap. 50 in der hinzugefügten Beschreibung der Person und Funktion des Hohenpriesters Simon gipfelt, die in gewissem Maß der Beschreibung des Aaron in 45,6–23 (fortgesetzt durch die des Pinchas in 45,23–24!) entspricht, wird auch deutlich, wie sehr

---

81 G. L. PRATO, Cosmopolitismo culturale e autoidentificazione etnica nella prima storiografia giudaica, RivBib 34, 1986, 143–182.

82 C. A. NEWSOM, The Sage in the Literature of Qumran. The Function of the "maskil", in: J. G. GAMMIE – L. G. PERDUE (eds.), The Sage in Israel and the Ancient Near East, Winona Lake 1990, 373–382.

83 L. MORALDI, Sapienza e Torah in alcuni scritti del giudaismo, in: Sapienza e Torah, Bologna 1987, 71–81; G. PRATO, Sapienza e Tora in ben Sira: meccanismi comparativi culturali e conseguenze ideologico-religiose, RStB 10, 1998, 129–152.

dieses Ideal des Weisen und Gelehrten in dieser Richtung mit der priesterlich-kultischen Bildungstradition des Zweiten Tempels verbunden war.
Der Siracide vertrat also noch voll und ganz den priesterlichen Anspruch
auf die Kontrolle des Rechtswesens. Dem Mose wurde die Torah geoffenbart,
und er begründete damit für Israel Torah, Recht und Gesetz im Sinne des
Levi-Spruchs Dt 33,10 (Sir 45,1–5). Die Pflege und Anwendung der Torah
aber obliegt Aaron und seinen Nachkommen als Teil der dienstlichen Ver-
pflichtungen (45,17). Im Rahmen dieser Bildungstraditionen nahmen daher
selbstverständlich Torah-Traditionen den ersten Platz ein, darüber hinaus
nicht bloß, was an biblischem Schrifttum vorhanden war, sondern offensichtlich noch vieles, was nur außerbiblisch oder überhaupt nicht mehr
erhalten ist.

Der Enkel des Verfassers, der laut Prolog des griechischen Sirachbuches den
Text ins Griechische übersetzt hat, lebte wahrscheinlich zu einer Zeit, da die
innerpriesterlichen Zwistigkeiten in Jerusalem machtpolitisch bereits
entschieden waren, wodurch auch diese Bildungstraditionen mehr als
bisher gruppen- bzw. parteigebunden in Anspruch genommen wurden. Der
Prolog ist in seiner Authentizität zwar nicht ganz gesichert und auch in der
Relation zum übersetzten Text nur ungefähr datierbar, da weder der Amtsantritt noch das Todesjahr des in Kap. 50 gefeierten Hohenpriesters Simon
noch die tatsächliche Abfassungszeit des hebräischen Textes (speziell dieses
Kapitels 50) genau bestimmt werden können. Möglich ist, daß es sich um
das 38. Jahr des Ptolemäus VII. Euergetes handelt, also um ca. 132 v. Chr.,
falls von dessen Mitregentschaft ab 170 v. Chr. an gerechnet wird, oder erst
um ein Datum um 107 v. Chr., falls von dessen Alleinherrschaft an gerechnet werden muß. Und das auch nur, falls der Prolog wirklich vom Enkel
stammt.[84] Jedenfalls bezeugt dieser Prolog bereits eine deutlich engere Sicht
der Tradition, die der Entwicklung während der späthasmonäischen Periode entspricht, und in diesem Rahmen begegnet tatsächlich eine Dreiteilung
in Gesetz, Propheten und andere Schriften (Prolog 1–2 und 8–10), wobei mit
letzteren aber keineswegs nur biblische allein gemeint sein müssen.

7.2 Makkabäertraditionen

Sammlungen von Schriften hat es schon früh gegeben,[85] auch in Juda/
Judäa, sei es bei Hof (Prov 2,51), sei es am Heiligtum (2Kön 22,8). 2Makk
2,13–15 berichtet, der Statthalter Nehemia habe einst Bücher gesammelt,

---

84 Vgl. B. J. DIEBNER, „Mein Großvater Jesus", DBAT 16, 1982, 1–37.
85 O. PEDERSEN, Archives and Libraries in the Ancient Near East: 1500–300 B.C.,
    Bethesda 1998.

und Judas Makkabäus habe nach den Verlusten während der Kämpfe ab 168 v. Chr. (vgl. 1Makk 1,56) den Buchbestand wiederherzustellen gesucht: *(13) Nicht nur dies alles wurde in den Schriften, den Memoiren des Nehemia, berichtet, sondern auch, wie er als Begründer einer Bibliothek die Bücher über die Könige und Propheten gesammelt hat, auch jene des David, sowie Briefe von Königen über Weihegaben. (14) Desgleichen hat auch Judas (Makkabäus) Bücher gesammelt, die während des Krieges, den wir hatten, verlorengegangen waren, und die befinden sich nun bei uns. (15) Falls ihr davon etwas braucht, dann laßt es für euch abholen.*[86]

Das Bestreben, für eine bestimmte Sammlung die Autorität des Nehemia in Anspruch zu nehmen, deutet auf zeitgenössische Kontroversen. Auch hier werden historische und prophetische Aufzeichnungen miteinander angeführt, dazu noch Schriften des David und staatliche Dokumente. Es fehlt bemerkenswerterweise die Erwähnung von Gesetzbüchern und des Pentateuchs, diese Passage könnte sich also gegen die Samaritaner richten, weil diese nur den Pentateuch anerkannten.

Die hasmonäische Geschichtsschreibung hat auch Wert darauf gelegt, für die Kriegführung der Makkabäer die Beachtung von Vorschriften im Sinne von Dt 20 (vgl. 11Q19 Kol. 56; 1QM X,1–8) nachzuweisen, so etwa in 1Makk 3,38–4,25. Rätselhaft ist indes die Passage v. 46–48 davor, für die es keine deuteronomische Entsprechung gibt: *(46) Sie versammelten sich und kamen nach Mizpa gegenüber Jerusalem, denn Mizpa hatte in alten Zeiten als Gebetsstätte für Israel gedient. (47) Sie fasteten an jenem Tag und kleideten sich in Trauergewänder, streuten Asche auf ihr Haupt und zerrissen ihre Kleider. (48) Dann rollten sie das Buch des Gesetzes auf, zum Zwecke dessen, was die Nichtjuden tun, welche die Bilder ihrer Götzen befragen.*

Der Text ist in v. 48 nicht recht klar und wird gern korrigiert. Jedenfalls rollte man das *Buch des Gesetzes* auf, und das offenbar anstelle eines orakelartigen Vorgangs, mit dem Heiden mittels ihrer Kultobjekte herausfinden wollen, was getan werden soll.[87] Es liegt nahe, daß der Verfasser, der im letzten Viertel des 2. Jahrhunderts v. Chr. schrieb, mit dem *Buch des Gesetzes* bereits eine Pentateuchrolle gemeint hat. Ihre Funktion wird aber nur vage beschrieben. Sie wurde kaum für ein Buch-Orakel bis zu irgendeiner beliebigen Stelle aufgerollt, wie manchmal angenommen wird, auch wenn die Passage dies auf den ersten Blick nahelegt. Die Diktion erinnert vielmehr an

---

86 M. KELLERMANN, „Wenn ihr nun eines von diesen Büchern braucht, so laßt es euch holen" (II Makk 2,15). Eine antike Aufforderung zur Fernleihe, ZDPV 98, 1982, 104–109.

87 P. W. VAN DER HORST, Sortes: Sacred Books as Instant Oracles in Late Antiquity, in: L. V. RUTGERS – P. W. VAN DER HORST – H. W. HAVELAAR – L. TEUGELS (eds.), The Use of Sacred Books in the Ancient World, Leuven 1998, 143–174.

Dt 18,9–14, wo solche paganen Praktiken ausdrücklich abgelehnt werden und danach in v. 15–19 als Alternative für Israel auf die Institution des „Propheten wie Mose" verwiesen wird. Die Szenerie demonstriert also die mosaische Torah als gottgewollte Offenbarungs-Alternative zur paganen Praxis. Die Situation in 1Makk 3,38ff. setzt die militärische Bedrohung durch einen übermächtigen Feind voraus, Priester, Heiliges und Naziräer sind in Gefahr, entweiht zu werden, die Frage lautet daher v. 50: *was sollen wir mit diesen tun, und wohin sollen wir sie bringen?* Und eine weitere Frage folgt v. 53: *wie können wir vor ihnen standhalten, wenn Du nicht hilfst?* Dieser Teil des Fasten-Rituals wurde mit Posaunenblasen und lautem Geschrei abgeschlossen. Danach setzte Judas Makkabäus die Befehlshaber der Kampfeinheiten ein und entließ „entsprechend dem Gesetz" die Dt 20,5–9 aufgeführten Gruppen. Erst nach dem Aufbruch ins Lager folgt (v. 58–60) eine Aussage des Judas Makkabäus, die eine Antwort auf die genannten Fragen darstellt: Er trifft die Entscheidung für den Kampf. Die Buchrolle wurde also als demonstrativer Akt mit dem Ziel einer Autorisation des Judas Makkabäus aufgerollt. Vielleicht auch als Ersatz für die Befragung der Urim und Tummim vor dem Feldzug, da eine solche zu der Zeit nicht möglich war, weil die dafür kompetenten priesterlichen Funktionen nicht besetzt waren.

Zu vergleichen ist die Zeremonie vor der Schlacht in 2Makk 8,16ff. Nach Ermahnung und Einteilung der Streitkräfte heißt es v. 23: *Er ließ dann <den Priester> Eleazar mit dem heiligen Buch herantreten, und (dieses) vorgelesen gab er als Parole ,Mit Gottes Hilfe!' aus, stellte sich selber an die Spitze der ersten Einheit und griff Nikanor an.*

Der Ausdruck ,heiliges Buch' im Singular entspricht nicht der üblichen hellenistisch-jüdischen Redeweise von ,heiligen Schriften', sondern eher dem ägyptischen Begriff des ,heiligen Buches'. Wahrscheinlich war ein Exemplar aus dem Heiligtum gemeint, das speziell für den Kriegsfall bestimmt war. Aus diesem Grund dürfte auch die Erwähnung des Priesters Eleazar trotz aller textkritischen Probleme am Platz sein, denn Judas Makkabäus fungierte hier ja als Feldherr, nicht als Priester, und ein ,heiliges Buch' bedurfte eben der Handhabung durch einen entsprechend heiligen kultischen Funktionär.

Auch in der Kriegsrolle (1QM) aus Qumran werden ähnliche, umfangreiche Zeremonien mit Priestern und Leviten vorausgesetzt. So in 1QM V,15ff.; VII,9–IX,9 und XIII,1ff. während der einzelnen Kampfabschnitte. In 1QM XV,4–XVI,3 handelt es sich um die Situation vor einem entscheidenden Kampf, und hier wird deutlich, daß es auch noch anlaßspezifische Schriften gegeben hat: „(4) Der Hauptpriester tritt hin und seine Brüder, die P[riester], und die Leviten und alle Männer der Schlachtordnung mit ihm. Er liest ihnen zu Ohren (5) das Gebet für den Zeitpunkt des Krie[ges, wie es aufgezeichnet ist im Bu]che der Ordnung seiner Zeit mit allen Worten ihres

Lobpreisens. Und dort formiert er (6) die ganzen Schlachtreihen gemäß al[l den Vorschriften des Krie]ges. (Dann) geht der für den Zeitpunkt der Rache (7) durch Entscheid all seiner Brüder bestimmte Priester hin und stärkt [ihre Hände zum Kampf] und hebt an und spricht: Seid stark und fest und werdet wehrhafte Leute! ... ." Ähnliche Passagen sind in 4Q491–496 sowie in 4Q285 enthalten. Die Priesterschaft war in der militärischen Tradition und Praxis mit konkret definierten Funktionen fest verankert, und in diesem Rahmen wurden verschiedene Bücher bzw. schriftliche Ordnungen bzw. Agenden benutzt. Daß dies schon in der hasmonäischen Zeit so war, belegt die Tempelrolle 11Q19, wo in Kol. LXI,12–LXII kriegsrechtliche Vorschriften zu finden sind, die weithin Dt 20 entsprechen. Im Rahmen des Königsrechts aber begegnen Kol. LVIII auch noch Vorschriften, die biblisch so nicht belegt sind, unter anderem in LVIII,18–21 die Vorschrift, daß der König vor einem Feldzug vor den Hohepriester treten und die Entscheidung durch das Orakel der Urim und Tummim erfragen muß. In Kol. LVI,20ff. wird auch in einer Variante zur Formulierung in Dt 17,18 festgelegt, daß man für den König *diese Torah* (das Königsrecht!) *vor den Priestern auf eine Buchrolle* schreibt.

7.3 Aristeasbrief

Für das ptolemäische Ägypten sind enge Beziehungen mit den Jerusalemer Institutionen anzunehmen, wenn auch nicht in der legendär-verherrlichten Form, in der dies im sogenannten Aristeasbrief (1. Jahrhundert v. Chr.) geschildert worden ist. Dennoch können aus dieser propagandistischen und apologetischen Darstellung mancherlei Hinweise auf die damaligen Tendenzen erschlossen werden.[88] So bezeugt er das apologetische Bemühen um den Nachweis einer möglichst alten und daher ehrwürdigen und unantastbaren Tradition, und das auch für ihre griechischen Übersetzungen. Warnungen vor Verfälschungen alter schriftlicher Überlieferungen sind in der Antike keine jüdische Besonderheit, sondern zu einem guten Teil literarische Konvention. Auch in der frühjüdischen Literatur begegnen derartige

---

88 M. HADAS, Aristeas to Philocrates (Letter of Aristeas). Edited and translated, New York 1973²; D. W. GOODING, Aristeas and Septuagint Origins: A Review of Recent Studies, VT 13, 1963, 357–379; F. PARENTE, La *Lettera di Aristea* come fonte per la storia del giudaismo alessandrino durante la prima metà del I secolo, in: Annali della Scuola Normale Superiore di Pisa, ser. II,2, 1972, 177–237. 517–567; G. VELTRI, L'ispirazione della LXX tra leggenda e teologia. Dal racconto di Aristea alla "veritas hebraica" di Girolamo, Laurentianum 27, 1986, 3–71; G. BOCCACCINI, La Sapienza dello Pseudo-Aristea, in: A. VIVIAN (ed.), Biblische und judaistische Studien. Festschrift für Paolo Sacchi, Frankfurt/M. 1990, 143–176.

Warnungen, allerdings gerade nicht im Blick auf biblische Texte, sondern in bezug auf Überlieferungen über Henoch.[89]

Man darf wohl auch eine Arbeitsteilung vermuten und annehmen, daß für jene Traditionen, die öffentlich eine größere Rolle spielten, auch besondere Schreiber zuständig waren. Spezialisten für Pentateuch-Bücher setzt der Aristeasbrief für die griechische Übersetzungsarbeit der Septuaginta jedenfalls voraus. Von anderen ‚biblischen' Büchern ist dabei aber keine Rede.

7.4 Philo

In den zahlreichen literarischen Werken des Philo von Alexandrien aus dem frühen 1. Jahrhundert n. Chr. dominiert der Pentateuch als unstrittig autoritative Grundlage. Das gilt aber keineswegs nur für die juristisch-politischen Aspekte. Die – allegorisierende – Pentateuchinterpretation benutzte Philo gerade auch für ethisch-religiöse Darlegungen, obwohl dafür Texte aus der Weisheitsliteratur oder aus den Prophetenbüchern geeigneter gewesen wären. Der Pentateuch galt für ihn als ‚*nómos*' schlechthin und insofern als eine Einheit.[90] Er bezeichnete ihn häufig mit dem sonst nicht so üblichen Ausdruck *hiera grammata*, „heilige, den Tätigkeiten der Gelehrten entsprechende Schriften", wovon der Singular das einzelne Schriftwort meint. Auch der allgemeine Ausdruck *grafê* (Schrift/Schriftstück) wird oft mit dem Adjektiv ‚heilig' im selben Sinne verwendet. Ferner begegnet die in der Geschichtsschreibung, in administrativen und rechtlichen Kontexten übliche Bezeichnung *anagrafê* („Niederschrift"), wobei zwei Aspekte eine Rolle spielen können: jener der Aufzeichnung historischer Vorgänge und die urkundliche Festschreibung von Bestimmungen. Ebenfalls geläufig ist der Ausdruck *biblos* („Buch") bzw. „heilige Bücher". Weit stärker ausgeprägt als in Palästina war auch die Vorstellung von der Inspiration.[91]

All dies belegt, daß für Philo offenbar nur der Pentateuch eine absolut verbindlich-autoritative Bedeutung hatte. Doch stellt sich in Einzelfällen heraus, daß Philo nicht direkt aus dem Pentateuch zitiert hat, sondern aus thematisch bestimmten Gesetzeskomplexen, wie sie für den praktischen Gebrauch insbesondere im Rechtsleben und Bildungswesen wahrscheinlich

---

89 So Hen 99,15ff.; 104,10–11; grHen 10. Vgl. Apk 22,18–19.
90 N. G. COHEN, The Names of the Separate Books of the Pentateuque in Philo's Writings, StPhilo 9, 1997, 54–78.
91 G. VELTRI, L'ispirazione (Anm. 88); H. BURKHARDT, Die Inspiration heiliger Schriften bei Philo von Alexandrien, Gießen/Basel 1988; WHITLOCK, a.a.O. (Anm. 12), 96–121.

üblich sind.[92] Für praktische Zwecke des Rechtswesens lagen eben geson-
derte Gesetzessammlungen bereit, von denen Philo auch Gebrauch gemacht
hat.[93] Er hielt aber nicht den Wortlaut für sakrosankt, für ihn stand noch der
Inhalt im Vordergrund. Denn obschon er annahm, daß die Gesetze von Gott
her geoffenbart worden sind, stammen in seiner Sicht die sprachlichen und
literarischen Mittel der Formulierung doch von einem Menschen, nämlich
vom Gesetzgeber Mose.[94]

Philo hat über den Pentateuch hinaus auch für eine Anzahl von
weiteren Schriften eine besondere, wenn auch nicht gleichrangige Qualität
angenommen. Seine relativ wenigen (ca. 40) Zitate aus nicht-pentateuchi-
schen biblischen Schriften lassen dies da und dort erkennen, aber auch nicht
im Sinne einer exakten Definition und nie in einem Kontext verbindlicher
Offenbarung. Von prophetischer Qualität ist zwar dann und wann die
Rede, doch die Ausdrucksweise ist recht allgemein; zu 1Sam 1,11 verwendete er allerdings immerhin den Ausdruck *hieros lógos*.

Nur in der sehr apologetisch gehaltenen Schrift *De vita contemplativa*
berichtet er § 25 über eine meditative Lesepraxis bei den Therapeuten, und
die betrifft „Gesetze, durch Propheten erteilte Orakelworte, Hymnen und
anderes, durch die Verständnis und Frömmigkeit gemehrt und vervoll-
kommnet werden". Das wird zwar gern mit dem dreiteiligen Kanon assoziiert, doch werden offensichtlich nicht drei Corpora, sondern nur mehrere
Literatur-Arten aufgeführt. Wenn immer wieder versucht wird, für Philo
trotz alledem eine Art ‚Bibel' und sogar ‚Kanon' nachzuweisen,[95] gründet
dies in einem christlichen Schriftbegriff. So ergibt sich als gesichert nur die
Feststellung von der absoluten Autorität und Verbindlichkeit des inspirierten ‚Gesetzes des Mose', insofern auch des Pentateuchs, alles andere bleibt
in einem nur vage beschreibbaren Bereich historischer und religiöser schriftlicher Traditionen von teilweise prophetischer Qualität, die aber nicht
einmal Anlaß zu einer Verwertung solcher Texte für religiös-spekulative
und ethische Darlegungen gegeben hat.

---

92 Siehe P. Borgen, Philo of Alexandria: Reviewing and Rewriting Biblical Material,
    StPhilo 9, 1997, 37–53.
93 P. Borgen, Philo of Alexandria. An Exegete for His Time, Leiden 1997; ders., Philo
    of Alexandria (Anm. 92).
94 A. Kamesar, Philon and the Literary Quality of the Bible: A Theoretical Aspect of
    the Problem, JJS 46, 1995, 55–68.
95 Vgl. für ein neueres Beispiel Burkhardt, a.a.O. (Anm. 91), 134–146.

7.5 Flavius Josephus

Flavius Josephus, der gern als Zeuge für einen jüdischen ‚Bibelkanon' zitiert wird,[96] hat bei der Abfassung seiner Werke allem Anschein nach recht unterschiedliche biblische Textvorlagen benutzt. Die Befunde sind nicht nur von Buch zu Buch unterschiedlich, sie wechseln auch innerhalb der einzelnen Bücher der *Antiquitates Iudaicae* und dabei selbst für den Pentateuch.[97] Soweit hebräische Bibeltexte benutzt wurden, lagen sie nicht einfach auf der ‚protomasoretischen' Linie, die im rabbinischen Judentum überhand genommen hat. Im Detail ist es freilich nur selten möglich, mit Sicherheit auf eine bestimmte Textgrundlage zu schließen, weil kaum jemals ein wirkliches Zitat vorliegt, denn der Autor legte als hellenistischer Schriftsteller großen Wert auf den Nachweis, die Inhalte in anderen Worten korrekt wiedergeben zu können. Auch griechische Übersetzungen sind benutzt worden (Ant I,10–12), und für sie ergibt sich dasselbe unsichere Bild, weil kaum genaue textliche Entsprechungen vorliegen. Im übrigen ist zu vermerken, daß er anstelle des kanonischen Esrabuches das ‚deuterokanonisch' gewordene 3. Esrabuch benutzt hat, aber in einer textlichen Form, die uns so nicht erhalten ist.

Als zweitältester Beleg für die Existenz eines jüdischen Bibelkanons gilt die Passage in Flavius Josephus, *Contra Apionem* I,37–43.[98] Hier ist von 22 offiziellen Niederschriften im Judentum die Rede, die im weiteren Kontext den offiziellen Niederschriften anderer Völker gegenüber als viel genauer und verläßlicher tradiert bezeichnet werden. Es handelt sich um eine apologetische Argumentation, die gezielt die hellenistische Terminologie für offizielle Niederschriften aufgreift, die in den Septuaginta-Übersetzungen biblischer Bücher so noch nicht aufscheint. In I,37 stellt er heraus, daß es nicht jedermanns Sache war, solche Niederschriften anzulegen, sondern die Aufgabe von Experten, von göttlich inspirierten Propheten, weshalb die jüdischen Schriften auch keine Widersprüche enthalten. Und im Kontrast

---

96 R. MEYER, Bemerkungen zum literargeschichtlichen Hintergrund der Kanontheorie des Josephus, in: O. BETZ (ed.), Josephus-Studien. O. Michel zum 70. Geburtstag, Göttingen 1974, 285–299 = in: DERS., Zur Geschichte und Theologie des Judentums in hellenistisch-römischer Zeit, Neukirchen-Vluyn 1989, 196–207; ST. MASON, Josephus on Canon and Scriptures, in: M. SÆBØ (ed.), Hebrew Bible/Old Testament. The History of Its Interpretation, Vol. I. From the Beginnings to the Middle Ages, Part 1: Antiquity, Göttingen 1996, 217–235; P. HÖFFKEN, Zum Kanonbewusstsein des Josephus Flavius in *Contra Apionem* und in den *Antiquitates*, JSJ 32, 2001, 159–177; WHITLOCK, a.a.O. (Anm. 12), 152ff.

97 FELDMAN, a.a.O. (Anm. 41).

98 S. Z. LEIMAN, Josephus and the Canon of the Bible, in: L. H. FELDMAN – G. HATA (eds.), Josephus, the Bible, and History, Detroit 1989, 50–58.

zur Fülle nichtjüdischer schriftlicher Überlieferungen und deren unausge-
wogenem Inhalt stellt er die vergleichsweise geringe Zahl von 22 jüdischen
Büchern (*biblia*) als großen Vorteil heraus: übersichtlich an Zahl und leicht
kontrollierbar nach dem Inhalt, inhaltlich eine offizielle Niederschrift
(*anagrafē*) der Ereignisse aller Zeiten. Und zwar handelt es sich um folgende
Bücher:

> „(I,39) Von diesen (Büchern) sind:
> (a) fünf von Mose, welche sowohl die Gesetze enthalten wie auch die
>   Überlieferung seit der Entstehung der Menschen bis zum Lebens-
>   ende des erwähnten (Mose). Diese Zeitspanne erstreckt sich über
>   etwas weniger als 3000 Jahre. (I,40)
> (b) Vom Lebensende des Mose bis zu Artaxerxes, welcher nach Xerxes
>   König der Perser war, haben die Propheten die zu ihrer Zeit gesche-
>   henen Dinge in dreizehn Büchern schriftlich aufgezeichnet.
> (c) Die übrigen vier (Bücher) enthalten Hymnen an Gott und Anlei-
>   tungen zur Lebensführung für die Menschen.
> (d) (I,41) Ab Artaxerxes bis auf unsere Zeit wurde zwar (auch) alles
>   niedergeschrieben, doch wurde es gegenüber den früheren (Schrif-
>   ten) nicht als gleichermaßen zuverlässig gewertet, weil es keine
>   genau entsprechende Nachfolge der Propheten gegeben hat."

Terminologisch und technisch ergibt sich hier für die Nieder- bzw. Abschrift
biblischer Schriften kein Unterschied zur Niederschrift von nichtbiblischen
offiziellen Dokumenten, zum Beispiel zu den in I,32–36 erwähnten Priester-
Genealogien, deren Zuverlässigkeit Flavius Josephus so sehr unterstreicht.
Wichtig erschien ihm die institutionelle Kontinuität als Garant für die
Zuverlässigkeit der historischen Niederschriften, und diese Kontinuität war
für ihn ab Artaxerxes nicht mehr gegeben. Bis zu dessen Herrschaftsantritt
sind demnach alle genannten 22 Bücher verfaßt worden. Diese Bücher
werden aber im einzelnen nicht aufgezählt, und daher liegt hier eben keine
exakte Bezeugung der Bücher des ‚Kanons' vor.[99]

Bezeichnend ist schließlich auch, daß in diesem Kontext nicht von ‚heiligen
Schriften' die Rede ist. Hingegen taucht dieser charakteristisch jüdisch-
hellenistische Ausdruck in *Contra Apionem* I,54 auf, in einer Passage
(I,53–56), wo Flavius Josephus seine Geschichtsdarstellung verteidigt: Sie
beruhe vor allem auf gediegener persönlicher Kenntnis und Erforschung
der Fakten. In den *Antiquitates* habe er eine Wiedergabe der ‚heiligen
Schriften' (*grammata*) geboten, als Priester mit priesterlichen Ahnen bestens

---

99 Vgl. H. M. ORLINSKY, The Canonization of the Bible and the Exclusion of the Apo-
    crypha, in: DERS., Essays in Biblical Culture and Bible Translation, New York 1974,
    257–286.

bewandert in der *filosofia* dieser Schriften. Es ging ihm hier offensichtlich darum, den Autoritätsanspruch der nichtjüdischen Geschichtsschreibung zu überbieten, der ja auch sehr deutlich zum Ausdruck gebracht worden ist[100] und die überdies auch weithin eine institutionelle Verankerung hatte.[101]

Ähnlich klingt *Antiquitates* XX,265–266, wo Flavius Josephus in seinem Schlußwort zu den *Antiquitates* betont, daß sein Werk die erhaltene Tradition (*paradosis*) über die das jüdische Volk betreffenden Ereignisse von der Erschaffung des Menschen bis zum 12. Jahr des Kaisers Nero wiedergibt. Zur Unterstützung der Richtigkeit und Genauigkeit seiner Wiedergabe verweist er XX,261 einerseits auf seine lückenlose Aufzählung der Hohenpriester in ihrer Sukzessionskette, was die priesterliche Traditionsbasis hervorhebt, andererseits auf Berichte über politische Ereignisse, „so wie die heiligen Bücher in bezug auf alle (diese) Dinge die offizielle Niederschrift (*anagrafe*) enthalten". Nach einem kräftigen Eigenlob bezüglich seiner Kenntnisse bittet er die Leser um Nachsicht für gewisse formale, stilistisch-rhetorische Unzulänglichkeiten und verweist darauf, daß es unter den Juden vor allem jene im Sinne von Sachkompetenz bzw. ,Weisheit' hoch geachtet werden, „welche die Gesetze umsichtig verstehen und die Kraft der heiligen Schriften (*grammata*) wirkungsvoll zu vermitteln vermögen." Wie in *Contra Apionem* werden zwei Gruppen klar voneinander abgesetzt: die Gesetze bzw. die mosaische Tradition als erste, und weitere Schriften, hier unter dem Begriff ,heilige Schriften' zusammengefaßt und nicht weiter spezifiziert, die aber auch hier vor allem als Geschichtsquellen gesehen werden. Das heißt, daß die Prophetenschriften keinen eigenen Rang einnehmen. Auch in *Antiquitates* XIII,167 wird nur erwähnt, daß man von außen her eigentlich keine Information über die Verwandtschaft zwischen Spartanern und Juden braucht, weil dies durch „unsere heiligen Schriften (*grammata*) zuverlässig bezeugt ist". Anders steht es mit *Antiquitates* X,210, wo es um die Weissagung zukünftiger Dinge und um das Buch Daniel geht, das man „unter den heiligen Schriften findet". Für Flavius Josephus ging es also vorrangig um zwei sorgfältig voneinander getrennte Gruppen autoritativer Schriften: das mosaische Corpus und die anderen, die ,heiligen Schriften'. Und nur das ,Gesetz' ist Gegenstand einer für das Judentum charakteristischen Unterrichtung breiter Volksschichten, entsprechend seiner juristischen, ethischen und religiösen Relevanz (*Contra Apionem* II,175–189).[102]

---

100 J. MARINCOLA, Authority and Tradition in Ancient Historiography, Cambridge 1997.

101 B. MEISSNER, Historiker zwischen Polis und Königshof. Studien zur Stellung der Geschichtsschreiber in der griechischen Gesellschaft in spätklassischer und früh-hellenistischer Zeit, Göttingen 1992.

102 L. TROIANI, La riscrittura storiografica della Legge in Flavio Giuseppe e l'impero Romano, RStB 15, 2003, 163–170.

Welche biblischen Bücher Flavius Josephus im einzelnen gemeint hat,
ist nicht ganz klar.[103] Jedenfalls war eine liturgische Lesung für ihn kein
Kriterium für Wertung und Einteilung. Auch die dritte Gruppe kann mit
vier Büchern, von denen eines sicher der Psalter ist, nicht einfach mit dem
späteren Hagiographen-Corpus gleichgesetzt werden. Mit dazu gehört auf
alle Fälle auch das Proverbienbuch, wohl auch das Buch Hiob und eventuell
das Buch Sirach. In der Forschung freilich dominiert das Bemühen, die uns
überlieferten biblischen Bücher auf die drei genannten Gruppen im Sinne
des ‚Kanons' zu verteilen.

Es ist jedoch offenkundig, daß Flavius Josephus hier nicht mit Kriterien
eines Kanons argumentierte, sondern im Sinn von mehr oder weniger
verläßlichen offiziellen Niederschriften. Daher wohl auch die verblüffende
Einteilung und Zählung für die zweite und dritte Gruppe. Die zweite ist
offenkundig nicht einfach mit dem späteren Propheten-Corpus (aus Frühen
und Späten Propheten) identisch, sie wird als Sammlung von Geschichtsbüchern dargestellt, weshalb gewiß Chronikbücher und 3. Esra (das Flavius
Josephus benutzt hat) auch hierher gehören.

Flavius Josephus, der Sproß einer vornehmen Priesterfamilie, scheint
sich selber in der Tradition dieser inspirierten Geschichtspropheten gesehen
zu haben, die offenbar im Ruf standen, mit ihrer Kenntnis der Geschichte
auch in der Lage zu sein, zukünftige Geschehnisse zu schauen, was offenbar
einmal zu den normalen Pflichten von Hofpropheten gehört hat.[104]

Die hohe Bedeutung der priesterlichen Funktion betonte Flavius Josephus übrigens auch schon vorweg apologetisch in *Contra Apionem* I,28–29,
und zwar unter Hinweis auf die genealogische Kontinuität der Priesterschaft
(vgl. I,30–32.36), die eine entsprechend kontinuierlich gepflegte und somit
verläßliche Tradition im Kontrast zu den angeblich weniger zuverlässigen
Traditionen anderer Völker garantiere. Die Pflege der offiziellen Niederschrift (*anagrafē*) sei bei den Juden nämlich den ‚Hohepriestern und Propheten' anvertraut gewesen. Und wenn durch Katastrophen und Zerstörungen
die schriftlichen Traditionen in Mitleidenschaft gezogen wurden, haben laut
Contra Apionem I,35 überlebende Priester die verlorenen Niederschriften aus
erhaltenen Archiven neu abgeschrieben bzw. wiederhergestellt. Die Schrift-

---

103 D. L. CHRISTENSEN, Josephus and the Twenty-two Book Canon of Sacred Scriptures,
      JETS 29, 1986, 37–46, nahm z.B. an, daß eines der 22 Bücher die fünf Megillot ent-
      halten habe. Die Qumranfragmente lassen eine solche buchtechnische Einheit nicht
      erkennen.
104 Siehe für Details: P. SAYDON, Cult and Prophecy in Israel, Melitas Theologica 5,
      1952, 7–16; R. I. THELLE, The Prophetic Act of Consulting YHWH in Jeremiah 21
      and 37, SJOT 12, 1998, 249–255.

rollen in den Qumranhöhlen sind wohl Zeugnisse eines vergleichbaren Bemühens um die Rettung der literarischen Tradition.

7.6 4. Esra

Literarisch auf die Tempelzerstörung von 586 v. Chr. gemünzt, aber in Wirklichkeit nach der Zerstörung des Zweiten Tempels verfaßt, ist die uns überlieferte Gestalt des sogenannten IV. Buches Esra, dessen 14. Kapitel standardmäßig als Beleg für die Existenz eines jüdischen Bibelkanons angeführt wird.[105] Das trifft formal in bezug auf die Zahl der Bücher und ihre Abgrenzung als einer gesonderten Gruppe zu, nicht aber hinsichtlich der Wertung als höchster Autorität, denn diese gilt ganz eindeutig einer zweiten Gruppe von Schriften. Das Buch ist eine ‚Apokalypse', eine Offenbarungsschrift. Der Offenbarungsempfänger Esra, der nach der dahinterstehenden Chronologie zur Exils-Heimkehrergeneration gehörte, empfängt von einem Engel Offenbarungen über Lauf und Ziel der Heilsgeschichte. Diese Offenbarungen soll er laut 4Esra 12,37 in ein Buch schreiben und es an einem verborgenen Ort verwahren und es die Weisen des Volkes lehren. Wir haben hier einen altbekannten doppelten Vorgang: einerseits Deponierung eines Exemplars an sicherem Ort, andererseits Publikation, hier allerdings nicht als Buch, sondern als mündliche Lehre, die einer intellektuell-moralischen Eliteschicht zur Tradition anvertraut wird. 4Esra 14,20–21 setzt voraus, daß mit der Zerstörung des Tempels „das Gesetz verbrannt ist", Esra bittet daher Gott um Inspiration für eine Rekonstruktion der Inhalte der vernichteten Schriften. Darauf (14,23–43) wird Esra mit fünf anderen Männern mit dieser Aufgabe betraut, und in deutlicher Anknüpfung an die Sinai-Szenerie wird die Arbeit innerhalb von 40 Tagen ausgeführt. Diese Angaben werden in 14,44–47 wie folgt abgeschlossen: *(44) So wurden in den vierzig Tagen vierundzwanzig Bücher niedergeschrieben. (45) Als die vierzig Tage voll waren, sprach der Höchste zu mir wie folgt: Die vierundzwanzig Bücher, die du vorweg geschrieben hast, sollst du publizieren, zur Lektüre für Würdige und Unwürdige. (46) Aber die siebzig zuletzt geschriebenen sollst du zurückhalten und nur den Weisen deines Volkes übergeben. (47) Denn in ihnen fließt der Born des Verständnisses, die Quelle der Weisheit und der Strom der Erkenntnis.*

---

105 J.-D. KAESTLI, Le récit de IV Esras 14 et sa valeur pour l'histoire du canon de l'Ancien Testament, in: DERS. – O. WERMELINGER (eds.), Le Canon de l'Ancien Testament, Genève 1984, 71–102; C. MACHOLZ, Die Entstehung des hebräischen Bibelkanons nach IV Esra 14, in: E. BLUM etc. (Hg.), Die hebräische Bibel und ihre zweifache Nachgeschichte, Neukirchen-Vluyn 1990, 379–392.

24 Bücher sollen also öffentlich jedermann unterschiedslos zugänglich sein, siebzig bleiben den Experten vorbehalten. Diese 24 Bücher stellen nicht bloß das ,Offenbare' der Torah dar, sondern den publizierten Teil der Tradition überhaupt. Leider werden die 24 Bücher nicht im einzelnen aufgelistet, doch nimmt man wohl mit Recht an, dass es sich um die uns überlieferten 24 Bücher der hebräischen Bibel handelt. Dabei wird keinerlei Kriterium erkennbar, das dem Konzept eines Kanons entspricht, und es fehlt wie bei Flavius Josephus in *Contra Apionem* I, 37–43 jeder Hinweis auf eine liturgische Verwendung oder auf eine definierte religiöse Autorität dieser ohne Einteilung und Reihenfolge erwähnten 24 Bücher.

In 4. Esra wird also klargestellt, daß das eigentlich maßgebliche Wissen in den 70 nicht publizierten Büchern zu finden ist, also in der Verfügung der Experten liegt, allerdings nicht mehr der priesterlichen. Das verrät ein massives Standesinteresse und differenziert innerhalb des ,Offenbaren' noch einmal zwischen Offenbarem für jedermann und Offenbarem, das für die Mehrheit nur mittels der befugten Experten zu erfahren ist. Was immer man sich unter den 70 Büchern im Detail vorstellen soll, ob apokalyptische Schriften gemeint sind oder ob bereits eine Art ,Mündlicher Torah' im Sinne einer Vorform der Mischna, sei dahingestellt. Die Bedeutung der 24 Bücher erscheint jedenfalls relativiert. Dieses Phänomen setzt sich in der rabbinischen Tradition fort, wo betont wird, daß für den normalen Israeliten die Lektüre der 24 Bücher völlig ausreiche und alle Lektüre darüber hinaus eher von Übel sei. Und als Grund wird angegeben, daß solch übermäßige Lektüre speziell der Hagiographen vom Lehrhaus (*bêt midraš*) fernhält, wo Experten das für das jüdische Leben eigentlich Wichtige darlegen.[106]

Die Grenze zwischen Offenbarem und Verborgenem trennt das öffentlich und damit auch den Nichtjuden Zugängliche von dem internen Berufswissen der jüdischen Gelehrten. Daher konnte man von da an in der rabbinischen Tradition von der Mündlichen Torah als dem ,Mysterium Israels' sprechen, das im Unterschied zur Schriftlichen Torah, die ja publiziert und sogar ins Griechische übersetzt allen zur Verfügung steht, das eigentliche Erwählungsmerkmal Israels ausmacht.[107]

---

106 J. MAIER, Jüdische Auseinandersetzung (Anm. 23), 98–100.
107 J. J. PETUCHWOSKI, Judaism as „Mystery" – The Hidden Agenda?, HUCA 52, 1981, 141–152.

8. Schlußbemerkung

Der Pentateuch enthielt in früher Zeit nur einen Teil dessen, was innerhalb der einzelnen Richtungen differierend als Torah galt.[108] Er verdankte sein Prestige wohl seiner Funktion als einer Kompromiß-Urkunde, die auch als Basisdokument für den Rechtsstatus der jüdischen Gemeinschaft(en) gedient hat, ein Dokument, das sowohl im Heiligtum deponiert war als auch publiziert wurde. Damit sind ältere Traditionen nicht einfach eliminiert worden, und neue Entwicklungen wurden dadurch auch nicht ausgeschlossen. Die Frage, was tatsächlich jeweils rechtlich wirklich in Geltung war und praktiziert wurde, ist ohnehin nur selten beantwortbar.

Eine Wurzel der Autorität war neben den Bedürfnissen rechtsgeschichtlicher Art die liturgische Verwendung der Texte. Der Ursprung dürfte auch hier am Tempel liegen, doch läßt sich nicht sagen, wann die Lesung des Pentateuchs eingeführt wurde und wann sie außerhalb des Tempels in frühsynagogalen Veranstaltungen Fuß gefaßt hat. Diasporagemeinden scheinen diese Praxis früh und intensiv gepflegt zu haben. Dort, im außerkultischen Raum, hat wohl die Prophetenlesung ihren Ursprung.

Die Qumrantexte bezeugen somit für das Judentum vor 70 n. Chr. eine weit kompliziertere Situation, als sie die geläufige Rede von ‚Kanon' und ‚kanonisch' erkennen läßt. Eine kanonähnliche Fixierung der Schriftensammlung, die als hebräische Bibel bekannt ist, erfolgte strenggenommen erst, nachdem eine jüdische Richtung, die pharisäisch-rabbinische, ihre Auffassung durchgesetzt hatte, und das endgültig auch erst im 3./4. Jahrhundert n. Chr. Die Rabbinen hatten nämlich immer noch um die Kontrolle über die normativen Exemplare und über den normativen Text zu kämpfen und formulierten dazu Vorschriften für die Erstellung tauglicher, rituell ‚heiliger' Schriftrollen-Exemplare.

Die Geschichte der Alten Kirche bestätigt mit ihrer Vielfalt das bunte Bild des jüdischen Hintergrunds zur Zeit des frühesten Christentums, und auch die Kirche brauchte noch einige Zeit zur Definition des Kanons. Allerdings dominierten zur Zeit des Urchristentums bereits deutlich zwei Corpora: Gesetz und Propheten, daneben kam dem Psalter eine besondere Stellung zu.

(1) Torah wurde im Sinne der unvergleichlichen Prophetie des Mose qualitativ und hinsichtlich der Verbindlichkeit deutlich von allem sonstigen Geoffenbarten abgehoben. Diese Wertung übertrug sich in dem Maß auf den Pentateuch als Corpus, als dieser im Lauf des 2. und dann vor allem 1. Jahrhunderts v. und n. Chr. an Gewicht gewann und keine neue Torahoffenbarung mehr erfolgen konnte.

---

108 Mit alten Divergenzen rechnet auch J. W. MILLER, The Origins of the Bible. Rethinking the Canon, New York 1994, 31ff. 49ff.

Die Differenz in der Offenbarungsqualität zwischen Torah und anderen Offenbarungen zeichnet sich auch durch zwei grundverschiedene hermeneutische Zugänge ab: Nichtgesetzliche ‚prophetische' Texte unterliegen der *pešer*-Interpretation, gesetzliche nicht. Aus Torah, Propheten und Psalmen Davids wurden bestimmte Fassungen ‚publiziert', damit aus dem professionellen Kontext ihrer internen Verwendung herausgenommen und einer allgemeineren Verwendung zur Verfügung gestellt.

(2) Die Übersetzung ins Griechische hat jedenfalls dem Pentateuch als publiziertem Corpus einen an sich nicht beabsichtigten Zuwachs an Normativität als ‚*nómos* der Juden' eingebracht, zunächst außerhalb des Landes Israel, infolge der Bedeutung des Pentateuchs im Rahmen der jüdischen Privilegien aber auch im Land selbst.

(3) Dieser Trend wurde verstärkt infolge interner Auseinandersetzungen, bei denen man sich auf gemeinsam anerkannte Grundlagen zu berufen suchte. Zusätzlich gefördert wurde er durch den Umstand, daß mit dem Tod des *Môreh ha-çädäq* (ca. 140 v. Chr.) der letzte, aber schon lang nur mehr von seinen Anhängern anerkannte Amtsträger im Sinne eines ‚Propheten wie Mose' gestorben war, dieses Amt nicht mehr besetzt wurde und daher keine priesterlichen Torah-Offenbarungen im Sinne der Prophetie des Mose möglich waren. Von da an mußte man das tradierte Geschriebene interpretierend aktualisieren oder/und neues Recht unter einem anderen Titel schaffen. Erst das rabbinische Konzept der doppelten Torah, einer Schriftlichen im Pentateuch und einer weit umfangreicheren Mündlichen Torah, bot wieder eine Möglichkeit, bestimmte Traditionen als Torah vom Sinai auszuweisen.

(4) In den Auseinandersetzungen mit der Umwelt bot sich für den Altersbeweis vor allem der Pentateuch als Werk des Mose als ‚alt' an, aber auch andere Schriften, insbesondere historiographischer Art, dienten diesem Zweck. Die so verbreitete Kenntnis gewisser Gesetze, die infolge ihrer Praktizierung ohnedies ins Auge fielen und Verwunderung oder Anstoß erregten, erforderte apologetische Richtigstellungen und Erläuterungen. Auch dies verstärkte das Gewicht der geschriebenen Torah im Pentateuch.

Es weist einiges darauf hin, daß um die Wende von 2. zum 1. Jahrhundert v. Chr. eine entscheidende Verschiebung in der Wertung der autoritativen schriftlichen Traditionen eingesetzt hat, wobei dem Pentateuch – abgehoben von allen anderen Schriften – eine zunehmende und besondere Bedeutung zugemessen wurde. Dieser Befund stimmt zu den bisher gemachten historischen Beobachtungen, und er wird schließlich auch durch die oben gebotene Statistik der Pentateuchexemplare von Qumran eindrucksvoll untermauert.

(5) Nur am Rande kommen in diesen Phasen über Pentateuch, Propheten und Psalter hinaus noch weitere später biblische Schriften ins Blickfeld,

und einige später nicht als biblische Schriften anerkannte Bücher bzw. Traditionen hatten offensichtlich eine größere Bedeutung. Die Rede von einem ‚Kanon‘ oder die Verwendung des Adjekivs ‚kanonisch‘ erweist sich daher für das Verständnis der damaligen Verhältnisse als wenig hilfreich.[109] Das gilt selbst im Fall einer Differenzierung zwischen einem ‚inklusiven‘, also erweiterten Kanon in Qumran und einem ‚exklusiven‘ Kanon bei Christen und Rabbinen.[110]

---

109 Vgl. F. H. CRYER, Of Qumran, the Canon, and the History of the Bible, Forum for Bibelsk Eksegese 7, 1995, 36–46.

110 G. XERAVITS, Consideration on Canon and the Dead Sea Scrolls, The Qumran Chronicle 9, 2000, 165–178.

§ 3

Biblical Interpretation in the Qumran Literature

1. Introduction

1.1 The Bible and Qumran

The relationship between the Dead Sea Scrolls and biblical texts was from the beginnings one of the main concerns of Qumran research.[1] Most authors of publications on early Judaism and the Qumran texts, however, employ the terms 'Scripture' or 'Bible' in connection with 'interpretation' or 'exegesis' precisely as biblical scholars are used to doing. A glimpse into the microfiche edition of the Qumran texts edited by E. Tov (1993), into lists of the Qumran Texts, and into translations of the Dead Sea Scrolls illustrates this state of affairs: Non-biblical texts are frequently defined according to their relationship to the 'canonical' Scriptures and, consequently, labelled as 'apocryphal', 'pseudepigraphical', 'biblical paraphrase', 'expanded biblical text', 're-written Bible', 'pseudo-xy' etc. This presupposes for early Judaism the concept of written documents defined or at least accepted as author-

---

1   W. H. BROWNLEE, Biblical Interpretation among the Sectaries of the Dead Sea Scrolls, BA 14, 1951, 54–76; O. BETZ, Offenbarung und Schriftforschung in der Qumransekte, Tübingen (WUNT 6) 1960; M. GERTNER, Terms of Scriptural Interpretation. A study in Hebrew Semantics, BSOAS 25, 1962, 1–27; G. VERMES, The Qumran Interpretation of Scripture in its Historical Setting, in: IDEM, Post-Biblical Jewish Studies, Leiden 1975, 37–49; D. PATTE, Early Jewish Hermeneutics in Palestine, Missoula (SBL.DS 22) 1975; W. H. BROWNLEE, The Background of Biblical Interpretation at Qumran, in: M. DELCOR (ed.), Qumran, Paris 1978, 183–193; H. GABRION, L'interprétation de l'Écriture dans la littérature de Qumran, in: ANRW II,19/1, Berlin/ New York 1979, 779–848; E. SLOMOVIC, Toward an Understanding of the Exegesis in the Dead Sea Scrolls, RdQ 7, 1969/70, 3–15; M. FISHBANE, Biblical Interpretation in Ancient Israel, Oxford 1985; G. J. BROOKE, Exegesis at Qumran. 4Q Florilegium in Its Jewish Context, Sheffield (JSOT.S 29) 1985; M. FISHBANE, Use, Authority and Interpretation of Mikra at Qumran, in: M. J. MULDER – H. SYSLING (eds.), Mikra, Assen (CRI II,1) 1988, 339–377; G. VERMES, Bible Interpretation at Qumran, ErIs 20, 1989, *184–*191; D. INSTONE BREWER, Techniques and Assumptions in Jewish Exegesis before 70 CE, Tübingen (TSAJ 30) 1992.

itative in the sense of the Jewish Scriptures of the Talmudic period or even of the 'Old Testament' canon of the Christian Bible.

Another reason is a more or less implicit tendency to stress the continuity between a so-called 'mainstream Judaism' before 70 CE and rabbinic Judaism, antedating characteristics of the Talmudic literature and defining all other groups as 'sectarian', and at the same time stressing the significance of the 'Bible' so dear to Christian readers. A special relationship between established biblical text and interpretation or commentary is, indeed, characteristic for later Jewish tradition in general, but this does not justify presupposing the usual concept of 'the Bible' for such early times. Symptomatic is also the frequent but nevertheless anachronistic use of the terms 'canon' and 'canonical' which should be applied only as far as a corpus of authoritative texts had been formally defined in this sense and in the period in question.[2] Until that time—ca. 300–400 AD—the 'Bible' was a holy book in the making, primarily in Christian circles, on the basis of the Hellenistic-Jewish traditions of Scriptures in their Greek translations, combined with the New Testament as key for their interpretation.[3]

What is important is that the Christian view of the 'Bible' and the Jewish evaluation of the Hebrew Scriptures rest on fundamentally differing concepts of 'canon', and imply, therefore, also different hermeneutics. Differentiated hermeneutic approaches existed already in Judaism itself according to the fundamentally different evaluation of the traditional parts of the Hebrew Bible as: *Tôrah*, *Nᵉbî'îm*/Prophets, and *Kᵉtûbîm*/(other) Scriptures (*TN"K*). Only the Torah represents the absolutely authoritative revelation of God to Israel by Moses. The prophetic revelation is of a lesser obligatory quality and contains no Torah. Exactly according to this traditional graduation and evaluation the Pentateuch emerged as a first Biblical corpus of authoritative Scriptures, in a secondary stage supplemented by that of the 'Prophets', and in part by the Psalter as a kind of prophetic poetry composed by King David.[4] This graduation led also to a corresponding practice of public reading: the Pentateuch is read as a whole in a cycle of pericopes, the 'Prophets' only partially as selected supplementary readings, with no liturgical readings from the 'other Scriptures' at all.[5] Finally, the Rabbis also developed

---

2 See the preceding chapter in this volume: „Zur Frage des biblischen Kanons im Frühjudentum im Licht der Qumranfunde."

3 J. TREBOLLE BARRERA, The Jewish Bible and the Christian Bible. An introduction to the history of the Bible, transl. by W. G. E. WATSON, Leiden 1998.

4 See particularly 11Q5 XVII,2–11.

5 J. MANN – I. SONNE, The Bible as Read and Preached in the Old Synagogue, I, New York 1971², II, Cincinnati 1966; CH. PERROT, La lecture de la Bible dans la Syna-

exactly defined and differentiated scribal prescriptions for each part of the TN"K. The interpretation of 'Torah', 'Prophets' and 'other Scriptures' has, therefore, to be treated separately, the Psalter representing a special case because of the inspired character attributed (also by the early Church) to the liturgical poetry of David.

This presupposed, it is rather misleading to speak in view of the period in question and in view of the Qumran community in particular about 'Bible interpretation' and 'the Bible' at all. It is true that fragments of almost all the biblical books have been identified among the Qumran texts. The number of exemplars for each biblical book and its significance as attested by use, citations and interpretation, are however considerably different. Even regarding the Pentateuch the situation is far more complicated than usually presupposed, in first line due to the fact, that the term "Torah" was not restricted to laws in the Pentateuch.[6] Torah authority was not only a question of religious and liturgical definitions of texts, it was closely connected with institutions und with claims to power within a community or group, between groups, and in Jewish society as a whole.

1.2 Research on the Subject

Biblical texts or at least traditions similar to biblical contents constitute remarkable components of the Qumran literature, and this not only in 'exegetical' writings.[7] Apart from the treatment of the biblical texts themselves it was their use and interpretation which soon became the subject of scholarly research, in most cases with a special interest in the bearing on New Testament scholarship. Of the texts edited during these early years 1QpHab provided the basis for the first publications on the subject.

W. F. Brownlee, the first to treat 'biblical exegesis' at Qumran in a systematic manner, established on the basis of 1QpHab thirteen principles,[8] much discussed during the following years, particularly by K. Elliger,[9] F. F. Bruce,[10] and later B. Nitzan.[11] D. Patte realized in his study on early Jewish

---

gogue, Hildesheim 1973; IDEM, La lecture de la Bible dans la diaspora hellénistique, in: Études sur le judaïsme hellénistique, Paris 1984, 109–132.

6   F. GARCÍA LÓPEZ, Dalla Torah al Pentateuco, RStB 3, 1991, 11–26.

7   For orientation see: D. DIMANT, Qumran Sectarian Literature, in: M. E. STONE (ed.), Jewish Writings of the Second Temple Period, Assen (CRI II/2) 1984, 483–550.

8   W. H. BROWNLEE, The Midrash pesher of Habakkuk, Missoula 1979.

9   K. ELLIGER, Studien zum Habakkuk-Kommentar, Tübingen 1953.

10   F. F. BRUCE, Biblical Exegesis in the Qumran Texts, Den Haag (Exegetica III/1) 1959.

11   B. NITZAN, Pesher Habakkuk, Jerusalem 1986.

hermeneutics the significance of the tripartite Jewish Bible. Relying, however, rather heavily on later Rabbinic sources he presupposed a traditionalist scheme, comparing in an anachronistic manner an alleged 'classical' Judaism (attested by Rabbinic literature) with 'sectarian' Judaism (before 70 CE), thus blurring some important historical facts.[12] His presupposition of the liturgical significance of the 'Bible' was certainly exaggerated, and it was this tendency together with a modern (but never exactly defined) concept of 'identity' which led him back to speak again about one 'Scripture'. His description of Qumranic exegesis (on pp. 209–308) contains a lot of important observations in details. His evaluation of its place within the ancient Jewish evidence is, however, not convincing. In any case it is a surprise to read there that contrary to 'classical' Judaism (distinguishing between a halakhic and haggadic level) the Qumran community integrated its use of Scripture on one, the haggadic level (pp. 309.311–314). It seems that Patte's term 'liturgical' had a misleading effect, for at stake was in reality the question of authority in connection with a massive priestly tradition. G. J. Brooke also embedded his detailed treatment of 4Q174 (4QFlor) in a general frame of ancient Jewish exegesis and in place of the rules of Brownlee.[13] This was useful for illustrating the common presuppositions and techniques but less helpful for an understanding of the Qumranic peculiarities, for the common features are in their majority general features of hermeneutics and not characteristics of a certain group.

Rather theologically accentuated and written from a Christian point of view is the sketch of H. Gabrion (1979).[14] From a traditional Jewish point of view, evaluating and labelling all Qumran traditions as 'sectarian' and in any case secondary to biblical and rabbinical evidence, M. Fishbane presented an otherwise instructive overview.[15] Like Patte D. Instone Brewer tried to describe in a more recent publication ancient Jewish Bible exegesis as a whole.[16] He, too, followed the traditionalist scheme. In chronologically reverse sequence a description of the 'Scribal traditions' (rabbinical exegesis) appears as first part of his book, and a second part (pp. 177ff.) is devoted to 'non-Scribal traditions'. Instone Brewer treats here—after Josephus (!)—

---

12   D. PATTE, Early Jewish Hermeneutics in Palestine, Missoula 1975.

13   BROOKE, Exegesis (n. 1).

14   H. GABRION, L'interprétation de l'Écriture dans la littérature de Qumran, in: ANRW II,19/1, Berlin/New York 1979, 779–848. The application of the term "midrash" is, however, anachronistic.

15   FISHBANE, Use (n. 1). About his approach see particularly F. GARCIA MARTINEZ, Interpretación de la Bíblia en Qumrán, in: Fortunatae: Revista Canaria de Filología, Cultura y Humanidades 9, 1997, 261–286.

16   INSTONE BREWER, op. cit. (n. 1).

Qumran only on a few pages (pp. 187–198). Except for Patte and Fishbane almost all of the authors mentioned ignored the significance of the differentiation between Torah and non-legal traditions.

As regards publications on Second Temple Judaism it is also characteristic for the history of Qumran research that legal texts and contents remained for a long time among the neglected subjects. That state of affairs changed with a series of relevant publications, particularly by L. H. Schiffman (see below). And of the more recent, shorter publications attention should be paid to a paper by D. Dimant on the Damascus Document with informative remarks about Qumran exegesis in general,[17] and certain publications by Ch. Hempel on the same text.[18] But here too, the 'scriptural' basis appears to be of particular interest.

Now, after the publication of all extant Qumran fragments, the statistic evidence regarding 'biblical' texts and their rather varying significance is, of course, much more reliable than some decades ago.[19] This state of research is reflected in more or less comprehensive publications or overviews about the subject as a whole[20] als well as in profound investigations concerning single

---

17 D. DIMANT, The Hebrew Bible in the Dead Sea Scrolls: Torah Quotations in the Damascus Covenant, in: M. FISHBANE – E. TOV (eds.), Sha´arei Talmon. Studies in the Bible, Qumran, and the Ancient Near East Presented to Shemaryahu Talmon, Winona Lake 1992, 113*–122*.

18 CH. HEMPEL, The Laws of the Damascus Covenant. Sources, Traditions and Redaction, Leiden (StTDJ 29) 1998; IDEM, 4QOrdᵃ (4Q159) and the Laws of the Damascus Document, in: L. H. SCHIFFMAN – E. TOV – J. C. VANDERKAM – G. MARQUIS (eds.), The Dead Sea Scrolls Fifty Years after their Discovery, Jerusalem 2000, 372–376. Cf. now also A. SHEMESH, Scriptural Interpretations in the Damascus Document Scrolls, in J. M. BAUMGARTEN – E. G. CHAZON – A. PINNICK (eds.), The Damascus Document. A Centennial of Discovery. Proceedings of the Third International Symposium of the Orion Center, 4–8 February 1998, Leiden (StTDJ 34) 2000, 161–175.

19 D. L. WASHBURN, A Catalogue of Biblical Passages in the Dead Sea Scrolls, Leiden (SBL. Text-Critical Studies 2) 2003; J. MAIER, Le Scritture prima della Bibbia, Brescia (Introduzione allo studio della Bibbia. Supplementi 11) 2003.

20 G. J. BROOKE, The Bible and its Interpretation, London 1997; J. S. ROGERS, Scripture Is as Scripturalists Do: Scripture as a Human Activity in the Qumran Scrolls, in: C. A. EVANS etc. (eds.), Early Christian Interpretation of the Scriptures of Israel, Sheffield 1997, 28–43; M. E. STONE – E. G. CHAZON (eds.), Biblical Perspectives: Early Use and Interpretation of the Bible in Light of the Dead Sea Scrolls, Leiden (StTDJ 28) 1998; G. J. BROOKE (ed.), Jewish Ways of Reading the Bible, Oxford 2000; M. J. BERNSTEIN, Interpretation of Scriptures, in: L. H. SCHIFFMAN – J. C. VANDER-KAM, Encyclopedia of the Dead Sea Scrolls, I, Oxford – New York 2000, 376–383; C. A. EVANS, Biblical Interpretation at Qumran, in: A. J. AVERY-PECK – J. NEUSNER – B. D. CHILTON (eds.), Judaism in Late Antiquity, Part 5: The Judaism of Qumran. A Systemic Reading of the Dead Sea Scrolls, Vol. 2: World View, Comparing

biblical books[21] or Qumran texts related to biblical texts or contents.[22] The presuppositions of 'biblical exegesis' prevail, of course, also in recent publications, and also the actual distinction of 'rewritten Bible' and 'para-Biblical texts' remains within these limits.[23] But there also emerges an increasing awareness of the problematic implications of terms like 'Bible', 'Scripture' and 'canon(ical)'.[24]

Judaisms, Leiden (Handbook of Oriental Studies: 1. The Near and Middle East 57) 2001, 105–124; GEORGE J. BROOKE, Biblical Interpretation in the Wisdom Texts from Qumran, in: C. HEMPEL – A. LANGE – H. LICHTENBERGER (eds.), The Wisdom Texts from Qumran and the Development of Sapiential Thought, Leuven 2002, 201–220; E. D. HERBERT – E. TOV, The Bible as Book: The Hebrew Bible and the Judaean Desert Discoveries, London 2002; J. WHITLOCK, Schrift und Inspiration. Studien zur Vorstellung von inspirierter Schrift und inspirierter Schriftauslegung im antiken Judentum und in den paulinischen Briefen, Neukirchen-Vluyn (WMANT 98) 2002, 122–149; P. W. FLINT, Scriptures in the Dead Sea Scrolls; the evidence from Qumran, in: S. M. PAUL etc. (eds.), Emanuel. Studies in the Hebrew Bible, Septuagint and Dead Sea Scrolls in honor of Emanuel Tov, Leiden 2003, 269–304; B. NITZAN, Approaches to biblical exegesis in Qumran literature, in: op. cit., 347–365.

21 P. W. FLINT, The Book of Leviticus in the Dead Sea Scrolls, in: R. RENDTORFF etc. (eds.), The Book of Leviticus: Composition and Reception, Leiden (VT.S 93) 2003, 323–341; IDEM, The Daniel tradition at Qumran, in: J. J. COLLINS – P. W. FLINT (eds.), Book of Daniel. Composition and Reception, Leiden 2002, 329–367.

22 D. G. WENTHE, The Use of the Hebrew Scriptures in 1QM, DSD 5, 1998, 290–319; J. L. KUGEL, Some instances of biblical interpretation in the hymns and wisdom writings of Qumran, in: IDEM (ed.), Studies in Ancient Midrash, Cambridge/Mass. 2001, 155–169.

23 Cf. E. TOV, Rewritten Bible Compositions and Biblical Manuscripts, with Special Attention to the Samaritan Pentateuch, DSD 5, 1998, 334–354; A. LANGE, The parabiblical literature of the Qumran library and the canonical history of the Hebrew Bible, in: S. M. PAUL etc. (eds.), Emanuel. Studies in the Hebrew Bible, Septuagint and Dead Sea Scrolls in honor of Emanuel Tov, Leiden 2003, 305–321.

24 H.-J. FABRY, Schriftverständnis und Schriftauslegung der Qumran-Essener, in: H. MERKLEIN – K. MÜLLER – G. STEMBERGER (eds.), Bibel in jüdischer und christlicher Tradition. Festschrift für Johann Maier zum 60. Geburtstag, Frankfurt/M. (BBB 88) 1993, 87–96; IDEM, Methoden der Schriftauslegung in den Qumrantexten, in: Stimuli. Exegese und ihre Hermeneutik in Antike und Christentum. Festschrift für Ernst Dassmann, Münster (JAC.E 23) 1996, 18–33; F. H. CRYER, Of Qumran, the Canon, and the History of the Bible, Forum for Bibelsk Eksegese 7, 1995, 36–46; C. MARTONE, Interpretazione delle scritture e produzione di testi normativi a Qumran, RStB 12, 2000, 149–156.

2. Torah

2.1 Torah and Pentateuch

The Qumran community did not restrict 'Torah' to the legal contents of the Pentateuch, and some texts contain Torah, materials in no way related to Pentateuchal laws.[25] Some cases, however, are ambiguous because of a more or less similar wording. Sometimes this may be the result of interpretation of Pentateuchal laws. In other cases the 'citations' or presupposed text passages may have been taken as well from a book which among other materials contained laws known to us from the Pentateuch. And finally, we cannot presuppose that a Qumran passage resembling some verses or words in the Books of Exodus, Leviticus, Numeri or Deuteronomy, has been cited and has to be regarded as a citation from the Pentateuch as a corpus. And unless believing in a 'Written Torah' transmitted to Moses at Sinai we cannot assume that the legal materials contained in the books of the Pentateuch did not exist in independent collections before and after the redaction of the Pentateuch. Finally, it is obvious that in any case a Jewish Commonwealth could not be organized only on the basis of Pentateuchal laws. Consequently, there must have been legal regulations practised as Jewish law during the Persian and Hellenistic periods, whose relationship to the 'Torah' of Moses is not known and which to some extent have fallen into oblivion because later Judaism had no use for them. As it seems impossible to register today the full extent of 'Torah' or Jewish law of such remote days we should be careful in treating 'the law' as a theological issue. Judaism was not a uniform unit but rather a conglomerate of different social, political, and religious tendencies, more or less organized as groups, all of them with their own concept of 'Torah' and authority, presupposing, of course, a common basis.

Modern research, however, presupposes for almost every case a one way street of interpretation from one or two biblical passages to a new formulation, and scholars have scarcely asked for eventual cases of a different or even reverse procedure, which should in any case have been checked too. The fact that non-biblical laws are formulated in form of Torah related to Moses and in many cases also with God as speaking in the first person as in 11Q19 and 11Q20 (11QTemple) and in so-called 'Pentateuchal paraphrases', demonstrates sufficiently that the Qumran people never ascribed a kind of

---

25 About Qumran texts of the Pentateuch, similar works and Torah collections, see
    G. J. BROOKE, Torah in the Qumran Scrolls, in: MERKLEIN – MÜLLER – STEMBERGER
    (eds.), op. cit. (n. 24), 97–120. He, too, uses designations as 'excerpted texts', 'para-
    phrases', or 're-written Torah'.

exclusive or higher ('canonical') authority to the written legal texts in the Pentateuch. A difficult question to be answered is: What of all the legal materials in Qumran texts has to be regarded as 'Torah of Moses'? Much of the contents of (unfortunately only fragmentarily preserved) scrolls as 2Q25; 4Q159; 4Q185; 4Q229; 4Q251; 4Q256–265; 4Q274–283; 4Q294–298; 4Q394–399 (4QMMT); 4Q512–514 (4QOrd); 4Q523–524; 5Q11–13 had evidently the quality of 'Torah', and the same is true without doubt for 11Q19 (11QTemple). In many cases, however, this quality cannot be verified. The same problem exists regarding legal materials in 1QS and CD, in part collected in s^{e}rakîm, in part defined as midraš ha-tôrah (see below). Evidently two levels existed, one for commandments or laws formally defined and enacted as Torah and a second level for regulations of more or less organizational and disciplinary significance.[26] It has been assumed that a serek contained written regulations on both levels, while a midraš ha-tôrah (as in 1QS 8:15) contained only defined and enacted Torah, whether in detail derived from extant written laws (not necessarily Pentateuchal ones) or not. But midraš appears in 4QS (4Q256 5; 4Q258 i 1) simply in place of serek ('written order') in 1QS 5:1!

Regarding the Pentateuch it should be taken into account that it is not the only basis from which all other similar texts have to be derived. The Masoretic Text of the Pentateuchal books may in some cases well be the result of processes similar to those which on the basis of older traditions resulted in certain Qumran texts or in certain Samaritan textual features.

Astonishingly, also Jewish Qumran scholars are used to speaking about 'the Bible' or 'the Scripture(s) and Qumran' without differentiating between Torah, Prophets and other Scriptures, and this in spite of contributions which improved the state of research considerably due to a profound knowledge of later Judaism and particularly of the history of Jewish law. J. Milgrom wrote several articles on cultic/ritual items,[27] and L. H. Schiffman treated whole thematic complexes, concentrating on 1QS, CD and 1Q28a = 1QSa.[28] This helped to change the situation but also enforced in effect the

---

26 J. M. BAUMGARTEN, The Laws of the Damascus Document in Current Research, in: M. BROSHI, The Damascus Document Reconsidered, Jerusalem 1992, 51–56.

27 J. MILGROM, The Qumran Cult: Its Exegetical Principles, in: G. J. BROOKE (ed.), Temple Scroll Studies, Sheffield (JSPE.S 7) 1989, 165–180; IDEM, The Scriptural Foundations and Deviations in the Laws of Purity in the Temple Scroll, in: L. H. SCHIFFMAN (ed.), Archaeology and History in the Dead Sea Scrolls, Sheffield (JSPE.S 8) 1990, 83–99.

28 L. H. SCHIFFMAN, The Halakhah at Qumran, Leiden (SJLA 16) 1975; IDEM, Sectarian Law in the Dead Sea Scrolls, Chico (BJSt 33) 1983. A revised version of both studies appeared in a Hebrew edition together with his study on 1Q28a: The Eschatological Community of the Dead Sea Scrolls, Atlanta (SBL.MS 38) 1989: H^{a}lakah,

'biblicistic' line as far as they tried to prove that almost everything of the
legal traditions in Qumran has to be regarded as the result of 'biblical
exegesis'. J. M. Baumgarten, however, underlined the fact that some of the
legal materials have no biblical background at all.[29] Schiffman finds non-
Pentateuchal Torah essentially only in 11Q19 (11QTemple) and considers
this text as an exceptional source. Even Baumgarten remained under the
influence of rabbinic concepts, translating like Schiffman the verb *drš* in some
cases with 'to study', or 'to expound'.[30] The understanding and respective
translation of this term plays, indeed, a key function for the issue in general.

2.2 The Verb *drš* and the Noun *mdrš*

In scholarly literature 'Torah' has frequently been regarded as identical with
the 'Pentateuch' or, more precisely, as a term for the legal traditions within
the Pentateuch, thus identical with the 'Written Torah' of Rabbinic Judaism.
Due to this presupposition certain rabbinic hermeneutic concepts have also
found their way into the treatment of early Jewish literature, particularly
the rabbinic concepts of *drš* and *midraš*; during the past decades this has
become a kind of fashion in New Testament scholarship.[31]

In spite of the prevalent view and the lexicographical practice, sufficient
evidence scarcely exists for a connotation of the verb *drš* like 'to interpret' or
'to expound' in early Jewish literature, as realized already many years ago
by I. Heinemann.[32] L. H. Schiffman, however, tried to maintain in his
publications the view that *midraš* "is an exegesis in which a corroborative
passage in Scripture plays a part."[33] Concerning the Qumran procedures of
Torah definition he wrote: "The legal materials of the Dead Sea Sect are the
result of sectarian biblical exegesis. This exegesis, described in the Manual

---

ḥªlîkah û-mᵉšîḥîjût bᵉkat midbar Jᵉhûdah. Law, Custom and Messianism in the
Qumran Sect, Jerusalem 1993.

29 J. M. BAUMGARTEN, Studies in Qumran Law, Leiden (SJLA 24) 1977.

30 BAUMGARTEN, op. cit. (n. 29), 31–32.

31 A. G. WRIGHT, The Literary Genre Midrash, Staten Island 1967; G. PORTON,
Palestinian Jews and the Hebrew Bible in the Greco-Roman Period, in: ANRW
II,19/2, Berlin/New York 1979, 103–138; J. D. M. DERRETT, Studies in the New Testa-
ment, 3 vols., Leiden, I. Glimpses of the Legal and Social Presuppositions of the
Authors, 1977; II. Midrash in Action and as a Literary Device, 1978; III. Midrash,
Haggadah, and the Character of the Community, 1982.

32 See I. HEINEMANN's Hebrew articles: Lehitpattehwt ha-mûnahîm ha-miqçô'îjîm
lifrôš ha-Tôrh, Leshonenu 14, 1945/46, 182–189; IDEM, Midraš, EB(B) 4, 1962,
695–701.

33 L. H. SCHIFFMAN, The Halakhah at Qumran, Leiden (SJLA 16) 1975, 9.

of Discipline, took place in regular sessions which were part of the life of the sect at its main center. The results of the decisions reached at such sessions were assembled into lists (serakhim), and it is in these lists of sectarian legal statements that many of the component parts of the *Manual of Discipline* and the *Zadokite Fragments* had their origin. . . . The usual technique was to take words and expressions of the biblical verses as the basis of the legal derivation and to weave these into legal statements. Only through textual study, therefore, it is possible to unravel these statements and to uncover their Scriptural basis. Almost never do we find an explicit proof text for a law."[34]

The wording of Schiffman exhibits, particularly in his last sentence, a certain uneasiness. It rests almost totally on his translation of the verb *drš* in the sense of 'to study' and in the sense of exegesis, a connotation which cannot be proven in lexicographical terms. The same is true for Schiffman's statement (ibid.): "The sect believed that its interpretations were arrived at under some form of Divine inspiration by which God's will would be discovered. According to the Qumran sect, the Law fell into two categories, the *nigleh* ('revealed') and the *nistar* ('hidden'). The *niglot* are those laws rooted in Scripture which interpretations are obvious to anyone. The *nistarot*, on the other hand, are those commandments the correct interpretation of which is known only to the sect. The sectarian interpretation of the *nistarot* is the result of a process of inspired Biblical exegesis, a sort of divinely guided *midrash*. Study sessions were regarded as a medium through which God made known to the sect the correct interpretations of His commandments." This statement is formulated in a very convincing manner but it implies a series of imputed items not to be corroborated as (a) exclusive relationship of the *niglôt/nistarôt* to biblical Scripture, (b) inspiration for legal interpretation, and (c) *mdrš* in the sense of study or interpretation.

The decisive passage is 1QS 6:6–8. The context of 1QS 6:3–8 concerns the smallest unit within the communal organization, the group of ten men. The first statement concerns the indispensable presence of a priest and his precedence. Not every priest is necessarily also an expert in Torah matters.[35] The following statement wants, therefore, to ensure the presence of an expert in law: "In the place where these ten (members) are (living) must not be missing a man *dôreš ba-tôrah*, day and night, *'l jpwt* each one with his companion." The concluding statement concerns a third matter: "The full members shall remain awake one third of all nights of the year in order to read in the (a?) book and *lidrôš mišpaṭ* and to praise in company." The last statement includes three subjects: (1) to read, and this means probably also

---

34   L. H. SCHIFFMAN, Sectarian Law in the Dead Sea Scrolls, Chico (BJSt 33) 1983, 14–17.
35   This does not affect his prerogatives, cf. CD 13:1–7.

to study, (2) *lidrôš mišpaṭ*, a juridical term: to seek a juridical decision, to decree a verdict. It is not likely that the second statement concerns a subject contained in the third. The usual translation is: "In a/the place where (the) ten are (present/living) must not be missing a man studying the Torah day and night." Most translators felt, however, that the following concluding words do not fit this translation, and they emended the text of *'l jpwt* and translated it as "alternating each one with his companion" or similar. G. Vermes translated the first part: "a man among them who shall study the law continually, day and night", the last phrase, however, without emendations of the text as: "concerning the right conduct of a man with his companion".[36] F. García Martínez, in his Spanish translation, expressed a more realistic point of view: "un hombre que interprete la ley día y noche, siempre, sobre las obligaciones (?) de cada uno para con su prójimo,"[37] in contrast to his English translation: "...a man to interpret the law day and night, always, one relieving another."[38] In the Italian version of his translation we read, however: „un uomo che interpreti la legge giorno e notte, sempre, sugli oblighi (?) di ciascuno con il suo vicino."[39] The translation of *drš* as 'to interpret' does not necessarily imply a continuous study but rather a continuous presence of an expert in the case of necessary legal advice. In the American translation of Wise, Abegg and Cook the passage has been again rendered in the traditional manner: ". . . someone must always be engaged in study of the Law, day and night, continually, each one taking his turn."[40] Its (non-professional) German version reads: „. . . muß stets einer sich mit dem Studium des Gesetzes beschäftigen, Tag und Nacht, fortwährend, jeder der Reihe nach."[41] The present author totally revised his German translation of 1960[42] in view of the new evidence and formulated for the new edition of 1995: „Und nicht weiche von einem Ort, wo sich die Zehn befinden, ein Mann, der in bezug auf Torah Anweisung(en) erteilt, (und zwar) tagsüber

---

36 G. VERMES, The Dead Sea Scrolls in English, Sheffield 1987³, 69; London – New York 1995⁴, 77.

37 F. GARCÍA MARTÍNEZ, Textos de Qumran, Madrid 1992, 56.

38 F. GARCÍA MARTÍNEZ – E. J. C. TIGCHELAAR, The Dead Sea Scrolls Study Edition, I, Leiden 1997, 83.

39 Testi di Qumran a cura di Florentino García Martínez. Traduzione e note di Corrado Martone, Brescia 1996, 83.

40 M. WISE – M. ABEGG – E. COOK, Dead Sea Scrolls, San Francisco 1996, 134.

41 M. WISE – M. ABEGG – E. COOK, Die Schriftrollen von Qumran, hg. von A. LÄPPLE, Augsburg 1996, 150.

42 J. MAIER, Die Texte vom Toten Meer, I. Übersetzung, München 1960, 154.

und nachts (7), ständig, bezüglich des guten (Verhaltens) eines jeden zu seinem Nächsten".[43]

The idea that in each group of ten all the members were organizing an alternating continuous study of Torah fascinated particularly readers who regarded Qumran as a kind of a monastery. But "day and night" refers rather to "not missing", and from a practical point of view it is evident that the group needed an expert for advice and decisions in practical matters of Torah.[44] Christian scholars in their majority are not acquainted with the history and mechanisms of Jewish law, so they usually underestimate this practical point of view and prefer a contemplative-meditative or theological motivation.

And this Torah expert has as a rule also to be a priest. This is explicitly stated in a similar passage about the 'camps' CD 13:2–6. There we find these advising and commanding functions clearly distinguished from certain ritual acts which have to be performed by a priest anyway, versed in matters of law (here: in the Book *hhgw/hhgj*) or not. The meaning of *dôreš* is here unequivocally 'advising', 'instructing', 'enacting', and certainly not 'interpreting' or 'studying', and this is also true for other references of that kind. The title 'The Book of *hgw/hgj*' provoked on the basis of Josh 1:8; Ps 1:2 etc., of course, the assumption of a kind of meditative-memorizing reading practice concerning Torah.[45] The extant evidence, however, points to an important book not identical with the Pentateuch, probably a manual of laws and customs. The spelling of the noun (*hgw/hgj*) in question is uncertain, and eventually of lexicographical significance.[46] Recently attention has been drawn to Prov 25:4–5 with the word *hgw* at the beginnings of two lines in 'parallelismus membrorum',[47] apparently an absolute infinitive form of *hgh* II and rendered as 'to remove' or similar.[48] Maybe that the

---

43 J. MAIER, Die Qumran-Essener. I: Die Texte vom Toten Meer in deutscher Übersetzung, München (UTB 1862) 1995, 181–182.

44 The idea of a continuous (legal!) study remained very attractive notwithstanding its unrealistic character and still prevails in publications on the subject.

45 For orientation see ST. D. FRAADE, Hagu, Book of, in: Encyclopedia of the Dead Sea Scrolls (n. 19) I, 327.

46 ST. E. FASSBERG, The Linguistic Study of the Damascus Document: A Historical Perspective, in: BAUMGARTEN – CHAZON – PINNICK (eds.), op. cit. (n. 18), 53–67 (p. 65).

47 D. STEINMETZ, Sefer Hehago: The Community and the Book, JJS 52, 2001, 40–58. He pointed to rabbinic interpretations which presuppose a theoretical, cognitive connotation.

48 In the Greek translation (LXX), however, *typte* and *kteine* correspond rather to Hebrew *hk(h)* and *hrg*. But also the Targum differentiates: *hbw* (give, take) ... *nṭrjd* (– expel).

meaning of *hgw* was 'extract', and the book in question was a manual containing rules extracted from various sources, and a manual of conduct[49] in the hands of functionaries; that is, rather a *minhag*-book than a text for meditation or instruction for an intellectual elite.[50]

It is particularly significant that the Greek Bible translations did not employ verbs for interpretative procedures for Hebrew *drš*, and that even the Targumim still consistently translated it by forms of the verb *tb'* (to demand, to summon).

The concrete meaning of *drš* is like that of *drs* and *dwš* (to tread), with the basic connotations: 'to keep step by step close to', 'to follow close behind', 'to seek (and find)'. M. Gertner was obviously mistaken by assuming for *dwš* a concrete meaning 'to thresh out' which, however, already denotes an effect of 'to tread (on the corn)'.[51] Originally a term of the shepherd's language, *drš* developed the prevalent general meaning: to seek, to take care of, to call for, to summon. And it became a religious *terminus technicus* particularly in connection with oracles: to demand an oracle from a priest or prophet who demands it for him from a Divinity and transmits to him the message, *drš* thus designating both parts of the procedure, asking and finding/answering/instructing. In juridic contexts it became a term for 'to summon for interrogation'.

The semantic horizon of the verb in question covers a number of connotations well attested in biblical and non-biblical literature:

(a)   Non technical use: to seek, to demand, to care for, to call for, to be intensively and practically concerned with. Sometimes also for a religious attitude: 'to seek God' (in a general sense).

---

49   The association *hgh (hgw/j)* – *nhg* (lead, conduct) may have been of some signifi-
      cance.

50   But see also the alternative interpretation by T. ELGVIN, The Mystery to Come:
      Early Essene Theology of Revelation; in: F. H. CRYER – T. L. THOMPSON (eds.),
      Qumran between the Old and the New Testament, Sheffield (JSOT.S 290) 1998,
      113–150 (139–147). He was treating here 4Q417 2 I, 14–21, a sapiential text with the
      expressions *ḥzwn hhgj* (vision of *hgj*) and *spr zkrwn* "book of memory" in lines
      17–18. His conclusion (145–146): "Hagi is a book with instruction that ordinary
      man ('flesh') could not comprehend, but only a 'spiritual people' (*'m rwḥ*) . . . the
      contents of this book are less halakhic and more concerned with 'salvation
      history'". The expression *ḥzwn hhgj* remains in that case, however, a problem.
      Perhaps the meaning 'vision of conduct' is more appropriate also in this passage.
      The correct practice of ritual prescriptions and priestly rules of life was anyway
      part of more or less arcane, professional traditions.

51   GERTNER, loc. cit. (n. 1).

(ba)   Mantic usage (cf. *š'l* with accusative and with particles *bᵉ* and *'el*): to ask for an oracle or a prophetic statement.[52]

(bb)   *drš lᵉ*: specific religious/cultic practice.

(c)   Juridical usage, of particular relevance here:

(ca)   To apply for an obligatory advice or a verdict.

(cb)   To summon in order to investigate, inquire and decree (Dt 13:15 (followed by *ḥqr* and *š'l*); Dt 17:9–12; Ezra 10:16).

(cc)   To look for and to give (to mediate) an obligatory advice; to pronounce a verdict, to enact a law. Isa 16:5 describes the task of the Davidic king as follows: "Through gracefulness a throne will be established and on it will take place a man ... judging and proclaiming (*dôreš*) judgement". In a more general sense Isa 1:17 says: "look for (*dršw*) judgement (LXX: *ekzêtêsate krisin*; Targum: *tb'w dyn*)'".
       Isa 34:16 (not in LXX): "Look for it (Targum: *tb'w*) from (*dršw me'al*) the book/scroll of YHWH".

(cda) to be concerned with, to procure (justice/judgement), to proclaim, to enact (law). 1Chr 28:8: "*šmrw wdršw*: Observe carefully and be (practically) concerned with all commandments of YHWH, your God". Ezra 7:10, frequently quoted for *drš* in the sense of 'to study, to expound', presupposes exactly the same sense: "For Ezra had devoted his heart *lidrôš* (LXX: *zêtêsai*; to be concerned with, or: to enact) the Torah of YHWH and to practice and to teach in Israel prescription and law."

(cdb) To find and formulate the wording of an advice or a verdict, the procedure being called *midraš*. Such juridical procedure is presupposed in 1QS 6:24: "These are the laws by which they shall judge <in common *midrš* (lawsuit)> according to the facts of the case". Or 1QS 8:25–26: "If his conduct turns out as perfect (26) <among them, then he returns>[53] to *midraš* (lawsuit) and to council according to the decision of the full members".

(cdc) To formulate and mediate an advice, a verdict or the results of the *midraš* procedure (eventually in written form), its result being called *midraš*, in written form a record, a book, as in CD 20:6: "and if his practice proves to be in accordance with the record of the Torah, in which the men of perfect holiness should walk ...". Or 1QS 8:15: "This is the record of the Torah [which] He commands through Moses to do <according to>[54] all the revealed for each time and as the prophets revealed by His holy spirit."

---

52   R. L. THELLE, *DRŠ 'T JHWH*. The Prophetic Act of Consulting YHWH in Jer 21,2 and 37,7, SJOT 12, 1998, 249–256.

53   ◇ Not in 4Q258 (4QSd).

54   ◇ Not in 4Q261 (4QSg).

(cdd) In a generalized sense: To formulate in written form (a record of something), as in 2Chr 13:22; 24:27 (LXX: *biblion!*). This meaning probably also underlies 4Q174 (Flor) 1:14 frequently cited as an example for a pre-Rabbinic use of *midraš*: "A record from *m[id]raš min*". The use with *min* (from) is exceptional and the correct translation seems to be: "a copy/extract from", that is, from a certain book. The translation 'exposition' presupposed, and neglecting the problem of *min*, the expression may be perceived as "*midraš* out of Ps 1:1". But what follows is Pesher-interpretation of Ps 1:1 and Ps 2:1, and it has to be underlined, that as *pêšer* never concerns a legal tradition, *drš* never occurs in the juridic sense in connection with non-legal traditions.

The procedure of *drš* in connection with Torah was bound to the old priestly monopoly concerning Torah. This priestly privilege is already attested by Dt 17:8–12, a passage concerning the central court of appeal, and instructive concerning the relevant terminology. The issue is also attested in the Temple Scroll 11Q19 col. 56:1–11.

Dt 17:8	11Q19 col. 56
If something is too difficult for you for judgement concerning any case of bloodshed or any case of lawsuit or any case of leprosy causing dispute in your local courts,	[...
you should go up to the place which *YHWH your God* will elect;	...]*they[* shall go u]p to the [place which *I* will elect;
Dt 17:9 *and you should come before the priests, the Levitical ones, and before the judge, who will be (officiating) at that time*	
Dt 17:10 and you shall demand (*tdrš*) (a verdict) and they will communicate to you the word(s) of the verdict).	and you shall demand (*tdrš*) (a verdict) and [they] will comm[unicate to you] *the word(s) which concern it in/by[...] they[did communic]ate to you* the word(s of the verdict).
And you shall act according to the *word(s)* which they will communicate to you	And you shall act according to the *Torah* which they will communicate to you

	And according to the word(s) which they will say to you from the book of the Torah in truth.
from that place which *YHWH* will choose.	from that place which *I* will choose *to let dwell my name on it.*
And you shall be careful to act according to everything what they will direct to you (*ywrwk*).[55]	And you shall be careful to act according to everything what they will direct to you (*ywrwk*).
Dt 17:11 According to the *Torah which they will direct (yrh) to you and according to the* verdict (*mišpaṭ*) which they will say to you you shall act. Do not turn aside from the *word* which they will communicate to you to the right or to the left.	*And* according to the verdict (*mišpaṭ*) which they will say to you you shall act. Do not turn aside from the *Torah* which they will communicate to you to the right or to the left.
Dt 17:12 And the man who acts on purpose in order not to listen to the priest in service there *of YHWH, your God,* or to the judge, this man shall *be dead* and you will (thus accomplish to) purge the evil from Israel *further.*	And the man *who does not listen and* who acts on purpose in order not to listen to the priest there in service *before me,* or to the judge, us-Jürgen *ntono*I nstitut f. Judaeistik Angela Kasjan

Beth Wilsoil from Israel.

This is not only a case of changing the positions of textual passages, of expanding the text of Deuteronomy, and of its interpretation.[56] There are two different wordings of the legal subject at stake, each one from a different point of view, the one in 11Q19 being eventually older than the wording (avoiding the first person) in Dt 17. A Qumranic re-writing of Dt 17 would

---

55 LXX: *nomothetêtê soi.*

56 As suggested by G. BRIN, Hmqr᾽ bmgylt hmqdš, Shenaton 4, 1980, 182–225 (184–185).

certainly have underlined the priestly prerogative which appears in 11Q19 (Temple) as a matter of fact and not subject to dispute. Dt 17 displays, however, a less rigid formulation concerning the authoritative basis for judgement. The *Sefer ha-Tôrah* mentioned in 11Q19 is certainly not the Pentateuch but a Book of Law proper.

Another challenging treatment of the subject of Dt 17 appears in Josephus, Ant IV,216–218. In his more detailed description of the judicial organization, one item in § 218 is particularly noteworthy for the context of this paper: Josephus explicitly mentions the High Priest (in place of the 'judge', that is, the king), 'the prophet' (!) and the *gerousía* as members of the court of appeal. This is scarcely the result of Josephus' fantasy, but is rather a reflex of a historical institution or a programmatic device also apparent in 1Macc 14:41 and 4:46. This torah-prophetic office formed part of a constitutional scheme, and 1QS 9:11 mentioning a prophet beside the two Anointed ones (High Priest and King) is probably to be understood in this sense.

As for *midraš* the lexicographical evidence is rather simple because of its unequivocally attested meaning in late biblical literature as 'record' or 'book'. The correct translation of *midraš ha-tôrah* is, consequently, 'account/record of the Torah' as enacted under the guidance by the (Zadoqite) priests in the respective sessions of the full members, as L. H. Schiffman has pointed out.[57] But first of all, the procedure was of a legislative or enacting character, not exclusively bound to biblical written law, and not requiring a special form of inspiration. Certainly, such procedures could include acts of interpretation on a preliminary level, but they were never called *midraš*.

The Zadokite tradition and under its influence also the community behind the Qumran texts claimed that the actually effective Torah (*nigleh*) can only be found under the guidance of priestly/Zadokite mediation, not necessarily thanks to their textual transmission of laws or by their exegesis of written laws, but just like an oracle attained by *drš* meaning both the applying and responding procedures as well, thus denoting a mediating function; it is a process of revelation of Torah, essentially already given as a whole to Moses, but never accessible in its entirety. The priests/Zadokites are, however, able to decide, to define and to enact what of the 'hidden' Torah has to be practised, as 'revealed' Torah.[58] Certain aspects correspond

---

57 L. H. SCHIFFMAN, Law, Custom and Messianism in the Qumran Sect, Jerusalem 1993, 71ff.

58 Cf. the blessing for the Zadokite priests in 1Q28b (1QSb) 3:22–25: "... whom God has chosen to enforce His covenant [for ever and to scr]utinize all His laws in the midst of His people, and to advise (*le-hôrôt*) them as He commanded and who shall establish ...[......] and in justice take care of all His prescriptions, and walk a[s] He has chosen."

to the relationship between a deposited exemplar and a published exemplar of a document. In the case of Torah, however, 'the hidden' becomes 'the revealed' not by publication of the whole, nor primarily by exegesis, but by acts of proclamation of the respective binding norms and their registering in a *midraš ha-tôrah*. Analogy as well as difference in relation to later rabbinical 'halakhah (from Sinai)' are evident: The rabbinic sages took the functional position of the priests/Zadokites, and the rabbinical schools replaced the priestly institution; but their method to proclaim what the actual halakhah is, was not less authoritative, it became, however, restricted to the 'Oral Torah', most of it not derived by 'biblical' exegesis. The function of the *Môreh ha- çedeq* was not that of an exegete nor that of a teacher, it was a personally monopolized version of that priestly monopoly that later (transferred to the Sages) has been ascribed to a *Môrêh hªlakhah*—a Torah expert whose decisions should be regarded as obligatory; and at the same time he claimed to know God's plan for his people. Hebrew *môreh* corresponds in Greek to *nomothetês* in LXX Ps 9:21, while in Dt 17:10 *nomothetêtê soi* represents Hebrew *ywrwk*. In any case the term *hôrôt* or *môreh* is closely related to Torah and jurisprudence. Moses is regarded as the *Môreh kat' exochen*, more or less the type according to which the priestly as well as the laic Torah sages modelled their claims. The key text in this sense is Ex 18:15–16: The people comes to Moses *lidrôš* God—to demand (Targum: *ltb'*) Divine advice or verdict (LXX: *ekzêtêsai krisin*; Targum: *'wlpn mn qdm YY*) by Moses. And Moses says to Jitro: "Whenever they have a dispute it is brought before me and I decide and I make known the prescriptions of God and His *tôrôt*". And Jitro says v. 20: "And you shall admonish them concerning the prescriptions and the *tôrôt* and make them known the way on which they shall walk, and the practice which they shall perform." There is no place for interpretation, for the procedure described in Ex 18 precedes the revelation of the Torah from Sinai. It is a procedure of jurisdiction and legislation in the sense that Moses—or his successors, the priests—are performing an essentially Divine action. Consequently, there is no reason to assume for Qumranic *drš/mdrš* a connotation like 'to expound' or 'to derive from scripture'.[59] Some of the hermeneutical devices ascribed by modern scholars to the Qumran community do not fit the Qumranic concept of revelation and authority at all, but correspond more or less to Christian or/and orthodox Jewish Biblical canon theology and hermeneutics.

---

59   E. QIMRON, The Hebrew of the Dead Sea Scrolls, Atlanta (HSS 30) 1986, 92: 'exposition', following R. POLZIN, Late Biblical Hebrew, New Haven 1976, 141–142.

2.3 Priestly Authority

According to the community's own historical outlook as attested particularly in CD and 1QS, the institutionalized group in charge of Torah are the
priests, and in particular the Zadokite priests. The prominent position of the
latter has already been a request of the Book of Ezekiel (Ez 40:46; 44:15;
48:11), and in Qumran texts their exclusive right of Torah disposal is stressed
in an unequivocal way, as for instance in 1QS 5:1–4: "This is the rule for the
men of the *yaḥad* who are ready to turn back from all evil and to stick to
everything which He had communicated according to His will, to separate
themselves from the community of the men of evil, to form a *yaḥad* in Torah
and goods, obedient to the Sons of Zadok, the priests, the guardians (!) of
the Covenant, and to the majority of the men of the *yaḥad*, who stick to (!)
the covenant. On their authority passes the decision about the rank of status
(of everyone) concerning Torah, goods, and jurisdiction, to perform faith-
fulness, *yaḥad*, humility, justice and law, charity and regardful behaviour in
all their ways." And, further, 5:7–9: "Everybody who enters the corporation
of the *yaḥad* shall enter the covenant in the presence of all the wilful ones,
and impose upon himself by a binding oath to return to the Torah of Moses
according to everything which He had commanded, with all his heart and
with all his soul, according to all which is revealed from it to the Sons of
Zadok, the priests, the guardians of the covenant, and the mediators of
His will (*dôrᵉšê rᵉçônô*), and to the majority of the men of their (!)
Covenant. . . ."

1QS 8:15 formulates as a résumé of the activity of the *yaḥad*: "This is the
midraš (record/account) of the Torah which He has commanded by Moses to
act according to all the revealed from time to time, and as the prophets
revealed by His holy spirit." This sentence exhibits three aspects, (a) the
Torah of Moses and (b) its application to the respective "time", (c) as
revealed by the prophets. But not directly, for according to other passages
the respective "time" has to be defined by Pesher interpretation (see below
chapter 3.2). Torah and history are both subject to priestly-prophetic
mediation and authority.

1QS 9:12–15 illustrates the practical significance for the community's
particular organization: "These are the commandments for the *maśkîl* to
behave according to them with every living, according to the order of
precedence of every time and (according to) the reputation of each person,
to do the will of God according to all the 'revealed' for each (period of) time,
and the learning of all the knowledge which results according to the times,
and the prescription of the time, to distinguish and weigh the sons of justice
according to their spirit, and the elect of the time to . . . ."

3. The Teacher of Righteousness and the Qumranic Claims to Authority

3.1 'Enactor of Justice' and 'Prophet like Moses'

In addition to this Zadokite privilege the people behind the Qumran texts claimed a unique form of double authority for the *Môreh ha-çedeq*, usually translated as 'Teacher of Righteousness'. A more precise translation is: 'Advisor' or better 'Enactor of Justice'; of 'justice' in the sense of jurisdiction and legislation on the highest level and thus conceived and organized as acts of revelation at the sanctuary.[60]

1QpHab 7:1–8 explicitly presupposes that God revealed to the *Môreh ha-çedeq* by His holy spirit the actual meaning of the prophetic texts so as to establish the respective 'time' in the course of history and the period of the end of the days. The prophet himself did not realize the actual meaning, his words are something like a riddle or a dream which has to be solved. Consequently, the verb for dream interpretation, *ptr/pšr*, also became the *terminus technicus* for this kind of actualizing interpretation and eschatologization (Pesher-interpretation) of prophetic texts[61] while it never appears in a context concerning Torah contents, which are subject to *drš*. The 'Enactor of Righteousness' and his followers after him claimed for themselves, therefore, two different kinds of disposal of revelation: (a) direct Torah revelation and (b) inspired interpretation of prophetic texts, each of them with its own hermeneutics. The combination of both leads to the provocative claim that the Teacher and his followers were able to determine the respective moment in its relation to the course of history in the imminent 'end of days' and to proclaim (*drš*) the Torah or prescription 'of the time' as the 'revealed' one. While the eschatological interpretation and application of prophetic texts was a common practice also in Rabbinic (and, of course, Christian) circles[62] without, however, using the term *pšr*, the ultimate step of claims to Torah authority in Qumran texts has no parallel in Rabbinic Judaism. It is represented by the designation of the *Môreh ha-çedeq* as 'a prophet like Moses' (Dt 18:18).

---

60 J. MAIER, Der Lehrer der Gerechtigkeit, Münster (Franz-Delitzsch-Vorlesung 5) 1996.

61 M. FISHBANE, The Qumran Pesher and Traits of Ancient Hermeneutics, PWCJS 6, II, 1977, 97–114.

62 E. JUCCI, Interpretazione e storia nei Pesharim qumranici, BeO 29, 1987, 163–170. For some similarities in general see P. MANDEL, Midrashic Exegesis and its Precedents in the Dead Sea Scrolls, DSD 8, 2001, 149–168.

Since the Torah as revelation of God's will has been bound to the name of Moses the latter appears in Jewish literature as a prophet, and in addition as a prophet of unique quality, a differentiation which corresponds to the contents of the biblical corpora 'Prophets' and 'Torah'. To call somebody a 'prophet like Moses' would mean no less than to announce his appointment to this function with its unique relationship to God and to the Torah, and thus to claim the highest possible degree of human authority. Some Christians tried to claim it for Jesus Christ,[63] but in Rabbinic and later Judaism such claims rarely appeared, the Mosaic authority being divided among the Rabbis.[64] Towards the end of the second century B.C.E., however, the Hasmonean propaganda tried to make the people believe that John Hyrcanus displayed three qualities: that of a military leader, that of a statesman and that of a prophet—like Moses (Josephus, Bell I,68). The more or less chronological coincidence with similar claims for the Teacher of Righteousness is scarcely incidental. Among the Qumran texts the prophet of Dt 18:18 appears twice in characteristic contexts. In 4Q158:6 the concept is directly connected with the revelation at Sinai by formulations as in Ex 20:19–22 and Dt 5:28–29, in 4Q175 (4QTest) the polemical note is much more perspicuous: The chain of sentences resemble Dt 5:28–29, 18:18; Num 24:15–18 (eschatological prophecy about a ruler!), Dt 33:8–11 (prophecy about Levi), and Josh 6:26, a polemic against Jericho. Jericho was an important priestly settlement, to a large extent a royal domain with strongholds in its vicinity, and at the same time a Hasmonean (and later on Herodian) winter residence. The combination of the situation in Exodus 20 with sentences also included in Deuteronomy corresponds to a broader tradition, it is also attested in the Samaritan Text tradition and in the Samaritan Targum to the Pentateuch. The whole issue needs further critical investigation.

As a consequence of these disputes about Torah authority it became necessary to define, a) what institutions or functionaries are to be regarded as in charge of 'the Torah', and b) what 'Torah' should or could mean in a concrete situation, in the language of the Qumran texts: what has to be acknowledged on what personal or institutional authority as 'Torah of the time'. Consequently, we have to realize that 'Torah' at Qumran is not at all restricted to the Pentateuch and, in further consequence, that legal developments were not necessarily dependent on exegesis but on juridical reasoning which may include exegetical procedures. Even the Rabbinic hermeneutical *middôt* reflect in their oldest strata juridical (rhetorical) methods.

63   W. KRAUS, Die Bedeutung von Dtn 18,15–18 für das Verständnis Jesu als Prophet, ZNW 90, 1999, 153–176.

64   J. MAIER, Rivelazione, tradizione e autorità religiosa nel giudaismo palestinese e babilonese, in: Aug. 31, 1990, 73–92.

3.2 Torah and Prophets

The normal prophets ('His servants') in the Qumran texts are representatives of a kind of revelation secondary to the Torah (1QS 8:15–16), not yet in the sense of an already defined literary corpus. Texts from Isaiah[65] and Ezekiel[66] are frequently cited and interpreted, but from the Minor Prophets only in some cases to a similar extent. As seen above in connection with the *Môreh ha-çedeq* the Qumran tradition presupposed that Prophetic texts (the Psalms of David included) require, like dreams, an additional step of revelation by *pešer* interpretation.[67] The texts serve as a basis for the definition of the stage of time within the course of 'history' or more accurately: the 'end of days'. This renders it possible to proclaim the respective 'prescription of the time', thus revealing the 'hidden' precepts and making them into 're-vealed' ones. This presupposes, that the Torah itself comprises all the will of God for all times, but that the whole Torah is never revealed within a single period. The Prophetic texts are of substantially different character than the legal Torah traditions. No Qumran text would insinuate that Moses did not know the sense of a Torah regulation. The prophets, however, did not know the whole and accurate meaning of their words aiming at a certain point of final history, a riddle to be resolved by *pešer* method, a hermeneutic device totally different from the juridic procedures called *lidrôš* or *le-hôrôt*.

According to these presuppositions the Zadokites could not have been interested in a definition of a 'canon'. A defined canon would have changed their Torah enacting privilege in its character as *revelatio continua* into interpretation of revealed 'canonical' texts. Precisely this change took place on the line which led to rabbinic Judaism as soon as the 'Written Torah' became restricted to the Pentateuch. The quest for a definition of Torah authority was not only a religious issue, it was also a question of power.

---

65 P. W. FLINT, The Book of Isaiah in the Dead Sea Scrolls, in: S. MCKENDRICK – O. O'SULLIVAN (eds.), The Bible as Book: The transmission of the Greek Text, New Castle, DE 2003, 229–251.

66 H. R. PACE, Ezekiel, Book of, in: Encyclopedia of the Dead Sea Scrolls (n. 19) I, 279–282.

67 A. LANGE, Interpretation als Offenbarung: Zum Verhältnis von Schriftauslegung und Offenbarung in apokalyptischer und nichtapokalyptischer Literatur, in: F. GARCÍA MARTÍNEZ (ed.), Wisdom and Apocalypticism in the Dead Sea Scrolls and in the Biblical Tradition, Leuven (BEThL 163) 2003, 35–68.

4. Questions Regarding the Chronological Relationship of Torah Traditions

An investigation of the story of the flood in Gen 6–9 and its underlying calendrical conceptions by U. Glessmer suggests that a solar calendar as attested in the *Book of Jubilees* and its account of the flood seems to fit the chronological scheme more than the lunar calendar in the text form of the Masoretic Text.[68] In this case the question is not how the author of the *Book of Jubilees* interpreted the 'biblical' story of the flood but in reverse: how the redactors of the pre-Masoretic text form eliminated on the basis of the new lunar calendar an older tradition which has been retained by the author of the *Book of Jubilees* and others.

The Pentateuch contains no regulations for the temple. This is astonishing in view of the number of laws concerning the situation in the Land of Israel. There are, of course, passages and laws in connection with the tabernacle or the 'camp' but from a historical point of view it is evident that they reflect circumstances during the time of the late first and early second temple. Regulations concerning the sanctuary at Jerusalem must have been extant since its earliest days—for instance regulations concerning persons not entitled to enter its precincts as in 11Q19 45:7–18. Does it really make sense to assume that the latter has been formulated and derived from penta-teuchal passages? More likely, the authors of the Priestly Source (P) formulated their text for the tabernacle on the basis of existing regulations for the temple, and they did so facing conflicting views as already reflected in many respects in the pentateuchal sources P and H.[69]

As a rule, and really with only a few exceptions, scholars labelled Qumran practice or Qumran law as 'sectarian' presupposing thus a) a chronological sequence, and b) a qualification in the sense of mainstream Judaism versus sectarian deviation. The 'sectarian' point of view reflects, however, in many cases an older practice, and the innovation appears as sectarian only because of the circumstances of power. 11Q19 (Temple) has been usually qualified as a sectarian product in spite of some evidence that it contains regulations of older origin; so too for instance concerning the hides of

---

68 U. GLESSMER, Antike und moderne Auslegungen des Sintflutberichtes Gen 6–8 und der Qumran-Pesher 4Q252, in: Theologische Fakultät Leipzig. Forschungsstelle Judentum. Mitteilungen und Beiträge 6, Leipzig 1993, 3–79; F. GARCÍA MARTÍNEZ – G. P. LUTTIKHUIZEN, Interpretation of the Flood, Leiden (Themes in Biblical Narrative 1) 1999.

69 I. KNOHL, Miqdaš ha-demamah, Jerusalem 1993; R. L. KOHN, A New Heart and a New Soul. Ezekiel, the Exile, and the Torah, Sheffield (JSOT.S 358) 2002.

(clean) animals slaughtered outside Jerusalem 11Q19 47:7–15. The issue had been introduced in a less strict formulation (concerning only hides of unclean animals) among the decrees of Antiochus III (Josephus, Ant XII,146) which indicates that at that time a strict tendency prevailed which represented traditions also contained in Qumran writings, where, however, the ritual aspects appear even more stressed. The mere fact that it seemed necessary to engage the king for such a measure attests to existing disputes and differing practices. At the time of Antiochus the mentioned practice was not a 'sectarian' one, at least in this instance.

A fascinating example of juridical reasoning combined with interpretation of written laws is provided by 11Q19 (Temple) 66:11–17, an unfortunately incomplete account of incest laws. The passage may be conceived as composed out of biblical components and expanded by exegetical and juridical argumentation to avoid the impression that certain prohibitions hold true only concerning relatives explicitly mentioned. The known biblical laws in Lev 18:6–18; 20:19–21; Dt 27:22 are not complete in this respect, and on their basis alone the status of a niece remains an open question. This is a juridical problem which needed clarification for the practice. On the basis of logical reasoning it would be a matter of course to the legal system if the daughter of the brother or sister of the father and likewise of the mother were regarded on one level, and, consequently, forbidden for marriage. 11Q19 draws this conclusion; a polemical passage in CD (5:6–11) attests, however, that others avoided this consequence. CD 5:8–9 cites Moses: "But Moses had said: Do not approach your mother's sister, she is your mother's near kin". This is only partially the wording of Lev 18:13 and not necessarily a variant text of Lev 18:13 but rather a citation from some other source. In addition, a juridical reasoning follows: "It is true that the laws concerning incest are written in respect to men but in analogy to them they apply also to the women. If, therefore, a brother's daughter enters sexual relations with the brother of her father is she (to be regarded) surely (as) his near kin!" This law is logically derived. The opponents were in this case 'exegetes' insisting on the exact wording of extant texts which did not mention the niece. Now, what was the older practice or opinion? Due to the circumstances of power the logical solution in this case became a 'sectarian' point of view.

Not in every instance but probably in many cases a stricter regulation has to be regarded as older than a licentious one. The tendency to facilitate stricter norms out of practical reasons and group interest is a normal phenomenon. In the eyes of the apocalyptically motivated lawyers in Qumran this meant enacting 'smooth rulings' (*lidrôš ḥᵃlaqôt*) and contrary to the character of the situation as the beginning of 'the end of days'. Consequently they felt themselves bound to maintain a conservative attitude. But an eschatological outlook of this kind was certainly likely to stimulate also a stricter legislation and in that case an innovative practice. The consequence is that Qumran laws cannot be classified according to either attitude alone.

A further point of view regards the destination and usage of a text. 'Biblical' texts were written and copied for the people in order to spread the knowledge of their contents among the Israelites. Probably most old Jewish scriptures are of that sort but it is obvious that this presupposes scriptures of a less public character, last not least professional texts destined for experts. Their contents would not differ fundamentally from the published texts treating the same subject, their formulation, however, would exhibit their professional character. An example for a relationship of that kind may be found by comparing Lev 13–14 with a Qumran text, 4Q266 frg. 9 i (with 4Q266 frg. 9 i; 4Q269 frg. 7–8; 4Q272 frg. 1; 4Q273 frg. 1 ii), and some other early Jewish sources concerning leprosy. The two texts are not really dependent on one another in the sense of 'scriptural' interpretation, they seem to represent different elaborations of an older manual, the 'biblical' elaboration destined for a broader public, the Qumran text for more or less professional readers.[70]

It is evident that 11Q19 is not simply the product of Qumran scribes who far away from temple practice began to reorganize the whole cultic organization by theoretical exegetical procedures and derivations, creating a "sectarian" cult order.[71]

Even more important is another point of view. In spite of its composite character (including sources of probably much older origin) 11Q19 represents a work with clear marks of a systematic composition, a first step in direction of a code, here organized according to the concept of concentric graduated areas of holiness. This is, in the first circle, a juridic/legislative achievement presupposing the faculty of systematic reasoning, provoked by real existing problems, for instance in the case of disputed practices, as a rule connected with concrete interests within the various circles and layers of the priestly society.

In the second circle the question certainly emerged, of how existing regulations and practices could be harmonized with extant written regulations as far as they enjoyed the acknowledgement of revealed Torah.

---

70 J. Maier, La *Torah* di purità nel *Levitico* e sua trattazione nella letteratura giudaica del periodo del Secondo Tempio e nei primi secoli cristiani, ASEs 13/1, 1996, 39–66.

71 For the opposite view cf. for instance: J. Milgrom, The Scriptural Foundations and Deviations in the Laws of Purity in the Temple Scroll, in: L. H. Schiffman (ed.), Archaeology and History in the Dead Sea Scrolls, Sheffield (JSPE.S 8) 1990, 83–99.

Harmonizing was, therefore, not restricted to pentateuchal laws. It was a necessary procedure in any case of contradicting wordings of extant laws whether in the Pentateuch or not. To use similar wordings or identical phrases for the formulation of laws concerning related subjects should not be mistaken in an exclusive manner as exegesis of the one text known to us from the Pentateuch, presupposing at the same time the later 'canonical' significance of the Pentateuch.

Probably only in the third circle did the problem of the relationship of existing disputed practices or regulations to laws in the Pentateuch emerge, and this to the degree as the Pentateuch gained the prestige of a document acknowledged by all parties involved, thus providing arguments which could be accepted by the rival party too.

5. Interpretation of Non-legal Texts

Interpretation of Scriptures may be found in many text passages but not in the form of running commentaries, and in most cases it is difficult to distinguish it from certain kinds of text use for various purposes. All the material which frequently has been labelled as 'rewritten Bible', 'expanded Bible' or with similar designations, and even the Aramaic translation of the Book of Job, are not to be regarded as interpretation of text but rather as reworking of subjects (in German: 'Stoff').

In CD,[72] for instance, some biblical passages serve with their peculiar interpretation as polemical instruments in the admonition parts.[73] In the frame of a 'historical' retrospective, biblical passages are interpreted in a typological way, for instance 1:13–20 (Hos 4:16; 10:11 or 13); 4:10–20 (Isa 24:17; Ez 13:10); 6:2–11 (Num 21:16–18; Isa 54:16); 7:9–8:19 (Isa 7:17; Zech 6:8; Am 5:26; 9:11; Num 24:17; Hos 5:10; Dt 32:33; Ez 13:10; Mic 2:11; Dt 9:5).[74] This typological exegesis relates events of the past to current events and

---

72 CH. HEMPEL, The Damascus Texts, Sheffield (Companion to the Qumran Scrolls) 2000.

73 I. A. BAUMGARTEN, The Perception of the Past in the Damascus Document, in: BAUMGARTEN – CHAZON – PINNICK (eds.), op. cit. (n. 18), 1–15; M. L. GROSSMAN, Reading for History in the Damascus Document, Leiden (StTDJ 45) 2002.

74 S. IWRY, The Exegetical Method of the Damascus Document Reconsidered, in: M. O. WISE etc. (eds.), Methods of Investigation of the Dead Sea Scrolls and the Khirbet Qumran Site. Present Realities and Future Prospects, New York (Annals of the New York Academy of Sciences 722) 1994, 329–338; A. SHEMESH, Scriptural Interpretations in the Damascus Document Scrolls, in: BAUMGARTEN – CHAZON – PINNICK (eds.), op. cit. (n. 18), 161–175.

corresponds in this respect to Pesher interpretations. The difference consists in the hermeneutical device; the sporadic interpretations including such of typological character, do not exhibit a consistent hermeneutical line.

M. Fishbane mentioned as an example for 'paraenetic or liturgical reapplication' 1QS 2:2–10 with its peculiar form of the priestly blessing.[75] He assumes as basis Num 6:24–26, but this is not necessary as the priestly blessing formula seems to have been in use from early on in a number of variations,[76] not a surprising phenomenon if seen against the background of liturgical history.[77] It is a dogmatic presupposition that a Pentateuchal text has to be regarded in any case as prior to all other text forms and as the only possible written basis for the re-formulations of related subjects.

6. Pesher

All research on Qumran exegesis has focussed for a long time on Pesher interpretation.[78] The formula is stereotype. An interpretation of a passage is introduced by *pšr hdbr* ("the interpretation of the word . . ."), or by *pšrw* ("its interpretation is . . ."), subsequent interpretations are introduced by *hw'* ("this is"). The formulations correspond to an already fixed conventional terminology and procedure.[79]

The number of extant testimonies for this kind of exegesis is impressive in spite of the fragmentary character of most texts. But all these commentaries are of a relatively late date and extant only in one copy. Puzzling

---

75 FISHBANE, Use (n. 1), p. 372.

76 B. BARKAY, The Priestly Benediction on Silver Plaques from Ketef Hinnom in Jerusalem, Tel Aviv 19, 1992, 139–192.

77 R. HAYWARD, The Priestly Blessing in "Targum Pseudo-Jonathan", JSPE 19, 1999, 81–101; CH. TALBY, On the Differing Laws and Customs Concerning the Recitation of the Priestly Blessing (Hebrew), Sidra 16, 2000, 33–58.

78 Recent publications: P. HORGAN, Pesharim: Qumran Interpretations of Biblical Books, Washington (CBQ.MS 8) 1979; NITZAN, op. cit. (n. 20); H.-J. FABRY, Schrift-verständnis und Schriftauslegung der Qumran-Essener, in: MERKLEIN – MÜLLER – STEMBERGER (eds.), op. cit. (n. 24) 1993, 87–96; IDEM, Methoden der Schriftaus-legung in den Qumrantexten, in: Stimuli. Exegese und ihre Hermeneutik in Antike und Christentum. Festschrift für Ernst Dassmann, Münster (JAC.E 23) 1996, 18–33; B. EJRNÆS, Pesher-litteraturen fra Qumran, Forum for Bibelsk Eksegese 8, 1997, 27–39; C. MARTONE, Interpretazione delle scritture e produzione di testi normativi a Qumran, RStB 12, 2000, 149–156; J. H. CHARLESWORTH, The Pesharim and Qumran History: Chaos or Consensus?, Grand Rapids 2002.

79 M. J. BERNSTEIN, Introductory Formulas for Citation and Re-citation of Biblical Verses in the Qumran Pesharim: Observation on a Pesher Technique, DSD 1, 1994, 30–70.

is the concentration on certain books, particularly Isaiah, while Jeremiah and others are missing. Among the texts that underwent *pešer*-interpretations were the 'Psalms of David' which apparently most Jews and later on also Christians regarded as inspired poetical-liturgical compositions.

Isaiah[80]	3Q4 (?)	Isa 1:1
	4Q161	Isa 10:20–22, 24–28, 34; 11:1–5[81]
	4Q162	Isa 5:5–6, 11–14, 24–25, 29–30; 6:9?[82]
	4Q163	Isa 8:7–9 ?; 9:11 (?), 14–20; 10:12–13, 19 (?), 20–24[83]
	4Q164	Isa 54:11–12[84]
	4Q165	Isa 1:1 ?; 40:12; 14:19; 15:4–6; 21:2 (?), 11–15; 32:5–7
Hosea[85]	4Q166	Hos 2:8–14
	4Q167	Hos 5:13–15; 6:4, 7, 9–10; 8:13–14
Habakkuk	1QpHab	Hab 1:1–2:20[86]
Maleachi	5Q10 (?)	
Micah	1Q14	Mic 1:2–9; 4:13; 6:14–16; 7:6, 8–9, 17[87]
	4Q168	Mi 4:8–12
Nahum[88]	4Q169	Nah 1:3–6; 2:12–14; 3:1–12, 14
Zephania	1Q 15	Zeph 1:18–2:2
	4Q170	Zeph 1:12–13

---

80 Each manuscript represents an independent pesher commentary; see M. J. BERNSTEIN, Pesher Isaiah, in: Encyclopedia of the Dead Sea Scrolls (n. 19) II, 651–653; G. J. BROOKE, The Qumran Pesharim and the Text of Isaiah in the Cave 4 Manuscripts, in: A. RAPOPORT-ALBERT (ed.), Biblical Hebrews, Biblical Texts. Essays in memory of Michael P. Weitzman, Sheffield 2001, 304–320.

81 J. ZIMMERMANN, Messianische Texte aus Qumran: Königliche, priesterliche und prophetische Messiasvorstellungen in den Schriftenfunden von Qumran, Tübingen (WUNT 104) 1999, 59–71.

82 A. STEUDEL, Die Texte aus Qumran, II, Darmstadt 2001, 225–231.

83 D. GREEN, 4QIs(c): a rabbinic production of Isaiah found at Qumran?, JJS 53, 2002, 120–145.

84 STEUDEL, op. cit. (n. 82), 233–235.

85 STEUDEL, op. cit. (n. 82), 237–251; R. VIELHAUER, Materielle Rekonstruktion und historische Einordnung der beiden Pescharim zum Hoseabuch (4QpHos[a] und 4QpHos[b]), RdQ 20 (77), 2001, 39–91.

86 A. VAN DER WAL, Nahum, Habakkuk. A classified bibliography. With a special paragraph concerning literature on the Qumran commentaries on Nahum and Habakkuk, Amsterdam 1988; NITZAN, op. cit. (n. 20); H. FELTES, Die Gattung des Habakkukkommentars von Qumran (1QpHab): Studie zum frühen jüdischen Midrasch, Würzburg 1987; M. J. BERNSTEIN, Pesher Habakuk, in: Encyclopedia of the Dead Sea Scrolls (n. 19) II, 647–650.

87 STEUDEL, op. cit. (n. 82), 215–223.

88 VAN DER WAL, op. cit. (n. 86).

Psalms[89]	1Q16	Ps 57:1, 4; 68:12–13, 26–27, 30–31
	4Q171	Ps 37:7–26, 28–40; 45:1–2; 60:8–9[90]
	4Q173	Ps 127:2–3, 5; 129:7–8; 118:26–27[91]

Smaller literary units including Pesher interpretations are rather common, for instance CD 4:10–20, 4Q174 (= 4QFlor) and 4Q177 (4QCatena[a]),[92] 4Q181,[93] 4Q252[94] (4QpGen[a]), 4Q253 (4QpGen[b]), 4Q254 (4QpGen[c]).[95] Sometimes a citation of, or an allusion to, a passage presupposing a certain meaning appears in texts of a different literary genre. Some cases may be regarded as 'hidden interpretations' but not necessarily always as a Pesher interpretation.[96]

Characteristic is a lack of consciousness concerning the difference between finding out the meaning of the text[97] and an interpretation aiming at a different meaning than the obvious one. 1QpHab 7:1–2 presupposes that the text itself and its prophetic author cannot provide the real meaning of the prophecy. This real meaning or the message of God as transmitted by the words of this prophecy remained unknown even to the prophet until the establishment of a specific hermeneutical device combined with the claim to inspired interpretation by the Teacher of Righteousness, "whom God has let know all the mysteries of the words of the prophets, His servants." The hermeneutical device consists in the claim to dispose of a secret apocalypti-

---

89 M. J. BERNSTEIN, Pesher on Psalms, in: Encyclopedia of the Dead Sea Scrolls (n. 19) II, 655–656.

90 C. COULOT, Un jeu de persuasion sectaire: le commentaire du Psaume 37 découvert à Qumran, RSR 77, 2003, 544–551.

91 F. GARCÍA MARTÍNEZ, Interpretations of the Flood in the Dead Sea Scrolls, in: IDEM – LUTTIKHUIZEN, op. cit. (n. 68), 86–108.

92 A. STEUDEL, Eschatological Interpretation of Scripture in 4Q177 (4QCatena[a]), RdQ 14, 1989/90, 473–481; EADEM, Der Midrasch zur Eschatologie aus der Qumrangemeinde (4QMidrEschat a.b), Leiden (StTDJ 13) 1994.

93 D. DIMANT, Ages of Creation, in: Encyclopedia of the Dead Sea Scrolls (n. 19) I, 11–13.

94 G. S. OEGEMA, Tradition-Historical Studies on 4Q252, in: J. H. CHARLESWORTH – H. LICHTENBERGER – G. S. OEGEMA (eds.), Qumran Messianism. Studies on the Messianic Expectations in the Dead Sea Scrolls, Tübingen 1998, 154–174; GARCÍA MARTÍNEZ – LUTTIKHUIZEN, op. cit. (n. 68); ZIMMERMANN, op. cit. (n. 81), 113–127; A. CAQUOT, Suppléments qoumrâniens à la Genèse, RHPhR 80, 2000, 339–358.

95 G. J. BROOKE, Genesis, Commentary on, in: Encyclopedia of the Dead Sea Scrolls (n. 19) I, 300–302.

96 M. KISTER, Biblical Phrases and Hidden Biblical Interpretations and Pesharim, in: D. DIMANT – U. RAPPAPORT (eds.), The Dead Sea Scrolls. Forty Years of Research, Leiden 1992, 27–39.

97 G. J. BROOKE, Reading the plain meaning of Scripture in the Dead Sea Scrolls, in: IDEM (ed.), Jewish Ways (n. 20), 67–90.

cal knowledge.[98] Characteristic for most Pesher texts are consequently references to current events, introducing frequently typological interpretations of earlier historical events, all in the light of the imminent 'end of days'. A Pesher passage displays in many cases a pre-existent interpretation already in the form of the citation. The authors looked for text passages and ('atomizing' the text) even for rather small parts of them, to find the passage or word fit to serve as vehicle for the message to be presented as result of Pesher interpretation, and as the message which God really had in mind, a method which displays only a restricted interest in the text itself.[99] The respective actual situation of the community, on the verge of the 'end of days', or historical events with some bearing for the present situation of the group provided the criteria for this apparently arbitrary treatment of the prophetic texts.

One of the consequences was that, in spite of a presupposed and uncontested revelatory authority of the prophet in question, it was not the prophetic text itself which constituted the decisive factor and the real basis of the message. It was the pre-conceived message of the *pešer*, the 'biblical' text being rather an instrument to arrange and to set forth what the author already had in mind, pretending that his interpretation is the message of God hidden in the vessel of prophetical speech. The analogy to dreams and dream interpretation is clear. The same procedure, however, focussed on christological issues, has been applied by the Christians.[100] The concentration of all exegetical endeavours on the christological purpose provided, however, a rather coherent hermeneutical device in which typological christology prevailed. Also the emergence of commentaries to prophetic books as 1QpHab in Qumran seems to have been the consequence of the development of a hermeneutical device initiated by the claim of the 'Enactor of Justice' and his followers to know the real eschatological bearing of prophetic Scriptures in general. This implies that in earlier stages the application of the Pesher interpretation has been only a more or less sporadic one, in the frame of diverse literary genres and not in form of running commentaries. This fits the literary evidence for Pesher interpretations in various contexts and the relatively late appearance of Pesher commentaries within the Qumran literature proper. The Pesher commentaries were apparently the work of individual authors and (contrary to texts extant in a

---

98   J. A. SANDERS, Habakkuk in Qumran, Paul and the Old Testament, JR 39, 1959, 232–244.

99   T. H. LIM, Eschatological Orientation and Alteration of Scripture in the Habakkuk Pesher, JNES 49, 1990, 185–194.

100 T. H. LIM, Holy Scripture in the Qumran Commentaries and Pauline Letters, Oxford 1997.

number of exemplars) not written for use on a wider scale. Writing of *pešer* commentaries on prophetic texts was a kind of professionalization based on an older tradition of sporadic Pesher interpretation. The single, sporadic Pesher seems to have been still nearer to the patterns of oracle or dream interpretation, and was therefore open to a variety of employments. In any case, Pesher application was already in these earlier stages not a question of real interpretative undertaking in the first instance, but a fictitious interpretation to transmit a certain pre-conceived content as in the case of premeditated oracles with oracle interpretations. As soon as actual oracles were replaced by the use of a selected written text passage of an alleged prophetic quality, the respective text became exposed to adaptations matching the pre-conceived message, the text itself being only of instrumental significance. The text-critical value of such passages in Pesher contexts is, consequently, a rather restricted one,[101] because it was not the text itself which formed the point of departure nor its original meaning. The issue of correct textual transmission and real interpretative activity emerged when dissenting readers began to compare text and Pesher message, and when the question of the correct wording of a text and the plausibility of its interpretation became subject to dispute. This does not presuppose text critical activities in a modern sense, for the crucial question was first of all: who disposes of acknowledged standard text exemplars? It is clear that for Torah texts the priestly privilege has to be taken into account and that on this basis the master exemplars at the temple of Jerusalem had their special significance independently from the question of a philologically 'correct' text. We know practically nothing about similar claims to a textual monopolization concerning prophetical Scriptures. But it seems very likely that the disputes during the decisive stages of the Qumran tradition caused among certain groups involved a new sensitivity for the text's wording as well as for the task of interpretation.[102]

Among the groups that most likely developed new outlooks of this kind the Pharisees were in a special situation in between the extremes concerning the relationship between Torah and Pentateuch as well as concerning text and meaning of prophetical Scriptures. As a predominantly laicistic movement they could not claim to dispose of the master exemplars of the temple. Consequently, they had to look for arguments not connected with institutional

---

101 Cf. G. J. BROOKE, The Biblical Texts in the Qumran Commentaries: Scribal errors or exegetical variants?, in: C. A. EVANS – W. F. STINESPRING (eds.), Early Jewish and Christian Exegesis. Studies in Memory of W. H. Brownlee, Atlanta 1987, 85–100.
102 ALBERT I. BAUMGARTEN, Literacy and the polemics surrounding biblical interpretation in the Second Temple period, in: J. L. KUGEL (ed.), Studies in Ancient Midrash, Cambridge/Mass. 2001, 27–41.

prerogatives: arguments of text transmission leading finally to the Masoretic Text, and arguments of logical hermeneutics leading to a principal priority of the obvious (usually but not necessarily literal) meaning. Regarding Torah they created their own mechanism of authoritative claims: reducing the written Torah to the laws in the Pentateuch they achieved three aims:

(a) The replacing of the old institutionalized priestly Torah monopoly by the monopoly of their own sages and their institutions.

(b) An enhanced significance of interpretative juridic procedures for which they finally and consequently developed specific rules (*middôt*). According to Josephus (Bell I,110; cf. Vita § 191) the Pharisees distinguished themselves by their *akribía* regarding the Law.

(c) A relatively free disposal of legal traditions with the possibility to define them as part of authoritative 'traditions (or customs) of the fathers' and later on as 'Oral Torah', and to enact them as *hᵃlakhah*, eventually (and this was done increasingly) but not necessarily looking for some support in the 'Written Torah' and thus introducing the exegetical procedures regarding the Written Torah into the realm of the Oral Torah.

Concerning use and interpretation of 'Prophets' and '(other) Scriptures' the space for free disposal remained by far more extensive, contrary to the claims to monopoly and inspired exegesis in the Qumran texts. But this did not exclude similar procedures (without using the term *pšr*, however).

In face of Qumran Pesher exegesis, however, a crucial question arises: What sense and what authority remains for the prophetic text beyond the meaning pretended by the Pesher? Evidently none except by a new Pesher interpretation in a changed situation. However, the Pesher interpretation implicates a temporal limit by pretending to concern "the end of days"; for how long was a community able to endure, under the rigid conditions of the *yaḥad*, the continuous delay of the end, trusting nevertheless unswervingly that all the dates of God's mysterious plan of history will come true (1QpHab 7:9–14)?

§ 4

Pentateuch, Torah und Recht
zwischen Qumran und Septuaginta

1. Die handschriftliche Bezeugung der Pentateuchbücher

1.1 Die hebräischen Handschriften

Von den etwa 800 Schriften, von denen bei Qumran Reste gefunden worden sind, wurden ca. 200 als biblische Schriften identifiziert.[1] Reste von etwa 78 Handschriften entsprechen Texten in Büchern des Pentateuchs. Dazu kommen bemerkenswerterweise noch vier griechische aus 4Q. Insgesamt handelt es sich also um Reste von ca. 83 Exemplaren, die bis auf sieben alle paläographisch einigermaßen gesichert datiert worden sind.

Mehr als ein Drittel wurde dem Buch Deuteronomium zugeordnet, aber das muß nicht notwendigerweise immer die biblische Fassung des Deuteronomiums gewesen sein und auch nicht eine Pentateuchhandschrift, wie überhaupt offenbleiben muß, ob und wieviele dieser Handschriften wirklich den gesamten Text oder gar den ganzen Pentateuch enthalten haben. Hingegen ist erkennbar, daß bestimmte Pentateuchbearbeitungen bzw. alternative Pentateuchfassungen mit allen fünf Büchern auf große Rollen geschrieben worden sind.

Die chronologische Verteilung dieser hebräischen Handschriften ist bemerkenswert.

Datierung	Anzahl	
Um 250 v. Chr.	1	4Q17 = 4QEx–Lev^f
225–175 v. Chr.	1	4Q46 = 4QpaleoDeut^s
175–125/100 v. Chr.	8	Davon 5 für das Deuteronomium
125–75 v. Chr.	9	
75–50 v. Chr.	5	Davon 4 für das Deuteronomium

---

1 Zum Überblick über die Belege siehe C. MARTONE, The Judaean Desert Bible. An index, Torino 2001; D. L. WASHBURN, A Catalogue of Biblical Passages in the Dead Sea Scrolls, Leiden (SBL. Text-Critical Studies 2) 2003; J. MAIER, Le Scritture prima della Bibbia, Brescia (Introduzione allo studio della Bibbia. Supplementi 11) 2003.

50 v.–50 n. Chr.	52	Davon 10 aus dem 1. Jh. n. Chr.; 17 für das Deuteronomium

Eindrucksvoll ist die Zunahme der Kopien in der hasmonäisch-römischen Periode, vor allem unter Herodes und danach, als die literarische Original-produktion von Qumrantexten schon deutlich rückläufig war. Auch wenn man bedenkt, daß ältere Exemplare laufend durch neue ersetzt worden sind, weist die Statistik auf eine stetig anwachsende Bedeutung des Penta-teuchs, und zwar im Lauf der Zeit ab ca. 125 v. Chr., also noch während der Hasmonäerherrschaft, und in zunehmendem Maß mit Beginn der römischen Herrschaft (63 v. Chr.). Den Kulminationspunkt erreichte dieser Prozeß unter der Regierung des Herodes (37–4 v. Chr.).

Althebräisch geschriebene Kopien biblischer Texte (11 bis 14) gehören fast alle zu den älteren biblischen Handschriften von Qumran, stammen bis auf zwei (4Q101 und 4Q123) aus Pentateuchbüchern und werden wie folgt datiert:[2]

4Q46 = 4QpaleoDeut[s]	225–175 v. Chr.[3]
4Q12 = 4QpaleoGen[m]	ca. 150 v. Chr.
4Q16 = 4QExod[e]	ca. 150–120 v. Chr.[4]
1Q3 = 1QpaleoLev	125–100 v. Chr.
11Q1 = 11QpaleoLev[a]	ca. 100 v. Chr.
4Q22 = 4QpaleoExod[m]	100–25 v. Chr.
4Q11 = 4QpaleoGen–Ex[l]	100–40 v. Chr.
4Q45 = 4QpaleoDeut[r]	100–30 v. Chr.
2Q5 = 2QpaleoLev	1. Jh. v. Chr.?

Obschon die Zeitbestimmung bei dieser Schrift weniger präzis vorgenom-men werden kann, ist offenkundig, daß unter den älteren Pentateuchtexten die althebräisch geschriebenen statistisch gesehen einen prominenten Platz einnehmen. Und wie unten noch gezeigt wird, gilt dasselbe auch für griechi-sche Pentateuchhandschriften.

Der entscheidende Grund für den Wechsel zur aramäischen Schrift bzw. späteren ‚Quadratschrift', den die Samaritaner bei ihrem Pentateuch nicht

---

2   K. A. MATTHEWS, The Background of the Paleo-Hebrew Texts at Qumran, in: The Word of the Lord Shall Go Forth. Essays in Honor of D. N. Freedman, Winona Lake 1983, 549–568.
3   Nur ein Fragment mit Textrest aus Dt 26,14–15.
4   Ein Fragment mit Textrest aus Ex 13,3–5 und mit oberem und unterem Kolumnen-rand. Eine solche Minirolle konnte einen vollständigen Exodus-Text nicht fassen. In den Kontext des Buches Exodus ist die betreffende Passage sicher aus einer älteren Quelle aufgenommen worden, und wahrscheinlich hat sie auch in anderen Schriften Verwendung gefunden.

vollzogen haben, hat also wohl nichts mit dem Pentateuch und seiner eventuellen Funktion in der persischen Zeit zu tun; er ist wahrscheinlich in der babylonischen Diaspora zu suchen, wo die jüdischen Schreiberschulen es offenbar für nützlicher gehalten haben, sich nach der reichsaramäischen Praxis zu richten, weil ihnen das auch Möglichkeiten in der staatlichen Administration eröffnete. So verfuhr man dann auch in der Provinz Juda, doch blieb, wie bemerkt, die althebräische Schrift hier in Schreiberkreisen durchaus noch neben der sich allmählich durchsetzenden aramäischen Schrift in Gebrauch.[5] Bemerkenswerterweise teilten die Samaritaner, wie Textfunde während der letzten Ausgrabungen in Samaria zeigen,[6] durchaus die Schreiberkultur Judäas.

Wenn nun die ältesten Pentateuchhandschriften in althebräischer Schrift vorliegen, dann weist dies eher auf ein Kompromißdokument, das Judäer und Samaritaner anfangs verbinden sollte, vielleicht bereits als ein persisch autorisiertes Dokument. Das Auseinanderfallen der samaritanischen[7] und jüdischen Schreibtraditionen dürfte also eine Folge der hasmonäischen Gewaltpolitik gegen die Samaritaner gewesen sein, also durchaus in den zeitlichen Rahmen passen, den die Pentateuchhandschriften aus Qumran abstecken. Die Abkehr von der gemeinsamen Schreibkultur und der Rückzug auf die althebräische Schrift erklärt sich folglich leichter als Protest gegen die Entwicklung im jüdischen Bereich als umgekehrt.[8]

1.2 Die griechischen Zeugnisse

Die griechischen Handschriftenreste aus Qumran sind hier nur aus Gründen des chronologischen Vergleichs aufzuführen:[9] Es versteht sich aber von selbst, daß sie für die Vorgeschichte der sogenannten Septuaginta und ihren Texttraditionen von großem Interesse sind.[10]

---

5 J. NAVEH, Hebrew Texts in Aramaic Script in the Persian Period?, BASOR 203, 1971, 27–32.

6 Y. MAGEN, Mount Gerizim – A Temple City, Qad. 23, 1990, 70–96.

7 A. D. CROWN, Samaritan Scribal Habits with reference to the Masorah and the Dead Sea Scrolls, in: S. M. PAUL etc. (eds.), Emanuel. Studies in the Hebrew Bible, Septuagint and Dead Sea Scrolls in honor of Emanuel Tov, Leiden 2003, 159–177.

8 Wie noch bei A. YARDENI, The Book of Hebrew Script. History, Palaeography, Script Styles, Calligraphy and Design, Jerusalem 1997, 44.

9 Überblick bei H.-J. FABRY, Die griechischen Handschriften vom Toten Meer, in: DERS. – U. OFFERHAUS (Hg.), Im Brennpunkt: Die Septuaginta. Studien zur Entstehung und Bedeutung der Griechischen Bibel, Stuttgart (BWANT VIII,13 [153]) 2001, 131–153.

10 L. J. GREENSPOON, The Dead Sea Scrolls and the Greek Bible, in: P. W. FLINT – J. C. VANDERKAM (eds.), The Dead Sea Scrolls after Fifty Years, I, Leiden 1998, 101–127;

4Q122 = 4QLXX Dtn	Frühes 2. Jh. v. Chr.
4Q126 = 4QpapParaEx gr	150–50 n. Chr.
4Q119 = 4QLXXLev^a	ca. 100 v. Chr.
7Q1 = 7QLXX Ex	ca. 100 v. Chr.
4Q120 = 4QpapLXXLev^b	1. Jh. v. Chr.
4Q121 = 4QLXXNum	1. Jh. v./1. Jh. n. Chr.

Diese Qumranfragmente haben zwar auch für das Gebiet der griechischen Bibelübersetzungen neue Einsichten vermittelt, aber damit die Befunde keineswegs vereinfacht, denn dem komplizierten Sachverhalt der hebräischen Textüberlieferung entspricht ein ähnlicher bei den griechischen Texten.[11] Angesichts des Alters dieser Kopien ist der Befund nicht minder bemerkenswert als jener für die althebräisch geschriebenen Handschriften. Und zwar um so mehr, als mit 4Q127 = 4QpapParaExod gr (DJD IX, 223–242) auch noch ein auf Papyrus geschriebenes Werk bezeugt ist, das paläographisch schwer zu datieren ist, aber unter Umständen auch in das späte 2. Jahrhundert v. Chr. gehört. Es handelt sich nicht um eine Bibelhandschrift, sondern um Fragmente mit Mose- und Exodus-Stoffen, also möglicherweise um eine alternative Fassung von Pentateuchstoffen.

Nun hat schon der alexandrinische jüdisch-griechische Schriftsteller Demetrius im ausgehenden 3. Jahrhundert v. Chr. eine griechische Übersetzung des Pentateuchs als Basis für seine exegetisch-chronographischen Ausführungen verwendet, und er sprach laut einem Fragment (Euseb, Praep. Evang. IX,29,11,15, aus Alexander Polyhistor) von Mose als Verfasser „des heiligen Buches", eine Bezeichnung, die hellenistischem und vor allem ägyptischem Sprachgebrauch entspricht. Auch sonst deuten Fragmente hellenistisch-jüdischer Schriftsteller darauf hin, daß in der griechischsprachigen Diaspora der Pentateuchtext am frühesten eine Wertung erreicht hat, die der späteren Auffassung entspricht. Die Übersetzung des Pentateuchs ins Griechische ist folglich als ein maßgeblicher Faktor bei seiner Aufwertung zur gesamtjüdischen Offenbarungsurkunde anzusehen.

Siehe zuletzt auch die Beiträge in: S. MCKENDRICK – O. A. O'SULLIVAN (eds.), The Bible as Book. The Transmission of the Greek Text, London 2003.

11   E. ULRICH, The Greek Manuscripts of the Pentateuch from Qumran, in: A. PIETERSMA (ed.), De Septuaginta. Studies in Honour of John William Wevers, Missisauga/Ont. 1984, 71–82; DERS., The Septuagint Manuscripts from Qumran: A Reappraisal of their Value, in: G. J. BROOKE – B. LINDARS (eds.), Septuagint, Scrolls and Cognate Writings, Atlanta 1992, 49–80; DERS., Septuagint, in: L. H. SCHIFFMAN – J. C. VANDERKAM, Encyclopedia of the Dead Sea Scrolls, I–II, Oxford – New York 2000, 863–868.

Aus den oben angeführten Daten für althebräische und griechische handschriftliche Zeugnisse kann geschlossen werden, daß dem Pentateuch im 3. bis frühen 2. Jahrhundert noch eine positive Bedeutung im judäisch-samaritanischen Verhältnis zukam, daß ihm als Folge seiner Übersetzung ins Griechische immer größeres Gewicht zugemessen worden ist, daß die Hasmonäerherrschaft diesbezüglich eine entscheidende Phase darstellte. Im Lauf des 1. Jahrhunderts v. Chr. und des 1. Jahrhunderts n. Chr. waren hingegen bei den Qumran-Leuten sowohl althebräische wie griechische Pentateuchschriften kaum mehr gefragt, und die zunehmende Anzahl von Kopien in der neuen hebräischen Schrift weist auf eine veränderte Funktion und Wertung.

2. Die Bedeutung der jüdischen Privilegien

Aus den Schriften des Josephus und Philos von Alexandrien wird deutlich, daß der Rekurs auf autoritative Schriften nicht zuletzt apologetischen Zwecken diente. Man hob dabei vor allem das Alter der eigenen geschriebenen Tradition und ihre Zuverlässigkeit hervor. Dies einmal im Blick auf die Gesetzestradition, die als jüdische *politeia* hingestellt wurde und somit die schriftliche Rechtsbasis für die jüdische Autonomie darstellte. Dieser bei Josephus besonders hervorgehobene politisch-rechtliche Aspekt dürfte auch für die innerjüdische Wertung des Pentateuchs entscheidend gewesen sein. In der Diaspora mußte der Pentateuch als Grundlage der Autonomie und als öffentlich bekannter *nómos* der Juden von vornherein ein größeres Gewicht erhalten haben als in kompakt jüdisch besiedelten Gebieten, wo die mehr dem lokalen und regionalen Gewohnheitsrecht verpflichtete normale Gerichtsbarkeit kaum je in Frage gestellt worden ist und keiner Begründung solcher Art bedurfte. In der Diaspora war der Rekurs auf die Basis der Autonomie hingegen durchwegs und immer ein akutes Anliegen, und die öffentliche Torah-Lesung war nicht bloß ein liturgisch-religiöser Akt, sondern auch eine feierliche Proklamation der politisch-rechtlichen Existenzgrundlage. Die Übersetzung des Pentateuchs ins Griechische und sein damit erhöhter Bekanntheitsgrad dürfte also einen entscheidenden Fortschritt in der Geschichte der Wertung des Pentateuchs eingeleitet haben. Dabei ging es weniger um den Textwortlaut als um den Nachweis einer geschriebenen autoritativen Tradition von ehrwürdigem Alter. Mit dem Altersargument war jedoch ein Bezug zum Geschichtsbild automatisch mit vorgegeben, und dieser Altersnachweis wurde von früh an durch die Einbindung von gesetzlichen Traditionen in eine Geschichtsdarstellung erbracht, die mit der Schöpfungsgeschichte einsetzt und die Kontinuität der eigenen Tradition genealogisch und historisch aufweisen sollte. Für den Status der jüdischen Gemeinschaft(en) waren nicht bloß diese schriftlichen Urkunden selbst von Bedeutung. Ihre Anerkennung als geschriebene Basisdokumente schloß nämlich auch das Recht auf die Beachtung der ebenfalls als alt geltenden ‚väterlichen Gesetze' und Gebräuche ein, eine inhaltlich offene Formulierung, die eine weitgehende Freiheit in der Gestaltung der jüdischen Interna gewährleisten konnte. Diese offene Formulierung der jüdischen Privilegien in der hellenistisch-römischen Zeit kam letztlich den Pharisäern zustatten, die mit ähnlichen Ausdrücken ihre Sondertraditionen umschrieben, die dann die Rabbinen nach 70 n. Chr. als Mündliche Torah etikettiert haben.

Es sei hier dahingestellt, ob der Pentateuch bereits durch den persischen Hof – ob im Sinne einer Reichsautorisation oder wie immer – als Basis der judäischen Autonomie anerkannt worden ist. Das Grundschema einer geschriebenen und einer ungeschriebenen Tradition dürfte aber damals schon vorgeprägt worden sein. Unter Alexander dem Großen und unter den Diadochen war es anscheinend reibungslos zur faktischen Anerkennung einer solchen doppelten (einer festgeschriebenen und einer nicht näher definierten) Autonomiegrundlage gekommen. Mehr Profil erhielt die Regelung in der Zeit der ptolemäischen Herrschaft im 3. Jahrhundert, denn die große jüdische Kolonie in Alexandrien bedurfte einer Definition ihres Status im Gegenüber zu Einheimischen (Ägyptern) und griechisch-mazedonischer Oberschicht. Mit der Übersetzung ins Griechische ist die religiöse Aufwertung der schriftlichen Basis der jüdischen Autonomie entscheidend vorangetrieben worden, wie es dann auch der Aristeasbrief rückblickend verklärend bezeugt. Auch wenn der Anstoß zu den Übersetzungen zunächst von der Bibliothek in Alexandrien ausgegangen sein sollte,[12] erhielten diese Bücher in den Augen der Umwelt doch das Renommé des *nómos* der Juden schlechthin und fungierten als unangefochtene Basisdokumente der jüdischen Autonomie, was auf ihre interne Wertschätzung nicht ohne Wirkung bleiben konnte.

Letzten Endes stärkte die profilierte Funktion des Pentateuchs auch den Status der Juden in Palästina und überall im hellenistischen Herrschaftsgebiet. Beim Übergang von der ptolemäischen zur seleukidischen Herrschaft 200–198 v. Chr., unter Antiochus III., hatte das Konzept einer schriftlichen und einer darüber hinaus ungeschriebenen Basis jüdischer Autonomie jedenfalls bereits eine Form angenommen, die später als Modell für die Privilegien der römischen Zeit dienen konnte. Der oben skizzierte statistisch-chronologische Befund der Pentateuch-Handschriften aus Qumran fügt sich ausgezeichnet in diese Entwicklung der Bedeutung des Pentateuchs ein.[13]

---

12 N. L. COLLINS, The Library in Alexandria and the Bible in Greek, Leiden (VT.S 82) 2000.

13 Siehe dazu ausführlicher MAIER, Le scritture (Anm. 1).

3. Torah und Pentateuch

Die Begriffe ,Bibel' und ,Kanon' sowie ,Pentateuch', ,Torah' und ,Gesetz' sind im allgemeinen Bewußtsein inhaltlich und wertungsmäßig so stark vorgeprägt, daß die damit verbundenen Sachverhalte und Wertungen meist ganz selbstverständlich auch schon für das frühe Judentum vorausgesetzt werden. Entsprechende Vorsicht ist daher bei der Verwendung dieser Ausdrücke am Platz.

Torah und Pentateuch werden im Gegensatz zur jüdischen Tradition allzu oft unzutreffend gleichgesetzt. Der Pentateuch enthält Torah, gilt aber nicht einfach als „die Torah" überhaupt. Nur im Rahmen der drei biblischen Corpora trägt der Pentateuch auch die Bezeichnung „Torah", genauer: „Schriftliche Torah". Und auch da ist letztlich noch zwischen den eigentlichen gesetzlichen Inhalten (den 613 Geboten und Verboten), die auf Moses unüberbietbare Offenbarerautorität zurückgeführt werden, und den anderen Inhalten zu unterscheiden, für die nur Moses normal-prophetische Autorität in Anspruch genommen wird. Das Judentum kannte nämlich nie eine ,Bibel' oder ,Heilige Schrift' von einheitlicher Autorität, sondern unterscheidet drei Corpora von Schriften, die hinsichtlich ihrer Verbindlichkeit strikt voneinander abgesetzt werden: *Tôrah* (in diesem Rahmen tatsächlich der Pentateuch), *Neᵇîʾîm* (Propheten) und *Keᵗûbîm* (Schriften), abgekürzt *TN"K*.

Auf der Linie pharisäischer Gruppen entstand nach der Zerstörung des Tempels im Jahr 70 n. Chr. die rabbinische Konzeption der ,doppelten Torah'. Die biblische Pentateuch-Torah wird als Schriftliche Torah bezeichnet und als abgeschlossen betrachtet. Zusätzlich zur schriftlichen soll Mose eine weit umfangreichere Mündliche Torah erhalten haben. Diese doppelte Torah bildete die Basis für die weitere Entfaltung des jüdischen Rechts, die Halakah. Und zwar durch die rabbinischen Autoritäten, die als einzelne in der Autoritätsnachfolge des Mose stehen und Einzelfälle zu entscheiden befugt sind, darüber hinaus nach dem Mehrheitsprinzip die Halakah nach den Bedürfnissen der Zeit festlegen.

Die Rabbinen haben für liturgisch zulässige und insofern ,heilige' Schriftexemplare Schreibvorschriften erstellt, die für die Rollen der drei Corpora unterschiedliche Schreibweisen vorsehen. Die Qumrantexte weisen keinerlei Unterschiede dieser Art auf. Daraus ist zu schließen, daß dem Pentateuch in der Qumran-Tradition noch nicht die Funktion und Bedeutung zugemessen worden ist, die er in der pharisäischen und dann rabbinischen Richtung hatte.

4. Torah-Offenbarung

Es ist zwar auch in der Qumranforschung weithin üblich, die Gesetze im Pentateuch mit der Torah schlechthin zu identifizieren, doch sind in manchen nichtbiblischen Schriften aus der Zeit des Zweiten Tempels Regelungen bezeugt, die auf einen weiter gefaßten Begriff von ,Torah' hindeuten. Unter den Qumranschriften befinden sich Gesetzessammlungen, die paläographisch in die Zeit der ältesten biblischen Kopien gehören, auf alle Fälle in die Zeit vor 125 v. Chr. So stammt auch 4Q249 = 4Qpap cryptA (DJD XXXV,1–24) mit dem bemerkenswerten Titel *midraš sefär Mošäh* als Kopie aus der Zeit kurz nach 200 v. Chr., eine „Niederschrift des/eines Buches des Mose", das bislang unbekannt war. Die Gesetze in der Damaskusschrift und in der Tempelrolle (11Q19)[14] weisen ebenfalls in eine frühere Zeit und zeigen, daß die in 4QMMT aufgelisteten Differenzen in Fragen der rituellen Praxis weit in die Zeit des Zweiten Tempels zurückreichen. Solche Regelungen wurden in der Qumrantradition jedenfalls zum Teil als Torah des Mose gewertet, auch wenn sie nicht im Pentateuch enthalten sind. Dieser handschriftliche und überlieferungsgeschichtliche Befund in bezug auf Torah inner- und außerhalb des Pentateuchs ist nicht aus den literaturgeschichtlichen Prozessen der Pentateuchentstehung allein zu erklären, er muß vielmehr mit dem Verhältnis zwischen Torah, Pentateuch und Recht im historischen und rechtsgeschichtlichen Gesamtrahmen der Periode des Zweiten Tempels geklärt werden. Sowohl für pentateuchische als auch für außerpentateuchische Torah ist anzunehmen, daß sie auf ein und dieselbe Weise zustande gekommen ist, und dies schwerlich in literarischen Prozessen allein, sondern dank einer bestimmten, dazu befugten Institution. Die entscheidende Frage lautet also: Wer war befugt, etwas als Torah zu proklamieren, und wie lange funktionierte diese Instanz?

Es wird erstaunlich selten danach gefragt, wie es dazu kam, daß eine legislative oder judikative Entscheidung als Offenbarung ausgegeben werden konnte. Rechtsgeschichtlich betrachtet gibt es darauf bestimmte Hinweise. Angesichts der nicht seltenen Beweisnot waren in früheren Zeiten Gottesurteile oder Eidesleistungen keine Seltenheit. In Fällen von unentscheidbaren oder widersprüchlichen Schuldzuweisungen kennt auch das ältere biblische Recht entsprechende Verfahrensweisen zur Rechtsfindung. Näher beschrieben wird allerdings nur das Ritual für den Fall einer Ehefrau, die des Ehebruchs verdächtigt wird (Num 5,11–31). Ansonsten heißt es einfach, man solle die *causa* „vor Gott bringen" (Ex 22,6–11), das heißt: am Heiligtum

---

14 A. VIVIAN, Il concetto di Legge nel "Rotolo del tempio" (11Q Temple Scroll), RStB 3, 1991, 97–114.

vor die dafür zuständige priesterliche Instanz, wobei der Wahrheitsbeweis durch einen Schwur ersetzt wird oder bei gegenseitiger Beschuldigung der Beteiligten eine Art Orakelentscheidung erfolgt.[15] In exilischer und persischer Zeit hatte sich eine Torah-Konzeption durchgesetzt, die in Weiterführung priesterlicher Bestrebungen in der letzten Königszeit alles Recht als Torah etikettieren wollte, um es priesterlicher Kontrolle zu unterstellen. Dies mit Hilfe der Chiffre ‚Mose', entsprechend den Pentateucherzählungen, in denen dem Mose eine unmittelbare Torahoffenbarung am Heiligtum zugeschrieben wird, so daß er in der Lage gewesen sein soll, im Fall auftretender Probleme als höchste Instanz ein Urteil zu sprechen oder eine Regelung zu proklamieren (vgl. Ex 18). Damit begründete man ein levitisch-priesterliches Torah-Monopol. Der *locus classicus* dieses Anspruchs ist der Levi-Spruch Dt 33,8–11, wo die legislative Torahkompetenz mit dem Urim-Tummim-Orakel zusammen erwähnt wird. Ohne Priester gibt es keine Torah, wie 2Chr 15,3 konstatiert: *Lange Zeit hindurch war Israel ohne wirklichen Gott, ohne einen anweisenden Priester (kohen môräh) und ohne Torah.*

Die hinter dem Modell ‚Mose' stehende Instanz am Heiligtum wurde im Deuteronomium im Sinne dieser Konzeption von Torah näher definiert. Zum Verständnis dieser Institution hat F. Crüsemann entscheidend beigetragen,[16] dessen Darstellung für das Folgende grundlegend ist. Allerdings hatte er sich so gut wie ganz auf den alttestamentlichen Befund beschränkt und die weitere Entwicklung nur knapp angedeutet, so daß in seiner Darstellung der Pentateuch etwas zu rasch in den Vordergrund rückt.[17] Crüsemann hat nämlich erneut die Instanz aufgezeigt, die nach deuteronomischer Tradition für die Promulgierung neuer Torah zuständig war und mit der höchstrichterlichen Instanz von Dt 17,8–13 (vgl. 2Chr 20,31ff.) zusammenhing. Es handelt sich um einen von normalen Propheten nicht terminologisch, aber um so energischer rangmäßig abgehobenen Propheten, der laut Dt 18,18f. nach dem Modell des Mose die Funktion des Vermittlers neuer Torahoffenbarungen erfüllt. Damit ist also kein endzeitlicher Prophet gemeint gewesen, wie im Kielwasser der christlichen Auslegungstradition zumeist angenommen wurde, sondern ein Amtsträger mit der Kompetenz, gewissermaßen orakelartig jeweils eine absolut verbindliche neue Torah-Anweisung zu erteilen: *Einen Propheten wie dich werde ich für sie aufstellen aus der Mitte ihrer Brüder, und ich lege meine Worte in seinen Mund, und er spricht*

---

15 F. C. FENSHAM, The Role of the Lord in the Legal Sections of the Covenant Code, VT 26, 1976, 262–274.

16 F. CRÜSEMANN, Die Tora, München 1992.

17 Dazu von TH. WILLI, Tôrâ – Israels Lebensprinzip nach dem Zeugnis des späteren Alten Testaments, in: M. WEIPPERT etc. (ed.), Meilenstein, Wiesbaden 1995, 339–348. Vgl. aber bereits F. GARCÍA LÓPEZ, Dalla Torah al Pentateuco, RStB 3, 1991, 11–26.

zu ihnen alles, was ich ihm befehlen werde. Crüsemann meinte anscheinend, daß diese Institution in nachexilischer Zeit infolge der Endredaktion des Pentateuchs keine Fortsetzung gefunden hat. Aber die Autorisierung von Gesetzen als ‚mosaische' Torah setzt gerade für die persisch-hellenistische Zeit eine institutionalisierte Torahkompetenz im Rahmen einer höchstgerichtlichen Instanz voraus. Torahoffenbarung im Sinne dieser Institution bestand in Einzelentscheidungen von Fall zu Fall. Vorhandene, bereits ‚offenbare' Torah wurde so durch Offenbarung bisher ‚verborgener' Torah im Rahmen der unanfechtbaren Entscheidungen der Höchstinstanz ergänzt. Das Prinzip einer verborgenen, nur je und je dem Bedarf entsprechend offenbaren Torah ist im Deuteronomium bezeugt (Dt 28,29) und wird in Qumrantexten verdeutlicht: Nie steht die Torah als vollkommener und allumfassender Gotteswille schlechthin im vollen Umfang zur Verfügung, immer gibt es das Offenbare, das es zu praktizieren gilt und das durch die kompetente Instanz aus dem Verborgenen situationsgemäß durch Offenbarungsakte ergänzt wird.

Bemerkenswert ist, daß Josephus in Ant IV,218 zu Dt 17,8–13 eine Präzisierung bietet, die er schwerlich erfunden haben kann, sondern aus der (priesterlichen) Tradition übernommen hat: *Aber wenn die Richter in den ihnen vorgelegten Fällen nicht zu entscheiden wissen, was unter Menschen nicht selten vorkommen kann, dann sollen sie den Rechtsfall in die heilige Stadt bringen, und indem der Hohepriester, der Prophet und die Gerusie zusammentreten, sollen sie das als gültig Erscheinende bekanntmachen.* Der hier genannte Prophet wurde in der Forschung meist ignoriert.[18] Er wird ausdrücklich neben dem Hohepriester genannt, der hier im Sinne der persisch-hellenistischen Periode auch die obrigkeitliche Funktion des „Richters" (= Regenten[19]) ausübt. Für Josephus war diese oberste Instanz Teil der idealen, theokratischen Rechtsordnung, wie er sie danach in Ant IV,223 auch definiert. Diese Verfassung ist integraler Teil der Torah und erübrigt eigentlich einen Herrscher, denn die Torah reicht als Institution und Rechtssystem zur Regierung des Gottesvolkes völlig aus.

Nun gibt es für das Amt eines solchen Torah-Propheten sehr wohl auch spätere Belege, die allerdings meist im Sinne allgemeiner Prophetie verstanden oder im Sinne eines endzeitlichen Propheten gedeutet worden

---

18 S. PEARCE, Josephus as Interpreter of Biblical Law: The Representation of the High Court Deut. 17,8–12 according to *Jewish Antiquities* 4:218, JJS 46, 1995, 30–42, vermutete, daß hinter dem Propheten eigentlich Josua zu verstehen war, dessen Namen Josephus ausließ, um den Sachverhalt zu verallgemeinern.

19 Z. BEN-BARAK, The Appeal to the King as the Highest Authority for Justice, in: M. AUGUSTIN (Hg.), „Wünschet Jerusalem Frieden". Collected Communications to the XIIth Congress of the IOSOT, Jerusalem 1986, Frankfurt/M. 1988, 169–177.

sind.[20] Es handelt sich jedoch nicht um Sachverhalte, für die ein Weissagungsprophet zuständig ist, sondern um zwei nach damaliger Rechtslage nicht entscheidbare Rechtsfragen.

(a) 1Makk 4,44–47 demonstriert sehr deutlich die Differenz zwischen ‚Verborgenem' (4,44–46) und ‚Offenbarem'. Die damals nicht lösbare kultrechtliche Frage war, wie man mit den rituell verunreinigten Steinen des abgerissenen Brandopferaltars verfahren sollte. Zu der Zeit, als Judas Makkabäus den Tempel reinigen ließ, also um 165 v. Chr., stand aber kein „Prophet wie Mose" zur Verfügung, doch rechnete man offensichtlich noch mit dem Amtsantritt eines solchen Funktionärs.

(b) In 1Makk 14,41ff. geht es nicht um eine rituelle Frage, sondern um eine staatsrechtliche, um eine neue, wenn auch vorläufige Verfassung, die dem siegreichen Simon Makkabäus alle priesterlichen und weltlichen Kompetenzen einräumen sollte, aber nicht die oberste Torahkompetenz. Der Text hier spricht von einem *profêtês pistos*, einem „zuverlässigen Propheten".[21] Damit kann kein Weissagungsprophet gemeint sein, hinter *pistos* steht nämlich wohl das hebräische *nä'ᵃman*, wie es in Num 12,7 für Mose verwendet ist. Daß sich dahinter eine traditionelle Fachterminologie verbirgt, wird auch durch 1Sam 3,20 (siehe auch Septuaginta!) im Zusammenhang mit dem Amt des Samuel bestätigt.

Nun gab es aber um 165 v. Chr. und um 141 v. Chr. sehr wohl noch eine Persönlichkeit, die den Anspruch auf die Funktion des Torahpropheten erhob. Dieser offenbar letzte Inhaber dieses Amtes konnte seine Funktion am Tempel aber nicht ausüben, weil er mit seinem radikalen legislativen und geschichtstheologischen Kurs im innerjüdischen Machtkampf ins Hintertreffen geraten war, nach dem Sieg über die Seleukiden von den Makkabäern nicht mehr anerkannt wurde und sich mit seiner Anhängerschaft schließlich vom Tempel trennen mußte. Es handelt sich um den aus den Qumrantexten bekannten „Lehrer der Gerechtigkeit" (*môreh ha-çädäq*), genauer: „Rechts-Anweiser" im Sinne höchsten, unanfechtbaren Rechts. Er war wahrscheinlich bereits vor Antiochus IV. Epiphanes mit seinen extremen Ansprüchen

---

20 Daher wird die Torah-Prophetie auch zu wenig beachtet, so auch in: W. M. SCHNIEDEWIND, The Word of God in Transition. From Prophet to Exegete in the Second Temple Period, Sheffield 1995. Oder der institutionelle Aspekt wird nicht bedacht, wie in S. DEMPSTER, An Extraordinary Fact: Tora and Temple and the Contours of the Hebrew Canon, I., TynB 48, 1997, 23–56.

21 M. PHILONENKO, Jusqu'à se lève un prophète digne de confiance (1 Maccabées 14,41), in: I. GRUENWALD etc. (eds.), Messiah and Christos. Studies presented to D. Flusser, Tübingen 1992, 95–98; H. DONNER, Der verläßliche Prophet. Betrachtungen zu I Makk 14,41ff. und zu Ps 110, in: DERS., Aufsätze zum Alten Testament, Berlin/New York (BZAW 224) 1994, 213–223.

gescheitert und verlor die Unterstützung der Mehrheit. Die siegreichen Hasmonäer waren nicht bereit, seine Linie zu unterstützen, denn weder als Hohepriester noch als Herrscher hatten sie ein Interesse daran, dieses Torah-Prophetenamt beizubehalten bzw. wieder zu besetzen. Es reichte ihnen, daß der letzte Amtsinhaber nicht mehr offiziell fungierte, und so lief die Stelle mit dem Tod dieses letzten Inhabers um ca. 138 v. Chr. endgültig aus, blieb aber in bestimmten Priestertraditionen Bestandteil der alten, ‚richtigen' Verfassung, deren Wiederinkrafttreten man für die Endzeit erhoffte (vgl. 1QS IX,9–11).[22]

Bemerkenswert ist in dem Zusammenhang, daß Josephus mit dem Tod des Johannes Hyrkan zwei gewichtige Änderungen verbunden und damit eine Epochengrenze gesetzt hat: den Übergang zur monarchischen Verfassung und die Abschaffung des Orakels der Urim und Tummim (Ant III,218). Mit diesen Maßnahmen war keine neue Torah-Offenbarung mehr möglich. An die Stelle der höchsten Torah-Autorität rückte nun die im Pentateuch niedergeschriebene und so veröffentlichte Torah, darüber hinaus war Raum für staatliche Gesetzgebung oder – wie bei den Pharisäern – für die Ausbildung zusätzlicher, angeblich ‚väterlicher' Traditionen und Sitten. Im Fall von Diskussionen und Streitfällen wurde nun der Rekurs auf die allgemein-jüdisch unstrittige Pentateuch-Torah, die zur selben Zeit als Basis-Dokument der jüdischen Autonomie so große Bedeutung gewann, ein Ersatz für die Anrufung der höchsten Torah-Instanz.

Nach dem Tod des sogenannten „Lehrers der Gerechtigkeit" war aber auch für seine Gruppierung keine Torah-Legislation mehr möglich. Da man ohnedies für 40 Jahre nach seinem Tod den Beginn der ersten Endzeit-periode erwartete, beschloß man (CD XX), sich bis dahin nach der letzten offiziellen Torah-Niederschrift zu richten, bis mit der Wiedereinführung der traditionellen Verfassung neben einem gesalbten Hohepriester und einem gesalbten Herrscher auch wieder ein solcher Prophet amtieren würde. Die Zeit verstrich jedoch, und so gewann auch innerhalb dieser Richtung der Pentateuch im beschriebenen Sinn an Bedeutung und wurde dementspre-chend öfter kopiert.

5. Torah und Rechtswesen

Ob in 2Chr 17 die Einführung von Gerichten im Rahmen der Reform des Josafat auf eine alte Quelle zurückgeht, ist umstritten. Für den Kontext hier ist nur von Bedeutung, daß die Institution als solche in 2Chr 17,7–9 jeden-

---

22   J. MAIER, Der Lehrer der Gerechtigkeit, Münster (Franz-Delitzsch-Vorlesung 5) 1996.

falls programmatisch mit dem Konzept einer obrigkeitlichen, aber priester-
lich-levitisch dominierten Torah-Unterweisung (durch fünf königliche
Beamte, neun Leviten und zwei Priester) verbunden worden ist. Die
Verbindung zur Konzeption in Ex 18 und Dt 17 ist jedenfalls deutlich.[23]

Ex 18 illustriert anhand der Mosefigur die Institution einer obersten,
unanfechtbaren Torah- und Gerichtsinstanz und hängt eng mit Dt 1,9–19
zusammen, wie auch die samaritanische Tradition zeigt.[24] Und zwar erfüllt
Ex 18 eine bestimmte literarische Brückenfunktion,[25] und die Passage über
Mose als Richter spiegelt doch wohl gewisse Auffassungen und Verhältnisse der Königszeit.[26] Und das – wohlgemerkt! – im Vorfeld der Sinaioffen-
barungsszenerie, womit angezeigt wird, daß die Torah als Gotteswille an
sich mehr ist als das vom Sinai her Offenbare, daß die mosaische Autorität
und Kompetenz sich nicht auf das Gottesrecht beschränkt, das als Sinaioffenbarung überliefert ist.

Die genaue Zusammensetzung des Obergerichts ist in Dt 17,8–13 zwar
unklar, doch die Priester spielen eindeutig die Hauptrolle und haben mit
dem Torahpropheten die eigentliche Schlüsselposition inne. Mit dem
„Richter" in v. 10 dürfte eigentlich der König gemeint gewesen sein, später
hat diese Position wohl der Statthalter und schließlich der Hohepriester
eingenommen, zu dessen Amtspflichten die Administrationsaufsicht in
Torahfragen gehörte. Aber er ist qua Amt ein *dôreš ha-Tôrah*, kein *môreh
çädäq* wie der „Prophet wie Mose".

Philo formulierte in *De specialibus legibus* IV,190 so: „Wenn die Sachverhalte eine Unsicherheit und eine große Undurchsichtigkeit zutage bringen
und er (der Ortsrichter) merkt, daß sein Verständnis der Sache unzureichend
ist, soll er es ablehnen, den Fall zu entscheiden, und ihn an genauer bewan-
derte Richter übersenden. Und wer sollten diese sein, wenn nicht die Priester
und das Haupt und der Vorsteher der Priester?" Damit wird auch hier der
Hohepriester als Mitglied des Gremiums vorausgesetzt, aber dazu kommt
noch ein weiterer Gesichtspunkt: Die in IV,191 beschriebene priesterliche
Qualifikation für die Rechtspflege wird nämlich in IV,192 durch eine Gleichsetzung der Funktionen des Priesters und des Propheten unterstrichen.[27]

---

23 R. KNIERIM, Exodus 18 und die Neuordnung der mosaischen Gerichtsbarkeit, ZAW
73, 1961, 146–171 (162ff.).

24 A. ROFÉ, Historico-Literary Aspects of the Qumran Biblical Scrolls, in: L. H. SCHIFF-
MAN – E. TOV – J. C. VANDERKAM – G. MARQUIS (eds.), The Dead Sea Scrolls Fifty
Years after their Discovery, Jerusalem 2000, 30–39.

25 CHR. FREVEL, »Jetzt habe ich erkannt, dass YHWH größer ist als alle Götter«. Ex 18
und seine kompositionsgeschichtliche Stellung im Pentateuch, BZ 47, 2003, 3–22.

26 CHR. SCHÄFER-LICHTENBERGER, Exodus 18 – Zur Begründung königlicher Gerichtsbarkeit in Israel-Judah, DBAT 21, 1985, 61–85.

27 Dazu siehe L. H. FELDMAN, Judean Antiquities 1–4, Leiden 2000, p. 410, n. 667.

Die mosaische Kompetenz der Torah-Offenbarung wird bei Philo also von dem ‚Propheten wie Mose' auf die Priesterschaft übertragen. Zu seiner Zeit gab es ja das Amt eines Propheten wie Mose schon längst nicht mehr.

6. Schlußbemerkung

Der Pentateuch hat jedenfalls seine spätere Bedeutung nicht im Rahmen des Rechtswesens, also als Gesetzbuch, erhalten, sondern aus anderen Gründen, vor allem dank seiner Funktion als Basis der jüdischen Autonomie im Verhältnis nach außen, und diese Funktion wurde durch die Übersetzung ins Griechische besonders verstärkt. Deshalb hat der Pentateuch auch gerade in der Diaspora schon früh das Renommé des jüdischen *nómos* schlechthin erhalten. Allerdings hatte diese Publikation mit Übersetzung auch einen negativen Begleiteffekt, denn sie bot in Details Angriffspunkte für Kritik und judenfeindliche Polemik.

Für die Rechtspflege hat man gleichwohl praktischere Gesetzessammlungen gehabt, wie noch die keineswegs an den Pentateuchtext gebundenen, sondern sachorientierten und systematisierenden Darstellungen des jüdischen *nómos* bei Philo (vor allem in *De specialibus legibus*) und bei Josephus zeigen. Das alles betrifft aber kaum den Rechtsalltag im Normalfall und insbesondere im Bereich des Zivilrechts, denn Torah blieb auch weiterhin eher das Recht der höheren Instanz für den Problemfall. Lokal herrschte althergebrachtes Gewohnheitsrecht, wie es in den Rechtsurkunden aus der Zeit zutage tritt, oder man nahm auch fremdes Recht in Anspruch, und das noch bis ins 2. Jahrhundert n. Chr.

Als allgemeinjüdisch gesehen unstrittige Argumentationsgrundlage erhielt der Pentateuch im Rahmen der Auseinandersetzungen zwischen den jüdischen Richtungen ein immer größeres Gewicht. Dies zeitlich und sachlich vorrangig in der pharisäischen Richtung, für die als eine laienorientierte Bewegung Torah eben vor allem im Rahmen des publizierten Pentateuchs zur Verfügung stand.

Mit dem Zerfall der priesterlichen Torah-Autorität und der Abschaffung der Funktion eines „Propheten wie Mose" ging auch die Möglichkeit zur Proklamierung neuer Torah verloren. Nach dem Tod des „Lehrers der Gerechtigkeit" (ca. 138 v. Chr.) galt dies auch für die priesterliche Richtung hinter den Qumrantexten. Von da an konnte und mußte der allgemein anerkannte und publizierte Pentateuch mit seiner prinzipiell (aber im Detail nicht immer) unstrittigen Torah die Rolle der höchsten Torahautorität zumindest teilweise übernehmen.

§ 5

Die biblische Geschichte des Flavius Josephus

1. Das Geschichtsbild in *Contra Apionem* und der Inhalt der *Antiquitates Iudaicae*

Josephus ist von christlichen Theologen viele Jahrhunderte hindurch auch als wichtigster zeitgenössischer Zeuge für die neutestamentliche Zeit intensiv gelesen worden, was heute leider nicht mehr der Fall ist. Sein Verständnis biblischer Schriften gibt jedem Bibelleser ergiebige Hinweise und Vergleichsmöglichkeiten, und für seine Darstellung der biblischen Geschichte gilt das nicht minder. Das literarische Werk dieses hochgebildeten Jerusalemer Priesters, Politikers und Heerführers besteht in einer Verteidigungsschrift gegen judenfeindliche Behauptungen von Autoren in ägyptisch-hellenistischer Tradition, *Contra Apionem*, aus Schilderung des Aufstandes gegen Rom von 66–73 n. Chr. mit einer ausführlichen Vorgeschichte, *De bello Iudaico* (Bell), aus einer Autobiographie (*Vita*) und aus den zwanzig Büchern seiner *Antiquitates Iudaicae* (Ant) bzw. *Jüdischen Altertümer*. Das letztgenannte große Geschichtswerk enthält in den Büchern I–XI eine Darstellung der Geschichte von der Schöpfung bis zum Perserkönig Artaxerxes, unter dessen Regierung Josephus die Estergeschichte ansetzt.

In Ant I,13 hat Josephus die Gesamtzeit der in der Bibel beschriebenen Geschichte auf 5000 Jahre angesetzt, womit er den chronologischen Rahmen umreißen wollte, in dem er die jüdische Tradition einordnen wollte, um ihr hohes Alter und damit auch ihre Zuverlässigkeit zu untermauern.[1] In seiner apologetischen Schrift *Contra Apionem* hat er dies durch Vergleiche mit chronologischen Angaben aus den Überlieferungen anderer Völker breiter ausgeführt. Des öfteren suchte er auch Synchronismen aufzuzeigen, um die Zuverlässigkeit seiner Angaben zu belegen.

Die Gesamtgeschichte gliederte er in sechs bzw. sieben Teile: 1. Von der Schöpfung bis zur Flut; 2. Von der Flut bis zur Ankunft Abrahams in Kanaan; 3. Bis vor den Exodus; 4. Vom Exodus bis zum Tempelbau; 5. Zeit des

---

1   V. GILLET-DIDIER, Paradosis: Flavius Josèphe et la fabrique de la tradition, RÉJ 158, 1999, 7–50.

Ersten Tempels; 6. Zeit des Zweiten Tempels; 7. Folgezeit. Es handelt sich um die Variante eines Schemas, das die Geschichte in Siebenereinheiten (sieben Jahre, 49 Jahre, 490 Jahre) aufgliedert,[2] wie es im Jubiläenbuch,[3] in den Henochapokalypsen (Kap. 83–90 und 93) und in manchen Qumrantexten belegt ist.[4] Diese chronographische Konstruktion entstand innerhalb priesterlicher Tradition. Nicht zufällig, sondern in Fortführung älterer Entwürfe, mit denen man schon früh eine universale Chronologie von der Schöpfung an ausgearbeitet hat, wie es im Pentateuch die sogenannte ‚Priesterschrift' illustriert. In spätpersisch-frühhellenistischer Zeit hat man im Anschluß an die Organisation des Kultdienstes bzw. der Priesterdienstabteilungen das oben erwähnte System der Siebenereinheiten entwickelt und auf der Basis des festen, sonnenlauf-orientierten 364-Tage-Kalenders systematisch ausgestaltet und dabei mit den sabbatgebundenen Priesterdienstzyklen auch den luni-solaren Kalender harmonisierend eingebaut. Dieses System blieb aber als Ganzes offensichtlich Bildungsgut elitärer priesterlich-levitischer Kreise, und nur einzelne Elemente, vor allem das Rechnen mit Sabbatjahren, Jubiläen und 490-Jahr-Perioden, wurde auch darüber hinaus geläufig.

Gemeinsam hat Josephus mit dem alten priesterlichen Geschichtsbild die Periodengrenze bei der Ankunft Abrahams (mit Kultgründung) in Kanaan und die Periodeneinteilung nach der Zeit des Ersten und Zweiten Tempels. Josephus rechnete aber mit sieben unterschiedlich langen Perioden, während im anderen Schema für dieselbe ‚Weltzeit' zehn Perioden zu 490 Jahren vorgesehen sind. Nach diesem Schema, das die Jobelperioden mit 49 Jahren berechnet, kommt die Weltzeit mit 100 Jubiläen auf 4900 Jahre; auf 5000 käme man mit Jobelperioden zu 50 Jahren. Im Detail klaffen die beiden Chronologien aber weit auseinander. Josephus hat für seine tatsächliche Geschichtsschreibung aber diese Periodeneinteilung so gut wie nicht berücksichtigt. Die Ursache für mancherlei Unstimmigkeiten und Widersprüche liegt darin, daß Josephus mit seinen Quellen eben auch unterschiedliche chronographische Voraussetzungen mit eingebracht hat, ohne die Einzelangaben immer zu harmonisieren.[5] Gemessen an seiner historio-

---

2 K. KOCH, Sabbatstruktur der Geschichte. Die sogenannte Zehn-Wochen-Apokalypse (I Hen 93,1–10; 91,11–17) und das Ringen um die alttestamentlichen Chronologien im späten Israelitentum, ZAW 95, 1983, 403–430.

3 J. C. VANDERKAM, Studies in the Chronology of the Book of Jubilees, in: DERS. (ed.), From Revelation to Canon. Studies in the Hebrew Bible and Second Temple Literature, Leiden (JSJ.S 62) 2000, 522–554.

4 Siehe dazu J. MAIER, Die Texte vom Toten Meer. Band III: Einführung, Zeitrechnung, Register, München (UTB 1916) 1996, 104–143.

5 A. BOSSE, Die chronologischen Systeme im Alten Testament und bei Josephus, Berlin (MVAG 13) 1908; A. BARZANO, L'uso delle cronologie in Giuseppe Flavio e la storia ebraica universalizzata, RStB 9, 1997, 183–191.

graphischen Leistung ist seine mangelhafte chronographische Strukturierung der Geschichte zweifellos ein bemerkenswertes Manko. Allem Anschein nach war er sich aber trotz aller Versicherungen über die Zuverlässigkeit seiner Traditionen nicht sicher, wie die bunte Vielfalt der vorgegebenen Daten in ein plausibles System zu bringen wäre.

Chronologische Differenzen sind von sehr früh an zu beobachten,[6] und insbesondere in hellenistisch-römischer Zeit[7] wurde der Einteilung und Berechnung der Weltgeschichte in den einzelnen jüdischen Richtungen und Bildungstraditionen große Bedeutung beigemessen, und da man dabei von verschiedenen kalendarischen und chronographischen Voraussetzungen ausging, kam man auch zu entsprechend unterschiedlichen Ergebnissen. Zu den Differenzen innerhalb der hebräischen biblischen Überlieferung kommen noch zahlreiche weitere bei einem Vergleich mit den griechischen und samaritanischen Textformen.[8] Die Vielfalt des Befundes bezeugt eine Vielfalt der dahinter stehenden Interessen. Im Pentateuch haben bestimmte Angaben ganz besondere Aufmerksamkeit auf sich gezogen, insbesondere Daten zur Urgeschichte,[9] besonders zur Sintflutgeschichte,[10] oder zur Dauer

---

6   J. HUGHES, Secrets of the Times. Myth and History in Biblical Chronology, Sheffield (JSOT.S 86) 1990.

7   B. Z. WACHOLDER, Biblical Chronology in Hellenistic World Chronicles, in: DERS., Essays in Jewish Chronology, New York 1976, 106–136; L. TROIANI, Cronologie apologetiche presso gli storici ellenisti, RStB 9, 1997, 171–182.

8   G. BORGONOVO, Significato numerico delle cronologie bibliche e rilevanza delle varianti testuali (TM – LXX – SAM), RStB 1, 1997, 139–170.

9   F. BORK, Zur Chronologie der biblischen Urgeschichte, ZAW 47, 1929, 106–222.

10   J. MEYSING, La triple chronologie diluvienne en fonction du symbolisme cosmique de la bible, Strasbourg 1967; N. P. LEMCHE, The Chronology of the Story of the Flood, JSOT 18, 1980, 52–62; F. H. CRYER, The Interrelationships of Gen 5,32; 11,10–11 and the Chronology of the Flood (Gen 6–9), Bib. 66, 1985, 241–261; T. H. LIM, The Chronology of the Flood Story in a Qumran Text (4Q252), JJS 43, 1992, 288–298; U. GLESSMER, Antike und moderne Auslegungen des Sintflutberichtes Gen 6–8 und der Qumran-Pesher 4Q252, in: Theologische Fakultät Leipzig. Forschungsstelle Judentum. Mitteilungen und Beiträge 6, Leipzig 1993, 3–79; R. S. HENDEL, 4Q252 and the Flood Chronology of Genesis 7–8: A Text-critical Solution, DSD 2, 1995, 72–79; M. A. ZIPPOR, The Flood Chronology: Too many an accident, DSD 4, 1997, 207–210; G. S. OEGEMA, Tradition-Historical Studies on 4Q252, in: J. H. CHARLESWORTH – H. LICHTENBERGER – G. S. OEGEMA (eds.), Qumran – Messianism. Studies on the Messianic Expectations in the Dead Sea Scrolls, Tübingen 1998, 154–174; M. J. BERNSTEIN, Noah and the Flood at Qumran, in: D. W. PARRY – E. E. ULRICH (eds.), The Provo International Conference on the Dead Sea Scrolls. Technological Innovations, New Texts and Reformulated Issues, Leiden (StTDJ 30) 1999, 199–231; F. GARCÍA MARTÍNEZ – G. P. LUTTIKHUIZEN, Interpretation of the Flood, Leiden (Themes in Biblical Narrative 1) 1999; A. CAQUOT, Suppléments qoumrâniens à la Genèse, RHPhR 80, 2000, 339–358; L. H. FELDMAN,

des Aufenthalts in Ägypten,[11] von deren Länge weitere Berechnungen in hohem Maß abhängen. Die frühen jüdischen Historiker der hellenistischen Zeit haben auch nichtjüdische chronologische Systeme verwertet und mit den biblischen Angaben zu vereinbaren versucht, was nur unzureichend gelingen konnte. Josephus hat für seine Darstellung der biblischen Geschichte ebenfalls chronographische Einzelangaben aufgegriffen und griechische Quellen auch in umfangreicherem Maß verwertet.[12]

Die Bedeutung dieser antiken Bemühungen um eine Weltchronologie wird meist unterschätzt.[13] Sie hatten aber enorme Auswirkungen auf das Geschichtsverständnis, auf die Einschätzung der Gegenwart in Relation zur Endzeit der Geschichte und damit auch auf das politische Bewußtsein und Handeln. Josephus war sich der brisanten Bedeutung dieser Endzeitstimmung und gewisser Berechnungen sehr wohl bewußt und hat das nicht zuletzt bei seiner Wiedergabe des Daniel-Stoffes erkennen lassen.[14]

Die Stoffverteilung auf die einzelnen Bücher seiner *Antiquitates* sieht jedenfalls anders aus als im oben erwähnten Sieben-Epochen-Programm:

Buch I: Von der Schöpfung bis Abrahams Tod.

Buch II: Bis zum Exodus (Ex 15).

Buch III: Vom Exodus, zum Sinai und zur Kundschafterrückkehr Num 14.

Buch IV: Bis Moses Tod.

Buch V: Landnahme und Richterzeit bis zur Niederlage gegen die Philister (1Sam 4).

Buch VI: Von 1Sam 6 bis zum Tod König Sauls.

Buch VII: Davids Herrschaft.

Buch VIII: Salomos Herrschaft und Tempelbau; Zeit der geteilten Reiche bis zum Tod Ahabs.

Questions about the Great Flood, as Viewed by Philo, Pseudo-Philo, Josephus, and the Rabbis, ZAW 115, 2003, 401–422.

11   S. KREUZER, 430 Jahre, 400 Jahre oder 4 Generationen. Zu den Zeitangaben über den Ägyptenaufenthalt der „Israeliten", ZAW 98, 1986, 199–210; O. ANDREI, The 430 Years of Ex 12:40, from Demetrius to Julius Africanus. A Study in Jewish and Christian Chronography, Henoch 81, 1996, 9–67.

12   J. E. BOWLEY, Josephus' Use of Greek Sources for Biblical History, in: J. C. REEVES – J. KAMPEN (eds.), Pursuing the Text. Studies in Honor of Ben Zion Wacholder on the Occasion of his Seventieth Birthday, Sheffield (JSOT.S 184) 1994, 202–215.

13   Siehe dazu auch I. WILLI-PLEIN, Am Anfang einer Geschichte der Zeit, ThZ 53, 1997, 152–164.

14   F. SCHMIDT, Chronologie et périodisation chez Flavius Josèphe et dans l'apocalyptique juive, in: Atti del Congresso internazionale dell'AISG S. Miniato 1983, Roma 1987, 125–138.

Buch IX: Von den Reformen Josafats bis zum Ende des Nordreiches
            722 v. Chr.

Buch X: Von der Errettung Jerusalems unter Hiskia/Sanherib bis zur
            Begnadigung Jojakins im babylonischen Exil. Hier schloß
            Josephus den Stoff des Danielbuches an.

Buch XI: Vom Kyrosedikt bis Artaxerxes. Estergeschichte. Vom
            Brudermord im Tempel zu Alexander dem Großen und zum
            samaritanischen Schisma.

2. Wertung und Verwertung der Quellen

Bis Artaxerxes reichte nach *Contra Apionem* I,37–43 jene Zeitspanne, für die
es in Israel eine kontinuierliche, göttlich inspirierte prophetische Geschichtsschreibung gegeben hat,[15] dank welcher die Ereignisse selbst fernster Zeiten
so dargestellt werden konnten, wie sie sich zugetragen haben. Man kann nicht
umhin, dabei an 2Chr 12,15 und 13,22 zu denken, wonach Chroniken der
Könige Judas von Propheten niedergeschrieben wurden. Propheten haben
bei Josephus ohnedies eine Funktion bei der Markierung von Geschichts-
epochen, sie treten nämlich auch dazu auf, um Aufstieg und Fall einer
Weltmacht anzukündigen.[16] Wahrscheinlich gab es einmal tatsächlich eine
institutionalisierte Geschichtsschreibung mit prophetischem Anspruch.[17]
Jedenfalls behauptete Josephus, daß es dank einer solchen Institution und
auf Grund sorgfältiger Überlieferung im Judentum zwar nur 22 maßgebliche Schriften gibt, diese aber ohne Widersprüche und absolut zuverlässig
seien. Ab Artaxerxes habe es diese kontinuierliche Prophetenfolge nicht
mehr gegeben, daher kommt den späteren Geschichtsdarstellungen nicht
dieselbe Wertschätzung zu wie den 22 prophetisch inspirierten, die Josephus in die fünf Bücher des Mose, in 13 historisch-prophetische Bücher und

---

15   J.-C. INGELAERE, L'inspiration prophétique dans le judaïsme. Le témoignage de
     Flavius Josèphe, ETR 62, 1987, 237–245.
16   P. HÖFFKEN, Weltreiche und Prophetie Israels bei Flavius Josephus, ThZ 55, 1999,
     47–56.
17   G. DELLING, Die biblische Prophetie bei Josephus, in: O. BETZ etc. (Hg.), Josephus-
     Studien. Untersuchungen zu Josephus, dem antiken Judentum und dem Neuen
     Testament. Otto Michel zum 70. Geburtstag gewidmet, Göttingen 1974, 109–121;
     D. E. AUNE, The Use of προφήτης in Josephus, JBL 101, 1982, 419–421; CHR. T. BEGG,
     The "Classical Prophets" in Josephus' "Antiquities", LouvSt 13,4, 1988, 341–357;
     P. HÖFFKEN, Zum Kanonbewusstsein des Josephus Flavius in *Contra Apionem* und
     in den *Antiquitates*, JSJ 32, 2001, 159–177.

in vier Bücher mit Gotteslob und mit Belehrungen einteilt.[18] Diese qualitativ höhere Einschätzung entspricht funktional der verbreiteten Behauptung vom Aufhören der Prophetie als Zeitgrenze für die ‚Kanonisierung' biblischer Bücher, was übrigens keineswegs bedeutet, daß danach keine Propheten mehr auftreten können.[19]

Im Kontext von *Contra Apionem* geht es um die Verteidigung des Judentums und um Richtigstellungen bezüglich der Geschichte und Religion Israels, daher standen für Josephus hier wie in den *Antiquitates* geschichtliche Gesichtspunkte im Vordergrund. Die eigentlichen Prophetenbücher kommen da kaum zur Geltung.[20] Selbst die für ihn selbstverständliche, besondere Qualität der Prophetie des Mose hob er nur in Maßen hervor,[21] und dasselbe gilt für die inspirierte Qualität der liturgischen Dichtungen Davids.[22] Letztere hat er Ant VII,305–306 im Zusammenhang mit der levitischen Tempelmusik (vgl. 1Chr 16,7; 25,1) erwähnt, aber ohne Hinweis auf Inspiration. Doch zeigt 11Q5 XXVII,2–11, daß es bezüglich der Inspiration des Dichterkönigs eine massive Tradition gab, die weit mehr als den biblischen Psalmenbestand betraf. Die Inspiration Davids als eines prophetischen Dichters entsprach alter Überlieferung (2Sam 23,1–7 und vgl. die Diktion in Num 24,15), und eine ähnliche Auffassung gab es von der Weisheit Salomos (Ant VIII,42–44). Damit konnte Josephus der hellenistischen Poesie und Wissenschaft die Kultdichtungen Davids und die Lebensweisheit und Naturkenntnis Salomos vor- und damit auch überordnen. Diese beliebte Methode des Altersbeweises[23] steht letztlich auch hinter der Beschreibung der 22 Bücher in *Contra Apionem* I.

---

18   Näheres dazu in diesem Band im Beitrag „Zur Frage des biblischen Kanons im Frühjudentum im Licht der Qumranfunde" (siehe oben S. 33–77). St. MASON, Josephus on Canon and Scriptures, in: M. SÆBØ (ed.), Hebrew Bible/Old Testament. The History of Its Interpretation, Vol. I. From the Beginnings to the Middle Ages, Part 1: Antiquity, Göttingen 1996, 217–235.

19   R. GRAY, Prophetic Figures in Late Second Temple Jewish Palestine. The Evidence from Josephus, Oxford/New York 1993; G. STEMBERGER, Propheten und Prophetie in der Tradition des nachbiblischen Judentums, JBTh 14, 1999, 145–174.

20   Jesaja: Ant X,35; XI,5; Jeremia: Ant X,79; Ezechiel: Ant X,79; Daniel: Ant X,219. 267; XI,337.

21   Stärker werden Moses Funktionen als Gesetzgeber, Staatsmann und Heerführer herausgestrichen. L. H. FELDMAN, Josephus' Portrait of Moses, JQR 82, 1991/92, 285–328; 83, 1992/93, 7–50. 301–330.

22   Im übrigen siehe L. H. FELDMAN, Josephus' Portrait of David, HUCA 40, 1989, 129–174.

23   P. PILHOFER, Presbyteron Kreitton. Der Altersbeweis der jüdischen und christlichen Apologeten und seine Vorgeschichte, Tübingen (WUNT II.39) 1990.

3. Nichts hinzugefügt und nichts weggelassen?

Zur apologetischen Taktik gehört auch die Behauptung in *Contra Apionem* I,42, niemand habe es gewagt, diesen Schriften auch nur eine Silbe hinzuzufügen. Auf Grund eines textbezogenen Schriftbegriffs wäre diese Behauptung schlicht unglaubwürdig, weil Josephus auf Schritt und Tritt auf divergierende textliche Überlieferungen stoßen mußte und selber in seinem Werk alles andere als eine einheitliche Wiedergabe biblischer Texte aufzuweisen hat.

Ein ähnliches Problem stellt sich angesichts seiner Angabe in Ant I,17, er wolle in seiner Darstellung der Geschichte nichts hinzufügen oder weglassen. Im Blick auf die Geschichtsschreibung mag dies einer geläufigen Floskel hellenistischer Geschichtsschreibung entsprechen und braucht darum nicht so genau genommen zu werden, zumal Josephus sehr wohl gewisse biblische Passagen wegließ und zahlreiche Passagen hinzufügte.[24] In Ant X,218 kommt er noch einmal darauf zurück und fügt eine wichtige Erklärung bei: Es geht nicht um eine bloß wortgetreue Übersetzung oder textliche Wiedergabe, sondern um eine verdeutlichende inhaltliche Wiedergabe und Darstellung, wobei Hinzufügungen – etwa aus der griechischen Literatur – sicher nicht in den Rang der zugrunde liegenden autoritativen Schrift erhoben werden sollen, sondern nur deren besserem Verständnis dienen sollten. Ernsthafter ist diese Formel zu nehmen, wenn sie rechtliche Texte betrifft, und zwar im Sinne von Dt 4,2; 13,1.[25] Aber selbst bei der Wiedergabe der Pentateuchgesetze verfuhr Josephus frei: Er faßte einen Teil der Vorschriften überblicksmäßig systematisierend zusammen (*Contra Apionem* II,190–219; Ant XVI,42ff.) und ließ dabei die kultisch-rituellen Gesetze weitgehend fort. Josephus schrieb nicht nur kanongeschichtlich betrachtet an einer für die Geschichte des jüdischen Rechts entscheidenden Periodengrenze. Er kannte natürlich das Gewicht all dessen, was im Rahmen der jüdischen Privilegien und ähnlich auch in der Tradition der Pharisäer unter der vagen, aber eindrucksvollen Formulierung ‚Sitten und

---

24 Dazu siehe H. W. BASSER, Josephus as Exegete, JAOS 107, 1987, 21–30; L. H. FELDMAN, Use, Authority and Exegesis of Mikra in the Writings of Josephus, in: M. J. MULDER (ed.), Mikra, Assen (CRI) 1988, 455–518 (466–470); DERS., Studies in Josephus' Rewritten Bible, Leiden (JSJ.S 58) 1998, 539–570; G. VELTRI, Tradent und Traditum im antiken Judentum. Zur „Kanonformel" *l' twsjpw wl' tgr'w*, Hallesche Beiträge zur Orientwissenschaft 25, 1998, 186–221 = in: DERS., Gegenwart der Tradition. Studien zur jüdischen Literatur und Kulturgeschichte, Leiden (JSJ.S 69) 2002, 3–22; S. CASTELLI, Giuseppe Flavio interprete della Bibbia. Tendenze esegetiche nel terzo libro delle *Antichità giudaiche*, Materia giudaica VII/2, 2002, 299–312.

25 M. ELON, Ha-mišpaṭ ha-ʿibri, II, Jerusalem 1973, 406ff.

Bräuche der Väter' zusammengefaßt werden konnte und dann weithin in das rabbinische Recht der ‚Mündlichen Torah' eingebaut worden ist.[26]

4. Die besondere Autorität der Torah und die prophetische Geschichtsschreibung

Der Begriff der Torah, griechisch mit *nómos* wiedergegeben, gehört bei Josephus nicht nur zu den zentralen religiösen Vorstellungen,[27] er ist eng mit seiner Auffassung von der politisch-gesellschaftlichen Ordnung[28] und mit der Konzeption der jüdischen Autonomie unter römischer Herrschaft verbunden.

Im Zusammenhang mit Torahgesetzen wird, wie oben erwähnt, in Dt 4,2 und Dt 13,1 verboten, der geoffenbarten Torah etwas hinzuzufügen und etwas von ihr wegzunehmen (vgl. Philo, *De specialibus legibus* IV,143–148). Daher verwundert es, wenn Josephus bei der Wiedergabe der Pentateuchgesetze dieses Verbot zu übertreten scheint,[29] auf das er Ant IV,196–197 mit Blick auf jüdische Leser selber Bezug nimmt. Zwar können Auslassungen damit erklärt werden, daß er laut Ant I,25; IV,198 und XX,268 im Sinne hatte, über die Gesetze und Bräuche ein eigenes Buch zu schreiben. Und sofern er eine nichtjüdische Leserschaft im Sinn hatte, war eine Zurückhaltung bei der Darlegung gesetzlicher Traditionen von vornherein selbstverständlich, ganz besonders bei kultisch-rituellen Vorschriften. Aber gesetzliche Zusätze zum biblischen Gesetzesbestand sind damit nicht zu begründen. Dasselbe Phänomen ist schon bei Philo Alexandrinus in dessen systematisierender Wiedergabe der Pentateuchgesetze in *De specialibus legibus* zu beobachten: Dann und wann erscheinen Regelungen, die im überlieferten Pentateuch entweder gar nicht oder in einer anderen Weise bezeugt sind. In solchen Fällen von ‚mündlicher Tradition' zu sprechen, wie es pharisäisch-rabbinischer Auffassung entspricht, dürfte rechtsgeschicht-

---

26 B. SCHRÖDER, Die „väterlichen" Gesetze. Flavius Josephus als Vermittler von Halacha an die Griechen und Römer, Tübingen (TSAJ 53) 1996.

27 R. WEBER, Das „Gesetz" bei Philon von Alexandrien und Flavius Josephus. Studien zum Verständnis und zur Funktion der Thora bei den beiden Hauptzeugen des hellenistischen Judentums, Frankfurt/M. (ARGU 11) 2001.

28 G. WEILER, Jewish Theocracy, Leiden 1988, 3ff.; L. TROIANI, The *POLITEIA* of Israel in the Graeco-Roman Period, in: F. PARENTE – J. SIEVERS (eds.), Josephus and the History of the Greco-Roman Period. Essays in Memory of Morton Smith, Leiden (StPB 41) 1994, 11–23.

29 Übersichtliche Auflistungen von Divergenzen bzw. Übereinstimmungen im Verhältnis zu Pentateuchgesetzen und rabbinischen Gesetzen bietet FELDMAN, Use (Anm. 24), 508–510.

lich gesehen anachronistisch sein, denn offenbar hat es noch zur Zeit des Philo und Josephus keine absolut strenge Abgrenzung zwischen Pentateuchgesetzen und außerpentateuchischen Torah-Traditionen gegeben. Doch da man noch nicht wie später Rabbinen und Christen eine so textbezogene Schriftauffassung hatte, sondern sich noch mehr an Inhalten und Sachverhalten orientierte, stellte sich das uns so dringlich erscheinende Problem gar nicht:[30] Auch was nicht im Pentateuch steht, konnte unter Umständen als Torah gelten, und was im Pentateuch steht, mußte nicht in jedem Fall und in jeder Hinsicht wörtlich als aktuell geltendes Recht praktiziert werden. Für die Rechtspraxis dürfte es ohnedies eigene Gesetzessammlungen gegeben haben, die dann adaptiert zum Teil auch noch in die rabbinische Tradition aufgenommen worden sind.

Dieser textgeschichtlich allein nicht begreiflich zu machende Sachverhalt ist durch die verschiedenen Fassungen von Pentateuchtexten und Pentateuchstoffen aus Qumran verständlicher geworden, obwohl die Forschung erst langsam von einer bloß textgeschichtlichen Betrachtung loskommt. Was im Zusammenhang mit Josephus bereits gelegentlich vermutet wurde, nämlich die Benutzung von mehr als den uns bekannten Textvorlagen, wird angesichts des Qumranmaterials noch plausibler. Nur darf man bei der Annahme aramäischsprachiger Unterlagen (vgl. 1QGenAp/1Q20) diese nicht vorschnell mit den uns bekannten Targumtraditionen gleichsetzen. Manche Zufügungen, die am biblischen Text gemessen feststellbar sind, waren also für den Autor vielleicht gar keine, weil er sie in vorhandenen Unterlagen finden konnte und daher als Teil der verbindlichen Überlieferung oder als Mittel zu deren besserem Verständnis betrachtete. Die Auslassungen sagen in der Regel mehr aus, sind aber bisher noch nicht ausreichend untersucht worden.[31] Überhaupt sind einschlägige wissenschaftliche Untersuchungen größeren Umfangs erstaunlich selten, wenn man von ein paar Publikationen allgemeinerer Art[32] und von Untersuchungen zu gewissen Unterschieden zwischen den Büchern I–V und den folgenden absieht.[33]

---

30 Siehe zur Thematik vor allem L. TROIANI, La riscrittura storiografica della Legge in Flavio Giuseppe e l'impero Romano, RStB 15, 2003, 163–170.

31 A. BRISSET, Les suppressions dans les "Antiquités judaïques" de Flavius Josèphe, CCER 137, 1984, 215–218.

32 Ergiebig sind die Sammelbände: L. H. FELDMAN – G. HATA (eds.), Josephus, Judaism, and Christianity, Leiden 1987; DIES. (eds.), Josephus, the Bible and History, Leiden 1989.

33 A. MEZ, Die Bibel des Josephus, untersucht für Buch IV–VII der Archäologie, Basel 1895; N. G. COHEN, Josephus and Scripture. Is Josephus' Treatment of the Scriptural Narrative Similar throughout the Antiquities I–XI?, JQR 54, 1963/64, 311–332; H. W. ATTRIDGE, The Interpretation of Biblical History in the Antiquitates Judaicae

Nur zur Genesis[34] und zu den Quellen für die frühe Zeit der geteilten Reiche Juda und Israel[35] liegen eingehendere Abhandlungen vor, kleinere Beiträge auch zu Einzelpassagen. Den besten Überblick bietet dafür ein Aufsatz von L. H. Feldman.[36] Außerdem haben L. H. Feldman und Chr. Begg für fast jede wichtigere biblische Gestalt das von Josephus literarisch gezeichnete ‚Porträt' beschrieben,[37] und wer diese Beiträge gelesen hat, verfügt auch über eine recht solide Kenntnis der Anliegen und Verfahrensweisen des Historikers Josephus. Neben seiner griechisch-jüdischen Leserschaft hatte er ein nichtjüdisches Publikum im Blick, und daher dominieren entsprechende apologetische Akzentsetzungen. Die Hebräer erscheinen als tapfere Krieger, und ihre Repräsentanten werden als heroenhafte Figuren und als Verkörperungen der bekannten hellenisch-römischen Tugenden gezeichnet.

Josephus hat eingeräumt, daß seine Geschichtsdarstellung nicht die erste war, und sie ist auch nicht die letzte geblieben. Doch ergibt sich der Eindruck, als habe er sich für einen der seit Artaxerxes seltener gewordenen prophetisch begabten Geschichtsschreiber gehalten.[38] Zugleich war er aber ein Vertreter der hellenistischen Geschichtsschreibung, die darauf achtete, Quellen nicht so wiederzugeben, daß der Eindruck eines Plagiats entstehen konnte. Josephus war daher durchwegs darauf bedacht, eine eigene Diktion zu wahren, und so folgte er auch im griechischen Wortschatz nicht einfach seinen griechischen Vorlagen. Auch dieser Gesichtspunkt begründet einen Vorrang der Inhalte vor dem Wortlaut der Quellen.

Entscheidend war also der Stoff, und Umfang und Gestalt des Stoffes kamen so weit zur Geltung, als es der Geschichtsschreiber für angemessen hielt. Erst im rabbinischen Judentum, mit der Durchsetzung eines Standardtextes, der zum Masoretischen Text hinführt, und im Christentum, wo der

of Flavius Josephus, Missoula 1976; H. K. Bond, New Currents in Josephus Research, Currents in Research. Biblical Studies 8, 2000, 162–190.

34 T. W. Franxman, Genesis and the "Jewish Antiquities" of Flavius Josephus, Rom 1979. Die Arbeit geht allerdings einseitig vom Verhältnis zum Bibeltext aus, so daß maßgebliche Anliegen des Josephus nicht ins Blickfeld kommen.

35 Chr. T. Begg, Josephus' Account of the Early Divided Monarchy (AJ 8,212–420), Leuven 1993.

36 Feldman, Use (Anm. 24). Für Weiteres siehe die Bibliographien: H. Schreckenberg, Bibliographie zu Flavius Josephus, Leiden 1968; Supplementband mit Gesamtregister, Leiden 1979; L. H. Feldman, Josephus. A supplementary bibliography, New York 1985; ders., Josephus and Modern Scholarship (1937–1980), Berlin/New York 1984.

37 Sie können hier aus Platzgründen nicht aufgeführt werden.

38 G. L. Johnson, Josephus. Heir Apparent to the Prophetic Tradition?, SBL.SP 22, 1983, 337–347.

Schriftbeweis eine so große Bedeutung hatte, gewann der Text der Heiligen Schriften einen höheren Stellenwert, und die Interpretation des Textes wurde zum selbstverständlichen und unerläßlichen Mittel der Adaptierung und Aktualisierung der nunmehr auch buchstäblich Schrift gewordenen Offenbarung.

Kein Wunder, daß alle Versuche fehlgeschlagen sind, für die *Antiquitates Iudaicae* durchgängig die biblischen (hebräischen und/oder griechischen und teilweise auch aramäischen) Textvorlagen nachzuweisen. Der Befund ist auf lehrreiche Weise diffus und uneinheitlich.[39] Sofern Josephus Bibelhandschriften benutzte, entsprachen sie weder einfach der masoretischen hebräischen Texttradition noch der griechischen der Septuaginta, und sofern das Verhältnis überhaupt bestimmt werden kann, ist es von Fall zu Fall und Buch zu Buch verschieden. Wo ihm in den Königsbüchern und in den Chronikbüchern Paralleltexte vorlagen, verwendete er diese auf recht wechselhafte und souveräne Weise zur Darstellung dessen, was er für Geschichte hielt. Er war also kein bloßer Nacherzähler und auch kein Ausleger der Schrift im üblichen Sinn, und was er bot, ist auch nicht einfach ‚rewritten Bible'. Die kreative Freiheit, die dieser Autor in Anspruch genommen hat, entspricht seiner eindrucksvoll geschlossenen Geschichtsschau, die er auf der Basis der priesterlichen und hasmonäischen Tradition in Stil und Sprache seiner Zeit den Lesern nahebringen wollte. Und sie entspricht des näheren auch einer Gesetzesauffassung, die zwar weitgehend festgeschrieben war, aber dann und wann auch das dem Autor bekannte lebendige Recht – als Torah! – widerspiegelt. Wer also die Schriften des Josephus liest, in denen er biblische Themen behandelt hat, lernt mehr kennen als nur ein bestimmtes Bibelverständnis.

Anhang

Contra Apionem I,37–43: „Da es sich bei uns so verhält, daß nicht allen die Vollmacht zusteht zu schreiben, ist es, auch damit keine Widersprüche im Geschriebenen entstehen, geziemend oder besser noch notwendig, daß sie den Propheten allein zustand, wobei sie ihr Wissen über die fernste und älteste Geschichte durch die Inspiration erlangten, die ihnen von Gott her zukam, und sie sich der Niederschrift einer klaren Darlegung der Ereignisse ihrer Zeit widmeten, so wie sie sich ereignet haben. So haben wir keine Myriaden von Büchern, die nicht übereinstimmen und einander wider-

---

39 Für den Pentateuch vgl. E. NODET, La Bible de Josèphe. I. Le Pentateuque, Paris 1996; DERS., Josephus and the Pentateuch, JSJ 28, 1997, 154–194.

sprechen, unsere Bücher sind (an Zahl) bloß zweiundzwanzig, welche, rechtschaffen beglaubigt, die Darlegung der gesamten Zeit enthalten.

Davon sind fünf die Bücher des Mose, welche die Gesetze und die Überlieferung von der Menschenentstehung an bis zu dessen Tod enthalten. Diese Periode macht nicht viel weniger als dreitausend Jahre aus. Vom Tod des Mose bis Artaxerxes, der dem Xerxes als König von Persien nachfolgte, haben nach Mose Propheten die Geschichte der Ereignisse ihrer eigenen Zeit in dreizehn Büchern niedergeschrieben. Die restlichen vier Bücher enthalten Hymnen an Gott und Vorschriften für die menschliche Lebensführung. Von Artaxerxes an bis in unsere Zeit wurde die ganze Geschichte zwar zuverlässig niedergeschrieben, aber wegen der fehlenden exakten Aufeinanderfolge der Propheten nicht für würdig geachtet, mit den früheren Niederschriften gleich gewertet zu werden.

Wir haben praktische Beweise für unsere Hochschätzung unserer eigenen Schriften geboten. Denn obwohl nun schon lange Zeiten vergangen sind, hat es keiner gewagt, etwas hinzuzufügen oder etwas wegzunehmen oder auch nur eine Silbe zu ändern. Und es liegt von seiner Geburt an in jedes Juden Sinn, sie als Anordnungen Gottes zu betrachten und in ihnen zu verharren und, falls nötig, freudig dafür zu sterben. Immer wieder wurde bis heute das Schauspiel von Gefangenen bezeugt, die in den Theatern lieber Torturen und Tod in jeglicher Form erduldeten, als auch nur ein einziges Wort gegen die Gesetze und die verwandten Dokumente zu äußern."

B. Zu Pentateuchtexten

§ 6

Zur ethnographisch-geographischen Überlieferung über Jafetiten (Gen 10,2–4) im frühen Judentum

1. Vorbemerkung

Die ethnographischen Verhältnisse im Vorderen Orient und in der Antike überhaupt haben sich in früher Zeit begreiflicherweise nur teilweise in literarischen Zeugnissen niedergeschlagen.[1] Ihre Kenntnis war eng mit dem jeweiligen geographischen Horizont verbunden,[2] der in früher Zeit auch im Vergleich mit ägyptischen[3] und mesopotamischen Traditionen[4] wohl bei den Phönikern am weitesten war,[5] zumal sie bekanntermaßen im Handel der Alten Welt eine hervorragende Rolle gespielt haben[6] und mit ihrer Koloni-

---

1   Maßgeblich sind – soweit erschienen und in Zukunft – die Publikationen im Rahmen des „Tübinger Atlas des Vorderen Orients". Außerdem siehe die einschlägigen Bände im „Handbuch der Orientalistik", hg. von B. SPULER, Abt. 1: Der nahe und der mittlere Osten, Leiden, vor allem Bd. 2, Abschnitt 3–4.

2   R. HENNIG, Terrae incognitae, I–II, Leiden 1944/1950²; J. SCHMITHÜSEN, Geschichte der geographischen Wissenschaft von den ersten Anfängen bis zum Ende des 18. Jahrhunderts, Mannheim 1970; E. H. BUNBURY, A History of Ancient Geography among the Greeks and Romans, I–II, New York 1959².

3   B. U. SCHIPPER, Israel und Ägypten in der Königszeit. Die kulturellen Kontakte von Salomo bis zum Fall Jerusalems, Freiburg/Schweiz – Göttingen (OBO 170) 2000.

4   W. HOROWITZ, The Babylonian Map of the World, Iraq 50, 1988, 147–163; A. TANGBERG, Der geographische Horizont der Texte aus Ebla, St. Ottilien 1994; M. LIVERANI (ed.), Neo-Assyrian Geography. International conference Roma 1993, Rom 1995; W. HOROWITZ, Mesopotamian Cosmic Geography, Winona Lake 1996; A. LEMAIRE (ed.), Les routes du Proche-Orient. Des séjours d'Abraham aux caravanes de l'encens, Paris 2000.

5   S. MOSCATI, Die Phöniker, Zürich 1966; G. HERM, Die Phönizier. Das Purpurreich der Antike, Düsseldorf 1975; G. GARBINI, I Fenici, Napoli 1980; G. E. MARKOE, Die Phönizier, Darmstadt 2003.

6   W. A. WARD (ed.), The Role of the Phoenicians in the Interaction of Mediterranean Civilization, Beirut 1968; P. D. CURTIN, Cross-cultural Trade in World History, Cambridge 1984; J. D. HAWKINS (ed.), Trade in the Ancient Near East, London 1977; W. CULICIAN, The First Merchant Ventures. The Ancient Levant in History and Commerce, London 1966; L. CASSON, Ancient Trade and Society, Detroit 1984.

sierung im Westen auch schon früh über Regionen Bescheid wußten, die anderen noch lange unbekannt blieben. Nachrichten darüber kamen bereits in der Königszeit infolge der engen Beziehungen nach Israel und Judah.[7] Die Gründung Karthagos und die Erschließung des westlichen Mittelmeerraumes für Handel und Kolonisation[8] und die Erkundung von Gebieten jenseits der Meerenge von Gibraltar[9] waren Leistungen, die für europäisches Bewußtsein freilich noch immer zu sehr im Schatten der biblischen, griechischen und römischen Geschichte stehen.[10] Im übrigen spielt in der Darstellung des Alten Orients und der Antike überhaupt die Berücksichtigung der historischen Geographie, also die Einbeziehung der damaligen Vorstellungen von der Erde, eine verblüffend geringe Rolle.[11]

Entscheidende Voraussetzungen für geographische Aussagen waren die jeweiligen Vorstellungen von der Beschaffenheit der Welt bzw. Erde überhaupt,[12] wobei gerade in bezug auf die Verteilung zwischen Festland und Wasser sowie in bezug auf den Verlauf der Küsten[13] und Ländergrenzen noch weit ins Mittelalter und in die Neuzeit hinein meist nur vage und recht variable Vorstellungen vorhanden waren.[14] Zwischen den modernen Kenntnissen der geographischen Gegebenheiten und den alten Vorstellungen besteht daher eine enorme Kluft allein in Hinblick auf das Gesamtbild der

---

7   F. BRIQUEL-CHATONNET, Les relations entre les cités de la côte phénicienne et les royaumes d'Israël et Juda, Louvain (Studia Phoenicia 12) 1992.

8   H. G. NIEMEYER, Das frühe Karthago und die phönikische Expansion im Mittelmeerraum, Göttingen 1989 (Vortrag); P. A. BARCELO, Karthago und die iberische Halbinsel vor den Barkiden. Studien zur karthagischen Präsenz im westlichen Mittelmeerraum von der Gründung von Ebusus (VII. Jh. v. Chr.) bis zum Übergang Hamilkars nach Hispanien (237 v. Chr.), Bonn 1988; M. E. AUBET, The Phoenicians and the West: Politics, colonies and trade, Cambridge 1996².

9   J. LELEWEL, Die Entdeckungen der Carthager und Griechen auf dem atlantischen Ocean, Berlin 1831 (Nachdruck Amsterdam 1964 = Osnabrück 1985).

10   W. HUSS, Geschichte der Karthager, München 1985; E. LIPIŃSKI, Dictionnaire de la civilisation phénicienne et punique, Brepols 1992; V. KRINGS (ed.), La civilisation phénicienne et punique, Leiden 1994.

11   I. CORNELIUS, How Maps "Lie" – Some Remarks on the Ideology of Ancient Near Eastern and "Scriptural" Maps, JNWSL 24, 1998, 217–230.

12   C. BLACKER – M. LOEWE (eds.), Ancient Cosmologies, London 1975 (= Weltformeln der Frühzeit, Düsseldorf 1977). O. KEEL, Die Welt der altorientalischen Bildsymbolik und das Alte Testament, Zürich/Einsiedeln – Neukirchen 1972, 13ff.

13   R. GÜNGERICH, Die Küstenbeschreibung in der griechischen Literatur, Münster (Orbis antiquus 4) 1975²; A. F. RAINEY, Herodotus' Description of the East Mediterranean Coast, BASOR 321, 2001, 57–63.

14   Für die jüdische Überlieferung vgl. dazu S. GANDZ, The Distribution of Land and Sea on the Earth's Surface according to Hebrew Sources, PAAJR 22, 1953, 23–53.

bekannten und bewohnten Welt, in das man die jeweils bekannten (und sagenhaften) Völker und geographischen Daten einordnete.[15]

Seit Beginn der hellenistischen Periode waren die Juden Palästina/Syriens, später auch Ägyptens und nicht zuletzt der anwachsenden westlichen Diaspora in zunehmendem Maß mit einzelnen Nachrichten und konkreten Kenntnissen konfrontiert, die einen bis dahin völlig fernen geographischen Bereich und deren Bewohner betrafen, nämlich Europa im weiteren Sinn.[16] Natürlich ging dies schrittweise vor sich, zunächst erfuhr man nur etwas über die näheren Gebiete, die sich mit der hellenistischen Kultur- und Machtsphäre im kleinasiatisch-ägäischen Raum deckten,[17] dazu kamen die Nachrichten über das aufstrebende römische Reich, und mit der Ausweitung der Herrschaft Roms kamen auch die neueren, extremen Provinzen im nördlichen Westen dem Vorderen Orient zumindest vage zur Kenntnis.[18]

Eine ethnische oder geographische Zuordnung begegnet in diesen Kontexten selten, dergleichen erfolgte vorwiegend in Ausdeutungen der Genealogien von Gen 10. Die in der Antike immer geläufigere Gegenüberstellung von ‚Europa' und ‚Asia' im Sinne von Erdteilen entspricht dabei nur teilweise den vorherrschenden Einschätzungen im alten Judentum, weil Kleinasien recht unterschiedlich in Anspruch genommen werden konnte. In

---

15 Zur Orientierung: Großer historischer Schulatlas, München, 1. Teil: Vorgeschichte und Altertum, 1972[5]; 2. Teil: Mittelalter, 1970. Dazu: Erläuterungen, Erster Teil: Vorgeschichte und Altertum, 1976[4]; Zweiter Teil: Mittelalter, 1983. Näheres bei: M. GRANT – A. BANKS, Ancient History Atlas 1700 BC to 565 AD, London 1976[2]; M. CARY, The Geographical Background of Greek and Roman History, Oxford 1949; M. SORDI, Geografia e storiografia nel mondo classico, Milano 1988; W. WOLSKA-CONUS, Geographie, in: RAC 10, 1978, 155–222; O. THOMSON, History of Ancient Geography, Cambridge 1949; O. A. W. DILKE, Greek and Roman Maps, London 1985. Immer noch nützlich: H. BERGER, Geschichte der wissenschaftlichen Erdkunde der Griechen, Berlin 1967[2] (Nachdruck der Auflage Leipzig 1903); J. B. HARLEY – D. WOODWARD (eds.), The History of Cartography V/1: Cartography; in Prehistoric, Ancient, and Medieval Europe and the Mediterranean, Chicago 1987; C. NICOLET, L'inventaire du monde: Géographie et politique aux origines de l'Empire romain, Paris 1988; K. G. SALLMANN, Die Geographie des älteren Plinius in ihrem Verhältnis zu Varro, Berlin 1971; H. SOLIN – O. SALOMIES, Repertorium nominum gentilium et cognominum Latinorum, Hildesheim 1988.

16 O. BUCCI – C. DRAGÀN, Antichi popoli europei. Atti del corso di storia europea Roma 1990, Rom 1993; zu den einschlägigen Kenntnissen in der Umwelt vgl. vor allem Plinius der Ältere, Naturkunde, Bd. 3–4; G. WINKLER – R. KÖNIG, Geographie Europas, Darmstadt 2002[2].

17 P. HERZ – J. KOBES (Hg.), Ethnische und religiöse Minderheiten in Kleinasien. Von der hellenistischen Antike bis ins byzantinische Mittelalter, Wiesbaden 1997.

18 H. AMENT etc., Frühe Völker Europas. Thraker – Illyrer – Kelten – Germanen – Etrusker – Italiker – Griechen, Darmstadt 2003.

alter Zeit verbanden auch griechisch schreibende Autoren wie Hekataios mit ,Europa' sowieso vor allem das Gebiet des Nordens,[19] im Osten bis gegen das Kaspische Meer hin reichend. Für Eratosthenes bildete bereits der Dnjepr die Ostgrenze, geläufiger war jedoch der Tanais (Don) als traditioneller Grenzfluß, wobei die Vorstellung von seinem Lauf allerdings bis zum Alexanderzug erheblich vom tatsächlichen Lauf des Don abwich.

2. Geographisch-ethnographische Aussagen außerhalb des biblischen Völkertafel-Schemas

2.1 Zur Interessenlage

Biblische Texte liefern für eine Untersuchung solcher Phänomene natürlich nur die Ausgangsbasis,[20] wirkungsgeschichtlich maßgeblich war ihre jeweilige Interpretation und ergänzende Ausdeutung. Dies gilt – abgesehen von den einschlägigen Genealogien im Buch Genesis – in dem hier behandelten Rahmen besonders für gewisse Prophetentexte, nämlich in Jeremia Kap. 25, Ezechiel Kap. 27, Kap. 30 und Kap. 38 sowie in Jesaja Kap. 66. An erster Stelle ist dafür die Wiedergabe der hebräischen Namen in den griechischen (und für später auch in den aramäischen) Bibelübersetzungen zu beachten, wobei allerdings die handschriftliche Überlieferung gerade für die Wiedergaben im Griechischen eine bunte Variantenvielfalt ausweist.

Teilweise werden biblische Befunde auch durch Texte aus der sogenannten zwischentestamentlichen Literatur (inklusive Qumrantexten) bezeugt oder interpretiert. Und schließlich kommt den Werken des Philo und des Josephus ein hoher Stellenwert zu, wie auch die altkirchliche Literatur, vor allem zur Bibel, eine Fülle von Material enthält, in das auch jüdische Überlieferungen eingeflossen sind.[21] Für all dies ist – wie auch für die rabbinische Literatur – als Hintergrund und Vergleichsmaßstab die Entwicklung der geographischen und speziell ethnographischen Vorstellungen in der hellenistischen Welt insgesamt zu beachten.[22] Man hat die frühen jüdischen

---

19 A. ENGEL-BRAUNSCHMIDT – G. FOUQUET – W. VON HINDEN – I. SCHMIDT (Hg.), Ultima Thule. Bilder des Nordens von der Antike bis zur Gegenwart, Frankfurt/M. 2001.

20 Dazu siehe vor allem J. SIMONS, The Geographical and Topographical Texts of the Old Testament, Leiden 1959; im folgenden zitiert als SIMONS, GTT (Anm. 20).

21 Vgl. z.B. A. SCHOENE, Die Weltchronik des Eusebius in ihrer Bearbeitung durch Hieronymus, Berlin 1900.

22 Zum Überblick siehe K. E. MÜLLER, Geschichte der antiken Ethnographie und ethnologischen Theoriebildung, II: Von den Anfängen bis auf die byzantinischen Historiographen, Stuttgart 1980.

Zeugnisse stets im Rahmen dieser damals in der antiken Welt aufkommenden Wissenssparte und im Vergleich zu Angaben bei Historikern beurteilt,
insbesondere Hekataios (gegen 500 v. Chr.), Herodot (5. Jahrhundert),[23]
Eratosthenes (ca. 255–205 v. Chr.), Strabo (64 v. Chr.–20 n. Chr.) mit seinem
Werk *Geographica*,[24] Plinius d. Ä. (24–79 n. Chr.) mit Teilen seiner *Naturalis
historiae*, Tacitus (55–119 n. Chr.), Marinus von Tyrus (70–130 n. Chr.) und
sein popularisierender Zeitgenosse Dionysius von Alexandrien,[25] und dann
um die Mitte des 2. Jahrhunderts n. Chr. der für die spätere Geographie
maßgeblich gewordene Ptolemaios mit seiner *Geographia*[26]. Solche Autoren
gaben aber hauptsächlich wieder, was in bestimmten Zirkeln zu ihrer Zeit
bereits Wissensgut war, aus eigener Erfahrung und Erforschung stammt
weit weniger. Die Motivation und somit auch die soziologische Einbettung
des Neuen war dabei alles andere als einheitlich. Kaufleute hatten stets ein
vorrangiges Interesse an dergleichen Kenntnissen, Militärs aus ihrer Sicht
nicht minder, vielleicht sogar mit stärkerem Interesse an schriftlichen Fest-
legungen und Auswertungen. Damit engstens verquickt war das Interesse
der staatlichen Administration, wobei zum Zweck der zentralen Machtausübung und Machtwahrung auch ein entsprechendes Verkehrsnetz erforderlich war, dessen Struktur die zuständigen Instanzen kennen mußten.[27] Von
solchen praktischen Aufgabenbereichen aus gesehen blieb das jüdische
Interesse im Rahmen der damals gegebenen politischen Möglichkeiten allerdings auf die Belange des Handels und auf die Bedürfnisse der Diaspora-
kontakte begrenzt. Handelsbeziehungen spielten bei alledem ja schon früh
eine große Rolle, und sie boten gerade kolonisierenden und verstreuten
Gruppen die Möglichkeit, ökonomische Interessen und Kontaktpflege auf
effektive Weise zu verbinden. Vom mittleren Orient bis in den ganzen
östlichen Mittelmeerraum erstreckten sich in hellenistischer Zeit jüdische

23 J. FELIX, Herodot, Historien, griechisch und deutsch, I–II, München 1980³; G. NENCI
    – W. BURKERT – A. DIHLE – P. BRIANT, Hérodot et les peuples non grecs, Paris 1990;
    D. MÜLLER, Topographischer Bildkommentar zu den Historien Herodots: Klein-
    asien und angrenzende Gebiete mit Südostthrakien und Zypern, Tübingen 1997.

24 H. L. JONES, The Geography of Strabo, I–VIII, London 1917–1932 (Neudruck
    1949/1954); D. DUECK, Strabo of Amasia, London 2000.

25 Dazu zuletzt CHR. JACOB, La description de la terre habitée de Denys d'Alexandrie
    ou la leçon de géographie, Paris 1990.

26 W. KUBITSCHEK, Studien zur Geographie des Ptolemäus, Wien – Leipzig 1935;
    P. SCHNABEL – A. HERMANN, Text und Karte des Ptolemaios, Leipzig 1938; H. VON
    MZIK – F. HOPFNER, Des Klaudios Ptolemaios Einführung in die darstellende
    Erdkunde, Bd. 1, Wien 1938; L. BERGGREN – A. JONES, Ptolemy's Geography. An
    annotated translation of the Theoretical Chapters, Princeton/N.J. 2000.

27 H.-CH. SCHNEIDER, Altstraßenforschung, Darmstadt 1982; C. ADAMS – R. LAURENCE,
    Travel and Geography in the Roman Empire, London 2001.

Kolonien mit bevölkerungsreichen Schwerpunkten in Babylonien und in
Ägypten (Alexandrien), die untereinander und vor allem mit dem Land
Israel bzw. mit Jerusalem intensive Kontakte pflegten.[28]
Seit dem 1. Jahrhundert n. Chr. erweiterte sich diese Diaspora stetig und
rasch, und zwar auch im westlichen Mittelmeerraum und landeinwärts in
West- und Mitteleuropa. Die Juden waren nach Phöniziern[29] und Griechen[30]
die dritte kolonisierende Gruppe im Altertum, und allein sie blieben es auch
kontinuierlich bis ins Mittelalter hinein und darüber hinaus.

Politisch motivierte ethno-geographische Aussagen finden sich in der
jüdischen Literatur relativ früh, denn Gen 10 und die anschließende Auslegungstradition bezeugen auch politische Gegebenheiten und Ambitionen.[31]
Ein maßgebliches Motiv war allerdings kult-theologischer Natur. Nach
kultischer Auffassung erstrecken sich Heiligkeitsbereiche vom Heiligtum in
Jerusalem ausgehend konzentrisch stufenweise in ihrer Heiligkeitsqualität
abnehmend bis zu den Grenzen des Landes Israel, jenseits derer profanes
und rituell unreines Gebiet (Bereich des Götzendienstes) beginnt. Die Geographie des Landes bzw. die Definition der Grenzen der Heiligkeitsbereiche
war somit ein wichtiger Teil der priesterlich-kultischen Wissenstradition.[32]
Es versteht sich auch von selbst, daß damit das Jerusalemer Heiligtum, Jerusalem als ‚Stadt des Heiligtums' und das Land Israel als weitester heiliger
Bereich für diese geographische Betrachtung das Zentrum darstellten, und
alle anderen Gebiete, darum herum gruppiert, so weit berücksichtigt
wurden, wie es dieser Landtheologie entsprach und wie es die jeweilige

---

28 A. KASHER, Diaspora I/2, TRE 8, 1981, 711–717; M. REINHOLD, Diaspora: The Jews
among the Greeks and Romans, Sarasota 1983; S. J. COHEN – E. S. FRERICHS (eds.),
Diasporas in Antiquity, Atlanta 1993; J. M. G. BARCLAY, Jews in the Mediterranean
Diaspora from Alexander to Trajan (323 BCE–117 CE), Edinburgh 1996; A. OPPEN-
HEIMER – B. EISICK (eds.), Ha-tᵉfûçah ha-jᵉhûdît ba-tᵉqûfah ha-hellenîsṭît-rômît.
Studies on the Jewish Diaspora in the Hellenistic and Roman Periods, Tel Aviv
1996; M. H. WILLIAMS, The Jews among the Greeks and Romans. A Diaspora
sourcebook, London 1998; J. R. BARTLETT (ed.), Jews in the Hellenistic and Roman
Cities, London – New York 2002; E. S. GRUEN, Diaspora. Jews amidst Greeks and
Romans, Cambridge/Mass. 2002.
Josephus, sonst durchaus bereit, die Diaspora zu betonen, spielt aus apologetischen Gründen in Contra Apionem I,60f. die internationalen Beziehungen der alten
Israeliten herab.
29 L'espansione fenicia nel Mediterraneo. Relazioni del colloquio in Roma, 4–5
maggio 1970, Roma 1971.
30 I. MALKIN, Religion and Colonization in Ancient Greece, Leiden 1987.
31 Siehe nun auch G. HALLÄCK – J. STRANGE, Sem, Kam of Jafet. En studie i bibelsk
geografi, Forum for Bibelsk Eksegese 4, 1993, 9–93.
32 PH. JENSON, Graded Holiness. A Key to the Priestly Conception of the World,
Sheffield (JSOT.S 106) 1992.

jüdische Interessenlage erforderte. Die Kulttheologie setzte jedoch voraus, daß Kultordnung und kosmische Ordnung, beide in der Torah repräsentiert, aufeinander abgestimmt sind, und daher war auch ein schöpfungstheologisch begründetes Interesse an kosmologisch-kosmographischen und geographisch-ethnographischen Sachverhalten vorgegeben. Es ist folglich nicht so, daß für die ganze jüdische Antike eine kontinuierliche Erweiterung des geographischen Horizonts zu vermerken ist, es konnte auch zu kontextbedingten Horizont-Einengungen kommen, die im Widerspruch zur gleichzeitigen Entfaltung der geographischen Kenntnisse in der hellenistischen Umwelt oder auch zu anderen Zeugnissen in der eigenen Tradition stehen.

Auf Grund der genannten Umstände dürften die frühen geographisch-ethnographischen Wissenstraditionen, die durch die teilweise engen Beziehungen zu den Phönikern auch im Blick auf den Westen erweitert werden konnten, durch die Exilierungen nach Mesopotamien bzw. Babylonien eine erste Intensivierung und Ausweitung erhalten haben. Die eigenen Traditionen konnten dank der neuen Konstellation mit anderen altorientalischen Vorstellungen verglichen und abgestimmt werden. Der Trend zur Ausweitung der Traditionen hat unter der persischen Herrschaft, die für lange Zeit weite Teile Kleinasiens und zeitweilig auch Ägypten umfaßte und somit tatsächlichen Weltreichcharakter hatte, sicherlich zugenommen. Also zu eben der Zeit, da im griechischen Bereich die geographisch-ethnographischen Interessen zunehmendes Gewicht erhielten.[33] Es ist folglich nicht zwingend, derartige Wissenstraditionen im Judentum vorrangig auf hellenistischen Einfluß zurückzuführen, wenn auch die Zeit Alexanders des Großen und insbesondere der Alexanderzug diesbezüglich ganz sicher von großer Bedeutung und von stimulierender Wirkung waren.

In derselben Zeit, in der sich diese Kenntnisse ausweiteten, wurden sie in gezielter Weise erwählungstheologischen Anliegen untergeordnet, wie es etwa die Gestaltung der Anfangskapitel im chronistischen Geschichtswerk illustriert.[34]

2.2 Henoch 17–36

Spekulativ zu einer ,mythologischen' Geographie verarbeitet und in den Dienst einer Geschichtsdeutung gestellt, die gern als ,apokalyptisch' apostro-

---

33 J. RICHER, Sacred Geography of the Ancient Greeks. Astrological Symbolism in Art, Architecture, and Landscape, New York 1994; J.-F. STASZAK, La géographie d'avant la géographie: le climat chez Aristote et Hippocrate, Paris 1995.

34 Darüber siehe M. OEMING, Das wahre Israel. Die «genealogische Vorhalle» 1 Chronik 1–9, Stuttgart (BWANT 128) 1990.

phiert wird, begegnen Hinweise auf umfassendere geographische Kenntnisse, und zwar nach Himmelsrichtungen (Westen, Erdmitte, Osten, Norden, Süden) eingeteilt, im äthiopischen Henochbuch.[35] Und zwar in den Kapiteln 17–36, in Form eines visionären Reiseberichts, dessen Alter man auf Grund der aus Qumran bekannten aramäischen Fragmente[36] nicht allzu spät ansetzen darf und der wohl auf einer älteren Vorlage beruht, die in adaptierter Gestalt in das *Buch der Wächter* (Kap. 1–36) eingebaut worden ist,[37] was auf alle Fälle ins frühe 3. Jahrhundert führt. Das ursprünglich selbständige Wächterbuch wurde spätestens im frühen 2. Jahrhundert, eher im späten 3. Jahrhundert redigiert.[38] Die Kapitel 17–19 ergeben ethno-geographisch nichts,[39] die weiteren nur wenig. Auch wenn hier ältere Vorstellungen enthalten sind,[40] besagen sie also für die Untersuchungen hier nichts Konkretes, zumal die Beschreibungen der Reisen nach Norden (Kap. 34) und Westen (Kap. 35) äußerst knapp gehalten sind. Immerhin wird ein sowohl universal-kosmographisches wie auch ein konkretes kultzentriertes Interesse deutlich:[41] In Kap. 26f. wird Jerusalem in wunderbaren, paradiesischen Farben gezeichnet.

---

35 M. BLACK, The Book of Enoch or 1 Enoch. A New English Edition, Leiden 1985; S. UHLIG, Das äthiopische Henochbuch, Gütersloh (JSHRZ V/6) 1984; G. W. E. NICKELSBURG, 1 Enoch 1: A Commentary of the Book of 1 Enoch, chapters 1–36. 81–108, Minneapolis (Hermeneia) 2001.

36 J. T. MILIK, The Books of Enoch, Oxford 1976, 22ff. 34–41. 199ff. 218ff. 232ff. 300ff. 351ff.; DJD XXXVI, 2000, 3–171.

37 P. GRELOT, Hénoch et ses écritures, RB 82, 1975, 481–500; C. A. NEWSOM, The Development of 1 Enoch 6–19, in: CBQ 42, 1980, 310–329; F. GARCÍA MARTÍNEZ, Estudios qumranicos 1975–1985, in: EstB 45, 1987, 126–205 (142ff. mit Bezugnahme auf Milik); B. Z. WACHOLDER, The Ancient Judaeo-Aramaic Literature (500–164 B.C.). A Classification of pre-Qumranic Texts, in: L. H. SCHIFFMAN (ed.), Archaeology and History in the Dead Sea Scrolls, Sheffield 1990, 257–281.

38 P. SACCHI, Il libro dei vigilanti e la apocalittica, Henoch 1, 1979, 42–98; DERS., L'Apocalittica giudaica e la sua storia, Brescia 1990, 31–78. 101ff.

39 K. COBLENTZ BAUTCH, A Study of the Geography of 1 Enoch 17–19, Leiden (JSJ.S 81) 2003; M. A. KNIBB, The Use of Scripture in 1 Enoch 17–19, in: F. GARCÍA MARTÍNEZ – G. P. LUTTIKHUIZEN (eds.), Jerusalem, Alexandria, Rome. Studies in Ancient Cultural Interaction in Honour of A. Hilhorst, Leiden (JSJ.S 82) 2003, 165–178.

40 P. GRELOT, La géographie mythique d'Hénoch et ses sources orientales, RB 65, 1958, 33–69.

41 M. HIMMELFARB, The Temple and the Garden of Eden in Ezekiel, the Book of the Watchers, and the Wisdom of Ben Sira, in: J. SCOTT – P. SIMPSON-HOUSLY (eds.), Sacred Places and Profane Spaces. Essays in the Geographics of Judaism, Christianity, and Islam, New York 1991, 63–78.

2.3 Das Genesis-Apokryphon aus 1Q

Geographische Angaben in Weiterführung von Genesis-Stoffen, besonders des Stoffes in Gen 14, finden sich im aramäischen Genesisapokryphon aus Qumran (1QGenAp),[42] doch betreffen sie keine für hier einschlägigen Gebiete. Gleichwohl sind die großen Textverluste dieser Rolle äußerst bedauerlich, ergäbe sich ansonsten doch für frühjüdische Geographie ein aufschlußreiches Zeugnis, das in seiner sprachlichen Originalgestalt für die Erklärung eines anderen wichtigen geographischen Textes aus dieser Zeit, die Kapitel 7–13 im Jubiläenbuch (siehe unten), von hohem Wert wäre, nicht zuletzt für die Bestimmung von Namensformen. Jedenfalls beweist 1QGenAp eine offenkundig intensiv gepflegte geographische Wissens-tradition, die unter anderem an biblischen Texten bzw. Stoffen zur Anwen-dung kommen konnte, aber schwerlich erst zum Zweck der Ausdeutung biblischer Texte erfunden worden ist.[43]

2.4 1Makk 15,23f.

Ein relativ frühes Zeugnis für kleinasiatische Verhältnisse ist in 1Makk 15 in eine Beschreibung von Auseinandersetzungen zwischen Antiochus VII. und seinem Konkurrenten Tryphon (um 139–138 v. Chr.) vv. 15–24.[44] einge-flochten. Antiochus belagerte gerade Dor an der phönikischen Südküste, da traf angeblich der Gesandte Numenios, der aber nach 1Makk 12,16f. mit einer Delegation nach Sparta geschickt worden war, aus Rom mit einem offiziellen Schreiben des Konsuls Lucius ein, das an den König Ptolemaios sowie an eine ganze Reihe von Herrschern bzw. Herrschaften gerichtet war. In v. 18ff. wird im angeblichen Brief erwähnt, daß eine jüdische Gesandt-

---

42 Text: N. AVIGAD – Y. YADIN, A Genesis Apocryphon, Jerusalem 1956; R. T. WHITE, The Qumran Genesis Apocryphon, Sheffield 1988; M. MORGENSTERN – E. QIMRON – D. SIVAN, The Hitherto Unpublished Columns of the Genesis Apocryphon. With an Appendix by G. BEARMAN and S. SPIRO, Abr Nahrain 33, 1995, 30–54. Dazu siehe vor allem J. A. FITZMYER, The Genesis Apocryphon of Qumran Cave 1. A Commen-tary, Rom 1971².

43 Siehe auch die Hinweise bei B. Z. WACHOLDER, Eupolemus, Cincinnati 1974, 138. 288f.; J. C. GREENFIELD – E. QIMRON, The Genesis Apocryphon Col. XII, in: T. MU-RAOKA (ed.), Studies in Qumran Aramaic, Louvain (Abr-Nahrain.S 3) 1992, 70–77.

44 F.-M. ABEL, Les livres des Maccabées, Paris 1949, 275–279; S. TEDESCHE – S. ZEITLIN, The First Book of Maccabees, New York – Philadelphia 1950, 40ff. 233ff.; W. WIR-GIN, Simon Maccabaeus' Embassy to Rome – its Purpose and Outcome, PEQ 106, 1974, 141–146; K.-D. SCHUNCK, 1. Makkabäerbuch, Gütersloh (JSHRZ I,4) 1980, 261ff.

schaft des Hohenpriesters Simon einen goldenen Schild als Geschenk über-
bracht habe. Angeblich wurde dieses Schreiben Roms durch eine Bitte des
Hasmonäers Simon erwirkt (v. 20f.), der daran interessiert war, ausländische
Unterstützung für Gegner zu unterbinden und flüchtige Oppositionelle
ausgeliefert (vgl. Bell 1,474) zu bekommen.[45] Vorweg wird v. 22 eine Gruppe
von bedeutenden Herrschern, darnach v. 23 eine Reihe von neunzehn
Territorien bzw. Städten aufgeführt:

(a) Ptolemaios VIII. Euergetes (145–116 v. Chr.) für das Ptolemäerreich,
Demetrius II. (zu der Zeit in parthischer Gefangenschaft) für das Seleu-
kidenreich; Attalus II. Philadelphos (159–138 v. Chr.) für das Pergamenische
Reich; Ariarathes V. Philopator von Kappadokien; Arsakes bzw. Mithri-
dates I. (ca. 181–138/37 v. Chr.), König der Parther. Die genannten Reiche
decken das ganze östliche Mittelmeergebiet im Süden und Osten samt
Zentral-Kleinasien ab, die Parther zu der Zeit als östliche Nachbarn des
Seleukidenreiches sogar mittelöstliche Gebiete.

(b) 1. Sampsakes (eine nicht identifizierte Größe, vielleicht Schreibfehler); 2. Spartiaten; 3. die Insel Delos, seit 166 v. Chr. unter athenischer
Herrschaft; 4. Myndos, im 2. Jahrhundert noch freie Hafenstadt in Karien
(vgl. 6.); 5. Sikyon, im 2. Jahrhundert eine bedeutende peloponnesische Stadt;
6. Karien, an der südwestkleinasiatischen Küste, westlich von Lykien und
südlich von Lydien; 7. die ägäische Insel Samos, gegenüber Lydien;
8. Pamphylien, an der südkleinasiatischen Küste; 9. Lykien, westlich davon;
10. Halikarnassos, freie Stadt in Karien; 11. die Insel Rhodos, im Süden von
Karien; 12. Phaselis, freie Stadt in Lykien; 13. die Insel Kos gegenüber Hali-
karnassos/Karien; 14. Side in Pamphylien, eine Stadt mit engen Beziehungen zu Rom; 15. Arados, eine wichtige, autonome phönikische Küsteninsel-
Stadt nördlich von Byblos; 16. Gortyna auf Süd-Kreta; 17. Knidos in Karien;
18. Zypern – zu der Zeit allerdings ptolemäisch. 19. Kyrene – geographisch-
politisch ebenfalls aus dem Rahmen fallend.

Wie bei Zypern zuvor ist aber zu bedenken, daß erst durch die Zusammenstellung der beiden großen Stücke a) und b) eine politisch irritierende
Sachlage entstand, weil die Liste b) ursprünglich andere Voraussetzungen
hatte.

Der Text hat in seinem Kontext gewiß auch eine apologetische Funktion[46] und ist daher mit Vorsicht zu bewerten, um so mehr, als in Josephus,
Ant XIV,145–147, ebenfalls ein goldener Schild als Gastgeschenk – aber chronologisch viel später eingeordnet – auftaucht, nämlich unter Hyrkan II. und

---

45 D. R. SCHWARTZ, Scipio's Embassy and Simon's Ambassadors (I Maccabees 15),
Scripta Israelitica 12, 1992, 114–126.
46 Siehe J.-D. GAUGER, Beiträge zur jüdischen Apologetik, Köln – Bonn 1977, 153ff.
285ff.

Caesar, wobei unter anderen ein Lucius Coponius und auf seiten der jüdischen Delegation ein Numenios genannt werden. Dabei wurde jüdischerseits aber angeblich nur erbeten, daß von Rom aus durch Briefe an die verbündeten Städte und Herrscher für Sicherheit und Versorgung der Delegation vorgesorgt werde.[47] Das Verhältnis der beiden Zeugnisse zueinander war Gegenstand einer langen und intensiven Diskussion,[48] wobei meist angenommen wird, daß die Frühdatierung im 1. Makkabäerbuch zwar wahrscheinlicher ist, die Formulierung im 1. Makkabäerbuch aber verdächtige Elemente aufweist.

Die Liste, die schwerlich ein Einteilungsprinzip erkennen läßt, müßte auf diesem Kontext-Hintergrund eigentlich sowohl römische Einflußsphären betreffen als auch Gebiete, die als Asylländer für flüchtige Judäer in Frage kamen, wobei möglicherweise die Existenz örtlicher jüdischer Kolonien eine Rolle gespielt haben könnte. Im Blick auf die römische Seite ergibt sich nur zum Teil ein sinnvoller Kontext, da es sich auch um Gebiete außerhalb des Einflußbereiches handelte, in dessen Rahmen man ein solch weitreichendes Ansinnen stellen konnte. Die Liste spiegelt also zwar in etwa die politischen Verhältnisse in Kleinasien zu der im 1. Makkabäerbuch vorausgesetzten Zeit,[49] hatte aber ursprünglich wohl einen anderen Hintergrund; möglich ist auch, daß sie aus zwei (bis drei) Stücken zusammengefügt worden ist.

Die Deutungen reichen von der Annahme einer Reiseweg-Beschreibung bis zur Vermutung einer Diasporaliste.[50] Ein Reiseweg ist jedoch in der vorliegenden Form der Liste nicht auszumachen. Die Annahme, daß eine jüdische Diasporaliste zugrunde liegt, wurde wiederholt vertreten,[51] doch ist der Einzelnachweis nicht ausreichend möglich, da die meisten Belege für jüdische Präsenz aus späterer Zeit stammen,[52] wenn auch für Phrygien und Lydien,[53] Karien und Kilikien relativ früh, jedenfalls im 3. Jahrhundert,

---

47 Siehe oben (Anm. 44) die Literatur zu 1Makk 15,16ff.; ferner: TH. FISCHER, Rom und die Hasmonäer, in: Gym. 88, 1981, 139–150; U. BAUMANN, Rom und die Juden, Frankfurt/M. 1983, 75f.

48 Siehe die Angaben in E. SCHÜRER, The History of the Jewish People in the Age of Jesus Christ, 3 vols., Edinburgh, I, 1973, 194ff.; WIRGIN, a.a.O. (Anm. 44), 141–146.

49 D. MAGIE, Roman Rule in Asia Minor to the End of the Third Century after Christ, Princeton 1950.

50 Überblick bei GAUGER, a.a.O. (Anm. 46), 297ff.

51 Ausführlich im Kommentar von ABEL, a.a.O. (Anm. 44), z.St.; A. SCHALIT, König Herodes, Berlin (StJ 4) 1969 (2. Auflage mit einem Vorwort von Daniel R. Schwartz 2001), 682; P. TREBILCO, Jewish Communities in Asia Minor, Cambridge (MSSNTS 69) 1991, 6f.

52 Überblick bei SCHÜRER, a.a.O. (Anm. 48), vol. III/1, 1986, 17ff.

53 Josephus, Ant XII,147ff.: Gründung jüdischer Militärkolonien unter Antiochus dem Großen gegen Ende des 3. Jahrhunderts v. Chr.

jüdische Niederlassungen anzunehmen sind. Somit bleiben Herkunft und Zweck der Liste b) selbst vorerst ungeklärt,[54] doch dürfte eine politisch motivierte Auflistung am wahrscheinlichsten sein. In der Tat handelt es sich um Territorien bzw. Städte, die zu der Zeit weder der römischen Herrschaft noch der Herrschaft eines der in der Liste a) genannten Könige unterstanden, wenn man von Zypern und Kyrene absieht. Im jetzigen Kontext hat sie die Funktion, den mehr oder minder neutralen Raum zwischen den in Liste a) genannten Reichen und dem römischen Herrschaftsbereich auszufüllen,[55] um so de facto alle politisch relevanten Größen der Ökumene für Ruhm und Macht des Simon Makkabäus in Anspruch zu nehmen, der so als wichtigster Verbündeter Roms im Orient herausgestellt wird.

2.5 1Makk 8

Völker und Länder Europas werden 1Makk 8,1–14 in einer Aufzählung römischer Erfolge erwähnt, aus dem Westen finden allerdings nur (8,2–4) die Galater (Kelten/Gallier) ganz knapp (als Unterworfene) und etwas mehr Spanien (als Land) Berücksichtigung.[56] Ein jüdisches Eigeninteresse an diesen Regionen wird dabei nicht ersichtlich.

2.6 Philo Alexandrinus (frühes 1. Jahrhundert n. Chr.)

2.6.1 Germanen und Sarmaten

In *De somniis* II,121f. referiert Philo kurz über Germanen. Sie waren für ihn äußerst seltsame Völkerschaften am Nordmeer, gegen dessen Flut sie angeblich mit gezücktem Schwert ankämpfen wollten. In *Legatio ad Gaium* § 10 nennt er zur Illustration der Spannweite innerhalb der ‚barbarischen' Welt die beiden extremen Ströme Eufrat und Rhein, spannt dann den Bogen mit der Nennung von Germanen, Sarmaten und Skythen über die extremen nördlichen Gebiete der Ökumene.

---

54 Insofern ist die Verwendung der Liste für den Nachweis früher Diasporaorte in SCHÜRER, a.a.O. (Anm. 48), vol. III, irreführend.

55 Ähnlich bereits M. STERN, The Documents on the History of the Hasmonean Revolt (hebr.), Tel Aviv 1965, 128–132.

56 SCHUNCK, a.a.O. (Anm. 44), 330f.; M. DELCOR, L'éloge des Romains d'après I Mac 8, Henoch 13, 1991, 119–128; dazu siehe auch D. GERA, Judaea and Mediterranean Politics: 219 to 161 B.C.E., Leiden (Brill's Series in Jewish Studies 8) 1998, Kap. VII.

2.6.2 Eine Diasporaliste

Philo fügte in den Kontext dieser apologetischen Schrift *Legatio ad Gaium* in § 281ff. eine Liste jüdischer Diasporagebiete und Orte ein, die regional unterteilt so aussieht: (a) Ägypten, (b) Syrien, (c) Pamphylien, Kilikien, Asien bis Bithynien, Pontus. (d) Nach Europa hinüber: Thessalien, Böotien, Makedonien, Ätolien, Attika, Argos, Korinth, Peloponnes, Euböa. (e) Zypern, Kreta. (f) Im Orient die Eufrat-Gebiete und Babylonien.

In § 284 erwähnt er die drei Klimateile der bewohnten Welt, den europäischen, den asiatischen und den libyschen (afrikanischen). Der Schwerpunkt auf Kleinasien und insbesondere Griechenland ist deutlich. Es fällt aber auf, daß Kleinasien im Vergleich zu Griechenland ziemlich summarisch, einfach der Küste von Südosten nach Westen und Nordosten folgend, abgehandelt wird. Vielleicht lag dem Autor daran, die jüdischen Kolonien ‚Europas' und somit deren Nähe zu Rom herauszustreichen.

2.7 Flavius Josephus, Bell II,358ff.

In den Werken des Josephus sind zahlreiche geographische Bezeichnungen und Angaben zu finden,[57] die das Land Israel bzw. biblische Passagen betreffen,[58] darüber hinaus aber auch andere Gebiete. Er hat zahlreiche Schriftsteller und daher teilweise recht unterschiedliche Quellen verwertet, weshalb manches unausgeglichen und widersprüchlich blieb.

In seinem Werk *De bello Iudaico* hat Josephus in die Rede, die er Agrippa II. in den Mund legte,[59] in II,358–389 zur Herausstellung der Übermacht Roms[60] eine im Vergleich zu 1Makk 8 viel umfassendere Liste eingebaut.[61] Sie erwähnt anfangs die Griechen, dann Extreme: Ägypter, Araber, die Euphratgrenze im Osten und die Donau im Norden, die Wüsten Libyens und Gadeira im Westen und jenseits des Ozeans die Briten. Dann (§ 364) werden die Gallier als reiche, die Germanen als starke und die Griechen als

57 A. SCHALIT, Namenwörterbuch zu Flavius Josephus, Leiden 1968; K. H. RENGS-
    TORF, The Complete Concordance to Flavius Josephus. Study Edition, I–II, Leiden
    2002 (inkl. Namenwörterbuch von A. Schalit).
58 P. A. KASWALDER, Onomastica Biblica, Jerusalem 2002, 155–173.
59 M. STERN, Josephus and the Roman Empire (hebr.), in: U. RAPPAPORT, Josephus
    Flavius. Historian of Eretz-Israel in the Hellenistic Period, Jerusalem 1982, 237–245
    (241f.).
60 Vgl. der Sache nach Tacitus, *Historiae* IV,73f.
61 Josephus schöpfte im wesentlichen aus einer lateinischen Quelle, siehe schon
    L. FRIEDLÄNDER, De fonte quo Josephus B.J. II,16,4 usus sit, Königsberg 1873
    (zugrunde liege ein Breviarium des Augustus).

kluge Menschen bezeichnet, schließlich die Makedonier als letzte große Machthaber vor den Römern und die „500 Städte Asiens" angeführt, die sich alle Rom untergeordnet haben.

Bei der Einzelaufzählung erscheinen folgende Gruppen:

(a) Heniochen, Kolcher, Taurer sowie (generell) Bewohner der Gebiete am Bosporus, Pontus und an der Maeotis (Asowsches Meer), also Stämme des nordöstlichen Schwarzmeergebiets und des kaukasischen Raumes.

(b) In Kleinasien (§ 368) Bithynier, Kappadokier, Pamphyler, Lykier, Kilikier.

(c) In Südosteuropa: Thraker, Illyrer (bis nach Dalmatien), Daker, Dalmatier.

(d) Für den Westen Europas nennt er zunächst die Galater (Kelten), also die Gallier östlich der Alpen vom nördlichen Rhein bis zu den Pyrenäen im Süden und zum Ozean im Westen, dann Iberer, Lusitanier und Cantabrer, den angrenzenden Ozean jenseits der Säulen des Herkules und die Pyrenäen im Norden.

(e) Darnach (§ 376) schilderte er die Germanen.[62] Zahlreich, von großer, plumper Gestalt, aus ihren immensen Gebieten von den Römern als Gefangene überallhin gebracht, todesverachtende, leidenschaftliche Kämpfer, aber durch Rom am Rhein gestoppt, teils gefangen, teils in die Flucht geschlagen.

(f) Die Unterwerfung der Briten (§ 378) demonstriert, daß sich Roms Macht auch über den Ozean erstrecken kann.

(g) Daraufhin wendet sich der Blick nach Osten, zu den Parthern, nach Nordafrika (Karthager, Kyrenäer, Marmariden, Syrter, Nasamonen, Mauren, Nomaden), Äthiopien, Arabien und Indien.

Im Rahmen der frühjüdischen geographischen Zeugnisse erweist sich Josephus als relativ desinteressiert, denn die einschlägigen eigenen Kenntnisse und die Übernahmen aus nichtjüdischen Quellen werden durch ihn – wie sich unten zu Gen 10 noch zeigen wird – mit den jüdischen geographischen Traditionen kaum verbunden.

Josephus hatte in der jüdisch-rabbinischen Tradition keine Nachwirkung, erst durch die spätantike, früh- und hochmittelalterliche Josephusrezeption im Westen[63] gerieten Josephus-Überlieferungen auch wieder in erhalten gebliebene jüdische Quellen und forderten zeitgemäße Interpretationen heraus.

---

62 Dazu vgl. Tacitus, *Germania*, lateinisch und deutsch von G. PERL, Darmstadt 1990.

63 H. SCHRECKENBERG, Rezeptionsgeschichtliche und textkritische Untersuchungen zu Flavius Josephus, Leiden 1977.

3. Frühjüdische Zuordnungen auf der Basis von Gen 10

3.1 Das biblische Völkertafel-Schema als Grundlage

Die erwähnten altorientalischen ethnographischen Gegebenheiten haben auch in der Bibel gewisse, wenn auch verschwommene Eindrücke hinterlassen, sie gaben jedenfalls auch Anlaß zu einer Berücksichtigung dieses Raumes im Rahmen der damaligen Versuche zur Erklärung der Welt, wofür vor allem Gen 10 mit der Genealogie der Noah-Söhne Jafet, Ham und Sem – ein Schema von enormer Nachwirkung – Gelegenheiten bot.[64] Die Veränderungen des Horizonts im Lauf der Spätantike und dann wieder des Früh- und Hochmittelalters erforderten nicht nur Umdeutungen und Ergänzungen, sondern eben auch geographische Verschiebungen. Dabei spielte auch der jeweilige eigene geographische Standort eine entscheidende Rolle für die Sicht und Einschätzung der Daten und Größen. Von besonderer Bedeutung für die erste Ausweitung des vorhandenen geographischen Horizonts[65] dürfte die neuassyrische Periode gewesen sein.[66]

Die Jafetiten-Gruppe deckt vor allem ein Gebiet ab, das vom Gesichtswinkel des Vorderen Orients aus gesehen mit dem kaukasisch-kleinasiatischen Be-

---

64 Zum biblischen Text siehe die neueren Kommentare, speziell C. WESTERMANN, Genesis, I, Neukirchen (BKK 1/1) 1974, 644–740 (vor allem 622ff.); P. KOCHANEK, Les strates rédactionnels de la Table des nations et l'inversion de la loi de primogéniture, EThL 74, 1998, 273–299.
Gute Informationen bieten die einschlägigen Artikel in der ʾEnçîqlôpedijah miqraʾit (EB[B]), Jerusalem; siehe unter Lwḥ hʿmjm, Bd. IV, 1962, 439–445, und unter den einzelnen Namen. Siehe auch F. SCHMIDTKE, Die Japhetiten der biblischen Völkertafel, Breslau 1926; A. ST. WAGNER, Die Stammtafel des Menschengeschlechts nach der biblischen Ur-Überlieferung dargestellt und ethnographisch gedeutet, Saarbrücken 1935; B. ODED, The Table of Nations, ZAW 98, 1986, 14–31. E. LIPIŃSKI, Les Japhétites selon Gen 10,2–4 et 1 Chr 1,5–7, ZAH 3, 1990, 40–53, datiert die Liste ins 7., eher aber frühe 6. Jahrhundert v. Chr. Weitere Hinweise enthält HALLÄCK – STRANGE, a.a.O. (Anm. 31). Im übrigen sei hier auf eine sonst wenig beachtete Studie von J. HALÉVY verwiesen: Recherches bibliques VIII, RÉJ 13, 1886, 1–32. 161–186, an der sich jüdische Autoren um 1900 orientiert haben.
65 Zur Orientierung siehe die Karte X in SIMONS, GTT (Anm. 20), die allerdings insofern irreführt, als sie das moderne geographische Bild der Region zugrunde legt und somit einen falschen Eindruck von der damals gedachten Verteilung und Erstreckung der Länder und Völkergruppen vermittelt.
66 R. LAMPRICHS, Die Westexpansion des neuassyrischen Reiches. Eine Strukturanalyse, Neukirchen-Vluyn 1995; TH. HIEBERT, The Yahwist's Landscape. Nature and religion in early Israel, Oxford 1996; M. COGAN, Imperialism and Religion. Assyria, Judah and Israel in the Eighth and Seventh Centuries B.C.E., Waterloo (SBL.MS 19) 1974.

reich übereinstimmt, wo unter den Hethitern eine Großmachtrolle ausgeübt wurde, der aber im Osten Einflußgebiet der mesopotamischen Großmacht war und schließlich von den Persern erobert wurde.[67] Die hellenistische Periode änderte diesen Eindruck insofern nicht, als die Seleukiden ihren Einfluß ebenfalls in diese Richtung auszuweiten trachteten,[68] jedoch von Westen her durch die Römer verdrängt wurden.[69] In diesem weltpolitischen Rahmen haben natürlich auch Phönizier und Israeliten/Juden die Region betrachtet. Sie wurde teilweise als eigenes Interessengebiet wahrgenommen, war auch schon früh Kolonisationsraum,[70] andrerseits ging sie nach Norden wie nach Westen hin in unbekannte Bereiche mit unberechenbaren Bevölkerungsbewegungen über; selbst die näherrückenden Randgebiete des römischen Reiches[71] blieben für die meisten Juden noch lang vage Größen.

Dies gilt speziell für die nordöstlichen Regionen der Ökumene. Hier drangen zudem von alters her allerlei Völkerschaften aus Zentralasien und Osteuropa nach Süden vor und machten nicht zuletzt deshalb Eindruck, weil sie die bestehenden politischen Gebilde im mesopotamischen, syrischen und kleinasiatischen Raum zeitweilig ernsthaft bedrohten und insofern eben auch am Horizont der biblischen Welt als gefährliche Erscheinungen wahrgenommen wurden.[72]

---

67 A. GÖTZE, Kleinasien, München 1957; P. NASTER, L'Asie Mineur et l'Assyrie aux 8e et 7e siècles, Louvain 1939; P. GARELLI, Les Assyriens en Cappadoce, Paris 1963; B. JANOWSKI – K. KOCH – G. WILHELM (Hg.), Religionsgeschichtliche Beziehungen zwischen Kleinasien, Nordsyrien und dem Alten Testament, Freiburg/Schweiz – Göttingen (OBO 129) 1993.

68 M. MAYRHOFER, Kleinasien zwischen Agonie des Perserreiches und hellenistischem Frühling, Wien 1976; G. M. COHEN, The Seleucid Colonies, Wiesbaden 1978. Zum seleukidischen Interesse an auch jüdischen Militärkolonien siehe A. SCHALIT, The Letter of Antiochus III to Zeuxis Regarding the Establishment of Jewish Colonies in Phrygia und Lydia (Josephus, Ant XII § 148–153), JQR 50, 1959/60, 289–318.

69 E. MEYER, Die Grenzen der hellenistischen Staaten in Kleinasien, Göttingen 1925. Zum Südbalkan und zu Kleinasien unter Rom siehe H. TEMPORINI – W. HAASE (Hg.), ANRW II/7,1–2, Berlin 1979/80.

70 5. Jahrhundert: W. KORNFELD, Die jüdische Diaspora in Ab. 20, in: Mélanges bibliques en l'honneur de André Robert, Paris 1957, 180–186 (Ob 20: *Sprd* = Sardes); E. LIPIŃSKI, Obadiah 20, VT 23, 1975, 368–370. – Hellenistisch-römische Zeit: A. KRAABEL, Judaism in Asia Minor, Diss. Harvard University (Cambridge/Mass.) 1968; L. ROTH-GERSON, The Civil and Religious Status of the Jews in Asia Minor from Alexander the Great to Constantine B.C. 366–A.D. 377, Diss. Hebrew University Jerusalem 1972.

71 CH. R. WHITTAKER, Les frontières de l'empire romain, Paris 1989.

72 C. BURNEY – D. M. LANG, Die Bergvölker Vorderasiens. Armenien und der Kaukasus von der Vorzeit bis zum Mongolensturm, München 1973.

Vor allem Kimmerier,[73] Skythen[74] und Phrygier[75] haben für lange Zeit einen nachhaltigen und sagenhaften Eindruck hinterlassen; ihre Herkunft aus transkaukasischen Regionen, also unbekannten und unendlich weiten Gebieten, verlieh ihnen von vornhinein etwas Unheimliches, und von ihren Auswirkungen auf die kaukasisch-kleinasiatische Szenerie konnten weder die helleni(sti)sche Welt noch die vorderorientalischen Staaten unberührt bleiben. In Gen 10,2–5 (vgl. 1Chr 1,1ff.) werden sieben Söhne Jafets erwähnt, aber nur für den ersten und vierten werden (v. 2) auch deren Söhne genannt:[76]

	Gen 10	Nach G. Hölscher:[77]	LXX:[78]
J 1	*Gomär*	Kimmerier[79]	*Gomer, Gamer*
J 1.1	*'Aškenaz*[80]	Askanier/Phrygier[81]	*Aschanax*

73   G. HÖLSCHER, Drei Erdkarten. Ein Beitrag zur Erdkenntnis des hebräischen Altertums, Heidelberg (SHAW.PH xxxiv, 1944/48) Heidelberg 1949, 45.53.70f. (Gomär). Weiteres siehe bei G. B. LANFRANCHI, I Cimmeri. Emergenza delle elite militari iraniche del Vicino Oriente (VIII–VII sec. a.C.), Padova 1990; A. I. IVANTSCHIK, Les Cimmeriens au Proche-Orient, Freiburg/Schweiz – Göttingen (OBO 127) 1993.

74   HÖLSCHER, a.a.O. (Anm. 73), 45.71 (Magog); V. SCHILTZ, Die Skythen und andere Steppenvölker. 8. Jh. v. Chr. bis 1. Jh. n. Chr., aus dem Französischen von H. WEIPPERT, München 1994; M. ROSTOVTZEW, Skythien und der Bosporus II. Wiederentdeckte Kapitel und Verwandtes, Stuttgart (Historia Einzelschriften 83) 1999; IAROSLAV LEBEDYNSKY, Les scythes. La civilisation nomade des steppes VIIe–IIIe siècles av. J.-C., Paris 2001.

75   G. LAMINGER-PASCHER, Lykaonien und die Phryger, Wien 1989; E. und H.-D. KASPAR, Phrygien. Ein sagenumwobenes Königreich in Anatolien. Ein Reisehandbuch, Hausen 1990.

76   LIPIŃSKI, a.a.O. (Anm. 64).

77   HÖLSCHER, a.a.O. (Anm. 73), 45ff.

78   J. W. WEVERS, Genesis, Göttingen (Septuaginta I) 1974, 132f. mit zahlreichen Varianten, aber nur Verschreibungen.

79   So die vorherrschende Identifizierung, vgl. auch SIMONS, GTT (Anm. 20), 38f.; EB(B) II, 1962², 525–527. Von den Skythen laut Herodot (IV,11) im 8./7. Jahrhundert aus den nordkaukasisch-kaukasischen Gebieten nach Süden (vgl. Ez 38,6) bzw. Kleinasien und dann selber wieder im 6. Jahrhundert durch die Lyder verdrängt. Man identifizierte offenbar Völkerschaften, die denselben Weg nahmen und von dem kleinasiatisch-kaukasischen Raum aus den Südwesten und Süden bedrohten, mit Gomär und Gomär-Söhnen, bis sich diese Bedrohungssituation weiter nach Westen verlagerte.

80   Vgl. EB(B) I, 1965³, 762f. Die Namensform gibt Rätsel auf. Man denkt zum Teil an *ash-gu-za* (und ähnlich) in assyrischen Inschriften aus der Zeit Asarhaddons (681–669), wobei auch deren Identifizierung mit Skythen – als Nachfolgemacht der Kimmerier – erwogen wird. Einen weiteren Anhaltspunkt liefert Jer 51,27, wo eine Nachbarschaft zu armenischem Gebiet vorausgesetzt wird.

81   Auch in diesem Fall dürfte es früh zu sukzessiven Identifizierungen auf Grund des räumlichen Rahmens gekommen sein, so daß eine eindeutige ethnographische Definition nicht möglich ist, weil auch sie bald gar nicht mehr beabsichtigt war.

J 1.2	Rifat[82]	Armenien(?)[83]	Riphat
J 1.3	Tôgarmah[84]	Melitene/Kappadokien	Thol ergama[85]
J 2	Magôg[86]	Skythen[87]	Magoy
J 3	Madaj	Meder	Madaj
J 4	Jawan	Jonier[88]	Iôyan
J 4a			Elisa (Gen 10,2)[89]
J 4.1	'Elîšah	Peloponnes (?)[90]	Elisa (Gen 10,4)
J 4.2	Taršîš	Tartessos[91]	Tharsis

---

82 1Chr 1,6: Dîfat.
83 Niphatês; höchst fraglich. Es gibt keine einleuchtende Identifizierung.
84 Vgl. auch Ez 27,14 (Pferdehandel); 38,6. Die Lokalisierung in Kleinasien bzw. genauer Kappadokien ist auf Grund eines Stadtnamens (heute Gürün) ziemlich sicher, der auch in assyrischen Inschriften als Til garirnmu belegt ist; siehe EB(B) VIII, 1982, 430f.; P. GARELLI, a.a.O. (Anm. 67), 117ff.; SIMONS, GTT (Anm. 20), 91f. Maßgeblich war also die geographische Lage, nicht der ethnographische Befund.
85 Lesarten: Thegramma etc.
86 Sonst am bekanntesten aus Ez 38,2; 39,6 und von daher mit Gog verbunden. Zur Namensform und Diskussion siehe SIMONS, GTT (Anm. 20), 57–60, ferner die Ezechielkommentare z. St.
87 Das Grundphänomen ist dasselbe wie bei Gomär: Magog-Völker kommen als bedrohliche Elemente aus einer Region im Norden, aber nordöstlich von Gomär und insofern von früh an von „unheimlicherer" Herkunft. Konsequenterweise wurde Magog auch früh zu einer Chiffre für extremste Bedrohung von extremster Position aus. Zusammen mit Gog aus Ez 38,3 wird Magog zu einem eschatologischen Standardmotiv; vgl. J. KALTNER, The Gog/Magog Tradition in the Hebrew Bible and the Qur'an: Points of Similarity and Dissimilarity, USQR 49, 1995, 35–48.
88 Es ist ziemlich sicher, daß Jawan sich zunächst nur auf die jonischen Siedlungsgebiete und nicht auf Griechenland bezog.
89 Diese Einordnung Elisas als eines weiteren Jafetsohnes in Gen 10,2 dürfte auf einem Schreiberirrtum beruhen; vgl. 1 Chr 1,5.
90 Zur Unsicherheit der Identifizierung siehe SIMONS, GTT (Anm. 20), 28f., der Kreta für eine Möglichkeit hält. Siehe auch Ez 27,7, das rege Handelsbeziehungen mit Tyrus voraussetzt.
91 Die Identifizierungsfrage ist für Gen 10,4 ungelöst, siehe SIMONS, GTT (Anm. 20), 88f., und zwar trotz der verhältnismäßig zahlreichen anderen biblischen Belege: 1Kön 10,22; 22,49; Jes 2,16; 23,1. 6. 10. 14; 60,9; 66,19; Jer 10,9; Ez 27,12. 25; 38,13; Jona 1,3; 4,2; 2Chr 9,21; 20,36f.; Ps 48,8; 72,10. Sie weisen auf eine besondere handelsgeschichtliche Bedeutung und setzen zumeist die Vorstellung einer außergewöhnlichen Entfernung über See mit ein, was zur Bezeichnung eines anderen Schiffstypus paßt (‚Tarschisch-Schiffe'). Folgerichtig wurde auch später Taršîš einerseits für eine extrem westliche Position im Mittelmeergebiet verwendet, also Karthago und sogar Tartessos, andrerseits war der Anklang an Tarsos in Kilikien zu deutlich. Zur Diskussion um Tartessos siehe (mit Literaturangaben) HUSS, a.a.O. (Anm. 10), 29f. (und 68ff.84ff.).

J 4.3	*Kittîm*[92]	Kyprier[93]	*Kitoi*
J 4.4	*R/Dôdanîm*[94]	Rhodier	*Rhodioi*[95]
J 5	*Tûbal*[96]	Tibarener	*Thobel*
J 6	*Mäšäk*[97]	Moscher	*Mosoch*
J 7	*Tîras*[98]	Tyrsener	*Thiras*

Die Liste dürfte aus der Königszeit (8./7. Jahrhundert) stammen, doch im vorliegenden Kontext dient sie einer Interpretation, die der Priesterschrift (P) zuzuschreiben ist. Bei der Datierung dieser P-Bearbeitung darf man nicht nur an den Abschluß der Endredaktion (6./5. Jahrhundert) denken, man muß auch das höhere Alter innerpriesterlicher Traditionen ins Kalkül ziehen. Schon der biblische Inhalt hat daher eine Deutungsgeschichte durchlaufen, bevor der Text selber wieder Gegenstand von Ausdeutungen

---

92 P.-E. DION, Les KTYM de Tel Arad: Grecs ou Phéniciens?, RB 99, 1992, 70–97.

93 Der Sachverhalt ist komplizierter. Zunächst handelte es sich wohl um die phönikische Niederlassung auf Zypern, die griechisch *Kition* genannt wurde, dann weitete sich der Bedeutungsumfang aus, der Bezug auf die Phöniker ging früh zugunsten einer zunehmenden Identifizierung mit westlichen Insel- und Festlandbewohnern verloren. In frühjüdischer Zeit polemische Bezeichnung für die griechisch/mazedonischen Eroberer und folglich auch die Seleukiden, zuletzt für Römer. Vgl. SIMONS, GTT (Anm. 20), 54f.; EB(B) IV, 1962, 294–398. Die Qumrantexte belegen gerade die Übergangsphase zu dieser letzteren Verwendung. Dennoch ging daneben die geographische Bindung an Zypern nie verloren, obwohl auch eine Reihe anderer geographischer Identifizierungen vorgenommen wurde. Geographischer Bezug und heilsgeschichtstheologisch-polemische Deutung verliefen also nicht auf einer Linie.

94 Siehe auch SIMONS, GTT (Anm. 20), 80f. Die Verwechslung zwischen hebräisch *R* und *D* bot Anlaß zu anderen Deutungen. Allerdings halten manche das *D* für ursprünglich und leiten den Namen von *Danuna* der Amarnabriefe oder von anderen, ägyptisch belegten Bezeichnungen für Seevölkergebiete her; dazu gibt es noch assyrische Belege für einen ähnlichen Namen *(Ja-danana/Ja-dnana)*. Sogar die Danaer Homers wurden bemüht. Siehe EB(B) II, 1962², 626f.

95 Auch LXX 1Chr 7.

96 Am Pontus, siehe auch zu *Mäšäk*. Näheres EB(B) VIII, 1982, 408–413. Wie *Mäšäk* von Anfang an im Verhältnis zur Gomärgruppe in Extremposition Nordwest neben Magog im Nordosten.

97 SIMONS, GTT (Anm. 20), 61f. zusammen mit Tubal behandelt, da die beiden (mit Ausnahme von Ps 120,5) auch Ez 27,13; 32,26; 38,2f.; 39,1 und Jes 46,19 (LXX) zusammen auftreten und so auch assyrisch *(Mushki, Tabali)* bezeugt sind. Simons denkt mit anderen bei Meshek vorrangig an die Phrygier, die durch die Kimmerier an die südwestliche Schwarzmeerregion verdrängt worden sind, weshalb sie Ez 38f. mit Magog als Nordvolk erscheinen.

98 Die Lokalisierung ist ungewiß, SIMONS, GTT (Anm. 20), 90 denkt an den Nordwesten Kleinasiens und benachbarte Inseln und Küstengebiete, nördlich von Elisha, an die *Tyrsênoi* der griechischen Quellen, so auch EB(B) VIII, 1982, 525f.

wurde, deshalb ist auch eine eindeutige Zuordnung bekannter Völkerschaften zu den einzelnen Namen nur unter dem Vorbehalt möglich, daß
während dieser langen Überlieferungsgeschichte bereits unterschiedliche
Identifizierungen möglich gewesen waren.

Wie die ganze Urgeschichte der Bibel, so dient auch die Völkertafel von
Gen 10 einer religiösen Zielsetzung. Die universal-schöpfungstheologisch
einsetzende Darstellung des Pentateuchs läuft auf die erwählungstheolo-
gisch bestimmte Beschreibung der Vorgeschichte Israels hinaus, mit dem
Exodus in Zielrichtung auf die Sinai-Szenerie mit ihren beiden Brenn-
punkten Torah-Offenbarung und Heiligtumsgründung, und schließlich hin
auf die Landnahme, so daß bereits hier die doppelte Konzentration deutlich
wird, die alle späteren jüdischen Interpretationen bestimmt, nämlich auf
das erwählte Volk im verheißenen Land und auf dessen kultisches Zentrum. Von vornhinein sind somit zwei Ausgangspunkte der Betrachtung
gegeben: Für die universale Betrachtung stellt die Region des Ararat, Ort
der Verteilung der Erde unter die Noah-Söhne, den Ausgangspunkt dar, für
die heilsgeschichtlich-kulttheologische Sicht steht Jerusalem bzw. das Land
Israel im Brennpunkt.

Jafet wird in Gen 9,25–27 im Gegensatz zu Ham (und speziell Kanaan)
in positiver Weise dem Sem zugesellt. Gleichzeitig wird die Weite seines
Gebietes und die Nachbarschaft zu Sem betont, wobei natürlich für Israel
die Philister der ausschlaggebende Faktor gewesen sein dürften, zu denen
ein zwiespältiges Verhältnis bestand. Einerseits war deren Zugehörigkeit zu
den Seevölkern wohl unübersehbar,[99] und Gen 10,14 leitet sie folglich von
den *Kaftôrîm* her, aber die werden dennoch in Gen 10,14 als *Miçrajim-*
'Anamîm-Nachkommen in die Hamiten-Genealogie eingeordnet. In Analogie
zu den innerhalb des Landes Kanaan zumindest theoretisch nicht duldbaren
Kanaanäern definierte man also in polemischer Manier auch die Philister als
Abkömmlinge des Ham und somit als Sklaven sowohl des Sem wie des
Jafet. In der Tat verwendete man im Mittelalter die Bezeichnung *Pᵉlîštîm* für
unliebsam nordafrikanische (Berber-)Stämme.[100] Trotz dieser wie im Fall
der Kanaanäer land-theologisch motivierten, polemischen Ableitung der

---

99 Neuere Literatur: T. DOTHAN, The Philistines and Their Material Culture, New
    Haven – London 1982; S. DEGER-JALKOTZY (Hg.), Griechenland, die Ägäis und die
    Levante während der „Dark Ages" vom 12. bis zum 9. Jh. v. Chr., Wien 1983;
    J. F. BRUG, A Literary and Archaeological Study of the Philistines, Oxford 1985;
    N. K. SANDERS, The Sea Peoples, London 1985²; O. MARGALITH, The Sea Peoples in
    the Bible (hebr.), Tel Aviv 1988; R. DREWS, The Coming of the Greeks, Princeton
    1988.

100 Vgl. Abraham b. David, *Sefär haq-qabbalah*, VII, 120f.142.146.373. Abraham bar
    Chijja, *Çûrat ha-'aräç* Kap. 1 erwähnt sie für die Klimazone 1 (von sieben): Saba,
    Dedan, Nilquellen, Philister/Berber, Kusch.

Philister von Ham ist die Annahme berechtigt, daß die Hebräer durch sie erstmals intensiver mit Völkern Kontakt bekamen,[101] die dann unter Jafet und speziell unter Jawan eingeordnet wurden.

In hellenistischer Zeit assoziierten manche Juden diesen Namen mit dem griechischen Götternamen *Iapetós*, so in der seltsamen Passage Sib III,110 (Kronos als Sem, Titan als Ham, Japetos als Jafet).

Nur zu (J-4) Jawan und seinen Söhnen wird in v. 5 ein geographischer Hinweis gegeben: Von ihnen haben sich die Inselvölker abgezweigt, was auf die ionischen Bereiche, die Ägäis und andere Mittelmeerinseln weist. Offensichtlich repräsentierten die Gomär- und Jawansöhne in dieser frühen Zeit jene Völkerschaften von den Jafetiten, die am ehesten am Erfahrungshorizont der Israeliten auftauchten, also einerseits die von Norden über das Taurus- und Kaukasusgebiet nach Süden vordringenden Stämme und andrerseits im Westen die Bewohner des östlichen Mittelmeerbeckens und seiner Inselwelt. Das armenische Gebiet nimmt dabei eine Schlüssel- und Mittelposition ein.[102] Auffälligerweise heißt es Gen 10,5 noch ausdrücklich: „Das sind die Nachkommen Jafets nach ihren Ländern, ihren Sprachen, ihren Generationen und ihren Völkerschaften" – als hätte einmal eine ausführlichere Liste vorgelegen, von der in den Versen 2–4 nur ein Rest erhalten blieb. Jedenfalls fordert v. 5 geradezu die Frage nach detaillierten Informationen heraus, und im Lauf der Tradition sind dann auch weitere geographische Bereiche zugewiesen worden.[103] Für Jawan und seine Söhne boten sich infolge konkreter Kenntnisse alsbald differenziertere Identifizierungen an, in bezug auf die Gomär-Völker hingegen blieb die Lage wandelbarer, weil zwar die wechselnden Völkerschaften als bedrohlich bekannt wurden, deren Herkunftsgebiete und selbst noch ihre kaukasisch-kleinasiatischen Wirkungsgebiete aber kaum bekannt waren und sich daher leicht mythologisch-sagenhafte Vorstellungen einstellen konnten, was speziell bei Magog (und Gog) der Fall war. Größeres Gewicht hatte demgegenüber – nicht zuletzt auf Grund der Handelsbeziehungen – der Süden und Osten, wie auch aus der Beschreibung der Handelsbeziehungen von Tyrus in Ez 27

---

101 Das schließt frühere Beziehungen zwischen dem vorderorientalischen und ägäischen Raum aber nicht aus, wie ja auch die Verbindungen mit Ägypten sehr früh zu belegen sind; vgl. C. H. GORDON, Before the Bible, New York 1962; DERS., Ugarit and Minoan Crete, New York 1966, der von einer gemeinsamen vorderorientalisch-ostmediterranen Kulturbasis ausgeht.

102 Zum Überblick siehe M. CHAHIN, The Kingdom of Armenia, Richmond 2002; ferner M. STRECK, Das Gebiet der heutigen Landschaften Armenien, Kurdistan und West Persien nach den babylonisch-assyrischen Keilinschriften, in: ZA 12, 1898, 57–115.

103 Dazu siehe vor allem S. KRAUSS, Die biblische Völkertafel in Talmud, Midrasch und Targum, MGWJ 39, 1895, 1–11.49–63.

erkennbar ist,[104] aus der man gleichzeitig ersehen kann, welche Bedeutung der phönikische Handel für das biblische Weltbild in der Tat hatte. Der mediterrane Bereich ist hier in v. 7 mit 'Elišah, in v. 12 mit Taršiš, in v. 13 mit Jawan, Tûbal und Mäšäk vertreten. Der Norden ist demgegenüber zweitrangig, v. 10 erwähnt mit *Prs*/Persien, Lwd/Kleinasien (Lydien?)[105] sowie v. 14 mit Togarmah das jeweils Äußerste, was auf diesem Horizont von Belang war. Selbst in Jer 25,19–26 figurieren die Könige des Nordens nur am Rande (in v. 26).

Ganz anders steht es unter dem Aspekt der Gefährdung von den Randgebieten her. Dabei dominiert der Norden, wie Ez 38 demonstriert. Magog und Gog, Mäšäk und Tubal begegnen v. 1–3, Gomer und Togarma in v. 6, wozu weitere nördliche Gebiete noch vage angedeutet werden. Der Norden – *çafôn*[106] –, als ‚linke' Seite der Welt bei Orientierung an der aufgehenden Sonne, wurde zur Chiffre für das Bedrohliche, Böse. Dazwischen werden in Ez 38 die anderen Extreme erwähnt, Persien im Osten und Afrika mit *Kûš* und *Pût*.

G. Hölscher hatte gemeint, das hinter Gen 10 stehende Weltbild ins 6. Jahrhundert datieren zu können, und kam damit der altjonischen Erdvorstellung und jener des Hekataios von Milet zeitlich nahe.[107] Vielleicht ist aber auch mit älteren Traditionen zu rechnen, die vor allem auf den Erfahrungen und Kenntnissen aus der frühen Königszeit fußen, als die Hebräer mit den Phönikern durch gemeinsame Handels- und Seefahrtsunternehmen in Kontakt kamen und dadurch ihre Kenntnisse über den

---

104 H. J. VAN DIJK, Ezekiel's Prophecy on Tyre, Rom 1968; P.-R. BERGER, Ellasar, Tarshish und Jawan, WO 13, 1982, 50–78.
105 Der Bezug auf Kleinasien/Lyder ist aber für die alte Zeit kaum zutreffend. Wahrscheinlicher ist ein Bereich im syrischen Raum. Siehe EB(B) IV, 1962, 438f.; SIMONS, GTT (Anm. 20), 56f. Die Gleichsetzung mit den (gegen 700 auftauchenden) Lydern (vgl. schon Jes 46,19) dürfte erfolgt sein, weil die alte Größe schon früh aus dem Bewußtsein verschwunden war und noch dazu Völkerschaften gleichklingenden Namens (die hamitischen *Lûdîm*) bekannt waren. So kam das Verständnis von Gen 10 zustande, wonach der Sem-Sohn *Lûd* nach Kleinasien gehört (siehe sogar Josephus, Ant I,144), was dann wieder einen entsprechenden Territorialanspruch provoziert hat. Es ist natürlich möglich, daß auch hier geographische Räume und ethnographische Bezeichnungen so aufeinander einwirkten, daß lydische Stämme sich zunächst tatsächlich in Bereichen aufhielten, die dem Semgebiet zugerechnet wurden und so mit dem Sem-Sohn der alten Liste in Gen 10 in Verbindung gebracht werden konnten, worauf sich diese Kombination dann mit den Lydern selber auf das westliche Kleinasien verlagerte.
106 A. LAUDA, Der Norden und die Nordvölker im Alten Testament, Helsinki 1943; B. S. CHILDS, The Enemy from the North and the Chaos Tradition, JBL 78, 1959, 187–198; J. DE SAVIGNAC, Le sens du terme Sâfôn, UF 16, 1984, 273–278.
107 HÖLSCHER, a.a.O. (Anm. 73), 34.

Südwesten (Ägypten/Nubien/Afrika)[108] und den Westen in ihre sonst mehr orientalisch orientierten Vorstellungen von der Welt einbauen konnten.

3.2 Das Jubiläenbuch

Das eindrucksvollste jüdische Zeugnis geographischer Kenntnisse in der Antike enthält das vollständig nur in äthiopischer Sprache erhaltene, aus einer griechischen Übersetzung übertragene *Buch der Jubiläen*.[109] Die Datierung der durch einige Qumranfragmente belegten hebräischen Fassung[110] ist umstritten, die Endfassung ist aber wohl mindestens um 175 oder noch eher vor 200 v. Chr. anzusetzen.[111] Wahrscheinlicher ist eine Abfassungszeit im 3. Jahrhundert.[112] Einzelne literarische Vorlagen und Einzelinhalte bzw. Stoffe hingegen reichen gewiß in ältere Zeit zurück, handelt es sich doch um priesterliche Überlieferungen, die vom Endredaktor zur Zeit aktueller Kontroversen auf seine Weise verarbeitet worden sind. Teil dieser priesterlichen Überlieferungen ist auch ein besonderer Kalender, der die Frage nach dem Verhältnis zur Tempelrolle aus Qumran aufgeworfen hat,[113] deren Datie-

---

108 D. T. ADAMO, Africa and the Africans in the Old Testament, San Francisco 1998; D. M. GOLDENBERG, Blacks in Jewish Antiquity, Princeton 2002.

109 Zur allgemeinen Information: G. SCHELBERT, Jubiläenbuch, TRE 17, 1988, 885–889. Verläßlichste Textausgabe und Übersetzung: J. C. VANDERKAM, The Book of Jubilees, Bd. 1: A critical text, Bd. II: Translated, Louvain (CSCO 510–511) 1989. Demgegenüber ist K. BERGER, Das Buch der Jubiläen (JSHRZ II/3), Gütersloh 1981, bereits überholt.

110 J. C. VANDERKAM, Jubilees, Book of, in: L. H. SCHIFFMAN – DERS., Encyclopedia of the Dead Sea Scrolls, I–II, Oxford – New York 2000, 434–438; DERS., DJD XIII, 1994, 95–140; É. PUECH, Une nouvelle copie du Livre des Jubilées, RdQ 19 (74), 1999, 261–264 (4Q484).

111 Für die gängige Datierung zwischen 175–150 v. Chr. siehe J. C. VANDERKAM, The Book of Jubilees, Sheffield (Guide of the Apocrypha and Pseudepigrapha 9) 2001. Um 180 v. Chr. datiert L. H. SCHIFFMAN, The Relationship of the Zadokite Fragments to the Temple Scroll, in: J. M. BAUMGARTEN – G. E. CHAZON – A. PINNICK (eds.), The Damascus Document. A Centennial of Discovery. Proceedings of the Third International Symposium of the Orion Center, 4–8 February 1998, Leiden (StTDJ 34) 2000, 133–145 (145).

112 J. MAIER, Die Qumrangemeinde im Rahmen des frühen Judentums, in: S. TALMON (Hg.), Die Schriftrollen von Qumran, Regensburg 1998, 51–69 (60f.); S. TALMON, Bilanz und Ausblick nach 50 Jahren Qumranforschung, a.a.O., 151. In die vorhellenistische Zeit datierte seinerzeit schon S. ZEITLIN in einer Serie von Artikeln zwischen 1931–1957, zusammengefaßt in: Studies in the Early History of Judaism, Bd. II, New York 1974, 4–41. 58–87. 88–115. 116–146. 147–164. 165–180.

113 J. C. VANDERKAM, The Temple Scroll and the Book of Jubilees, in: G. J. BROOKE (ed.), Temple Scroll Studies, Sheffield 1989, 211–236.

rung mittlerweile ebenfalls früher angesetzt werden muß, als es zunächst geschah. Auf alle Fälle sind im Jubiläenbuch auch höchst interessante ethno-geographische Bildungstraditionen verwertet worden. Auf griechischer Seite entspricht zeitlich am ehesten Eratosthenes (275–195 v. Chr.), eine Abhängigkeit von diesem ist jedoch nicht erkennbar. Im Grundschema gleicht nämlich manches dem alten ionischen Weltbild und dem, was von Hekataios bekannt ist. Aber sowohl im ganzen wie in den Details sind auch Besonderheiten festzustellen, die auf andere Traditionen und auf eine Zeit vor dem Alexanderzug weisen. Nicht zu übersehen ist vor allem der unterschiedliche Schwerpunkt, denn die Sem-Gebiete mit ihren Einwohnern dominieren vor den Ham-Gebieten, wie bereits in Gen 10, und im Rahmen des Sem-Bereiches bildet das Land Israel mit dem Tempel zu Jerusalem den zentralen theologischen Bezugspunkt.[114]

Die beste Rekonstruktion des Erdbildes im Jubiläenbuch 8–9 bietet nach wie vor eine Studie von G. Hölscher,[115] sie ist aber durch die späte Datierung und falsche Lokalisierung (gegen 100 v. Chr. in Ägypten) teilweise überholt, vor allem die zu starke Einbindung in den hellenistischen Kontext ist zu revidieren. Einen knappen, aber präzisen Überblick mit vielen Einzelbeobachtungen bot zuletzt Ph. S. Alexander,[116] der im Grunde mit Hölscher das altionische Weltbild und das Alte Testament als Hauptquellen voraussetzt.

Im Jubiläenbuch Kap. 8–9 (spätes 3./frühes 2. Jahrhundert v. Chr.) werden den drei Noahsöhnen die drei Hauptklimazonen zugeteilt, was im

---

114 Diesen theologischen Aspekt behandelte ausführlich J. FREY, Zum Weltbild im Jubiläenbuch, in: M. ALBANI – J. FREY – A. LANGE (Hg.), Studies in the Book of Jubilees, Tübingen (TSAJ 65) 1997, 261–292; J. T. A. G. M. VAN RUITEN, Eden and the Temple. The Rewriting of Gen 2:4–3:24 in the Book of Jubilees, in: G. P. LUTTIKHUIZEN (ed.), Paradise Interpreted, Leiden 1999, 63–94. Auch der sogenannte Aristeasbrief enthält solch theologische Motive, siehe dazu M. TILLY, Geographie und Weltordnung im Aristeasbrief, JSJ 28, 1997, 131–153.

115 HÖLSCHER, a.a.O. (Anm. 73), 57ff. S. 58 bot Hölscher einen Weltkarten-Rekonstruktionsversuch, bei dem man aber das westliche Mittelmeer im Süden noch tiefer und den Nilverlauf symmetrisch zum Verlauf des Tina-Stroms im Norden ansetzen, also alles noch schematischer gestalten müßte. Auch für das „erythräische Meer" dürfte eine andere Ausdehnung anzunehmen sein, es entspricht wohl dem Meer Atil im Westen. Über den Nordteil des Pazifik, der im Westen dem Meer Maʾuk entspräche und mit dem kaspische Meerbusen zusammenhängt, wußte man zu der Zeit nichts zu sagen.

116 PH. S. ALEXANDER, Notes on the „imago Mundi" of the Book of Jubilees, JJS 33, 1982, 197–213 (213 mit einer Weltkartenrekonstruktion, die dem Befund näher kommt als jene Hölschers). Siehe nun auch J. M. SCOTT, The Division of the Earth in Jubilees 8:11–9:15 and in Early Christian Chronography, in: ALBANI – FREY – LANGE (Hg.), a.a.O. (Anm. 114), 295–323.

Gegensatz zu geäußerten Vermutungen aber nicht mit einer Einteilung in Erdteile (Afrika, Europa, Asien)[117] gleichzusetzen ist.[118] Zudem wird das Ararat-Gebiet, also etwa Armenien, entsprechend Gen 9f. als Ausgangspunkt dieser Aufteilung angegeben, weshalb in Kap. 7,14–17 auch die drei ersten Stadtgründungen der drei Gruppen in den Himmelsrichtungen von da aus gesehen angegeben werden.

(A) Ham erhält die heiße Zone im Süden, (B) Sem die gemäßigte Zone in der Mitte und (C) Jafet den kalten Norden. Dies bedeutet für Sem eine Mittelposition vom extremen Osten bis zum extremen Westen, wo der Ozean in das südliche Meer Atil (Atlantis)[119] und das nördliche Meer *Ma'uk*[120] geteilt wird. Das Mittelmeer bildet mit dem Schwarzen Meer zusammen „das große Meer" und weist mehrere „Zungen" auf. Das westliche Mittelmeer scheint bis auf die Meerenge von Gibraltar, von welcher der Autor ebenso wie von der Gegend von Gadir/Gadeira offensichtlich keine rechte Vorstellung hatte, die ganze Nord-Süd-Breite der gemäßigten Zone einzunehmen, so daß sich hier de facto kein Sem-Land ergibt, während im östlichen Mittelmeer Kleinasien und die südlich vorgelagerten Mittelmeerinseln als Semgebiet gelten. Ihre Grenzen im Norden und Süden werden durch die beiden anscheinend symmetrisch verlaufenden Ströme Tina (Tanais, Don) und *Gichon* (Nil) gebildet, die also in West-Ost-Richtung vorzustellen sind, so daß sie im Norden die Grenze zu den Jafetiten und im Süden die Grenze zu den Hamiten darstellen. Die Vorstellung, daß die Nilquellen im indischen Bereich zu suchen sind, ist für persische Zeit zu belegen.[121] Daraus erklärt sich auch, daß man in hebräischen Überliefe-

---

117 A. HERMANN, Die Erdkarte der Urbibel, Braunschweig 1931. Zutreffend ist aber wohl (siehe a.a.O., 17–26) die Annahme, daß es sich um Überlieferungen aus Zeiten vor der Abfassung des Buches und um phönikische Informationen handelt.

118 R. UHDEN, Die Erdkreisgliederung der Hebräer nach dem Buche der Jubiläen, ZS 9, 1934, 210–233. Uhden schätzte allerdings den Charakter des Buches falsch ein, als eine Art Missionsschrift an die Adresse hellenistischer Juden.

119 Jub 8,22. Dazu siehe HÖLSCHER, a.a.O. (Anm. 73), 61.

120 Jub 8,22.26. Dazu siehe J. C. VANDERKAM z.St. (Bd. II, 54) mit Verweis auf ALEXANDER, a.a.O. (Anm. 116), 205, der wieder die Herleitung von *mj 'wqj 'nws* vertritt. VanderKam bemerkt aber mit Recht, daß in 8,22 die Deutung („wo alles, was da hinfährt [hebr. gewiß *jrd* als term. techn. der Seefahrt], zerstört wird") einen Anhaltspunkt im Namen haben dürfte, der also eventuell *mhwq* (im Sinne des Partizipium aktiv *mwḥq*) lautete. Im Hebräischen ist dies – vielleicht ein Ausdruck aus der Schreibersprache – statt einer ursprünglich phönizischen Bezeichnung verwendet worden, die im Sinne von aramäisch *mḥç* (schlagen, zerschmettern, vernichten) gemeint war, eine für die Biskaya und den Nordatlantik aus Seefahrersicht begreifliche Namensgebung. Vgl. eine ähnliche Zweiteilung auch bei Dionysius, siehe JACOB, a.a.O. (Anm. 25), 86.

121 Siehe HÖLSCHER, a.a.O. (Anm. 73), 30.

rungen die Kuschiten nicht bloß in Afrika/Äthiopien, sondern manchmal auch in Indien ansetzte.[122]

Zu Sem gehört somit als Landgebiet das ganze mittlere ‚Asien' inklusive Kleinasien im Westen,[123] im Norden durch den *Tina*-Strom begrenzt, als einer Linie, die vom (wohl südlicher anzusetzenden) Asowschen Meer (Meer *Mi'at*/Maeotis) nach Osten hin verläuft, im Süden anfangs den (nicht nach heutigem Befund verlaufenden) Nil entlang und dann in etwas komplizierter beschriebener Linienführung ostwärts um den „Garten" und im extremen Osten wieder nach Norden Richtung *Rafa*-Gebirge und *Tina*-Strom. In jedem Fall wird nicht bloß Kleinasien, sondern auch das kaukasische Gebiet mit eingeschlossen, wie dann auch die Einzelzuweisung der Gebiete an die Sem-Nachkommen beweist. Hinter dem Ganzen steht somit auch ein politisches Programm, ein Anspruch, der dann auch in der Bestimmung der Grenzen des Landes Israel wirksam wird.

Stellt man sich das Ganze als Scheibe vor, so werden im Norden wie im Süden die bewohnbaren Gebiete Jafets und Hams durch zwei parallel verlaufende, mythologische Bergketten abgegrenzt, die *Rafa*-Berge (die *Rhipaia horê* bzw. das ripäische Gebirge der altionischen Tradition)[124] bzw. Ringgebirge[125] im Norden (Jub 8,12.16.25–29) und das „Feuergebirge" im Süden (Jub 8,22).

Die Grenze zwischen Jafet und Sem wird also durch den Tina-Strom gebildet, den *Tanais* der Griechen,[126] dessen angenommener Lauf aber keineswegs dem (tatsächlichen) des Don entspricht, sondern eine Ost-West-Linie von den östlichen Rafa-Bergen bis zum „großen Meer" markierte und im letzten Teil die Maeotis einschloß. Dieser Flußverlauf entspricht dem

---

122 A. NEUBAUER, La géographie du Talmud, Paris 1868, 385f.

123 Die Jonier an der West- und Südwestküste befinden sich gewissermaßen in den „Zelten des Sem" (Gen 9,27).

124 PRE, 2. Reihe, 1. Halbband, Stuttgart 1914, Sp. 846–915.

125 In diesem Fall bietet sich einerseits eine ägyptische Vorstellung an, vgl. HÖLSCHER, a.a.O. (Am. 73), 58ff. Andrerseits ist die Bezeichnung vielleicht ursprünglich sumerischen Ursprungs und hatte die Bedeutung „Ringgebirge" wegen der Funktion, die Landmassen im Norden und Süden zusammenzuhalten. Vgl. W. VON SODEN, Akkadisches Wörterbuch, Bd. II, Wiesbaden 1972, 956 s.v. *rappu(m)*: Reif, Ring, „Reif, der machtvoll zusammenhält". Im Semitischen hatte die Wurzel rp' (heilen) zudem als Gegensatz zu (hebräisch *mḫç*) „Wunden schlagen" wohl konkret die Bedeutung „(wieder) zusammenhalten, zusammenwachsen", vgl. noch äthiopisch „zusammennähen" und siehe L. KÖHLER – W. BAUMGARTNER – J. J. STAMM, Hebräisches und aramäisches Wörterbuch, Lieferung IV, Leiden 1990, s.v. rp', 1186ff. (1187). Die alte Bezeichnung konnte also im semitischen Sprachbereich insofern ihren Sinn behalten.

126 PRE, 2. Reihe, 4. Bd., Neubearb., Stuttgart 1932, Sp. 2162–2166.

geographischen Weltbild vor dem Alexanderzug. Das Jafetgebiet erstreckt
sich also nach dieser Auffassung über Zentralasien weiter ganz nach Osten
(Jub 8,25).

Von der *Tina*-Mündung nach Westen muß man sich den Verlauf der
eigentlichen Nordküste des Mittelmeeres trotz der drei „Zungen" (Schwar-
zes Meer/Ägäis; Adriatisches Meer; Tyrrhenisches Meer) gemäß dem
Klimazonen-Schema so weit nördlich vorstellen, daß er dem Tina-Verlauf
im Osten entspricht. In nordwestlicher Richtung erstreckt sich das Jafet-
Gebiet (8,26) bis zu den Bergen von *Qelt*,[127] weiter bis zum Meer *Maʾuk* (und
den vorgelagerten Inseln, siehe 9,9) und von da südwärts auf Gadir zu. Der
Verlauf der Südgrenze von Westen nach Osten zurück zur *Tina*-Mündung
ist 8,27f. knapp formuliert, sie fällt mit der Mittelmeernordküste in eins.

Die sieben Jafetsöhne werden nun im Jubiläenbuch 9,7–13 folgendermaßen
verteilt: (1) Gomär im Osten, (2) Magog im „Inneren" (also westlich davon
bis an die Maeotis), (3) Medaj (in seinem ursprünglichen Gebiet) westlich
davon im Land am Meer *(Maʾuk)* mit seinen vorgelagerten Inseln, (4) Jawan
auf den Inseln gegen Lûd (Kleinasien) hin, also in der Ägäis, (5) Tubal in
der Mitte, auf der Landzunge gegen Lûd hin und auf dem jenseitigen Ufer,
also am Balkan nördlich von Jawan und im adriatischen Raum, (6) Mesech
jenseits davon bis Gadir (Cadix) im Osten,[128] also Südfrankreich und
Spanien, (7) Tiras auf den Inseln gegen Ham (Afrika) hin.

Es steht außer Frage, daß mit dieser Ansetzung der Gomär-Söhne der
nördliche Mittelmeerraum in erstaunlichem Maß Berücksichtigung gefunden hat, auch wenn bis zu einem gewissen Grad offenbleiben muß, was im
einzelnen auf das Konto von späteren Bearbeitern bzw. Übersetzern gehen
könnte. Die bisher bekannten hebräischen Qumranfragmente decken leider
keine Passagen in den Kapiteln 8–9 ab, daher ist Vorsicht am Platz. Sie
lassen jedoch im übrigen die Annahme zu, daß die äthiopische Übersetzung
sich nicht in einem solchen Maß von der hebräischen Fassung unterscheidet,
wie manchmal angenommen worden ist.[129] Bedauerlicherweise ist in Einzelfällen die Gestalt der Eigen- und Ortsnamen nach wie vor problematisch
und somit ein Unsicherheitsfaktor. Geht die Erwähnung Gadirs aber auf die
hebräische Fassung zurück, dann liegt ein sehr frühes Zeugnis für einen
Bereich der iberischen Halbinsel vor. Wie man sich Gadir/*Gadeira*/Cadiz
vorstellte und wie der Verfasser es eigentlich lokalisierte, ist unklar, das
Hamgebiet reicht nämlich nach 8,23 an die Grenzen von Gadir, und nach

---

127 Möglicherweise der ganze Gebirgsgürtel vom Balkan bis zu den Pyrenäen.

128 Huss, a.a.O. (Anm. 10), 24ff. (mit Literaturangaben). 27ff. 68f.

129 Uhden, a.a.O. (Anm. 118), 216ff. überzog mit seinen Annahmen sekundärer
   Bestandteile bei weitem. Dies gilt auch bezüglich der Angaben über den *Tina*-
   Strom (Don) als Grenzfluß zwischen Jafet und Sem.

9,12 reicht das Meshek-Gebiet bis in den Osten von Gadir. Die Existenz dieser alten phönizischen Kolonie konnte den Hebräern in vager Weise gewiß schon früh bekannt geworden sein. Um 500 wurde sie karthagisch und 206 v. Chr. römisch. Man hat die Kenntnis über phönikische Kolonien westlich der Linie Karthago – Westküste Italiens für frühe Zeit bezweifelt,[130] was indes gerade wegen der Bedeutung von Cadiz nicht überzeugt und als Informationsmöglichkeit einseitig griechische Quellen voraussetzt.

Die Besiedlung der einzelnen, zugeteilten Völkergebiete erfolgte laut Jub 10,27ff. nach dem Turmbau von Babel. Für das Jubiläenbuch war die phönikische Kolonisation im westlichen Nordafrika ein willkommener Anlaß, um in 9,1 dem Ham-Sohn Kanaan (in Ausdeutung von Gen 10)[131] eben das westliche Nordafrika als eigentliches Stammgebiet zuzuweisen. Nur widerrechtlich und aus Anmaßung blieb Kanaan laut Jub 10,29–34 in Phönizien/Palästina hängen. Während der Landnahme der Israeliten unter Josua wurden nach späterer Auffassung die Kanaanäer des Landes Israel teils ausgerottet, teils in dieses eigentliche Stammgebiet, teils aber auch nach Norden verdrängt, so daß sich für spätantike und mittelalterliche Sicht ‚Kanaanäer' sowohl in Osteuropa wie in Nordafrika vorfanden.

Amüsant ist auch die Erklärung, die Jub 10,35 für die reale Lokalisierung von Medaj bietet, der nach 9,9 doch Mittel- und Westeuropa mit den vorgelagerten Inseln erhalten hatte. Er sah dieses Land am Meer, und es gefiel ihm nicht, daher bat er die Sem-Söhne Elam, Assur und Arpakshad um ein Siedlungsgebiet in ihrem Bereich. Der Verfasser läßt nicht erkennen, wie er sich die Bevölkerung dieser verschmähten Gebiete Europas dachte, sie lagen offensichtlich als eher sagenhafte Größen außerhalb seiner Interessen, er benutzte die vage Kenntnis von ihrer Existenz nur zur Erklärung der ihm vertrauten Tatsache, daß die Meder bzw. Perser sprachlich weder in den ‚semitischen' Mittleren Orient noch zu den meisten Völkerschaften paßten, die vom Norden und Nordosten her in den Vorderen und Mittleren Orient eindrangen.

3.3 Judith

Geographische Angaben kosmographischen Charakters, die auch mit Überlieferungen über die Völkertafel von Gen 10 zusammenhängen, enthalten

---

130 So etwa UHDEN, a.a.O. (Anm. 118), 225ff.
131 HÖLSCHER, a.a.O. (Anm. 73), 42. 53, sah bereits in Gen 10 in der Einordnung Kanaans eine polemische Spitze, motiviert durch die frühe phönizische Kolonisation.

die Kapitel 1–2 des Buches Judith.[132] Allerdings läßt die Überlieferung der Namensformen manche Fragen offen, darüber hinaus ist das vorausgesetzte ethno-geographische Bild nicht recht nachvollziehbar, was früh zu Ergänzungen geführt und dann die lateinische Übersetzungstradition zu beträchtlichen Änderungen veranlaßt hat. Im ersten Teil geht es um die Beschreibung des Herrschaftsbereichs des „Assyrerkönigs Nebukadnezar", was indes – wie auch der Einschluß Ägyptens zeigt – persische Herrschaftsverhältnisse voraussetzt. In 1,11 wird eine reichsweite Revolte, in v. 12 Aufstände im Westen (Kilikien, Damaskus, Syrien, Moab, Ammon, Judäa) und in Ägypten angegeben. Judith 1,13ff. nennt Feldzüge im Zweistromland und gegen Osten, 2,21ff. schildert den Heerzug des Holofernes von Niniveh nach Westen, und zwar in eigentümlicher Weise.[133] Zuerst drei Tagesmärsche in Richtung Nordwesten nach Oberkilikien und weiter ins Bergland. Dann (v. 23f.) aber heißt es, er habe *Phoud, Loud*, die Söhne von *Rassis*[134] und die Ismaeliten geschlagen. Allem Anschein nach entspricht dieser Passus[135] der vorher in v. 11 genannten weiterreichenden Revolte, und Holofernes schlägt sie demgemäß von jener Region aus nieder, in der einst nach Gen 9 die Verteilung der Welt unter die Noahsöhne und deren Nachkommen vorgenommen worden ist. *Pût*, der dritte Sohn des Ham, wird in der Regel einem Teil Nordafrikas westlich von Ägypten (vgl. Jub 7,13; 9,1)[136] zugeordnet und wurde hier aus den Hamiten wohl deshalb als Vertreter des Südwestens gewählt, weil sich mit *Pût* ein militärisches Renommé verband.[137] *Lûd*, der vierte Sohn des Sem,[138] steht für Kleinasien, weil (vgl. auch Jes 66,19) schon selbstverständlich mit den lange Zeit so mächtigen Lydern verbunden (vgl. auch Jub 9,6 und – erstaunlicherweise! – Josephus, Ant I,144). Die beiden wurden gern zusammen genannt, vgl. Ez 27,10, wo *Prs*/Persien und *Lwd* und *Pwṭ* (LXX: *Lydoi, Libyes,* und *Persai*), oder

---

132 E. ZENGER, Das Buch Judit, Gütersloh (JSHRZ I/6) 1981, 449ff.; siehe nun auch die Beiträge in: J. C. VANDERKAM (ed.), „No One Spoke Ill of Her". Studies on the Book of Judith, Atlanta 1992.

133 Siehe dazu SIMONS, GTT (Anm. 20), 491–494.

134 Möglicherweise besteht ein Zusammenhang mit *Roʾš* in Ez 38,2 bzw. 39,1, in der LXX: *Rôs.*

135 Die Verse 23–26 bezeichnete SIMONS, GTT (Anm. 20), 493 als „learned" insertion.

136 HALÉVY, a.a.O. (Anm. 64), 14f.; Josephus, Ant I,132ff. (Libyen). In der palästinischen Targumtradition zu Gen 10: *ʾljḥrq,* dazu: A. EPSTEIN, Les Chamites dans la table ethnographique selon le Pseudo-Jonathan comparée avec Josèphe et le livre des Jubilées, RÉJ 24, 1892, 82–98 (88).

137 Ursprünglich Libyen? Vgl. SIMONS, GTT (Anm. 20), 75f. Doch erforderte die klanglich passendere Gleichsetzung von *Lûbim* oder *Lehabîm* mit Libyern eine andere Lokalisierung.

138 Zu unterscheiden von *Lûdîm*, Erstgeborene von *Miçrajim*, also Ham-Nachkommen.

38,5, wo *Prs* und *Kwš*/Äthiopien (LXX: *Lydoi, Aithiopes* und *Persai*) zu finden sind. Möglicherweise hatten solche Zusammenstellungen überhaupt mehr mit kriegerischem Ruf als mit ethnographisch-geographischen Vorstellungen zu tun. Hier im Judith-Buch kommen die Ismaeliten für den Südosten hinzu, und die zuvor genannten Söhne von *Rassis*, das bislang nicht gedeutet werden konnte, dürften den östlichen Norden repräsentieren, denn die Korrektur zu „Tarsis" in der lateinischen Tradition ist unpassend.

Darnach wendet sich der Blick der engeren Krisenregion zu: Holofernes unterwirft das Eufratgebiet bis zum Meer (v. 24). Dann aber zieht er gegen (v. 25) Kilikien und bis zum Anfang der Jafet-Gebiete, *tà pròs nóton katà prósôpon tês Arabías*. Der Passus ist rätselhaft, daher wird der Text gern emendiert. Aber möglicherweise ist etwas ausgefallen, was den Zug aus dem Norden (aus dem Beginn des Jafetitengebiets) nach Süden versetzte, oder die griechische Phrase bezieht sich zunächst durchaus noch auf ein Gebiet im Norden, gegenüber dem arabischen Süden. Jedenfalls handelt es sich demnach (v. 26) um die Midianiter, also den Süden des engeren Bereichs, von dem aus der Zug anscheinend durch das Ostjordanland nordwärts (v. 27) nach Damaskus und über die phönizischen und philistäischen Küstenorte schließlich ins Land Israel gelangt, und zwar in konzentrisch einengenden und gegenläufigen Operationen, also von einer universalgeographischen bzw. kosmographischen, an der Tradition von Gen 10 orientierten Darstellung zu einer regional orientierten übergehend, weil sich das eigentliche Interesse der Erzählung eben einerseits auf die Macht des Weltherrschers, andrerseits auf das Geschick Israels und der Stadt des Heiligtums konzentriert. Die Erwähnung des Gebietes von Jafet hat v. 25 vielleicht doch einen sinnvollen Platz, denn der mesopotamisch-‚semitische‘ Herrschaftsanspruch erstreckt sich eben (nur) bis zur Grenze Jafets, die hier im kaukasischen Bereich liegt. Der Text enthält also kein einheitliches Konzept, in ihm sind vielmehr zwei recht unterschiedliche geographisch-ethnographische Vorstellungskomplexe verbunden worden, wobei sich manche Details nicht ins neue Gesamtbild fügten. Aber die Verantwortlichen für diese Redaktionsvorgänge hatten kaum ernsthafte ethnogeographische Interessen, ihnen ging es um literarisch-‚historische‘ Wirkung.

3.4 Philo

Philo von Alexandrien, der ansonsten die Anfangskapitel der Genesis nicht nur intensiv ausdeutet, sondern überhaupt zur Darlegung seines Denkens benutzt, hat Gen 10 mit seiner Thematik offenbar bewußt ausgeklammert. Er verweist in *De posteritate Caini* § 90f. nur ganz vage auf die Verteilung der

Völker, verknüpft diese aber mehr mit der Adamsnachkommenschaft (Gen 5). In *Legum allegoriae* II § 62 und *De sobrietate* § 59f. und § 67 kommt er zwar auf Ham und Kanaan sowie das positive Verhältnis zwischen Sem und Jafet im Sinne von Gen 9,21ff. zu sprechen, aber auf die Völkertafel geht er nicht ein.

3.5. Die Söhne Jafets nach Josephus, Ant I,122–129

Josephus ergänzt die biblischen Namen (mit Einschränkungen) durch zugeordnete Gentilicia und dazu noch mit weiteren Identifizierungen bzw. durch Lokalisierungen,[139] aber in einer Weise, die im Vergleich zum Jubiläenbuch auf eine kontextmäßig verblüffende Einengung des geographischen Horizonts hinausläuft.[140] Im Text selbst werden die Gomär- und Jawansöhne wie in Gen 10 als Gruppen für sich nachgestellt, in der Liste selber fällt die Umstellung zwischen *Medaj und Jawan* auf, das Fehlen der *Dodanim* (J4–4)[141] hatte eher textgeschichtliche Gründe.

	Wiedergabe des biblischen Namens	Völkername	Aktuelle Identifizierung
J 1	Gómaros	Gomaräer	Galater (Kelten)
J 1.1	’Aschanaxês	Aschanaxen	Rheginer
J 1.2	*Rhipháthês*	Rhiphatäer	Paphlagonier
J 1.3	*Thygrámês*	Thygramäer	Phrygier
J 2	*Magôgês*	Magoger	Skythen
J 2(4)	*Iôyanos*		Jonier, Hellenen
J 4 (3)	*Mádos*	Madäer	Meder

---

139 Dazu detaillierter TH. W. FRANXMAN, Genesis and the „Jewish Antiquities" of Flavius Josephus, Rome 1979, 100–116; Franxman unterstreicht insbesondere die antigriechische Note in der Zitierung der (veränderten) griechischen Benennungen. Dazu ist nun auch heranzuziehen: L. H. FELDMAN, Judean Antiquities 1–3. Translation and Commentary, Leiden (Flavius Josephus. Translation and Commentary, ed. ST. MASON, vol. III) 2000, 43–47.

140 FRANXMAN, a.a.O. (Anm. 139), 101f. denkt gleichwohl an die Liste des Jubiläenbuchs als Quelle, weil Josephus eine ähnliche Beschränkung aufweist. Das dürfte indes auf weiter verbreitetem Usus infolge der Interessenverlagerung auf die hellenistisch-römische Welt beruhen. Im übrigen verweist Franxman auch auf einige deutliche Unterschiede, etwa die Nennung des Taurus und Amanus bei Josephus (nach Strabo) als Beginn des Jafet-Gebiets, was die Sem-Grenze nach Osten verschiebt und somit der Tendenz des Josephus in bezug auf die heiklen Ostgrenzen Roms auch sonst entspricht.

141 Wie FRANXMAN, a.a.O. (Anm. 139), 103 vermerkt, wird die Zahl von 70 Nachkommen Noahs aber durch Zufügung eines Namens unter den Hamiten wieder erreicht.

J 4.1	'Alisâs	Halisäer	Äolier
J 4.2	Thársos	Tharsäer	Tharsos/Tharsier = Kilikier
J 4.3	Chéthmos		Zypern, Kition[142]
J 5	Theóbêlos	Theobeler	Iberer
J 6	Méschos	Meschener	Kappadokier
J 7	Theirês	Theirier	Thraker

In § 122 heißt es zuvor: „Jafet, der Sohn Noahs, hatte sieben Söhne. Sie siedelten beginnend von den Gebirgen des Taurus und Amanaus (in Kleinasien) weiter in Asia bis zum Strom Tanais und in Europa bis Gadeira", und zwar in bis dahin unbewohnten Gebieten, weshalb Länder- und Völkernamen identisch seien. Das Ganze entspricht dennoch weniger dem Jubiläenbuch[143] als zeitgenössisch bekannten politisch-geographischen Gegebenheiten. Denn wollte man unter Galatern nicht die kleinasiatischen Galater verstehen, sondern die auch sonst bei Josephus genannten Gallier, und unter Iberern, wie an anderen Stellen bei Josephus,[144] tatsächlich Bewohner Spaniens, ergeben sich bei der Liste selber wegen der angegebenen Nachbarschaft Schwierigkeiten. In dem späten Werk *Contra Apionem* I,67 werden diese westlichen Galater und Iberer als einst relativ unbekannte Größen bezeichnet, jedoch als Bewohner eines weiten Gebietes. Um so mehr fällt auf, daß Josephus in dem früh verfaßten Werk *De bello Iudaico* in der Agripparede II,358ff. neben den Iberern Spaniens und den Galliern (Galater) auch die Briten und Germanen (§ 376f.) prominent erwähnte, sie alle hier in der Liste aber überhaupt nicht unterbrachte. Die Erwähnung des Tanais verrät auch bereits dessen Funktion als Ostgrenze des Erdteils Europa, aber das Gebiet westlich davon bleibt eigentlich unberücksichtigt.

Josephus hat also ein älteres, ausgesprochen auf Kleinasien zentriertes Szenarium mit den Rheginern und Thrakern als extremster Position im Nordwesten übernommen.

Die Gomär-Gruppe ergibt ein geschlossenes Gebiet. Die Galater waren in der Liste also offensichtlich (vgl. 2Makk 8,20; 1Makk 8,2) jene im kleinasiatischen Raum,[145] eine ziemlich konstante, aber unruhige ethnische Größe,

---

142 Josephus verweist auf Xeti *(Kittim)* = hebr. „Seevölker".

143 Für den Tanis/Don wird im Unterschied zum Jubiläenbuch offensichtlich ein mehr realistischer Verlauf vorausgesetzt.

144 Wie Bell II,374; Ant X,227 (mit Libyen von Nebukadnezar erobert!); XII,414; XIX,17; *Contra Apionem* II,40.

145 F. STÄHLIN, Geschichte der kleinasiatischen Galater, Stuttgart 1924; K. STROBEL, Die Galater. I. Untersuchungen zur Geschichte und historischen Geographie des hellenistischen Kleinasiens, Berlin 1998.

nach dem Zerfall des großen Phrygien im 3. Jahrhundert v. Chr. aus dem
Balkan zugewandert. Galatien stand in einem wechselvollen Verhältnis zu
den Nachbarstaaten Pontus, Kappadokien und Pergamenisches Reich,
endete im frühen 2. Jahrhundert v. Chr. als römischer Vasallenstaat und
wurde schließlich unter Augustus als eigene (kaiserliche) Provinz einverleibt.

„Rheginer" – überraschenderweise für 'Aškᵉnaz – ist eine seltene
Bezeichnung, ab einer gewissen Zeit für Stämme nördlich der Thraker
verwendet.[146] Sie nehmen jedenfalls einen geographischen Raum ein, der
bereits in die Richtung der späteren Lokalisierung von 'Aškᵉnaz (weiter im
Norden und Nordwesten) deutet. Für die übernommene Liste ist aber doch
eher an das Gebiet der späteren römischen Provinz Bithynien zu denken,
für das auch der Name Askania/Ascania in Anlehnung an den gleichnamigen
See in Gebrauch war. Philo, Legatio ad Gaium 281 nennt Bithynien und
Pontus als nördlichste jüdische Diasporagegenden Kleinasiens; in Josephus,
Bell. II,368 erscheint Bithynien an erster Stelle der kleinasiatischen Gebiete,
die sich den Römern fügten. Nicht ausgeschlossen kann werden, daß die
Wahl des Namens „Rheginer" durch die Vorstellung bestimmt war, daß die
betreffenden Bewohner auch das gegenüberliegende (europäische) Küsten-
gebiet bewohnten.[147] Jedenfalls ergibt sich für die Gomär-Gruppe ein
geschlossenes Gebiet im zentralen und nordwestlichen Kleinasien, in dem
für 'Aškᵉnaz die äußerste NordwestPosition als kennzeichnend verblieb.

Rifat mit Paphlagoniern verbunden zu sehen überrascht somit geographisch nicht. Die politische Rolle der Landschaft war wegen der umstrittenen Lage zwischen Bithynien und Pontus interessant und bekannt.[148]

---

146 Hier schwerlich mit Rhegion gegenüber dem sizilischen Messina (Philo, De aeterni-
 tate mundi § 139) zu verbinden, doch mag die Position an zwei gegenüberliegenden
 Küstenstreifen eine Rolle für die Verwendung der Bezeichnung gespielt haben.
 Nach Ptolemaios III,10.10 gab es ein Rhegianon in Moesia inferior, also im Gebiet
 südlich der Donau am Schwarzen Meer. Die Deutung auf Asia proconsularis, von
 SCHALIT (Namenwörterbuch [Anm. 57], 101) vertreten, wird auch von FRANXMAN
 (a.a.O. [Anm. 139], 105, Anm. 24), abgelehnt, denn dort sind im Inneren schon die
 von Josephus genannten Phrygier und an den Küstengebieten Ionier anzusetzen.
 SCHALIT (a.a.O., 101) dachte an eine durch ein Mißverständnis des Ausdrucks
 regiones für kleinasiatische römische Provinzen entstandene Bezeichnung, die
 somit in der Liste keinen Sinn habe.
147 Vgl. auch FRANXMAN, a.a.O. (Anm. 139), 106, der aber (gestützt auf Strabo) Chalkis
 auf Euböa als Hintergrund für diese Rheginer des Josephus vermutet. Dieser hätte
 aber dieses griechische Gebiet nicht einbeziehen wollen. Das scheint indes ziemlich
 weit hergeholt.
148 Vgl. Ant XVI,23 die Landreise des Herodes mit Marcus Agrippa vom Pontus über
 Paphlagonien, Kappadokien, Groß-Phrygien nach Ephesus bzw. Ionien.

Die Gleichsetzung der Phrygier mit Togarma entspricht alter Tradition (siehe oben). Ihre Bedeutung als politische Macht in Kleinasien begann im 8. Jahrhundert und währte direkt bis zur Herrschaft der Lyder und dann der Perser. Im 4. und frühen 3. Jahrhundert gewann das Gebiet neuerlich als Groß-Phrygien westlich von Kappadokien und Kilikien ein beachtliches Eigengewicht im seleukidischen Bereich, geht dann in das großpergamenische Reich über und schließlich (wie schon Mysien, Lydien und Karien 133 v. Chr.) 116 v. Chr. in der römischen Provinz *Asia* auf. Es handelt sich also um eine Größe, die im 3./2. Jahrhundert noch eine beträchtliche Rolle gespielt hat und später vor allem im Landschaftsnamen weiterlebte, der indes recht unterschiedlich weit gefaßt werden konnte.[149]

Auch Skythen für Magog entspricht alter Tradition.[150] Sie gehören hier wohl hauptsächlich in das bosporische Gebiet,[151] in dem sogar noch zur Zeit des Josephus außerhalb des römischen Reichs eine neutrale politische Größe existierte.[152] Josephus erwähnte sie bereits in Bell VII,245, wo er ihnen die Alanen unterordnet. In alter Zeit (siehe oben zu Magôg) waren die Skythen nordöstlicher angesetzt, eine bedrohliche Macht im kaukasisch-kaspischen Gebiet und von dort her für den Vorderen Orient eine Gefahr. In der griechisch-biblischen Tradition tauchen sie teilweise in Gen 14,1.9 für Elam auf, und seltsamerweise auch mit dem griechischen Namen für Beth Shean als „der Skythen Stadt": *Skythopolis*. In frühjüdischen Texten begegnen sie Judith 3,10; 12,29 und 3Makk 7,15. Den Griechen wurden sie aber als nordöstliche Nachbarn der Thraker bekannt, von den Sarmaten überlagert, wie Josephus auch Bell VII,89f. erkennen läßt, und durch den Schwarzmeerhandel (vgl. *Contra Apionem* I,64). Sie hatten allgemein das Renommée, wilde Menschen mit seltsamen, strengen Bräuchen (2Makk 4,47; Josephus, *Contra Apionem* II,269) und ‚Barbaren' schlechthin zu sein. Die Bezeichnung war zur Zeit des Josephus also schon eine archaisierend-typisierende,[153] als politische relevante mehr in die hellenistische Zeit passend.

---

149 Vgl. Dionysius von Alexandrien, in: CHR. JACOB, La description de la terre habitée de Denys d'Alexandrie, Paris 1990, 108.

150 Auch wenn expressis verbis erst bei Josephus so.

151 Vgl. Dionysius von Alexandrien, a.a.O. (Anm. 149), 107 (Zeilen 788ff.): Alle Stämme in der Gegend von Pontus werden den Skythen zugerechnet.

152 V. F. GAJDIKEVIC, Das Bosporanische Reich, Wien – Köln 1974².

153 Vgl. auch Philo, *De ebrietate* § 174 (seltsame Lebewesen); *De somniis* § 59 nennt das Skythenland mit Syrien, Babylonien, Indien als Beispiel für ein weites Gebiet; *De vita Mosis* II, § 19 stellt Extreme in der Welt der Barbaren gegenüber, Ägypter und Skythen, Asien und Europa; ähnlich in *Legatio ad Gaium* § 10: Eufrat – Rhein, Germanen, Sarmaten, Skythen.

Die alte, östliche Position der Skythen (also nicht die nach Josephus!) hatte übrigens eine Nachwirkung in einer Alexanderlegende.[154]

Dem Jawan werden nicht bloß die Jonier, die in diesem Szenarium ganz Südwestkleinasien abdecken, sondern alle Hellenen pauschal zugeordnet, wofür bereits LXX Jes 66,19; Ez 27,13 und 1Makk 1,1 (vgl. 8,9) anzuführen wäre. Gemessen an der politischen Bedeutung der griechischen Stämme und ihrer Vielfalt ist dies nach Westen hin auffällig dürftig, oder einfach vorsichtig? Erstaunlich ist die Gleichsetzung von *'Elîšah* mit Halisäern bzw. Äolern und somit als nördlichste Exponenten der Gruppe in der Region. Diese Deutung ist besonders signifikant, denn für römische Zeit wäre die Erwähnung dieser Region um Lesbos sinnlos, weil längst Teil der Provinz *Asia*. In hellenistischer Zeit war hingegen die einstige Bedeutung der Äoler für die griechische Geschichte (äolischer Bund) wie ihre Rolle unter persischer Herrschaft wohl noch bewußt. Josephus erwähnte begreiflicherweise Halisäer oder Äoler sonst nirgends mehr. *Taršîš* wird mit Tarsos[155] und Kilikien in Südostkleinasien verbunden, obschon die Gleichsetzung mit Tartessos (nördlich von Gadeira) zu der Zeit nahe gelegen hätte, wollte man die Spannweite bis Gadeira ausdehnen. Kilikien war wegen seiner Lage dem syrisch-palästinischen Raum wohlbekannt und wird auch in frühjüdischen Texten wiederholt erwähnt.[156]

Und dazu kommt im Südosten noch Zypern für *Kittîm*. Das ist erstaunlich, denn dieser Name war bereits lange zuerst auf Seleukiden und schließlich auf Römer bezogen worden, also auf Mächte, die aus dem Westen/ Nordwesten anrückten.[157] Im Vergleich zum Jubiläenbuch, wo der Jawangruppe hauptsächlich die Inselwelt zugeteilt wird, besetzt sie hier das ganze nördliche Mittelmeerküstengebiet östlich der Adria einschließlich der Inseln.

Die dem Tubal zugeordneten Iberer sind in dieser Nachbarschaft in der Liste offensichtlich die kleinasiatisch/kaukasischen Iberer,[158] im Gegensatz

---

154 A. R. ANDERSON, Alexander's Gate, Gog and Magog, and the Inclosed Nations, Cambridge 1932.

155 Vgl. 2Makk 4,30.

156 Siehe 1Makk 11,14; 2Makk 4,30; 4Makk 4,2; Judith 1, 7.12; 2,21.25. Bei Philo taucht Kilikien in *Legatio ad Gaium* § 281 in der Diasporaliste auf. Josephus kommt auch sonst häufig auf Kilikien zu sprechen. Hervorgehoben sei Ant XIII,374, wo er pisidische und kilikische Söldner des Hasmonäerherrschers Alexander Jannaj erwähnt.

157 G. J. BROOKE, The Kittim in the Qumran Commentaries, in: C. A. ALEXANDER (ed.), Image of an Empire, Sheffield 1991, 135–159; H. ESHEL, The Kittim in the War Scroll and in the Pesharim, in: D. GOODBLATT – A. PINNICK – D. R. SCHWARTZ (eds.), Historical Perspectives: From the Hasmoneans to Bar Kokba in Light of the Dead Sea Scrolls, Leiden (StJD 37) 2000, 29–44; T. LIM, Kittim, in: Encyclopedia of the Dead Sea Scrolls, I–II (Anm. 110), 469–471.

158 Vgl. auch Ant XIII,421; XVIII,97.

zum Jubiläenbuch, wo Tubal das Balkan/Adriagebiet einnimmt. Die Iberer spielten zumindest bis zur Bildung der römischen Provinz Pontus/Cappadocia und bis zur Ausweitung des benachbarten Armenien (das die jüdische Tradition Sem zuteilte) im Osten der Kolcher eine gewisse Rolle. Aber das war höchstens in hellenistischer Zeit noch von Interesse, es sei denn, man ordnete den Iberern das ganze ostpontische Gebiet (der Kolcher) zu, das ansonsten in der Liste ja nicht vertreten wäre. Sie treten später noch gelegentlich ins Licht der Politik und Geschichte, als Grenzvolk zwischen Byzanz, nordkaukasischem Raum und Partherreich. Wie archaisch diese Zuordnung ist, zeigt (außer Gen 10) noch Ezechiel (27,13; 32,26; 38,2f. und 39,1), der die Nähe zu Magog (Gog) erkennen läßt. Vielleicht subsumierte man aber unter Iberer auch die an der Südostküste des Schwarzen Meeres siedelnden Kolcher.

Nur so kommt eine direkte Nachbarschaft zwischen Tubal und den Meschenern in Kappadokien zustande, denn Kappadokien, im 3./2. Jahrhundert ein Königreich mit wechselhafter Geschichte, reichte zeitweilig (mit Pontus) im Norden bis ans Schwarze Meer und im Nordosten bis in die Melitene und nach Kleinarmenien hinein. Obschon früh unter römischer Kontrolle, wurde das Land doch erst 17 n. Chr. zur römischen Provinz, in reduzierter Form (im Westteil) blieb diese auch in byzantinischer Zeit bestehen. Ein König von Kappadokien wird 1Makk 15,22 erwähnt. Mit der jüdischen Geschichte war Kappadokiens Herrscherfamilie durch Heirat mit den Herodiern verbunden. Dennoch ist die Gleichung *Mäšäk* = Kappadokier verblüffend, denn die griechisch-biblische Tradition verband damit *Kptwr/Kptwrjm (Kaftor)*,[159] und das Jubiläenbuch (9,12) teilte ihnen alles jenseits der dritten „Zunge" zu, bis an den Osten von Gadir.

Dies alles ist um so verwunderlicher, als Josephus angesichts der wirklichen Lage gerade auch die Bewohner Italiens und speziell die Römer in der Völkertafel hätte unterbringen müssen. Offensichtlich wollte er aber gerade eine Aktualisierung dieser Art vermeiden und begnügte sich mit der doppelsinnigen Bedeutung der Namen Galater und Iberer, vielleicht auch ein Indiz dafür, daß er insgeheim die Identifizierung Roms mit Edom/Esau vertrat, wofür auch manches in seiner Wiedergabe der Patriarchenerzählungen spricht. Die priesterliche Tradition im Jubiläenbuch, die tatsächlich den Bogen bis an den Atlantik spannte, war Josephus nicht mehr direkt bekannt, sie wurde bis 70 n. Chr. in eschatologisch-oppositionellen und darnach in christlichen Kreisen weitertradiert. Aber die dort vertretene Ansicht, daß Kleinasien noch Sem-Gebiet ist, läßt auch Josephus in Ant I,144 insofern erkennen, als er *Lûd* mit Lydern gleichsetzt. Und später wird ein solcher Anspruch sowohl in rabbinischen Texten über Salomos Rolle als Weltherr-

---

159 Siehe Dt 2,23; Am 9,7; Ez 38,5.

scher vertreten[160] als auch in den Sibyllinen (III,167ff.) deklariert. Josephus
dürfte also bei den Jafetiten Rücksicht auf die Interessen Roms genommen
haben, wie er auch in Ant I,143 die Grenzen Sems so beschreibt, daß man
den Eindruck hat, er habe darauf geachtet, Roms Ostgrenzen ja nicht in
Frage zu stellen, wobei er sich den Doppelsinn von *Asia* zunutze machte.
Trifft diese Voraussetzung einer bewußten Vermeidung aller römischerseits
heiklen Themen zu, dann versteht es sich von selbst, daß Josephus eben
keine aktuelle Liste der Völker und Provinzen des römischen Reichs
benutzte, sondern im Widerspruch zum universalen Anspruch seines Bibeltextes und seiner eigenen Ankündigung sich mit einer wesentlich älteren
hellenistischen Liste begnügte. Die meisten der genannten Größen passen
ihrer ethno-politischen Rolle nach besser ins späte 3. und frühe 2. Jahrhundert v. Chr. als ans Ende des 1. Jahrhunderts n. Chr., und einige hatten zur
Zeit des Josephus nur mehr eine Bedeutung als Landschaftsbezeichnungen.

Hätte Josephus seine Liste aus Bell II,358ff. verwertet, wäre in der Tat
der universale Charakter zum Tragen gekommen. Der Bogen hätte sich
dann für die Jafetiten vom Kaukasus- und Schwarzmeergebiet im Nordosten über Kleinasien und den Balkan-Alpenraum zu den Galliern und
Iberern im Westen gespannt und zuletzt noch die nordwestlichen Extrempositionen, Germanen und Briten, berührt. Dann aber hätte Josephus in
bezug auf Italien/Rom Farbe bekennen müssen. Was er Rom in dieser
Agrippa-Rede zugestand, wollte er aber im Kontext einer Deutung von
Gen 10 sichtlich vermeiden. Rom hat nach Josephus eine historisch begrenzte, wenn auch zur Zeit dominante Rolle zu spielen, die im grundsätzlichen
Gegensatz zum überzeitlichen Anspruch Jakobs/Israels steht. Nur vorder-
gründig bleibt bei dieser gezielt aussparenden Darstellung der universale
Anspruch der römischen Weltmacht als alleiniger bestehen.

Die Liste des Josephus hatte in dieser Gestalt aber eine erhebliche
Nachwirkung im christlichen Bereich.[161] Ein Umstand ist für die spätere
Josephus-Rezeption und Josephus-Ausdeutung dennoch zu beachten: Mit
der Zuteilung der Galater an Gomär war die Identifizierung mit Galliern
und so auch mit dem Frankenreich (im *Sefär Josippon*) vorprogrammiert,
gleichzeitig die Zuordnung der Germanen als ein offenes Problem und die
Auffüllung des mittel- und osteuropäischen Raumes als aktuelle Aufgabe
vorgegeben. Und damit war auch die neue Position von 'Aškᵉnaz im
äußersten Nordwesten der Gomär-Gruppe vorgegeben.[162]

---

160 Vgl. Targum II zu Esther I; YalqŠim II, § 172.
161 Vgl. allein die Angaben in der Einleitung von E. KLOSTERMANN zu Eusebius, Das
   Onomastikon der biblischen Ortsnamen, Leipzig (GCS Eusebius III/1 = GCS 11/1)
   1904 (Nachdruck Hildesheim 1966).
162 Siehe dazu den folgenden Beitrag.

§ 7

Zu ethnographisch-geographischen Überlieferungen über Jafetiten (Gen 10,2–4) im rabbinischen Judentum

1. Allgemeines

Im folgenden werden die rabbinischen Auslegungstraditionen zu Gen 10 in Verbindung mit einschlägigen biblischen Stellen überprüft und mit Angaben außerhalb des Völkertafel-Schemas verglichen, wobei allgemein-kosmographische Vorstellungen hier außer Betracht bleiben.[1] Diese Beobachtungen dienen der Ergänzung der in diesem Band vorangehenden Studie, in der die einschlägigen jüdischen Traditionen und Vorstellungen in der Zeit vor 70 n. Chr. behandelt wurden.[2] Mittelalterliche Zeugnisse für die Rolle der Geo-

---

1 Vgl. zu dieser immer noch vorrangig mesopotamischen (also weniger hellenistischen) Orientierung G. SARFATTI, Talmudic Cosmography (hebr.), Tarb. 35, 1965/66, 137–148.

2 Siehe den vorhergehenden Beitrag mit weiteren Literaturangaben. Für die Antike siehe insbesondere E. OLSHAUSEN, Einführung in die historische Geographie der Alten Welt, Darmstadt 1991 (mit reichen Literaturangaben); C. ADAMS – R. LAURENCE, Travel and Geography in the Roman Empire, London 2001; K. BRANIGAN etc. (eds.), Lexicon of the Greek and Roman Cities and Place Names in Antiquity ca. 1500 B.C. to c. A.D. 500, Amsterdam 1992; E. OLSHAUSEN – H. SONNABEND (Hg.), Stuttgarter Kolloquium zur Historischen Geographie des Altertums, I 1980, Bonn 1987; II 1984, Bonn 1991; III 1987, Bonn 1991; IV 1991, Amsterdam 1994; H. SOLIN – O. SALOMIES, Repertorium nominum gentilium et cognominum Latinorum, Hildesheim 1994²; H. SONNABEND (Hg.), Mensch und Landschaft in der Antike. Lexikon der historischen Geographie, Stuttgart 1999; STEPHANUS BYZANTINUS, Ethnikón. A Geographical Lexicon on Ancient Cities, Peoples and Toponyms, ed. A. MENEKE, Berlin 1849 (reprint Chicago 1992).
Für das Mittelalter siehe vor allem auch: G. CORNU, Atlas du monde arabo-islamique à l'époque classique, Leiden 1985; R. W. BRAUER, Boundaries and Frontiers in Medieval Muslim Geography, Philadelphia 1997; P. CHARLES-DOMINIQUE, Voyageurs arabes. Ibn Fadlan, Ibn Jubayr, Ibn Battuta et un auteur anonyme. Textes traduits, presentés et annotés, Paris 1995; P. AINSWORTH – T. SCOTT (eds.), Regions and Landscapes. Reality and Imagination in Late Medieval and Early Modern Europe, Oxford 2000; H. KLIEGE, Weltbild und Darstellungspraxis hochmittelalter-

graphie in der jüdischen Tradition und für das Bild von der bewohnten Welt[3] wurden an anderer Stelle skizziert.[4] Hier werden in erster Linie die rabbinischen Zeugnisse behandelt,[5] während drei Bereiche mit ihren geographisch-ethnographischen Angaben bzw. Sondergut aus Gründen des Umfangs und ihrer eigentümlichen Problematik ausgeklammert werden: (1) die *Sibyllinischen Orakel*,[6] die eine Fülle von Einzelangaben enthalten. (2) Der pseudo-philonische *Liber Antiquitatum Biblicarum* (LAB), der in Kap. IV–V zu Gen 10 reiches, wenngleich graphisch häufig entstelltes Sondergut enthält, das in ähnlicher Gestalt dann auch für die mittelalterliche *Megillat Jerahmeʾel* verwertet worden ist. Dieser geographisch-ethnographisch eigentümliche Komplex ist offenbar noch nie gründlich bearbeitet worden, seine Auswertung wäre aber in mancherlei Hinsicht von Nutzen.[7] Im folgenden werden also nur die unmittelbaren Entsprechungen zu den rabbinischen Angaben in den Genealogien angeführt und das genealogische Sondergut listenmäßig (siehe unten 2.2) so weit erfaßt, daß Kontinuität und Wandel hinsichtlich des Grundbestandes und die maßgeblichen Veränderungen des Weltbildes deutlich werden. (3) Ein weiterer, sehr umfangreicher Komplex, nämlich die einschlägigen Zeugnisse aus der christlichen Tradition, die teilweise auch auf jüdischen Voraussetzungen fußen. Allein aus den Schriften des Hieronymus wäre eine Fülle von Entsprechungen und Hinweisen anzuführen.

Die frühen jüdischen Zeugnisse für ethnographisch-geographische Aussagen zu den Jafetiten ergeben den eigentümlichen Befund, daß nach der im

---

licher Weltkarten, Münster 1991; J. H. PRYOR, Geography, Technology, and War. Studies in the Maritime History of the Mediterranean, 649–1571, Cambridge 1992²; B. RADTKE, Weltgeschichte und Weltbeschreibung im mittelalterlichen Islam, Beirut 1992.

3   Dazu siehe insbesondere R. FONTAINE, The Inhabited Parts of the Earth according to Medieval Hebrew Texts, in: U. HAXEN etc. (eds.), Jewish Studies in a New Europe, Kopenhagen 1998, 254–261; DERS., Between Scorching Heat and Freezing Cold. Medieval Jewish Authors on the Inhabited and Uninhabited Parts of the Earth, Arabic Sciences and Philosophy 10, 2000, 101–137.

4   J. MAIER, The Relevance of Geography for the Jewish Religion, in: J. HELM – A. WINKELMANN (eds.), Religious Confessions and the Sciences in the Sixteenth Century, Leiden 2001, 136–158.

5   Für frührabbinische Hinweise siehe nun auch K. FINSTERBUSCH, Nichtjuden und Völker im Spiegel rabbinischer Texte der tannaitischen Zeit, Hannover 1999.

6   J. GEFFCKEN, Die Oracula Sibyllina, Leipzig 1902; H. MERKEL, Sibyllinen, Gütersloh (JSHRZ V,8) 1998, 1041–1140; J. J. COLLINS, The Sibylline Oracles of Egyptian Judaism, Missoula 1974; R. BUTTERWERF, Book III of the Sibylline Oracles and its Social Setting, Leiden (SVTP 17) 2003.

7   Siehe nun auch H. JACOBSON, A Commentary on Pseudo-Philo's *Liber Antiquitatum Biblicarum*. With Latin text and English Translation, Leiden (AGAJU 31), vol. I, 1996, 640; vol. II, 1996.

Vergleich zu Gen 10 beachtlichen Horizonterweiterung, die im Jubiläenbuch bezeugt ist, in keiner späteren frühjüdischen Schrift, auch nicht bei
Philo oder Josephus, der jeweils tatsächlich vorhandene Kenntnisstand in
die Ausdeutungen der Jafetiten-Genealogie von Gen 10,2–4 übernommen
worden ist. Es kam vielmehr gerade auch bei Josephus in seiner für Gen 10
verarbeiteten Liste zu einer verblüffenden Einschränkung des Jafetitengebiets auf die Region des östlichen Mittelmeers und besonders Kleinasiens,
mit Thrakien im Nordwesten und dem bosporanischen Reich im Nordosten
als äußersten Extremen im Norden, obschon einleitend sogar Gadeira
genannt wird. Josephus scheute sich also, im Zusammenhang mit Gen 10
seine tatsächlichen geographisch-ethnographischen Kenntnisse einzubringen,
die er an anderen Stellen sehr wohl zu verwerten gewußt hat. Dieses
seltsame Verhalten erklärt sich wohl nur daraus, daß zwischen dem Gebiet
der tatsächlich verwendeten, aber auf Kleinasien zentrierten Jafetitenliste
und im Westen Gadeira eben die Kerngebiete des Römischen Reiches lagen
und eine bestimmte, bereits damals übliche weltgeschichtliche Einordnung
Roms ihn daran hinderte, Farbe zu bekennen, weil sie politisch einen nicht
unbedenklichen, polemischen Charakter aufwies und eine prinzipielle,
geschichtstheologisch begründete, machtpolitische Konkurrenz zwischen
Israel und Rom voraussetzte.[8]

Die vorliegenden Wörterbücher zum nachbiblischen Hebräisch und zu
den jüdisch-aramäischen Idiomen bieten leider zu Gentilica und Geographica selten ausreichende Auskunft im Sinne historischer Lexikographie,[9] was
zum Teil auch durch die erheblichen Schwierigkeiten bedingt ist, die durch
Verwechslung bzw. Identifizierung ähnlicher Bezeichnungen in den Überlieferungen entstanden sind. Von Fall zu Fall variierende Schreibweisen der
fremden Namen in den textlichen Überlieferungen kommen noch hinzu.
Eine Rekonstruktion der ältesten Gestalt solcher Namen in der jeweiligen

---

8 Dazu siehe in diesem Band auch den Beitrag über Amalek (siehe unten S. 219–236).

9 Für Josephus siehe A. SCHALIT, Namenwörterbuch zu Flavius Josephus, Leiden
   1968, das gerade auch zu den handschriftlich recht variierenden griechischen
   Namensformen in der Septuaginta interessantes Vergleichsmaterial liefert, aber
   natürlich darüber hinaus noch weit mehr relevante Informationen enthält. Für die
   talmudische Periode sind für die hier verfolgten Zwecke die Standard-Wörter-
   bücher von J. LEVY und M. JASTROW heranzuziehen, sodann der ʿArûk des Natan b.
   Jechiel von Rom aus dem 11. Jahrhundert in seinen Bearbeitungen bzw. Ausgaben,
   zuletzt A. KOHUT (ed.), Aruch completum, vol. 1–8 und vol. 9 (Additamenta), Wien
   1892 (Nachdruck New York 1955; Tel Aviv 1969/70). Angesichts dieser unbefrie-
   digenden Forschungslage sind daher immer noch die Angaben in E. BEN-YEHUDA,
   Thesaurus totius Hebraitatis, vol. 1–8, Jerusalem 1910-1959 (Neudruck New York
   1960), von Nutzen. Vgl. Y. Shahar, Josephus Geographicus. The Classical Context
   of Geography in Josephus, Tübingen (TSAJ 98) 2004.

Quelle ist nicht mehr möglich, da die ältesten erreichbaren rabbinischen Textzeugen in jedem Fall aus dem Mittelalter stammen. Die Thematik selbst ist im Verlauf des 19. Jahrhunderts des öfteren mehr oder minder unmittelbar behandelt worden,[10] zum Teil freilich in apologetischer Manier im Blick auf das Verhältnis zwischen 'Aškenaz und „Deutschland". Von den Älteren hat S. Krauss das ganze Problemfeld nach mehreren vorangehenden Studien zuletzt 1935 eingehender behandelt,[11] in mancher Hinsicht allerdings ebenfalls einseitig. Immerhin hat er die Vorgänge der Identifizierung ähnlich klingender Bezeichnungen und die geographische Verlagerung infolge konkreter Erweiterungen des geographisch-ethnographischen Horizonts und infolge von Bevölkerungsverschiebungen deutlich gemacht.

In den einschlägigen rabbinischen Quellen blieb das geographische Interesse im Westen weitgehend auf das östliche Mittelmeergebiet und auf Rom begrenzt, und insofern blieb der Horizont ziemlich konstant, in etwa dem byzantinischen Herrschaftsbereich entsprechend. In mehreren Fällen wurden aber schon früh ähnlich klingende Bezeichnungen zusammengeworfen, so daß sich im nachhinein verschiedene Lokalisierungs- und Identifizierungsmöglichkeiten ergaben. Durch Horizonterweiterungen kam es auch in einigen Fällen zu sukzessiven Westverlagerungen bekannter Größen. So wurden bei den Bezeichnungen 'Ispamja', Sefarad, Çarefat und Garmamija'/Germamijah und Garmanija'/Germanijah/Carmania (und ähnlich)[12] ursprünglich divergierende Lokalisierungen im Lauf der Zeit zuletzt aufgehoben und aktualisierend auf eine bestimmte, aktuelle Größe begrenzt, auch wenn der Kontext Schwierigkeiten bereitete.

---

10 J. KAPLAN, 'Äräç qedûmîm. Des S. Levisohn Biblische Erdbeschreibung nach Talmud, Midraschim, Pesiqta, erläutert und berichtigt, I–II, Wilna 1839; H. GRAETZ, Die talmudische Topographie, MGWJ 2, 1853, 106–113.145–152.190–201 (speziell 198ff.); A. NEUBAUER, La géographie du Talmud, Paris 1868 (Nachdruck Hildesheim 1967); A. EPSTEIN, Les Chamites dans la table ethnographique selon le Pseudo-Jonathan comparée avec Josèphe et le livre des Jubilées, RÉJ 24, 1892, 82–98; S. KRAUSS, Geschichte. 1. Griechen und Römer, Wien – Leipzig (Monumenta talmudica 5) 1914 (Nachdruck Darmstadt 1972); B.-Z. SEGAL, Ha-gê'ôgrafijah ba-Mišnah, Jerusalem 1979. Ein wichtiger Beitrag, der aber leider nicht publiziert worden ist, stammt von P. S. ALEXANDER, The Toponomy of the Targumim with Special Reference to the Table of the nations and the boundaries of the Land of Israel, Diss. Oxford 1974. Wie der Titel selber andeutet, richtet sich das geographische Interesse aber auf das Land Israel.

11 S. KRAUSS, Die hebräischen Benennungen der modernen Völker, in: Jewish Studies in Memory of George A. Kohut, New York 1935, 379–412.

12 Schon die Wahl der Vokalisation spiegelt in der Regel eine inhaltliche Vorentscheidung.

2. Rabbinische Jafetiten-Listen zu Gen 10,2–5

2.1. Vorbemerkung

Bestimmte rabbinische Traditionsstränge enthalten zu Gen 10,2f. für die Jafetiten neue ethnographische und geographische Zuordnungen, so vor allem
der – allerdings variantenreiche – Midrasch *Genesis Rabbah*[13] und – in weit-
gehender Übereinstimmung damit – die ebenfalls variantenreichen palästinischen Targumüberlieferungen.[14] Teilweise damit verwandt ist die auch
nicht einheitliche Tradition im palästinischen Talmud, yMeg I,11/71b.[15]
Einige Varianten finden sich auch im Targum zu 1Chr 1. Im babylonischen
Talmud hingegen liegt nur ein knappes Stückchen vor, nämlich im Traktat
Jôma᾿ fol. 10a. Das antike jüdische Interesse an den Jafetiten beschränkte sich
begreiflicherweise auf das Judentum des byzantinischen Herrschaftsbereichs.

Im einzelnen bereiten die Varianten mancherlei Schwierigkeiten. Zwar handelt es sich meist nur um variierende Schreibungen, denn fremde Namen
weisen in ihrer Wiedergabe in einer anderen Sprache eben oft Entstellungen
auf, aber in einem aramäisch/hebräischen Text, also in einer bloßen Konso-
nantenschrift, kommen doch noch viel größere Unsicherheiten bezüglich
der Vokalisation hinzu. Belanglose Schreibvarianten oder Schreibfehler
werden im folgenden nicht verzeichnet, auch nicht die häufigen Verwechs-
lungen von hebräisch *W(aw)* und *J(ôd)*. Vorweg werden zum Vergleich
jeweils noch die Angaben in der Liste des Josephus (*Antiquitates Iudaicae*
I,122–129) für die Söhne Jafets geboten, deren Gebiet er einleitend als vom
Taurus und Amanus nach Asien zum Tanais (= Don) und in Europa bis
Gadeira (Cadiz) reichend umrissen hat, während in der Liste selbst der
Westen fehlt,[16] auch wenn „Galater" und „Iberer" (vgl. unten *Mᵉgillat Jᵉrach-
mᵉ᾿el* XXXI [bzw. III],4) als doppeldeutig später auf die westlichen Träger
dieser Bezeichnungen bezogen werden konnten. Aber gerade der *Sefär Jôsîp-
pôn* tat das nicht (mehr), er machte aus Tubal (Josephus: Iberer) Tuskanier,
und Gomär selbst (Josephus: Galater) wird bei ihm nicht eigens identifiziert.
Dabei würden hier die Iberer gut passen, weil gerade dieser geographische

---

13 J. THEODOR – CH. ALBECK, Bereshit Rabba, Jerusalem 1965², z.St., mit zahlreichen
    Textvarianten und Hinweisen in den Fußnoten.

14 D. RIEDER, Targum Jonathan ben Uziel on the Pentateuch, Jerusalem 1974; A. DÍEZ
    MACHO, Ms. Neophyti 1, I. Genesis, Madrid – Barcelona 1968; DERS., Biblia
    Polyglotta Matritensia, IV,1: Genesis, Madrid 1988.

15 Talmûd jᵉrûšalmî, Jerusalem 1960 (Nachdruck der Standardedition von KROTO-
    SCHIN); Angaben zu Lesarten bei F. HÜTTENMEISTER, Megilla. Schriftrolle, Tübingen
    (Übersetzung des Talmud Yerushalmi II/1) 1987, z.St.

16 Dazu siehe den vorhergehenden Aufsatz.

Bereich fehlt. Das hat aber Gründe, denn die iberische Halbinsel war zur Zeit der Abfassung des *Sefär Jôsîppôn* (um 950 n. Chr.) zum Großteil maurisch, also de facto Sem-Gebiet, und der Norden von „Franken" besetzt; die Iberer hatten also wie Galater/Gallier bzw. Kelten keinen Platz mehr, es sei denn, man differenzierte im Norden der iberischen Halbinsel zwischen Iberern und Franken.

Außer den spätantiken Texten wurden in der Liste auch frühe mittelalterliche Zeugnisse angeführt, weil sich dadurch die aktualisierenden Verschiebungen und Adaptierungen noch deutlicher abheben. Abgesehen vom *Sefär Jôsîppôn*,[17] der um 950 im byzantinischen Herrschaftsbereich Italiens redigiert worden ist, sind in diesem Zusammenhang noch die Aktualisierungen der Genealogie von Gen 10,2f. in der M^egillat J^erahm^e'el (MJ) zu erwähnen.[18] Ungeachtet der späten mittelalterlichen Redaktion reicht das verwertete Material dieser in ihrem ursprünglichen Bestand beträchtlich angereicherten Chronik weiter zurück. Zu Gen 10 enthält dieses Buch in Kap. XXVII (III,4) eine Überlieferung, die Pseudo-Philo, *Liber Antiquitatum Biblicarum* (Kap. 4), entspricht, wobei allerdings eigentümliche Erweiterungen und Änderungen vorliegen.[19] In Kap. 31,3–5 (IV,3) begegnet eine andere, die auf der Rezeption von Josephus, *Antiquitates Iudaicae* I,122ff., beruht und nur in einzelnen Positionen an mittelalterliche Verhältnisse adaptiert wurde. Dazu kommt Kap. 31,6ff. noch eine weitere aktualisierende Deutung, die der *Jôsîppôn*-Überlieferung entspricht,[20] die außerdem noch im *Sefär ha-Jašar* (ShJ)[21] Aufnahme gefunden hat (Liste B) und dort teilweise erweitert erscheint, und zwar in anderer Weise als in der M^egillat J^erahm^e'el. Der *Sefär ha-Jašar* bietet aber zuvor noch eine kürzere Liste (A). Gegenüber diesen Traditionen des byzantinisch-westlichen Bereichs belegt Saadja b. Josef Gaon (gest. Baghdad 942 n. Chr.), wie sich eine Aktualisierung der Völkertafel aus orientalischer Sicht durchführen ließ.

---

17   D. FLUSSER, Sefär Jôsîppôn, I, Jerusalem 1978, 3–9.

18   M. GASTER, The Chronicles of Jerachmeel, New York 1971², Kap. XXVII,1; XXVII,3; XXXI,4, und dazu siehe nun die neue Ausgabe von E. YASIF, Sefär ha-zikrônôt – dibrê ha-jamîm li-J^erahm^e'el. The Book of Memory that is the Chronicle of Jerahmeel, Tel Aviv 2001, 127–129, mit anderer Kapitelzählung (für hier: III,4 und IV,3).

19   H. JACOBSON, Thoughts on the Chronicles of Jerahmeel, Ps.-Philo's Liber Antiquitatum Biblicarum, and their Relationship, Studia Philonica Annual 9, 1997, 239–263.

20   Wiedergabe der Namen nach dem hebräischen Manuskript und nach D. J. HARRINGTON, The Hebrew Fragments of Pseudo-Philo, Missoula 1974, 16f.

21   L. GOLDSCHMIDT, Sefär ha-Jašar, Berlin 1923; J. DAN, Sefär ha-Jashar, Jerusalem 1986. Englische Übersetzung: M. M. NOAH, The Book of Yashar, New York 1840 (Neudruck 1972).

2.2. Zu den genealogischen Tabellen

Aufgenommen wurden hier (abgesehen von Flavius Josephus, Ant I,122ff. vorweg) folgende Texte: von den palästinischen Targumim[22] TJ = *Targum Ps.-Jonatan;*[23] CN = *Codex Neophyti;*[24] FT = *Fragmententargum;*[25] ferner *Targum 1Chronik* mit drei Varianten (A, B und Ms. C = Cambridge);[26] yMeg I,11/71b; *Genesis Rabbah* XXXVII,1;[27] bYom 10a; *Syrische Schatzhöhle* (eigentlich *Buch der Biene*);[28] Pseudo-Philo, *LAB* IV.[29] Aus dem frühen Mittelalter wurden zum Vergleich außer dem *Sefär Josîppôn,* der M[e]*gillat J[e]raḥm[e]'el* (MJ) und dem *Sefär ha-Jašar* (ShJ) Liste A[30] und Liste B[31] noch der Pentateuchkommentar des Rab Saadja b. Josef Gaon (RS"G) mit seiner geographisch ganz anderen Sichtweise angeführt.[32] Fallweise (siehe die Anmerkungen) wurden noch weitere Quellen herangezogen. Dies ergibt folgende Tabelle der Identifizierungen und Lokalisierungen (wobei J Jafet und die beigefügten arabischen Ziffern die genealogische Position seiner Nachkommen anzeigen):

---

22 Gut zu überblicken anhand von Díez Macho, Biblia Polyglotta Matritensia IV,1 (Anm. 14), 62ff. mit Erklärungen und 417f. mit weiteren Lesarten.

23 Editionen: M. Ginsburger, Pseudo-Jonathan, Berlin 1903 (Hildesheim 1971); D. Rieder, Targum Jonatan ben Uziel on the Pentateuch, copied from the London MS, Jerusalem 1974; Díez Macho, Biblia Polyglotta Matritensia IV,1 (Anm. 14).

24 Díez Macho, Neophyti 1,I (Anm. 14). Mit Lesarten der Manuskripte 110, 264, 440.

25 M. L. Klein, The Fragment-Targums of the Pentateuch, I–II, Rom 1980 (nur ein Fragment zu Gen 10,4).

26 Zwei Variationen (A, B) mit Lesarten. Textedition: R. Le Déaut – J. Robert, Targum des Chroniques, I–II, Rom 1971. Erklärungen in Bd. II, 39f.

27 Zahlreiche leicht variierende Lesarten bei Theodor – Albeck, a.a.O. (Anm. 13), im textkritischen Apparat. Angeführt werden nur die auffälligsten Abweichungen (in runden Klammern).

28 E. A. Wallis Budge, The Book of the Cave of Treasures, London 1927, 133f. Das Werk enthält viele jüdische Überlieferungen. Der Text selbst bietet in einer Version S. 133 nur die Namen der sieben Jafet-Söhne und nach Tiras den Hinweis: „und alle Alanenreiche"; dazu kommt S. 134 eine andere, kleinasiatisch zentrierte Liste aus dem *Buch der Biene* Kap. XXII.

29 G. Kisch, Pseudo-Philo's Liber Antiquitatum Biblicarum, Notre-Dame 1949, 118ff.; Chr. Dietzfelbinger, Pseudo-Philo: Antiquitates Biblicae, Gütersloh 1975 (JSHRZ II/2), 108ff.

30 Goldschmidt, a.a.O. (Anm. 21), 20; Dan, a.a.O. (Anm. 21), 60; Noah, a.a.O. (Anm. 21), 15. Sie enthält zusätzliche Nachkommen.

31 Eingeschoben nach der Geschichte von der Zerstreuung der Völker (Gen 11): Goldschmidt, a.a.O. (Anm. 21), 31f.; Dan, a.a.O. (Anm. 21), 71; Noah, a.a.O. (Anm. 21), 26.

32 Y. Qafih, Perûšê Rabbênû Sa'adjah Ga'ôn 'al ha-Tôrah, Jerusalem 1963, 22f.

Jafet selbst wird in den erhaltenen antiken jüdischen Quellen trotz des bereits verblüffend großräumigen Ansatzes im Buch der Jubiläen (3./2. Jahrhundert v. Chr.) nicht mehr näher definiert; Josephus hatte diesbezüglich nämlich nicht Farbe bekannt, weil er eine entsprechende Einordnung des Römischen Reiches bzw. der Römer vermeiden wollte.[33] In der mittelalterlichen M͑egîllat J͑erahm͑e'el XXXI,1 (IV,3) wird im Rahmen der Gebietsverteilung an die Noahsöhne Sem, Ham und Jafet das Sem-Gebiet wie schon im Jubiläenbuch als klimatisch mittlere Zone angesetzt und nach Westen ebenfalls bis zum Atlantik hin ausgedehnt. In dieser im Grundbestand alten Liste geht der Blick vom Eufrat aus zuerst nach Osten bis Indien, dann nach Westen, wobei bemerkenswerterweise auch das Rheinland wegen seiner bekannten jüdischen Gemeinden einbezogen wird:

> „Sem, der Erstgeborene, nahm seinen Teil im Land 'Asija', das ist das Land Pdm, von bq͑trjm (Baktrien) bis 'jndj'n' (Indien), vom Fluß Eufrat bis zum Ozean-Meer im Westen, und den ganzen Rhein. Ihre Sprachen belaufen sich auf siebenundzwanzig und ihre Völkerschaften auf vierhundertundsechs."

Im Süden befindet sich das Ham-Gebiet, auffälligerweise um Aram erweitert:

> „Ham nahm seinen Teil im Lande 'Afrîqija', das ist 'Aram und H͑amat und das Libanongebirge, in einem weiten Land, vom Meer bis zum Ozean-Meer, vom Sûf-Meer bis zum Philistermeer, von Rîsam bis Gadêra'; und ihre Sprachen belaufen sich auf vierundzwanzig und ihre Völkerschaften auf dreihundertundvierundneunzig.
>
> Und Jafet nahm seinen Teil im Lande 'ê'rôpa', das ist im Land [...] von Medien bis Bôdê'ah; und ihr Gebiet reicht vom Taurusgebirge und von den M'nw-Bergen, die im Lande 'Aram (Syrien) sind und im Lande Sîçîlî'ah (gemeint ist Sjljçh: Cilicien), bis zum Fluß Ṭana'îs, bis Gadêra'. Das ist das Land 'ê'rôpa', und ihre Sprachen belaufen sich auf zwanzig <und drei> und ihre Völkerschaften auf dreihundert."

Ausgangspunkt ist das „Ararat"-Gebiet (Nordsyrien/Ostkleinasien), von da aus geht der Blick zuerst nach Osten und Nordosten, dann nach Norden zum Don, von dem auch nach Westen bis Gadeira sich „Europa" erstreckt.

---

33 Dazu siehe in diesem Band den vorangehenden Aufsatz und den Beitrag über Amalek (siehe unten S. 219–236).

J-1 Jafet-Sohn 1: Gomär

Josephus	Gomaräer = Galater[34]
Targumim und GenR	'prjqj, 'prjq '[35]
1Chr A	'prjqj[36]
1Chr B	Grmnjh
1Chr C	Grmkjj'
yMeg/bYom	Grmmj'/h[37]
bYom 10a	Grmmj'[38]
Syrische Schatzhöhle	Goten
LAB IV,3[39]	In Ladeth/Ladech[40]
MJ XXXI,4	Gb'tj/G'l'tj und Rgjnj
RS"G	'ltrk[41]

Die Gomär-Söhne und ihre Gebiete:[42]

J-1.1 'Aškenaz: Gomär-Sohn 1

Josephus	Aschanaxoi = Rhêgines
TJ	['sj', 'sjh]
1Chr A, B	'sj', 'sjh (Asia)
yMeg	'sj'
GenR	'sj'; 'sjj'; 'sj' (!)
Syrische Schatzhöhle	Armenier[43]
LAB IV,2a	Thelez

---

34 In Kleinasien; aber ausdeutbar auf Gallier/Kelten allgemein.

35 Bestimmt nicht Africa (siehe unten), sondern Phrygia; so auch Díez Macho z.St. (Frigia).

36 Le Déaut – Robert z.St.: la Phrygie.

37 Grmmj'. In yMegilla vertauscht mit J-2 Magog, weil dessen Position mit den Goten besetzt wurde (siehe weiter unten zu J-2).

38 P. Rieger, 'ŠKNZ = Deutschland, MGWJ 80, 1936, 455–459 (455) meinte, bYom 9b sei Kerman (Karmania) in Südpersien gemeint.

39 Statt Gomer steht allerdings hier Domereth.

40 In MJ ausgefallen.

41 Turkvölker, also zentralasiatisch-kaukasisches Gebiet.

42 In TJ Ergänzungen in [] aus Fragmenten durch Ginsburger, zum Teil übernommen durch Rieder. LAB IV,2 nennt als Gomer-Söhne: Thelez, Lud (hebräisch Lwd, wie der vierte Sem-Sohn!), Deber, Deberleth, wobei es sich bei den letzten wohl um dittographisch bedingte Vermehrung handelt, die allerdings im hebräischen Text der MJ XXVII,1 Lwd/Ld betrifft: Tld, Lwd, Dbr, Ld. Wahrscheinlich ist die Vierzahl durch das in dieser Tradition häufigere Vermengen von Gentilica und Landesnamen zustande gekommen.

43 Targum Jer 51,27 für 'Aškᵉnaz: Hdjb – Adiabene/Nordsyrien. Siehe unten zu Rifat.

LAB IV,2b	Cenez
MJ XXXI,4	Im Land der *Grçj* (Graeci)
LAB IV,4[44]	In *Goda* („Gotland")
MJ XXVII,2a	*Tld*
MJ XXVII,3[45]	*Djnjm* (Dänen), sie eroberten *Gwdh*
RS"G	*Sql'bj* (Sklaven/Slawen)
Josippon[46]	*Prnqws*/francos/Franken an der *Sjgn'/Sjnh* = Seine im Lande *Prnç'/h*

J-1.1.1 'Ašk^enaz-Sohn 1

LAB IV,2	*Iubal*
MJ XXVII,2	*Wjkl*

J-1.1.2 'Aškenaz-Sohn 2

LAB IV,2	*Zarad*
MJ XXVII,2	*Srdn'*

J-1.1.3 'Aškenaz-Sohn 3

LAB IV,2	*Dona*
MJ XXVII,2	(fehlt)

J-1.1.4 'Aškenaz-Sohn 4

LAB IV,2	*Anac*
MJ XXVII,2	*'nk*

J-1.2 Rîfat: Gomär-Sohn 2

Josephus	*Rhiphadataioi* = Paphlagonier
TJ	[*Prkwj*[47], *Prbwj*[48]]
CN	*Br(k)wj, Brbwj, Prkwwj*[49]
440.(264)	*Prkwj (Parkoj)*
1Chr A	*Prkwwj*[50]
1Chr B	*Drjgt*

---

44   Irrtümlich steht hier Duodenin/Duodennut.
45   Im Gegensatz zu XXVII,1 statt '*Ašk^enaz*!
46   Sowie in ShJ B und MJ XXXI,6.
47   GINSBURGER z.St.: statt richtig *Prtj* – Parthia/Parther.
48   So RIEDER.
49   DÍEZ MACHO z.St.: Parkewi Nord-Iran bzw. Hyrcania; eventuell Parthawa, Parthia. Die Vokalisierung *-ewi* ist jedoch unbegründet.
50   LE DEAUT – ROBERT z.St.: Parkewi (ohne Erklärung).

yMeg	*Hdjjt*[51]
GenR	*H̱djb; H̱jjp, H̱rjjp, H̱dj'/n, Trjj'*
Syrische Schatzhöhle	Kappadokier
LAB IV,2a	*Lud*
LAB IV,2b	*Heri*
LAB IV,4	in *Bosorra/Bossora/Bosarra*
MJ XXVII,2a	*Lwd*
MJ XXVII,2b	*Hrj*
MJ XXVII,3[52]	Eroberte *Bwçrh*
MJ XXXI,4	*Pplgrwns* (Paphlagonier)
RS"G	*Frngh* (Franken)
Josippon	*Brjṭnws* (Bretonen) im Lande *Brjṭnj'* an der *Ljr'* (Loire); Seine und Loire münden in den Ozean[53]
MJ XXXI,6–7	*Brjṭnws* in *Rjpṭnj'* an der *Ljr'*
ShJ B	*Brṭwnjm/Bṭwnjm* an der *Ljrh*

J-1.2.1 Rifat-Sohn 1

LAB IV,2	*Suddet/Phuddet*
MJ XXVII,2	*'çwdd*

J-1.2.2 Rifat-Sohn 2

LAB IV,2	*Doad*
MJ XXVII,2	*Dw't*

J-1.2.3 Rifat-Sohn 3

LAB IV,2	*Defad*
MJ XXVII,2	*Djpsj't*

J-1.2.4 Rifat-Sohn 4

LAB IV,2	*Zead/Zeath*

J-1.2.5 Rifat-Sohn 5

LAB IV,2	*Enoch*
MJ XXVII,2	*H̱nwk*

---

51 Richtig wohl *Hdjjb/H̱djjb* (und ähnlich); im talmudischen Sprachgebrauch vor allem Adiabene, de facto Nordsyrien/Südarmenien.

52 In XXVII,2 als: *Hrj*.

53 ShJ B: Gleichgesetzt mit dem *Gîẖôn*!

J.1.3 Gomär-Sohn 3: Tôgarmah

Josephus	Thygramaioi = Phrygier
TJ	[Brbrj'h]
CN	Brbrj'(h)[54]
1Chr A	Brbrj'[55]
1Chr B	Grmnqj'
yMeg	Grmnjqj'
BerR	Grmnj', Grmwnqj'; Grmnjh, Grmnj', Grmwnqj'; Grmnjh, Grmnjj', Gwmnjj', Grmnjq(j)j'/h[56]
Targ. Ez 27,14	Grmm'[57]
Syrische Schatzhöhle	Asianer und Isaurier
LAB IV,2a	Deber/Deberleth (s. J-1.4)
MJ XXVII,2a	Dbr
LAB IV,2b	Thegorma
LAB IV,4	in: Futh
MJ XXVII,2b	Twgrmh
MJ XXVII,3	Trgwmh-Söhne eroberten Pwt
MJ XXXI,4	Prjjs (Phrygier)
RS"G	Brg'n (?)

+ Zehn Turk-Stämme:[58]

	Josippon[59]	ShJ B[60]	Josef[61]
1	Kwzr/Khazaren	Kwzr	'wgr
2	Pçjnq, Petschenegen	Prçjnk	Tjrjs
3	'ln, Alanen	Bwlgr, Bulgaren	'wwr
4	Bwlgr, Bulgaren	'ljqnws	'wgwl
5	Knbjn' (=?)	Rgbjn'/Rgbjb	Bjzl

---

54 DÍEZ MACHO z.St.: Azania, Nordafrika. Doch das paßt geographisch gar nicht.
55 LE DÉAUT – ROBERT z.St.: „la Barbarie" (ohne Erklärung).
56 YalqŠim I, § 61 zu Gen 10,2: Grmnjqj'.
57 Allerdings schwankt auch hier die Überlieferung zwischen m und n.
58 Vgl. zu anderen Zehnstämmelisten bei FLUSSER z.St.
59 Zu Lesarten siehe in FLUSSERs Edition, MJ XXXI,7 lautet gleich. Die Stämme siedeln zwischen den Strömen Htl (Wolga) und Dwnjj (Donau).
60 GOLDSCHMIDT: Siedeln „bis heute am Strom Hjtl (Wolga), das ist 'ltk", aber 'wgr, Bwlgr, und Prçjnk am „großen Strom" Dnwbj (Donau); DAN (mit schlechterem Text): an den Strömen Hjtlhw und 'jtlk … und Dwbnj; MJ XXXI,7 harmonisierend: Dnwbj, das ist Dwnjj.
61 Liste im Brief des Chazarenkönigs Josef an Chasdja ibn Shaprut, in: E. ZIFRONI – J. TOPOROWSKI, R. Jehudah Hallevi, Sefär ha-Kûzarî, Jerusalem 1964, 354f.

6	Ṭwrq, Turk	Ṭwrqj	Ṭrn'
7	Bwz (Ghuzz?)	Bwz (Ghuzz?)	Kzr
8	Zkwk (?)	Zbjk/ Zbwk	Zbjk/ Zbwk
9	'wgr, Ugaren, Ungarn	'wngl / 'wngr	Blgr
10	Tw/jlmç, Tolmatsch	Tjlmç	S'wjr

J-1.3.1 Togarma-Sohn 1

LAB IV,2	Abiuth
MJ XXVII,2	H'bjhwd, 'Abîhûd

J-1.3.2 Togarmah-Sohn 2

LAB IV,2	Safath
MJ XXVII,2	Çpṭ

J-1.3.3 Togarma-Sohn 3

LAB IV,2	Asapli
MJ XXVII,2	(fehlt)

J-1.3.4 Togarma-Sohn 4

LAB IV,2	Zephtjr
MJ XXVII,2	Jpṭjr

J-1.4 (!) Gomär-Sohn 4

LAB IV,2	Deberleth (s. J-1.3)
MJ XXVII,2	Ld

J-2 Jafet-Sohn 2: Magôg

Josephus	Magoger = Skythen
TJ	Grmnj'
CN	Grmnjh[62]
1Chr A	Grmnj' (Grmj')[63]
1Chr B	Gjṭjh
1Chr C	Gjṭjjh
BerR	Grmnjj'; Gjrmnj', Grmmj', Gjrmmj, Grnj'[64]

---

62 DÍEZ MACHO z.St.: „Germania, en Asia Menor".
63 LE DEAUT – ROBERT z.St.: „la Germanie".
64 YalqŠim I, § 61 zu Gen 10,2: Grmmj'.

yMeg	*Gwṭjjh/'*
bYom 10a	*Qndj*'[65]
Syrische Schatzhöhle	Galater
LAB IV,4	in: *Degalma*
MJ XXVII,3	unterwarf *Dgl*
Josippon	(fehlt!)
MJ XXXI,4	*Šqṭj* (Skythen)[66] Von ihnen stammen:[67] 1) *Gwṭj* – Goten[68] 2) *Pjr'ṭj* – Piraten[69] 3) *Nwrdmnj* – Normannen[70] 4) *B'wb'rj* – Bajuwaren[71] 5) *Lngwbrdj* – Langobarden[72] 6) *Sqswn'j* – Sachsen[73] 7) *Gsqwn'j* – Gascognier
Läqach Tôb	*Grmnjj*[74]
RS"G	*J'gwg* (Jagog, arabisch für Gog;[75] hier ein Turkvolk?)

---

65   Kandia – Kreta! Wohl verderbt aus *Gwṭj'/h*.

66   Zusatz: Von ihnen stammen Gog und Magog, Völkerschaften, die Alexander der Große in den kaspischen Gebirgen eingeschlossen hat.

67   Die folgende Liste aktualisiert die bereits sagenhaften Skythen im Sinne der Verhältnisse am Ausgang der Antike und im Frühmittelalter.

68   P. HEATHER, Goths and Romans 332–489, Oxford 1991.

69   Der östliche Mittelmeerraum wurde infolge der arabisch-byzantinischen Kriege zum Tummelplatz räuberischer Seefahrer.

70   Die Wikingersippen der Normannen waren ab 800 n. Chr. mit ihren weitreichenden Wanderzügen ein europäisches Problem, siehe H. ZETTEL, Das Bild der Normannen und der Normanneneinfälle in westfränkischen, ostfränkischen und angelsächsischen Quellen des 8. bis 11. Jahrhunderts, München 1977. Ein großer Teil stabilisierte sich Anfang des 10. Jahrhunderts im Seinebecken als Lehensnehmer der französischen Krone. Siehe auch H. M. MARTELL, The Normans, London 1992; R. A. BROWN, Die Normannen, Düsseldorf 2000; T. ROWLEY, Die Normannen, Essen 2002.

71   W. STÖRMER, Die Baiuwaren. Von der Völkerwanderung bis Tassilo III., München 2002.

72   K. PRIESTER, Die Geschichte der Langobarden. Gesellschaft – Kultur – Alltagsleben, Darmstadt 2004.

73   D. H. GREEN – F. SIEGMUND (eds.), The Continental Saxons from the Migration Period to the Tenth Century. An ethnographic perspective, Rochester/N.Y. 2003.

74   S. BUBER, Lekach-Tob (Pesikta sutarta) von Rabbi Tobia ben Elieser, Wilna 1884, fol. 26a.

75   J. KALTNER, The Gog/Magog Tradition in the Hebrew Bible and the Qur'an: Points of Similarity and Dissimilarity, USQR 49, 1995, 35–48.

J-2.1 Magog-Sohn 1

LAB IV,2	*Cesse*
MJ XXVII,2	*Qašh*
ShJ A	*'ljḥ(w)rp*

J-2.2 Magog-Sohn 2

LAB IV,2	*Thifa*
MJ XXVII,2	*Ṭjp'*
ShJ A	*Lwbb*

J-2.3 Magog-Sohn 3

LAB IV,2	*Faruta*
MJ XXVII,2	*Prwṭ'*

J-2.4 Magog-Sohn 4

LAB IV,2	*Ammiel*
MJ XXVII,2	*'mj'l*

J-2.5 Magog-Sohn 5

LAB IV,2	*Fimei*
MJ XXVII,2	*Pnḥs*

J-2.6 Magog-Sohn 6

LAB IV,2	*Goloza*
MJ XXVII,2	*Gwlz'*

J-2.7 Magog-Sohn 7

LAB IV,2	*Samanac*
MJ XXVII,2	*Smnk*

J-3 Jafet-Sohn 3: Madaj

Josephus	*Madaioi = Medoi*
TJ	*Hmdjj (Hmrjj)*
CN	*Mdj*
BerR	*Mdj*
yMeg	*Mdj (fehlt teilweise)*
1Chr A	*Hmd'j*

1Chr B, C	*Hmdn* (Hamadan)
bYom 10a	*Mqdwnj*ʾ (!)[76] Makedonia
Syrische Schatzhöhle	Meder
LAB IV,4[77]	In *Besto*
MJ XXVII,2	*Ddn*
MJ XXVII,3	Söhne unterwarfen: *Bjtw*
MJ XXXI,4	*Mdj*
Josippon	ʾ*djlm* im Land *Kwrsn*
ShJ B	ʾ*rzlws* im Land *Kwrsn*
MJ XXXI,6	ʾ*jdlws* in *Trkn/Kwrsn*
RS"G	*Mʾhʾt*

J-3.1 Medaj-Sohn 1

LAB IV,2	*Sallus*
MJ XXVII,2	*Šlwm*
ShJ A	ʾ*ḥwn*

J-3.2 Medaj-Sohn 2

LAB IV,2	*Fellucto/Pheluciti*
MJ XXVII,2	*Pjlwg*
ShJ A	*Zjlʾ*

J-3.3 Medaj-Sohn 3

LAB IV,2	*Fallita*
MJ XXVII,2	*Twflṭʾ*
ShJ A	*Ḥwnj*

J-3.4 Medaj-Sohn 4

ShJ A	*Lwṭj/Ljnzj*

---

76   Auch bei Samuel b. Nissim Masnut, Midraš Bᵉreʾšît zûṭaʾ, ed. M. HACOHEN, Jerusalem 1962, 45.

77   IV,2: Madi/Madai; IV,3: Tudan/Duden/Tuden; IV,4: Dain/Degalmadam etc.

J-4 Jafet-Sohn 4: Jawan

Josephus	Jonier und sonstige Griechen
TJ	*Mqdjn(j)j', Mqdwnj'*
CN	*Mqdwnj'*
264,440	*Mwqdwnj'*
1Chr A	*Mqdwnj', Mwqdwnj(j)'*
1Chr B, C	*'wbjsws*[78] (*Ephesos*)
yMeg	*'wwsws*
BerR	*Mqdwnj', Mqjdwnjj', Mwqdwnj'*
Syrische Schatzhöhle	Griechen
Josippon	Im Lande *Jwnj'* (Jonia) und *Mqdwnj'*
MJ XXXI,4	*Grjçj* (Graeci) am Fluß *Jwnjw* dazu: *'rmjn'j* (Armenier)[79] *Prnçjj* (Franken)

Die Jawansöhne:[80]

MJ XXVII,3	Unterwarfen *Ç'l*
MJ XXXI,8	*Grjçj* im Land *Nš'* und *Mqdwnj'*
ShJ B	*Jwnjm* im Land *Mqdnj'*

---

78 LE DÉAUT – ROBERT z.St.: Éphèse.
79 Ursprünglich *Rômanî*?
80 Targum 1Chr 1,7 LA (C) fügt drei Namen (J4–5–7) hinzu, und zwar auf Grund eines Mißverständnisses der Tradition in yMeg I,11/71b; so gerieten diese Namen aus der Kanaan-Genealogie Gen 10,18/1Chr 1,16 (hier mit der Lesart: *Rjdws, Ḥmç, 'ntjwk*) in die Jawan-Genealogie. In yMeg I,11 auf der Basis von Gen 10,18 werden folgende Zuordnungen vorgenommen: *'rwdj* – *Rwdws*/ *Çmrj* – *Hmç*/*Hmtj* – *Hmt*. Es geht um:
1.) *Rjdwm* (Arados); Lesart in Targum 1Chr 1,16: *Rjdws*; yMeg I,11: *Rwdws*. Doch Rhodos ist fehl am Platz und eventuell Schreibfehler, denn für *'Arwadî* Gen 10,18 ist ein phönizisch/syrischer Ort anzunehmen. NEUBAUER, a.a.O. (Anm. 10), 424f. schlug die Lesung *Rdwm* vor. Dahinter steht, wie schon LXX Gen 10,18 und LXX Ez 27,11 sowie bei Josephus, Ant. I,138, *Arados*; vgl. GRAETZ, a.a.O. (Anm. 10), 200. Auch zu LXX Ez 27,11 gibt es übrigens eine geographisch unsinnige Lesart (*Arkadioi*).
2.) *Hmç* (Emesa). NEUBAUER, a.a.O. (Anm. 10), 298f., und S. KRAUSS, Die biblische Völkertafel in Talmud, Midrasch und Targum, MGWJ 39, 1895, 1–11.49–63 (62), identifizierten es mit Emesa bei Damaskus. Nach yAZ I,9/40b liegt es bei *Br 'štwr*. Die Septuaginta zu Gen 10,18 (1Chr 1,16) hat allerdings für *Çmrj* das singuläre *Samaraios*.
3.) *'ntjwk* (*'ntwkj* und ähnlich in anderen Targumim), also Antiochia statt Epiphania am Orontes für *Hamat* in Gen 10,18/yMeg I,11. Im übrigen siehe für *'ntwkj* auch zu J-6 (*Mäšäk*).

J-4.1 Jawan-Sohn 'Elîshah

Josephus	*Halisaioi* = Äoler
Targumim	*'ls* = Hellas
1Chr A	*'lsw*
1Chr B	*'ls*
1Chr C	*'lm*
yMeg	*'ls*
BerR	*'ls; 'ljn, 'lm*
LAB IV,4	In: *Thabola*
MJ XXVII,3	Söhne unterwarfen: *Tblw*
MJ XXXI,4	*'jwljds* (Äoler)
RS"G	*Mçjçj* (verderbt aus ursprünglich Graeci?)
Josippon	*'lmn(j)j'* (Alamania) zwischen *hrj Jwb wŚbtjmw.*[81] Von ihnen stammen: 1) *Lngwbrdj* (Langobarden; ShJ B: *Lwmbrdj*, Lombarden); sie eroberten *'jtl(j)j'*, wohnen an Po und Ticino, die ins Meer *Bjnjtjqj'* (Venedig) münden. 2) *Bwrgwnj'* (Burgund/er), am Fluß *Rwdnw* (Rhone) 3) *Bjwrj'* (Bajuwaren?)[82] am *Fluß Rjnws* (Rhein (!), der ins große Meer mündet.[83]

J-4.1.1 Eliša-Sohn 1

LAB IV,2	*Taac*
MJ XXVII,2	*Z'q*

J-4.1.2 Eliša-Sohn 2

LAB IV,2	*Zenez*
MJ XXVII,2	*Qnt*

---

81 Mons Iovis und Septimus/Septimer.
82 MJ XXXI,12 aber: *Bjdrj'* (Bidria).
83 Das heißt kaum, daß Bajuwaren das nördliche Alemannien bis an den Rhein besiedelten, sondern der Oberlauf der Donau wurde hier wie gelegentlich auch sonst für den Rhein gehalten.

J-4.1.3 EliŠa-Sohn 3

LAB IV,2	Mastifa/ Mastisa
MJ XXVII,2	Msṭjzrjd'[84]

J-4.1.4 Eliša-Sohn 4

LAB IV,2	Rira
MJ XXVII,2	(Rjd')[85]

J-4.2 Jawan- Sohn Tarshîsh

Josephus	Tharsier, Kilikien
Targumim	Ṭrss
110	Ṭrsws
1Chr A	Ṭrsws
1Chr B	Ṭwss[86]
1Chr C	Ṭrss
yMeg	Ṭrsm/ s
FT	Ṭrsws
GenR	Ṭrsws; Srss[87]
LAB IV,2a	Dessin
LAB IV,2	Tessis
LAB IV,4[88]	in Marecham
MJ XXVII,2	Ṭjsj
MJ XXVII,3[89]	Söhne unterwarfen: Mrjbh
MJ XXXI,4	Sjljçj' (Kilikien), das Tarschisch des Jonabuches
RS"G	Ṭrṭws
Josippon	Trsws = von gleicher Religion wie Mqdwnj', kämpfen mit Ismaeliten an der Grenze der Jawan-Söhne
MJ XXXI,13	Trśws, ursprünglich Trqjsj'nj.

84　Zusammengefallen mit dem folgenden Namen.
85　Siehe den vorhergehenden Namen.
86　LE DÉAUT – ROBERT z.St.: Tarsis (?)
87　YalqŠim I, § 61 zu Gen 10,2 mit Verwechslung von r/ d: Tdšjš.
88　Thesis/Tesis, verderbt aus Tharsis oder ähnlich.
89　In XXVII,2: Zjptj.

J-4.2.1 Taršiš-Sohn 1

| LAB IV,2 | Meccul |
| MJ XXVII,2 | Mqwl |

J-4.2.2 Taršiš-Sohn 2

| LAB IV,2 | Loon |
| MJ XXVII,2 | Lw'wn |

J-4.2.3 Taršiš-Sohn 3

| LAB IV,2 | Zelatabac |
| MJ XXVII,2 | Çjlgṭb' |

J-4.3 Jawan-Sohn Kittîm

Josephus	Insel Chéthima/Zypern; Kition; Chethim = hebräisch „Seevölker"
TJ	'kzj', 'kjj'
yMeg	'bj'
1Chr B	'kzjh
1Chr C	'kzwwjh
1Chr A	'jṭljwn
FT	'jṭlj'
CN, 110	'jṭlj'(h), 'jlṭlj'h
GenR	'jṭlj'/h, 'jṭlnj'
LAB IV,2a	Cethin
LAB IV,2b	Zepthir/ Zepti (?)
LAB IV,4[90]	in Thaan
MJ XXVII,2b	Ziftaj
MJ XXVII,3[91]	Kjtjm-Söhne, unterwarfen [Lücke].
MJ XXXI,4	Qjprs (Zyprer)
RS"G	Qbrjs (Zypern)
Josippon	Rwm'nj (Romani) ShJ B: Rwmj(j)m; in der Ebene Qnpnjj' (Campagna) am Fluß Ṭjbjrj'w/Ṭjbr'jw (Tiber)

---

90 Cethim, vgl. Josephus.
91 In XXVII,2: Tjsj.

J-4.3.1 Kittim-Sohn 1

LAB IV,2a	Macziel
MJ XXVII,2	Mpšj'l

J-4.3.2 Kittim-Sohn 2

LAB IV,2a	Temna
MJ XXVII,2	Ṭjn'

J-4.3.3 Kittim-Sohn 3

LAB IV,2a	Aila/Aela
MJ XXVII,2	'bl'

J-4.3.4 Kittim-Sohn 4

LAB IV,2a	Finon
MJ XXVII,2	Jjnwn

J-4.4 Jawan-Sohn 4: D/Rôdanîm

Josephus	(Fehlt)
CN	Drdnj('), Drdrjj'[92]
110	Dwdnj'
FT	Dwdnj'
1Chr A	Drdnj'
1Chr B	Drdnjh
1Chr C	Drdnjj'
yMeg	Drdnjj'
BerR	Ddnj', Rdnj', Drdnj'[93]
LAB IV,2a	Tudant
LAB IV,2b	Dudennim
LAB IV,4[94]	in Caruba
MJ XXVII,3[95]	Dwdnjm-Söhne unterwarfen Qdwb'
MJ XXXI,4	Rwdjj (Rhodier)
RS"G	'dnh (Dänen?)

---

92 Díez Macho z.St.: Nördlich von Mysien.
93 YalqŠim I, § 61 zu Gen 10,2: Dwdnws.
94 Duodennim/Dudennim.
95 In XXVII,2: Davon stammen die Bewohner Persiens, Mediens und der Inseln!
    XXVII,3 fügt hinzu: der Dodannim-Sohn Png unterwarf Jdjd und eine Flut kam
    über ein Drittel des Landes Rwmjdt (Atlantis?).

| Josippon | *Dnjśkj* = Dänen auf Landzungen des Ozeans[96], im Land *Dnmrk'* und *'jndnj',*[97] ShJ B: im Land *B'rdnh.* |

Dazu noch slawische Stämme[98] zwischen Schwarzem Meer und Meer *Bjnjṭjqj'* (Venedig/Adria) und im Norden bis *Śqśnj* (Sachsen) und dem Großen Meer:

Josippon:	MJ XXXI,14–15:
1) *Mwr'w'* (Mährer)	1) *Br wt'j*
2) *Krw'ṭj* (Kroaten)	2) *Mwr'jh*
3) *Swrbjn* (Sorben)	3) *Swrbjn*
4) *Lwçnjn*	4) *Lwçnj*
5) *Ljjkjn*	5) *Ljwmjn*
6) *Kr'kr* (	6) *Kr'kr*
7) *Bwjmjn* (Böhmen)	7) *Bzjmjn*

J-4.4.1 Rhodanim-Sohn 1

LAB IV,2a	*Itheb*
MJ XXVII,2	*'jṭb*

J-4.4.2 Rhodanim-Sohn 2

LAB IV,2a	*Beath*
MJ XXVII,2	*Bj'ṭ*

J-4.4.3 Rhodanim-Sohn 3

LAB IV,2a	*Feneth*
MJ XXVII,2	*Png*

---

96 ShJ B. *Gîḫôn!*
97 MJ XXXI,14: *'çjdnj'.*
98 Diese werden laut Josippon und MJ XXXI,15 auch *Sql'bj* (Sclavi)/*'jsqlbj* und (nach Gen 9,25) „Kanaanäer" genannt, hielten sich selbst aber für Dodannim-Nachkommen. Zum christlichen Gebrauch von *sclavi* für Slawen (ebenfalls auf der Basis von Gen 9,25) siehe J. REISINGER – G. SOWA, Das Ethnicon Sclavi in den lateinischen Quellen bis zum Jahr 900, Stuttgart 1990.

J-5 Jafet-Sohn 5: Tûbal

Josephus	*Theobêloi* = Iberer[99]
TJ	*Wjtjnj'* Bithynia
CN	*Bjtnj'*[100]
264, 440	*Wjtnj'*
1Chr A	*Wjtjnj'*
1Chr B	*Wjtnjh*
1Chr C	*Wjtnjjh*
yMeg	*Wtnjjh*
BerR	*'jsjnj'*, *'jsj/wnj'*, *'jswn'*
bYom 10a	*Bjt 'wnjjqj*[101] Bithynia
Syrische Schatzhöhle	Bithynier
LAB IV,4	in Feed
MJ XXVII,3	Söhne unterwarfen *Pht*
MJ XXXI,4	*'brj* (Iberier)/*'jspnj'* (Hispania)
Josippon	*Ţwśqnj* (Toskanier) in *Ţwśqn'* am „Fluß von Pisa" (Arno)
ShJ B	Im Land *Ţwśqnh* am Fluß *Pśj'h*
Läqach Tôb	*'wśjnjj'*[102]
RS"G	*'lçjn*

J-5.1 Tubal-Sohn 1

LAB IV,2	*Fanata*
MJ XXVII,2	*Pnţwnj'*
ShJ A	*'rjpj*

J-5.2 Tubal-Sohn 2

LAB IV,2	*Nova*
ShJ A	*Kśd*

J-5.3 Tubal-Sohn 3

LAB IV,2	*Evva/Eteva*
MJ XXVII,2	*'ţjp'*
ShJ A	*T'rj*

---

99   Hier offensichtlich die kaukasischen Iberer. Aber umdeutbar auf die in Nordspanien.

100   Variante: *Wjjnj'*/Bithynia.

101   Vgl. Samuel b. Nissim Masnut, Midraš B^ere'šît zûţa', ed. M. HACOHEN, Jerusalem 1962, 45: *Bjt 'nqj*.

102   BUBER, a.a.O. (Anm. 74), fol. 26a (11. Jahrhundert): „Ausonia" für das griechisch besiedelte Süditalien.

J-6 Jafet-Sohn 6: Mäšäk

Josephus	*Meschenoi* = Kappakokier
TJ	*Mwsj(j)', 'wsj'*
CN	*Mwsj'*[103], *'sjjh*[104]
440	*Mwsqj*
264	*'nsj'*
1Chr A	*Mwsj'*[105]
1Chr B	*Mwsj'*
1Chr C	*Mwsjjh*
yMeg	*Mwsjj'*
BerR	(Fehlt)
bYom 10°	*Mwsj'*[106] Mysia
Syrische Schatzhöhle	Mysier
LAB IV,4[107]	*Mellech/Misech* in *Nephti*
MJ XXVI,2b	*Mlk*
MJ XXVII,3	Söhne unterwarfen *Nptj*
MJ XXXI,4	*Qpdwqs* (Kappadokier)
RS"G	*Kjr's'n* (Ostpersien)
Josippon	*Śqśnj* (Sachsen) mit den *'ngljsj* am Großen Meer
MJ XXXI,10	*Sqsnj* (vgl. J7!)
ShJ B	*Śbśnj/Śjbśnj*
Läqach Tôb[108]	*'nṭwkj'* (!)

J-6.1 Mäšäk-Sohn 1

LAB IV,2	*Amboradat*
MJ XXVII,2	*'bwrdd*
ShJ A	*Rdwn/Hdwn*

---

103 Díez Macho zu CN: Misia (= Mysia). Moesia.
104 Randlesart.
105 Le Déaut – Robert z.St.: la Mysie.
106 Samuel b. Nissim Masnut, Midraš B^ere'šît zûṭa', ed. M. Hacohen, Jerusalem 1962, 45 hat hier aber: *Bjt msk'*.
107 In IV,2 anfangs mit Tiras zu Mocteras/Mucteras zusammengezogen, in Lesarten aber getrennt: Mosoc, Tiras; in der Liste als Mellech an letzter Stelle, in IV,4 Misech/Misehe.
108 Buber, Lekach-Tob (Anm. 74), fol. 26a (11. Jahrhundert).

J-6.2 Mäšäk-Sohn 2

LAB IV,2	*Urac*
MJ XXVII,2	*Hwrd*
ShJ A	*Zdwn*

J-6.3 Mäšäk-Sohn 3

LAB IV,2	Bofara/Bosara
MJ XXVII,2	*Bwçrh*
ShJ A	*Šjbšnj*

J-7 Jafet-Sohn 7: Tîras

Josephus	*Theires* = Thraker
TJ	*Trqj, Trqw, Twrqj*[109]
CN	*Trq*'
1Chr A	*Trqj, Trwq*'
1Chr B, C	*Trqj*
BerR; ymeg	*Prs* (R. Simon); b) *Trqj/Trq*'[110]
bYom 10a	a) *Bjt trqj*; b) *Prs*
Syrische Schatzhöhle	Thrak(i)er
LAB IV,4[111]	in *Iesca*
MJ XXVII,3	Söhne unterwarfen: *Rw'w*
MJ XXXI,4	*Tr'qs* (Thraker)
RS"G	*Fars* (Südwestpersien)
Josippon	*Rwsj* (Russen), am „Fluß von Kiew", der ins Meer *Gôrga'n* fließt
MJ XXXI,11	*Śqśnj* (vgl. J-6!) und *'jglssj* am Großen Meer *Rwsj* am Strom *Kjw*' (Kiew), der in den *Gjrg'n* fließt.
ShJ B	*Rwśś, Kwśnj/Bwśnj, 'ngljs* wohnen am Meer *Jbws*, am Strom *Bjr*', der in den Strom *Trg'n* mündet.

---

109 Buber, a.a.O., fol. 26a.
110 YalqŠim I, § 61 zu Gen 10,2: *Twrqj*.
111 In IV,2 anfangs mit Tiras zu Mocteras/Mucteras zusammengezogen, in Lesarten aber getrennt: Mosoc, Tiras; in der Liste dann: Tyras; in IV,4: Iras.

J-7.1 Tiras-Sohn 1

LAB IV,2	*Maac*
MJ XXVII,2	*M'k*
ShJ A	*Bnjwb/Bnwb*

J-7.2 Tiras-Sohn 2

LAB IV,2	*Tabel*
MJ XXVII,2	*Ṭb'l*
ShJ A	*Gjr'*

J-7.3 Tiras-Sohn 3

LAB IV,2	*Ballana*
MJ XXVII,2	*Bl'nh*
ShJ A	*Kjzwn*

J-7.4 Tiras-Sohn 4

LAB IV,2	*Samplameac*
MJ XXVII,2	*Śmpl'*
ShJ A	*Lwprjwn*

J-7.4a Tiras-Sohn

MJ XXVII,2	*Mj'h*

J-7.5 Tiras-Sohn 5

LAB IV,2	*Elaz*
MJ XXVII,2	*'lš*
ShJ A	*Gjlq*

3. Einzelbeobachtungen

3.1 Vorbemerkung

Die palästinische Targumtradition fügte an drei Stellen Ländernamen hinzu, bei den Jafetiten allgemein, bei den Gomär-Söhnen und bei den Jawan-Söhnen. Der geographische Horizont reicht im Westen kaum über das griechische Festland hinaus, die Zentrierung ist vorderorientalisch, mit einer klein-

asiatischen Liste als Kern.[112] Insofern erinnert das an die Liste, die Flavius
Josephus verwendet hatte. Kleinasien stand vom Jafetitengebiet im Zentrum
des jüdischen Interesses, und das aus begreiflichen historischen Gründen.[113]
Die frühen mittelalterlichen Zeugnisse zeigen hingegen deutlich den
Unterschied des politisch-demographischen Horizonts der Juden im byzantinischen und im orientalisch-islamischen Herrschaftsbereich. Die Identifizierungen bzw. Lokalisierungen gehen demgemäß gelegentlich sogar
diametral auseinander.

3.2 ʾprjqj

Die Bezeichnung ʾprjqj ist doppeldeutig, weil es, ursprünglich wohl ein
Gentilicum, in den Textüberlieferungen früh mit ʾprjqʾ (ʾAfrîqah) zusammen-
geworfen wurde, das nach dem (relativ spät aufkommenden) lateinischen
Africa geprägt worden ist und entweder Nordafrika in einem vageren
Sinne[114] oder exakt die Provinzen *Africa* bzw. *Africa proconsularis* bezeichnet.
In den Listen selbst ergibt die Bedeutung „Afrika" jedoch keinen Sinn,[115] die
Deutung auf Phrygien ist eigentlich zwingend.[116] Zweideutig ist yShevi
VI,1/36c, wo von den Gergasitern gesagt wird, sie seien bei der Landnahme
unter Josua nach ʾAfrîqî geflohen, was nach Lage der Dinge eher Karthago
als Phrygien bedeuten dürfte, wie schon im Jubiläenbuch in bezug auf
Kanaan ausgeführt, doch ist keine eindeutige Entscheidung möglich.
    Ob es eine ältere (phönikische?) hebräisch/aramäische Namensform gab,
muß offenbleiben, solange der Originaltext von Jub 8,15 (Afra) und 8,25–29
(Aferag) nicht feststeht. Im übrigen wurden die Bewohner Afrikas vor allem
als dunkelhäutige Nachkommen des Ham-Nachkommen *Kûš*, als „Kuschiten", wahrgenommen.[117]

---

112 Zur Situation siehe P. HERZ – J. KOBES (hg.), Ethnische und religiöse Minderheiten
    in Kleinasien. Von der hellenistischen Antike bis ins byzantinische Mittelalter,
    Wiesbaden 1997.
113 Vgl. nun zum Überblick P. TREBILCO, Jewish Communities in Asia Minor, Cam-
    bridge 1991.
114 yShevi VI,1/36b/c (Gergasiter flüchteten vor Josua nach Afrika); bRHSh 26a, vgl.
    yBer IX,2: Arabia, Gallia, Africa ....
115 Vgl. NEUBAUER, a.a.O. (Anm. 10), 400ff. und 421. KRAUSS, Völkertafel (Anm. 80),
    2ff. hielt dennoch auch gegen andere Vorschläge an „Afrika" (Karthago) fest.
116 In der CN-Übersetzung DíEZ-MACHOs richtig: „Frigia", und in der Anmerkung zu
    „Germania": „en Asia Menor". Vgl. schon BUBER, Lekach-Tob (Anm. 74), fol. 26a;
    KOHUT, a.a.O. (Anm. 9), I, 243f.
117 D. T. ADAMO, Africa and the Africans in the Old Testament, San Francisco 1998;
    D. M. GOLDENBERG, Blacks in Jewish Antiquity, Princeton 2002; DERS., Rabbinic
    Knowledge of Black Africa, JSQ 5, 1998, 318–328; A. MELAMED, Hªjahªfôk kûšî

3.3 Zu ʾAškenaz

(a) *Asia* ist im kleinasiatischen Kontext in erster Linie vom wohlbekannten römischen Provinznamen (seit 133 v. Chr.) her zu verstehen, wie es schon bei Philo und Josephus ausgiebig belegt ist. Es steht also im wesentlichen für Mysien, Lydien und Karien, wahrscheinlich anfangs für das pergamenische Reich, darüber hinaus deckt der Name manchmal mit *Asia minor* die ganze Halbinsel westlich von Kappadokien ab.[118]

Im größeren Kontext (vgl. schon Hekataios) war die Bezeichnung in mehrschichtig umfassenderer Bedeutung verwendbar. *Asia* (auch wenn vor allem Kleinasien) war geläufig im Gegensatz zu „Europa"; Josephus, Ant. I,143, benannte mit *Asia* das ganze Sem-Gebiet und in I,171 den assyrischen Herrschaftsbereich; aber auch das nördliche Asien (im genealogischen Schema Gomär-Gebiet), speziell Kaukasus/Zentralasien, konnte so genannt werden.[119]

Die Wahl von *Asia* für ʾAškenaz ergab eine gewisse Spannung zu *Mäšäk*/Mysien (siehe unten) und legt für dieses Moesia nahe.

(b) RSʺG bietet einen wichtigen Hinweis auf die Lokalisierung von ʾAškenaz aus orientalischer Sicht des frühen 10. Jahrhunderts: ʾAškenaz liegt im Nordwesten, ist das Gebiet der Slawen,[120] de facto weitgehend das einstige westliche Hunnen- und Awarenherrschaftsgebiet.[121] Das deckt sich mit jenem hochmittelalterlichen jüdischen Sprachgebrauch im Westen, nach dem ʾAškenaz östlich vom Rheinland und von ʾAlamanijaʾ lag.

3.4 Zu Rifat

(a) *Br(k)wj/Prkwj* in der Traditionslinie CN und Targum 1Chr. A ist schwierig zu deuten, dürfte aber eigentlich auf ein Gentilicum auf -*oi* zurückgehen.

ʿôrô? Ha-ʾadam ha-šaḥor kᵉ-"ʾaḥer" be-tôlᵉdôt ha-tarbût ha-jᵉhûdît. The image of the Black in Jewish Culture, Lod 2002.

118 Vgl. Strabo, *Geographia* XII,1.3.

119 Vgl. z.B. in einem Text, ediert von S. SCHECHTER, An Unknown Khazar Document, JQR n.s. 3, 1912/13, 191–219 (208): der Khazarenkönig als *mäläk ʾAsijaʾ*.

120 S. BRATHER, Archäologie der westlichen Slawen. Siedlung, Wirtschaft und Gesellschaft im früh- und hochmittelalterlichen Ostmitteleuropa, Berlin 2001; J. HERRMANN (Hg.), Die Slawen in Deutschland. Geschichte und Kultur der slawischen Stämme westlich von Oder und Nerisse vom 6. bis 12. Jahrhundert, Berlin 1970; W. FRITZE, Untersuchungen zur frühslawischen und frühfränkischen Geschichte bis ins 7. Jahrhundert, hg. von D. KURZE, W. SCHICH und R. SCHNEIDER, Frankfurt/M. (EHS.G 1581) 1994; C. GOEHRKE, Frühzeit des Ostslaventums, Darmstadt 1992.

121 W. POHL, Die Awaren. Ein Steppenvolk in Mitteleuropa 567–822 n. Chr., München 2002².

Möglicherweise handelte es sich aber im kleinasiatischen Kontext zunächst um eine Entstellung von (siehe Josephus) Paphlagonia/Paphlagonioi; auch an Phrygia wurde gedacht,[122] doch das würde mit *'prjqj* (Gomär) konkurrieren. Im größeren Kontext dachte A. Díez Macho an den Nordiran, was in der Sache der Korrektur zu *Persoi* durch Neubauer entspricht;[123] es muß sich in dieser Tradition (CN/Targum 1Chr. A) bei Rifat-Togarmah aber um eine Aktualisierung handeln, die neben *Barbaria* einen Sinn ergibt. Am plausibelsten ist ein graphisch leicht entstelltes *Parthioi*, denn in einer gewissen Zeit hat man die Bedrohung von Byzanz/Konstantinopel durch das Sassanidenreich als Bedrohung durch *Prkwwj* bezeichnet, wie das Targum Threni zu 4,21 belegt,[124] während gleich daneben im selben Targum eine Deutung zu 4,22 Rom in *'Iṭalija'* durch *Persa'ê* bedroht sein läßt.

Vielleicht gehen die Entstellungen, insbesondere die Schreibung mit *B*, teilweise auch auf eine zeitweilige Identifizierung mit *Bwlgr(j)* zurück, denn die Bulgaren rückten seit dem 2. Jahrhundert n. Chr. aus Zentralasien westwärts, kamen im 7.–9. Jahrhundert über das transkaukasisch-bosporische Gebiet zum Teil nordwärts ins Wolgagebiet, teils weiter Westen (siehe Josippon), spielten also am byzantinischen Horizont, der für die Gomärgruppen-Lokalisierungen in Frage kommt, durchaus eine gewisse Rolle.

3.5 Zu Togarma

3.5.1 *Brbrj'*/Barbaria

Im kleinasiatischen Kontext wurde möglicherweise ein alter griechischer Sprachgebrauch von *Barbaroi* (Karer) allmählich erweitert und auf Bewohner der zentralen und östlicheren Gebiete Anatoliens bezogen.[125] In den *Pirqê ha-mašî'ḥ* tauchen jedenfalls *Grmmjh*, *Qpwdqjh* und *Brbrjh* ebenfalls nach Togarmah und *'prjqj* nebeneinander auf.[126]

Im großen Kontext wäre an den Bereich von Sarmatia zu denken, also das Gebiet gegen Nordwesten und seine in der Folge wechselnden Völkerschaften. Im ganzen ist also offensichtlich, daß im Lauf der Traditions-

---

122 J. W. ETHERIDGE, The Targums of Onkelos and Jonathan ben Uzziel on the Pentateuch, New York 1862 (1968²), 186.

123 NEUBAUER, a.a.O. (Anm. 10), 423.

124 Siehe E. LEVINE, The Aramaic Version of Lamentations, New York 1976, 55: *Parkewwa'ê* (engl. S. 73: Parkewwai).

125 Zum griechischen Hintergrund siehe M.-F. BASLEZ, L'étranger dans la Grèce antique, Paris 1984; A. DIHLE, Die Griechen und die Fremden, München 1994.

126 J. EVEN-SHMUEL, Midrešê ge'ûllah, Jerusalem 1968², 337f.

schichten-Überlagerungen mehrere Bezeichnungen durcheinandergeraten sind, wie bereits S. Krauss festgestellt hat.[127]

3.5.2 *Grmmj'/Grmnj'* und ähnlich

(a) Im großen Kontext stellen die Deutungen auf *Germania* im äußersten Nordwesten neben *Karmania* im äußersten Südosten (siehe unten) auf der Traditionslinie CN/Targum 1Chr. A (siehe oben) Extrempositionen dar. Nach Ptolemäus handelt es sich bei *Karmania* um eine weite Landschaft mit der Stadt *Karmana* als Zentrum, Teile des heutigen Ostiran, Afghanistans und Südpakistans umfassend, vom persischen und indischen Golf nordwärts in die „Wüste von Karmania" übergehend und nördlich davon durch Parthia begrenzt.[128] Karmania hatte seit dem Alexanderzug einen gewissen Bekanntheitsgrad erreicht, und seine Bewohner, die *Karmanoi* oder *Karmanioi*, waren als kriegerisch verschrien.[129] Herodot (I,125,4) nennt einen Teil der Perser *Germanoi*, wobei nicht ganz klar ist, ob er die *Karmanoi* im Sinne hatte. Bezüglich der Nachbarschaft mit den Medern ist möglicherweise ihre im Jubiläenbuch bezeugte ursprüngliche Lokalisierung an der Nordsee zu bedenken, so daß sie zu beiden geographischen Zuordnungen passen. Erfahrungen mit Bewohnern extremer Regionen hat man auch sonst etwas schematisch behandelt, denn vereinzelt ergab sich die Gelegenheit, solche Leute zu Gesicht zu bekommen. Germanen[130] und Goten lernte man zwar auch als Soldaten[131] oder als Sklaven[132] kennen, aber *Germanî* und *Kûšî* wurden insbesondere als optisch auffällige Extreme für Weiß–Schwarz wahrgenommen.[133] Damit ist über die tatsächliche Herkunft eines bleich-

---

127 Ha-šemôt 'Ašk^enaz û-S^efarad, Tarb. 3, 1931/32, 423–435 (424); Näheres bei D. M. GOLDENBERG, Geographica Rabbinica: the Toponomy Barbaria, JJS 50, 1999, 53–73.

128 C. F. A. NOBBE (ed.), Claudii Ptolemaei Geographia, Leipzig 1843/45 (Hildesheim 1990²), II, 109ff. VI,8 (*Karmanías thésis*); auch VIII,21,1; 22,1.20; 25,2.

129 PRE, 19. Halbband, Neubearbeitung, Stuttgart 1917, Sp. 1955f. Vgl. Josephus, *Contra Apionem* I,153 (wo indes möglicherweise verderbt, siehe die Lesarten).

130 H. AMENT etc., Frühe Völker Europas. Thraker – Illyrer – Kelten – Germanen – Etrusker – Italiker – Griechen, Darmstadt 2003.

131 M. WAAS, Germanen im römischen Dienst, Bonn 1971 (im 4. Jahrhundert n. Chr.). Herodes verfügte nach Josephus, Bell I,672, über Gardetruppen aus Thrakern, Germanen und „Galatern" (Kelten/Galliern).

132 Ein Sklave des Patriarchen Jehudah han-Nasi' wird yShab VI/8c (unten)/yYom VIII,5/45b „Germane" genannt, ob ein Gentilicum oder ein Eigenname vorliegt, sei dahingestellt; vgl. auch yAZ III,10/42b unten. In GenR 86,3 (zu Gen 39,1) werden *Germanî* und *Kûšî* – kontrastierend – verwendet.

133 mNeg II,1: Der weiße Aussatzfleck erscheint an einem Germanen als stumpfes, bei einem Kuschiten als helles Weiß. In einem Geniza-Fragment (Cambridge, T.-S. C 2 fol. 1b), ed. J. MANN, The Bible as Read and Preached in the Old Synagogue, II,

häutigen *Germanî* aber noch nichts Genaues ausgesagt, weil eben alternative Lokalisierungen möglich waren.

Rein geographisch-ethnographischer Natur ist die Bezeichnung *Grmnjh* (oder ähnlich) in Texten, die eine konkrete Bedrohung des römischen Reichs voraussetzen. So erwähnt GenR 75,9 (und 78,9)[134] „die Söhne von *Brbrjjh* und die Söhne von *Grmmjh*, vor denen sich die Edomiter (= Römer) fürchten". Germanen und Berber würden aber in diesen Kontexten allerdings recht passend Gefährdungen auf den geographischen Nord-Süd-Extremen markieren. Doch bleibt unklar, ob *Brbrjjh* hier die Berberei oder eine nördlich-östliche Größe (im Targum Jonatan zu Gen 10,2: das Togarma-Gebiet)[135] bezeichnen sollte, da mit *Barbaria* in der Antike völlig unterschiedliche Gebiete bezeichnet werden konnten;[136] der Bogen spannt sich vom westlichen Nordafrika[137] über das *Germania barbara* im Norden und über alles, was Griechen – von den Karern und dann vorzugsweise auch Medern/Persern angefangen – eben als Barbaren zu bezeichnen pflegten,[138] bis nach Äthiopien/Somalia.[139]

Eindeutig auf Germania bzw. seine Bewohner[140] bezogen ist hingegen eine andere Variante dieser anti-römischen Polemik. In einer Passage in bMeg 6a heißt es nämlich: „Das ist das *Grmmj' šl 'dwm* (von Edom = Rom), wenn die ausziehen, verwüsten sie die ganze Welt insgesamt". Dieses *Grmmj'* wird dann bei RŠ"J als Bezeichnung eines „Königreiches (*malkût*) von Edom" erklärt, als Teil der römischen Weltmacht.[141] Die identifizierend erweiterte Bezeichnung *šäl ʾʿdôm* deutet darauf hin, daß noch mindestens ein anderes

---

New York/Cincinnati 1971, hebr. S. 212, heißt es, in der Heilszukunft werde ein *Germanî* kommen und die Hand eines *Kûšî* fassen und umgekehrt, und so werden sie zusammen die Wunder bezeugen, die Gott Israel erwiesen hat.

134 THEODOR – ALBECK, a.a.O. (Anm. 13), V, 2 (S. 887f., und vgl. S. 926f.).

135 So auch Targ. 1Chr. 1,7. Vgl. CantR zu 2,8: neben Samatria = Sarmatia.

136 Unberechtigt ist die auf einem einseitig berücksichtigten lateinischen Sprachgebrauch beruhende ausschließliche Deutung auf die nordafrikanische Berberei bei KRAUSS, Völkertafel (Anm. 80), 3. Dem differenzierten Sachverhalt mehr gerecht wurde bereits früher NEUBAUER, a.a.O. (Anm. 10), 411f.423.500f. Zuletzt dazu: D. M. GOLDENBERG, Geographica Rabbinica: the Toponomy Barbaria, JJS 50, 1999, 53–73.

137 Vgl. ySheq VI,2/50a neben Calabria als extremes Seefahrerziel im Mittelmeer.

138 Zur Begriffsgeschichte siehe H. SCHWABL, Das Bild der fremden Welt bei den Griechen, in: DERS. u.a. (eds.), Grecs et Barbares, Vandœuvres – Genève 1961, 3–26; H. DÖRRIE, Die Wertung der Barbaren im Urteil der Griechen, in: Antike und Universalgeschichte. Festschrift H. E. Stier, Münster 1972, 159–172.

139 Strabo, *Geographia* I,17,6; IV,7,28.

140 E. NORDEN, Alt-Germanen: Völker- und namengeschichtliche Untersuchungen, Darmstadt 1962².

141 Salomo b. Isaak (gest. 1105) im Kommentar zu bMeg 6a/b.

Grmmj' bekannt war; und dieses hatte seinen Platz in der Auslegungstradition der Genealogien von Gen 10 und gehörte ursprünglich nach Asien.

(b) Die Zuordnung von *Grmmj'* zu *Gômär* war sicher durch die Wortähnlichkeit im Konsonantenbestand bedingt, wie sich auch *Tôgarmah* deshalb dann für Turk-Stämme empfahl. In jedem Fall liegt eine höchst eigentümliche Überlappung von Bedeutungen vor, die für die beiden Listen eine Westverlagerung mit dem Schwerpunkt Kleinasien ergeben konnte, wobei freilich sperrige Restbestände erhalten blieben. Hervorzuheben ist, daß es sich keineswegs um Interpretationsvorgänge im Sinne kontinuierlicher Horizonterweiterungen handelte, gerade im byzantinischen Bereich kam es, wie die palästinischen Targumtraditionen zeigen, auch zu Einengungen im Sinn einer Konzentration auf das byzantinische Reichsgebiet und seine angrenzenden Bereiche.

(c) *Grmmj'* begegnet auch in den *Pirqê ha-mašîᵃḥ* aus dem 7. Jahrhundert, innerhalb einer Liste, die mit den beiden Jafetsöhnen beginnt, aber dann mit bekannten geographischen Begriffen fortfährt:[142] *Gômär, Tôgarmah, 'prjqj, Grmmjh, Qappadôqijah, Barbarijah, 'Iṭalijah* etc. Auch hier liegt *Grmmjh* geographisch innerhalb des byzantinisch-kleinasiatischen Horizonts.

(d) Zwischen dem *Germania* der politisch-ethnographischen Realität aus der Sicht des Römischen Reiches, dem ostkleinasiatischen *Germanikeia* und der westkleinasiatischen Ansetzung (wobei Pergamon eine Rolle gespielt haben dürfte) und dem *Grmnnj', Grmnj'/h* im Orient,[143] sowie der zunächst an dieser östlichen Lokalisierung orientierten genealogisch-ethnographischen Tradition bestehen eklatante geographische Divergenzen. Diese begannen sich im Lauf der Zeit aufzulösen, weil man gleichklingende Namen gern verwechselte und zudem mit der genealogischen Tradition verbunden als Bezeichnungen für Elemente verstand, die von Nordosten nach Südwesten (Kaukasus–Kleinasien) und später auch in den Nordwesten (Ost- und Mitteleuropa) eindrangen. Den entscheidenden Eindruck machte also von früh an die Tatsache, daß diese Stämme aus eben dem nordöstlichen Raum auftauchten, der bisher in den genealogischen Schemata durch die Gomär-Gruppe abgedeckt worden war, woraus sich die Notwendigkeit ergab, jede neue ethnische Größe, die von da herkam, ohne Rücksicht auf Herkunft, Sprache und dergleichen in diese vorhandenen Schemata einzubeziehen.

---

142 J. EVEN-SHMUEL, Midrᵉšê gᵉ'ûllah, Jerusalem 1968², 337.

143 Oder ähnlich. Die handschriftliche Überlieferung bedarf einer eingehenden Prüfung, die Bestandsaufnahme etwa bei KOHUT, a.a.O. (Anm. 9), I, 244 (im Artikel 'Afrîqî') und II, 368f. (Artikel *Grmn, Grmmj', Grmnjqjj'*) ist unzureichend. Doch ist fraglich, ob die – insgesamt ja recht späten – handschriftlichen Zeugnisse überhaupt noch für die frühe Zeit ausreichend aussagekräftig sind.

3.5.3 'Aškenaz, Germania und Armenia

Innerhalb der Gomär-Gruppe stand auch 'Aškᵉnaz zur Disposition, aber in all diesen bisher behandelten rabbinischen Quellen gibt es noch keinen Hinweis für eine Westverlagerung der Größe 'Aškenaz über Westkleinasien hinaus. Noch das Prophetentargum[144] zu Jer 51,27 verweist in den – schon durch den hebräischen Text (Königreiche von Ararat, Minni und 'Aškenaz) vorgegebenen – kaukasischen/armenischen/adiabenischen – Bereich (Ḥadjab).[145]

Die Zuordnung von 'Aškenaz zu Armenien entspricht sowohl gelegentlicher jüdischer als auch armenischer Tradition, auch wenn jüdisch andere Zuordnungen Armeniens üblicher waren, vor allem zu 'ûç und damit zu den Sem-Nachkommen.[146] Im übrigen wäre – da man in der einschlägigen Forschung so viel aufgrund von Anklängen abzuleiten pflegte – doch zu fragen gewesen, ob nicht die Bezeichnung Armenia, die in talmudischer Zeit wohl sehr oft zu hören war, ohnedies recht leicht mit einem der Gebiete namens Grmmj'/Grmnj' (oder ähnlich) gleichgesetzt werden konnte. Schließlich ist das alte Urartu schon früh eine wegen seiner Metalle bekannte altorientalische Größe gewesen, und politisch-militärisch bildete – das zeitweilig mächtige[147] – Armenien eine Art Pufferzone zwischen den Mächten des Ostens und des Westens.[148] In Kleinasien wurde die Bezeichnung im Lauf der Zeit sowohl in einem sehr weiten Sinne und zugleich für enger begrenzte Gebiete verwendet.[149] Jedenfalls kam es bei alledem zu einer Ausdehnung der Bedeutung von „Armenien" nach Westen und im Süden bis nach Kilikien hinein. Hinzu kommt, daß das byzantinische Germanikeia (Germanicia) in Ostkleinasien in der Tat später in etwa zur Verwaltungseinheit Armeniakon wurde, von dem im Spätmittelalter noch das Königreich „Klein-Armenien" seinen Namen bekam.

---

144 P. CHURGIN, Targum Jonathan to the Prophets, New Haven 1971²; A. SPERBER, The Bible in Aramaic, III, Leiden 1962; R. HAYWARD, The Targum of Jonathan translated, Edinburgh 1987.

145 Sonst – siehe oben – Rîfat zugeordnet. Das weist auf eine gewisse Unsicherheit bezüglich der Einordnung der Armenier.

146 Das hat mit der Rolle von Ararat in der Flutgeschichte und der damit zusammenhängenden Auffassung zu tun, daß vom Ararat aus die Welt unter den Söhnen Noahs aufgeteilt wurde (vgl. Jub 7,14–17), was tunlichst im Sem-Anteil (so Tobit 8,21) geschehen sein sollte. Im übrigen vgl. zu dieser Linie auch Josephus, Ant I,145f. zur Aram-Genealogie.

147 Dazu siehe auch M. SCHOTTKY, Media Atropene und Groß-Armenien in hellenistischer Zeit, Bonn 1989.

148 Vgl. zur Orientierung B. BRENTJES, Drei Jahrtausende Armenien, Leipzig 1973; M. CHAHIN, The Kingdom of Armenia, New York 1990.

149 In der CN-Übersetzung DÍEZ-MACHOs in der Anmerkung zu „Germania": „en Asia Menor".

Im kleinasiatischen Kontext ist also ein komplizierter Sachverhalt zu verzeichnen. Das sogenannte Kleinarmenien war als *Germanikeia/Germanicia*) bekannt, was im Hebräischen/Aramäischen offenbar *Germanijah* (oder ähnlich) im kaukasisch-ostanatolischen Raum entsprach, und schließlich trugen drei Orte den Namen *Germanikopolis*, zwei im nördlichen Kleinasien (Bithynien und Paphlagonien) und einer in Südwestkilikien (Isaurien), was dazu angetan war, den Begriff noch enger mit Kleinasien zu verbinden. Auch der Name *Camarina* in Sib III,218 und III,736 gehört in ganz unterschiedliche geographische Bereiche, wie es an ähnlich klingenden Namen auch sonst nicht mangelte.[150] Jedenfalls waren mit *Grmmj'*, *Grmnj'/h* und *Grmnjqj'*, auch wenn sie im Lauf der Zeit durch die Abschreiber durcheinandergeworfen wurden, ursprünglich verschiedene geographisch-ethnographische Größen gemeint, wobei das eigentliche Armenien eine zentrale Position einnimmt.

Dazu ist auch zu beachten, daß man aus Jer 51,27 hebräisch *har* (Gebirge) und *Minnî* kombinierte, was auch als aramäische Bezeichnung *Hwrmjnj* und ähnlich – wie im Targum zur Stelle – verwendet wurde. Die Septuaginta verwendete *Armenia* für *'Araraṭ* in Jes 37,38 (Targum: Land *Qdrw*) und *Armenioi* in Ez 38,5. Bei Am 4,3 *Hrmwnh* (LXX: *Rhemma/Rhemmôd*) hat der jüdisch-rabbinische Pentateuchübersetzer Aquilas etwas Ähnliches vollzogen, laut Euseb/Hieronymus teilte er das Wort in „Berg Emmona" auf,[151] und Symmachus setzt dafür gleich *Armenia* ein. Allerdings dominierte im Hebräischen für das eigentliche Armenien von alters her die Bezeichnung *'Araraṭ*, nicht zuletzt von Gen 8,4 her, wo die Targumim wie folgt verfuhren: Targ. Onkelos setzt dafür *ṭwrj qrdw*, Targ. Jonatan und CN *ṭw(w)rj dqrdwn*, Targ. Jonatan differenziert aber zwischen *Qrdwnj'* und *'rm'* (Armenia), wo die Stadt *Armenia* erbaut worden sei.

Einen bemerkenswerten Text enthält das Targum zu den Klageliedern 4,21, wo *'äräç 'ûç* in einer Lesart als Land *'rmnj'* wiedergegeben wird,[152] doch im Kontext des Satzes zeigt sich, daß Byzanz mit seinem überwiegend kleinasiatischen Gebiet gemeint ist: „Freue dich nur und juble, Konstantinopel, Stadt des frevlerischen Edom (Rom), die erbaut ist im Lande Armenia, mit zahlreicher Bevölkerung aus dem Volk von Edom! Auch über dich wird die Heimsuchung kommen, und es werden dich zerstören die *Prkww'*,[153]

---

150 Vgl. z.B. auch in der Septuaginta die Textvarianten der Wiedergabe der geographischen Namen des Masoretischen Textes von Ez 27,22f., oder Sib III,218 und 736.

151 So Hieronymus/Eusebius im Onomasticon, siehe E. KLOSTERMANN, Eusebius. Das Onomasticon der biblischen Ortsnamen, Leipzig (GCS Eusebius III/1 = GCS 11/1) 1904 (Nachdruck Hildesheim 1966), 146f.

152 Siehe LEVINE, a.a.O. (Anm. 124), 55 (engl. S. 73).

153 Lesart: *Brtwa'j*.

und der Fluchbecher wird zu dir hinkommen, daß du dich trunken trinkst und entblößt wirst." Eine Teilparallele enthält das Targum zum folgenden Vers 22: „Und danach wird er deine Verkehrtheit beenden, Gemeinde Zion, und ihr werdet erlöst durch die Hand des Messias-Königs, des Hohenpriesters Elia, und JJ wird dich nicht wieder gefangen wegführen lassen. Zu der Zeit ahnde ich deine Vergehen, frevlerisches Rom, das in 'Iṭalî'ah aufgebaut worden und voll ist von Volk der Söhne Edoms, und es werden die Prs'j (Perser) kommen und dich bedrängen und dich zerstören, denn deine Schuld ist vor JJ bekannt geworden". Es ist offensichtlich so, daß v. 21 im Vergleich zu v. 22 eine jüngere Aktualisierung enthält. Vermutlich hat hier der kühne Vorstoß des Partherkönigs Chosroes II. (590–628 n. Chr.), der 614 Palästina und 619 Ägypten eroberte und dann, Kleinasien überrennend, weiter gegen Konstantinopel und bis nach Thrakien führte, Pate gestanden. Aber Chosroes II. scheiterte 622 in einer Seeschlacht und wurde im Dezember 627 durch Kaiser Heraclius, der ihn über Armenien bzw. den Kaukasus im Rücken angriff, bei Niniveh auch auf dem Lande vernichtend geschlagen.[154] Die Aktualisierung in v. 21 erfolgte wahrscheinlich im Rahmen jener messianischen Welle, die der Vorstoß der Parther und die Eroberung Jerusalems 614 unter den Juden hervorgerufen hat, wie es in einigen apokalyptischen Texten bezeugt ist,[155] und die mit der Wiedereroberung Palästinas durch Heraclius im Jahr 628 aber wieder in sich zusammenbrach.

Klar wird aus all dem, daß *Armenia* sowohl als Bezeichnung wie auch als geographisch-politisch wechselhafte Größe für die Zusammenführung der verschiedenen, ursprünglich zum Teil weit voneinander entfernten geographisch-ethnischen Faktoren namens *Grmmj'*, *Grmnjh*, *Grmnjqjh* und dergleichen eine entscheidende Rolle gespielt hat. Wenn *Armenia* trotzdem in den Jafetitengenealogien nur so spärlich vertreten ist, dann gerade wegen des Widerspruchs zwischen dieser aus der politisch-ethnographischen Realität erwachsenen Lage und der genealogischen Tradition, die Armenien für Sem, genauer für Aram als Nachkommen, in Anspruch nahm. Eine Einordnung ins genealogische Schema lag wegen der politischen Bedeutung Armeniens – auch für die jüdische Geschichte – nahe, nicht zuletzt auch wegen Adiabene, dessen Herrscherhaus im 1. Jahrhundert n. Chr. zum Judentum konvertiert war.

---

154 G. J. REININK – B. H. STOLTE, The Reign of Heraclius (610–641): Crisis and Confrontation, Leuven 2002; P. SPECK (Hg.), Varia. VI. Beiträge zum Thema Byzantinische Feindseligkeiten gegen die Juden im frühen 7. Jahrhundert, Bonn (Poikila Byzantina 15/Varia 6) 1997; S. SIVAN HAGITH, From Byzantine to Persian Jerusalem; Jewish perspectives and Jewish/Christian polemics, GRBS 41, 2000, 277–306.

155 Vor allem im Sefär Zerubbabel und ähnlichen Texten; gesammelt ediert in: J. EVEN-SHMUEL, Midrᵉšê gᵉ'ûllah, Jerusalem 1968². LEVINEs Kommentar, a.a.O. (Anm. 124), 175f., enthält keinen Hinweis auf diese naheliegende Erklärung.

3.5.4 Germanen und Goten

Eines ist jedoch deutlich: 'Ašk^enaz scheint in diesen rabbinischen genealo-gisch-geographischen Schemata vorwiegend mit nordwestlicher Position auf, und das führte zu gegebener Zeit zur Gleichsetzung mit den Goten. Ob diese auch mit dem rätselhaften Gentilicum 'ntjjm oder gntjm (im Lande gntjj') gemeint waren oder ob sich hier die Geten niedergeschlagen haben, sei dahingestellt. Im Midrasch Tehillim 25,14 und 109,3 (vgl. YalqŠim II, § 702) werden sie jedenfalls zusammen mit Brbrjm genannt. Die zeitweilig markante Rolle der Goten im byzantinischen Raum wird im Sefär Z^erûbbabel (7. Jahrhundert) damit quittiert, daß vor dem (zum Antimessias stilisierten) Kaiser „Armilus" (Heraclius) auch ein Herrscher namens 'Arṭêmôs aus Gôtîja' genannt wird.[156] Die Ausgangssituation war überdies so, daß in vorchristlicher Zeit auch die Geten im Raum nördlich der Donau bis zum Tyras (Dnjestr) siedelten, im Osten den Skythen und später Sarmaten, im Süden den Thrakern benachbart. Man muß also bei den hebräisch/aramäi-schen Namen Gjtj'/Gjntj' mehrere Möglichkeiten bedenken. Die Goten rückten im 4. Jahrhundert in dieses Getengebiet aus dem früheren Skythen- und Sarmatenraum her ein und wurden selbstverständlich diesem Sach-verhalt entsprechend eingestuft, nicht als „Germanen", sondern als Stämme aus nordost- und zentralasiatischen Regionen.

Geten und Goten waren angesichts des fast identischen Konsonantenbe-standes der beiden Gentilica kaum auseinanderzuhalten. Es ist aber äußerst unwahrscheinlich, daß man in jüdischen Kreisen jemals Goten und Germa-nen gleichgesetzt hat, und auch die Vermutung, die Übertragung von 'Aškenaz auf das Gebiet von Deutschland beruhe auf dem (recht gekünstelt postulierten) Anklang dieses biblischen Namens an Skandza, das Ursprungs-land der Goten,[157] ist höchst unglaubwürdig. Die Juden im byzantinischen Raum ordneten vielmehr die auftauchenden Goten – wie die Geten – so ein, wie es dem Bereich entsprach, aus dem sie in die byzantinische Nachbar-schaft gekommen waren, also dem Bereich, welcher in den traditionellen genealogischen Schemata der Gomär-Gruppe zugeteilt war. Man mußte die

---

156 Midr^ešê g^e'ûllah, ed. J. EVEN-SHMUEL, Jerusalem 1968², 90. Zur Rolle solcher Völker-schaften in der jüdischen Endzeiterwartung dieser Zeit siehe J. MAIER, Jüdische Apokalyptik im Mittelalter, in: W. VÖGELE – R. SCHENK (Hg.), Apokalypse. Vor-tragsreihe zum Ende des Jahrtausends, Loccum (Loccumer Protokolle 31/99) 2000, 247–288.

157 So D. SIMONSEN, Kleinigkeiten, in: Judaica. Festschrift zu Hermann Cohens siebzig-stem Geburtstag, Berlin 1912, 297–301 (301), und dann wieder L. WALLACH, Zur Etymologie 'Ashkenaz – Deutschland, in: MGWJ 83, 1939, 302–304. So auch schon S. J. RAPOPORT, 'Äräk mîllîn, I, Prag 1852 (Warschau 1914²), 156ff. (neben Anklang an „Saxonia").

aus diesem Raum kommende neue Größe – unabhängig von ihren sonstigen Merkmalen wie ursprüngliche Herkunft, ethnische Affiliation, Sprache oder Religion – eben in diesen genealogischen Raster einbringen.

Die genealogische Zuordnung von Gomär zu *Grmnj*[158] und von Magog zu *Gwtj'* in yMeg I,11/1b (siehe oben) ist das früheste Zeugnis der Art und wird ergänzt durch das Targum zu den Chronikbüchern.[159] Dieses hat 1Chr 1,5f. eine der palästinischen Targumtraditionen zu Gen 10,2 entsprechende doppelte Überlieferung mit zwei bemerkenswerten Abweichungen mit abweichenden Lesarten (*Kûtijîm*, *ᵃrabijîm*):

		A	B
1	Gomär	*'prjqj*	*Grmnjh/ grmnj'*
1-1	'Aškenaz	*'sj'*	*'sjh*
1-2	D/Rifat	*Prqwwj*	*Drjgt*
1-3	Togarmah	*Brbrj*	*Grmnqjh*
2	Magog	*Grmmj'*	*Gjtjh/ Gjtjjh*

Magog wird auch hier als Alternative zu *Grmmj'* mit „Gotia" verbunden, und bei Togarmah taucht als Alternative zu *Brbrj'* ein *Grmnqjh* auf. Man hat also keineswegs Germanen und Goten gleichgesetzt, vielmehr gab man entweder das Phrygier bezeichnende oder unpassende (Africa bezeichnende) *'prjqj* preis, oder man fand Ersatz in dem ja auch schon vorhandenen *Grmn(j)qj'*, das in byzantinischer Zeit für kleinasiatische Gebiete recht geläufig war und nun seinerseits *Brbrj'* verdrängte.

Sofern die Goten (als Magog) im Schwarzmeer- und Balkangebiet vorausgesetzt wurden, mußte *Grmmj'* als benachbart dann wohl westlich davon gedacht werden. In diesem Fall war der Weg frei für eine entsprechende Lokalisierung auch der *Gômär*-Söhne, und zwar mit *'Aškenaz* als erster, das heißt nordwestlichster Position, was eine teilweise Überlappung mit den lateinisch einst als *Germania* bezeichneten Gebieten bedeutete. Der Vorgang ist in den Zeitraum datierbar, der zwischen dem Eindringen der Goten vom südrussischen Raum her in die byzantinischen Randgebiete am Balkan und ihrer Abwanderung nach Westen gegen Mitte des 5. Jahrhunderts liegt. Das Hunnenreich, um die Mitte des 5. Jahrhunderts bis an Rhein und Donau reichend, hat in der jüdischen Tradition angesichts der Quellenlage noch keinerlei Eindruck hinterlassen können. Die Turkstämme der Awaren, meist kaum von (weißen) Hunnen unterschieden, traten für das orientalische Judentum aber bereits im frühen 7. Jahrhundert in Erscheinung, in der

---

158 Vgl. diese Zuordnung auch noch im 13. Jahrhundert in Syrien bei Samuel b. Nissim Masnut, Midraš Bᵉreʾšît zûṭaʾ, ed. M. HACOHEN, Jerusalem 1962, 45 zu Gen 10,2: *Gômär zô Grmmjʾ, û-Magôg zô Gjnjtʾ*.

159 R. LE DÉAUT – J. ROBERT, Targum des Chroniques, I–II, Rome 1971.

Zeit jener Kriege zwischen Sassaniden und Byzantinern unter Heraklius, die kurz vor der arabischen Eroberungswelle die apokalyptischen Hoffnungen im Judentum hochlodern ließen.[160] Um 617 und 626 n. Chr. stießen die Perser über Syrien/Kleinasien gegen den Bosporus vor, während gleichzeitig die Awaren von der europäischen Seite anrückten. Die Awaren kamen wie einst die Hunnen aus Richtung Zentralasien und richteten sich zunächst nördlich des Schwarzen Meeres im Einvernehmen mit Byzanz ein, folgten in die Gebiete der nach Italien abziehenden Langobarden, bedrängten Byzanz und bald die mitteleuropäischen Bereiche. Unter Kagan Bajan (565–602 n. Chr.) beherrschten sie den ganzen Raum vom Kaukasus bis an die Elbe und an die Adria, erst Karl der Große brach zwischen 791–803 n. Chr. ihre Macht, nachdem ihnen bereits im Südosten mit den Bulgaren und im Osten durch die Khazaren aufstrebende Konkurrenten erstanden waren. Die Awaren kamen also deutlich wahrnehmbar aus dem Gomär-Gebiet im Osten, und ihr Auftreten war daher vom genealogischen Schema her durchaus geeignet, auch die Bezeichnung ʾAškenaz nach Westen zu versetzen.

Schließlich nahmen während derselben Zeit nach und nach die Slawen, zunächst unmerklich zuwandernd und politisch noch unselbständig, bis zum 7./8. Jahrhundert fast den ganzen, einst von den Hunnen beherrschten Bereich (im Westen aber nur bis zur Elbe) ein. Sie präsentierten sich, da sie nicht in der gleichen markanten Weise wie Goten, Hunnen und Awaren aus dem traditionellen Gomär-Gebiet auftauchten, als ein spezielles Problem für die genealogischen Schemata der jüdischen Tradition, denn wo sollte man sie einordnen? Das Eindringen der Slawen war daher auch ein entscheidender Faktor für jene genealogisch-„siedlungsgeographische" Spaltung der Gomär-Gruppe, bei der ʾAškenaz, im Westen mittlerweile für (lateinisch) *Germania* verwendbar geworden, endgültig in den Westen geriet.

Es ist also nicht so, daß die Goten ihre Charakterisierung als Magoger (in jüdischen Augen) nach Westen mitgetragen hätten, dafür gibt es dann auch keinerlei Hinweis im italienisch-iberischen Bereich.[161] Die Goten erhielten diese Bezeichnung, weil sie allem Anschein nach aus dem Gomär-Bereich ins nördliche Schwarzmeergebiet gekommen waren, und sie verloren diese Zuordnung, sobald sie den betreffenden geographischen Raum verließen. Jedoch mußte nun Gomär – zumindest mit einem seiner Söhne – nach der Westwanderung des traditionell gegenüber Gomär ja östlicher angesetzten Magog – noch westlicher gesucht werden, sobald man die im Schwarzmeer-Balkangebiet weilenden Goten mit Magog verband. Die Westwanderung

---

160 Siehe S. W. BARON, A Social and Religious History of the Jews, III, New York/Philadelphia 1967⁴, 238f.
161 Siehe unten zum *Sefär Josippon*.

der Goten und die weiten Vorstöße der Hunnen und Awaren nach Westen, alles Wanderbewegungen aus dem Gomär-Bereich der genealogischen Tradition, schufen also die Voraussetzungen für die geographisch westlichere Ansetzung von ʾAškenaz, und zwar sowohl aus westlich-jüdischer Sicht wie aus orientalisch-jüdischer Sicht, wobei sich durch den verschiedenen Standort allerdings auch eine unterschiedliche Optik ergeben mußte, weil jeweils andere Größen benachbart waren. Größen, die zunächst im kleinasiatischen Raum angesetzt waren, rückten also zunächst in den Balkanraum und von dort nach Nordwesten vor, weil die ethnischen Verschiebungen in diesem Gebiet nicht zu übersehen waren.[162] Die Goten spielten bei alledem nur eine vorübergehende Rolle, sie erschienen als ʾAškenaz nur so lange, als ihre Herkunft aus dem Gomär/Magog-Bereich und somit dessen Extension nach Westen durch sie noch aktuell war, solange sie also am Schwarzmeer- und Balkanraum saßen, und aus dieser Zeit stammen eben die erhaltenen rabbinischen Belege. Und da sie in dieser genealogisch-geographischen Sicht gerade nicht mit Germanen identifiziert wurden, wie (auch jüdische!) deutschnational getönte Publikationen es in der Vergangenheit als selbstverständlich voraussetzten,[163] konnten sie auch die Bezeichnung ʾAškenaz nicht auf Germanen übertragen. Mit Hunnen und Awaren hingegen war im Norden der Bereich ʾAškenaz bis an den Rhein, jedenfalls bis zur Elbe und dort bis an die Sachsen im Norden gerückt. Es war der mit dem 7./8. Jahrhundert einsetzende und durch die unter Karl dem Großen gebrochene Macht der Awaren ermöglichte Aufschwung der bis dahin unterdrückten Slawenstämme, der diese genealogisch-geographische Westverlagerung mit Irritationen belastete. Denn was sollte man mit den Slawen in diesem Schema?

Somit ist es, wenn man nur auf die Gomär-Gruppe blickt, nicht verwunderlich, daß im Exordium zur Bearbeitung des Hieronymus der Chronik des Euseb zu Gen 10,2f. vermerkt werden konnte: *Ascanaci gentes Goticae*.[164] Nur war diese Gleichsetzung in der jüdischen Tradition wegen der Festlegung der Goten auf Magog verbaut. Hieronymus selber kannte diese rabbinisch bezeugte Zuordnung der Goten an (*Gôg* und) *Magôg*. Die Bezeichnung *Magôg* hatte zudem – durch Ez 38f. provoziert – schon früh in der Verbin-

---

162 H. DITTEN, Ethnische Verschiebungen zwischen der Balkanhalbinsel und Kleinasien vom Ende des 6. bis zur zweiten Hälfte des 9. Jahrhunderts, Berlin (BBA 59) 1993.

163 Dazu siehe die aufschlußreichen Ausführungen bei R. JAKOBSON – M. HALLE, The Term Canaan in Medieval Hebrew, in: For Max Weinreich on his seventeenth birthday, The Hague 1964, 147–172.

164 A. SCHÖNE, Die Weltchronik des Eusebius in der Bearbeitung durch Hieronymus, Berlin 1900, 25. 47.

dung mit *Gôg* im eschatologisch-apokalyptischen Kriegs-Szenarium einen festen Platz gefunden,[165] und die Gotenzüge scheinen diese lebendige Tradition enorm stimuliert zu haben. Auf längere Sicht war der Endeffekt dieser apokalyptischen Deutungen jedoch, daß *Magôg* als mythisch-eschatologische Größe der situationsbezogenen, aktualisierenden Deutung von Gen 10,2f. nur mehr dann zur Verfügung stand, wenn letztere akut-eschatologisch motiviert war.

3.6 Zu Kittim

(a) *'kzj'/'kjj'*: *'Akazija'* geht offenbar auf *Achaia* zurück,[166] das in lateinischem Sprachgebrauch für Griechenland stehen konnte, bei Ptolemäus aber nur die ganze Peloponnes bezeichnet, was hier zu *'Elišah* = Hellas gut paßt.

(b) *Italia* wird auf der Basis der griechischen Kolonisation im Süden ins Spiel gekommen sein, entsprach dann ausgeweitet wohl dem byzantinischen Herrschaftsbereich. Es taucht auch in der Völkerliste in den *Pirqê ha-mašî^aḥ* auf.[167]

3.7 Zu Dodanim – *Drdnj'*

Die bis auf Schreibvarianten konstante Identifizierung ist gleichwohl nicht so einfach zu lokalisieren. Josephus ließ diesen Posten einfach aus, wußte damit wahrscheinlich nichts anzufangen. Meist verweist man auf die Küstengebiete der Dardanellen. Die Späteren haben diese Chance benützt, um neue Völkerschaften unterzubringen, vor allem in Nordwesteuropa.

3.8 Zu *Tûbal*

Wjtjn'/Bjtn' und Ähnliches ist offenkundig *Bithynia*, und das recht konstant; *'Atûnijah*[168] oder *'Athenia*[169] zu lesen ist nicht akzeptabel.

---

165 J. SIMONS, The Geographical and Topographical Texts of the Old Testament, Leiden 1959, 57–60; A. VIVIAN, Gog e Magog nella tradizione biblica, ebraica e cristiana, RivBib 25, 1977, 389–421.

166 Vgl. NEUBAUER, a.a.O. (Anm. 10), 424; KRAUSS, Völkertafel (Anm. 80), 55.

167 J. EVEN-SHEMUEL, Midrešê ge'ûllah, Jerusalem 1968², 337.

168 GINSBERGER z.St. in TJ.

169 J. W. ETHERIDGE, The Targums of Onkelos and Jonathan ben Uzziel on the Pentateuch, New York 1862 (1968²), 186.

'wsj'/Mwsj' und Ähnliches ist vorzugsweise *Mysia;* aber *Moesia*[170] paßt besser zu J-7 (Thrakier)[171] und hat sich daher zum Teil durchgesetzt.

Tûbal und *Mäšäk* bleiben im Gegensatz zur weitgespannten frühjüdischen Zuordnung im Jubiläenbuch innerhalb des byzantinischen politischen Horizonts, das westliche Mittelmeergebiet bleibt also unberücksichtigt.

3.9 *Mäšäk*

Josephus hatte *Mäšäk* mit Meschenern und Kappadokiern gleichgesetzt, das (vorherrschende) rabbinische *Mwsj'* könnte auf eine ähnliche Auffassung zurückgehen, zumal im Targum-Ms. 440 *Mwsqj* zu finden ist. Im Targum zu Ps 120,5 begegnet für *Mäšäk* das seltsame *'ws'*, andere haben *'nsj'*, die Unsicherheit war also groß. *Mwsj'* tritt als *Mysia* der rabbinischen Deutung von Tubal auf *Bithynia* zur Seite, was auf eine ältere hellenistische Liste weist. In dieser wurde dann eine westkleinasiatische Größe, Phrygien am Hellespont oder Lydien, durch den römischen Provinznamen Asia (J-1.1 *'Aškenaz*) ersetzt, was mit *Mwsj'* als Mysien konkurrierte. Daher dürfte *Mwsj'* danach auch auf *Moesia* bezogen worden sein, was zu *Tîras* als Thrakern gut paßte.

3.10 Zu *Tîras*

Es gibt zwei oppositionelle Zuschreibungen, Persien/*Prs* (so auch RŠ"J zur Stelle) im Osten (von Medien getrennt), und vorrangig – Thrakien (*Trqj* und ähnlich, zunächst wohl Gentilicum) im Westen, also als Extremgebiete des geographischen Horizonts.

Thrakia wird schon von Josephus genannt und repräsentiert eine ziemlich stabile Zuschreibung; möglicherweise wurde dies durch den griechischen Namen des Dnjestr (*Tyros*) mitbedingt. Wortanklang verursachte dann wohl auch die Gleichsetzung mit Russen.

Bemerkenswert ist, daß um 1500 noch Salomo ibn Verga sowohl *Mäšäk* wie *Tîras* zum Herrschaftsgebiet des Sultans Soliman I. rechnete.[172]

---

170 A. Díez Macho z.St.: Moesia. Aber Mysia ist geographisch näherliegend.
171 Buber, Lekach-Tob (Anm. 74), fol. 26a, Anm. z.St.: Gemeint sei ein Thrakien in Anatolien, was indes sehr unwahrscheinlich ist.
172 J. Baer, Shlomo ibn Verga, Šäbät Jᵉhûdah, Jerusalem 1947, 145.

4. Sekundärbenutzung in Listen feindlicher Völker

Die Listen hatten teilweise ein literarisches Nachleben in der früh- und hochmittelalterlichen Apokalyptik wo sie als Basis für aktualisierte Völkerlisten dienten, so in den *Pirqê ha-mašîᵃḥ*,[173] wo eine solche Völkerliste buchstäblich zusammengestückelt wurde, unter anderem aus einer Jafetitenliste, die der CN/Targ. 1Chr. A nahestand. Das ganze entspricht in etwa der weltpolitischen Situation, die auch im *Sefär Josippon* vorausgesetzt wird, aber mit weiterem Horizont im Blick auf den Osten. Die Jafetiten sind in ihrem „klassischen" Bestand mit Kapitälchen hervorgehoben:

a) GOMÄR, TÔGARMAH, ʾPRJQJ;[174] GRMMJH, QPWDQJH, BRBRJ(H)

b) ʾjṭljʾh[175]

c) ʾAndalûs (siehe auch g)[176]

d) Kûš[177] und Sabaʾ

e) Hrmn und Dwljm ʾhrsn

f) Sswnjjʾ (Sachsen)

g) Gljçjʾh; Gwçjʾ (iberische Halbinsel außer Andalusien)

h) Lwmbrdjʾh; Qlbrjh (Süditalien)[178]

i) Penṭapôlî; Trîpôlî; çwr (Tyrus)

k) MQDWNJ(J)H

l) ʾJNGLJSJ (Angeln)[179]

m) Mwnqk, Çjprj; Njrw, Nwzn

n) DRWNJH, ʾWSJH, TLQJ (aus Ṭrqj), ʾlmn(j)jʾ (Alamanen),[180] TWRWS (Tarsos)

o) ʾjlm (Elam).

173　J. EVEN-SHMUEL, Midreŝê geʾûllah, Jerusalem 1968², 337f.; vgl. A. JELLINEK, Bet ha-Midrasch, III, Jerusalem 1938², 68–76 (72f.).

174　Im Text bei JELLINEK ist hier eingefügt: Grmjt.

175　Da Lombardia und Calabria extra genannt werden, dürfte Italia vor allem das nichtbyzantinische, fränkische Herrschaftsgebiet bedeuten.

176　Im Text bei JELLINEK verstellt (siehe unten).

177　Im Text bei JELLINEK folgt hier ʾandalûs (verstellt, siehe oben).

178　Anders als im *Sefär Josippon* ist hier Lombardia mit Calabria verbunden. Entweder repräsentieren die beiden Namen die geographischen Extreme Norden und Süden, oder – und wahrscheinlicher – die Zusammenstellung setzt das gegen Ende des 9. Jahrhunderts geschaffene byzantinische Großthema Longibardia (das frühere Benevent) nördlich von Calabria (als Nordteil des Großthemas Sekelia) im Süden voraus, aus denen im 10. Jahrhundert zwei gleichgewichtige Verwaltungseinheiten wurden, von denen Langobardia sich allerdings nur mehr auf Apulien erstreckte.

179　Seltsam der Einschub der Angel(sachse)n zwischen Makedoniern und den übrigen Jawansöhnen.

180　Die Alamanen zählen also auch hier zu den Jawansöhnen. Der Grund ist – wie im *Sefär Josippon* – in byzantinischen Vorrang-Ansprüchen zu suchen.

§ 8

Amalek in the Writings of Josephus

1. Introduction

1.1 Biblical Evidence

In Gen 36:12, 22 Amalek[1] is one of the grandsons of Esau and in other Biblical texts he appears as a fierce archenemy of Israel. The Amalekites were the first who according to Ex 17:8–16 attacked the Israelites after their exodus from Egypt and together with other groups barred direct access to the Land of Canaan. They also figure among the most threatening neighbours throughout the early history of Israel. King Saul is said to have almost totally annihilated them. It was David, however, to whom the Bible attributes the elimination of this threat from the southern borders. Consequently, Amalek should have been regarded later on as a figure of the past but in traditional Jewish historiography he appears nevertheless as the *typus* of the foremost and irreconcilable enemy of Israel.[2] Already in the Torah (Dt 25:17–19; cf. Ex 17:17–19; 1Kgs 15:2–3) Israel is commanded a) always to remember what Amalek had done, b) to try to blot out the memory of Amalek, and c) not to forget it. The territory of Amalek is regarded as part of Israel's heritage just like the land of the Canaanites (Num 14:25) or the seven nations which God commanded and promised to expulse or to extirpate. In this respect they were (cf. Dt 2:4–9) in spite of their alleged descendance from Esau clearly distinguished from the Edomites "who live in Seir" and are called brothers of the Israelites and whose territory must not be invaded by the Israelites (cf. Dt 2:19 concerning the sons of Lot).[3]

---

1   For an explanation of the name see M. GÖRG, Ein Gott Amalek?, BN 40, 1987, 14–15; IDEM, Nochmals zu Amalek, BN 79, 1995, 15–16.

2   A. SCHUIL, Amalek. Onderzoek naar oorsproong en ontwikkeling van Amaleks rol in het Oude Testament, Zoetemeer 1997.

3   D. A. GLATT-GILAD, The re-interpretation of the Edomite-Israelite Encounter in Deuteronomy, VT 47, 1997, 441–445; W. OSWALD, Die Revision des Edombildes in Numeri xx 14–21, VT 50, 2000, 218–232.

In the literature of early Judaism we find only a few references to Amalek outside the materials dealing with Biblical traditions. Some of them indicate an increasing interest in Amalek as a *typus*, a fact which is corroborated by the addition of the name Amalek on certain occasions by some translators or scribes of the Greek Bible.[4] The Biblical and early Jewish picture of Esau/Edom and Amalek is already a complex product of historical experiences and metahistorical evaluations.[5]

It is evident that Amalek represented an actual enemy for the early Jewish authors and not only one of the past. This image was possible by assuming that the Amalekites were still a living ethnic group trying to harm Israel and they were often identified with some dangerous contemporary tribes in the area. On the basis of the Book of Esther (see below) even Agagites, descendants of the Amalekite king Agag, were said to have survived. In other instances the designation Amalek had no genealogical implication at all but served as a mere code name for the most dangerous contemporary enemy.[6] This metahistorical application remained in use throughout the centuries;[7] even today it may be found in connection with Nazi-Germany and with Palestinians.[8] Both methods of application, the genealogical and the symbolical intertwined regularly. For Amalek remained in Jewish historiographic-political consciousness a figure in intimate relationship to Esau/Edom even when reduced to a mere *typus* without any stated genealogical links. One reason for this was that Esau/Edom himself constituted a metahistorical code name for the Roman empire in its quality as the most threatening political and eschatological power in the sense of Daniel's fourth kingdom.

---

4   2Kgs 10:6 (B) for MT *M'kh*; Judg 7:1 (A); 1Kgs 15:13; 31:13/2Kgs 1:1. On the other hand, the name Amalek has been eliminated in Judg 5:14 (A); perhaps due to an alternative reading, e.g., as a result of a correction as in Judg 12:15 in connection with a mountain called *har 'mlqj* in the land of Ephraim. See J. THOMAS, Amalec, Amalécite, in: DB, I, Paris 1895, 426–428.

5   B. DICOU, Jakob en Esau, Israël en Edom, Voorburg 1990; B. HARTBERGER, „An den Wassern von Babylon ...". Ps 137 auf dem Hintergrund von Jer 51, der biblischen Edomtraditionen und babylonischer Originalquellen, Frankfurt/M. (BBB 63) 1986.

6   T. NÖLDEKE, Über die Amalekiter und einige andre Nachbarvölker der Israeliten, Göttingen 1864.

7   N. M. WALDMAN, The Sin of Amalek in Bible and Midrash, Dor le-dor 11, 1982/83, 77–81; N. MARTOLA, Amalek i Halaka, Nordisk Judaistik, ScJS 15, 1994, 1–24; A. SAGI, The Punishment of Amalek in Jewish Tradition, HThR 87, 1994, 323–346.

8   ST. BOYLAN, A Halakhic Perspective on the Holocaust. in: B. H. ROSENBERG (ed.), Theological and Halakhic Reflections on the Holocaust, New York 1992, 195–214; A. BEN-HAYIM, Re'šît gôjîm, Jerusalem 1993; A. RIVLIN, Ha-setarîm be-'Ester, Jerusalem 2002. M. PAGANONI, Dimenticare Amalek, Firenze 1986, used 'Amalek' for representatives of the anti-Zionist left.

It is the function as *typus* in this sense which is the subject of this paper. Not the historical relationship between the Edomites and the Amalekites on the southeastern borders of Israel/Judah and their relationship to the Idumaeans[9], nor the real history of these ethnic groups but the use of their name as a symbol or a code name is what we are treating.[10]

The origins of the symbolic application of Esau/Edom to the Roman empire is difficult to trace. It is obvious that historical experiences during the late period of the kingdom of Judah, at the time of its fall from the 7th to the 6th century B.C.E. and during the Persian period,[11] shaped the image of Esau/Edom as the menacing rival brother and neighbour of Israel.[12] The geographical basis of this threat was the Negev, south of Judah, and it was this specific confrontation which overshadowed also the Biblical items which point to an original location of Amalek on the eastern side of the Arabah.[13] According to Ex 17:8–16 and Num 13:28–29 it is evident that the Amalekites lived in the Negev, blocking the highways from the south and from the desert of Sin to the Land of Canaan. This is corroborated by (see below) Num 14:40–45 and Dt 1:44. According to Judg 1:16 the Amalekites were neighbours of the Kenites, and in 1Sam 15:4–6 they are connected with the

---

9   J. R. BARTLETT, Edomites and Idumaeans, PEQ 131, 1999, 102–114.

10   D. DAUBE, Typologie im Werk des Flavius Josephus, München (SBAW.PH 1977,6) 1977, 13, referred only to *Mekhilta R. Jishmael* on Ex 8–12.

11   See esp. M. WEIPPERT, Edom and Israel, TRE 9, 1982, 291–299 (with bibliography); L. E. AXELSSON, The Lord Rose up from Seir. Studies in the History and Tradition of the Negev and Southern Judah, Stockholm (CB.AT 25) 1987; J. R. BARTLETT, Edom and the Edomites, Sheffield (JSOT.S 77) 1989; J. F. A. SAWYER – D. J. A. CLINES (eds.), Midian, Moab and Edom. The History and Archaeology of Late Bronze and Iron Age Jordan and North-west Arabia, Sheffield (JSOT.S 24) 1987; P. BIENKOWSKI (ed.), Early Edom and Moab. The Beginning of the Iron Age in Southern Jordan, Sheffield 1992; I. FINKELSTEIN, Edom in the Iron Age I, ErIs 23, 1992, 216–223; B. MACDONALD, Ammon, Moab and Edom: Early states/nations of Jordan in the biblical period (end of the 2nd and during the first millennium B.C.), Amman 1994; I. EPHAL – J. NAVEH, Aramaic Ostraca of the Fourth Century B.C. from Idumea, Jerusalem 1996; I. BEIT-ARIEH, Edomites in Judea at the End of the Iron Age, Michmanim 12, 1998, 18–22; R. ZADOK, A Prosopography of Samaria and Edom/Idumea, UF 30, 1998 (1999), 781–828.

12   D. V. EDELMAN, You shall not abhor an Edomite for he is your brother: Edom and Seir in history and tradition, Atlanta (ABSt 3) 1995; G. HOCKVELD-MEIJER, Esau: Salvation in Disguise. Genesis 36: A Hidden Polemic between Teacher and the Prophets about Edom's Role in Post-Exilic Israel through Leitwort Names, Kampen 1996.

13   J. SIMONS, The Geographical and Topographical Texts of the Old Testament, Leiden 1959, 1–2.

locality of Telaim/Telem which is in the Negev.[14] This is also mentioned in 1Sam 27:8, a text which defines the regions of the Amalekites, Geshurites and Girzites as extending from Telaim to Shur near Egypt. The proximity to Egypt is also expressed in 1Sam 15:7 ("from Havilah to Shur"). It seems, therefore, that during a certain period in Israel's history a group of tribes not only east of the Arabah but especially west of it, on the Sinai Peninsula, was regarded as Amalekites or their allies. It is this situation which led to the description of Amalek as the *"re'šît* (the best, the elite; LXX: *archê*) of the nations" in Num 24:20.

It was particularly the location on the western side that embarrassed some Jewish authors during the late Second Commonwealth. They tried to displace Amalek, locating them exclusively in the east again and thus excluding any claims from foreign tribes on the southern territories in question.

There is, however, another aspect which needs to be considered. 1Chr 4 contains traditions (not attested elsewhere) about some southern clans of Judah. Beginning with v. 24 there appear some strange remarks about the Simeonites and 4:41–43 reports about a campaign of the Simeonites against Hamites[15] in the days of king Hezekiah of Judah. In vv. 42–43 we read: *And five hundred men of these Simeonites, led by Pelatiah, Neariah, Rephaiah and Uzziel, the sons of Ishi, invaded the hill country of Seir. (43) They killed the remaining Amalekites who had escaped* (cf. 1Sam 30 in Josephus, Ant VI,356–367), *and they have lived there to this day.* According to this tradition, Seir is evidently south of Judah and the remnant of the Amalekites from the days of David had found refuge there. There is no other historical evidence for this statement. The polemics in the Biblical prophetic books against hostile foreign nations do not include Amalek as a target while polemical sayings against Edom are quite common.[16] Thus the real enemy was Edom or tribes in the south which in certain traditions were characterized as descendants of Esau "the brother". The reason for the new rivalry was the fact that the Persian province of Edom developed tendencies to expand its territories.[17] Consequently, the establishment of the new province of Judah with its increasing influence on former Israelite as well as Judaean populations in the south concurred with Edomite aspirations. An even more critical

14 SIMONS, op. cit. (n. 13), 317.143.

15 See below on *Testament of Simeon* VI,3.

16 Y. KAUFMANN, History of the Religion of Israel, IV, New York 1977, 431–433; B. C. CRESSON, The Condemnation of Edom in Post-Exilic Judaism, in: J. M. EFIRD (ed.), The Use of the Old Testament in the New and Other Essays. Studies in Honor of William Franklin Stinespring, Durham 1972, 125–148.

17 C. H. DE GENS, Idumaea, JEOL 26, 1979/80, 53–74.

confrontation emerged during the Hellenistic period.[18] At the northern
boundaries of Judah the Samarians were playing a similar role and not by
accident both groups met a comparable fate under the Hasmonean John
Hyrcanus. The historiographical introduction of the Amalekites into the
region of Seir/Edom in the south of Judah served perhaps as a basis for an
excuse for campaigns into the territory of Edom. In addition, it may have
been done in order to avoid the impression to violate the negative
command not to attack the descendants of Esau or to invade the land of
Edom/Esau (Dt 2:22–25). A hint of such conditions may be found in 1Kgs
16:6, where the Hebrew textual tradition provides two readings. After his
victory over Ahaz of Judah, King Rezin of Syria conquered Elat on the shore
of the Red Sea and expelled all *Yhwdym*. He returned this area to *'Aram,*
originally evidently *'dwm,* for Aram/Damascus has never been in possession
of Elat. Consequently, *'dmym/'rmym* came to Elat and settled there. The
Hebrew Bible editions preferred the reading *'rmym*/Aramaeans, whereas the
Greek Bible translated—in a historical sense—Idumaeans. This was done
notwithstanding the accepted reading *'rm* (and not *'dm*) in the first half of
the verse, rendered as Syria. But the authors of 2Chr 28:4–5 simply skipped
the passage in question, while Josephus in Ant IX,245 preferred in this case
"Syrians". He thus followed the reading of the later Masoretic Text but
translated it according to the Greek of the first half of the verse.

By locating the Amalekites in the realm of Edom all military actions in
Edomite territories appeared not only permitted but even as fulfillment of a
positive command: to extirpate the memory of Amalek and to conquer their
land. In later times we find this kind of argumentation in certain Rabbinic
traditions.[19]

1.2 Josephus' General Attitude to 'Edom'

The Edomites ceased to represent an independent ethnic group after their
defeat and forced conversion to Judaism under the Hasmonean John
Hyrcanus (Josephus, Ant XIII,257–258).[20] The symbolic genealogical position
of Esau was now free for a reinterpretation and a new application. This

---

18 J. R. BARTLETT, Edom and the Fall of Jerusalem, 587 B.C., PEQ 114, 1982, 13–24.
19 See in this volume: „Siehe, ich mach(t)e dich klein unter den Völkern ...". Zum
    rabbinischen Assoziationshorizont von Obadja 2" (see below pp. 343–355), and
    „Auslegungsgeschichtliche Beobachtungen zu Ps 37,1.7.8" (see below pp. 391–404).
20 It is difficult to believe that some Old Testament texts still reflect this new state of
    affairs, a hypothesis expressed by B. DIEBNER – H. SCHULT, Edom in alttestament-
    lichen Texten der Makkabäerzeit, DBAT 8, 1975, 11–17.

seems to have been a well known concept already at the end of the first century C.E. Esau/Edom became a code name for the Roman empire.

Josephus tried to avoid any hint of the disastrous rival attitude toward Rome. Pleading for coexistence, he did, however, not explicitly renounce the traditional eschatological expectations so far as they concerned a remote future. While reworking and interpreting the contents of the Book of Genesis his endeavours met a serious obstacle. The Jacob-Esau stories were at that time already conceived as indicating the relationship between Esau/Edom and Jacob/Israel. Consequently, Josephus had to eliminate any possible interpretation of the rivalry between the Biblical twins Jacob and Esau which represented typologically the rivalry between Israel and Rome. This fact has been pointed out by L. H. Feldman[21] and M. Hadas-Lebel.[22] In some respects Josephus anticipated the attitude of some later Rabbis who also tried to avoid a direct confrontation with 'Edom' by accentuating Amalek's character as the archenemy of Israel.[23] The reason is clear, for within Judaism militant currents existed which expected and even tried to initiate the eschatological downfall of the Roman empire.[24]

2. Early non-Biblical Jewish Evidence

In the function as *typus* Amalek was not only conceived as a figure of the past or present but also as an eschatological enemy of Israel. At the beginning of the *War Scroll* from Qumran we read in 1QM I,1–2, that the sons of light will be waging their final wars "against the lot of the sons of darkness, against the army of Belial, the host of Edom and Moab and the

21 L. H. FELDMAN, Pro-Jewish Intimations in Anti-Jewish Remarks Cited in Josephus' *Against Apion,* JQR 78, 1987/88, 202–204; IDEM, Josephus' Portrait of Jacob, JQR 79, 1988/89, 101–151.

22 M. HADAS-LEBEL, Rome, „Quatrième Empire" et le symbole du porc, in: A. CAQUOT etc. (eds.), Hellenica et Judaica. Hommage à V. Nikiprowetzky, Leuven – Paris 1986, 297–312; EADEM, Flavius Josèphe, Paris 1987; EADEM, Jérusalem contre Rome, Paris 1991; cf. also M. STERN, Josephus and the Roman Empire as Reflected in "The Jewish War", in: L. H. FELDMAN – G. HATA (eds.), Josephus, Judaism and Christianity, Leiden 1987, 71–80.

23 F. AVEMARIE, Esaus Hände, Jakobs Stimme. Edom als Sinnbild Roms in der frühen rabbinischen Literatur, in: R. FELDMEIER – U. HECKEL (eds.), Die Heiden: Juden, Christen und das Problem des Fremden, Tübingen (WUNT 70) 1994, 177–210.

24 PH. S. ALEXANDER, The evil empire; the Qumran eschatological war cycle and the origins of Jewish opposition to Rome, in: S. M. PAUL etc. (eds.), Emanuel. Studies in the Hebrew Bible, Septuagint and Dead Sea Scrolls in honor of Emanuel Tov, Leiden 2003, 17–31.

sons of Ammon, (2) and the ar[my (or: the sons) of Amalek and the sons] of Philistaea and against the hosts of the Kittim of Assur and with them to their help are the trespassers of (the) covenant."

It is true that in this source the name Amalek has to be restored in a lacuna.[25] This has led to several alternative suggestions[26] but the given restoration is rather plausible because of Ps 83:7–9 which is evidently the background of the passage.[27]

In the Pseudepigrapha of the Old Testament there is only one passage dealing with Amalek, and it occurs again in an eschatological context, in the *Testament of Simeon* VI,3, a prophetic oracle (similar to Num 24:17–19 and Jub 24:27–32): "Then the seed of Canaan will be destroyed and there will be no posterity to Amalek. All the Cappadocians shall be destroyed and all the Hittites shall be wholly obliterated. (4) The land of Ham[28] shall be wanting and all that people shall perish, and the whole earth shall be at rest from trouble and everything under heaven shall be free from war. Then Shem shall be glorified ... etc.".[29]

The traditional names 'Canaan' and 'Amalek' represent the non-Jewish population of the Land of Israel and its surroundings (of 'Syria') during the Hellenistic era. The Cappadocians, for example, had a certain reputation as fierce soldiers. They appear in the Aramaic *Genesis Apocryphon* from Qumran (1QApGen XXI,23), where they replace Ellasar in the Masoretic Text of Gen 14:9 (Septuaginta transcribes *Ellasar*), and "the land of Ham" points towards Ptolemaic Egypt. It seems that during the Ptolemaic-Seleucid wars certain indigenous elements in the vicinity of Judaea tried to gain ground at the expense of the Jews.

In the works of Philo of Alexandria Amalek represents most of all a certain type of immorality. The behaviour of the Amalekites illustrates the disastrous effects of *pathê* (*De congregatione* 45–62 on Gen 36; *Legum allegoriae* II,186–187).

25 So also M. WISE – M. ABEGG – E. COOK, The Dead Sea Scrolls, San Francisco 1996, 151.
26 G. VERMES, The Dead Sea Scrolls in English, Sheffield 1993⁴, 125: "and [against the army of the sons of the east and]".
27 J. CARMIGNAC – P. GUILBERT, Les textes de Qumran, I, Paris 1961, 91.
28 Cf. above p. 222 on 1Chr 4:41–43.
29 Translation of H. C. KEE in: J. H. CHARLESWORTH, The Old Testament Pseudepigrapha, I, Garden City/N.Y. 1983, 787.

3. Flavius Josephus and the Biblical Traditions on Amalek[30]

3.1 Gen 14:5–7 in Ant I,174

The Masoretic Text reads: ... *and they defeated the Rephaites in Ashteroth Karnaim, the Zusaites in Ham, the Emites in Shaveh Kiriathaim, (6) and the Horites in the hill country of Seir, as far as El Paran near the desert. (7) Then they turned back and went to En-mishpat, that is, Kadesh, and they conquered the whole territory of the Amalekites, as well as of the Amorites who were living in Chazazon-Thamar.*

In the geographical context of this passage, the Amalekites have to be located in the region of Kadesh in the western part of the Arabah. The Greek translators placed on the western side of the Arabah only the leaders of the Amalekites (the *archontes*, reading the Hebrew text *śrj* in place of *śdh*), and this only temporarily, during the war.

In Jub 13 we find a remarkably different but unfortunately not complete résumé of the story. The Aramaic *Genesis Apocryphon* from Oumran (1QApGen XXI–XXII), however, provides a more elaborate version. In XXI,28–29 (concerning Gen 14:6) it offers a peculiar reading: "They defeated the Rephaites of Ashterot Karnaim, the Zumzamites of Ammon, the Emites of Shaveh-Kirioth and the Horites in the mountains of Gebal (replacing Seir!), arriving at El (30) Paran which is situated in the desert. And they turned back [ ]…[..] in Hazazon-Thamar."

Unfortunately, the passage regarding the Amalekites is not preserved, but it may be that the announced new critical edition will provide a more complete text. The replacement of "Seir" by "Gebal" is, however, sufficiently suggestive because it places the action unequivocally on the eastern side of the Arabah. Gebal, usually the Hebrew name for Byblos (Ez 27:9, cf. LXX), refers also in Ps 83:8 (in the Septuagint transcribed as *Gebal/Naibal*) to a region on the eastern side of the Arabah. Eusebius in his *Onomasticon* identified it more or less with Arabia Petraea.[31] Seir, on the contrary, was also connected with areas on the western side, so it seems that certain traditions tried to locate the Amalekites unequivocally and exclusively on the eastern side. In this case Josephus could have used this tradition for the specific purpose of removing the Amalekites from the western side of the Arabah and placing them anyway in a region outside the Roman realm.

---

30 Citations from the works of Josephus follow the Loeb Classical Library.
31 See index in E. KLOSTERMANN (ed.), Eusebius. Das Onomastikon der biblischen Ortsnamen, Leipzig (GCS Eusebius III/1 = GCS 11/1) 1904 (reprint Hildesheim 1966); G. S. P. FREEMAN-GRENVILLE – R. L. CHAPMAN – J. E. TAYLOR, The Onomasticon by Eusebius of Caesarea, Jerusalem 2003; SIMONS, op. cit. (n. 13), 512.

This tendency is evident in his treatment of more than one Biblical passage, the first being Genesis 14 itself.

In Ant I,174 Josephus omitted from Gen 14:7(–9) the passage "ên-mišpaṭ – that is, Kadesh – and the whole territory of the Amalekites and Amorites, as well as of the Amorites who were living at Hazor-Tamar". His version reads: "They ravaged the whole of Syria and subdued the descendants of the giants; then, on reaching the region of Sodom, they encamped in the valley called Bitumen pits." Josephus continues immediately with Gen 14:10: "for at that time there were pits." This procedure is almost certainly not an incidental shift but rather a deliberate omission with the aim of excluding any relationship between the region south of Judaea and the territory of the Amalekites.

3.2 Genesis 36 in Ant II,5–6

a) Genesis 36 contains three lists of the descendants of Esau: (1) Gen 36:11–14 a list of his sons, (2) Gen 36:15–19 a list of rulers (the clans), and (3) Gen 36:40–43 a short list of the chiefs, clans and the regions involved. The list in Gen 36:12 concludes with Timna, calling her a concubine of Eliphaz who bore him Amalek. Gen 36:40–41, instead, as a list according to regions, begins with *Timna'*.

b) The author of a scroll from Qumran, 4Q252, frg. 5 (col. iv),[32] added to the genealogical statement of Gen 36:12 a remark about King Saul and the Amalekites. It is followed by a citation from Dt 25:19 replacing the first part of the verse with *b'ḥryt hymym* as in Num 24:14: "(1) Timna was a concubine of Eliphaz the son of Esau, and she bore him Amalek. It was he, [whom] had defeated (2) Saul. [(vacat)] As He had said to Moses (cf. Dt 25:19): In the end of days *you shall blot out the memory of Amalek (3) from under heaven*."

c) The designation of Amalek as the son of a concubine was certainly a polemical point and Josephus stressed this by speaking *expressis verbis* of a "bastard".

d) In his *Antiquities*, Josephus began Book II (§§ 1–3) with the juridic statement that after the death of Isaac his sons agreed to divide the territorial heritage according to their new changed status. Consequently, Esau left Hebron to Jacob, as told in Gen 36:6–8, and went to *Saeira* where he had lived before (see Ant I,336). Immediately after this passage Josephus listed in accordance with Gen 36:9–14 the children of Esau by his three wives adding the sons of Eliphaz and concluding the passage Gen 36:9–14 with "the bastard (*nóthos*) Amalek" (Ant II,4–5). Here (after Gen 36:14) he added

---

32   DJD XXII, 185–207. 201–202.

a significant remark: "These occupied the region of Idumaea termed Gobolitis and that called, after Amalek, Amalekitis; for Idumaea, formerly extensive, has kept that name for the whole country and in its several provinces preserved the names that were derived from their founders."

It is characteristic of Josephus[33] that after omitting the Amalekites in Gen 14 he tried to give the impression, that the Gobolites and Amalekites occupied a certain (eastern!) part of a territory once called in its entirety Idumaea. Also in Ant III,40 and in IX,188 he designates this eastern part as the land of the Amalekites which is unequivocally identical with Arabia Petraea. This was at that time actually the realm of the Nabataeans and of other Arab tribes, but still outside the Roman empire. The region was a source of continual trouble until the establishment of the province Arabia under Trajan in 105/106 C.E. and the construction of the Limes.[34]

Thus we may conclude that Josephus deliberately placed the Amalekites in the eastern parts of an allegedly greater Idumaea of the past. This was done not only in order to remove them from the territory of a later Idumaea but also to identify the archenemy of Israel—Amalek—as an actual enemy of Rome. At the same time he tried to transfer the emotional aspects of the hostility between Israel and Amalek to the relationship between Romans and Arabs. This impression may be confirmed by the following passage.

3.3 Ex 17:8–16 in Ant III,39–62

In his *Antiquities* Josephus devoted no less than 24 paragraphs to the short story (of only nine Biblical verses) about the first battle against the Amalekites.[35] This story was, therefore, of special significance for him and for the expression of his intentions.

In Ant III,39–40 Josephus described the Amalekites as the leading and instigating group among a number of tribes which worried about the approaching Israelites. They argued for a preventive attack on the Israelites in order to avoid a future situation under less favourable conditions. Jose-

---

33 T. W. FRANXMAN, Genesis and the "Jewish Antiquities" of Flavius Josephus, Rome (BibOr 35) 1979, 218–220, missed the problem connected with the symbolism of the parting of Esau and Jacob in Gen 36. Additionally, he did not realize the significance of the omission of the Amalekites of Gen 14 in Ant I,171–175.

34 M. SARTRE, L'Orient Romain. Provinces et sociétés provinciales en Méditerranée orientale d'Auguste aux Severes, Paris 1991; S. T. PARKER (ed.), The Roman Frontier in Central Jordan: Interim Report on the Limes Arabicus Project, 1980–1985, I–II, Oxford 1987.

35 For an analysis see now CHR. T. BEGG, Israel's Battle with Amalek According to Josephus, JSQ 4, 1997, 201–216.

phus classified these clever instigators in § 40 *expressis verbis* as "inhabitants of Gobolitis and Petra who are called Amalekites and were the most warlike of the peoples in those parts. It was their king who sent messages exhorting one another and the neighbouring peoples to make war on the Hebrews." The lengthy description of the preparations for the battle by Moses, the admonition before the war, the appointing of Joshua as commander in chief, the admonition before the battle, the description of the victorious battle itself, of the spoils and of the celebration of the victory are together a kind of anticipation of Deuteronomistic warfare laws and war ideology. It is as well a skillful celebration of Jewish heroism in a Hellenistic manner,[36] combined with the religious device that trust in God counterbalances disproportionate military equipment and experience.

God is called *nikaios* ("giver of victory," for MT *YHWH nysy*), and the paragraph concludes with the words: "and he predicted (Ex 17:14) that the Amalekites were to be utterly exterminated and not one of them should survive to after ages, because they had set upon the Hebrews at a time when they were in desert country and in sore distress" (Ant III,60). This recalls Dt 25:17–19 (cf. Ant IV,304).

Heroism is a characteristic which Josephus knew how to utilize in various respects. Apart from the wars treated in this paper, heroism plays a prominent role in Josephus' picture of King David[37]. In such contexts he always pursued the same aim. By stressing the aspect of heroism he managed to conceal from non-Jewish readers the militant, eschatological-messianic implications of the traditions in question. The same is true of his treatment of the wars of the Maccabees and last but not least regarding the Zealotic trends during the first century C.E. In spite of his generally negative picture of the Zealots, Josephus, in his formulations of the speeches of Eleazar at the end of his *War*, managed to moderate the negative Zealot image. This was done by stressing the aspects of heroism and of total personal commitment to an allegedly higher religious and national vocation.

3.4 Num 13:28–29 in Ant III,304–305

Josephus omitted the Amalekites in Num 13:29, where they appear together with Hittites, Jebusites, and Amorites as inhabitants of the southern part of the land of Canaan. However, he did mention the descendants of the giants at Hebron.

---

36 In modern research the description of the battle itself is usually regarded as the work of the so-called "Thucydidean assistant".

37 L. H. FELDMAN, Josephus' Portrait of David, HUCA 60, 1989, 129–174.

3.5 Num 14:25 in Ant III,311–14

Josephus omitted the passage about the Amalekites and Canaanites.

3.6 Num 14:43–45 in Ant IV,1–8

Josephus described an unsuccessful campaign against the Canaanites only, omitting the Amalekites.

3.7 Num 21:1 in Ant IV,83–89

Josephus skipped Num 21:1–9, speaking in this context only of Amorites.

3.8 Num 24:7, 20–21 in Ant IV,102–124

Josephus omitted in from Balaam's prophecy the passages which deal with Amalek.

3.9 Dt 25:17–19

The Biblical passage reads:

(I) *Remember what Amalek did to you along the way when you came out of Egypt (18) when they met you on the way and cut off <from you all>* (LXX: *the rearguard*) *those (who were) lagging behind (you) while you were faint and weary, and he did not fear God.*

(II) *(19) When the Lord your God gives you rest from all the enemies around you in the land which he is giving you to possess as an inheritance, you shall blot out the memory* (LXX: *tò ónoma*) *of Amalek from under heaven.*

(III) *Do not forget it.*

This passage concerning Amalek which plays such a prominent role in Jewish metahistorical consciousness and which later on was counted as three (I–III) commandments (two positive and one negative) of the 613 precepts in the Written Torah, appears in Ant IV,304 only in a shortened form. At first sight it does not seem to be congruent with the halakhic tradition:

"He also exhorted (!) the people, once they had conquered the country and were established therein, not to forget that insolence of the Amalekites, but to take the field against them and exact vengeance for the wrong which they had done them when they were in the desert" (cf. Ant III,39ff.).

But in fact Josephus knew very well the significance of this passage, for he explicitly refers to it as a commandment in the sense of the Biblical text proper (Ant VI,133.138–139; VII,6).

3.10 Judg 3:13 in Ant V,186

Josephus omitted the Ammonites and Amalekites as allies of Eglon.

3.11 Judg 5:14

Josephus did not reproduce the Song of Deborah.

3.12 Judg 6–7 in Ant V,210–229

Judg 6:3.33 and 7:12 lists the invaders as "the Midianite, Amalekite, and eastern (tribes)." Josephus added two accentuations: "Barak and Deborah having died simultaneously, the Madianites, calling the Amalekites and Arabians to their aid, marched against the Israelites" (Ant V,210).

3.13 Judg 10:11–12 in Ant V,255–256

Josephus skipped the relevant passage.

3.14 Judg 12:15 in Ant V,274

Septuagint B (not A) reproduced the Masoretic Text with *en orei tou amalêk* (A: *Lanák*), Josephus gives only the name *Pharathon*.

3.15 1Sam 14:47–48 in Ant VI,129

When Saul had assumed rule over Israel, he fought against their enemies on every side: (against) Moab, against the Ammonites, against Edom (Septuagint adds: and against Baitheor), against the king of Zoba and against the Philistines. ... (48) He fought valiantly and defeated Amalek and delivered Israel from the hands of those who plundered them."

Josephus reproduced this Biblical passage thus: "He then reigned happily and, having made war on the neighbouring nations, subdued those of the Ammanites and Moabites, besides the Philistines, Idumaeans, Amalekites and the King of Soba."

3.16 1Sam 15 in Ant VI,131–155

As in the case of Ex 17:8–16 Josephus elaborated the description of the battle against Amalek also in the present chapter, thus indicating a special interest. Reproducing in §§ 132–133 more or less literally the request of God as formulated in 1Sam 15:2–3 Josephus added in § 133 a reference to Moses (the commandments in Dt 25:17–19). In § 134 Josephus followed the Greek textual tradition which reads Gilgal/Galgala in place of Telaim. Galgala was more likely to serve as a starting point for a campaign in territories east of the Dead Sea and the Arabah while Telaim (cf. 1Sam 27:8 below) in the south of Judah was better suited for a campaign in the Negev. To avoid any connection with the Negev, Josephus transposed the passage concerning the Kenites, and in this way gave the impression that Saul invaded the land of the Amalekites immediately after leaving Galgala. On the other hand, according to § 140, Saul conquered "the whole region extending from Pelusium in Egypt to the Erythraean Sea," sparing only the Sikimites (according to the context the Kenites transposed from above). According to Josephus, they lived among the more remote Midianites, and not, as in the Biblical text, among the Amalekites of the Negev.

Josephus underlined the religious importance of the commandment to annihilate Amalek by contrasting it with the motivation for Saul's compassion with King Agag: Saul admired Agag's beauty and stature, a noble but human sentiment (Ant VI,136–139). This motif contributed an additional trait to the tragic-heroic character of Saul[38] which certainly fitted the Hellenistic-Roman mentality. In addition, Josephus stressed that it was Israel's army which had really sinned by looting the best of the banned goods. Finally, according to § 155 Samuel ordered Agag to be put to death while according to 1Sam 15:33 it was he himself who cut him to pieces.

3.17 1Sam 27:8–9 and 28:18 in Ant VI,323.336

Now David and his men went up and raided the Geshurite (missing in Septuagint, which adds all), the Girzite and the Amalekite, for there were the populations of the land from ancient times beginning from Telam (cf. 1Sam 15:4, 7 and Septuagint variants) on your way to Shur and until the Land of Egypt (ky hnh ywšbwt h'rç 'šr m'wlm bw'k šwrh w'd 'rç Mçrym).

This Biblical text implies in v. 9 that David in turn invaded the territories of the hostile tribes and that he executed the ban on their cities

---

38 Pseudo-Philo's *Liber Antiquitatum Biblicarum* introduced, on the contrary, a negative trait.

(cf. Dt 20:16–18), completely extinguishing their population in performance of the precepts of Dt 25:17–19 which Saul had neglected. In 1Sam 28:18 it is stated as a reproach against Saul, and this is also reproduced by Josephus in Ant VI,336. But Josephus avoided to specify the peoples "south of Judah" as in 1Sam 27:10 (mentioning the Kenites). It seems that he interpreted the *gentilicia* in 1Sam 27:8 as covering the whole range from the west to areas east of the Arabah.

3.18 1Sam 30 in Ant VI,356–367

As the Biblical text speaks about an invasion of the Amalekites there was no reason to change the place of action of David's campaign against the Amalekites.

3.19 1Sam 31 in Ant VI,371 and VII,1–6

In the story about Saul's death in 1Sam 31 Josephus inserted the account of the Amalekite in 2Sam 1:6–10. In Ant VII,6 he introduced a special issue, where according to Josephus, David ordered the man to be put to death because of his Amalekite extraction, thus performing the commandment in Dt 25:17–19. It is noteworthy that, on the contrary, the authors of 1Chr 10 in their version of Saul's death have omitted this Amalekite.

3.20 2Sam 8:12 in Ant VII,108–109

Josephus omitted the passage on the dedicated spoils while in 1Chr 18:11 it is attested.

3.21 2Chr 25 in Ant IX,188–198

a) While 2Chr 25:5–6 does not mention any destination of the preparatory military measures, Josephus adds in Ant IX,188: "for he had decided to undertake a campaign against the nations of the Amalekites and Edomites and Gabalites." In § 198 he substituted "Edom" of the Masoretic Text in 25:18 by "Amalekites". There is no question about his intention to localize the campaign on the eastern side of the Arabah, as explicitly attested by the following passage.

b) 1Chr 25:11–12: *Amaziah then marshalled his force and led his army to the Valley of Salt, where he smote ten thousand of the sons of Seir* (2Kgs 14:7: *And he smote Edom). (12) The army of Judah also captured ten thousand men alive, took them to the top of a cliff and threw them down so that all were smashed.* In Ant IX,191 Josephus identified the cliffs of 2Chr 25:12 as "the great rock which is over against Arabia."

c) 2Chr 25:14: *When Amaziah returned from smiting 'dwmym (LXX: Idoumaia), he brought with him the gods of the sons of Seir. He set them up as his own gods, bowed down to them and burned sacrifices to them.* Josephus formulated in Ant IX,198: "But Amaziah ... began to neglect God ... and persisted in worshipping the gods which he brought from the country of the Amalekites."

4. Haman the Agagite

The Book of Esther contributed a very special aspect to the development of Amalek as a metahistorical *typus*. In three instances the Masoretic Text calls the wicked Haman a *son of Hamedatha, the Agagite*, a formulation which caused this name to be related to the Amalekite king whom king Saul had taken prisoner. On this basis, Haman received the quality of an Amalekite in the genealogical in addition to the symbolical sense.

In Est 3:1 the Greek versions have *Bougaios*[39] as do the *Additions to Esther*,[40] the latter with such variants as *Gôgaios*, and *Makedóna*, results of specific actualizations. The same appellations appear in MT Est 3:10 where the Greek versions only have *Haman*. In 8:3 the Masoretic Text has *Haman the Agagite*, and in 8:5 we find again the tripartite appellation, but in the Greek versions we read again only *Haman*. The tripartite appellation is found also in the Masoretic Text of Est 9:24, where the Greek version replaced *the Agagite* by *the Macedonian*.

It is clear that "Agagite" served for different polemical purposes. Josephus made it unequivocally clear that "Agagite" indicates 'Amalekite', as in Ant XI,209: "... Haman, the son of Amadathos, who was of Amalekite descent ...". And in Ant XI,211 he explained (as later the Targum) the hatred of Haman against Mordechai and the Jews in general as a consequence of his descent. He "decided to exterminate this whole nation, for he naturally hated the Jews because his own race, the Amalekites, had been destroyed by them." Also in Ant XI,277 Josephus adds to the content of Est 9:24 the characteristic remark: "Haman, the son of Amadathos, of the Amalekite race, an alien among those of Persian blood".

---

39 According to J. LEVY, The Feast of the 14th Day of Adar, HUCA 14, 1939, 127–151, derived from Bagian, a follower of the Mithras cult.
40 H. BARDTKE, Zusätze zu Esther, Gütersloh (JSHRZ I/1) 1973, 35–36.

5. Conclusions

To avoid the impression of an existing linkage between Esau's grandson Amalek and Rome, Josephus emphasized the difference between Edomites/ Idumaeans and Amalekites in a geographical as well as in an ethnographical respect and located the Amalekites outside the Roman empire. In most cases, he did this by identifying these enemies of Israel with the inhabitants of the later province Arabia and the regions east of it who at that time caused continual trouble at the Roman borders.[41] By identifying the arch-enemy of Israel with those tribes, Josephus achieved three aims: (a) Amalek appears as an enemy common to Rome and Israel; (b) as an enemy outside the Roman empire the archenemy of Israel did not represent any more the non-Jewish inhabitants of Palestine/Syria who had been involved in the riots and quarrels which finally culminated in the Roman-Judaean war of 66–70 C.E.; (c) very likely Josephus labelled the Arabs as "Amalekites" because of the role Arab soldiers played during that war (cf. *War* III,168, 211, 262; V,290, 551–558).[42]

By identifying Haman in the Esther story as an Amalekite Josephus stressed the militant character of the Book of Esther. At the same time he gave the impression that the foremost enemy of the Jewish people is not to be found within the realm of the Roman empire but in that of its oriental rival power: the Persian/Parthian empire. In later Jewish traditions, we find the opposite tendency, Amalek's character as grandson of Esau was underlined, and thus Israel's archenemy Amalek characterized as the point of Esau's sword.

Modern readers may be astonished by the fact that Josephus wrote without any apologetic considerations about the ban as a kind of genocide to have been executed on the "seven nations" of the Land of Canaan and in the case of Amalekites, to be executed also in the future. But in the case of irreconcilable and dangerous enemies the Hellenistic-Roman reader scarcely felt the sentiments which we find already expressed in Rabbinic literature and in mediaeval commentaries. There it was stressed that the Amalekites as well as the seven nations had also been asked to submit peacefully (as commanded in Dt 20:10) and were thus given the chance to escape their sinister fate. The Roman attitude against pertinacious and rebellious tribes was more or less the same. The question of why Josephus did not skip such

---

41 A. KASHER, Jews, Idumaeans, and Ancient Arabs. Relations of the Jews in Eretz-Israel with the Nations of the Frontier and the Desert during the Hellenistic and Roman Era (332 B.C.E. – 70 C.E.), Tübingen (TSAJ 18) 1988.

42 This convincing argument was introduced by Daniel Schwartz during the discussion of this paper at San Miniato 1992.

Biblical passages but even expanded some of them in his account is nevertheless an interesting one.[43] One answer may be derived from the positive effects of heroism and brave commitment to self-defence and defence of their own land in the eyes of the Romans. In addition we have to take into account an apologetical device of Josephus. He underlined repeatedly that the Israelites fought so bravely because they knew that they were fighting not only a 'just war' but essentially in the name of God. Still in other cases they were defeated because of their disobedience to God. Josephus described the war of 66–70 C.E. as the consequence of a wrong Judaean policy which misled the people to believe that the war was something like a 'war of the Lord'. Josephus could depict the determined commitment to fight in spite of everything as a noble and religious motive.

The effects of such procedures were clear-cut for Roman readers. But Josephus' accounts also included a very clear message to prospective contemporary and future Jewish readers, especially considering the background of increasing Jewish radicalism in the western diaspora: Amalek is to be found outside the Roman empire. But a Jewish reader who knew the Bible and therefore was able to grasp the differences between the Biblical accounts and the formulations of Josephus might well have arrived at opposite conclusions. He could very well attribute the deviations from the Bible in Josephus to tactics. So the first address seems to be the Roman audience. Furthermore, as in the case of 'Edom' and the 'fourth empire' of Daniel, for Jewish readers there remained a (deliberately conceived?) ambiguity including at least the promise of an eschatological turning point in history. Although this was not intended for the near future because the 'iron empire' had to be regarded as the most enduring one of the four. In summary, his treatment of 'Amalek' confirms the assumption that Josephus was very well aware of the significance of the metahistorical symbolism connected with 'Edom' and its political implications.

---

43 Raised by Prof. L. H. Feldman in the discussion about this paper at San Miniato 1992.

§ 9

Der Finger Gottes und der Dekalog

Ein exegetisch-theologisches Problem
im mittelalterlichen Judentum

1. Die biblischen Gegebenheiten

Die Vorstellung von mehreren und insbesondere menschenähnlichen Gottheiten war im alten Israel wie in seiner Umwelt eine Selbstverständlichkeit und in der alten Volksreligion Israels bis in die späte Königszeit und teilweise über die Zeit des babylonischen Exils hinaus fest verwurzelt, wie literarische Zeugnisse und archäologische Funde belegen.[1] Die Elitereligion mit ihren monotheistischen Ansätzen,[2] die sich vom Jerusalemer Tempel aus und unter dem Einfluß der Propheten allmählich durchzusetzen begann, war im Exil von der Volksreligion befreit und konnte daher ihre Anliegen im Rahmen groß angelegter Sichtungen und Revisionen der vorhandenen

---

1   M. CHR. A. KORPEL, A Rift in the Clouds. Ugaritic and Hebrew Descriptions of the Divine, Münster 1990; M. S. SMITH, The Origins of Biblical Monotheism. Israel's Polytheistic Background and the Ugaritic Texts, Oxford – New York 2001.

2   B. LANG, Monotheism and the Prophetic Minority, Sheffield 1983; DERS., Jahwe allein! Ursprung und Gestalt des biblischen Monotheismus, Concilium 21, 1985, 30–35; O. KEEL, Sturmgott – Sonnengott – Einziger. Ein neuer Versuch, die Entstehung des judäischen Monotheismus historisch zu verstehen, BiKi 49, 1994, 82–92; W. DIETRICH – M. KLOPFENSTEIN (Hg.), Ein Gott allein? JHWH-Verehrung und Monotheismus im Kontext der israelitischen und altorientalischen Religionsgeschichte, Freiburg/Schweiz – Göttingen (OBO 139) 1995; F. STOLZ, Einführung in den biblischen Monotheismus, Darmstadt 1996; R. GNUSE, The Emergence of Monotheism in Ancient Israel, Religion 29, 1999, 315–336; J. PAKKALA, Intolerant Monolatry in the Deuteronomistic History, Helsinki – Göttingen 1999; M. S. SMITH, Monotheistic Re-readings of the Biblical God, RStR 27, 2001, 25–31 (Überblick über neuere Publikationen); K. KOCH, Vom Mythos zum Monotheismus im alten Israel, Köln – Leipzig 2003; B. A. LEVINE, "Ah, Assyria! Rod of My Rage" (Isa. 10:15). Biblical Monotheism as Seen in an Intentional, Political Perspective: A Prolegomenon, ErIs 27, 2003, 136–142 (hebr.).

Traditionen zur Geltung bringen.[3] Davon war vor allem die Gottesvorstel-
lung mit betroffen,[4] eben auch die Vorstellung einer körperlichen Erschei-
nungsform.[5] Die Heimkehrer brachten diese nun eindeutig monotheistische
und bilderfeindliche Religionsform mit ihrem bildlosen Kult zurück nach
Jerusalem, wo sie – nach Absonderung dort noch vorhandener Trägergrup-
pen der Volksreligion – zur Grundlage dessen wurde, was man ‚Judentum'
nennt.[6] Die Revision der alten Traditionen konnte freilich die Spuren älterer
Vorstellungen nicht völlig ausräumen, denn die hebräische Sprache verfügte in jenen frühen Stadien kaum über Möglichkeiten zu einer abstrakten
Formulierung religiöser Vorstellungen, und daher blieb es bei einer an-
schaulichen und bildhaften Ausdrucksweise, die wörtlich genommen einen
Zwiespalt zwischen theologisch Gemeintem und tatsächlich Gesagtem bzw.
Geschriebenem bewirkte. So blieben eben auch zahlreiche Aussagen über
Gottes Menschenähnlichkeit bzw. über die Gottebenbildlichkeit des Menschen so fest im Bewußtsein verankert, daß in der jüdischen Religion noch
lange Zeit die Überzeugung vorherrschte, Gott sei menschengestaltig, throne
als König in seiner Wohnstatt, sei es im Himmel, sei es im Allerheiligsten
des Tempels, so wie die Propheten Jesaja (Jes 6,3ff.) und Ezechiel (Ez 1–3;
10) ihn beschrieben haben,[7] umhüllt vom *kabôd*, von der göttlichen ‚Herrlichkeit'.[8] Darüber hinaus schreiben viele biblische Passagen Gott einzelne
Körperteile und entsprechende Handlungen zu,[9] aber auch geistig-seelische
Regungen menschlicher Art. Solche ‚Anthropomorphismen' und ‚Anthro-
popathismen' sind jedenfalls innerhalb der Bibel gang und gäbe und waren
immer Anlaß zu theologischen Überlegungen und exegetischen Bemühun-

---

3   M. ROSE, Der Ausschließlichkeitsanspruch Jahwes. Deuteronomische Schultheo-
    logie und die Volksfrömmigkeit in der späten Königszeit, Stuttgart (BWANT 106)
    1975; M. WEIPPERT, Synkretismus und Monotheismus. Religionsinterne Konflikt-
    bewältigung im alten Israel, in: J. ASSMANN – D. HARETH (Hg.), Kultur und
    Konflikt, Frankfurt/M. 1990, 143–179.

4   M. ALBANI, Der eine Gott und die himmlischen Heerscharen. Zur Begründung des
    Monotheismus bei Deuterojesaja im Horizont der Astralisierung des Gottes-
    verständnisses im Alten Orient, Leipzig 2000.

5   M. WEINFELD, Deuteronomy and the Deuteronomic School, Oxford 1972, 198–200.

6   Siehe zum Überblick R. ALBERTZ, Religionsgeschichte Israels in alttestamentlicher
    Zeit. Teil I.: Von den Anfängen bis zum Ende der Königszeit, Göttingen 1996²; II.
    Vom Exil bis zu den Makkabäern, 1997².

7   M. HENGEL – A. M. SCHWEMER (Hg.), Königsherrschaft Gottes und himmlischer
    Kult im Judentum, im Urchristentum und in der hellenistischen Welt, Tübingen
    (WUNT 55) 1994.

8   TH. PODELLA, Das Lichtkleid JHWHs: Untersuchungen zur Gestalthaftigkeit Gottes
    im Alten Testament, Tübingen (FAT 15) 1996.

9   A. SCHART, Die „Gestalt" YHWHs. Ein Beitrag zur Körpermetaphorik alttestament-
    licher Rede von Gott, ThZ 55, 1999, 26–43.

gen.[10] Einen frühen konkreten Anlaß zu theologisch-kritischer Überprüfung der biblischen Rede von Gott ergab sich durch die Notwendigkeit, die biblischen Bücher zu übersetzen, zuerst ab dem frühen 3. Jahrhundert ins Griechische,[11] später auch in aramäische Idiome[12] und im Mittelalter ins Arabische etc. Obschon man früh erkannt hat, daß alle biblischen Aussagen über Gott und selbst Gottesworte „in der Sprache der Menschen" erfolgten und dem Göttlichen nicht angemessen sein können, also sich weiterhin mit einer bildhaften Rede begnügen mußte,[13] suchte man doch, wenigstens die massivsten Anthropomorphismen auszuräumen oder wenigstens als bildliche Redeweise zu erklären. Das stieß aber vor allem angesichts der erwähnten Thronvisionen und der Überzeugung von der Gottebenbildlichkeit des Menschen auf Grenzen, führte manchmal sogar zu einer Infragestellung des Monotheismus, wenn versucht wurde, die sinnenfälligen Gotteserscheinungen einer zweiten, wenn auch untergeordneten göttlichen Gestalt zuzuschreiben.[14] Trotz aller Bemühungen um eine Bereinigung der Ausdrucksweise blieben viele Passagen für gegensätzliche Interpretation offen, und daher schwanken auch moderne Einschätzungen in bezug auf das wirklich Gemeinte des Wortlauts.[15]

In einer Reihe von biblischen Aussagen wird von Gott auch behauptet, er schreibe oder habe geschrieben. In 1Chr 28,19 heißt es zum Beispiel, David habe Salomo anhand einer von Gott eigenhändig geschriebenen Baubeschreibung für den Tempelbau vorbereitet. In Jes 49,14 sagt Gott zu Zion, der Stadt des Heiligtums, er habe sie – also ihren Stadtplan – auf seine Handfläche eingezeichnet und somit ihre Mauern immerfort vor Augen.

---

10 J. MAIER, Anthropomorphismen in der jüdischen Gotteserfahrung, in: W. STROLZ (Hg.), Kosmische Dimensionen religiöser Erfahrung, Freiburg/Br. 1978, 39–99.

11 A. SOFFER, The Treatment of Anthropomorphisms and Anthropopathisms in the Septuagint of Psalms, HUCA 27, 1956, 195–200; 28, 1957, 85–108; CH. FRITSCH, The Concept of God in the Greek Translations of Isaiah, in: Biblical Studies in memory of H. C. Alleman, New York 1960, 155–169; B. M. ZLOTOWITZ, The Septuagint Translation of the Hebrew Terms in Relation to God in the Book of Jeremiah. With an introductory essay by H. M. ORLINSKY, On Anthropomorphism and Anthropomorphism in the Septuagint and Targum, New York 1981.

12 H. M. ORLINSKY, a.a.O. (Anm. 11); M. L. KLEIN, The Translation of Anthropomorphisms and Anthropopathisms in the Targumim, in: R. P. MERENDINO, Der Erste und der Letzte. Eine Untersuchung von Jes 40–48, Leiden etc. (VT.S 32) 1981, 162–177; DERS., Anthropomorphisms and Anthropopathisms in the Targumim of the Pentateuch (hebr.), Jerusalem 1982.

13 A. MARMORSTEIN, The Old Rabbinic Doctrine of God, II, Oxford 1937, 48–56.

14 A. F. SEGAL, Two Powers in Heaven, Leiden 1977, 159ff.

15 Vgl. z.B. TH. WITTSTRUCK, The So-called Anti-Anthropomorphisms in the Greek Text of Deuteronomy, CBQ 38, 1976, 29–34.

Die Tempelbeschreibung von 11Q19 (Tempelrolle) erfolgt überhaupt in Form direkter Offenbarung an Mose.[16]

Die biblischen Verwendungen des Motivs ‚Finger Gottes' konnten zum Teil sehr leicht im Sinne übertragener Rede aufgefaßt werden, etwa Ex 8,15, wo die magischen Demonstrationen Aarons und Moses als Werk des ‚Fingers Gottes' bezeichnet werden, oder Ps 8,4, wo die Schöpfung als Werk „deiner Finger" apostrophiert wird, wobei die Deutung als Metapher für Macht nahelag. So weit decken sich Thematik und Problematik mit jener bei Ausdrücken ‚Hand Gottes', ebenfalls Symbol göttlicher Macht und demgemäß schon in der jüdischen Antike manchmal ausdrücklich so gedeutet, und dergleichen.[17] Auch die Rede vom ‚Finger Gottes' entspricht manchmal dieser Linie.[18] Die Metaphorik der Rede von Gottes Gestalt und Körperteilen[19] war jedoch nicht immer durchzuhalten, gerade auch nicht in bezug auf den Finger Gottes.

Im Pentateuch geht es bis auf eine Stelle[20] um die Beschriftung der Dekalogtafeln,[21] wobei Ex 31,18/Dt 9,10 ausdrücklich vom Finger Gottes die Rede ist,[22] eine Aussage, die etwa Porphyrius im 3. Jahrhundert n. Chr. zum Anlaß nahm, um auf den Widerspruch hinzuweisen, der zwischen einer solchen anthropomorphistischen Vorstellung einerseits und einer Ablehnung menschengestaltiger Götterstatuen andrerseits besteht.[23] Es ist also klar, daß hier ein theologisch gravierendes Problem vorgegeben war, das nicht zuletzt auch in der Auseinandersetzung mit der gebildeten Umwelt und speziell mit anderen Religionen akut werden konnte.

---

16 J. MAIER, Die Tempelrolle vom Toten Meer und das „Neue Jerusalem", München (UTB 829³) 1997, 74–201.

17 K. GROSS, Menschenhand und Gotteshand in Antike und Christentum, Stuttgart 1985; R. KIEFFER – J. BERMAN (eds.), La Main de Dieu. Die Hand Gottes, Tübingen (WUNT 94) 1997. Eine besondere Rolle spielte das Symbol im Sabazios-Kult, siehe M. J. VERMASEREN, Corpus Cultus Iovis Sabazii. I: The Hands, Leiden 1983.

18 J. REINDL, Der Finger Gottes und die Macht der Götter. Ein Problem des ägyptischen Diasporajudentums und sein literarischer Niederschlag, in: Dienst der Vermittlung. Festschrift zum 25-jährigen Bestehen des Priesterseminars Erfurt, Leipzig 1977, 49–60; E. J. WOODS, The "Finger of God" and Pneumatology in Luke-Acts, Sheffield (JSNT.S 205) 2000.

19 SCHART, a.a.O. (Anm. 9).

20 Ex 32,32 bittet Mose Gott, ihn aus seinem Buch zu tilgen, das er (Gott) geschrieben habe. Targum Codex Neofiti deutet auch dieses Buch als Torah.

21 Die ersten Dekalogtafeln: Ex 24,12; 31,18; vgl. Dt 9,10; Ex 32,15f. (beidseitig beschriftet); Dt 4,13; 5,22; 9,10. Die zweiten Tafeln: Ex 34,1, vgl. Dt 10,2–4.

22 R. W. WALL, "The Finger of God", NTS 33, 1987, 144–150 (mit Bezug auf Lk 11,20).

23 Porphyrius, Adversus Christianos, bei Macarius Magnes, zitiert in: M. STERN, Greek and Latin Authors on Jews and Judaism, II, Jerusalem 1980, 488 (Nr. 465f.).

2. Ein Dilemma: Zwischen Anthropomorphismus und Autorität der Sinaioffenbarung

2.1 Das Problem

Im Zusammenhang mit den Dekalogtafeln stieß die anti-anthropomorphistische Verharmlosung also auf Schwierigkeiten. Gott galt ohnedies bereits als Autor der Torah,[24] Mose nur als ihr Schreiber (Ex 34,27) und Übermittler, die schriftliche Sinaioffenbarung somit textlich/inhaltlich nicht als Menschenwerk. Ex 24,12 ist zwar nicht eindeutig, weil es heißt: *Und JHWH sprach zu Mose: Steig empor zu mir auf den Berg und bleibe dort, dann gebe ich dir die Steintafeln und die Torah und das Gebot, was ich geschrieben habe, um euch zu lehren.* Es liegt syntaktisch nahe, das Prädikat „schreiben" auf alle genannten Objekte (Tafeln, Torah, Gebote) zu beziehen, doch das widerspricht sonstigen Angaben. Das Targum Jonatan versteht zwar wie ein Großteil der mittelalterlichen Exegeten unter den Geboten die 613 Gebote und Verbote im Pentateuch, aber andere und dann auch Salomo ben Isaak (RŠ"J, gest. 1105) stellten zur Stelle fest, daß diese 613 Gebote und Verbote zwar gemeint sind, jedoch als den Zehn Geboten implizite Einzelgebote, wobei er eine liturgische Dichtung ('Azharah) des Saadja Gaon als Beleg anführt. Abraham ibn Ezra (gest. 1164) zur Stelle zitiert die Meinung,[25] daß Gott nur die Dekalogtafeln allein beschrieben habe, im übrigen *Torah* auf die Schriftliche Torah (im Pentateuch) und *Gebot* auf die Mündliche Torah zu beziehen sei, denn alles dies zusammen sei dem Mose auf dem Berg gegeben worden. Er selber ordnete die Begriffe aber bestimmten Gruppen von Dekaloggeboten zu.

Der Dekalog wird nun seinerseits von der Torah auch dadurch abgehoben, daß nach Ex 19f. Gott den Dekalog vor dem ganzen Volk laut geoffenbart hatte, dieser also die unmittelbarste Offenbarung darstelle, die Israel je empfangen hat, was in der jüdischen Tradition entsprechende Nachwirkungen gehabt hat.[26] Dazu kommt nun auch noch das Motiv vom Finger Gottes, mit dem die Dekalogtafeln, und zwar die ersten wie die zweiten, beschriftet worden seien, auch wenn die zweiten Tafeln nicht mehr von

---

24 M. KADUSHIN, Organic Thinking, New York 1938, 31ff.

25 A. WEISER, ʾIbn ʿEzraʾ, Pêrušê ha-Tôrah, II, Jerusalem 1976, 167 unter Verweis auf Saadja Gaon.

26 Siehe die Beiträge in B. Z. SEGAL (ed.), ʿaśärät ha-dîbberôt bi-rʾî ha-dôrôt. The Ten Commandments as reflected in tradition and literature throughout the ages, Jerusalem 1985/86 (engl.: The Ten Commandments in History and Tradition, Jerusalem 1990); M. WEINFELD, ʿaśärät ha-dîbberôt û-qrîʾat šemaʿ. Gilgûlêhän šäl haçharôt ʾämûnah, Tel Aviv 2001.

Gott selbst, sondern durch Mose zubereitet worden sind (Ex 34,1: *Meiße dir zwei Steintafeln, wie die ersten, und ich werde auf die Tafeln schreiben …*).

So ergab sich eine gewisse Rangordnung innerhalb der Sinaioffenbarung: Dekalogtafeln, Schriftliche Torah, Mündliche Torah. Trotz der Tatsache, daß von früh an der Torah vom Sinai insgesamt die höchste Stufe der Offenbarungsqualität und Verbindlichkeit zugeschrieben und die Offenbarung des Mose ganz klar über jede andere Form der Offenbarung und Prophetie gestellt wurde, ließ sich die zweifache Hervorhebung des Dekalogs (unmittelbar akustisch vernommen und mit dem Finger Gottes geschrieben) nicht gut übersehen oder fortinterpretieren.

In der rabbinischen Tradition steht im Unterschied zu hellenistisch-jüdischen Tendenzen und christlichen Auffassungen der Dekalog nach Inhalt und Verbindlichkeit allerdings nicht über den anderen Torah-Vorschriften. Der Dekalog enthält vielmehr die gesamten Gebote und Verbote der Torah, er ersetzt kein Einzelgebot der Torah. Auf Grund einer solchen Voraussetzung konnte schon Philo von Alexandrien für seine Darlegung des Sinaigesetzes die Zehn Gebote als Ordnungsprinzip verwenden.[27] Für die jüdische Tradition der ausgehenden Antike und des frühen Mittelalters stand somit fest, daß die Hervorhebung des Dekalogs als unmittelbarer Gottesrede an ganz Israel und als ein mit Gottes Finger eingeschriebener Text auf den Dekalogtafeln die Torah-Autorität gerade unterstreichen soll. Von daher gesehen konnte man nicht daran interessiert sein, die Unmittelbarkeit des Ausdrucks ‚Finger Gottes' zu entwerten, etwa durch Deutungen als Metapher, wie es sonst so oft im Fall von Anthropomorphismen üblich war. Nach einer bekannten Meinung hätte Gott die gesamte Torah mit seinem Finger geschrieben, hätte Israel am Sinai nicht während Moses Abwesenheit die Sünde der Anfertigung und Anbetung des goldenen Kalbes (Ex 32) begangen.[28] Dazu kam zweifellos noch ein besonderes apologetisches Interesse gegenüber dem Islam und seinen Behauptungen von der Offenbarungsqualität und über-menschlichen Herkunft des Korans.

---

27 Vgl. Philo Alexandrinus mit seiner systematisierten Gesetzeswiedergabe in *De specialibus legibus*. Vgl. H. D. HECHT, Preliminary issues in the analysis of Philo's "De specialibus legibus", StPhilo 5, 1978, 1–55; G. STEMBERGER, Der Dekalog im frühen Judentum, JBTh 4, 1989, 91–103; R. WEBER, Das „Gesetz" bei Philon von Alexandrien und Flavius Josephus. Studien zum Verständnis und zur Funktion der Thora bei den beiden Hauptzeugen des hellenistischen Judentums, Frankfurt/M. (ARGU 11) 2001, 77ff. (und siehe Register); für Weiteres siehe auch die Beiträge in: H. GRAF REVENTLOW (Hg.), Weisheit, Ethos und Gebot. Weisheits- und Dekalog-traditionen in der Bibel und im frühen Judentum, Neukirchen-Vluyn 2001.
28 So noch der humanistisch orientierte Obadja Sforno (gest. 1550) zu Ex 24,12.

2.2 Die antiken jüdischen Versionen

Die Septuaginta hat die Wörter „schreiben" und „Finger" an den genannten Stellen in der Regel ohne Wenn und Aber ins Griechische übertragen, und auch die Ausführungen Philos von Alexandrien verraten keinerlei Bedenken.[29]

Die aramäischen Pentateuchübersetzungen (Targumim) übersetzten auf den ersten Blick ebenfalls wörtlich ins Aramäische, doch gaben kleine Varianten Anlaß zu Bemerkungen. Das Targum Onkelos bietet mit der Umschreibung der hebräischen Status-constructus-Verbindung („Finger Gottes") mittels der Partikel *d-* an sich noch keinen Anhaltspunkt für eine besondere Deutungsabsicht, auch wenn Maimonides es später so auffaßte (siehe unten 3.2 [d]). In Dt 33,2 trägt es zudem die Vorstellung von der Schrift der ‚Rechten' Gottes ein, darnach den hebräischen Ausdruck *'eš dat* als „Feuer der Torah" übersetzend. Der Codex Neofiti (CN) weist zu Ex 32,16 allerdings die für die Targumim zur Abschwächung einer direkten Tätigkeitszuschreibung an Gott üblicherweise eingeschobene Floskel *mn qdm JJ* (vor JHWH) auf, und im Targum Jonatan erscheint ein Passiv: „und da war die Stimme der Rede (Gottes) geschrieben (*mktjb*) auf zwei Marmortafeln ..."; eine Lesart differenziert noch und formuliert: „mit dem Finger der Macht vor dem HERRn". Hier deutet sich eine anti-anthropomorphistische Tendenz an, die den Finger nicht mehr Gott selbst, sondern einer Manifestation Gottes – hier seiner ‚Macht' (*gᵉbûrah*) – zuordnet. Dies entspricht einer Linie, die dann auch die ‚Herrlichkeit' (*kabôd*) Gottes von Gott selbst abhebt und zu einer erschaffenen Manifestation macht, wie es dann bei Saadja Gaon und im aschkenasischen Chasidismus der Fall ist.

Natürlich spielte das Thema auch im Neuen Testament und in der christlichen Tradition eine Rolle, doch braucht darauf in diesem Kontext nicht gesondert eingegangen zu werden.

2.3 Rabbinische Grundlinien

Die spätantike rabbinische Literatur zeigt keinen eindeutigen Befund. So kann etwa im Midrasch *Mekîlta᾿ dᵉ-R. Jišma῾el, psh᾿* I, ganz naiv davon die Rede sein, daß Gott dem Mose drei schwierige Stellen mit seinem Finger gezeigt habe, oder in den *Pirqê dᵉ-R. ᾿Eli῾ezer* 48, daß er mit dem dritten Finger der rechten Hand, vom kleinen Finger aus gezählt, die Tafeln beschrieben habe. Oder wenn die Übergabe der Tafeln Dt 9,10 ganz konkret so

---

29 Vgl. *De migratione Abrahami* § 85.

geschildert wird, daß Gott die Tafeln an ihrem einen Ende und Mose sie an ihrem anderen Ende hielt.[30] Manche Midraschtraditionen zu den genannten Stellen lassen aber auch eine gewisse Verlegenheit gegenüber der anthropomorphistischen Auffassung erkennen.[31] ShemR XXXII,2 erwähnt dazu nur, daß Gott aus Liebe zu Israel so gehandelt (also geschrieben) habe. ShirR I,13 zitiert R. Berekjah im Namen des R. Chelbo eine Meinung, nach der die göttliche Stimme, nach Ps 29,24 wie Feuerflammen, die Schrift auf den Tafeln gewissermaßen eingebrannt habe. Auf den Hinweis, daß ausdrücklich Gottes Finger als schreibend genannt sei, erwidert dieser Lehrer, es handle sich um kein direktes Schreiben, nur um ein Anzeigen, wie ein Lehrer dem schreibenden Schüler anzeigt, wo er zu schreiben habe, ein Gedanke, der später (siehe unten S. 251 unter 3.3. [b]) bei Eleazar von Worms in etwa wiederkehrt. In diesen Traditionen über die Feuerschrift spielen die Motive vom weißen und schwarzen Feuer eine besondere Rolle.

Im Mischnatraktat Avot V,5 (die Zählung schwankt, daher auch: 6, 7, 8, 9) werden zehn wunderbare Dinge aufgezählt, die Gott in der Dämmerung zwischen sechstem und siebtem Schöpfungstag erschaffen hat: „den Schlund der Erde (von Num 16,32), die Öffnung des Brunnens (von Num 21,16ff.), den Mund der Eselin (Bileams, Num 22,28), den Regenbogen (Gen 9,13), das Mannah (Ex 16,15), den Stab (von Ex 4,17), den Schamir,[32] *hktb whmktb* und die Tafeln." RŠ"J bezog *ktb* auf Buchstaben und *mktb* auf Wörter des Hebräischen (als der Sprache der Torah!), andere sahen in *ktb* die Buchstaben für die ‚schriftliche Torah' und in *mktb* die Beschriftung der Tafeln. In jedem Fall ordnet die Stelle das Thema Dekalogtafel-Beschriftung in eine Serie von göttlich gewirkten Wundern ein, was für die mittelalterliche Diskussion von Bedeutung wurde.

---

30 Midrash haggadol on the Pentateuch, ed. S. FISCH, Jerusalem 1972, 177.
31 Außer den Midraschim zu den betreffenden Texten direkt (Mekilta, Sifre, Exodus Rabba, Tanchuma) vgl. vor allem die Ausführungen in Canticum Rabba I. Bemerkenswert ist z.B., daß die palästinische Targumtradition zu Dt 33,2 aus den Midraschim jene Schlußszene nicht mehr bringt, wonach Gott seine Rechte aus den Feuerflammen herausstreckte, schrieb und die Torah seinem Volk übergab.
32 Ein ‚Wurm' bzw. Fabelwesen, der in den Salomo-Legenden als Steinschneider beim Tempelbau auftaucht.

3. Mittelalterliche Lösungsversuche

3.1 Christlich-jüdische Kontroversen

Im Mittelalter war das Bewußtsein der ererbten Problematik entsprechend der nun auch im Judentum ausgeprägten Fähigkeit zu kritischem und systematischem Denken bald erkennbar.[33] Es kam damals im Judentum zu heftigen Kontroversen über die Anthropomorphismen; Vertreter einer Linie, die an der Vorstellung einer menschengestaltigen Gottheit festhalten wollten, standen anderen unversöhnlich gegenüber, welche die Unkörperlichkeit Gottes postulierten. Die Mehrheit folgte offenbar der ersten Linie, und dies hatte auch seine Bedeutung für interreligiöse Auseinandersetzungen. In einer der frühesten mittelalterlichen Auseinandersetzungen zwischen Judentum und Christentum, ausgetragen zwischen dem ca. 838 zum Judentum übergetretenen Bodo (Eleazar)[34] und Paulus Alvarez,[35] behauptete der erstere, Gott habe das Gesetz mit seinem Finger geschrieben. Paulus Alvarez entgegnete, daß Gott doch nicht menschengestaltig sei und man den ‚Finger Gottes‘ als Metapher für den Heiligen Geist auffassen müsse.[36] Aber bei Hermann von Köln (12. Jahrhundert) heißt es (Kap. 3) wieder: „... verum etiam manu propria in tabulis lapideis conscribere digneretur".[37]

3.2 In der Auseinandersetzung mit der Philosophie

(a) Der Gaon Saadja b. Josef (gest. 942) vermied im arabischen Kommentar zu Ps 8,4 die wörtliche Übersetzung von *Werk deiner Finger* und wählte die

33 S. Rawidowicz, Be῾ajat ha-hagšamah le-RS"G û-le-RMB"M, Kenäsät 3, 1937/38, 322–377.

34 EJ 4, 1971, 1164; B. Blumenkranz, Die jüdischen Beweisgründe im Religionsgespräch mit den Christen, ThZ 4, 1948, 119–147 (131f.); Ders., De nouveau de Bodo-Éléazar, RÉJ 112, 1953, 35–42; Ders., Un pamphlet juif médio-latin de polémique anti-chrétienne, RHPhR 34, 1954, 401–413; Ders., Juifs et chrétiens dans le monde occidental 430–1096, Paris 1960, 161f. 166f. 177f. 215f. 247ff.; A. Cabaniss, Bodo-Eleazar, A Famous Jewish Convert, JQR 43, 1952/53, 313–328.

35 B. Blumenkranz, Les auteurs chrétiens latins du moyen âge sur les juifs et le judaïsme, Paris 1963, 184–191 (und siehe Anm. 34).

36 Migne, PL 121, p. 493.

37 G. Niemeyer, Hermannus quondam Judaeus opusculum de conversione sua, Weimar 1963, 77.

Umschreibung 'mlk 'l-b'hr.[38] Ex 31,18 und Dt 9,10 deutet er *Gottes Finger* als ‚Macht' bzw. ‚Vermögen Gottes'.[39]

(b) Jehuda Hallevi aus Spanien (gest. 1141), der in seinem *Kitâb al-Khazari* die Offenbarungsreligion vom Sinai in dezidierter Weise der Gedankenkonstruktion philosophischer Gotteserkenntnis gegenüberstellte, folgte in diesem Punkt bezüglich der biblischen Anthropomorphismen der philosophischen Auffassung. In I,88 nimmt er die Frage auf, ob das Schreiben des Dekalogs nicht eine körperliche Gottheit voraussetze, in I,89 antwortet er darauf: Es handelt sich nach ihm nicht um die Zuschreibung einer Körperlichkeit, vielmehr sollte angedeutet werden, daß die Beschriftung der Dekalogtafeln auf eine unbekannte Art erfolgte. Die Art und Weise der Offenbarungsvermittlung entzieht sich also menschlicher Erkenntnis bzw. Kenntnis. Der Ausdruck ‚Finger Gottes' wird damit als eine dem menschlichen Auffassungsvermögen entsprechende Umschreibung eines geheimnisvollen Vorgangs aufgefaßt und damit im Grunde seiner wörtlichen Bedeutung entkleidet.

(c) Abraham b. Me'ir ibn 'Ezra' (gest. 1164) kommt in seinem Torah-Kommentar erstmals zu Ex 24,12 (S. 167) auf die Sache zu sprechen, allerdings mehr über die Tafeln als über die Schrift, und er zitiert eine (verlorene) Auslegung des Saadja Gaon (siehe oben).[40] Zu Ex 31,18 (S. 203f.) macht er sofort deutlich, daß die Formulierung *mit Finger Gottes* nach Menschenart erfolgte und somit bildlich aufzufassen ist, denn tatsächlich handle es sich um einen Befehl Gottes (unter Zitierung von Ps 148,5). Darauf folgt ein etwas kryptischer Verweis auf etwas wie separate Intelligenzen, die ‚im Himmel' den irdischen entsprechen, wobei Ps 119,89 bemüht wird. Und dann folgt die charakteristische Phrase „und die Verständigen werden begreifen", die meist dann auftaucht, wenn etwas nicht im Sinne der Tradition verstanden werden soll. Zu Ex 32,15f. (S. 208f.) spricht er im Zusammenhang mit den Edelstein-Tafeln davon, daß ihr hoher Wert dadurch bedingt war, daß *Gottesschrift* (*miktab 'ᵘlohîm*) darauf stand. Wie sie dort allerdings niedergeschrieben wurde, wisse man nicht, lediglich, daß sie von beiden Seiten lesbar waren, ist angegeben. Gegenüber Überlegungen, welche von den Tafeln wertvoller waren, die ersten, weil sie von Gott selbst hergerichtet worden seien, oder die zweiten, die von Mose zurechtgemeißelt werden mußten, bemerkt er zu Ex 34,1: „Das gilt (so viel) wie Träumereien, es trägt nichts Positives noch Negatives bei, denn beide waren Gottesschrift."

---

38 Y. QAFIH, Tᵉhillîm 'im targûm û-fêrûš ha-ga'ôn Rabbenû Sa'adjah Fajjûmî, Jerusalem 1966, 64.

39 Y. QAFIH, Pêrûšê R. Sa'adyah ga'ôn 'al ha-Tôrah, Jerusalem 1963, 76 und 139.

40 WEISER, a.a.O. (Anm. 25).

(d) Konsequenter verfuhr – zum Teil – Mose ben Maimon (gest. 1204). Er kritisierte in seinem religionsphilosophischen Werk *Führer der Verwirrten* I,66 die naive Fassung im Targum Onkelos mit dessen Verwendung der Genitiv-Umschreibung durch *d^e-*, weil sie den Eindruck erweckt, als handle es sich um etwas, was Gott beigefügt werde; etwa wie bei „Berg des HERRn" etc. Offenbar kannte er eine Deutung, die den Onkelos-Text im Sinne der palästinischen Targumtraditionen verstand. Wenn schon, hätte Onkelos statt „Finger" *memra' d^e-H'* (Wort des HERRn) gebrauchen müssen, was der Ansicht Abraham ibn Ezras nahekommt: Beschrieben mit Gottesfinger heißt nichts anderes als: beschrieben durch das Wort bzw. durch den Willen Gottes, es handelt sich also um figürliche Rede wie in Ps 8,4 (vgl. dazu Ps 33,10). Wie diese ohne Werkzeug geschriebene Schrift entstehen konnte, vermag er allerdings nicht zu erklären, und etwas ungehalten klingt seine Frage, ob denn Gestirne und Sphären etwa weniger wunderbar seien als diese Schrift. Und dazu führt er noch mAv V,6 an, wo diese Schrift unter zehn Dingen genannt wird, die in der Dämmerung des letzten Schöpfungstages erschaffen worden sind. Also, so Maimonides, sei diese Schrift so wie anderes erschaffen worden. Genau dies wollte aber mAv V,6 nicht ausdrücken,[41] denn die Mischnastelle hebt zehn Wunder hervor, Maimonides aber ebnet die Bedeutung der Wunder ein. Maimonides suchte also, die Herstellung der Gottesschrift in Ablehnung traditioneller Ansichten zu ,normalisieren'. Dies gelingt ihm systemgerecht in weiteren Bemerkungen, die zunächst verneinen, daß es sich bei den Steintafeln um hergestellte, künstliche gehandelt habe. Es seien vielmehr ,natürliche' gewesen, und zwar in dem Sinne, daß alle erschaffenen Dinge ,natürliche' seien. Auch die Wunder von mAv V,6 mit den Tafeln und ihrer Beschriftung unterscheiden sich nicht vom Himmel in Ps 8,4, der dort als Werk der Finger Gottes bezeichnet wird, als Folge von Wort und Wille Gottes. Jedoch nicht im Sinn eines außergewöhnlichen Wunders, sondern der normalen Schöpfung. Während er II,33 zu Dt 5,22 nur die Stimme Gottes hervorhebt, kommt er in I,46 auf Ex 31,18 zu sprechen, und zwar in deutlicherer Weise. Die anthropomorphistische Rede ist bildlich gemeint, „die Torah spricht in der Sprache der Menschen",[42] genau wie in anderen Fällen, die Gott Körperteile (Hand, Finger, Arme etc.) zuschreiben. Alles Körperliche, das in prophetischer Schau wahrgenommen werde, gehöre zu den erschaffenen Dingen, nicht zu Gott, diene nur dazu, Aussagen über Gott in einer leicht verständlichen Weise zu formulieren. Diese Konzeption taucht noch zweimal in den Werken des Maimonides auf. Im Mischna-Kommentar zu Avot V,6 führt er

---

41 *Môreh n^ebûkîm* I 66.
42 Maimonides machte des öfteren Gebrauch von diesem rabbinischen Satz, ihn hermeneutisch umdeutend.

aus, daß prinzipiell keine Einzelneuschöpfung in der Zeit und somit eine Veränderung in Gottes Willen anzunehmen sei, weshalb auch die Ereignisse, die als Wunder bezeichnet werden, in Gottes einheitlich-einmaligem Schöpfungsgedanken bereits inbegriffen und insofern Teil der Schöpfung sind.[43]

In mAv V,6 beziehe sich *ktb* auf die geschriebene Torah, – aber wir wissen nicht, wie dies „vor Gott" geschah. Heißt es: *ich gebe dir die Steintafeln* und *und die Torah und die Gebote, die ich geschrieben, sie zu lehren* (Ex 24,12), so bleibt das Wie des Schreibvorgangs offen. Schließlich wird das Thema auch im Buch I (*Sefär ha-madda´*) des Gesetzeskodex *Mišneh Tôrah* behandelt, und zwar unter *J^esôdê ha-Tôrah* I,9 (6). Diese Einordnung zeigt das Gewicht an, das der Verfasser der Sache auch für den normalen Israeliten zuschrieb. Wieder verweist er eingangs auf sonstige bildliche Verwendung von Körperteilen zur Beschreibung von Gottes Wirken zur Erleichterung des Verständnisses für Menschen, die eben nur Körperliches kennen, denn „die Torah spricht in der Sprache der Menschen". Wie die Rede vom „Schwert Gottes" und dergleichen „ist es Gleichnisrede (*mašal*), alles nur Gleichnisrede", wie in anderen Fällen auch. So, wenn etwa Dan 7,9 Gott ein weißes und Jes 63,1 Gott ein rotes Gewand zugeschrieben wird. Keine prophetische Schau und Rede vermag Gottes eigentliches Wesen zu erfassen und zu definieren – wie in Hiob 11,7 angedeutet. Selbst Mose, der Gottes *kabod* zu schauen wünschte, konnte nichts wahrnehmen, denn Gott ist kein Körper. Dieser klaren Aussage entspricht, daß Maimonides im Mischna-Kommentar (Einleitung zu Sanhedrin X) die Unkörperlichkeit Gottes als drittes seiner 13 Glaubensprinzipien des Judentums aufführte.[44]

Der fühlbar ungehaltene Ton, der in Maimonides' Ausführungen gelegentlich anklingt, erklärt sich aus einer gewissen Zwangslage. Sosehr er die Unkörperlichkeit Gottes auch unterstrich und als Glaubensgrundsatz festgeschrieben haben wollte, so wenig lag ihm an einer Abwertung der Sinaioffenbarung. Das zeigt sich auch daran, daß sich von den 13 Glaubensgrundsätzen I–V mit Gott, VI mit dem Gottes-Dienst und VII–IX mit der Offenbarung (Prophetie, Torah) befassen. In der Frage des ‚Fingers Gottes' überschnitten sich die beiden Anliegen thematisch, und somit drohte die Gefahr, daß die Betonung der Unkörperlichkeit Gottes an diesem Punkt den Eindruck erweckte, die Autorität der Sinaioffenbarung werde zumindest scheinbar geschwächt. Dies wird wettgemacht durch die bereits traditionelle Höherwertung der ‚Prophetie des Mose', welche Maimonides ausfeilte zur Annahme einer ansonsten unerreichten Qualität der Beziehung zwischen

---

43 Y. QAFIH, Mišnah ´im pêrûš Rabbenû Mošäh bän Majmôn, II, Jerusalem 1965, 298.
44 J. MAIER, Geschichte der jüdischen Religion, Freiburg/Br. 1992², 399–405 (399f.).

Mose (als einzigartiger Verkörperung der Eigenschaften des Philosophen, Staatsmannes und Propheten) und dem *Intellectus agens*. Aber angesichts der populären traditionellen Bedeutung der wunderbaren ‚Gottesschrift' auf den Dekalogtafeln blieb ein Unbehagen bestehen. Für einen systematischen Denker vom Rang des Maimonides war das Gebotene nur eine Notlösung. Die Beschriftung der Dekalogtafeln selber war auf diese Weise ja weder als bildliche Rede abgetan noch ‚natürlich' erklärt. Der Hinweis, daß wir nicht wissen, wie es geschah, entspricht einer verbreiteten Tradition, zeigt aber nur die Verlegenheit an, ist im Rahmen der supranaturalistischen Argumentation eines Jehuda Hallevi berechtigt, nicht aber in diesem Fall eines aristotelisch orientierten Intellektualismus. Der Hinweis auf Sphären und Gestirne als doch noch größere Wunder paßt nicht, weil ja einerseits ein Sachverhalt aus dem Bereich der Physik, im andern Fall aus der Metaphysik vorliegt. Es sei denn, man ordnet die Dekalogtafeln und ihre Beschriftung der Metaphysik zu und entzieht sie so den Erklärungsmöglichkeiten, welche die Physik bieten kann. Das Problem liegt in der massiven Körperlichkeit sowohl der Tafeln als auch der Schriftzeichen auf ihnen, was eine plausible Verbindung zum Offenbarungsvorgang als Erkenntnisvorgang erschwert. So erweist sich dieses Motiv als sperrig gegenüber der Lösung, die Maimonides in bezug auf Moses einzigartige Erkenntnisfähigkeit für den einzigartigen Rang der Torah anbot: daß Mose bis auf die Schranke seiner Körperlichkeit eine ‚engelgleiche' Verbindung zum *Intellectus agens* erlangen konnte. Aber auch da stellt sich, in nur scheinbar weniger massiver Weise, genau dasselbe Problem: Die Körperlichkeit des Mose wird gegenüber seinen ethischen und erkenntnismäßigen Vorzügen auf eine fast irrelevante Sache reduziert und somit der kritischen Aufmerksamkeit entzogen, ein Vorgehen, das bei den Dekalogtafeln eben nicht möglich war, weil sie in der Tradition derart herausgestrichen worden waren. So entschloß sich Maimonides mit einem deutlichen Unbehagen in diesem Fall zur traditionellen Aussage: „aber wir wissen nicht, wie", um der physikalischen Frage der Beschriftung nicht weiter nachgehen zu müssen. Es ist bezeichnend, daß auch Maimonides' Sohn Abraham in seinem Torah-Kommentar diese Frage erkennbar vermied, obwohl er zu Ex 32,15f. auf die beidseitige Beschriftung einging.[45]

(e) Kein Wunder also, daß die Darlegungen des Maimonides jenen späteren Autoren, die Philosophie und Tradition zu versöhnen suchten, zumindest teilweise zustatten kamen. Daher folgte Isaak b. Jehuda Abrabanel (gest. 1508) in seinem Torah-Kommentar zu Ex 32,15f. zu den Dekalogtafeln bis auf eine Korrektur im wesentlichen dieser Linie: „Aber es handelte sich um

---

45 J. S. WIESENBERG, Pêrûš Rabbenû ʾAbraham bän ha-RMBˮM, London 1958, 456.

kein künstliches Werk, von Menschenhänden gemacht, sondern als Gotteswerk auf dem Wege des Wunders wurden sie so gemacht. Und so war auch
die Beschriftung (*miktab*), die auf sie geschrieben war, nicht Menschenwerk,
sondern Gottesschrift, denn auf dem Wege des Wunders wurden die
Formen der Buchstaben dort gemacht ...", und zwar im Sinne einer rabbinischen Überlieferung als durchgeschlagene Schrift, also beidseitig lesbar.
Abrabanel kommt dann auf mAv V,6 zurück, wo die Tafeln mit ihrer
Beschriftung als eines der Wunder gezählt werden, die bereits in der
Dämmerung des sechsten zum siebten Schöpfungstag vorweg erschaffen
und dann zu ihrer Zeit jeweils aktualisiert worden seien: „Daher heißt es in
bezug auf sie: *Und die Tafeln, Gotteswerk waren sie*, und: *die Schrift war
Gottesschrift*. Und es heißt: *Geschrieben mit Gottesfinger*, auf die Weise, wie es
gesagt wird (Ps 8,4): *Wenn ich sehe deinen Himmel, das Werk deiner Finger*.
Nicht, daß die Tafeln zu den natürlichen Dingen gehörten, wie man ersehen
kann aus den Worten des Meisters des Lehrers (der Verwirrten) ..., der
geschrieben hat, daß die Tafeln eine natürliche, keine künstliche Sache
waren. Doch ziemt es sich zu glauben, daß am 6. Tag der Schöpfungstage,
am Vorabend des Sabbat während der Dämmerung, in Seinem Denken,
gepriesen sei Er, diese Dinge erdacht worden sind, jedes einzelne für seine
Stunde, entsprechend dem Bedürfnis." Des weiteren verweist er auf seinen
Mischnakommentar, wo er in der Tat zu V,6 seine Meinung ausführlicher
dargelegt hat.[46]

3.3 Aschkenasische spekulative Traditionen

(a) Im aschkenasischen Judentum lebte die alte Midrasch-Exegese ungebro-
chen weiter, freilich ergänzt um eine im wesentlichen am Wortsinn interes-
sierte Auslegung, wie sie durch Salomo b. Isaak (RŠ"J, gest. 1104) und seine
Schule eindrucksvoll und wirkungsmächtig vertreten wurde.

RŠ"J ließ zu Ex 32,16 keinen Zweifel daran, daß wörtlich zu deuten ist,
also Gott die Tafeln selber (*hû᾽ bikbôdô*) gemacht hat. Er nahm auch die
entsprechenden handwerklichen Begriffe aus der Tradition auf: Die Schrift
wurde eingraviert, eingekerbt, in der Umgangssprache: *entailler*. Daß die
Schrift auf beiden Seiten lesbar war, erklärte er zu Ex 32,15 (nach bShab
104a) als Wunder.[47]

Ganz massiv wird auch in anderen Texten gedeutet. Im *Sefär Chasidim*
(redigiert im 13.–14. Jahrhundert) wird im § 693 (Ms. Parma) vom Zeige-

---

46   Pirqê ᾽Abot ῾im pêrûš ... rabbenû Mošäh bän Majmôn wᵉ-῾im pêrûš Naḥᵃlat ᾽abôt
     me-rabbenû Dôn Jiḫaq ᾽Abraban᾽el, Jerusalem 1970, 320–333.
47   CH. B. CHAVEL, Pêrûšê RŠ"J ῾al ha-Tôrah, Jerusalem 1988⁵, 305.

finger der rechten Hand gesprochen, womit hier eine bestimmte synagogale Lesepraxis begründet wird.[48]

(b) Allerdings gab es auch in diesem aschkenasischen Bereich, in dem an philosophischer Bildung kaum etwas vorhanden war, eine religiös-spekulative Richtung, die ebenfalls bemüht war, Anthropomorphismen auszuräumen. Dieser aschkenasische Chasidismus des 13./14. Jahrhunderts bezog alle biblischen Aussagen über Gottes Körperlichkeit nicht auf die Gottheit selbst sondern auf eine als Lichtglanz erschaffene Manifestation, den *kabôd* („Herrlichkeit"), welche die Propheten in ihren Visionen Jesaja 6 und Ezechiel 1–3 geschaut haben sollen.

Man war hier also eher geneigt, den Gott zugeschriebenen Dingen eine Verselbständigung zuzusprechen, als sie rein metaphorisch zu begreifen, verfuhr also im Sinne der oben genannten Targum-Tradition. Eleazar b. Jehuda von Worms hat im 13. Jahrhundert in seinem Torah-Kommentar zu Dt 9,10 die Vorstellung mit anderen Traditionen aus Talmud und Midrasch weiter ausgebaut, die zum Teil im zitierten Stück des Midrasch ShirR I schon angedeutet waren. Gottes Finger schrieb demnach nicht direkt, vielmehr zeigt der Ausdruck nur die Verursachung durch Gott an: *„Geschrieben mit Finger Gottes:* durch die Entscheidung seines Willens, wie ein Torah-Zeiger (dazu dient), mit dem Finger zu bezeichnen. Denn Er entschied in bezug auf das weiße Feuer, das am Throne seiner Herrlichkeit ist (vgl. yShᵉq VI,1f.; YalqŠim I § 854), daß davon etwa 40 Se'ah emanieren und wie ein Saphirstein in der Erscheinung seines Throns gemacht werden sollen. Und das Feuer wurde saphirhaft geformt, als zwei Platten und als zwei Tafeln, gemacht in der Dämmerung bei der Vollendung seiner (Schöpfungs-) Werke (mAv V,6): *Und die Tafeln waren Gotteswerk* (Ex 32,32). Und als aus seinem heiligen Munde hervorkam: *Ich bin ...* und *Ihr sollt nicht haben ...* und alle die zehn Gebote als *Stimme des HERRN in Kraft* (Ps 29,4), meißelte die *Stimme des HERRN Feuerflammen* (Ps 29,7) aus der Finsternis, und die wurden zu schwarzem Feuer gemacht, und durch die Kraft der Stimme wurde die Saphirplatte wegen der großen Stimme in der Form der Buchstaben durchgeprägt, wie (es) durch den Schamirstein (geschieht). Und das schwarze Feuer drang bei der Einprägung der Buchstabenform ein und erschien als Schrift. *Von beiden Seiten waren sie beschrieben* (Ex 32,32?) mit *Gottesschrift* (loc. cit.), das heißt: *Geschrieben mit Finger Gottes."*

---

48   J. WISTINETZKI – J. FREIMANN, Das Buch der Frommen, Frankfurt/M. 1924² (Nachdruck Jerusalem 1969), 180. § 1059 spricht ebenfalls davon, daß Gott schreibt (hier einen Urteilsspruch).

3.4 Die kabbalistische Linie

Der eben erwähnte Eleazar b. Jehuda aus Worms war der erste, der chasidische Traditionen sichtete und schriftlich niederlegte. Er verknüpfte die Zehn Gebote der Dekalogtafeln ansonsten auch bereits mit der aus Südfrankreich/Nordspanien stammenden kabbalistischen Vorstellung von den zehn Sefirot (Wirkungskräften) Gottes, die als emanierte/emanierende geistige Potenzen die höchsten Zwischenstufen zwischen der streng transzendenten Gottheit und den unteren Seinsstufen darstellen. Auf diese Sefirot wurden also die Anthropomorphismen als Entsprechungen wörtlich bezogen, eben auch die Vorstellung von der Hand Gottes, eine Linke und eine Rechte mit zusammen zehn Fingern = Sefirot.[49]

Die frühen Kabbalisten Südfrankreichs und der Provence haben allerdings ihre esoterischen Lehren noch als wirkliche Geheimtradition behandelt, und daher begegnen in den ältesten Bibelkommentaren aus der Feder von Kabbalisten lediglich Andeutungen. So bei dem philosophisch noch gründlich beschlagenen Mose ben Nachman (gest. 1270).[50] Im Prinzip war man sich ja so weit mit den philosophierenden Exegeten einig, als die Gottheit selbst als absolut transzendent betrachtet wurde, also keinerlei anthropomorphistische Aussagen auf sie bezogen werden konnten. Anders im Blick auf die Sefirot, deren Konfiguration schematisch als ʾAdam qadmôn mannesgestaltig gezeichnet wurde, so daß selbst eine Zuordnung von einzelnen Körperteilen keinerlei Schwierigkeiten bereitete. Im Gegenteil, man konnte die ganze bunte Vielfalt der Überlieferung voll für die neue Sefirot-Symbolistik verarbeiten, wie es dann zum Beispiel Menachem Recanati (zu Ex 14,31)[51] und Bachja ben Ascher praktizierten.[52] Das behandelte exegetische Problem bezüglich des Gottesfingers existierte hier also nicht.

---

49 Pêrûš haggadat Päsaḥ, London 1985, fol. 17b.
50 CH. B. CHAVEL, Pêrûšê ha-Tôrah le-Rabbenû Mošäh bän Naḥman, I–II, Jerusalem 1959/60; Y. ELMAN, Moses ben Nahman/Nahmanides (Ramban), in: M. SÆBØ (ed.), Hebrew Bible/Old Testament. The History of its Interpretation, vol. I, Part 2, Göttingen 2000, 416–432. In seiner Dichtung ʿômedôt hajû raglênû erwähnte er die Dekalogtafeln ohne jede Problematisierung: „Dort war die Bundeslade des Herrn der ganzen Erde, darin die Tafeln, mit dem Finger Gottes geschrieben, …"; siehe J. MAIER, Die Kabbalah, München 1995, 376.
51 MAIER, a.a.O. (Anm. 50), 97.
52 CH. B. CHAVEL, Rabbenû Baḥja. Bêʿûr ʿal ha-Tôrah, I–III, Jerusalem 1974³.

§ 10

Grundlage und Anwendung des Verbots der Rückkehr nach Ägypten

1. Zu den Voraussetzungen

Zwischen Ägypten und dem Königreich Juda bestanden bekanntlich recht enge Beziehungen, und diese beschränkten sich keineswegs auf den politischen Bereich allein.[1] Gegen und nach dem Ende der Königszeit ergab sich für das Bewußtsein vieler Judäer aber auf Grund bestimmter Ereignisse eine eher negative Bilanz, vor allem hinsichtlich der Effektivität der politisch-militärischen Verbindung, und dadurch wurde das Urteil über Ägypten und Ägypter in der Tradition allgemein in ein ungünstiges Licht gerückt. Das Verhältnis zu Ägypten war daher insgesamt ein ambivalentes.[2] Die spätere biblisch-jüdische und christliche Tradition verbindet mit Ägypten und Ägyptern allerdings vorwiegend Negatives.[3] In erster Linie im Zusammenhang mit der zunehmenden Bedeutung der Exodus-Thematik und deren ägyptisch-hellenistischer Konkurrenzversion bei Manetho und Apion, mit der Folge, daß der Pharao des Exodus[4] (nach Nimrod) fast stereotyp an erster Stelle einer Liste von gottfeindlichen, anmaßenden Herrschern genannt wird, die mit Sanherib und Nebukadnezar fortsetzt und meist mit Titus abschließt.

---

1   M. GÖRG, Beziehungen zwischen dem alten Israel und Ägypten. Von den Anfängen bis zum Exil, Darmstadt (EdF) 1997; DERS., Aegyptiaca – Biblica. Notizen und Beiträge zu den Beziehungen zwischen Ägypten und Israel, Wiesbaden (ÄAT 11) 1991; D. B. REDFORD, Egypt, Canaan, and Israel in Ancient Times, Princeton 1992; B. U. SCHIPPER, Israel und Ägypten in der Königszeit. Die kulturellen Kontakte von Salomo bis zum Fall Jerusalems, Freiburg/Schweiz – Göttingen (OBO 170) 2000.

2   E. STAEHELIN – B. JAEGER (Hg.), Ägypten-Bilder. Akten des Symposions zur Ägypten-Rezeption, Freiburg/Schweiz – Göttingen (OBO 150) 1997; R. KESSLER, Die Ägyptenbilder der Hebräischen Bibel. Ein Beitrag zur neueren Monotheismusdebatte, Stuttgart 2002.

3   R. A. GABRIEL, Gods of Our Fathers: The Memory of Egypt in Judaism and Christianity, London 2001.

4   A. NICCACCI, Yahweh e il Faraone. Teologia biblica e egiziana a confronto, BN 38–39, 1987, 85–102.

Gelegentlich spielt die bloße Konsonantenschreibung von *Mçrjm* eine gewisse Rolle, sofern unklar ist, ob *Miçrajim* als Landesname (statt *'äräç Miç- rajim*), als Plural *Miçrîm* des Gentiliciums *Miçrî* (Ägypter), oder *Miçrajim* als Eigenname eines Ham-Sohnes gemeint ist (Gen 10,6), wobei der Eigenname als Patronym auch kollektive Bedeutung haben und mit einem Verb im Plural verwendet werden kann. Negative Konnotationen des einen Begriffs konnten sich daher leicht auch auf die anderen übertragen. Gelegentlich hat dann auch noch die Ähnlichkeit mit dem Nomen (im Plural) *mçrjm* (*meçarîm*: Enge/Bedrängnis) eine Rolle gespielt.[5] Für die hier zu behandelnde Frage ist lediglich von Belang, daß manchmal nicht klar ist, ob es um das Land Ägypten oder um die Ägypter geht, denn daraus ergab sich in der späteren jüdischen Überlieferung die Möglichkeit, ein bestimmtes Gesetz unterschiedlich aufzufassen.

Es handelt sich um das Verbot, nach Ägypten zurückzukehren. Sofern das Verbot ans Land Ägypten als solches gebunden wurde, erschien eine Rückkehr nach Ägypten im Sinne einer Niederlassung in jedem Fall als verboten; sofern aber das Verbot nur mit einer Besonderheit der Ägypter von einst begründet wurde, konnte das Land als erlaubt gelten, falls die maßgebliche negative Besonderheit der Ägypter nicht mehr gegeben war.

Dazu kommt eine rechtsgeschichtliche Besonderheit: Das Verbot ist biblisch als Gesetz gar nicht belegt, es wurde erst viel später aus bestimmten biblischen Passagen erschlossen.

2. Die biblischen Ansatzpunkte für das Verbot

Für das Rückkehrverbot gibt es keine biblische Vorgabe im Sinne einer regelrechten gesetzlichen Formulierung, man hatte aber ein entsprechend deutbares Zitat in Dt 17,17 (siehe unten) vorliegen und las es in der Folge auch aus anderen thematisch verwandten Passagen heraus.

(a) Hos 8 enthält Drohworte gegen Israel/Juda und gegen die Vertreter einer während der assyrischen Vorherrschaft mit ägyptischer Hilfe rechnenden Bündnispolitik. Vers 13 stellt fest, Gott habe daran kein Gefallen, er werde ihre Sünden heimsuchen und droht an: *sie werden zurückkehren nach Ägypten.* (14) *Es vergaß Israel seinen Schöpfer und baute Paläste/Tempel,*[6] *und Juda mehrte befestigte Städte; so schicke ich Feuer in seine Städte, und es verzehrt ihre Schlösser.* Dahinter stehen offenbar Erfahrungen und Diskussionen über

---

5 Vgl. schon Philo, De migr. Abr. § 14.
6 *hjklwt.* Zur Deutung als Tempel siehe das Targum z.St.: „Und Israel hat den Kult seines Schöpfers verlassen und *hjkljn* für Irrungen gebaut."

Ereignisse der Königszeit, insbesondere im Rahmen der recht schwierigen Orientierung zwischen den rivalisierenden Großmächten.

(b) In diesem Kontext bot sich das Exodus-Motiv zur weiteren Ausdeutung der Thematik geradezu an, weil dort die Gegenüberstellung der Macht Gottes und der Macht des Pharao im Verhältnis zu den an sich machtlosen Israeliten ein zentrales Anliegen darstellt und in Ex 14,13 eine zwar nicht inhaltliche, aber doch eine sprachlich-formale Entsprechung auftaucht:

Ex 14,13: *denn wie ihr Ägypten[7] heute gesehen habt, werdet/sollt ihr sie nicht wieder sehen auf Weltzeit.* Im Kontext handelt es sich eindeutig um eine Verheißung, später sah man hier einen indirekten (nur durch Mose ausgesprochenen) Beleg für das Rückkehrverbot der biblischen Torah.

(c) In erster Linie fand man das Verbot einer Rückkehr nach Ägypten später aber in Dt 17,16, wo es im Rahmen des Königsrechts heißt: *(16) Doch halte er sich nicht viel Rosse, und er bringe nicht wieder das Volk nach Ägypten, um Ross(e) zu mehren. (17) Hat JHWH doch zu euch gesagt: „Nicht sollt ihr weiterhin auf diesem Wege nochmals zurückkehren."*

Das in Dt 17,16 zitierte Gotteswort ist so in der überlieferten Bibel nicht erhalten, und in Dt 28,68 (siehe unten) begegnet außerdem noch eine andere Formulierung. Es handelt sich beide Male um eine Passage, die im überlieferten Pentateuch selbst nicht mehr enthalten ist, und daher hat man sich später ersatzweise auf Ex 14,13 berufen. Das Verbot betrifft im Kontext des Königsrechts von Dt 17 aber nicht die Frage einer normalen Rückkehr bzw. Niederlassung in Ägypten, sondern bestimmte Aktionen, die in der letzten Königszeit im Rahmen politisch-militärischer Maßnahmen eine derart beträchtliche Bedeutung gehabt haben müssen, daß man es rückblickend für nötig hielt, eine solche Formulierung ins deuteronomische Königsrecht einzubauen. Wahrscheinlich richtete sie sich gegen Aktionen im Rahmen einer proägyptischen politischen Orientierung und Bündnispolitik, die im Urteil der Gegenseite und dann aus babylonisch-exilischer und nachexilischer Sicht als Irrweg verstanden und dargestellt wurde, eine Einschätzung, die bereits in Jes 30,1ff. zum Ausdruck kommt, in Ez 31–32 auf vehemente Weise formuliert und auch noch in weiteren Passagen bzw. in der Deutung bestimmter Texte zum Zug gekommen ist.

(d) Dt 28,68: Dt 28 enthält die generalisierende Ausarbeitung eines Formulars, das im Sinne eines Vertragsverhältnisses Verfluchungen für den

---

7   Masoretischer Text: *'t mçrjm*, hier nicht Landesname, sondern der Personenname als Kollektiv für „Ägypter"; vgl. die Verdeutlichung in Septuaginta: *tous Aigyptious*; Targum Onqelos: *jt mçr'j* (die Ägypter). Die Septuaginta transliterieren den Eigennamen Gen 10 ziemlich präzis als *Mesraïm*, während Josephus, Ant II,136f., *Mersaios* bietet.

Fall der Nichterfüllung der Bedingungen und Segnungen für den Fall ihrer Erfüllung enthält. Wahrscheinlich ist ein solches Formular einmal im Rahmen der Fixierung der Königspflichten üblich gewesen und dann (wie Lev in 26) auf die Beziehung des Volkes zum offenbarten Gotteswillen (die 28,58 genannte Torah) angewendet worden. Unter den zahlreichen Strafandrohungen begegnet in v. 68 noch: *Und es wird dich zurückbringen JHWH nach Ägypten mit Schiffen auf dem Weg, von dem ich dir gesagt habe: „Du sollst ihn weiterhin nicht wieder sehen". Und ihr verkauft euch dort an deine Feinde zu Sklaven und zu Sklavinnen, aber keiner kauft.* Der Anklang an das *nicht wieder sehen* von Ex 14,13 ist deutlich, obschon keine genaue Entsprechung vorliegt. Weder in Ex 14,13 noch in der Verwendung der Phrase im Rahmen dieser Drohung setzt eine Vorschrift (ein Verbot) voraus, eher eine Verheißung, die infolge von Ungehorsam ins Gegenteil verkehrt wird, wie es auch schon die Umformulierung zur Drohung in Hos 8,13 voraussetzt.

(e) Stammvater der Ägypter war nach Gen 10,6 *Miçrajim*, der zweite von vier Söhnen des Ham, und ihm werden Gen 10,13–19 acht Söhne zugeschrieben.[8] Die Wertung der Hamiten (Gen 10,6–20) war in der Regel negativ, was mit der Episode Gen 9,20–27 begründet wird, wonach Ham sich gegenüber seinem betrunkenen Vater unkorrekt benahm und wo der Ham-Sohn Kanaan durch Noah zum Sklaven für Sem und Jafet verflucht wurde. Das Siedlungsgebiet der Hamiten ist nach der biblisch-jüdischen Überlieferung im wesentlichen Afrika,[9] und dort hat – im äußersten Westen – nach der jüdischen Tradition auch Kanaan seinen eigentlichen Platz, der sich unrechtmäßigerweise im späteren Land Israel festgesetzt hatte. Diese Verbindung mit dem Sklavenlos hat den Bewohnern des Kontinents viel Unheil gebracht, rechtfertigte man doch die Sklavenfängerei in Afrika (und danach auch in Osteuropa) sowie den Sklavenhandel überhaupt mit dieser biblischen Passage.

Obwohl sich mit dem Namen *Mçrjm* – ob Personen- oder Landesname – in der jüdischen Tradition kaum etwas Positives verbindet, begegnet hinsichtlich der Ägypter in der herkömmlichen Halakah eine erstaunliche Regelung, denn allen negativen Aussagen zum Trotz wird der Ägypter – obschon Ham-Nachkomme! – auf Grund von Dt 23,8f. in bezug auf seinen möglichen Status als Proselyt dem abrahamitischen Edomiter gleichgestellt. Hingegen werden die ,semitischen' Moabiter und Ammoniter diesbezüglich

---

8 M. Görg, Die „Söhne Ägyptens" in der sogenannten Völkertafel, in: DERS. (Hg.), Ägypten und der östliche Mittelmeerraum im 1. Jahrtausend, Wiesbaden 1996, 23–44.

9 D. T. Adamo, The Place of Africa and Africans in the Old Testament and its Environment, Ann Arbor UMF (Diss. Baylor University) 1986. Vgl. ferner Jub 7,14; 8,12.22–24; 9,1–9.

gemäß Dt 23,4 diskriminiert, wenn auch nur die männlichen Nachkommen: Sie dürfen nämlich keinesfalls in die Gemeinschaft Israels aufgenommen werden.

Die genannten biblischen Texte rechtfertigen in keinem Fall die Annahme, daß sie zu ihrer Zeit ein allgemeines Rückkehr- bzw. Niederlassungsverbot nach Ägypten begründen sollten oder konnten. Sie haben an sich auch nichts mit einer negativen Wertung Ägyptens oder der Ägypter zu tun, sondern mit Reaktionen auf eine Praxis der Könige Judas, im Interesse antiassyrischer und antibabylonischer Politik ägyptische Hilfe in Anspruch zu nehmen, und dies gelegentlich auch zum groben Nachteil eigener Untertanen, die dabei als Soldaten oder Deportierte nach Ägypten gerieten.[10] Daß manche solchen Vorgängen auch Positives abgewinnen konnten, zeigt das eigentümliche Kapitel 19 des Jesajabuches. Im Lauf der Zeit wurde aber dergleichen doch eher mit einer ‚Rückkehr' im Widerspruch zum Exodus in Verbindung gebracht, und erst dadurch wurde für spätere Leser zugleich ein negativer Charakter des Landes Ägypten oder der Ägypter nahegelegt.

Maßgebliche Anstöße zu einer kontroversen Ägypten-Beurteilung ergaben sich aus gewissen Tendenzen im Buch des Propheten Jeremia[11] und insbesondere aus den in Jer 42–44 beschriebenen Vorgängen. Allem Anschein nach ergab sich für Juda/Judäa nach der außenpolitisch schwierigen Lage zwischen den beiden Großmächten in Mesopotamien und am Nil eine gewisse innerisraelitische Entsprechung durch die Konkurrenz der Exilsgemeinschaften in den beiden Bereichen. Die ägyptische Diasporagemeinschaft[12] konnte freilich ihren Einfluß nicht im selben Maß geltend machen, da der persische Hof den exilierten Judäern in Mesopotamien näherstand. Aber auch in hellenistischer Zeit setzte sich der Antagonismus fort, denn der Tempelstaat Judäa bildete als Teil Koile-Syriens lange Zeit ein zwischen Seleukiden und Ptolemäern umstrittenes Gebiet, was in Jerusalem zu kontroversen außenpolitischen Orientierungen führte, die zugleich innenpolitischer und religionspolitischer Natur waren. Aber obwohl die engen Bezie-

---

10 Siehe dazu D. G. SCHLEY, "Yahweh will cause you to return to Egypt in ships", VT 34, 1984, 369–372 und die Hinweise dort.

11 M. P. MAIER, Ägypten – Israels Herkunft und Geschick. Studie über einen theopolitischen Zentralbegriff im hebräischen Jeremiabuch, Frankfurt/M. (ÖBS 21) 2002.

12 L. FUCHS, Die Juden Ägyptens in ptolemäischer und römischer Zeit, Wien 1929; I. A. GHALI, L'Égypte et les Juifs dans l'antiquité, Paris 1969; A. A. AYAD, The Jewish-Aramaean Communities in Ancient Egypt, Cairo 1975; B. PORTEN, The Jews in Egypt, in: The Cambridge History of Judaism I: The Persian Period, Cambridge 1984, 372–400; J. MÉLÈZE-MODRZEJEWSKI, Les juifs d'Égypte: De Ramses II à Hadrien, Paris 1991² (The Jews of Egypt from Ramses II to Emperor Hadrian, transl. by R. CORMAN, Lawrenceville 1998).

hungen zum ptolemäischen Ägypten infolge der gemeinsamen Verbindung mit Rom[13] den antiseleukidischen Tendenzen stärker zugute kommen mußten, blieb die Orientierung an der mesopotamischen Diaspora weiterhin ausschlaggebend. Dafür waren zwar auch die sprachlichen Verhältnisse ein wichtiger Umstand, denn in Judäa dominierte weiterhin das Aramäische. Aber noch gewichtiger war wohl der Umstand, daß sowohl die davidisch-royalistischen wie die priesterlichen Traditionen unter den babylonischen Juden von Anfang an massiv vertreten waren und daß ihre Verfechter stets bemüht waren, ihren Einfluß in Jerusalem geltend zu machen. Nebenbei sei auch vermerkt, daß sich noch eine weitere Konkurrenzsituation, die zwischen Judäern und Samaritanern, in Ägypten ausgewirkt hat.[14]

Die heftig umstrittene Auswanderung von Judäern aus dem durch Babylonien unterworfenen Juda hat diese Tendenz offenbar erheblich verstärkt, weil mit diesem Zwist in der Außenpolitik eine völlig gegensätzliche kultisch-religiöse Orientierung verbunden war: Die an Ägypten orientierte Linie vertrat laut Jer 42–44 die altjudäische Volksreligion,[15] wie sie unter anderem durch die Grabungsbefunde von Kuntillat Adjrud und dann auch durch die Elephantinepapyri bezeugt wird, die Gegenseite hingegen verfocht jene exklusiv jerusalemitisch zentrierte, priesterliche Elitereligion, die dann nachexilisch vollends zum Zuge kam. Beide Seiten wiesen sich offenbar die Schuld am Desaster des Reiches Juda gegenseitig zu: Die einen sahen die Ursache des Unheils in der Abkehr von der überkommenen Volksreligion, die anderen im Abfall vom JHWH-Kult im Sinne der Jerusalemer zentralistischen Kulttradition.

In Jer 42–44 wurde der tragische Konflikt rückblickend im Sinne der exilisch-nachexilischen Sicht der Dinge gestaltet, wofür bereits vorhandene Aussagen bezüglich Ägypten auf gekonnt eindrucksvolle Weise verwertet wurden. Den Rahmen bildet eine Torahanfrage- bzw. eine Torah-Offenbarungsprozedur, in der Jeremia als Torahprophet à la Mose fungiert, denn 42,3ff. und 43,1ff. entspricht in der Situation wie Diktion recht deutlich Dt 17,8ff. und Dt 18,14–22. Jer 42,10f. formuliert (insbesondere unvokalisiert) den „rechten Weg" mit Anklängen (v. 3: „den Weg, den wir gehen sollen") und Wortspielen (Verba der Wurzeln *jšb* und *šwb*) in Kontrast zur falschen Alternative v. 14ff.; das Verbleiben im Lande Juda wird so der Rückkehr und Niederlassung im Lande Ägypten gegenübergestellt, die mit der – im Sinne dieser Komposition – trügerischen Hoffnung auf ein Entrinnen aus

---

13 A. LAMPELA, Rome and the Ptolemies of Egypt. The Development of their Political Relations, 273–80 B.C., Helsinki 1998.

14 O. MONTEVECCHI, Samaria e Samaritani in Egitto, Aeg. 76, 1996, 81–92.

15 S. ACKERMAN, Under Every Green Tree. Popular Religion in Sixth-century Judah, Atlanta (HSM 46) 1992.

den Fährnissen des Krieges verbunden war, wie v. 15 nochmals deutlich macht. Auch für die Formulierung der Drohungen werden Anklänge gewählt. So verweist Vers 18 „ihr werdet diesen Ort (also Jerusalem) nicht wiedersehen" auf das Gegenstück, die Verheißung Ex 14,13, Ägypten bzw. die Ägypter nicht wiederzusehen, womit die Exodusthematik mit einbezogen war. Diese gebündelten Anklänge und die wiederholte Phrase *la-gûr šam*, "um dort zu wohnen" (8 mal!)[16] haben der späteren Annahme eines Niederlassungsverbots natürlich Vorschub geleistet.

3. Die Situation zur Zeit des Zweiten Tempels (bis 70 n. Chr.)

3.1 Historische und religiöse Bedingungen

Die Rivalität der Großmächte an Euphrat/Tigris und Nil bestimmte auch die politisch recht wechselhafte Zeit des Zweiten Tempels, und es wäre verwunderlich, wenn in der persischen Provinz Juda die internen Auseinandersetzungen nicht auch mit den jeweils strittigen außenpolitischen Orientierungen verbunden gewesen wären. Schon die judäisch-samaritanischen Beziehungen und Auseinandersetzungen waren angesichts der Grenzlage dieser umstrittenen Region von den außenpolitischen Aspekten nicht zu trennen. Die Quellen geben allerdings kaum konkrete Hinweise. Wie haben solch ägyptenorientierte Judäer wie die Auswanderer zur Zeit Jeremias sich gegenüber der persischen Großmacht verhalten? Welche Rolle spielten jüdische Militärkolonisten in Ägypten, also speziell in Elephantine, in diesem Spiel der Mächte? Sie haben als Söldner im Dienst der fremden Großmacht den Ägyptern jedenfalls keinen günstigen Eindruck vom Judentum vermittelt. Wie stand man innerhalb des Jerusalemer Establishments und seiner Fraktionen zur Unterwerfung Ägyptens durch das Perserreich und wie zu den nachhaltigen ägyptischen Bestrebungen, das persische Joch wieder abzuwerfen? Und das während der ständigen persisch-griechischen Auseinandersetzungen, von denen die Region nicht unbeeindruckt bleiben konnte!

Die Elephantine-Papyri haben gezeigt, daß in Ägypten unter Militärkolonisten die altjudäische Volksreligion weiterlebte, während in Palästina mit der Ausgrenzung der Samaritaner aus dem Kreis der Tempelkultberechtigten und dann mit den Reformen unter Esra/Nehemia eine andere, durch die exilisch-babylonische Linie bestimmte, exklusive Religiosität zum Zug gekommen war. Aus bestimmten Qumrantexten wie der Tempelrolle,

---

16   LXX: *katoikêsai*; Targum: 'ittôtaba'.

in denen ältere Traditionen verarbeitet vorliegen, kann erschlossen werden, daß während der persischen und frühhellenistischen Periode in Jerusalem/ Juda außer den umstrittenen Beziehungen zu Samaria noch interne Kontroversen stattgefunden haben, in denen sich die priesterliche Elite zunehmend entzweite, wobei unter anderem die Kalenderfrage eine zentrale Rolle gespielt hat.

Mit der Eroberung des Vorderen Orients durch Alexander den Großen begann eine Epoche, in der Juden innerhalb der griechischsprachigen Welt und nicht zuletzt in Ägypten eine immer gewichtigere Rolle spielten.[17] Und wieder scheint es gegensätzliche Tendenzen gegeben zu haben, die in Ägypten selbst wie in Judäa zum Tragen kamen. Wanderten viele Juden als Kolonisten freiwillig aus und insbesondere in die hellenistische Neugründung Alexandrien, so wurden andere in den Jahren vor 300 v. Chr. unter Ptolemäus I. auch gezwungenermaßen als Gefangene und Deportierte nach Ägypten verbracht. Von da an bestimmte der seleukidisch-ptolemäische Konflikt über Koile-Syria die innen- wie außenpolitische Szenerie Judäas mit, und in der Folge hat es im Zuge von Herrschaftswechseln und Kriegsläuften weitere Abwanderungen und Deportationen gegeben,[18] mit dem Ergebnis, daß in Ägypten Judäer von gegensätzlicher politischer und wohl auch religiöser Orientierung vorhanden gewesen sind.[19] Die Bedeutung dieser ägyptischen Diaspora für die weitere Ausprägung des Judentums war beträchtlich, jedenfalls als Folge der Verhältnisse im Ptolemäerreich.[20] Der politisch-rechtliche Status Judäas unter ptolemäischer Herrschaft war richtungweisend für die Folgezeit. Durch Übersetzung des Pentateuchs, des Basisdokuments dieser Autonomieregelung ins Griechische, wurde dieser als *nómos* der Juden schlechthin bekannt und anerkannt.[21] Die Organisation

---

17 Zum Überblick siehe H.-F. WEISS, Ägypten III., TRE 2, 1977, 506–512; E. SCHÜRER, The History of the Jewish People in the Age of Jesus Christ. Revised and edited by G. VERMES etc., vol. III,1, Edinburgh 1986, 38–60. Für Näheres siehe A. KASHER, The Jews in Hellenistic and Roman Egypt, Tübingen (TSAJ 7) 1985.

18 Siehe zuletzt B. BAR-KOCHVA, Pseudo-Hecataeus, "On the Jews". Legitimizing the Jewish Diaspora, Berkeley 1996, 48ff. 74ff. 225f. 234–245, und die Angaben dort.

19 L. H. FELDMAN, The Orthodoxy of the Jews in Hellenistic Egypt, JSocS 22, 1960, 215–237; L. BRONNER, Sacrificial Cult among the Exiles in Egypt but not in Babylon – Why?, Dôr la-Dôr 9,2, 1980/81, 61–71; G. GARBINI, Storia e ideologia nell'Israele antico, Brescia 1986, 183–207.

20 G. HÖLBL, Geschichte des Ptolemäerreiches. Politik, Ideologie und religiöse Kultur von Alexander d. Gr. bis zur römischen Eroberung, Darmstadt 2004² (A History of the Ptolemaic Kingdom, London 2000).

21 J. MÉLÈZE-MODRZEJEWSKI, La Septante comme nómos. Comment la Torah est devénue une "loi civique" pour les Juifs d'Égypte, in: Annali di scienze religiose 2, 1997, 143–158; aber vgl. dazu auch D. PIATELLI, Intorno al problema dell'organizza-

der jüdischen Gemeinden hat gerade in Ägypten recht früh Merkmale der späteren Synagogengemeinde aufzuweisen,[22] wobei möglicherweise auch die Organisationsform der Militärkolonien eine gewisse Rolle gespielt haben mag.[23]

Die in der letzten Königszeit aufgebrochene und in den eingangs erwähnten biblischen Passagen bezeugte Problematik der Bedeutung Ägyptens für Judäa ist also während der wechselhaften Geschichte der persischen und frühhellenistischen Periode aktuell geblieben. Man könnte annehmen, daß Gegner einer Auswanderung nach Ägypten oder judäische Kritiker ägyptisch-jüdischer Gruppen diese biblischen Vorgaben zu polemischen Zwecken zu nutzen versucht haben. Nun werden die Ägypter in der erhaltenen frühen jüdischen Literatur tatsächlich in der Regel negativ geschildert, aber es gibt keinen Hinweis darauf, daß das Land als solches in diesem Sinne als verpönt galt, auch wenn im Aristeasbrief schroffe Töne gegen die Ägypter und ihre Religion anklingen[24] und Philo von Alexandrien Ägypten durchwegs als negatives Symbol für das Materielle, Niedrige und Sinnliche anführte.[25] Die negative Einstellung galt im Grunde nur der eingeborenen Bevölkerung, von der man sich als Kolonisten in Analogie zur ‚makedonischen' Oberschicht demonstrativ abhob, was eine besondere Beziehung zur ptolemäischen Herrschaft bedingte, eine Situation, die sich unter der folgenden römischen Herrschaft auf Grund der aufbrechenden Spannungen zwischen ‚Griechen' und Juden schwieriger gestaltete. Zwangsdeportierte und Versklavte hegten hingegen gegenüber der herrschenden Macht begreiflicherweise sicher feindselige Empfindungen. Wie immer sich das alles auswirkte, von einem Niederlassungs- bzw. Rückkehrverbot ist in den erhaltenen Quellen jedenfalls keine Rede, auch die Schriften des Josephus bieten diesbezüglich keinerlei Hinweis. Die Legitimität der Existenz jüdischer Kolonien in Ägypten wurde offenbar in der Zeit des Zweiten Tempels nicht in Frage gestellt. Ein Onias aus der hohepriesterlichen Familie hatte keinerlei Bedenken, um 170 oder eventuell erst um die Mitte des 2. Jahrhunderts v. Chr. Ägypten als Exil zu wählen und dort in einer jüdischen Militärkolonie sogar an einem Tempel kultisch zu amtieren. Selbst der Priesterabkömmling Josephus, der die Tempelgründung in Bell VII,422–432

zione giuridica e del diritto applicabile delle comunità ebraiche viventi in Egitto nel periodo ellenistico-romano, RISG 21, 1968, 309–326.

22   J. G. GRIFFITHS, Egypt and the Rise of the Synagogue, JThSt 38, 1987, 1–15.

23   A. KASHER, First Jewish Military Units in Ptolemaic Egypt, JSJ 9, 1978, 57–67.

24   Vgl. vor allem § 138 und siehe M. A. L. BEAVIS, Anti-Egyptian Polemic in the Letter of Aristeas 130–165 (the High Priest's Discourse), JSJ 18, 1987, 145–151.

25   P. CARNI, Biblical Egypt as a Symbol in Philo's Allegory, Shnaton 5–6, 1982, 197–204.

beschrieb und als Konkurrenzunternehmen gegenüber Jerusalem nicht gut-
hieß, hatte grundsätzlich in dieser Frage keine anderen Bedenken anzu-
melden, erwähnt sogar eine Prophetie des Jesaja, nämlich Jes 19,18f., die
man auf dieses Ereignis bezogen hat.[26] Der Name der Jes 19,18b erwähnten
Stadt wird im Masoretischen Text und in der Septuaginta in bedeutungsmäßig gegensätzlicher Weise wiedergegeben, was wohl nicht bloß auf
zufälliger Buchstabenvertauschung und Fehllesung beruht, sondern auf
einer unterschiedlichen Wertung. Die älteste Form des Namens dürfte 'îr ha-
ḥäräs („Stadt der Sonne") gewesen sein, wie einige griechische Textzeugen
noch nahelegen. Der Masoretische Text will mit dem Namen 'îr ha-häräs
(Stadt der Zerstörung) offensichtlich auf eine Katastrophe anspielen, wie
das Jesaja-Targum dann auch noch deutlich hinzufügt: „die Stadt von Bêt
šämäš (Sonnenhaus; siehe Jer 43,13), die in der Zukunft zerstört werden
soll". Die Septuaginta hingegen setzt mit polis asedek ein hebräisches 'îr ha-
çädäq (Stadt der Gerechtigkeit; vgl. Jes 1,26) voraus, was besser zum positiven Inhalt des Verses paßt, der ganz im Gegensatz zur Drohung in Jer 43,13
steht. Hier scheint eine Kontroverse durch, in der eine Position bereits in
etwa der späteren rabbinischen Einstellung zu Ägypten und zum ägyptischen Judentum entspricht (siehe unten).

Bemerkenswert ist auch, daß die Hasmonäer für ihre Absicherung
gegenüber den Seleukiden lieber auf das noch ferne, aber kontinuierlich
einflußreichere Rom setzten als auf das immer noch mit dem Seleukidenreich um Koile Syria konkurrierende ptolemäische Ägypten. Dort stellten
die jüdischen Militäreinheiten noch am Ende der Periode und während der
frühen römischen Herrschaft einen beachtlichen Faktor dar. Ihr Verhältnis
zu Jerusalem war offensichtlich nicht immer gleichartig gewesen, und
gewiß gab es auch unter den anderen Juden in Ägypten diesbezüglich
divergierende Standpunkte. Angeblich haben auch frühe Pharisäer, die mit
den Oniaden schwerlich viel gemein hatten, unter Alexander Jannaj (103–76
v. Chr.) wegen innenpolitischer Bedrängnis in Ägypten Zuflucht gesucht.[27]
Von einem Rückkehrverbot war damals auch in dieser Richtung offenbar
noch nicht die Rede, und dies wiegt um so schwerer, falls die Nachricht
legendär und somit zeitlich späteren Ursprungs sein sollte.

---

26 So ohne den kritischen Passus Josephus, Ant XIII,62–73, ebenfalls mit Bezugnahme
    auf Jes 19,18f. in § 68.
27 M. J. GELLER, Alexander Jannaeus and the Pharisee Rift, JJS 30, 1979, 202–211.

3.2 Das Königsrecht in der Tempelrolle

Das Thema Ägypten blieb während der ganzen Zeit seit dem Untergang des Reiches Juda noch in einer besonderen Hinsicht aktuell, nämlich im Bereich der politischen Programmatik im Blick auf eine eventuelle neuerliche Königsherrschaft, was ja nicht unbedingt eine Restauration der davidischen Dynastie bedeuten mußte. In der Tempelrolle (11Q19) ist im Rahmen des (hier im Vergleich zu Dt 17 viel umfangreicheren) Königsrechts (Kol. 56,12 – Kol. 60) eine Passage enthalten, die Dt 17,16f. entspricht. Während der Masoretische Text nicht präzis erkennen läßt, worauf das Verbot der Rückführung nach Ägypten eigentlich abzielt, bietet die Fassung in 11Q19 Kol. 56,15f. eine Begründung, die der modernen Vermutung entspricht, daß es sich um eine Rüge von Vorgängen im Zusammenhang mit Ereignissen der späten Königszeit handle: Es geht um königliche Maßnahmen, in deren Verlauf zum Zwecke der Machtentfaltung durch Anhäufung von Kampfrossen Israeliten bzw. Judäer nach Ägypten gehen mußten. Die Tempelrolle bietet über den Masoretischen Text hinaus als Zweckbestimmung der Rückführung nach Ägypten expressis verbis *lmlḥmh* (zum Krieg, für Kriegszwecke):

> *„Nur halte er sich nicht viel <Roß>,*[28] *und er bringe nicht zurück das Volk <nach Ägypten>*[29] *zum Krieg, um <für sich>*[30] *zu mehren Roß und Silber und Gold. [(Leer)] <Habe ich dir>*[31] *doch gesagt: Nicht <sollst du>*[32] *weiterhin zurückkehren auf diesem Wege nochmals."*[33]

Meist wird auch in diesem Fall vorausgesetzt, daß der Masoretische Text des Deuteronomiums etwas wie einen Urtext darstelle und daher die Tempelrolle hier nur einen Zusatz dazu enthalte. Neuerdings wird aber allgemein textgeschichtlich etwas differenzierter geurteilt und mit mehreren parallelen Fassungen des Deuteronomiums gerechnet, wozu noch die Möglichkeit eingeräumt werden muß, daß die in dem uns erhaltenen Buch Deuteronomium enthaltenen Gesetze auch in anderen, teilweise verwandten Sammlungen mehr oder minder vollständig und ähnlich Verwendung gefunden haben. Daß die sachlich deutlichere Tempelrollenfassung dem historischen Hintergrund am Ende der Königszeit entspricht, steht wohl außer Frage, daher kann nicht von vornherein ausgeschlossen werden, daß

---

28 MT: <Rosse>.

29 <*mçrjm*>; MT: *mçrjmh*.

30 <> So auch LXX.

31 MT: <Hat JHWH euch>.

32 MT: <sollt ihr>.

33 J. MAIER, Die Tempelrolle vom Toten Meer und das „Neue Jerusalem", München (UTB 829³) 1997, 240f.

diese deutlichere Fassung mindestens so alt ist wie die mehr vage gehaltene des Masoretischen Textes.

Die Alternative ist die Annahme eines Zusatzes erläuternder oder sogar polemischer Art. Leider lassen die erhaltenen Pešer-Fragmente zu Jes 30–31 in 4Q163, Frg. 21–28, und zu Hos 8,13 in 4Q167 Frg. 15–17 nicht mehr erkennen, ob eine Aktualisierung in einem entsprechenden Sinne stattgefunden hat. Auch 4Q385 Frg. 16 ii, das auf Jeremia Bezug nimmt, sagt nichts aus. Der erhaltene Textbestand dieser Pešarim handelt ebenso wie der von 4Q388A Frg. 1 ii und von 4Q388B aber wohl textgemäß von der Vergangenheit. Dies ist ganz deutlich der Fall in 4Q462, wo es in Frg. 1,13ff. heißt: „Er gab ihn hin (/Sie wurden hingegeben) ein zweites Mal in Ägypten am Ende der Königszeit, und es ... [--] (14) [-- Einwo]hner von Philistäa und Ägypten zu Plünderung und Verheerung ...". Das alles weist darauf hin, daß man die in Frage kommenden biblischen Texte in den Pešarim zwar heilsgeschichtlich verstanden, den betreffenden Topos aber nicht aus seinen historischen Kontexten gelöst und für die Gegenwart aktualisiert hat. Die erhaltenen Textreste weisen eher darauf hin, daß mit Ägypten am Ende der Königszeit zwar sehr negative Erfahrungen verbunden wurden, wie sie in Jes 19 oder 30,1ff. und vor allem in Jer 42–44 zum Ausdruck kommen, aber an ein Niederlassungsverbot zu der Zeit noch niemand gedacht hat.[34]

Falls im Vergleich zum Wortlaut des Masoretischen Textes, zu dem die Septuaginta-Überlieferung keine einschlägige Sinnvariante bietet, die Tempelrollenfassung tatsächlich als verdeutlichende Ergänzung hinzugekommen ist, muß dafür ein triftiger Grund vorhanden gewesen sein, also die Abweisung einer anderen Interpretation – etwa als Beleg für ein Niederlassungsverbot? Wenn Y. Yadin in seinem Kommentar zur Erstedition zu 11Q19 Kol. 56,16 den Passus in ySan XI/29d (Ende) anführte, wo die Niederlassung verboten, der Handel aber erlaubt wird, erscheint dies zwar als Gegenposition, die aber chronologisch und historisch nicht angemessen angesetzt wird. Für ein Niederlassungsverbot, das sich auf den Wortlaut des Masoretischen Textes stützte und daher durch den Zusatz in 11Q19 zu einem Verbot eines Handels für Kriegszwecke verdeutlicht werden sollte, gibt es keinen Beleg aus der vorrabbinischen Literatur. Umgekehrt gibt es einen plausiblen Grund für die Entstehung der Masoretischen Fassung: Sobald Dt 17,16 mit der Exodusthematik verbunden war, und das war bereits in frühnachexilischer Zeit massiv der Fall, paßte die Zuspitzung auf Kriegszwecke nicht mehr.

---

34 In diesem Sinne sind die Bemerkungen z.St. in MAIER, a.a.O. (Anm. 33) 241 nunmehr zu korrigieren.

Jedenfalls stimmt die vollere Fassung in 11Q19 Kol. 56 historisch-sachlich durchaus zu der Situation des Deuteronomiumstextes und muß daher nicht notwendigerweise das Produkt auf eine eingrenzende Deutung zurückgehen.

4. Die rabbinischen Positionen

4.1 Exegetische Tradition und historische Konfrontation

Der Oniastempel war nach seiner Auflassung im Jahr 73 n. Chr. kein aktueller Stein des Anstoßes mehr. In mMen XIII,10 wird sein Kult daher auch nur insofern als untauglich erklärt, als er mit den altisraelitischen *bamôt* (Landheiligtümern) auf eine Stufe gestellt wird. In bMen 109b–110a kommen einige Reminiszenzen zur Gründung hinzu,[35] doch der Tenor bleibt gleich, nur am Ende wird wie im Targum mit *Bêt šämäš* und *Bêt ḥäräs* ein *vaticinium ex eventu* bezüglich der künftigen Zerstörung des Heiligtums verbunden. In tMen XIII,12–15 kommt eine schärfere Tonart zum Zug: Wer am Oniastempel opfert, verfällt der göttlichen *karet*-Strafe.

Von den Targumim enthält Targum Ps.-Jonathan zu Dt 17,16 verdeutlichende Formulierungen eigentümlicher Art und eine Deutung als Drohung:[36] „Doch halte er sich nicht mehr als zwei Rosse, damit nicht seine Großen auf ihnen reiten und groß tun und die Worte der Torah außer Kraft setzen und der Exilierung nach Ägypten schuldig werden". Auch zu Dt 28,68 bezeugt dieses Targum eine eigentümliche Auffassung:[37] „Das Wort des HERRn wird euch nach Ägypten exilieren mit Schiffen durch das Suf-Meer, auf dem Weg, den ihr durchgezogen seid und (von dem) ich euch gesagt habe: ihr sollt ihn nicht wieder <sehen>.[38] Und ihr werdet dort euren Feinden anfangs zu teuren Preisen zum Verkauf angeboten wie Handwerksleute und dann zu billigen Preisen wie Sklaven und Sklavinnen und kommt (soweit) herunter, umsonst versklavt zu werden, doch keiner nimmt (das Angebot) an."

Die Targumim zu Ex 14,13 verdeutlichen *Mçrjm* durchwegs zu „Ägypter". Obschon die palästinischen Targumim, insbesondere Targum Ps.-

---

35 Mit bemerkenswerten Abweichungen in Mose b. Maimons Kommentar zur Mischna von Men XIII,10.

36 Biblia Polyglotta Matritensia. Series iv: Targum Palaestinense in Pentateuchum, vol. V. Deuteronomium, ed. A. Díez Macho, Madrid 1980, 155.

37 Biblia Polyglotta Matritensia (Anm. 36), 245; D. Rieder, Targûm Jônatan ben 'Uzzî'el, Jerusalem 1974, 279.

38 Rieder, a.a.O. (Anm. 37): <zurückkehren>.

Jonathan und ähnlich der Codex Neofiti, paraphrasierend und ergänzend erweitern, wird in keinem Fall ein Verbot der Rückkehr unterstellt. Dieses hatte seinen Sitz im Leben also nicht in erster Linie in der gängigen exegetischen Tradition, sondern in einem anderen Kontext, und zwar offensichtlich in der Polemik gegen das hellenistische Judentum, insbesondere Ägyptens.

Das hellenistische Judentum Ägyptens war angesichts seines zahlenmäßigen Gewichts und seiner geographischen Nähe nach dem palästinischen Debakel im Krieg von 66–70 n. Chr. für die pharisäisch-frührabbinische Richtung die stärkste Konkurrenz im Ringen um die Vormacht im Rahmen der Neuordnung nach der Tempelzerstörung, doch wieder erwiesen sich in Palästina die Bindungen an die babylonische Diaspora als stärker. Der Lauf der Geschichte schien diese Orientierung auch als richtig zu bestätigen, denn mit dem Scheitern der jüdischen Aufstandsbewegung von 115–117 n. Chr. wurde das nordafrikanisch-ägyptische Diasporajudentum ganz empfindlich geschwächt. Die rabbinische Tradition hat davon trotz ihrer starken martyrologischen Schlagseite nur wenig Notiz genommen,[39] und von der ganzen Katastrophe blieb fast nur das Geschehen in Syrien/Palästina in Form von legendären Reminiszenzen an den ‚Krieg des Qitus‘ vage in Erinnerung. Im übrigen wurde das ganze kulturell-literarische Erbe des hellenistischen Judentums ignoriert und unterdrückt, die vorhandenen griechischen Bibelübersetzungen entweder ersetzt oder zumindest nach der eigenen prä-masoretischen Texttradition revidiert, und zwar auch im Sinne der eigenen Auslegungstradition,[40] und die Verwendung von Bibeltextexemplaren hellenistisch-jüdischer Herkunft verpönt.[41] Im Rahmen dieser Abgrenzung und Ausgrenzung kam es unter anderem auch zu den Formulierungen, die ein biblisches Rückkehr- und Niederlassungsverbot im Lande Ägypten voraussetzen. Hatte bereits Jer 42–44 vorhandene Überlieferungen verknüpft, so tat es nun auch die rabbinische Schultradition, nun allerdings mit den voll entwickelten Mitteln der Midraschexegese.

---

39 So beschreiben ySuk V/55a par. tSuk IV,6; bSuk 51b die Schönheit und Organisation der großen Synagoge Alexandriens. Daß Trajan diese Pracht zerstört habe, vermerkt der Jerusalemer Talmud.

40 Siehe dazu G. VELTRI, Eine Tora für den König Talmai. Untersuchungen zum Übersetzungsverständnis in der jüdisch-hellenistischen und rabbinischen Literatur, Tübingen (TSAJ 41) 1993, und die angegebene Literatur dort.

41 J. MAIER, Jüdische Auseinandersetzung mit dem Christentum in der Antike, Darmstadt (WdF 177) 1982, 38f.103f.150f.

4.2 Das Rückkehrverbot

Die entscheidende Passage, die für die weitere Geschichte der Halakah als Grundlage diente, findet sich in den beiden Fassungen des frühen Midrasch zu Exodus, der *Mᵉkîlta'*, und zwar zu Ex 14,13.[42] Dabei wird das Verbot bereits drei biblischen Passagen unterlegt und zuletzt eine dreimalige Verletzung mit anschließender Strafe konstatiert, wobei die dritte Strafe kennzeichnenderweise mit Kaiser Trajan und somit mit dem Scheitern des Diaspora-Aufstandes von 115–117 n. Chr. verbunden wird, eine Tradition, die auch ySuk V,1 f. 55d in etwas anderer Form erhalten ist und an den Namen des Simon bar Jochaj geknüpft wird. Zum Stichwort Trajan folgt hier eine legendäre Episode bezüglich dieses Kaisers und seiner Unterdrückung des Aufstandes.

Diese umfangreiche Passage in der *Mᵉkîlta' dᵉ-R. Jišmaʿᵉel, Bᵉ-šallaḥ* ii, lautet wie folgt:[43] *„Denn wie ihr gesehen habt Ägypten*: An drei Stellen hat der ORT (Gott) Israel verwarnt, nach Ägypten zurückzukehren, denn es heißt (Ex 14,13): *denn wie ihr gesehen habt Ägypten heute, werdet ihr sie nicht wieder sehen auf Weltzeit*; und es lautet (Dt 17,16): *Und JHWH hat euch gesagt: ihr sollt nicht wieder zurückkehren auf diesem Wege*; und es lautet (Dt 28,68): *Und wird dich zurückbringen JHWH nach Ägypten mit Schiffen auf dem Wege, von dem ich dir gesagt habe: du sollst ihn nicht wieder sehen.* An den dreien kehrten sie zurück, und an den dreien sind sie zu Fall gekommen: das erste (Mal) in den Tagen Sanheribs, da es heißt (Jes 31,1): *Wehe denen, die hinabziehen nach Ägypten um Hilfe*; das zweite (Mal) in den Tagen des Jochanan ben Qareach, da es heißt (Jer 42,15): *Und es wird das Schwert, vor dem ihr euch fürchtet, dort sein, es wird euch erreichen im Lande Ägypten, und das Schwert, vor dem ihr euch sorgt, wird dort dicht hinter euch her sein, und dort werdet ihr sterben*; und das dritte (Mal) in den Tagen des <Trgjnws>.[44]" Ähnlich lautet die *Mᵉkîlta' dᵉ-R. Šimʿôn* zur Stelle.[45]

Die Stoßrichtung ist deutlich daran zu erkennen, daß diese Behauptung eines Verbots nicht etwa im Rahmen der exegetischen Traditionen zu Dt 17,16f. ansetzt, sondern an Ex 14,13 geknüpft wurde, das sich als Verhei-

---

42 Innerhalb einer Serie von gleichartigen Interpretationen wird das Verbot auch kurz zu Ex 12,25–28 in *Psḥ'* XII mit Bezug auf Dt 17,16 und Verweis auf Ex 14,13 erwähnt.

43 J. Z. Lauterbach, Mekilta de-Rabbi Ishmael, I, Philadelphia 1949, 213f.; H. S. Horovitz, Mechilta d'Rabbi Ismael, Jerusalem 1970, 95.

44 ◇ Lesarten: *Trgjˈnws, Twrgjnws* etc., verderbte Namensformen für Trajanus.

45 J. N. Epstein – E. Z. Melamed, Mekhilta d'Rabbi Shimʿon b. Jochai, Jerusalem 1955, 56. Vgl. ySuk V,1/55d und für das Anfangsstück auch YalqŠim I, § 233a zu Ex 14,13; Midraš ha-gadôl. Sefär Šᵉmôt, ed. R. Margulies, Jerusalem 1956, 265.

ßung exegetisch gesehen eigentlich gar nicht recht dafür eignete. Entscheidend war eben nicht die Auslegung dieses Verses, sondern der Kontext der an sich polemisch gegen Ägypten ausgerichteten Exodusthematik. In bSuk 51a (vgl. YalqŠim I § 913) wird auf das Stichwort „Wer noch nicht gesehen ..." eine geläufige Schilderung der einstigen Pracht des jüdischen Alexandrien eingeschaltet, hier mit der kuriosen Behauptung, Alexander der Große (so in den meisten Textzeugen anstatt ansonsten Trajan) habe die jüdischen Alexandriner töten lassen. Als Ursache wird genannt: „weil sie das Schriftwort übertreten haben (Dt 17,16): *ihr sollt nicht wieder zurückkehren auf diesem Wege.*"

Das Thema Ägypten ist auch in ySanhedrin X Gegenstand von kontroversen Überlieferungen, also im Rahmen der Aufzählung jener Personen und Personengruppen, die „keinen Anteil an der Kommenden Welt (dem endgültigen Heilszustand) haben". In ySan X,6/29c lautet es: „R. Jochanan sagte: Die Anhängerschaft des Jochanan ben Kareach (Jer 42) – sie haben keinen Anteil an der Kommenden Welt. Was ist der Grund? – *Sie sind von JHWH abtrünnig geworden, denn fremde Kinder haben sie zur Welt gebracht, nun frißt es sie auf, (jeden) Monat ihre Erbanteile auf* (Hos 5,7).[46] Rabbi Le'azar und R. Jehudah: Einer sagte, die sind erst ins Exil abgewandert, als sie Unbeschnittene geworden waren, und der andere sagte, sie sind erst ins Exil abgewandert, als sie Mamzerim (untauglich im Sinne legitimer Nachkommenschaft) geworden waren. Der da ‚Unbeschnittene' gesagt hat, (bezog es) auf Beschneidung und Gebote, der da ‚Mamzerim' gesagt hat, (meinte): von ihren Vätern her." Im folgenden werden die Männer einer zum Götzendienst abgefallenen Stadt (Dt 13,13–19) als solche definiert, die keinen Anteil an der Kommenden Welt haben, woran sich eine Reihe von thematisch einschlägigen Überlieferungen angeschlossen hat, wobei wegen des Wiederaufbauverbots in Dt 13,17 die Rede schließlich auch auf Jericho kommt, das Jos 6,26 von einem Wiederaufbau-Verbot belegt ist. Und dazu heißt es dann zuletzt recht unvermittelt ySan X,8/29d (Ende): „Und desgleichen heißt es (Dt 17,16): *Nicht sollt ihr weiterhin zurückkehren auf diesem Weg nochmals.* – Zur Niederlassung kehrst du nicht zurück, aber du kehrst zurück zu Handel und zu Geschäft und um das Land zu erobern."

Bemerkenswert ist, daß auch hier im Kontext und ebenso (breiter ausgeführt) in bSan 111a–113b die Themen Exodus und Exil verbunden sind, also der alte polemische Hintergrund deutlich erkennbar ist, der hier freilich durch die Verbindung mit dem Motiv der zum Götzendienst abgefallenen Stadt und dem dabei eingeschobenen Motiv vom Fluch über ein wieder-

---

46 Übersetzung nach dem Targum. Die Septuaginta folgte einem anderen Text: „... nun frißt sie auf der Kornrost (*erysibê*, hebr. *ḥasîl*; vgl. Joel 1,4; 2,25), sie und ihre Erbteile".

aufgebautes Jericho noch eine markante Verschärfung erfährt. Allerdings ist in der Parallele im Babylonischen Talmud dieser entscheidende Passus mit dem Zitat Dt 17,16 nicht enthalten; offenbar erschien das Motiv aus mesopotamisch-jüdischer Sicht nicht so relevant. Gleichwohl ist das Verbot der Niederlassung in Ägypten in der rabbinischen Literatur mehrfach zum Ausdruck gebracht worden, und damit war es für die Späteren als autoritative Überlieferung vorgegeben.

5. Mittelalterliche Exegese und Halakah

5.1 Das rabbinische Erbe in früher Bibelauslegung

Die Drohung in Hos 8,13 wurde im Mittelalter in der Regel so verstanden, daß die Israeliten entgegen einem bestehenden Verbot nach Ägypten zurückkehren würden und daß hier eine Deportation als eine dem Vergehen entsprechende Strafmaßnahme angedroht wird.[47]

Der im Hochmittelalter im Jemen redigierte *Midraš ha-gadôl* bietet eine entsprechende Aussage zu Dt 17,16:[48] *„Und er bringe das Volk nicht wieder nach Ägypten*: Wenn er sich Rosse anhäuft, bringt er das Volk zu ihrer Versklavung nach Ägypten, denn in bezug auf Ägypten sagt Er (Ex 5,12): *Und er zerstreute/Und es zerstreute sich das Volk im ganzen Lande Ägypten, um Stoppeln zu sammeln für Häcksel.* Und in bezug auf die Rosse sagt Er (1Kön 5,8): *und die Gerste und das Stroh für die Rosse und für die Gespanne/Wagen-(streitmacht)*. – *Und er bringe das Volk nicht wieder nach Ägypten*: Eine Rückkehr zur Niederlassung. Du sagst, eine Rückkehr zur Niederlassung? Oder nicht etwa für Handel? Wie Er sagt (Ex 14,13): *wie ihr gesehen habt die Ägypter heute* – Eine Rückkehr zur Niederlassung, nicht eine Rückkehr für Handel. Und JHWH hat euch gesagt: *ihr sollt nicht weiterhin* – wo hat Er das gesagt? Da Er gesagt hat (Ex 14,13): *wie ihr gesehen habt die Ägypter heute, werdet ihr nicht wieder ...".*

Zu Dt 28,68 heißt es dementsprechend in diesem Midrasch unter Verwendung der Tradition, die in der Mekilta zu Ex 14,13 belegt ist:[49] *„... und es wird dich zurückbringen JHWH nach Ägypten mit Schiffen auf dem Weg, von dem ...*: An drei Stellen hat der ORT (Gott) Israel verwarnt, nach Ägypten

---

47 Vgl. Abraham b. Meir ibn Ezra z.St.: "daß sie zurückkehren werden nach Ägypten entgegen seinem Wort: ihr sollt nicht wieder zurückkehren auf diesem Weg." David Kimchi verweist im Sinne von MekhY *Be-šallaḥ* ii (zu Ex 14,13) auf Jochanan b. Kareach in Jer 42.
48 S. FISCH, Midraš ha-gadôl, Sefär Deḇarîm, Jerusalem 1972, 401.
49 FISCH, a.a.O., 629f.

zurückzukehren: (Ex 14,13): *denn wie ihr gesehen habt Ägypten heute, werdet ihr sie nicht wieder sehen*; (Dt 17,16): *Und JHWH hat euch gesagt: ihr sollt nicht wieder zurückkehren auf diesem Wege*; (Dt 28,68): *auf dem Wege, von dem ich dir gesagt habe: du sollst ihn nicht wieder sehen.* An den dreien kehrten sie zurück, und an den dreien sind sie gefallen: das erste (Mal) in den Tagen Sanheribs, da es heißt (Jes 31,1): *Wehe denen, die hinabziehen nach Ägypten um Hilfe*; und was wurde über sie gesagt? – (Jes 31,3) *aber Ägypten ist ein Mensch und kein Gott.* Das zweite (Mal) in den Tagen des Jochanan ben Kareach, da es heißt (Jer 42,15): *Und es wird das Schwert, vor dem ihr euch fürchtet, dort sein, es wird euch erreichen.* Und das dritte (Mal) in den Tagen des <Trajanus>. *Und es wird dich zurückbringen JHWH mit Schiffen*: Kann es sein, daß man euch zurückbringt, um Freie zu sein? Die (biblische) Lehre sagt: *und ihr werdet euch dort zum Verkauf anbieten als Sklaven und als Sklavinnen.*"

Im aschkenasischen Bereich schrieb im 11. Jahrhundert Tobia ben Eliezer ein Midraschwerk zum Pentateuch, und da nahm er zu Ex 14,13 die entscheidende Passage aus der rabbinischen Überlieferung wie folgt auf:[50] „An drei Stellen wurde(n die) Israel(iten) verwarnt, nicht nach Ägypten zurückzukehren: *und wie ihr gesehen habt … etc.* (Ex 14,13); *ihr sollt nicht wieder zurückkehren auf diesem Wege* (Dt 17,16); *du wirst/sollst ihn weiterhin nicht wieder sehen* (Dt 28,68). Und an drei Stellen kehrten sie zurück, und an diesen drei Stellen sind sie zu Fall gekommen: Das erste Mal in den Tagen Sanheribs, denn es heißt (Jes 31,1): *Wehe denen, die hinabziehen nach Ägypten um Hilfe*; das zweite Mal in den Tagen des Jochanan ben Kareach, denn es heißt (Jer 42,16): …; und das dritte Mal in den Tagen des *Trgjnws* (Trajan) zur Zeit des Zweiten Tempels (!)." Diese Positionierung in der – haggadischen – Exodus-Thematik entspricht dem oben beschriebenen rabbinischen Befund. Zu Dt 17,16 hatte demgemäß Tobia b. Eliezer nicht dergleichen zu bemerken. Zu Dt 28,68 äußerte er sich, das Verbot voraussetzend, paränetisch:[51] „*Und es wird dich JHWH zurückbringen nach Ägypten mit Schiffen* – Komm und sieh, wie groß die Kraft der Übertretung ist, daß sogar in bezug auf ein Gebot, das der Heilige – gepriesen ist Er! – Israel angesagt hat (Ex 14,13): *werdet/sollt ihr sie nicht wieder sehen auf Weltzeit*, in der Stunde des Zorns was geschrieben steht? – *Und es wird dich zurückbringen JHWH nach Ägypten mit Schiffen.*"

Der maßgeblichste aschkenasische Exeget, Salomo b. Isaak (RŠ"J, gest. 1105), nahm hingegen bemerkenswerterweise zu Ex 14,13 und Dt 17,16 nicht auf das Verbot Bezug und deutete Dt 28,68 auf das Geschehen von Jer

---

50 S. BUBER, Lekach-Tob (Pesikta sutarta) von Rabbi Tobia ben Elieser, II. Sefär Šemôt, Wilna 1884, 85.
51 A.a.O., Sefär Debarîm 49.

42–44. Anders der spätere anonyme Verfasser der nicht genau datierbaren *Da'at zᵉqenîm* zum RŠ"J-Kommentar.[52] Er erläuterte den Satzteil *l' tspw lr'tm* ..., indem er die Defektivschreibung von *tspw* (von *jsp* im Hif'il: fortfahren zu, wiederum tun) benützt, um die Bedeutung ‚hinschwinden' (*sph*) ins Spiel zu bringen, und verweist unter Bezug auf bSukkah 51b präzis darauf, daß Alexandrien zerstört worden sei, „weil sie *l' tsjpw* (‚ihr sollt nicht wiederum ...') übertreten haben. Danach erwähnte er, daß das Verbot nicht einem vorübergehenden Aufenthalt gilt, möglicherweise aber auch nur dem König, damit er nicht seine Beauftragten für den Pferdekauf in Ägypten wohnen lasse. Das dürfte aber bereits auf die Rechtsauffassung des Mose b. Maimon (siehe unten) Bezug nehmen.

5.2 Das Verbot im Kontext des jüdischen Rechts

Die späteren Autoren halakischer Literatur standen in der Frage Ägyptens nun vor der Tatsache, daß die rabbinische Tradition ein biblisches Verbot der Niederlassung in Ägypten ausweist. Der maßgeblichste Rechtsgelehrte des jüdischen Mittelalters, Mose b. Maimon (Maimonides, gest. 1204; abgekürzt: RMB"M), dessen Familie das islamische Spanien hatte verlassen müssen, lebte in Kairo, schrieb seine halakischen Werke dort und wirkte für die Juden Ägyptens auch im praktischen Rechtswesen als überragende gesetzliche Autorität. Die Existenz eines in der rabbinischen Überlieferung festgeschriebenen biblischen Verbots einer Rückkehr nach Ägypten war daher für ihn persönlich wie für die ägyptische Judenheit von einiger Brisanz, jedenfalls unter der Voraussetzung, daß das Verbot speziell Ägypten als Land gelten sollte, wie es in der rabbinischen Literatur polemisch nahegelegt wird.

Maimonides hat die biblischen Gesetze in seinem *Sefär ha-miçwôt* (Buch der Gebote) im Sinne einer bereits festen Tradition in Gebote und Verbote geteilt aufgelistet und erläutert. Für das traditionelle halakische Verständnis dieser biblischen Passagen sind diese Erläuterungen weit gewichtiger als die gängigen mittelalterlichen Bibelkommentare, die ja nicht in erster Linie als gesetzliches Genre konzipiert worden sind. Die biblischen Gesetze wurden dann von Maimonides in dieser Interpretation auch in sein Kompendium des gesamten jüdischen Rechts (der Schriftlichen wie Mündlichen Torah) aufgenommen, im *Mišneh Tôrah*.

Schon im ersten Text aus dem *Buch der Gebote* wird sofort deutlich, daß Maimonides das Verbot nicht ans Land, sondern an dessen götzendieneri-

---

52 Zitiert in: J. GLISS (Hg.), Sefär Tôsafôt ha-šalem, VII, Jerusalem 1997/98, 191.

sche Bewohner binden wollte. Damit wird von vornherein die Aktualität des Verbots relativiert, denn für den Fall, daß die Landesbevölkerung nicht mehr aus Götzendienern besteht, entfällt so ja der Verbotsgrund.

(a) RMB"M, *Sefär ha-miçwôt*, Verbot 46:[53] „Das Gebot 46 besteht im Verbot, daß wir verwarnt wurden, auf Weltzeit nicht im Lande Ägyptens[54] zu wohnen, damit wir nicht von ihnen ihre Leugnung lernen und damit wir uns nicht entsprechend ihren nach Ansicht der Torah schlechten Bräuchen verhalten.[55] Und das ist es, was Er – Er werde erhoben! – sagt (Dt 17,16): *Nicht sollt ihr weiterhin auf diesem Weg zurückkehren nochmal*. Das Verbot in dieser Sache wurde bereits dreimal wiederholt. Man hat gesagt (Mekilta de-R. Jishmael *Be-šallach* ii; ySuk V,1): An drei Stellen hat die Torah Israel verwarnt, nicht nach Ägypten zurückzukehren, und an drei (Gelegenheiten) sind sie nach Ägypten zurückgekehrt, und bei (allen) drei Gelegenheiten wurden sie bestraft. Die drei Stellen sind: Eine davon ist die, die wir erwähnt haben; die zweite ist, da Er sagt (Dt 28,68): *auf dem Wege, von dem ich dir gesagt habe, daß du ihn nicht wieder sehen sollst*; und die dritte, da Er sagt (Ex 14,13): *denn wie ihr Ägypten heute gesehen habt, sollt ihr sie nicht wieder sehen auf Weltzeit*. Und obschon der einfache Wortsinn des Ausdrucks eine Erzählung betrifft, ist uns eine Tradition überkommen, wonach es sich um ein Verbot handelt. Und es wurde auch bereits am Ende der Gemara von Sukkah dargelegt, daß auch Alexandria zum Land gehört, in dem zu wohnen es verboten ist, und vom Meer bei Alexandria mißt man ein Landstück von 400 Parsangen Länge und 400 Parsangen Breite (vgl. bPes 94a), und das ist das ganze Land Ägypten, in dem zu wohnen verboten ist. Es ist aber erlaubt, es für Handelsgeschäfte zu durchziehen oder um in ein anderes Land zu gelangen. Ausdrücklich sagte man im (Talmud) Jeruschalmi (ySan X,8 Ende):[56] *Zur Niederlassung kehrst du nicht zurück, aber du kehrst zurück zu Handel und zu Geschäft und zur Eroberung des Landes.*"

(b) *Mišneh Tôrah, Hilkôt M^elakîm* V,7: „Es ist erlaubt, sich in der ganzen Welt niederzulassen, außer im Lande Ägypten: Vom großen Meer bis zum Westen sind 400 Parsangen mal 400 Parsangen weit gegenüber dem Lande Kusch (im Süden) und gegenüber der Wüste – alles – für die Niederlassung verboten. An drei Stellen verwarnt die Torah, nicht nach Ägypten zurückzu-

---

53   Y. QAFIH, Sefer Hamitzvot by Moshe ben Maimon (Maimonides), Jerusalem 1971, 205.

54   Als Patronym kollektiv verstanden und folglich mit Plural konstruiert.

55   Vgl. Sifra *ḥrj mwt* XIII, wo Ägypter und Kanaanäer als gleichermaßen verderbt eingestuft werden. Ferner *Sedär Elijahu Rabba* VIII (VII), ed. M. FRIEDMANN, S. 40.

56   Dort aber (siehe oben) im Kontext des Themas der zum Götzendienst abgefallenen Stadt (Dt 13,13–19) und zuletzt im Blick auf das verbotenerweise wiedererbaute Jericho.

kehren, denn es heißt: *ihr sollt nicht wieder zurückkehren auf diesem Weg* (Dt 17,16); *du sollst es nicht wieder sehen* (Dt 28,68); *Ihr sollt sie nicht wieder sehen auf Weltzeit* (Ex 14,13). Und Alexandria ist im Verbot inbegriffen."

(c) *Mišneh Tôrah, Hilkôt M^elakîm* V,8: „Erlaubt ist, ins Land (Ägypten) zurückzukehren zum Zwecke des Handels und des Geschäfts und um andere Länder zu erobern (ySan X,8). Es ist nur verboten, sich dort (für ständig) niederzulassen, doch wird man wegen einer Übertretung dieses Verbots nicht straffällig. Die Einreise ist ja erlaubt, und wenn man gedenkt, zu bleiben und sich niederzulassen, so ist das kein Vergehen. Ich bin auch der Meinung, daß für den Fall, da ein König Israels das Land Ägypten auf Grund eines Gerichtsbeschlusses erobert, es (zur Niederlassung) erlaubt wird. Sie (die Torah) verwarnte nur davor, als Einzelne dorthin zurückzukehren oder darin zu wohnen, während es in der Hand von Götzendienern ist, weil deren Taten verdorbener sind als die aller (anderen) Länder, denn es heißt (Lev 18,3): *Wie die Taten des Landes Ägypten.*"

(d) Somit hängt die Aktualität des Verbotes einer Niederlassung im Lande Ägypten davon ab, ob die Landesbewohner als Götzendiener einzustufen sind und daher eine Gefahr für unter ihnen siedelnde Juden darstellen. Zur Zeit des Maimonides lebten in Ägypten vorwiegend Moslems und außer der jüdischen auch eine christliche Minderheit, beide als *ahl ad-dimmah* der islamischen Herrschaft als Vertragschützlinge unterworfen. Entscheidend war also der Sachverhalt einer islamischen Herrschaft über das Land Ägypten. Denn Moslems gelten nach jüdischem Recht als Bekenner eines reinen Monotheismus und werden daher nicht als Götzendiener eingestuft, auch wenn Mohammeds Anspruch einer abschließenden und damit die Torah überholenden Offenbarung schroff zurückgewiesen wird.

Damit war für Maimonides und die Vertreter seiner Rechtsauffassung das Verbot einer Niederlassung in Ägypten umständebedingt nicht aktuell. Gewiß folgten nicht alle dieser Meinung, manche kannten diese Argumentation auch nicht. Das Gewicht der Realität hat letzten Endes auch hier die Praxis bestimmt und das Verbot im Sinne der Regelung durch Maimonides auf die Ebene einer historisch bedingten Regelung von einst gerückt bzw. zu einem nur mehr für theoretische Erwägungen interessanten Gegenstand gemacht.

5.3 Nachmaimonidische Exegeten

Umsichtige Exegeten haben die ungewöhnlichen Voraussetzungen dieses Verbots und die Schwierigkeiten der damit verbundenen Textdeutungen sehr wohl gesehen und zu erklären versucht. Der spanisch-jüdische Exeget und Maimonides-Verehrer Mose b. Nachman (gest. 1270) schrieb zu Ex 14,13:[57] *„Denn wie ihr Ägypten*[58] *heute gesehen habt, werdet/sollt ihr sie nicht wieder sehen:* Nach Ansicht unserer Meister ist dies ein Verbot für <ihre>[59] Generationen. Wenn es sich so verhält, besagt die Schriftstelle: Fürchtet euch nicht und haltet Stand auf eurem Platze und seht die Rettung des H(ERRN) aus ihrer Hand, die er euch heute zuteil werden lassen wird, und kehrt nicht zurück zu <ihrer>[60] Knechtschaft, denn (bezüglich) Ägypten, das ihr heute gesehen habt, befiehlt euch der H(eilige –)ge(priesen ist) E(r), daß ihr weiterhin nicht in eurem Willen habt, sie wieder zu sehen von nun an und bis auf Weltzeit; und daß es ein Gebot für Israel durch den Mund des Mose sein soll und nicht oben ausgesprochen worden ist.[61] Also gilt, daß *und er bringe nicht wieder das Volk nach Ägypten, um Ross(e) zu mehren* (Dt 17,16) und *hat JHWH doch zu euch gesagt: Nicht sollt ihr weiterhin zurückkehren auf diesem Wege nochmals,* tatsächlich ein (biblisches) Gebot und nicht eine Verheißung darstellt."

Zu Dt 17,16 problematisierte derselbe Autor zunächst die Bedeutung des Textes, indem er die Erklärung des RŠ"J anführt:[62] *„er halte sich nicht viel Rosse* – ausgenommen für seine Streitwagen, daß er das Volk nicht zurückbringe nach Ägypten, denn die Rosse kommen von dort her, wie es heißt (1Kön 10,29): … So die Aussage des RSh"J. – Aber mir bereitete diesbezüglich ein Problem, daß man im Jerušalmi am Ende von Sanhedrin gesagt hat: *zur Niederlassung kehrst du nicht (dahin) zurück, aber du kehrst zurück zum Handel, zum Geschäft und zur Eroberung des Landes.* Wenn nun der König hinschickt und kauft von dort die Pferde und die Wagen, so ist das Handel und das wäre erlaubt. Aber richtig ist wohl, daß der Schrifttext ermahnt hat, er soll sich nicht viel Rosse anschaffen, und zwar selbst aus seinem eigenen Land und aus dem Land Shin'ar oder auf dem Weg erlaubten Handels, damit er nicht auf seine Streitwagen vertraut, weil sie so zahlreich, und auf seine Reiter, weil sie so sehr mächtig sind (vgl. Jes 31,1). Und danach ermahnte er den König, daß er das Volk nicht nach Ägypten zurückbringe, damit sie sich dort für ihn als seine Diener und als sein(e) Volk(sangehöri-

---

57 Сн. B. Chavel, Pêrûšê ha-Tôrah le-Rabbenû Mošäh bän Naḥman (RMB"N), I, Jerusalem 1959, 350.

58 Siehe oben S. 255 Anm. 7.

59 <> zum Teil in Handschriften.

60 Lesart: <eurer>.

61 Auch andere Kommentatoren notierten, daß kein eigentliches Gesetz vorliegt. Vgl. Сн. B. Chavel, Ḥizzᵉqûnî, Jerusalem 1981, zu Dt 17,16 (S. 561): „Ein (Torah-)Gebot war das und ist nicht aufgeschrieben worden."

62 Сн. B. Chavel, Pêrûšê ha-Tôrah le-Rabbenû Moshäh ben Nachman (RMB"N), II, Jerusalem 1959, 424.

gen) als Handelsbeamte in den Streitwagenstädten niederlassen, um viele Pferde anzuschaffen, wie es in bezug auf Salomo heißt ... (es folgt Weiteres über Salomo). Und nach dem Verfahren unserer Meister ist *denn wie ihr gesehen habt Ägypten heute, werdet/sollt ihr sie nicht wieder sehen auf Weltzeit* ein Gebot, und Mose hat es proklamiert: *Nicht sollt ihr weiterhin zurückkehren auf diesem Wege nochmal,* und das habe ich bereits erklärt. Der Sinn dieses Gebotes ist: Weil die Ägypter und die Kanaanäer schlecht waren und gegenüber dem H(ERR)n überaus sündig, wie es heißt (Lev 18,3): *gemäß der Praxis des Landes Ägypten, in dem ihr gewohnt habt, und gemäß der Praxis des Landes Kanaan etc.,* wollte der H(ERR) nicht, daß (die) Israel(iten) von ihren Praktiken lernen, und rottete unter den Kanaanäern jede Seele aus und sprach (Ex 23,33): *sie sollen in deinem Lande nicht wohnen,* und er ermahnte in bezug auf Ägypten, daß wir uns in ihrem Land nicht niederlassen."

Der spanisch-jüdische Kabbalist und Exeget Bachja ben Ascher (ebenfalls 13. Jahrhundert) drückte sich in seinem Pentateuchkommentar hinsichtlich der situationsgebundenen Gültigkeit des Verbots am eindeutigsten aus, fügte allerdings noch eine andere, einschränkende Rechtsauffassung hinzu:[63] „... *Nicht sollt ihr weiterhin auf diesem Wege nochmal zurückkehren:* Das ist ein Gebot für die Stunde,[64] damit (die) Israel(iten) nicht ihre Praktiken lernen und gemäß dem, daß die Ägypter bekannt und berüchtigt waren in bezug auf jegliche Abscheulichkeit, entsprechend der Aussage der Schriftstelle (Lev 18,3): *entsprechend der Praxis des Landes Ägypten etc.* Daher hat Er ihnen so befohlen, doch ist es kein Gebot für (alle) Generationen, so daß die Schrift das Wohnen im Lande Ägypten auf Weltzeit verbieten würde, denn wir sehen zahlreiche Gemeinden, die dort seit langem bis auf diesen Tag wohnen. Wäre es ein Gebot für (alle) Generationen, hätte(n die) Israel(iten) als Heilige das nicht leicht genommen, um dort zu wohnen, und falls sie es hätten tun wollen, hätten die (rabbinischen) Weisen in jeder Generation sie gehindert. Es gibt aber solche, die annehmen, daß es sich um ein Gebot für (alle) Generationen handelte, die Schrift aber das Wohnen in Ägypten nur jenen verboten hat, die aus dem Lande Israel dorthin kommen, und desgleichen weise der Ausdruck *auf diesem Wege* darauf hin, daß ihr, wenn ihr geht und die Richtung eures Gesichts auf das Land zielt, nicht daraus nach Ägypten zurückkehren sollt."

Isaak b. Jehudah Abrabanel (gest. 1508), der am Ende des Mittelalters die exegetischen Traditionen gesichtet und ausgewertet hat, nahm von der Debatte um das Gebot nicht einmal mehr Notiz. Seine Erklärung zu Dt 17,16

---

63 CH. B. CHAVEL, Rabbenû Bachja, Bê`ûr `al ha-Tôrah. III. Ba-midbar. Dᵉbarîm, Jerusalem 1974, 355 zu Dt 17,16.

64 Ein zeit- bzw. situationsgebundenes Gebot.

bezieht sich ganz auf Verhalten und Pflichten des Königs und auf die daraus sich ergebenden Konsequenzen.[65] Daher begriff er auch das Zitat in Dt 28,68 als eine verwirkte Verheißung und nahm mit keinem Wort Bezug auf das rabbinische Verbot.[66]

---

65 Isaak Abrabanel, Pêrûsh ῾al ha-Tôrah. Debarîm, Jerusalem 1963/64, 169.
66 A.a.O., 169.

§ 11

Verleumder oder Verräter

Zur jüdischen Auslegungsgeschichte von Lev 19,16

1. Vorbemerkung

Hebräisch *rakîl* ist im Alten Testament sechsmal belegt, und zwar stets mit *hlk* (gehen), bezeichnet also eine mit Ortswechsel verbundene Tätigkeit. Davon werden Jer 6,28 (LXX: *poreuómenoi skoliós*) und Jer 9,3 (LXX: *doliós poreúetai*) in der Regel mit „(herumgehen und) verleumden" übersetzt. Andere Stellen verknüpfen den Ausdruck aber mit Geheimnisverrat. So Prov 11,13: *Wer als rakîl herumgeht, deckt ein Geheimnis auf (mᵉgalläh sôd), wer aber verläßlichen Sinnes ist, hält eine Sache bedeckt (mᵉkasseh dabar)*; oder Prov 20,19: *Ein Geheimnis deckt auf, wer rakîl geht, und gib dich nicht ab mit einem, der nicht den Mund halten kann.* Die griechischen Übersetzer haben Prov 11,13 jedenfalls auf eine Verletzung der Amtsverschwiegenheit gedeutet. Das Targum übersetzte den ersten Teil des Satzes mit *dglj rz' 'kl qrç'*, also mit einer idiomatischen Redewendung für ‚verleumden', die wörtlich nicht sinnvoll übersetzt werden kann, aber im Mittelalter (siehe unten) von RŠ"J konkret gedeutet worden ist.

2. Lev 19,16 und seine frühjüdischen Deutungen

Lo' telek rakîl bᵉ-'ammᵉka: Du sollst nicht (als) rakîl herumgehen in deinem/gegen dein Volk. Die Septuaginta übersetzten mit „*ou poreúsê dolô* in deinem Volk". In 11Q19 (Tempelrolle) LXIV,6–13 begegnet nun eine ähnlich lautende Formulierung in einem sehr eindeutigen Sachzusammenhang. Der Passus beginnt mit *kj jhjh 'jš rkjl b'mw wmšljm 't 'mw lgwj nkr ....:* „Wenn ein Mann *rakîl* wird gegen sein Volk und er liefert sein Volk aus an ein fremdes Volk und fügt seinem Volk Unheil zu, dann sollt ihr ihn aufhängen an das Holz, so daß er stirbt; auf Grund von zwei Zeugen und auf Grund von drei Zeugen soll er getötet werden, und zwar hängen sie ihn an das Holz."

Nun ist *hlk rkjl* im Sinne von ‚verleumden' in Qumrantexten vertreten, etwa 1QS VII,15–16, so daß nicht derselbe Sachverhalt vorliegt. Der Mann, der in der Tempelrolle *rakîl* ist bzw. wird, übt nicht üble Nachrede, sondern er begeht Verrat, wie die Fortsetzung des Satzes zeigt. Die Bezeichnung *rkjl* gilt also einem, der Informationen (wie der Händler eine Ware) weitergibt, mit *hlk*/gehen verbunden bezeichnet es die Verbreitung übler Nachrede. Der Herausgeber Y. Yadin nahm (wie die Mehrzahl der Kommentatoren) an, daß 11Q19 das Verbot Lev 19,16 in eine Erweiterung von Dt 21,22. 23 eingebaut hat.[1] Doch ist dieses Verfahren, das ‚biblischen' Text so selbstverständlich voraussetzt, vielleicht doch zu biblizistisch und ignoriert die Möglichkeit älterer gesetzlicher Traditionen, die bei der Redaktion des Deuteronomiums oder anderer Pentateuchteile ausgeschieden worden oder einfach unberücksichtigt geblieben sind. Der Wortlaut von 11Q19 klingt in sich logisch, klar und konkret: Es geht um Verrat am Volk, an der Allgemeinheit, zugunsten nichtjüdischer Feinde. Das ist nicht dasselbe wie in der (viel späteren) Mosaikfußboden-Inschrift von En Gedi, die Y. Yadin (a.a.O.) angeführt hat, wo es um Verleumdung bzw. Denunziation von ‚Gefährten' (Einzelpersonen) bei Nichtjuden geht. Es entspricht eher dem Sachverhalt von Lev 19,16 und kommt dem nahe, was später in der Regel unter *malšînîm, dîlatôrîm* und *môsᵉrîm* verstanden worden ist. Zwar sind die Geschädigten meist Individuen, aber es konnten auch jüdische Gemeinden bzw. jüdische Gemeinschaften ganzer Herrschaftsgebiete sein. Nun handelt aber auch die En-Gedi-Inschrift von einem Geheimnisverrat, der in diesem Fall ein wirtschaftliches Geheimnis der Gemeinschaft von En Gedi betrifft.

Bemerkenswert ist nun ein weiterer Qumrantext, der diesen rechtlichen Aspekt bestätigt. In einer Liste von Vergehen wird 4Q270 Frg. 2 i–ii in Zeile 9 aufgeführt: „der das Geheimnis (*raz*) seines Volkes den Nichtjuden (*gwᵓjm*) aufdeckt oder s[ein Volk] verflucht".[2]

Lev 19,16 steht hingegen in einem Kontext, in dem auf Gerichtsverfahren Bezug genommen wird, das *rakîl*-Gehen betrifft hier daher einen anderen, nämlich einen juridischen Sachverhalt. Es geht in erster Linie um Zeugen-

---

1 Y. YADIN, The Temple Scroll, II, Jerusalem 1983, 288f.
2 J. M. BAUMGARTEN, The Laws of the Damascus Document Between Bible and Mishnah, in: DERS. – G. E. CHAZON – A. PINNICK (eds.), The Damascus Document. A Centennial of Discovery. Proceedings of the Third International Symposium of the Orion Center, 4–8 February 1998, Leiden (StTDJ 34) 2000, 17–26. Hier wird S. 18–20 auch auf die Formulierung von Lev 19,16 und der En-Gedi-Inschrift verwiesen. Siehe auch A. SHEMESH, Scriptural Interpretations in the Damascus Document Scrolls, in: ebd., 151–175, der S. 173f. das Gesetz in 11Q64,6–8 als Kombination von Lev 19,16 und Dt 21,22 verstehen möchte. Beides kann zutreffen, sofern es damals keine anderen Quellen des Rechts gab.

aussagen, die im Fall von Kapitalverbrechen ja Todesfolge haben können, und in diesem Sinne ist die in der Auslegungsgeschichte festzustellende Verbindung von Verleumdung und Mord völlig begreiflich und auch keine Metapher.

Philo Alexandrinus bezeugt in *De specialibus legibus* IV,183 eine speziellere juridische Auffassung von Lev 19,16: Es handle sich um ein Verbot, das sich vornehmlich an Amtsträger *(árchontes)* richtet, also Amtsverschwiegenheit betrifft. Das entspricht der Auffassung, die in der Septuaginta zu Prov 11,13 anklingt: *anêr diglóssos apokalyptei boulàs en synedriô*. Flavius Josephus hingegen scheint in *Contra Apionem* II,164 nur allgemein an Verleumdung gedacht zu haben, doch geht er hier nicht konkreter auf die Stelle ein.

3. Rabbinische Deutungen

Das Targum Onkelos übersetzte *hlk rkjl* mit *'kl qûrçîn* ebenfalls als verleumden, üble Nachrede üben, aber paraphrasierend erweiternd, und das Targum Ps.-Jonatan flocht zu Lev 19,16 einen Vergleich mit dem tötenden Schwert ein. Die Verwendungen des Verses in einzelnen rabbinischen Texten zeigt aber, daß man gelegentlich einen ganz konkreten Sitz im Leben im Auge hatte und daher an ein entsprechend exakt definierbares Vergehen gedacht hat.

In mSan III,7 wird festgesetzt, daß nach einem Schuldspruch durch ein Richterkollegium kein Richter sagen soll: „meine Kollegen haben schuldig gesprochen, ich war für Freispruch, aber was kann ich tun, da meine Kollegen in der Mehrheit sind? Dazu heißt es (Lev 19,16): *Du sollst nicht rakîl gehen gegen dein/in deinem Volk*, und es heißt (Prov 11,13): *Wer rakîl geht, deckt ein Geheimnis auf.*" Hier geht es wie bei Philo um Verletzung der Amtsverschwiegenheit, und zwar zum Nachteil von Richterkollegen.

Das Thema wird in ySan III,11/21d nur kurz berührt, in bSan 29a–31a jedoch weiter ausgeführt: Jeder Richter, auch der überstimmte, hat den Urteilsspruch mitzuverantworten und darf sich daher nicht im nachhinein vom Urteilsspruch distanzieren. Im Babli werden außer Prov 11,13 noch Prov 25,14.18 und 1Kön 21,10 angeführt, so daß das Motiv der Verleumdung im Sinne falscher Zeugenaussage einbezogen wird, und WaR XXIV,5 zu Lev 19,2–18 bezieht sich folgerichtig gar auf Ex 20,13: *Du sollst nicht morden!* Das Motiv wird hier noch über bSan 30a und bSan 31a (mit Zitierung von Prov 11,13) weiterverfolgt: Die Verletzung der Amtsverschwiegenheit wird als Verrat gewertet.

Schon Sifre Dt § 89 verband Lev 19,16 mit der gerichtlichen Thematik, indem Dt 13,9f. und Lev 19,18 (Racheverbot) angeführt werden. Wahrheitsgemäße Zeugenaussagen und ordnungsgemäße Verfahrensweisen sind somit das Gegenteil dessen, was mit „*rakîl* gehen" erreicht wird. Auch in Sifra *qᵉdô-šîm* IV wird die Urteilsberatung als Geheimsache bezeichnet, worüber der einzelne Richter nicht „wie ein Hausierer herumgehend" ausplaudern darf. Der *Seder Elijahu Rabba* XVIII (S. 105f.) zu Thr 2,19 führt Prov 25,8f. an, und zwar a) Prov 25,8 mit Ex 22,20 und Lev 19,16; b) Cant 3,6; Prov 18,1; Ps 73,9; c) Lev 19,16; Ex 6,27; Num 26,9. Hier taucht die Frage der politischen Führungsautorität auf, „*rakîl* gehen" gewinnt dabei eine entsprechend politische Qualität. Auch bKet 46a mit Dt 23,10 gehört in diesen Horizont.

4. RŠ"J und Abraham ibn Ezra

Der aschkenasische Bibel- und Talmudkommentator Salomo b. Isaak (RŠ"J, gest. 1104) erklärt angesichts dieser Vielfalt der Deutungen in der Tradition den Passus Lev 19,16 wie folgt:[3] „*l' tlk rkjl*: Ich sage, es heißt so, weil alle Streitstifter und üble Nachrede Übenden in den Häusern ihrer Gefährten herumgehen, um auszukundschaften, was sie an Bösem erblicken oder was sie an Bösem hören könnten, um es am Markt zu erzählen; sie heißen *hwlkj rkjl*, das sind herumgehende Auskundschafter, *espiement* in der fremden Umgangssprache. Und ein Beweis dafür ist, daß wir keine Ausspäherei finden, die nicht mit einem Ausdruck des Gehens beschrieben würde, (zum Beispiel) *Die herumgehen mit Kupfer und Eisen* (Jer 6,28). Aber bei anderen Ausdrücken für Böses wird nichts von ‚Gehen' geschrieben (zum Beispiel Ps 101,5): *Der im Verborgenen seinen Gefährten verleumdet,* (oder Ps 120,2) *Trugzunge,* (oder Ps 12,4) *Zunge, die groß redet.* Daher sage ich, daß der Ausdruck *rkjl* herumgehen und ausspionieren bedeutet; denn das K wechselt mit dem G, weil alle Laute gleicher Artikulationsbasis wechseln können, B mit P, und G mit K, und Q und N mit L, und Z mit Ç, etwa (2Sam 19,28): *und er ging herum gegen deinen Knecht,* das heißt: Er ging mit Heimtücke herum, um über mich Böses zu sagen. Und desgleichen (Ps 15,3): *der nicht herumgeht, mit seiner Zunge verleumdet.* Desgleichen geht der Händler herum und schaut aus nach jeglicher Ware, und jeder Verkäufer von Duftstoffen, um damit die Frauen auszustatten. Deshalb, weil er ständig in den Ortschaften herumgeht, wird er *rkjl* genannt, ein Ausdruck für *rwgl* (einer, der auskundschaftet). Und sein Targum lautet: *l'jkwl qwrjç* (wörtlich: ‚Stücke essen', wie (Dan 3,8): *und sie verleumdeten die Juden;* oder (bBer 58a): *er verleumdete ihn bei Hofe.* Ich meine, daß es ihre Art war, im Haus derer, die ihre Worte entgegennahmen, einen Imbiß zu essen, und

---

3   Text: CH. B. CHAVEL, Pêrûš RŠ"J 'al ha-Tôrah, I, Jerusalem 1988, 373.

zwar als abschließende Bestätigung dessen, daß ihre Worte verläßlich seien und daß er sie auf Wahrheit fußen lasse. Dieser Imbiß wurde ‚Stücke Essen' genannt, ein Ausdruck wie (Prov 6,13): *er winkte mit den Augen,* denn es ist die Gewohnheit aller Verleumder, mit den Augen zu zwinkern und (so) die Aussage ihrer Verleumdung anzudeuten, damit die anderen Zuhörer es nicht verstehen."[4]

RŠ"J hat also die Aspekte Geheimnisverrat, Ausspähung und Verleumdung miteinander verbunden. Er ging aber weder auf die Verletzung des Amtsgeheimnisses noch auf den Fall der Denunziation bei Nichtjuden oder gar auf Volksverrat ein, sondern moralisierte auf eine verallgemeinernde Weise, was zu seinen Bemerkungen zu den oben genannten Talmudstellen, welche Gerichtsverfahren und somit konkretere Sachverhalte betreffen, in einer gewissen Spannung steht. Das entspricht aber einer Tendenz, halakische Fragen nicht im Rahmen eines normalen Torahkommentars zu behandeln. Ein Halakist mußte hingegen das Vergehen, auf das sich das Verbot Lev 19,16 richtet, auf eindeutige Weise definieren und sich daher auf eine der in der talmudischen Tradition erwähnten Deutungsmöglichkeiten festlegen.

Abraham b. Meir ibn Ezra hat in seinem Pentateuchkommentar zu Lev 19,16 den Vergleich mit *rôkel*/Wanderhändler aufgegriffen und dabei die Bedeutung der Denunziation unterlegt und auch noch dadurch unterstrichen, daß er auch Lev 19,16b mit in den Sachverhalt der Denunziation einbezog:

„*rkjl*: wie *rkwltk,* deine Handelsware (Ez 26,12), von allem '*bqt rwkl,* Gewürzstaub des Wanderhändlers (Cant 3,6), und die Bedeutung ist: ha-*malšîn,* der Denunziant. Denn der Wanderhändler wechselt den Ort, kauft vom einen und verkauft an den andern, und der *rakîl* deckt auf/verrät dem einen, was er vom anderen gehört hat. …" *Und du sollst nicht aufstehen gegen das Leben deines Nächsten* (Lev 19,16b): daß einer sich nicht mit Blutmenschen verbinde. Es ist ja bekannt, wie viele wegen der *malšînût*/Verräterei ermordet und umgebracht worden sind, und der Edomiter Doeg (1Sam 21,8; 22,9.18f.) ist dafür Zeuge."[5] Doeg hat denunziert, verraten, was er bei David gehört hat, und dieser Aspekt führt vom Tatbestand der Verleumdung zu dem der

---

4   RŠ"J im Kommentar zu Dan 3,8: „Man übersetzte (ins Aramäische): *l' tjkwl qwrçîn,* und ich sage, daß es so der Brauch der *rakîl*-Gehenden war, einen Bissen (*leĝîmah*) zu essen an dem Ort, wo sie denunzierten (*malšînîn*), und das als ein Zeichen der Bestätigung des Sachverhalts; denn von da ab müssen sie ihre Worte klarlegen und die üble Nachrede, die sie geübt haben, bewahrheiten. Diese Mahlzeit wird ‚Stückeessen' genannt, ein Ausdruck wie ‚mit seinen Augen zwinkern' (Prov 6,13), was ein Merkmal der üblen Nachrede ist."

5   A. WEISER, 'Ibn 'Ezra'. Pêrûšê ha-tôrah. III. Wajjiqra'. Ba-midbar. Debarîm, Jerusalem 1976, 2.

malšînût, der Denunziation,[6] die mit dem weitgehend identischen Delikt der *mesîrût* (Verrat, Auslieferung von Kenntnissen, Sachen und Personen) als ein schwerwiegendes Verbrechen empfunden und entsprechend geahndet wurde.[7]

5. Mose ben Maimon

Der große Gesetzesgelehrte Mose ben Maimon (gest 1204 in Ägypten) hat das Verbot in Lev 19,16a mehrmals behandelt und dabei in seinem *Sefär hamiçwôt* unter Verbote Nr. 301 das Vergehen des *rakîl* als üble Nachrede erklärt, Lev 19,16b hingegen als eigenes Verbot (Nr. 297) der fahrlässigen Gefährdung der Sicherheit des Lebens bzw. der zögerlichen Rettung eines Nächsten davon abgesetzt.

Verbot Nr. 297: „Das Gebot zweihundertsiebenundneunzig besteht in dem Verbot, mit dem wir davor gewarnt worden sind, die Rettung eines Menschen aus Israel zu vermeiden, wenn wir ihn in Lebensgefahr und im Untergang gesehen haben und wir imstande wären, ihn zu retten. Etwa wenn einer im Wasser untergeht und wir sehr wohl schwimmen können und ihn retten könnten, oder wenn ein Nichtjude ihn umzubringen trachtet und wir imstande sind, ihm diese Absicht aus seinem Herzen zu entfernen oder den drohenden Schaden von jenem abzuwenden. Das Verbot soll auch ermahnen, nicht zu zögern, ihn zu retten, indem es heißt (Lev 19,16b): *Du sollst nicht aufstehen gegen das Leben deines Nächsten.* Man hat auch schon gesagt, daß dieses Verbot auch den Leugner eines zu bezeugenden Sachverhalts einschließt, indem dieser sieht, daß Besitz seines Bruders verlorengeht und er ihn restituieren könnte, wenn er die Wahrheit aussagt. Ferner wurde in dieser Sache bereits gesagt, daß er, wenn er nicht aussagt, seine Schuld zu tragen habe (Lev 8,1). Die Formulierung des (Midrasch) Sifra lautet: *mnjjn ʾm jwdʿ t lw ʾdwt ʾjn ʾth ršʾj lštwq ʾljh. Tlmwd lwm*r (Lev 1,16b): *Du sollst nicht aufstehen gegen das Leben deines Nächsten.* „Und woher? Wenn du siehst, daß er im Wasser untergeht, Räuber über ihn kommen, ihn ein Unglück befällt, bist du verpflichtet, ihn zu retten. Die biblische Lehre sagt (Lev 16,19b): *Du sollst nicht aufstehen gegen das Leben deines Nächsten.* Die Einzelbestimmungen dieses Gebots sind bereits im Traktat Sanhedrin erläutert worden."[8]

---

6   EJ 8, 1971, 1364–1373.

7   E. Z. BEN-ZIMRAH, ʿal ha-malšînût we-ha-mesîrah be-mišnatam šäl ḥakmê ʾAškenaz, in: Çarefat we-ʾîṭalijah bitqûfat ha-riʾšônîm. Sefär ha-jôbel le-J. D. Soloveitchik, New York 1983/84, 732–785.

8   Y. QAFIH, Rabbênû Mošäh bän Majmôn. Sefär ha-miçwôt. Maqôr we-targûm, Jerusalem 1971, 319f.

Verbot Nr. 301: „Das Gebot dreihundertundeins besteht im Verbot, *lᵉ-raggel*, zu spionieren. Das ist es, was er – er werde erhoben! – gesagt hat mit (Lev 19,16a): *Du sollst nicht rakîl gehen in deinem Volk.* Man hat gesagt (Sifra a.a.O.): Rede nicht sanft zum einen und hart zum andern. Eine andere Überlieferung: Sei nicht wie ein Wanderhändler, irreführende Worte sprechend und weiterziehend. Und überhaupt handelt es sich um das Verbot der üblen Nachrede."[9]

In seinem Kodex *Mišneh Tôrah*, in den *Hilkôt Deʿôt* VII,1–2 formulierte er hingegen so, daß das Vergehen gegen das Verbot Nr. 301 (Lev 19,16a) nicht einfach nur ein Individuum betrifft: „Wer seinen Nächsten ausspioniert, übertritt ein Verbot, denn es heißt (Lev 19,16a): *Du sollst nicht rakîl gehen in deinem Volk.* Selbst wenn man keinen wegen dieses Verbots züchtigt, handelt es sich um ein großes Vergehen, und es verursacht die Tötung vieler Menschen aus Israel. Daher wurde dem beigefügt (Lev 19,16b): *Und du sollst nicht aufstehen gegen das Leben deines Nächsten.* Geh hin und lerne, was dem Edomiter Doeg widerfahren ist." VII,2: „Welcher ist ein *rakîl*? Derjenige, der Dinge behauptet und vom einen zum andern geht und sagt: So und so hat xy gesagt."

Als Verleumdung bzw. Rufschädigung begegnet dieses Vergehen in den *Hilkôt Naʿᵃrah bᵉtûlah* III,1, im Fall der Verleumdung einer Jungfrau (Dt 22,13–19): „Wer über eine Tochter Israels einen schlechten Ruf verbreitet und es stellt sich als Lüge heraus, wird bestraft/gegeißelt, denn es heißt: (Dt 22,18): *und man züchtige ihn.* Und das diesbezügliche Verbot stammt aus (Lev 19,16a): *Du sollst nicht rakîl gehen in deinem Volk. ...*"

In den Hilkôt Sanhedrin XXII,7 nahm Maimonides Bezug auf den Inhalt von mSan III,7 und schrieb: „Es ist einem von den Richtern, wenn er aus dem Gerichtshof hinausgeht, verboten zu sagen: ‚Ich bin es, der für Freispruch gestimmt hat, oder für schuldig gestimmt hat, aber meine Kollegen waren nicht meiner Meinung. Doch was sollte ich machen, da sie mir gegenüber in der Mehrzahl waren.' Wenn einer so geredet hat, fällt er unter die Kategorie dessen, der *rakîl* geht, ein Geheimnis aufdeckt. Ein Exempel betreffend einen Gelehrtenschüler, der nach 22 Jahren Worte ausgeplaudert hat, die im *Bêt midraš* (Lehrhaus) gesprochen worden waren und den ein Gericht aus dem *Bêt midraš* ausschloß und über den man verlautbarte: ‚Dieser ist einer, der ein Geheimnis aufdeckt!'". Hier kommt also das Motiv der Verschwiegenheitspflicht ins Spiel. Im Kommentar zur Mischna äußerte er sich zur Stelle so: Es soll im Interesse des Ansehens des Gerichts nicht bekannt werden, welcher Richter wie abgestimmt hat. „Daher sagte man zu jemanden von ihnen, der das Geheimnis aufdeckt und bekanntmacht, wer

---

9 A.a.O., 322.

für Freispruch war und wer für schuldig plädierte, einer, der *rakîl* geht, und einer, der ein Geheimnis aufdeckt."

Der Jurist Maimonides fand in dem Verstoß gegen Lev 19,16a sowohl Verleumdung bzw. üble Nachrede als auch gezielte Informationsbeschaffung mit der Absicht der Weitergabe, also Verrat mit eingeschlossen. Den Begriff *malšîn(ût)* verwendete er dabei allerdings nicht,[10] doch kommt der Tatbestand in gewissen Grenzen dem nahe, was mit dem *môser* bzw. mit *m͏ᵉsîrût* verbunden wird. Der *môser* ist jemand, der nicht bloß denunziert, also sein Wissen verräterisch weitergibt, er liefert zugleich damit einen Israeliten oder das Gut eines Israeliten an Nichtjuden aus. Dieses Delikt wird äußerst scharf beurteilt, so bei Maimonides in *Mišneh Tôrah, Hilkôt ḥôbel û-mazzîq* VIII: „(VIII,10) Es ist erlaubt, den *môser* an jedem Ort zu töten, sogar heutzutage, da man keine Todesurteile vollstreckt, und zwar ist es erlaubt, ihn zu töten, bevor er ausliefert. Sagt er: Schau, ,ich werde jemanden als Person oder etwas von seinem Besitz ausliefern', und sei es auch nur ein wenig, so hat er sich selber der Tötung preisgegeben. Doch verwarnt man ihn zuvor und sagt zu ihm: ,Liefere nicht aus!' Wenn er sich anmaßt zu sagen: ,Nein, ich werde ihn/es ausliefern!', dann ist es ein Gebot, ihn zu töten, und jeder, der ihn vorsorglich tötet, geht frei aus."

„(VIII,11) Hat der *môser* durchgeführt, was er sich vorgenommen hat, und tatsächlich ausgeliefert, dann scheint es mir verboten, ihn zu töten. Nur einer, von dem angenommen werden muß, ausliefern zu wollen, ist zu töten, damit er nicht andere ausliefert. Und es ist allezeit übliche Praxis in allen Städten des Westens (Nordafrika, Spanien),[11] die *môserîm* zu töten, die verdächtig sind, Besitz aus Israel auszuliefern, und die (überführten) *môserîm* an Nichtjuden auszuliefern, um sie gemäß ihrer Freveltat zu töten, zu schlagen oder einzukerkern. Desgleichen gilt für jeden, der die Gemeinschaft bedrängt und sie betrübt: Es ist erlaubt, sie in die Hand von Nichtjuden auszuliefern. Es ist aber verboten, den Besitz des Ausgelieferten zu vernichten, auch wenn es erlaubt ist, ihn leiblich zugrunde zu richten; denn sein Besitz gebührt seinen Erben."

---

10 Eine Ausnahme bildet im Mischna-Kommentar die Erklärung zu mBer II,1, wo das Erwidern eines Grußes während des Torahlesens/der Gebetsrezitation wegen der (schuldigen) Ehrerbietung als erlaubt gilt. Zusätzlich auch wegen Furcht, „wegen einem, vor dem man sich fürchtet, wie vor einem Erpresser oder einem *malšîn*."

11 Siehe auch S. ALBECK, Jesôdôt mišṭar ha-q͏ᵉhîllôt bi-S͏ᵉfarad ʿad ha-RM"H (1180–1240), Zion 25, 1959/60, 85–121 = H. H. BEN-SASSON (ed.), Ha-qehîllah ha-jehûdît bîmê ha-bênajîm, Jerusalem 1976, 66–106 (91f.).

§ 12

Israel und ‚Edom' in den Ausdeutungen zu Dt 2,1–8

1. Einführung

1.1 Der biblische Kontext

Nach Num 20,14ff. haben die Edomiter den in das Land Kanaan ziehenden Israeliten den Durchzug durch ihr Gebiet nicht gestattet, so daß diese den weiten Umweg über das Ostjordanland machen mußten:

(Num 20,14) *Da sandte Mose Boten von Kadesch aus zum König Edoms: So sprach dein Bruder Israel: Du weißt um all die Beschwernis, die uns betroffen hat,* (20,15) *da unsere Väter nach Ägypten hinabgezogen sind und wir lange Zeit in Ägypten blieben und die Ägypter uns und unseren Vätern Böses antaten.* (20,16) *Da schrien wir zum HERRn, und er hörte unsere Stimme, sandte einen Engel, und der führte uns aus Ägypten heraus, und nun sind wir hier in Kadesch, einer Stadt am Rande deines Gebietes.* (20,17) *Wir möchten durch dein Land ziehen, wir wollen nicht durch Felder und nicht durch Weingärten ziehen und auch nicht Brunnenwasser trinken; wir werden die Königsstraße dahinziehen und weder zur Rechten noch zur Linken davon abbiegen, bis wir dein Gebiet durchzogen haben. – Da sprach Edom zu ihm: Du wirst nicht bei mir durchziehen, andernfalls ziehe ich dir mit dem Schwert entgegen!* (20,19) *Da sagten die Israeliten zu ihm: Wir wollen (nur) auf der Straße hinaufziehen, und wenn wir dein Wasser trinken, ich und meine Herden, so zahle ich seinen Preis, es bedeutet nichts weiteres: ich möchte nur hindurchgehen.* (20,20) *Er aber sprach: Du wirst nicht hindurchziehen! Und Edom zog ihm mit schwerer Mannschaft und mit starker Hand entgegen.* (20,21) *So weigerte sich Edom, Israel durch sein Gebiet hindurchziehen zu lassen, und Israel zog von ihm weg.* (20,22) *Und sie brachen von Kadesch auf, und so kamen die Israeliten, die ganze Gemeinde, an den Berg Hor. ...(Aarons Tod).* (21,1) *Da hörte der Kanaaniter, der König von Arad, der im Südland weilte, daß Israel auf dem Weg der ʾAtarim herankam, führte gegen (die) Israel(iten) Krieg und nahm von ihnen etliche gefangen. ... (Gelübde und Sieg Israels, Bannvollstreckung an den Besiegten).* (21,4) *Da zogen sie vom Berg Hor weiter in Richtung Schilfmeer, um das Land Edom zu umgehen.* ... (Ungeduld des Volkes als Folge des Umweges; Strafe durch Schlangenplage; weiter nach Moab).

Die Episode spiegelt schon einen recht negativen Eindruck vom Nachbarn Edom.[1] Edom wird zwar als ‚Bruder' Israels bezeichnet, wie es der genealogischen Zuordnung Gen 25,29ff. entspricht, aber die spürbare Betonung des Wortes bringt auch einen speziellen Anspruch zum Ausdruck, und dieser Anspruch wird in der Tradition erwählungstheologisch-heilsgeschichtlich überhöht. Das Motiv vom jüngeren, aber eigentlich vorrangigen Bruder[2] wird nämlich historiosophisch-typologisch auf das Verhältnis zwischen ‚Jakob' bzw. ‚Israel' und ‚Esau'/‚Edom'/Rom übertragen; es erwies sich an dieser biblischen Aussage als besonders gewichtig, daß ‚Israel' nur einen Bruder hat, nämlich ‚Edom', zunächst im geographisch-demographisch wörtlichen Sinne, auf den Nachbarn im Süden bezogen, dann auf die herrschende Weltmacht Rom bezogen. Dementsprechend massiv hat sich diese Thematik auch in der jüdischen Traditionsliteratur und Exegese niedergeschlagen.[3]

In den antiken palästinischen Torah-Lesezyklen begann mit Num 20,14 ein eigener *Sedär*, was immer ein besonderes auslegungsgeschichtliches Gewicht des betreffenden ersten Textabschnittes andeutet; das gleiche gilt auch für Dt 2,1 (bzw. 2ff.). Vom Inhalt dieser Torah-Perikopen her lag die Auswahl von Prophetenperikopen (der Haftarot) mit auslegungsgeschichtlich gleichrangiger Bedeutung nahe. Bezeugt sind in der Tat Ob 1ff. für Gen 32,3ff. sowie für Num 20,14ff., und Ob 21 dient als eschatologischer Kontra-

---

1   Siehe dazu W. Oswald, Die Revision des Edombildes in Numeri XX 14–21, VT 50, 2000, 218–232. Er sieht in Num 20,14ff. einen Zusatz, der die positive Einschätzung Edoms von Dt 23,8 korrigieren soll.

2   R. Syrén, The Forsaken Firstborn: A Study of a Recurrent Motif in the Patriarchal Narratives, Sheffield (JSOT.S 133) 1993; F. E. Greenspahn, When Brothers Dwell Together: The Preeminence of the Younger Siblings in the Hebrew Bible, New York – Oxford 1994.

3   G. D. Cohen, Esau as Symbol in Early Medieval Thought, in: A. Altmann (ed.), Jewish Medieval and Renaissance Studies, Cambridge/Mass. 1967, 19–48; A. Butterweck, Jakobs Ringkampf am Jabbok. Gen. 32,4ff. in der jüdischen Tradition bis zum Frühmittelalter, Frankfurt/M. (JudUm 3) 1981; M. Hadas-Lebel, Jacob et Esaü, ou Israël et Rome dans le Talmud et le Midrash, RHR 201, 1984, 369–392; Dies., Jérusalem contre Rome, Paris 1990; F. Avemarie, Esaus Hände, Jakobs Stimme. Edom als Sinnbild Roms in der frühen rabbinischen Literatur, in: R. Feldmeier – U. Heckel (Hg.), Die Heiden. Juden, Christen und das Problem des Fremden, Tübingen 1994 (WUNT 70), 177–210; S. Stern, Jewish Identity in Early Rabbinic Writings, Leiden 1994, 178ff.; H. Freedman, Jacob and Esau: Their Struggle in the Second Century, JBQ 23, 1995, 107–115; P. Terbuyken, Rom in der rabbinischen Hermeneutik: Die Kompositionstechnik von j'Abodah Zarah 1,2 und Cant. Rabbah I,35/42, JAC 39, 1996, 116–127.

punkt zu Dt 2,1–8.[4] Man wählte also zu allen drei einschlägigen Pentateuch-
perikopen Haftarot aus dem wohl grimmigsten anti-edomitischen Text der
hebräischen Bibel.

Eine Zuspitzung dieses Verhältnisses ergab sich dann noch durch den
Umstand, daß in Ex 17,8ff. als erste feindliche Macht, die nach dem Exodus
den Israeliten begegnete, Amalek auftritt, der in Gen 36,12.22 als Esau-Enkel
figuriert und in der traditionellen jüdischen Geschichtsbetrachtung bis auf
die Gegenwart herauf als Repräsentant der jeweils aktuellen, feindseligsten
Manifestation der israelfeindlichen Weltmacht gewertet wurde.[5] Amalek
wurde auf Grund von Gen 36,12.22 als Sohn des Eliphaz und somit als
Esau-Enkel gesehen, Eliphaz selbst wurde über seinen Sohn Zepho mit der
Gründung Roms verbunden.[6] In der Folge dieser Deutungen konnte man
Amalekiter sowohl für das Gebiet des Landes Kanaan und seiner Umgebung,
im Westen (Rom) und sodann auch noch im Osten annehmen, denn der
Bösewicht Haman im Perserreich wird nach dem Buch Ester als Agagiter
und somit als Amalekiter (Num 24,7; 1 Sam 15; Est 3,1; 8,3.5; 9,24)
betrachtet. Dazu ist auch Ex 17,8–16 als Leseperikope zum Purim-Fest
(mMeg III,6) zu beachten. Amalek wird Num 13,29; 14,25.43–45 als Haupt-
ursache für die verhinderte Landnahme von Süden her angeführt und in
der Auslegungstradition teilweise (siehe unten) mit dem „Kanaanäer" von
Num 21,1–3 identifiziert. Er wird einerseits als göttliches Strafwerkzeug, als
„Geißel Israels" bezeichnet, andrerseits wird in den Vorschriften von Dt
25,17–19 die ständige Erinnerung (nicht Vergessen) an sein Verhalten, seine
physische Ausrottung (vgl. Ex 17,14–16) und das Auslöschen jedes Anden-
kens an ihn als eine Gebotsverpflichtung festgeschrieben, weshalb man hier
später zwei positive (Sich erinnern und Bekämpfen) und ein negatives
Gebot (Nicht vergessen) herausgelesen hat. Die Überzeugung, daß man
gegen Esau auf Grund einer göttlichen Anordnung nicht kämpfen dürfe,
wurde also in dem Maß relativiert, als man Amalek, dessen Ausrottung
ausdrücklich geboten ist, mit Esau identifizierte. Soweit dies geschah, ging

---

4   Dazu siehe (mit weiteren Literaturhinweisen) J. MAIER, Schriftlesung in jüdischer
     Tradition, in: F. AGNAR (Hg.), Streit am Tisch des Wortes? Zur Deutung und Bedeu-
     tung des Alten Testaments und seiner Verwendung in der Liturgie, St. Ottilien
     1997, 505–559.
5   Siehe dazu in diesem Band: „Amalek in the Writings of Josephus" (siehe oben
     S. 219–236).
6   Der älteste Beleg stammt aus dem Midrasch Jᵉlammᵉdenû, siehe J. MANN, The Bible
     as Read and Preached in the Old Synagogue, I, New York 1971², 327, wo das
     „andere Land" von Gen 36,6 als Rom identifiziert wird. Diese Auslegung kam über
     christliche Vermittlung auch zu islamischen Autoren. Ausführlich verarbeitet
     erscheint das Motiv in Kap. 2, von da aus kam es auch in den Sefär ha-Jašar. Siehe
     D. FLUSSER (ed.), Sefär Jôsîppôn, Jerusalem, I, 1978, 10ff.; dazu II, 1980, 22–24.134ff.

der Spielraum zwischen Gegenwart und eschatologischer Vernichtung des
‚Vierten Reiches' wieder verloren, den man durch die Ausdeutungen von
Dt 2,1–8 gewonnen hatte, und das geschichtstheologisch-politische Dilemma
war wieder in vollem Umfang akut. Dt 2,1–8 bezieht sich auf die Situation
von Num 20,14ff. und weist daher in seiner Auslegungsgeschichte auch die
entsprechende Symbolik auf.

1.2 Von Edom zu Rom

Für die Ausbildung dieser Geschichtsschau mit ihren beiden heilsgeschichtlichen Eckdaten, dem Verhalten Edoms gegenüber den Israeliten nach dem
Exodus bzw. vor der Landnahme einerseits und dem Eschaton andrerseits,
spielte zunächst die erfahrene Geschichte in Judah/Judäa im Verhältnis zum
historischen Edom als Nachbarvolk im Süden eine maßgebliche Rolle. Diese
Nachbarschaft ist, wie bereits erwähnt, schon früh im Sinne geläufiger
genealogischer Geschichtsdeutung auch als Verwandtschaft mit Israel insgesamt verstanden worden, und zwar als eine ausgesprochen enge: Esau,
der in Gen 36 als der Ahnherr bzw. Repräsentant von Edom bezeichnet
wird[7] und dabei auch die dortige Urbevölkerung beigefügt bekommt, die
auf *Se'ir* zurückgeführt wurde, ist nach Gen 25,19ff. der ältere Zwillingsbruder Jakobs und steht so – mit Isaak und Rebekka als Eltern – zu den
Jakob-Nachkommen in einem engeren Verwandtschaftsverhältnis als etwa
Ismael zu seinem Halbbruder Isaak. Die Rivalität der Zwillinge um das
Erstgeburtsprivileg und somit um den Vorrang signalisiert also einerseits
die besondere Nähe und Zuordnung, andrerseits die außergewöhnliche
Intensität der Konkurrenz um den Anspruch auf den Vorrang.

Welche historischen Erfahrungen am Anfang zu dieser einzigartigen
Konstruktion Anlaß gaben, ist mangels ausreichender Quellen nur mehr teilweise rekonstruierbar, doch haben die neueren archäologischen Forschungen
das Bild vom südlichen Nachbarn Judas etwas deutlicher werden lassen.[8] In
der Zeit des Zweiten Tempels ergab es sich dann jedenfalls, daß man in
Judah/Jerusalem unter ‚Edom' geradezu den Erzfeind schlechthin verstand,
den man sogar mit der Zerstörung des Ersten Tempels in Verbindung
brachte (vgl. vor allem 3Esra 4,45).[9] Die Rivalität blieb also akut und

---

7   G. HOCKVELD-MEIJER, Esau: Salvation in Disguise. Genesis 36: A Hidden Polemic
     between Teacher and the Prophets about Edom's Role in Post-Exilic Israel through
     Leitwort Names, Kampen 1996.
8   J. R. BARTLETT, Edom and the Edomites, Sheffield 1989.
9   B. DICOU, Jakob en Esau, Israël en Edom, Voorburg 1990; DERS., Edom. Israel's
     Brother and Antagonist. Obadiah and the Other Oracles against Edom, and the

demgemäß auch das entsprechende genealogische Schema. In der frühhellenistischen Periode kam es zu einem wechselhaften, an die internen und
zugleich außenpolitischen Orientierungen und Kontroversen in Judäa
gebundenen Verhältnis. Einerseits stellte sich teilweise ein gemeinsames
antiseleukidisches Interesse ein, andrerseits blieb die Rivalität akut, und
unter Johannes Hyrkan wurde 135 v. Chr. die Konkurrenz mit Gewalt
endgültig zugunsten Judäas entschieden.[10] Freilich um den Preis, daß maßgebliche judaisierte edomitische Familien im nun größeren Rahmen ihren
Einfluß ausübten, vor allem die Familie des Antipater. Die dezidierte Rom-
treue dieser Familie, durch den Vasallenkönig Herodes (40 bzw. 37–4 v. Chr.)
besonders eindrucksvoll demonstriert, hat möglicherweise wesentlich zur
weiteren, negativen Entwicklung der vielleicht schon unter den Makkabäern einsetzenden Edom-Rom-Symbolik beigetragen.

,Esau'/,Edom' war nämlich unter dem Vorzeichen des eschatologisierten
deuteronomistischen Geschichtsbildes zum heilsgeschichtlichen Widerpart
,Jakob'/,Israels' schlechthin stilisiert worden, was die Loslösung von der
historisch-geographischen Größe Edoms bzw. die Übertragbarkeit der heilsgeschichtlichen Funktion als des Hauptwiderparts auf eine dieser Funktion
aktueller entsprechende politische Größe erleichtert hat. Wann diese Edom-
Typologie auf das Römische Weltreich übertragen wurde, ist nicht mehr
genau feststellbar, doch spielten offenbar mehrere Faktoren eine Rolle, so
auch die Adaptierung des Vier-Reiche-Schemas an die jeweilige neue
Situation.[11] Konkret war wohl die in der Makkabäerzeit vollzogene und mit
positiven Hoffnungen verbundene politisch-diplomatische Annäherung
Judäas an Rom ein entscheidender Ansatz.[12] Dem geläufigen genealogischen Deutungsverfahren gemäß mußte für die neu aufgetauchte römische
Weltmacht ein angemessener Platz gefunden werden. Das Verhältnis Israels

---

Jacob-Esau Stories in Genesis 25–36, Sheffield 1994; C. R. MATHEWS, Defending
Zion. Edom's Desolation and Jacob's Restauration (Isaiah 34–35) in Context,
Berlin/New York (BZAW 236) 1995; B. HARTBERGER, „An den Wassern von
Babylon …". Ps 137 auf dem Hintergrund von Jer 51, der biblischen Edom-
traditionen und babylonischer Originalquellen, Frankfurt/M. (BBB 63) 1986.

10 A. KASHER, Jews, Idumaeans, and Ancient Arabs. Relations of the Jews in Eretz-
    Israel with the Nations of the Frontier and the Desert during the Hellenistic and
    Roman Era (332 BCE–70 CE), Tübingen (TSAJ 18) 1988.

11 M. HADAS-LEBEL, Rome «Quatrième empire» et le symbole du porc, in: A. CAQUOT
    etc. (eds.), Hellenica et Judaica. Hommage à V. Nikiprowetzky, Leuven – Paris
    1986, 297–312.

12 PH. S. ALEXANDER, The Evil Empire. The Qumran eschatological war cycle and the
    origins of Jewish opposition to Rome, in: S. M. PAUL etc. (eds.), Emanuel. Studies in
    the Hebrew Bible, Septuagint and Dead Sea Scrolls in honor of Emanuel Tov,
    Leiden 2003, 17–31.

zum Jafetiten Jawan, dem man das Alexanderreich und dessen Nachfolge-
staaten zugeteilt hatte, hatte sich aber angesichts der Ereignisse unter Antiochus IV. Epiphanes trotz der günstigen (aber auch anders interpretierten)
Formulierung in Gen 9,27 und trotz der positiven Einschätzung Alexanders
des Großen selbst als unheilsträchtig erwiesen, daher lag es an sich nahe,
das befreundete Rom, das im Konflikt mit Jawan projudäische Partei war,
genealogisch näher an Israel anzubinden. Dadurch konnte Rom aber auch
in Zukunft nicht mehr unter Jawan subsumiert werden, obwohl die Gleichsetzung der Römer mit *Kittîm*, das ansonsten (so auch bei Flavius Josephus)
gern auf Zypern bezogen wurde und zunächst auch für das Seleukidenreich
Verwendung gefunden hatte, offensichtlich öfters vorgekommen ist. Für
diese Identifizierung war aber wohl kaum die genealogische Deutung
maßgeblich, eher ist ein Ausdruck für Seleukiden mit der entsprechenden
antiseleukidischen Polemik einfach auf den chronologisch nächstfolgenden
Angreifer übertragen worden, was man dann im Rahmen tatsächlicher
genealogischer Überlegungen aber nicht so einzuordnen vermochte. Die
Lösung dieses ererbten Problems bestand darin, daß man später die Stellen,
an denen die jafetitischen *Kittîm* mit Römern gleichgesetzt waren, auf eine
engere ethnische Größe in Italien bezog. Was die Einordnung Roms in die
Völkertafel von Gen 10 betrifft, haben aber sowohl Flavius Josephus als
auch die Rabbinen eine explizite genealogische Zuordnung vermieden,
obwohl sie eigentlich durch die Esau-Jakob-Typologie vorgegeben war[13]
und das universale Schema von Gen 10 eine Berücksichtigung Roms
erfordert hätte.[14] Beide scheuten aber davor zurück, ihre Einschätzung und
Einordnung Roms anhand von Gen 10 expressis verbis zu bekennen.

Politisch war die Gleichsetzung Roms mit ‚Esau'/‚Edom' anfangs
unproblematisch, weil Esau sich ja gemäß Gen 33 aus Jakobs Gebiet nach
Seir zurückgezogen hatte und es in der Tat im 2. Jahrhundert v. Chr. noch
so scheinen konnte, als bliebe Rom eine ferne, wenn auch einflußreiche
Macht. Das änderte sich mit dem Eingreifen des Pompeius in Syrien in die
hasmonäischen Thronwirren, mit der Eroberung Jerusalems 63 v. Chr. und
mit der Zuordnung Judäas zum bereits römischen Syrien. Von da an stand
die negative Symbolik des ‚großen Bruders' für eine aktualisierende Deutung

---

13 Josephus allerdings vermied es, die Einordnung Roms unter „Esau" expressis
    verbis zu vollziehen, setzte sie aber offensichtlich voraus. Zu den apologetischen
    Beweggründen für dieses Verfahren siehe L. H. FELDMAN, Josephus' Portrait of
    Jacob, JQR 79, 1988/89, 101–151; P. SPILSBURY, Flavius Josephus on the Rise and Fall
    of the Roman Empire, JThSt 54, 2003, 1–24.
14 Zur Orientierung über die neuere Diskussion siehe in diesem Band das Kapitel:
    „Zur ethnographisch-geographischen Überlieferung über Jafetiten (Gen 10,2–4) im
    frühen Judentum" (siehe oben S. 139–175).

zu Gebote, und sie dürfte auch im 1. Jahrhundert n. Chr. bereits wahrgenommen worden sein.[15] Die christliche Tradition hat diese Sicht jedenfalls
aufgegriffen und innerhalb ihrer Geschichtsdeutung weiterentwickelt.[16]
Flavius Josephus läßt mit seiner Art der Behandlung bzw. Nichtberück-
sichtigung des Esau/Jakob-Stoffes jedenfalls durchaus erkennen, daß hier
ein ähnlich heikles Thema vorlag wie im Fall der Geschichtsdeutung im
Sinn der vier Weltreiche Daniels.[17] Und seine Behandlung der Amalek-Figur
läßt erkennen, wie brisant für ihn das Thema war, denn er versetzte in
seinen *Antiquitates Iudaicae* das biblische Amalek in Gebiete jenseits der
Grenzen des römischen Reiches.[18]

Philo von Alexandrien hatte die Esau-Figur in reichem Maß moralisch
negativ ausgedeutet, er verkörpert das Irdische, den Materialisten, den sitt-
lich Schlechten, der seinen Leidenschaften frönt. Was dies historiosophisch
auf das Politische übertragen heißt, wird anhand des 4. *Buches Esra* deutlich.
Dieses setzt nämlich die Deutung auf das Römische Weltreich 6,7ff. expressis
verbis voraus,[19] und zwar als ganz selbstverständlich und mit einer helle-
nistisch-jüdisch geprägten Zwei-Äonen-Vorstellung verbunden. Damit wird
die politische Geschichte transzendiert, weil es sich letztlich um die Gegenüberstellung von Diesseits und Jenseits handelt. ‚Esau' versinnbildlicht im
Anschluß an die Geburtsszene Gen 25,26 die ‚Ferse' (das Ende) des ersten
Äons, Jakob die ‚Hand' (den Anfang) des zweiten Äons, die beiden stehen
somit nicht nur in einem politischen Rivalitätsverhältnis, sondern signa-
lisieren zugleich absolut gegensätzliche weltanschauliche Orientierungen.

Das Bewußtsein, letzten Endes trotz eventuell augenfälliger Unter-
legenheit die richtige weltanschauliche Orientierung zu repräsentieren, hat
in diesem Zusammenhang schon relativ früh eine Rolle gespielt; jedenfalls
empfiehlt das *Testament des Gad* 7,4, auf den – freilich durch schlechte Mittel
erworbenen – Reichtum Esaus nicht eifersüchtig zu sein und auf das Ende
zu harren, das der Herr bestimmt hat. Dieser Rat, nicht zu eifern bzw. nicht
eifersüchtig zu sein, taucht später noch öfter auf, vor allem im Zusammenhang mit Ausdeutungen bestimmter Verse in Ps 37,[20] und diese Linie trifft
sich mit Tendenzen, die der Weltmacht ‚Edom' gewissermaßen das irdische

15 ALEXANDER, a.a.O. (Anm. 12), 17–31.
16 M. LABAHN (Hg.), Zwischen den Reichen: Neues Testament und Römische
    Herrschaft, Tübingen 2002.
17 SPILSBURY, a.a.O. (Anm. 13).
18 Siehe in diesem Band: "Amalek in the Writings of Josephus" (siehe oben
    S. 219–236).
19 In 3,16 wird die Typologie im Sinne von Mal 1,12f. eingeführt.
20 Siehe in diesem Band den Beitrag „Auslegungsgeschichtliche Beobachtungen zu Ps
    37,1.7.8" (siehe unten S. 391–404).

Terrain – vorläufig – überlassen wollen, und zwar insbesondere anhand der Ausdeutung von Gen 32–33 und Dt 2,1–8.

1.3 Rabbinische Rahmenbedingungen

Wie immer diese Prozesse vor 70 n. Chr. im einzelnen vor sich gegangen sein mögen, das rabbinische Judentum hat jedenfalls von früh an die Patriarchengeschichten weitgehend unter dem Vorzeichen des Gegensatzes zwischen Israel und seinen politischen Hauptwidersachern gelesen und gedeutet.[21] Esau, der Jäger (Gen 25,27), der „durch das Schwert lebt" (Gen 27,40), wird als ‚Edom' auch durch das Wildschwein von Ps 80,14 symbolisiert,[22] während die östlichen Mächte durch Ismael als „Wildesel" (Gen 16,12) und Bogenschütze (Gen 21,20) vertreten werden. Und ebenso selbstverständlich verband man damit die Aktualisierung des Vierreiche-Schemas in dem Sinne, daß Edom/Rom als viertes Weltreich figuriert, das fallen muß, bevor die Herrschaft Gottes, repräsentiert durch den davidischen Gesalbten, zum Zuge kommt.[23]

Graphische Ähnlichkeit und lautlicher Anklang haben mit Edom (ʾdwm) und Rom (rwmʾ) auch den Begriff dûmah (dwmh) verbunden.[24] Und zwar wegen Jes 21,11, das wie Ez 37,32 und Ps 94,17 auf ‚Edom'/Rom bezogen worden ist[25] und eine umfangreiche Auslegungstradition in diesem Sinne nach sich gezogen hat, die bei mittelalterlichen Exegeten zu den betreffenden Stellen gebündelt begegnet.[26] Und auch hier ist die Zuordnung der Leseperikopen signifikant: Jes 21,1ff. gehört nach Simon b. Megas zu Gen

---

21 I. AMINOF, Demûtam šäl ʿEśaw û-malkût ʾädôm bas-sifrût ha-midrašît-talmûdît, Diss. Melbourne 1981; M. HADAS-LEBEL, Jacob et Esaü (Anm. 3); DIES., Jérusalem (Anm. 3); AVEMARIE, a.a.O. (Anm. 3).

22 HADAS-LEBEL, Rome (Anm. 11).

23 COHEN, a.a.O. (Anm. 3). Weiteres bei: J. MAIER, Die Vorstellung von den Weltreichen in der frühen hebräischen Dichtung des Mittelalters, ZAGV 84/85, 1977/78, 181–200; DERS., Zwischen den Mächten. Gottesherrschaft und Weltpolitik in der Gedankenwelt des mittelalterlichen Judentums, in: J. T. MARCUS (ed.), Surviving the Twentieth century. Social Philosophy from the Frankfurt School to the Columbia Faculty Seminars, New Brunswick – London 1999, 397–412.

24 Y. ELITSUR, Duma-Ruma. The Original version of a Biblical Toponym and its Effect on Historical and Geographical Problems, in: Rabbi Mordechai Breuer Festschrift, II, Jerusalem 1992, 615–620.

25 Hier ist Dûmah in der Auslegung vor allem der Todesengel (bBer 18b) bzw. ein Dämonenfürst (bShab 152b), was mit für die Gleichsetzung des Völkerengels Roms mit Samael ausschlaggebend war.

26 Vgl. Jehudah ibn Balʿam, in: Perûšîm le-Sefär Ješaʿjah, II Jerusalem 1970/71, 72f.; dazu auch für RŠ"J: J. FLORSHEIM, RŠ"J la-Miqraʾ, II, Jerusalem 1984, 172ff.

32,3/4ff.,[27] während J. Mann Ex 12,29 anführt[28] und zu Gen 32,2ff. hingegen Ob 1ff. und als noch ältere Haftarah Joel 4,13ff. angibt;[29] Simon b. Megas bietet statt dessen als Alternative 1Kön 19,35ff.

Die eben knapp umrissenen Voraussetzungen beherrschten zwar das ganze weitere Geschichtsdenken bis zur Aufklärung herauf, und teilweise ist diese Sicht noch bis heute wirksam, aber es gab doch manchmal Anlaß zu mehr oder weniger kritischen Fragen bezüglich der vollen Gültigkeit des Grundschemas. Ganz einheitlich war das tatsächliche Verhältnis zur römischen Weltmacht sowieso nicht, weder im Lauf der Zeit noch innerhalb der jüdischen Gesellschaft. Die offiziellen Kontakte beschränkten sich offenbar weitgehend auf die Institution des *Naśî'* (Patriarchen); die in diesem Umkreis entwickelten heilsgeschichtstheologischen Traditionen wurden sicher von anderen Interessen und Rücksichten bestimmt als jene in mehr oder minder oppositionellen Kreisen. Demgemäß schwankt auch die Einschätzung der römischen Herrschaft,[30] auch wenn die romfeindliche Linie – allein schon wegen der Tempelzerstörung im Jahre 70 n. Chr. und der dadurch zustande gekommenen typologischen Analogie zwischen Babel/Babylon und Rom – vorherrschte so wie im Christentum.[31] Für alle Seiten war jedoch die Erfahrung maßgebend, daß Roms Herrschaft festen Bestand hatte. Die Repräsentanten des Judentums mußten sich also mit Rom als regierender Macht arrangieren, und dabei konnten die politisch Erfahrenen erkennen, daß diese Oberherrschaft bei allen Gründen zu Beschwerden so nachteilig nicht war, vor allem, was den rechtlichen Status des Judentums als religiösethnischer Gemeinschaft im Vergleich zu anderen Gruppen betraf. Und was hatten die Aufstände gegen Rom 66–71, 115–117 und 132–135 n. Chr. schon eingebracht? Dabei war das Judentum als solches ja noch glimpflich davongekommen, denn Rom behandelte die Aufstände als regionale Konflikte, nicht im Sinne einer Konfrontation mit der jüdischen Gruppe insgesamt. Die Verallgemeinerung im Sinne des Gegensatzes Römisches Reich – ,Israel' ergab sich erst im nachhinein im Zug der martyrologischen Geschichtsbetrachtung, so daß die rabbinische Literatur eine Diskrepanz in der Bewertung der Aufstände gegen Rom enthält. Einerseits sind realistische

27 E. Fleischer, Pizmônê ha-'ᵃnônîmûs, Jerusalem 1974, 35. 115.
28 Mann, a.a.O. (Anm. 6), I, 411ff.
29 A.a.O., I, 260f.264f. (Joel 4,21 + Am 1,11ff.).
30 S. Krauss, Peras wᵉ-Rômî ba-Talmûd û-ba-Midrašîm, Jerusalem 1948; G. Stemberger, Die römische Herrschaft im Urteil der Juden, Darmstadt 1983.
31 A. Y. Collins, Persecution and Vengeance in the Book of Revelation, in: D. Hellholm (ed.), Apocalypticism in the Mediterranean World and the Near East, Tübingen 1983, 729–749; M. Simonetti, Uno sguardo d'insieme sull'esegesi patristica di Isaiah fra IV a V secolo, ASEs 1, 1984, 9–44.

Beobachtungen und Feststellungen zu finden, andrerseits kam es mit zunehmender zeitlicher Distanz zu einer immer intensiver eschatologisch und martyrologisch gefärbten Note und dadurch auch zu einer militanteren Wertung.

Die Datierung der einschlägigen Einzeltraditionen ist freilich ein unsicheres Unterfangen, selbst die Tendenzen, die sich an geschlossenen Kontexten ablesen lassen, können angesichts der chronologisch nur vage fixierbaren Redaktionsprozesse bloß ungefähr historischen Situationen zugeordnet werden. Aber das 5. Jahrhundert war gewiß von entscheidender Bedeutung, weil durch die Aufhebung des Patriarchats und des Sanhedrin in den zwanziger Jahren auf der jüdischen Seite Instanzen fortfielen, die bislang qua Amt an einer realpolitisch motivierten Koexistenz mit der Weltmacht interessiert gewesen waren. Die Abschaffung dieser Instanzen hat nicht bloß konkret einen entsprechenden negativen Eindruck gemacht, sie eliminierte vor allem einen bedeutsamen Bremsmechanismus im Rahmen des Gesamtschemas der heilsgeschichtstheologischen Konzeption des Verhältnisses zwischen ,Esau' und ,Jakob', das an sich schon vorrangig auf Konfrontation angelegt war.

Realpolitische Überlegungen wurden aber sicher nur in sehr begrenzten Zirkeln angestellt, eben vor allem in solchen, die mit den Instanzen des Römischen Reiches unmittelbar zu tun hatten und daher auch in der Lage waren, vergleichend zu urteilen und die Vorteile zu erkennen, die mit der realen Situation verbunden waren. Grundsätzlich war solch realpolitisches Denken mit dem Esau/Jakob-Schema und mit der Wertung als ,viertes Weltreich' freilich kaum zu vereinbaren. Die damit verbundenen Fragen wurden jedoch offensichtlich diskutiert, und zwar angesichts sich wandelnder Verhältnisse im Judentum wie in der Umwelt,[32] und dabei spielt ein biblischer Text eine zentrale Rolle, dessen Ausdeutung im folgenden etwas ausführlicher dargestellt werden soll, nämlich Dt 2,1–8, vor allem im Blick auf die Verse 2–3 und 5. Dabei geht es nicht um das Aufspüren von Einzelüberlieferungen und ihrer Parallelen, sondern um die Aussage der Kompositionen, der literarischen Kontexte also, in denen die Einzeltraditionen aufgenommen und verwertet worden sind, um eine geschichtstheologisch-politische Bestimmung des Verhältnisses zur Weltmacht und zu ,Dieser Welt' überhaupt zum Ausdruck zu bringen.

---

32 Vgl. auch J. NEUSNER, Stable Symbols in a Shifting Society, in: DERS. (ed.), "To See Ourselves as Others See Us". Christians, Jews, "Others" in late Antiquity, Chico 1985, 373–396; DERS., L'idea della storia nel periodo di formazione del Giudaismo (200–600 ca.), in: Atti del III Congresso internazionale dell'AISG, Roma 1987, 121–137.

2. Der Text Dt 2,1–8 und sein frühes Verständnis

2.1 Der Masoretische Text

Der Masoretische Text von Dt 2,1–8 lautet in wörtlicher Übersetzung wie folgt:

(1) Dann wandten wir uns um und brachen auf in die Wüste in Richtung auf das Suf-Meer zu, wie der HERR zu mir gesagt hatte, und umrundeten viele Tage lang den Berg Seir. (2) Da sagte der HERR zu mir wie folgt: (3) Es ist zuviel für euch das Umrunden dieses Bergs, wendet euch çpwnh (dem Norden/Verborgenen) zu. (4) Und dem Volk gebiete wie folgt: Ihr durchzieht nun das Gebiet eurer Brüder, der Söhne Esaus, die am Seir wohnen, und die werden euch fürchten; doch hütet euch sehr: (5) Greift sie nicht an, denn ich gebe euch nichts von ihrem Land, nicht einmal einen Fußtritt breit, denn als Erbteil habe ich dem Esau den Berg Seir gegeben. (6) Nahrung sollt ihr von ihnen kaufen für Silber und sie essen, auch Wasser sollt ihr von ihnen erstehen um Silber und es trinken. (7) Denn der HERR, dein Gott, hat dich gesegnet in allem Tun deiner Hände, er kennt deinen Weg durch diese große Wüste; vierzig Jahre lang war der HERR, dein Gott, mit dir und du hast an nichts Mangel gelitten. (8) Da zogen wir ab von unseren Brüdern, den Söhnen Esaus, die am Seir wohnen, vom Weg der ʿArabah aus und von Elat aus und von Ezjon Geber aus, und wir wandten uns um und zogen den Weg durch die Wüste Moabs.

Zur Anweisung in v. 4 sind die entsprechend formulierten und begründeten Anweisungen bezüglich Moabs v. 9 und Ammons v. 19f. zu beachten: Auch das Erbland Lots wird Israel nicht zuteil. Der Kontext von Dt 2,2–23 grenzt also Besitzansprüche zwischen Verwandten ab und verbindet damit die Verpflichtung, diese – Edom, Moab und Ammon – nicht anzugreifen. Aber das Ganze steht auch unter einem anderen Vorzeichen, denn 2,14ff. setzt voraus, daß mittlerweile alle Wehrfähigen der Wüstengeneration weggestorben waren und somit Israel über kein kampferprobtes Heer verfügte. Die deuteronomistische Absicht ist dabei, die kommenden Siege und Eroberungen ganz und gar als Taten Gottes darzustellen.

Für die Späteren bot der Text somit zwei unterschiedliche Akzentuierungsmöglichkeiten, entweder die Furcht der betroffenen Völker herauszustellen oder aber auf die Gründe für das Verbot eines Angriffs auf Esau näher einzugehen, also die Inopportunität einer kriegerischen Auseinandersetzung mit ‚Edom'/Rom zu begründen. Anlaß dafür gibt auch der Textwortlaut, denn in bezug auf Edom soll Israel „sich sehr hüten", es anzugreifen, in bezug auf Moab und Ammon findet sich diese Phrase nicht, auch die Ausdeutungen der Verse 9 und 19 bleiben deutlich hinter der des

Verses 5 zurück, denn schließlich sind Moab und Ammon im Gegensatz zu ‚Esau'/‚Edom' historische Größen der Vergangenheit, nicht Chiffren für aktuelle Mächte. Dieser Unterschied gilt auch für die „sieben Völker" des Landes Kanaan, die für die Zeit nach der Landnahme als vergangene Größen gelten, während ‚Edom', ‚Amalek' und ‚Ismael' ständig aktualisierbare Chiffren darstellen.

2.2 Septuaginta (LXX)

Die Septuaginta übersetzt in v. 3 am Anfang sinngemäß verdeutlichend mit „Ihr seid genug ..."; in v. 4 lautet sie: „und die werden euch fürchten (*phobêthêsontai hymas*) und *euch sehr scheuen (kai eulabêthêsontai hymas)"*. Das wäre für die Wurzel *šmr* im Nifal einzig, denn das griechische Verbum steht sonst für andere hebräische Verben, ist in der frühjüdischen Literatur aber geläufig (Sirach). Offenbar stand statt (Masoretischer Text) *wšmrtm* in der betreffenden Septuaginta-Vorlage (die Biblia Hebraica vermerkt die Abweichung nicht) entweder *wnšmrw mkm* oder überhaupt ein anderes Verbum. Auch in v. 5 wird wie v. 19 im Griechischen verdeutlicht, das hebräische *ttgrw* bzw. *ttgr bm* wird ausdrücklich mit „Krieg führen" (*synaptein polemon*) übertragen, was nur für 2,9 und 24 wörtlich zutreffend ist.

2.3 Targumim

Die aramäischen Targumim bieten zum Textstück Dt 2,1–8 auch in der ansonsten reicheren palästinischen Überlieferung bemerkenswert wenig.[33] Lediglich in v. 5 erscheint im Targum Ps.-Jonatan ein Zusatz: Esau erhielt sein unverletzliches Erbteil wegen der seinem Vater erwiesenen Ehrerbietung. Und zu v. 6 begegnet im Targum Ps.-Jonatan eine für hier belanglose Besonderheit, eine halakische Verdeutlichung: Die gekaufte Nahrung (*'okäl*, übersetzt als *'ibbûra'*) soll *kad ḥaj* (in lebendigem, noch unverarbeitetem Zustand) erworben werden.[34] Demnach gab es – bemerkenswerterweise – für die vorherrschende rabbinische Auslegung, wie sie sich in den Targumim niedergeschlagen hat, zu diesem Passus noch nichts an geschichtstheologischen Informationen hinzuzufügen.

---

33   A. Díez Macho, Biblia Polyglotta Matritensia, series IV: Targum palaestinense in Pentateuchum, L. 5: Deuteronomium, Madrid 1980, 18–21.

34   Dazu siehe E. Levine, The Aramaic Version of the Bible, Berlin/New York (BZAW 174) 1988, 35.

Zu Num 20,13ff. sind hingegen Zusätze zu verzeichnen.[35] Abgesehen von einer für hier belanglosen Umdeutung des Verses 17 geht es vor allem um den im Masoretischen Text knappen Vers 21 *(Und es weigerte sich Edom, Israel durchziehen zu lassen durch sein Gebiet, und so zog Israel von ihm ab)*, den das Targum Ps.-Jonatan wie folgt erweitert: „denn man hatte ihnen von der *memra'* (dem Wort) des Himmels[36] her befohlen, sich ihnen nicht in Schlachtreihen gegenüberzustellen, denn noch sei die Zeit nicht gekommen, um an Edom durch sie die Rache zu vollstrecken." Der letzte Nebensatz steht nur im Targum Ps.-Jonatan und zeigt an, daß innerhalb der palästinischen Targumtradition allgemein die Meinung verankert war, daß Israel Edom nicht angreifen solle, daß aber dazu teilweise eine militante eschatologische Nuance eingedrungen ist. Dazu kommt, daß im Targum Ps.-Jonatan zu Num 21,1 der Kanaanäerkönig von Arad mit Amalek gleichgesetzt wird, wie es (siehe unten) einer Midraschtradition entspricht, die – allerdings ohne Amalek-Motiv – auch in anderen palästinischen Targumvarianten zu diesem Vers spürbar wird.[37]

2.4 *Mᵉkîlta'*

Die *Mᵉkîlta' dᵉ-R. Jišma''el* zitiert das Stück Dt 2,4f. in *šjrt'* IX zu Ex 15,12–16,[38] also in einem recht militanten Kontext. Ex 15,14–16 läßt die Völker wegen der göttlichen Machttaten beim Exodus und in der Wüstenzeit erschrecken. Zu 15,15 rekurriert der Midrasch auf Dt 2,4–5 und führt als Grund die Befürchtung der Edomiter an, die Israeliten wollten den alten Streit zwischen ihren Ahnen wiederbeleben, und verweist auf Gen 27,41: *Esau aber hegte Feindschaft gegen Jakob wegen des Segens, mit dem ihn sein Vater gesegnet hatte.* Ähnlich schematisch formuliert folgen Hinweise auf dieselbe Konstellation bezüglich der Nachkommen Lots. Der Midrasch verweist auf Dt 2,9, mit dem Verbot, gegen die Moabiter Krieg zu führen, und auf 2,19, mit dem Verbot, gegen die Ammoniter einen Krieg zu beginnen. Und am Ende wird auch hier die Befürchtung der betreffenden Völker laut, die Israeliten wollten mit ihrem Auftauchen den alten Streit zwischen den Ahnen wieder aufnehmen, und zwar laut Gen 13,7: *So kam es zu Streit zwischen den Hirten*

---

35 Targumvarianten bei: A. Díez Macho, Biblia Polyglotta Matritensia, series IV: Targum palaestinense in Pentateuchum, L. 4: Numeri, Madrid 1977, 183–187.

36 Andere: *von ihrem Vater im Himmel her.*

37 Vgl. Díez Macho, a.a.O. (Anm. 35), 190f.

38 J. Z. Lauterbach, Mekilta de-Rabbi Ishmael, II, Philadelphia 1947, 67–76.

von Abrahams Vieh und mit den Hirten von Lots Vieh. Die *Mekilta d^eR. Šim'on* hat dazu eine etwas knappere Fassung,[39] bleibt aber auf derselben Linie.

Der Akzent liegt bei diesen Deutungen also auf dem Übergewicht Israels, und der Befehl, Edom/Esau nicht anzugreifen, wird nicht näher behandelt. Aber neben der Betonung der göttlichen Macht, der diese Schreckwirkung zu danken ist, begegnet eine eigentümliche Hervorhebung der Torah. Sie wird nicht bloß dem Volk, dem Tempel und dem Land beigeordnet, sondern als die Zuflucht und Stärke Israels schlechthin hingestellt, und die Torahfrömmigkeit erscheint daher zumindest ansatzweise als Alternative zur politischen Machtausübung. Man kann davon ausgehen, daß diese Deutung in etwa der vorherrschenden Meinung der Kreise entsprach, die für die Redaktion der *Mekilta* beider Varianten verantwortlich waren. Das führt für die Hauptmasse in die spättannaitisch-frühamoräische Zeit zurück,[40] denn der Charakter dieses Midrasch weist auf eine festgeprägte Schultradition mit bestimmten exegetischen Verfahren und Anliegen, wie sie auch in *Sifre zu Deuteronomium* bezeugt sind. Folglich kann man von einer zur Zeit der Redaktion der Hauptmasse des Midrasch tatsächlich maßgeblichen Ansicht sprechen.[41] Die Mekilta enthält in den Paraschen *B^e-šallaḥ/Šîrata'* und *'Amaleq* sowie *Jitrô/Ba-ḥodäš* eine Fülle von Aussagen über das Römische Reich, wobei dessen faktische Übermacht anerkannt wird. Diese realpolitische Einschätzung wird aber kaschiert, einerseits durch die These von der einstigen Überlegenheit Israels gegenüber dem Edom der Wüstenzeit, wonach Edom damals nur dank eines göttlichen Nichtangriffsverbots davongekommen ist, und durch den Ausblick auf das Eschaton, bis zu dem dieses Nichtangriffsverbot als gültig ausgegeben wird. Dieses Motiv in der Haupttraditionsmasse der *Mekilta* ist auch in der palästinischen Targum-Tradition zu finden, stellt also wahrscheinlich

---

39 J. N. EPSTEIN – E. Z. MELAMED, Mekhilta d'Rabbi Shim'on b. Jochai, Jerusalem 1955, 96–98.

40 Vgl. G. STEMBERGER, Die Datierung der Mekhilta, in: Kairos 21, 1979, 81–118 = in: DERS., Studien zum rabbinischen Judentum, Stuttgart 1990, 251–304. Die Spätdatierung durch B. Z. WACHOLDER, The Date of the Mekhilta de-Rabbi Ishmael, HUCA 39, 1968, 117–144 = in: DERS., Essays in Jewish Chronology and Chronography, New York 1976, 212–239, ist bezüglich der Ablehnung der Frühdatierungen und im Blick auf die Stadien der Endredaktion wohl im Recht, zumal eine endgültige Fixierung sowieso jeweils erst für die Zeit einer datierbaren Handschrift wirklich bezeugt ist. Dies wird auch durch variierende Traditionen verdeutlicht. Vgl. dazu M. KAHANA, New Fragments of the Mekhilta to Deuteronomy (hebr.), Tarb. 55, 1985, 485–553; Z. M. RABINOWITZ, Ginzê midraš, Tel Aviv 1977, 1–14. 42–50. Eine Datierung bloß nach den erwähnten Rabbinen-Namen ist aber mit Wacholder und (im allgemeinen) J. Neusner als völlig unzulänglich zu betrachten.

41 Dazu siehe vor allem J. NEUSNER, Mekhilta according to Rabbi Ishmael, Atlanta 1988.

den Reflex der Politik des hillelitischen Patriarchats dar, das nach dem Fiasko des Bar-Kokba-Krieges und der darauf folgenden erfolgreichen Aufbauphase an einem modus vivendi mit Rom interessiert war.[42] In der Tat wird in der *Mᵉkîlta' dᵉ-R. Jišma'ᵉel* Jehudah han-Nasî' wiederholt angeführt. Die letzten Redaktionsphasen verraten aber auch ein zunehmendes eschatologisches Interesse mit romfeindlicher Spitze, mit dem offenbar das ererbte Nichtangriffsgebot kompensiert wurde. Dabei spielt die Verwendung von Ob 18 und 21 eine Rolle, jedoch nicht im Zusammenhang mit Ausdeutungen von Dt 2,1–8 und thematisch verwandten Stellen. Der militante Impetus richtet sich vielmehr ersatzweise gegen Amalek. Dabei hat auch Ob 21 einen Platz, womit klar genug wird, wer letztlich mit Amalek gemeint war. Immerhin, diese Notlösung ermöglichte es, gegenüber römischen Übergriffen alle Register heilsgeschichtstheologischer Ressentiments zu ziehen, das Endgericht herauszustellen, ohne wieder in ein akut-politisches Abenteuer zu geraten. Im 3. und 4. Jahrhundert scheint also eine kontinuierlich ansteigende, negativ eingefärbte Bewertung des Römischen Reiches Platz gegriffen zu haben, mit der Folge, daß die erwähnte, in sich spannungsreiche Notlösung im weiteren Verlauf der amoräischen Periode nicht mehr durchzuhalten war. Die nach der *Mᵉkîlta'* zum Abschluß gekommenen Midraschkompositionen verraten eine zunehmende Militanz, die man aber durch eine ausführlichere Begründung des göttlichen Verbots eines Angriffs auf Edom für die aktuelle Politik nach wie vor entschärfte. Im Verlauf des 5. und 6. Jahrhunderts verschlechtert sich das Verhältnis zusehends, offensichtlich hat das christliche Rom bzw. Byzanz auf jüdischer Seite nicht so sehr durch seine neue Religion Eindruck gemacht als durch seine immer schroffer empfundenen Merkmale als ,viertes Reich' bzw. ,Edom', dessen Fall als Voraussetzung der Heilswende man immer ungeduldiger erwartete.[43]

3. Midrasch *Deuteronomium Rabbah* (DebR)

3.1 Der traditionelle Text[44]

Die umfangreichste Behandlung in einem Midrasch-Kontext findet sich in den beiden publizierten Fassungen des Midrasch DebR. Hier liegt das Hauptinteresse auf der Ausdeutung von Dt 2,3–5 und auf der Frage:

---

42 Vgl. N. N. GLATZER, The Attitude to Rome in the Amoraic Period, VI WCJS, Jerusalem 1976, II, 9–19.

43 L. H. FELDMAN, Rabbinic Insights on the Decline and Forthcoming Fall of the Roman Empire, JSJ 31, 2000, 275–297.

44 Ausgabe Wilna und A. MIRKIN, Midraš Rabbah. Dᵉbarîm Rabbah, Tel Aviv 1965.

Warum muß sich Israel „sehr hüten", Edom anzugreifen? Der traditionelle Text des Midrasch hat mit I,15–20 die kürzere Fassung als die Liebermannsche Ausgabe (3.2).

3.1.1 Das Verdienst der Vaterehrung Esaus

(A) I,15 führt anfangs den hohen Wert der Elternehrung vor Augen – diese Gebotserfüllung bringt Segen in Dieser Welt wie für die Kommende Welt. Nach einer nicht einschlägigen Passage (B) folgt hier ein längerer Passus (C), zunächst dem R. Simon b. Gamliel in den Mund gelegt: Esau war ein Ausbund hinsichtlich dieser Tugend, er bediente und ernährte seinen Vater nicht nur vorbildlich, er tat dies auch stets eigens schön gekleidet.

Dieses große persönliche Verdienst Esaus wird im weiteren (D) geschichtstheologisch für die Begründung einer Art temporärer Unantastbarkeit ‚Edoms' in Anspruch genommen. Im Namen des R. Judan heißt es da: „Als (die) Israel(iten) kamen, um mit ihm (Esau) Krieg zu führen, zeigte der Heilige – Er ist gepriesen! – dem Mose jenen Berg, in dem die Väter begraben liegen, und sagte zu ihm: Mose! Sage den Israeliten: Ihr könnt euch nicht mit ihm anlegen, immer noch gebührt ihm der Lohn dafür, daß er diejenigen geehrt hat, die in diesem Berg begraben liegen. Woher das? – Von daher, daß diesbezüglich geschrieben steht (Dt 2,3): *Es ist zuviel für euch das Umrunden dieses Berges ...*"

3.1.2 Esau als überlegene Macht

DebR I,16 bringt eine völlig andere Ausdeutung zum Anfang von Dt 2,3. Es handelt sich um einen der Texte, die Dt 2,1–8 mit anderen Esau/Edom-Aussagen der Bibel verbinden und damit sowohl die heilsgeschichtliche wie polemische Note entschieden verstärken. Hier wird (A) zunächst ein Passus aus dem Psalm 60 eingeschaltet, der in den Versen 8–10 ein thematisch einschlägiges Orakel enthält:

„Es ist zuviel für euch, das Umrunden dieses Berges – das ist es, was die Schrift gesagt hat (Ps 60,11a): *Wer führt mich zur Stadt des maçôr* (Festung/Bedrängnis)? – Das ist Rom. Und warum nannte sie David *maçôr*? – Als eine Stadt, die gegenüber Israel Bedrängnis verursacht und sich bewehrt. — Eine andere Deutung von *Stadt des maçôr*: Eine Stadt, die man allseits bewehrt. Es sagte R. Jochanan: David hatte den Wunsch und sprach: *Wer führt mich (in die) Stadt des maçôr* – wer ermöglicht es mir, daß ich an ihr Vergeltung übe? Da sagte der Heilige – Er ist gepriesen! – zu ihm: David, bist du ihr auch überlegen? Der sagte vor Ihm: Herrscher der Welt! *Wer leitete mich bis Edom?* (Ps 60,11b), und er sagte (somit) vor Ihm: Der, welcher mich über Edom herrschen ließ, der läßt mich auch über diese Vielen herrschen! Und woher wissen wir, daß Er David über Edom herrschen ließ? – da es heißt (2Sam 8,14): *Und er setzte in Edom nçjbjm.* Und was sind *nçjbjm?* – R. Simon sagte: Kastelle, unsere Meister sagten: Bildsäulen. – R. Jehuda b"R. Simon sagte: Der Heilige – gepriesen ist Er! – sagte zu ihm: David! Ich weiß, daß deine Hände schnell und entschlossen sind, ich möchte damit meine Welt beherrschen. — Eine andere Tradition: David, ich bedarf seiner (das heißt: Roms) noch für Generationen; schon dein Meister Mose wollte sich mit ihm anlegen, aber ich sagte zu ihm *als Meister für euch (Rab lakäm,* statt: *Es ist zuviel für euch!): Umrunde* (Imperativ statt Infinitiv!) *diesen Berg!"*

3.1.3 Die Verbindung mit der Theodizeefrage

Eine neue Deutung setzt DebR I,17 in Verbindung mit jener von Ps 37,7f. ein. Die Auslegungsgeschichte dieser Psalmverse, die mit jener von Jer 12,1f. verbunden wurde, ist für das hier zu behandelnde Thema recht aufschlußreich und verläuft in entscheidenden Belangen parallel.[45]

Während das Stück (A) allgemein das Thema ‚Stillehalten und Hoffen auf Gott' anschneidet, wird das zweite Stück (B) durch ein Wort des R. Tachlifaj von Caesarea eingeleitet, der den Versteil ... *und hoffe auf ihn* (Ps 37,7) auf die Leiden bzw. Züchtigungen (*jissûrîn*) bezieht, die man gerne annehmen soll. Dann wird konkret Ps 37,7 *erhitze dich nicht gegen Erfolgreiche* auf Esau/Rom bezogen und mit Jer 12,1 untermauert. Die Polemik richtet sich dann ganz präzis gegen die römische Gerichtspraxis.

(C) Eine weitere geschichtstheologische Deutung von Ps 37,7a wird anfangs mit dem Namen des Jehoshua b. Levi verbunden: *„Als die Hasser kamen, um Jerusalem zu zerstören, gab es dort sechzig Myriaden von Schadensgeistern, und die standen am Tor des Tempels, um sie anzufallen. Als sie sahen, wie die Schekinah zusah und schwieg – woher das? Da es geschrieben steht* (Thr 2,3): *Er zog zurück seine Rechte vor dem Feind –,* da gaben auch sie den Platz frei. — R. Jehuda b"R. Simon sagte: Schau, jener zerstört Sein Haus, und Er schweigt dazu, Ihr aber wollt euch mit ihm anlegen! Noch immer gebührt ihm sein Lohn für die Ehrung seiner Väter – (Dt 2,3) *Es ist zu viel für euch das Umrunden dieses Berges!* R. Chanina sagte: *viel* hat Esau diesen seinen Ahn (*hor*/Ahn statt *har*/Berg) umhegt, nämlich seinen Vater, der auf ihn und die Ernährung durch ihn angewiesen war. Woher das? – (Gen 25,28): *Und Isaak hatte Esau lieb, denn Wildbret war in seinem Munde.* R. Samuel b. R. Gedalja

---

45 Siehe dazu in diesem Band den Beitrag „Auslegungsgeschichtliche Beobachtungen zu Ps 37,1.7.8" (siehe unten S. 391–404).

sagte: Der Heilige – gepriesen ist Er! – sprach: Ich vergelte es ihm, wenn Jakob dem Esau Geschenke darbringt (Gen 33,9) … etc."

3.1.4 DebR I,18

Der kurze Abschnitt behauptet eine heilsgeschichtliche Beziehung zwischen Esau und Jakob auf Grund der empfangenen Segnungen durch Isaak, auch wenn die Segensinhalte völlig gegensätzlich sind.

„Was heißt: Es ist zuviel für euch? – R. Acha sagte: Falls ihr ihn antastet, tastet ihr das Eigene an! Wieso das? – Mit einem (einzigen) Segen hat ihn sein Vater gesegnet (Gen 27,40): Durch dein Schwert sollst du leben, aber Jakob hat er mit zehn Segnungen gesegnet. Woher das? – Da es so geschrieben steht (Gen 27,28f.): *Es gebe dir der Gott vom Tau des Himmels.* Wenn sein Segen aufgehoben wird, dann sind auch eure zehn Segnungen aufgehoben – *Es ist zuviel für euch das Umrunden dieses Berges.*"

3.1.5 Esaus Überlegenheit

DebR I,19 wird im ersten Teil (A) durch R. Berekjah ebenfalls die Tatsache der beiden Segnungen konstatiert, aber in betonter Weise auch die darin begründete Unterordnung des älteren Esau unter Jakob (Gen 27,29) herausgestellt.

Im zweiten Stück (B) beantwortet R. Chijja die Frage, was *wendet euch* çpwnh in Dt 2,3b heißt, unter Verwendung eines Wortspiels: „Er sagte zu ihnen: Wenn ihr seht, daß er euch angreifen will, dann stellt euch ihm nicht entgegen, sondern verbergt (çfn) euch vor ihm, bis seine Welt vorübergegangen ist – wendet euch çpwnh!"

Damit wird die Realität der Macht Roms ungeschminkt konstatiert und die Notwendigkeit einer Taktik des Überlebens angedeutet, nämlich mehr oder minder im Untergrund zu überdauern. Doch handelt es sich nicht um eine kleine Übergangsperiode, sondern um „seine Welt", also wird „Diese Welt" hier de facto bereits Roms Herrschaft überlassen und die Hoffnung ganz auf das Eschaton bzw. das Jenseits gerichtet.

(C) „R. Jehuda bar Schalom sagte: Es sagten (die) Israel(iten) zu Ihm: Herrscher der Welt! Sein Vater hat ihn gesegnet mit (Gen 27,40): Durch dein Schwert sollst du leben, und du stimmst dem zu? Zu uns sagte er: Verbergt euch vor ihm, aber wohin sollen wir fliehen? – Er sagte zu ihnen: Wenn ihr seht, daß er sich mit euch anlegen will, dann flieht zur Torah, denn çpwnh bedeutet nichts anderes als Torah, wie es heißt (Prov 2,7): *Er verbirgt (çpn) für Redliche Klugheit.*" Somit werden hier das Motiv vom Verbergen (Wortspiel mit *çpn*) und das schon aus der Mekilta bekannte Motiv von der Torah als Zuflucht und Stärke Israels verbunden.

Abschließend (D) beantwortet R. Isaak die Frage: „Was ist *çpwnh*? – *Der Heilige – gepriesen ist Er! – hat gesagt: Wartet, noch kommt der Messiaskönig, und es wird erfüllt (Ps 31,20): Wie groß ist deine Güte (die du verborgen hast für jene, die Dich fürchten)!*"

DebR I,20 setzt die begonnene Linie fort:

„(A) (Dt 2,4a): Und dem Volk gebiete – Er sagte zu ihm: Nicht nur euch allein gebiete ich es, sondern ihr sollt es auch euren Söhnen gebieten. Es sprach der Heilige – gepriesen ist Er! – zu Mose: Gebiete du auch den Häuptern ihrer Generationen, daß sie ihn (Esau) ehrerbietig behandeln, und dem Volk gebiete wie folgt: ... – Es sagte R. Samuel b. Nachman: Als Esau mit Jakob zusammen war, sagte zu ihm Esau: Mein Bruder Jakob! Gehen wir beide in Dieser Welt doch einträchtig![46] Jakob sagte zu ihm (Gen 33,14): *Mein Herr ziehe doch vor seinem Knecht dahin (,ich will gemächlich nachtreiben, bis ich zu meinem Herrn nach Seir komme).* – Nimm deine Welt zuerst. ..." Darauf folgt ein Hinweis auf Hananja, Mishael und Azarja, also ein martyrologisches Motiv.

(B) „Eine andere Deutung: Er sagte zu ihm: *Noch muß ich erstehen lassen den König Messias, da über ihn geschrieben steht (Jes 9,6): denn ein Kind ist uns geboren.*"

(C) Die Fortsetzung nimmt die Frage von früher wieder auf, was mit: *bis ich zu meinem Herrn nach Seir komme* denn gemeint sei: „R. Samuel b. Nachman sagte: Wir haben die ganze Schrift durchsucht und nicht gefunden, daß Jakob bei Esau in Seir war. Was heißt (also) *nach Seir?* – Bis ich Richter aufstelle und Retter, um an jenem Mann Vergeltung zu üben. Woher das? – Weil es heißt (Ob 1): *Es steigen empor Retter ...* Da sagten (die) Israel(iten) vor dem Heiligen – gepriesen ist Er!: Bis wann sind wir geknechtet in seiner Hand? – Er sagte zu ihnen: Bis jener Tag kommt, über den geschrieben steht (Num 24,17): *Es geht ein Stern aus Jakob auf, ein Szepter erhebt sich aus Israel.* Wenn der Stern aus Jakob aufgeht, verbrennt er die Spreu des Esau; woher das? – Weil es heißt (Ob 18): *Und das Haus Jakobs wird ein Feuer und das Haus Josefs eine Lohe.* Der Heilige – gepriesen ist Er! – sagte: Zu der Zeit erscheint meine Königsherrschaft, und ich herrsche als König über sie, denn es heißt (Ob 21): *Und es steigen Retter empor auf den Berg Zion ...*".

In diesem Schlußstück kulminiert die Gesamtkomposition dieses Midrasch zu Dt 2,1–8 in der eschatologischen Terminfrage nach der Ablösung des Römischen Reiches durch die Gottesherrschaft, wobei die militante Polemik des Obadjabuches gegen ‚Edom' mit herangezogen wird, die selber eine

---

46 Eine Umdeutung von Gen 33,12.

umfangreiche, komplizierte und vielfältige Auslegungstradition aufweist.[47] Damit wird die unter Verweis auf das Verdienst Esaus (Vaterehrung) und auf die Segnungen begründete Herrschaft Esaus über Diese Welt doch wieder durch die traditionelle Endzeithoffnung relativiert, mit der Folge, daß dies im Grunde erneut zu einer ‚apokalyptischen' Stimmung und Situation führen kann, wenn sich die Ansicht breit macht, das Ende der Welt des Esau sei gekommen. Die vorliegende Komposition ringt mit dem Problem der allem Anschein nach göttlich geduldeten Herrschaft Roms und der dadurch bedingten Verzögerung der Erfüllung der Heilsgeschichte und sucht Begründungen dafür. Gerade diese Begründungen, die für die Gegenwart oder gar für ‚Diese Welt' einen Herrschaftswechsel ausschließen, steigerten das Bedürfnis nach Bekräftigung der Verheißungen und auch den Vergeltungswunsch, und damit bleibt die Komposition als Ganze geschichtstheologisch zwangsläufig doch wieder dem ständigen Dilemma der Terminfrage verhaftet.

3.2 DebR ed. Liebermann I,18–24[48]

3.2.1 DebR ed. Liebermann I,18

Das Grundthema ist die Gegenüberstellung ‚Diese Welt' – ‚Kommende Welt' in Analogie zu Esau – Jakob. (A) Der erste Teil betrifft das Thema Sabbat. Das zweite Stück (B) enthält das Motiv des Lohns für die Vaterehrung, aber ohne direkten Rekurs auf einen Genesistext, und im Vergleich mit DebR I,15 zudem mit massiven Verdeutlichungen der politischen Konsequenzen für ‚Diese Welt'.

„Und als sie zum Berg Seir kamen, sagte der Heilige – gepriesen ist Er: Ich bin einer, der vergilt! Wer Gutes getan hat, dem vergelte ich es. Dieser Esau hatte ein Gebotsverdienst, da er seinen Vater geehrt hat. Obwohl er ein Frevler ist, enthalte ich ihm nicht seinen Lohn vor, und ich gebe ihm Ruhe in ‚Dieser Welt', damit er keinen Anspruch erheben kann in bezug auf die ‚Kommende Welt', denn er hat seinen Lohn (schon) entgegengenommen. Darum braucht ihr ihn nicht anzugreifen. Warum? – Weil er seinen Vater geehrt hat. Woher das (alles)? – Aus dem, das da lautet (Dt 2,3): *Es ist zuviel für euch. ..."*

---

47 Siehe in diesem Band das Kapitel: „Siehe ich mach(t)e dich klein unter den Völkern ...". Zum rabbinischen Assoziationshorizont von Obadja 2" (siehe unten S. 343–355).
48 S. LIEBERMANN, Midraš Dᵉbarîm Rabbah, Jerusalem 1940, 17–26.

3.2.2 DebR ed. Liebermann I,19

Das Kapitel entspricht thematisch im wesentlichen DebR I,17, ist aber keineswegs damit identisch, der gemeinsame Nenner besteht vor allem in der Textgrundlage Ps 37,7, die aber bis auf v. 11 erweitert wird, während die übrigen Schriftbelege (bis auf Teil A mit Ps 42,6 bzw. 12) entsprechend den unterschiedlichen Ausdeutungen differieren. Der Eingangsteil (A) entspricht im Kern DebR I,17 (A), ist aber umfangreicher, und dazu kommt das Motiv des zerstörten Tempels, wofür das diesem Thema geltende Stück (C) der traditionellen Textfassung am Ende fehlt. Auch das zweite Stück (B) entspricht im wesentlichen DebR I,17 (B), aber die Diskussion bezieht Ps 37,8b mit ein und führt über Gen 27,44f. und Am 1,11 zu Vergeltungsverheißungen, während für Teil (C) des traditionellen Textes keine Entsprechung vorhanden ist:

(B) „(Mi 5,14): *und ich übe in Zorn und in Grimm Rache an den Völkern* – Jeder, der angreift, fällt; *denn Übeltäter werden ausgerottet* (Ps 37,9) – Das ist Esau! *Und die auf den Herrn harren, schöpfen neue Kraft* (Jes 40,31) – Das sind (die) Israel(iten).

(C) (Ps 37,10): *Noch ein wenig, und kein Frevel ist mehr* – R. Meir sagte: Man wird sagen: Da, sein Palast, da, sein Theater, da, sein Gerichtstribunal, und du betrachtest seine Stätte und da ist nichts. – R. Meir sagte: (Die) Israel(iten) werden demütig sein, denn es heißt (Ps 37,11a): *Demütige werden das Land in Besitz nehmen* – Das sind (die) Israel(iten), *und sich vergnügen* an einer Fülle von Wohl/Frieden (Ps 37,11b). R. Azarja im Namen des R. Jehuda b. Simon: Dieses Wohl (/dieser Friede) ist es wert, daß ich euch gesagt habe (Dt 2,3): *Es ist zuviel für euch* …!"

3.2.3 DebR ed. Liebermann I,20

Im Kern (A) entspricht das Kapitel DebR I,16, aber auch hier kommt es zu einer kennzeichnenden, eschatologisch akzentuierten Erweiterung:

(B) „Jose b. Ch(anina) sagte: Wie sehr betrübte sich die Seele des Mose, weil der Heilige – gepriesen ist Er! – ihm nicht die Geheimnisse Israels und Daniels enthüllt hat. Er wollte wissen, wann Er an ihm Vergeltung üben werde, aber Er enthüllte es ihm nicht, sondern Er sagte (Dt 2,3): *Es ist zuviel für euch* … — R. Simlaj sagte: Man legt sich schon mit ihm an, aber zahlreiche ‚Gezogene' wird er von euch ziehen.[49]

Unsere Meister sagten: Zahlreiche Erschlagene wird er von euch töten, zahlreiche Gekreuzigte von euch kreuzigen."

---

49 S. Liebermann z.St. denkt an Apostaten, die ihre Vorhaut strecken ließen.

3.2.4 DebR ed. Liebermann I,21

Anders als DebR I,19 beginnt das Kapitel hier gleich mit der Ausdeutung von Dt 2,2b: *wendet euch çpwnh* mit dem Mittel des Wortspiels *çafôn* (Norden) – *çafûn* (verborgen/aufbewahrt). Aber trotz thematischer Entsprechung sind weder Zuschreibungen noch Ausführungen identisch, gegenüber drei (von vier) Teilen dort sind hier sieben Teile vorhanden, von denen nur zwei einander entsprechen, Stück (B) wird in DebR I,19 R. Chijja zugeschrieben, und in DebR ed. Liebermann I,21 wird Stück (A) dem R. Judan zugeschrieben. Sodann stellt DebR I,19 (C) mit der Ausdeutung von *çpwnh* in Dt 2,3b auf die Torah in Verbindung mit Prov 2,7 eine – allerdings umfangreicher gehaltene und mit dem Segens-Motiv verbundene – Parallele zum Teil (B) hier dar. Die weiteren Stücke (C–G) sind Sondergut.

(C) R. Isaak kündigt die Zerstörung des Altares (Kults) Esaus an.

(D) *çpwnh* wird auf den Tempel bezogen: Gott war dort verborgen, aber er mußte ihn zerstören lassen (Ez 7,22).

(E) Nebukadnezar kommt aus dem Norden als *qrç* (Jer 46,20).

(F) *çpwnh* wird auf den Tempel bezogen: „Der Frevler Titus wird in es eindringen und es verwüsten und den Vorhang wegzerren mit den Worten: Wenn es hier eine Gottheit gibt, dann stehe sie für euch ein! Denn es heißt (Dt 32,37): *und er sagt: Wo ist ihr Gott?"*

(G) Hier werden zunächst Gog und Magog aus dem Norden angekündigt (Ez 39,2), dann die Heimkehr der Exilierten aus dem Norden (Jes 43,6), und zuletzt auch hier wie DebR I,19 (D) der Messias-König aus dem Norden, jedoch nicht mit Ps 31,20, sondern mit Jes 41,25.

3.2.5 DebR ed. Liebermann I,22

Der Midrasch setzt hier mit der Ausdeutung von Dt 2,4 ein. Stück (A) schreibt dem R. Azarja, R. Jonatan b. Haggaj und R. Isaak bar Marjon im Namen des R. Jose bar Chanina Folgendes zu: „Er gebot den Häuptern ihrer Generationen, daß sie mit ihm (Esau) ehrerbietig umgehen, denn es heißt (Gen 32,19): *gemäß diesen Worten redet zu Esau.* – So während seiner Herrschaft <Lesart: Größe>.

(B) *Ihr durchzieht ...* – Ihr seid Durchziehende, nicht Einwohner, diese sind die Söhne Esaus (Gen 36,19), gemäß (Jes 24,17): *Furcht und Schrecken und Falle über dich, Bewohner der Erde!*

(C) *Ihr überschreitet/durchzieht ... eurer Brüder* – Das sind die Söhne Esaus. Obwohl sie Söhne Esaus sind, sind sie eure Brüder. Wie man sagte (Jes 66,5): *Eure Brüder, die euch hassen.* Obwohl sie euch hassen, sind sie eure Brüder.

Entsprechend (Ob 10): *wegen der Gewalttat an deinem Bruder Jakob*. Obwohl er dich tötet, obwohl er dich gewalttätig behandelt, ist er dein Bruder!

(D) *Das Gebiet eurer Brüder, der Söhne Esaus* – R. Eleazar sagte: Durch den Anteil, den ich Ihm gegeben habe; vollendet sich aber sein Ende, kommen alle und legen sich mit ihm an: Bis an die Grenze/das Gebiet haben sie dich getrieben – von da an und weiter (Ob 7) *haben sie dich betrogen, dich bezwungen*.

(E) (Dt 2,4b) *und sie werden sich vor euch fürchten* – Es sagte R. Eleazar: Wehe den Ohren, die das hören. Wenn ihr zu der Zeit, da sie sich vor euch fürchten, *sehr hüten* sollt, dann zu der Zeit, da wir uns vor ihnen fürchten, um so mehr!" (Vgl. unten I,24 [A])

(F) „R. Jehoshua sagte im Namen des R. Levi: Ihr wollt, daß sie sich vor euch fürchten? – Befaßt euch mit der Torah, wie es heißt (Dt 4,15, vgl. zuvor 4,14): *und hütet sehr eure Seelen!*"

3.2.6 DebR ed. Liebermann I,23

Dieses Kapitel gilt anfangs der Anweisung Dt 2,5 *Greift sie nicht an ...* und damit der speziellen Problematik des militärisch-politischen Verhältnisses zur römischen Weltmacht, aber im ganzen handelt es sich um Wieder-aufnahmen, die thematisch zu Dt 2,3 zurückführen, weshalb dann auch DebR I,24 daran angeschlossen werden konnte. Stück (A) leitet allgemein das Thema der Verläßlichkeit Gottes in der Vergeltung ein, Teil (B) spitzt dies auf Esaus Verdienst zu. Dies zunächst polemisch einschränkend, denn als Bedingung für den Lohn wird die Buße genannt, dann aber in der schon bekannten Weise dem Esau in Dieser Welt Ruhe zugestehend. Auch in (C) und (D) werden bereits verarbeitete Motive noch einmal aufgegriffen. Der Schluß ist doppelsinnig. Daß Esau mit der *malkût* (Königsherrschaft) gewürdigt wurde, kann sich auf die Könige in Edom beziehen, die es ja schon gab, bevor in Israel Könige herrschten, aber auch auf das Römische Reich. Die Fortsetzung betrifft dann bereits Dt 2,24, den Arnon-Übergang.

„(A) *Greift sie nicht an* – das ist es, was da gesagt wurde (Prov 16,11): *Gewicht und Waage des Rechts sind des HERRN*. Der Heilige – gepriesen ist Er! – enthält dem Menschen seinen Lohn nicht vor, Er mißt (ihn) ihm vielmehr mit dem Maß, mit dem er mißt. R. Eleazar sagte im Namen des R. Hoša'jah: Der Heilige – gepriesen ist Er! – sagte zu Mose: Ich enthalte keinem Menschen seinen Lohn vor. Fürwahr! Du hast als Zeuge in bezug auf mich ausgesagt und gesprochen (Dt 4,39): *du sollst heute erkennen und es dir zu Herzen nehmen*. Auch ich sage als Zeuge in bezug auf dich aus und sage (Dt 34,10): *Es stand kein Prophet mehr auf in Israel wie Mose*, um kundzutun, daß der Heilige – gepriesen sei Er! – keinem Menschen seinen Lohn vorenthält.

(B) Es sagte R. Jehoshua ha-Kohen b"R. Nechemja: Sogar den Frevlern, die ein Gebot erfüllen, enthält, wenn sie Buße tun, der Heilige – gepriesen sei Er! – ihren Lohn nicht vor. Du findest das bei Esau: Obwohl er ein Frevler war, hat der Heilige – gepriesen ist Er! – ihm seinen Lohn nicht vorenthalten, weil er seinen Vater geehrt hatte. Und wie hat es ihm der Heilige – gepriesen ist Er! – vergolten? – Er gab ihm Ruhe in Dieser Welt.

(C) Und wisse: Als (die) Israel(iten) ins Land Israel kamen, führten sie mit jeder einzelnen Nation Krieg und besiegten sie. Als sie aber daran gingen, Esau anzugreifen, ließ sie der Heilige – gepriesen ist Er! – nicht gewähren. Er sagte zu ihnen: Ich muß ihm die Ehre vergelten, die er seinem Vater erwiesen hat, daher (Dt 2,3): *Es ist zuviel für euch.*

(D) Als er seinen Vater bediente, bediente er ihn ehrerbietig, und es gab keinen Menschen, der seinen Vater so bedient und geehrt hätte wie Esau seinen Vater. Wenn er eintrat, um seinen Vater zu bedienen, zog er schöne Kleider an und trat ein, um ihn in ihnen zu bedienen, daher wurde er der Herrschaft (*malkût*) gewürdigt."

3.2.7 DebR ed. Liebermann I,24

Dieses abschließende Kapitel greift noch einmal (mit *dabar 'aḥer*) auf Dt 2,3 zurück und ist wohl verstellt, weil der Schlußteil von DebR I,23 (D) bereits Dt 2,24 betraf und DebR I,25 mit Dt 2,31 fortfährt. Schuld war offenbar eine Stichwortverbindung durch *b'r* (Brunnen).

Thematisch handelte es sich um variierende Wiederaufnahmen, wobei am Ende auch hier als Zielpunkt der Komposition die Ankunft des Messias erwähnt wird.

(A) Dieses Stück ist eine breitere Ausführung der Tradition in DebR ed. Liebermann I,22 (E) (siehe oben).

„(Dt 2,3) *Es ist zuviel für euch* – Wisse, was der Heilige – gepriesen sei Er! – in bezug auf Esau befohlen hat, sieh, was geschrieben steht (Dt 2,4): *Ihr durchzieht …: Achtet darauf, euch mit ihnen nicht anzulegen, hütet eure Seelen!* R. Eleazar sagte: Wenn zur Zeit, da die Schekinah unter ihnen gewesen war und sie all jene Herrlichkeit sahen, das Manna und den Brunnen, und die Wolken der Herrlichkeit sie leitend, und Er zu ihnen gesagt hat: *Ihr durchzieht das Gebiet eurer Brüder …*, so gilt das um so mehr <jetzt>, da wir all dieser harten Knechtschaft unterworfen sind. Und sie knechten uns, damit wir uns vor ihnen in acht nehmen."

(B–C) Vgl. oben DebR ed. Liebermann I,21.

(D). „*Wendet euch çfwnh* – Seht hin, denn noch wird er kommen, um das Haus des Heiligtums zu zerstören."

(E) „*Wendet euch çpwnh* – noch müssen die Königreiche von Norden her kommen, um das Haus des Heiligtums zu zerstören, da es heißt (Jer 1,15): *Denn siehe,ich rufe alle Sippen der Königreiche çpwnh,* – (Jer 1,14) *Von Norden her öffnet sich das Unglück.*

(F) *Greift sie nicht an, denn ich gebe euch nichts von ihrem Land, nicht einmal einen Fußtritt breit* – bis die Zeit kommt, die Daniel genannt hat (Dan 2,34): *Du schautest, und da löste sich ein Stein …; nicht einen Fußtritt breit* – bis (Jes 63,3): *Die Kelter trete ich allein* (vgl. dazu Jes 63,1–6).

(G) Es sagte(n die) Israel(iten): Herrscher der Welt! Vergiß nicht die Zerstörung, die sie an Deinem Haus angerichtet haben, da es heißt (Ps 137,7): *Gedenke, HERR, den Söhnen Edoms des Tages von Jerusalem, als sie sagten: Reißt nieder, reißt nieder bis auf die Grundmauer!* – Da sagte der Heilige – gepriesen ist Er! – zu ihnen: Fürwahr! Ich vergesse nichts von alledem, was sie meinem Haus angetan haben! Ich schreibe es vor mir nieder, denn es heißt (Jes 65,6): *Da ist es vor mir niedergeschrieben, ich werde es nicht übergehen, bis ich es heimgezahlt habe!*

(H) (Dt 2,8) *Da zogen wir ab von unseren Brüdern, den Söhnen Esaus* – R. Jose b. Chanina sagte: Wer hat es verursacht, daß die Söhne Esaus uns nicht in die Hände fallen? – (Es geschah) *vom Weg der 'rbôt (sic!) her*; weil wir nicht wandelten auf den Wegen, die dem Heiligen – gepriesen ist Er! – *ªrebôt* (angenehm) sind! (Ferner:) *von 'Elat her*; weil wir die *'jlwt* (Flucheide) und Schwüre der Torah nicht erfüllt haben; *und von 'Ezjon Geber her* – weil *'çjnn* (wir hart waren) gegenüber dem Herrscher der Welt, indem wir sagten (Ex 24,7): *Alles, was der HERR geredet hat, werden wir tun und hören,* es aber dann nicht getan haben. – *Und wir wandten uns um und zogen den Weg durch die Wüste Moabs* – wir wurden den Weltreichen unterworfen.

(I) Die Meister sagten: Wann also werden die Söhne Esaus uns nicht knechten? – *Vom Weg der 'rbh (sic!) her* – wenn wir auf den Wegen wandeln, die dem Heiligen – gepriesen ist Er! – angenehm sind; *Von Elat her* – wenn wir die *'jlwt* (Flucheide) und Schwüre der Torah erfüllen; so werden wir dem bösen Trieb Einhalt gebieten vor dem guten Trieb, und wenn wir so handeln, dann *wandten wir uns um und zogen den Weg durch die Wüste Moabs* – es kommt sofort der Sohn der Moabiterin als König, das ist der Messias-König. Der Heilige – gepriesen ist Er! – sagte: Gutes sproßt daraus und ihr wollt sie angreifen?" … (Es folgt ein unverständlicher, verderbter Textrest.)

In DebR ed. Liebermann XVIII kommt das Thema des Lohns für die Vaterehrung nochmals zur Sprache. Gott sagt von Esau, obwohl dieser ein Frevler ist: „Ich bringe ihn nicht um seinen Lohn, sondern ich zahle ihm seinen Lohn und gebe ihm Ruhe in ‚Dieser Welt', damit er keinen Anspruch erheben kann auf die ‚Kommende Welt', da er seinen Lohn bereits entgegengenommen hat. Daher braucht ihr ihn nicht anzugreifen. Warum das? –

Weil er seinen Vater geehrt hat. Woher das? – Von dem her, was geschrieben steht (Dt 2,2): *Es ist zuviel für euch zu umrunden.*"

4. Tanḥûma'

4.1 Midrasch *Tanḥûma'* (traditioneller Druck).

Dᵉ*barîm* III (Dt 2,2): „Da sagte der HERR zu mir wie folgt ... (Dt 2,3) *Es ist zuviel für euch das Umrunden dieses Berges* ... (Dt 2,4) und dem Volk gebiete wie folgt ... – Das ist es, was da gesagt (Ps 60,1): *Für den Preis/Sieger mnₕ auf Sôšan 'edût, deren mktm (Niederlage) David zu lehren.* Wann? – *Da er bekämpft Aram Naharaim und Aram Zoba* (Ps 60,2). Wurde nicht schon gesagt (1Kön 11,16): *Und er schlug alles Männliche in Edom, denn sechs Monate blieb dort Joab ...?* Und danach heißt es (Ps 60,2): *und Joab zurückkehrte und Edom im Salztal schlug.* – Das ist es, was da heißt (Jes 50,8): *Nahe ist, der mir Recht verschafft, wer wird mit mir rechten? Treten wir gemeinsam auf!* Der Heilige – gepriesen ist Er! – hat Israel die Torah gegeben, damit sie alle Nationen erlangen. Du findest, daß Joab ein Sanhedrinvorsitzender war, da es ..." (die unmittelbare Fortsetzung ist hier sachlich irrelevant)

„Was heißt (Ps 60,2) *und Edom im Salztal schlug*? Es müßte ja heißen: *Aram*, und nicht *Edom*! Jedoch, als Joab kam, um mit Aram Krieg zu führen, standen gegen ihn die Söhne Edoms auf und sagten zu ihm: Hat nicht der Heilige – gepriesen ist Er! – zu euch gesagt (Dt 2,4): *Greift sie nicht an?* Da antwortete ihnen Joab: Hat er zu uns nicht gesagt (Dt 2,3): *Ihr durchzieht das Gebiet eurer Brüder, der Söhne Esaus, laßt uns durchziehen!* Aber sie wollten nicht. Da sagte Joab: Wenn wir Edom jetzt verwüsten, finden wir bei unserer Rückkehr nichts zum Essen und nichts zum Trinken vor, also lassen wir sie, bis wir Aram geschlagen haben und zu ihnen zurückkehren. Daher heißt es (Ps 60,2): *Und Joab zurückkehrte und Edom schlug.* — Der Heilige – gepriesen sei Er! – sagte: Ihr habt Edom etwas verwüstet, wenn die Zeit kommt, verwüste ich es vollständig, denn es heißt (Ob 19): *und nehmen in Besitz den Negev und den Berg Esaus,* und es heißt (Ob 20): *Und die Exilierten dieses Volkes ...,* und es heißt (Ob 21): *und Retter steigen empor auf den Berg Zion, um zu richten den Berg Esaus* – dann (Ob 21) *wird die Herrschaft dem HERRN sein!*"

Dᵉ*barîm* IV (Dt 2,3): „*Es ist zuviel für euch das Umrunden dieses Berges* – Das ist es, was geschrieben steht (Cant 2,7): *Ich habe euch schwören lassen, Töchter Jerusalems, bei Gazellen (und Böcken des Feldes)* ... – Drei Schwüre gibt es im Hohenlied; warum? Einer, als der Heilige – gepriesen ist Er! – Israel schwören ließ, nicht die Endzeit aufzudecken, nicht die Endzeit herbeizudrängen und sich nicht gegen die Weltreiche zu erheben. Es sagte der Heilige – gepriesen ist Er! – zu ihnen: Wenn ihr die Schwüre haltet, dann gut, wenn aber nicht, dann erkläre ich euer Fleisch für erlaubt wie das von Gazellen und wilden Böcken, um die sich keiner fragt und kümmert, und ebenso wenig werde ich nach eurem Blut fragen!"

4.2 Midrasch *Tanḥûma'/Jᵉlammedenû* (ed. S. Buber).

Dᵉbarîm III–IV und Hôsafah zu *Dᵉbarîm* III–VI:

Dᵉbarîm III: „(Dt 2,3) *Es ist zuviel für euch das Umrunden dieses Berges* – Das ist, was die Schrift sagt (Cant 2,7): *Ich ließ euch schwören, Töchter Jerusalems!* Es sagte R. Levi: Viermal steht geschrieben: *Ich ließ euch schwören,* und warum? Entsprechend den vier Weltreichen, damit ihr gegen keines von ihnen euch erhebt. Es sagte R. Chelbo: Entsprechend vier Dingen: (1) Daß sie nicht das Ende herbeidrängen, (2) daß sie, wenn sie aus dem Exil zurückkehren, nicht haufenweise kommen, (3) daß sie sich nicht gegen die Herrschaft (*malkût*) erheben, und (4) daß nicht ihre Geheimnisse offenbaren; demgemäß hat er sie viermal schwören lassen. *Töchter Jerusalems* – was heißt *Töchter Jerusalems*? Er nennt die Nationen *Töchter Jerusalems*. Es sagte R. Jochanan: Der Heilige – gepriesen ist Er! – wird Jerusalem zur Hauptstadt für die ganze Welt machen, denn es heißt (Ez 16,61): *und gebe sie dir zu Töchtern, aber nicht von deinem Bund her …*"

Dᵉbarîm IV. (Dt 2,3) „*Es ist zuviel für euch das Umrunden* – Das ist, was die Schrift sagt (Ps 37,7): *Stille sei dem HERRN und hoffe (auf) ihn.* Was heißt: *dem HERRN?* – Nimm auf dich das Urteil, und wenn du auch für den Namen des Heiligen – gepriesen ist Er! – umgebracht wirst, so wie Hiob gesagt hat (Hi 13,15): *Tötet er mich, harre ich aus.* – (Dt 2,3) *Es ist zuviel für euch das Umrunden dieses har (Berges)* – er umrundete den *hor*/Ahnen: über die Maßen ehrte Esau seinen Vater Isaak. – Es sagte Rabban Simon b. Gamliel: Esau ehrte, wie ich nicht vermochte, meinen Vater zu ehren. Wenn ich bei ihm eintrat, um ihn zu bedienen, zog ich keine schönen Kleider an, aber Esau ging nicht hinein in den Kleidern, die er draußen trug, und bediente so seinen Vater. Was tat er? Er legte die Kleider ab, in denen er arbeitete, und zog schöne Kleider an, denn es heißt (Gen 27,15): *Und Rebekka nahm die Kleider Esaus, ihres älteren Sohnes, die kostbaren, die bei ihr im Hause waren.* Daher gilt: über die Maßen ehrte er seinen Vater, und wenn ich ihm die Ehrung seiner Väter vergelte, dann vergelte ich es ihm, denn es heißt (Sach 2,12): *Denn so spricht JHWH Zebaot … nach Ehre schickte er mich aus zu den Völkern, die euch plündern;* aber jetzt gilt: *Es ist zuviel für euch …!*"

D*barîm* V. „*Das Umrunden dieses Berges* – Was macht er mit dem Haus des Heiligtums, da es geschrieben steht (Ps 48,3): *Der Berg Zion, Eckpfeiler von çpwn*. Es ist euch nicht genug, daß ihr nicht seinen Berg nehmt, sondern er tritt ein auf euren Berg und verwüstet ihn; *wendet euch çpwnh* (Dt 2,3) – paßt euch an den Weltreichen, die über euch kommen, da es heißt (Jer 1,15): *Denn siehe, ich rufe alle Königreiche çpwnh, Spruch des HERRN.* — (Dt 2,4) *Und dem Volk gebiete wie folgt* – um die Generationen zu lehren, die nach ihnen kommen, daß sie einander befehlen, vorsichtig zu sein gegenüber Esau. (Dt 2,4) *Ihr durchzieht* ... – Es ist ein gutes Zeichen für sie, daß sie (nur) Durchziehende sind; warum? – Wenn die Heimsuchung kommt kommt sie nur über die Bewohner, da es heißt (Jes 24,17): *Furcht und Schrecken und Falle über dich, Bewohner der Welt!* — (Dt 2,4) *Ihr durchzieht das Gebiet eurer Brüder, der Söhne Esaus* – und der Prophet ruft (Ob 7): *Bis an die Grenze/das Gebiet treiben dich alle deine Verbündeten.* — (Dt 2,4) *und sie werden sich vor euch fürchten, doch hütet euch sehr* – obwohl sie sich vor euch fürchten, sollt ihr euch sehr hüten! — Rabban Simon b. Gamliel sagte: Für die Zeit, da sie sich vor uns fürchten, sagt Er uns: *Hütet euch sehr!*; wir, die wir verschlungen sind unter ihnen, um wieviel mehr!

D*barîm* VI. (Dt 2,5) *Greift sie nicht an, denn ich gebe euch von ihrem Land keinen Fußtritt breit* – R. Meir sagt: Bis seine Füße an ,jenem Tag' stehen! R. Samuel sagt: Bis jener kommt, in bezug auf den geschrieben steht (Num 24,17): *Es ging ein Stern aus Jakob auf* – das ist der Messias-König. — Der Heilige – gepriesen ist Er! – sagte zu ihnen: In ,Dieser Welt' hast du keine Gewalt über diesen Berg (Seir), aber in der ,Kommenden Welt' werdet ihr erlöst, und dann fordert ihr ihn und nehmt ihn in Besitz, denn es heißt (Ob 19): *Und sie nehmen in Besitz den Negev, den Berg Esaus.* Und es steht geschrieben (Ob 21): *und es steigen Retter empor auf den Berg Zion, zu richten den Berg Esau, und die Herrschaft wird des HERRN sein."*

4.3 Esau/Edom – Amalek

4.3.1 *Tanhûma'* (ed. S. Buber)[50]

In *hûqqat* 42–43 (vgl. YalqŠim I, § 263) heißt es:
    „Was steht danach (geschrieben)? – (Num 21,1) *Da hörte der Kanaanäer, König von Arad* ... – Das war Amalek, denn es heißt (Num 13,29): Amalek wohnt im Land des Südens, er wohnte an der Bresche. Und als er hörte, daß Aaron gestorben war und die Wolken der Herrlichkeit sich hinweggehoben

---

50   S. BUBER, Midrasch Tanchuma, Wilna 1885.

hatten, griff er sie sofort an. *Den Weg der Atarim (Kundschafter) –* (sie hörten,) daß der große Kundschafter gestorben war, der ihnen den Weg ausgekundschaftet hatte, denn es heißt (Num 10,33): *Und die Lade des Bundes des JHWH zog vor ihnen her drei Tagesmärsche, um für sie einen Ruheplatz zu erkunden. – Und er führte Krieg gegen Israel –* Amalek war es, aber warum nannte man ihn Kanaanäer? Deshalb, weil es (den) Israel(iten) verboten war, mit den Söhnen Esaus zu kämpfen, da es heißt (Dt 2,5): *Greift sie nicht an. –* Als Amalek kam und sie ein-, zweimal angriff, sagte der Heilige – Gepriesen ist Er! – zu ihnen: Der ist für euch nicht verboten wie die Söhne Esaus, sondern er gilt wie die Kanaanäer, denn es heißt (Dt 20,17): *sondern du sollst bestimmt bannen den Hittiter und den Emoriter, den Kanaaniter ...;* darum wird er Kanaaniter genannt. Amalek war immer eine Geißelstrafe für Ungehorsam Israels. Du findest im Zusammenhang mit dem Tod Aarons, daß Amalek gegen sie zog und (die) Israel(iten) sieben Tagesmärsche zurückwichen, denn es heißt (Dt 10,6): *Und die Israeliten brachen auf von Beerot Bne Jaqan nach Moserah, dort starb Aaron ....* Aber ist denn Aaron dort gestorben? Ist er nicht am Berg Hor gestorben, da es heißt (Num 20,28): *Und (Aaron) starb dort am Gipfel des Berges?* – Diese Verse beweisen, daß es sieben Tagesmärsche rückwärts waren, um dich zu lehren, daß sie zurückgewichen waren."

TanB *ḥûqqat* 43: *„Und sie brachen auf vom Berg Hor auf dem Weg zum Schilfmeer, um das Land Edoms zu umgehen. Da wurde die Seele des Volks ungeduldig auf dem Wege* (Num 21,4) – Steht denn nicht geschrieben (Neh 9,20): *und deinen guten Geist hast du gegeben, sie zu unterweisen?* – Jedoch, jene Scharen, die als Israel(iten) aus Ägypten ausgezogen und über die der Tod beschlossen worden war, sahen in der Wüste keinen ruhigen Geist und keinen guten Geist, und so heißt es auch (Num 14,33f.): *und ihre Söhne sollen Hirten sein in der Wüste ... –* Das bedeutet, daß die Seele des Volks auf dem Wege ungeduldig wurde."

4.3.2 Jᵉlammᵉdenû in *Yalqûṭ Šimʿônî* I, § 263

Die Amalekiter haben sich als Kanaaniter ausgegeben.[51] „Es sagte Esau zu Amalek: Wie habe ich mich bemüht, den Jakob zu töten, aber er wurde mir nicht in die Hand gegeben. Richte deinen Sinn darauf, meine Rache zu vollstrecken. Der sagte zu ihm: Wie kann ich mich mit ihm anlegen? Er

---

51 Vgl. auch RŠ"J zu Num 21,1: Amalek gab sich im Sinne einer Kriegslist als Kanaaniter aus, damit die Israeliten zu Gott beteten, sie vor den Kanaanitern zu retten, während diese in Wirklichkeit Amalekiter waren. Die Israeliten erkannten aber an den Kleidern, daß es sich nicht um Kanaaniter handelte, und beteten daher ohne konkrete Volksbezeichnung.

sagte: Folgende Überlieferung sei in deiner Hand: Wenn du siehst, daß sie sich in einer Sache vergangen haben, spring sie an. Dementsprechend findest du, daß er über Israel kommt: Als er ihre schweren Verschuldungen sah in Jerusalem und in Judah, sprang er sofort auf und kam, denn es heißt (Ob 11): *Am Tag, da du dich gegenüberstelltest.* Eine Meile war er von ihnen entfernt und sagte im Herzen: Wenn Israel siegt, sage ich: Euch zu unterstützen bin ich gekommen, wenn das Reich Babel siegt, wende ich mich gegen (die) Israel(iten) und töte sie. Und es steht geschrieben (Ob 14): *Stelle dich nicht auf die Wegscheide, um seine Entronnenen auszurotten.* In bezug auf Refidim steht geschrieben (Ex 17,7): *Gibt es denn JHWH in unserer Mitte?* – und sofort (danach Ex 17,8) *da kam Amalek.* Und so auch zur Zeit, da Aaron gestorben war, da es heißt (Num 21,1): *Da hörte der Kanaaniter.* – Es sagte R. Jehudah bar Schalom: Kanaanäische Kleidung zog er sich an und lernte die Sprache der Kanaanäer und redete in ihrer Sprache, damit Israel ihn nicht erkenne. Und er kam zu jeder Zeit. In bezug auf die Kundschafter steht geschrieben (Num 14,25): *Denn der Amalekiter und der Kanaaniter sind dort,* und es steht geschrieben (Num 14,45): *Da stieg herab der Amalekiter und der Kanaaniter, der auf jenem Gebirge wohnt, und schlug sie und zersprengte sie ....*

Es sagte R. Tanchum bar Chanilaj: Als sie hörten, daß Aaron gestorben ist, da bewaffneten sie sich unterhalb und bekleideten sich oberhalb und kamen daher wie Trauernde und sagten: wir wissen, daß ihr von unseren Vätern her ein Erbe habt, denn er sagte zu ihnen (Gen 27,22): *Die Stimme ist die Stimme Jakobs,* und daß sie beten und erhört werden. So wollen wir zu ihnen kommen, damit sie meinen, daß es Kanaaniter sind, und damit sie wegen der Kanaaniter beten, und dann töten wir sie. Als sie kamen, nahmen jene die Gesichtszüge Amaleks und die Kleidung und die Sprache der Kanaaniter wahr und sprachen: Herrscher der Welt! Wir wissen nicht, wer diese sind, übe an ihnen auf jeden Fall Gericht, denn es heißt: *Wenn du dieses Volk preisgibst ...;* und sofort darauf heißt es: *und es erhörte JHWH die Stimme Israels.* Das ist es, was die Schrift gesagt hat (Ps 35,15): *und bei meinem Straucheln freuten sie sich und rotteten sich zusammen, es rotteten sich zusammen gegen mich Lästerer.* Wenn ich nur etwas strauchle, rotten sie sich gegen mich zusammen. Es steht geschrieben (Dt 1,44): *und sie verfolgten dich, wie es die Bienen tun.* Wie es die Art der Biene ist, den Menschen zu stechen und dadurch zu sterben, so verhielten sie sich. (Thr 1,21) *Alle meine Feinde vernahmen mein Unglück, freuten sich ...* (ebd.): *hörten, daß ich seufze* – in Trauer über Aaron. Und nicht genug, daß sie nicht gekommen sind, mich zu trösten, sie freuten sich vielmehr und kamen, um gegen mich zu kämpfen."

5. Midrasch *Numeri Rabbah* (BemR)[52]

5.1 BemR XVI,18

„Amalek wohnt im Land des Südens (Num 13,29) – Wieso fingen sie mit Amalek an? Ein Gleichnis in bezug auf ein Kind, das sich einmal böse verhalten und mit einer Geißel geschlagen worden war. Wenn man es einschüchtern wollte, erinnerte man es an die Geißel, mit der es geschlagen worden war. So war Amalek eine schlimme Geißel für Israel. Und wieso saß der gerade im Grenzland am Weg, auf dem Israel (ins Land Kanaan) eintreten wollte? Sein Großvater Esau hatte ihm befohlen, ihnen auf dem Weg zuvorzukommen, und so verließ er seinen Ort und setzte sich am Weg fest: *Da zog herab der Amalekiter und der Kanaaniter, der auf jenem Gebirge wohnt,*[53] *und sie schlugen und versprengten sie bis gegen Horma* (Num 14,45).“

5.2 BemR XIX,15

„Und Mose sandte Boten: So sprach dein Bruder Israel (Num 20,14). Das ist es, was die Schrift gesagt hat (Ps 15,3): *Dessen Zunge nicht Verleumdung getrieben, seinem Nächsten nichts Böses getan und Schande nicht über seinen Verwandten gebracht.* Nach dem Brauch der Welt wird sich einer, der mit seinem Nachbarn ein Geschäft abgewickelt hat, wobei dieser ihn verärgerte, von dem trennen und ihn nicht (mehr) sehen wollen. Aber Mose hat, obwohl durch Israel bestraft, da es heißt (Ps 106,32): *und sie erzürnten ihn an den Wassern von Meribah, und es erging Mose schlecht wegen ihnen,* die Verantwortung für sie nicht von sich abgeworfen, sondern Boten gesandt (Num 20,14): *Du weißt von all der Beschwernis, die uns betroffen hat.* Er sagte: *Du mußt wissen* – wie der Heilige – gepriesen ist Er! – gesagt hat (Gen 15,13): *Du weißt bestimmt, daß deine Nachkommenschaft Fremdlinge sein werden in einem Land, das ihnen nicht gehört, und man wird sie knechten und unterjochen vierhundert Jahre.* – Wir sind geknechtet gewesen, und du warst frei, *und es zogen hinab unsere Väter* (Gen 20,15) – zu dieser Unterjochung. Ein Gleichnis in bezug auf zwei Brüder, gegen deren Vater ein Schuldbrief eingetrieben wurde und den einer von ihnen beiden eingelöst hat. Nach einiger Zeit begann er, seinen Bruder um eine bestimmte Sache zu bitten: Du weißt, daß jene Schuldverpflichtung auf uns beiden gelastet hatte, und ich es bin, der sie eingelöst hat, daher verweigere mir nicht die Sache, um die ich bitte!“

---

52 Ausgabe: A. Mirkin, Midrash Rabbah. Bam-midbar Rabbah, II, Tel Aviv 1965.
53 Also vom eigentlichen Wohnsitz weg.

Im folgenden deutet der Midrasch die Versicherung aus, daß beim Durchmarsch keine Schäden verursacht werden sollen und alles bezahlt werden soll.

Zu Num 20,17f.: *„Wir werden den Königsweg entlanggehen … wir werden unserem Vieh das Maul verbinden … Wir werden nicht abweichen nach rechts oder nach links* – Das war die schwierigste Bedingung, denn, so sagten sie zu Edom: In allen Ländern ringsum dürfen wir töten und rauben, doch in eurem Gebiet *werden wir nicht abweichen nach rechts oder nach links. Aber Edom sagte zu ihm: Du darfst nicht durchziehen durch mein Gebiet!* (Num 20,18) Das ist es, was geschrieben steht (Ps 120,7): *Ich bin ganz friedlich, aber sie sind für Krieg.* Woraus erschließen wir, daß der Heilige – gepriesen ist Er! – Mose eigentlich gesagt hat: Sie werden euch nicht durchziehen lassen, aber die Verweigerung ist nicht allein ihnen zuzuschreiben, denn ich will es so? – Daraus, daß es heißt (Dt 2,5): *Greift sie nicht an, denn ich gebe euch nichts von ihrem Land,* und weil geschrieben steht (Num 20,21): *So weigerte sich Edom, Israel durch sein Gebiet ziehen zu lassen.* Danach sandten sie zum König von Moab, und der weigerte sich (auch). Obwohl das nicht ausdrücklich gesagt wird, ist es doch im Buch der Richter wörtlich erwähnt … (vgl. Ri 11,17). Und auch Mose deutete es an, indem er sprach (Dt 2,29): *wie die Edomiter, die in Seir wohnen, und die Moabiter, die in Ar wohnen, an mir getan haben."*

5.3 BemR XIX,20

„Und die ganze Gemeinde sah, daß Aaron gestorben war. Als Mose und Eleazar vom Berg herabkamen, versammelte sich die ganze Gemeinschaft vor ihnen und sagte zu ihnen: Wo ist Aaron? Sie sagten zu ihnen: Er ist gestorben. Sie sagten zu ihnen: Wie konnte der Todesengel sich an ihm vergreifen, an einem Mann, der gegen den Todesengel standgehalten und ihn aufgehalten hatte, da geschrieben steht (Num 17,12f.): *Da stellte er sich zwischen die Toten und die Lebenden!* Wenn ihr ihn bringt, dann gut, wenn nicht, dann steinigen wir euch! Da stellte sich Mose hin zum Gebet und sprach: Herrscher der Welt! Bring uns aus diesem Verdacht heraus! Sofort öffnete der Heilige – gepriesen ist Er! – die Höhle und zeigt ihn ihnen, denn es heißt: *Und die ganze Gemeinde sah, daß Aaron gestorben war.* – Was steht danach (Num 21,1) geschrieben? – *Da hörte der Kanaaniter, König von Arad.* Du findest, daß zu der Zeit, da Aaron starb, die Wolken der Herrlichkeit sich hinweghoben, und sie (die Israeliten) erschienen wie eine ausgeartete Frau (vgl. ySot I,1/16b). Wer war der König von Arad? – Das war Amalek, denn es heißt (Num 13,29): *und Amalek wohnt im Land des Südens, und der Hittiter und der Jebusiter und der Emoriter wohnen im Gebirge, und der Kanaaniter wohnt am*

Meer und den Jordan entlang. Er saß also am Durchgang. Als er hörte, daß Aaron gestorben war und die Wolken der Herrlichkeit sich hinweggehoben hatten, zog er sogleich gegen sie los *auf dem Weg der Atarim (Kundschafter)* – das heißt des großen Kundschafters, der ihnen den Weg ausgekundschaftet hatte, da es heißt (10,33): *Und die Lade des Bundes JHWHs zog vor ihnen her;* und er führte Krieg gegen sie. Wenn das Amalek war, wieso wird sein Name ‚Kanaaniter' genannt? Weil es den Israeliten verboten war, mit den Söhnen Esaus Krieg zu führen, da es heißt (Dt 2,5): *Greift sie nicht an, denn ich gebe euch nichts von ihrem Land, nicht einmal einen Fußtritt breit, denn ich habe als Erbteil dem Esau gegeben den Berg Seir.* Als Amalek kam, griff er sie ein- zweimal an und der Heilige – gepriesen ist Er! – sagte zu ihnen: Der ist euch nicht verboten wie die Söhne Esaus, er ist für euch gleich Kanaanitern, in bezug auf die es heißt (Dt 20,17): *sondern den Bann sollst du an ihnen vollstrecken.* Darum heißt er ‚Kanaaniter'.

Amalek war für Israel stets eine Geißelstrafe, so findest du, als sie sagten (Ex 17,7): *Ist etwa JHWH in unserer Mitte?,* da heißt es sofort (Ex 17,8): *Da kam Amalek;* (und Num 14,4): *Da sagten sie einer zum andern: Setzen wir einen Hauptmann ein und kehren wir zurück nach Ägypten –* (Num 14,45) *da stieg herab der Amalekiter und der Kanaaniter.* Und hier (Num 21,1) heißt es: *Da hörte der Kanaaniter, König von Arad.* Du findest also, daß zur Zeit, da Aaron gestorben war, Amalek gegen sie auszog und sie sieben Tagesmärsche zurückwichen, denn es heißt (Dt 10, 6): *Und die Israeliten zogen weg von Beerot der Söhne Ja'aqans nach Moser, dort starb Aaron.* – Ist er nicht am Berg Hor gestorben, da es heißt (Num 20,28): *und da starb Aaron dort am Gipfel des Berges?* Diese Verse beweisen, daß es sieben Tagesmärsche zurück sind, um dich zu lehren, daß sie sich zurückgezogen haben.

XIX,21 (Num 21,4): *Da brachen sie auf von dem Berg Hor (in Richtung auf das Schilfmeer, um das Gebiet der Edomiter zu umgehen), und das Volk wurde ungeduldig auf dem Wege … .''*

5.4 *Midraš Tᵉhîllîm* (MTeh) zu Psalm 97

Die enge Verbindung zwischen ‚Amalek' und ‚Edom' wird gelegentlich selbst dann vorausgesetzt, wenn der Name Amaleks gar nicht erwähnt wird. Sehr klar kommt das zum Beispiel im Midrasch *Šôḥer ṭôb* zu Ps 97 zum Ausdruck, wo explizit eine Bezugnahme auf Ex 17,16 erfolgt, die in der Tradition viel behandelte und dem Amalek angelastete Verminderung des göttlichen Namens (*JHWH*) und Thronsitzes (*kisse'*) zu *JaH* und *KeS* aber der Herrschaft Edoms zugeschrieben wird, von deren Ablösung durch die Gottesherrschaft der Kontext handelt:

„Der HERR ist König geworden, es jauchze die Erde! (Ps 97,1) – Dich zu lehren, daß es in Dieser Welt kein Jauchzen gibt all die Zeit, in der das Reich Edoms besteht, und daß der Name (JHWH) so lang nicht vollständig ist und der Thronsitz nicht vollständig ist, denn es heißt (Ex 17,16): *Und er sagte: Eine Hand (ist) am KS JH (Thron des JH)!* Wenn aber der Heilige – gepriesen ist Er! – die Herrschaft antreten wird in der Zeit des vierten Exils, dann heißt es sofort (Sach 14,9): *Und JHWH wird König sein über die ganze Erde, an jenem Tag wird JHWH eins sein und sein Name eins.*[54]

Der HERR ist König geworden, es jauchze die Erde! [*Es freuen sich viele Gestade!*] – Dann kommt er, um Krieg zu führen gegen die Völker der Welt. *Wolke und Wolkendunkel als seine Umgebung, Recht und Gerechtigkeit als Fundament seines Throns* – um sich zu erbarmen über Israel, denn es heißt (Ps 89,15): *Recht und Gerechtigkeit sind die Fundamente Deines Thrones [Gnade und Treue stehen vor deinem Angesicht].* — *Feuer geht vor ihm her und verbrennt ringsum seine Feinde* – Das sind die Völker der Welt. *Es erleuchten seine Blitze den Erdkreis ... Berge schmelzen dahin wie Wachs* – das sind die Völker der Welt. — (Ps 97,7) *Zuschanden werden alle Standbildverehrer* – Es sagte R. Samuel bar Nachmani: In der Heilszukunft werden sich die Völker der Welt versammeln mit ihren Standbildern in ihren Händen, und der Heilige – gepriesen ist Er! – wird zu ihnen sagen: Auf wen habt ihr vertraut? Sie sagen zu ihm: Auf den und den. Da sagt der Heilige – gepriesen ist Er! – zu ihnen: An ihnen ist doch nichts Wirkliches! Sofort sagt er zu ihnen: Siehe die Lahmen und die Stummen und die Blinden, die ich geschlagen habe, sie (das heißt die Götzen) sollen kommen und sie heilen! Sofort, nachdem die Völker der Welt gehört haben, daß nichts Wirkliches daran ist, werfen sie sie aus ihren Händen. Zu der Zeit verleiht der Heilige – gepriesen ist Er! – den Götzen aber Wirklichkeit, und die Götzen kommen und beten den Heiligen – gepriesen ist Er! – an, und die Völker der Welt schämen sich und sind beschämt: (Ps 97,7) *Zuschanden werden alle Standbildverehrer, [die sich der Götzen rühmen,] Ihm huldigen alle Götter*; und sofort (danach) wirft man sie in den Abgrund, denn es heißt (Jes 2,20): *wirft hin seine Götzen von Silber ....* An jenem Tag *hört Zion es und freut sich.* Warum? – *JHWH, wegen deiner Gerichte,* weil du Gericht übst an den Völkern der Welt und an ihren Götzen. Dann werden alle Weltbewohner zu Israel sagen (Ps 97,10): *Freunde des JHWH sind, die Böses hassen, dessen, der die Seelen seiner Frommen bewahrt [, aus Frevlerhand errettet Er sie].* — *Ein Licht erstrahlte dem Gerechten* (Ps 97,11) – Das ist das große Licht, das der Heilige – gepriesen ist Er! – geschaffen hatte, als er die Welt erschuf, und das er verborgen hat für die Gerechten und das er herausziehen wird aus seinem Behälter, denn es heißt (Jes 60,1): *Steh auf,*

---

54 Auch im Sinne von wiederhergestellter Vollständigkeit des Namens und Thrones.

leuchte, denn dein Licht kommt! Dann sagt der Heilige – gepriesen ist Er! –
(Ps 97,12): *Freut euch, Gerechte, in JHWH, und preist das Gedächtnis Seiner
Heiligkeit!"*

6. Jannaj

6.1 Vorbemerkung

Während so gut wie alle diese geschichtstheologischen Konzepte und die so
bemerkenswerten Akzentverlagerungen in ihren überlieferungsgeschicht-
lichen Stadien und redaktionsgeschichtlichen Phasen kaum exakt datierbar
sind, können die liturgischen Dichtungen des Jannaj als Schöpfungen eines
Autors zumindest in das 6. Jahrhundert datiert werden, sofern man nicht
extremeren Frühdatierungen folgen will. Jedenfalls kann als sicher gelten,
daß Auslegungstraditionen, die dieser Dichter in selbstverständlicher Art
verarbeitete, spätestens um 500 n. Chr. allgemein bekannt gewesen sind,
weil ansonsten derartige Pijjutim weithin unverständlich gewesen wären.
Gleichsam in Kurzschrift faßte der Dichter nämlich ganze Vorstellungskomplexe der Auslegungsüberlieferung zusammen, deutete Motive aus ihr
an und verwendete *kinnûjîm* (symbolische Bezeichnungen), die nur in
Kenntnis ihres auslegungsgeschichtlichen Hintergrunds verständlich sind.
Auch zu den Torah-Leseperikopen Num 20,14ff. und Dt 2,1(2)ff. bietet er
unter Verarbeitung der dazugehörigen Haftarot aus dem Obadjabüchlein
ein poetisch formuliertes, aber schroff polemisches Kompendium, in dem
die meisten Motive vertreten sind, die in den vorgestellten Midraschtraditionen breiter ausgeführt vorliegen. Und man kann davon ausgehen,
daß alles, was bei Jannaj an besonderen Akzentuierungen vorkommt, auch
der Mentalität des gehobenen jüdischen Milieus im Palästina des späten 5.
und frühen 6. Jahrhunderts entspricht.

6.2 Aus der *Qᵉdûšta'* zum Sedär Num 20,14ff.

I.   „Da erschraken die Großen Edoms,
      als das Volk mit Macht geführt,
      heraufgeführt ihrem Gebiet nahekam,
      und sie versperrten ihm den Weg
      [… (fragmentarischer Text) …]
      W(ie) g(eschrieben steht): Num 20,14 …;
      und geschr(ieben steht): Ps 17,13 …:

und geschr(ieben steht): Prov 16,32 …
[… (Die Chatimah ist nur fragmentarisch erhalten) …]"

II.   Dieser Pijjut beschreibt das vergebliche Bemühen der Boten, mit
      höflichen Bitten Edom zur Erlaubnis des Durchzugs zu bewegen. Die
      Chatimah lautet mit eschatologischem Pathos:
      „Israel wird gerettet durch Dich, rettender Gott,
      durch Wiederbelebung mit Heils-Tau!"

Die eschatologische Thematik kommt im nächsten Pijjut infolge massiver
Verarbeitung von Obadja-Motiven noch stärker zum Zug.

III. „Deine rechte Hand streck aus […] sende/(den) Boten,
            der unter die Völker entsandt (Ob 1),
            und sende unter sie Schwindsucht (Jes 10,16).
      Die Prophetie *Es kommt von Edom* (Jes 62,1)
            laß eintreffen für Edom,
      und durch Dein Schwert, Herr,
      richte es hin (Jes 34,5)!

      Es erwache die Zeit der Rettung,
            daß wir Kunde vernehmen:
      Aufgesprossen ist Rettung
            und Hei[l ist] aufgestiegen!
      JH, durchforsche sein Verborgenstes (Ob 6)
            und […] wirf (ihn) aus,
      es werde der Gecko, den du faßt,[55]
            von Obadjas Vision erfaßt.
      W(ie) geschr(ieben steht): … (Ob 1);
            und geschr(ieben steht): … (Ob 21)"

IV.   „Als ans Frevelgebiet das gerechte Volk gelangt (Mal 1,4),
            wich es zurück wie ein Gerechter vor einem Frevler (Prov 25,26).
      Sie kamen in Liebe,
            und er kam in Feindschaft,
      sie ersuchten um Mitleid,
            und er suchte einen Vorwand.
      Sie flehten ihn an, sie hindurchziehen zu lassen,
            aber er ließ sie nicht durchziehen
      und stellte seinen Hinterhalt auf

---

55 Prov 30,28. Dieser Gecko wird BerR LXVI,7 und Midraš Mišle z.St. auf Rom
    gedeutet.

und entblößte sein Schwert.
Denn (der) Vater hatte ihn reich gesegnet,
    daß er lebe durch sein Schwert (Gen 27,40),
darum vertraute er auf sein Schwert,
    und er redete in seinem Herzen (Gen 27,41),
    und so kam das Schwert ihm ins Herz,
Das Schwert, das scharf wie ein Blitz (vgl. Dt 32,41),
    werde gegen ihn (selber) gezückt,
seines Leibes Fett verfaule,
    und er falle tief in sein Netz (vgl. Ps 141,10)!
Sein Stroh entflamme (Ob 18)
    durch das Feuer des ‚glatten Mannes' (Jakob, Gen 27,11),
und Ehre werde Dir zuteil,
    Furcht(barer) und He(iliger)!"

V.   „Einst wahrte der Untadelige sanfte Rede (Gen 32–33)
    und sandte Botschaft an seinen Bruder.
Seine Söhne handelten ebenso
    und hofften so,
flohen vor (dem Begünstigten) der Stunde
    und versuchten nicht des Vaters Segen.
Von den Vätern lernte auch
    der Demütige (Mose) in Demut und bat (vgl. Gen 32,5).
Er sagte: So sprach er, der zum Vater Edoms gesandt,
    so spricht er, der zum König Edoms gesandt.
Jener sagte: So spricht dein Knecht,
    aber der sagte: So spricht dein bedrückter Bruder.
Aber nichts fruchtete das Wort (Num 20,19: *ohne etwas [wollen wir*
                              durchziehen]),
    obwohl sie eine Fülle von Dingen daran gebunden:
unsere Nachkommen sollen sich nicht an eure Nachkommen hängen –
    wie könnte auch Stroh an Feuer sich hängen?
Wir lassen von jedem Feld und bleiben jedem Weingarten fern,
    davon, Jungfern zu betören und Bräute zu vergewaltigen.[56]
Wir kosten kein Zisternenwasser –
    die Frauen, Zisternenwasser verglichen;
wir weichen nicht nach rechts
    und weichen nicht ab nach links,
wir beginnen keinen Krieg und
    vergreifen uns nicht an Beute."

---

56   Vgl. Targum Ps.-Jonatan z.St.

6.3 Aus der *Qᵉdûšta᾽* zum *Sedär* Dt 2,1(2)ff.[57]

Die in der Regel auslegungsgeschichtlich besonders aussagekräftigen ersten drei Pijjutim der Qᵉdušta᾽ sind leider nicht erhalten, der Text setzt also erst mit dem Stück IV ein.

IV.   „Ich beschwor euch, Söhne des Rechts,
                  als dessen Erwecker,
            eure Liebe nicht zu wecken[58]
                  wegen seiner Feindschaft,
            euer Feuer gegen ihn nicht zu entfachen,[59]
                  bis es der Zeit des Frühlings gefällt[60]
                  und die Stunde der Garbe gekommen,[61]
            die Ernte reif,[62] die Fechsung überreif
                  und dürr das Gras,[63]
            zerteilt das ‚Schwein',[64]
                  die Herrschaft wieder
                  ihren Trägern zugeteilt![65]"

V.   „Dem Mann, der hochgeehrt sprach: Ich habe viel!,[66]
                  hat der große König Ehr[e zu]geteilt in ‚viel'[67]
            wegen der vielen Ehre, die er seinem Ahn erwiesen,[68]
                  hörten wir: *Zuviel für euch ist das Umrunden* seines *Berges*.
            Ein Gebiet ward ihm in Dieser Welt gegeben,
                  wendet euch ab, versetzt nicht welt-ewige Grenze!
            Laßt von ihnen [fern euren Weg verlaufen],
                  und zückt gegen sie kein Schwert!

---

57 Z. M. Rabinowitz, The Liturgical Poems of Rabbi Yannai, II, Jerusalem 1987, 123–129.
58 Nach der geläufigen Deutung von Cant 8,4: Nicht vorschnell die eschatologische Vollendung herbeiführen zu wollen.
59 Vgl. Ob 18.
60 Cant 2,12.
61 Mi 4,12 oder Sach 12,6.
62 Joel 4,13.
63 Jes 40,6f. in der Deutung entsprechend der unter anderem im Targum bezeugten Deutung auf die ‚Frevler'.
64 Ps 80,14 in der gängigen Deutung auf ‚Edom'.
65 Vgl. WaR XIII,5.
66 Esau in Gen 33,9.
67 Im Abschnitt Dt 2,2ff.
68 Esau gilt als musterhaft in der Erfüllung des Gebots der Elternehrung, womit auch das positive Verhältnis Isaaks (Gen 25,28) zu seinem ältesten Sohn erklärt wird.

Denn wenn sie auch eure Ha[sser] sind –
    sie sind Söhne Esaus, eures Vaterbruders,
und Enkel gelten als Er[ben wie Söhne][69]
    [… (fragmentarischer Text) …]"

VI   [Anfang: nur Reste] …
    „…] den Berg Seir in Besitz zu nehmen
        [……………………] als Erbe,
wird am Ende Esau zum [Besitz][70]
    für euch, die Erben des Erbes,
daß die Vollkommenen, silbergesprenkelt,[71]
    den Feind berauben, der Silber liebt,
dessen Brot und Wasser ihr wolltet für Silber erwerben,[72]
    da er durch Bestechungs-Silber sich nährt!
Kraftvoll zurückhaltend des Schwertes Gewalt,
    um den Schwertgesegneten nicht anzugreifen,
verhalten, nicht Schwertes Lohe zu entfachen,
    fürchtet euch vor dem Schwert!
Sein Gebirg' umrunden,
    seine Städte belagern?
Wegen des Verdienstes seiner Eltern
    gebt seinen Edlen die Hand,
dringt nicht ein in seine Gebiete,
    bis der ‚Fels' offenbart sein Geheimnis!
Statt mit Schild und Schwert
    gegen ihn sich zu wenden,
wendet euch doch der Verborgenen (çpwnh) zu,[73]
    findet dort Zierde, in welcher die Wonne
    im Guten, das darin für euch verborgen!
Erworbene des roten, frischen Geliebten[74]
    erwerben sich Güter im Lande des ‚Roten'.[75]

---

69 RABINOWITZ führt S. 124 zu Zeile 11 bBB 115a an; aber laut bQid 18a ist ausdrück-
    lich auch ein Götzendiener nach seinem Vater erbberechtigt, und in diesem
    Zusammenhang wird Dt 2,5 zitiert.
70 Num 24,18 und Ob 19.
71 Die Israeliten, nach der ‚Taube' mit den silbergesprenkelten Schwingen in Ps 68,14.
72 Num 20,19; Dt 2,6.
73 çpwnh, heißt, als çefônah vokalisiert, nach Norden, nordwärts; çefûnah hingegen ist
    Femininform des Partizipiums Passiv çafûn, von der Verbalwurzel çpn ‚verbergen',
    ‚aufbewahren'. Als Nomen eine der zahlreichen Bezeichnung für die Tora.
74 Cant 5,10.
75 Wortspiel ʾadôm (rot) – ʾEdôm.

§ 12 Israel und ‚Edom' in den Ausdeutungen zu Dt 2,1–8

Bleibt also fern dem Gebiete von Edom
  bis zu *Wer kommt einher aus Edom,*
kommt einher im roten Gewand?[76]
Wohnend im Lande der Edlen,
  die sich getrennt von den Freien,
wird euch der Amoriter Beute zuteil,
  und ihr erbt das Land,
  das den Ahnen verheißen!
(Dt 2,5) *Ihr sollt s[ie nicht ang]reifen ...".*

VII/1 „Nicht drängt nach dem Besitzteil
  der Großen des ‚Roten'!
Nicht tretet in Häuser der Söhne
  des Erstgeburtsrechtverächters!
Nicht naht euch der Grenze
  eines ganz und gar groben Volkes!
Nicht betretet Weiler der Verfolger
  verstoß'ner Geliebter!
Nicht wandelt auf Bergen
  von Verkehrtes Ersinnenden!
Nicht schädigt[77] die Nachkommen
  des vorsätzlich schändlich Unzüchtigen!
Nicht drängt in den Schutz ihres Schwertes,
  ihres Lebensanteils![78]
Nicht kostet von unreiner Beute
  des Schlachtfleisch Jagenden!
Nicht siedelt im Erbteil
  hoffärtiger Fallenerfinder!
Nicht tretet ein in Versammlungen
  [voll von] allen Verleugnern![79]
Nicht kämpft gegen Spötter,
  sie zu vertreiben [...]!
Nicht eilt zu Kriegen [...
  dessen Sch]ilde gerötet![80]
Nicht schmäht Schmähende,
  die bereit zur Zerstörung der ‚Wohnung'![81]

---

76 Jes 63,1ff.
77 Rabinowitz z.St. anders: verbündet euch nicht.
78 Gen 27,40.
79 *kwmsj kl kpwrjm = kmwsj kl kwprjm?* Text unsicher.
80 Nah 2,4.
81 Des Tempels.

Nicht umrundet in Se'ir
  den Haarigen (*śaʿîr*) [...]!
Nicht greift Übertreter an,
  gegen [...] zu ziehen!
Nicht brecht aus gegen Verbrecher,
  die wild wie Verwilderte toben!
Nicht belagert [...
  ...... - ...]!
Nicht eifert gegen Eiferer,
  deren Gewerb der Erwerb von Grund!
Nicht handelt böse an Bösen,
  Veranstaltern von Wagenrennen!
[Nicht ...] ... Wohnung ... [
  ....]!
Nicht streitet gegen Nachkommen derer,
  die den Erdkreis mit Abscheu beherrschen!"

VII/2 Dieses Gedicht ist nur fragmentarisch erhalten, der Inhalt entsprach
  aber offenkundig völlig der Tendenz der Gesamtthematik.

„Bis *Es geh*]*t auf ein Stern*[82]
  und abgetrennt wird, der [...]
bis er vollendet die Kelter zu treten[83]
  und ... [...] den du bereitest.
Bis ... und du auf ihre Anhöhen trittst[84]
  und alles Fleisch ...
Bis ständig gesungen wird ,Zu der Kelter'.[85]

Bis einschlägt ein Stei[n] und trifft ein Bild,
  daß die tönernen Beine zerbrechen,[86]
bis [... auf] dem Ölberg[87] [...]."

---

82 Num 24,17.
83 Jes 23,3.
84 Dt 33,29.
85 Kelter: Umdeutung der Melodieangabe *ʿal ga-gittît* in Ps 8,1; vgl. Midrasch Tehillim
    und RŠ"J z.St., in der Ausdeutung im Zusammenhang mit Joel 4,9ff. und Jes 63,2f.
86 Dan 2,34.
87 Sach 14,4.

C. Zum Prophetencorpus

§ 13

Die Hofanlagen im Tempel-Entwurf des Ezechiel im Licht der Tempelrolle von Qumran

1. Zur Fragestellung

Die von Y. Yadin edierte Tempelrolle (11Q19)[1] enthält in den Kolumnen 3–48 Vorschriften und Angaben über den Tempel und den Tempelkult, und zwar als Offenbarung Gottes am Sinai. Es handelt sich also nicht um den Entwurf eines endzeitlichen Tempels, sondern um einen als Gotteswort deklarierten Entwurf für den Tempel, der nach der Landnahme gebaut werden sollte, insofern auch um eine kritische Alternative zum realen Ersten und Zweiten Tempel, eng verbunden mit ganz bestimmten Kulttraditionen, die zur Zeit der Abfassung bereits länger kontrovers gewesen sein dürften. Wahrscheinlich wurde die redaktionelle Endgestalt im frühen 2. Jahrhundert n. Chr. erstellt, die einzelnen literarischen Komponenten stammen hingegen aus älterer Zeit, der Tempelentwurf wahrscheinlich aus dem späten 3. Jahrhundert. Die architektonische Gestaltung eines Heiligtums ist natürlich von den kultischen Funktionen seiner einzelnen Teile und Einrichtungen abhängig. Und selbstverständlich spielte bei alledem eine in der Alten Welt fest verankerte Vorstellung eine maßgebliche Rolle bei der Gestaltung eines Heiligtums, nämlich seine kosmologische Symbolik.[2]

Im Lauf der Jahrhunderte haben sich aber sowohl die architektonischen Traditionen als auch die Kultvorstellungen und Kultpraktiken geändert, so

---

1   Y. YADIN, Meĝîllat ha-miqdaš. The Temple Scroll (Hebrew Edition), 1: Introduction, II: Text and Commentary, III: Plates and Text, IIIA: Supplementary Plates, Jerusalem 1977; E. QIMRON, The Temple Scroll. A Critical Edition with Extensive Reconstructions. Bibliography by F. García Martínez, Beer-Sheva – Jerusalem 1996. Deutsche Übersetzung: J. MAIER, Die Tempelrolle vom Toten Meer und das „Neue Jerusalem", München (UTB 829³) 1997; A. STEUDEL, Die Texte aus Qumran, II, Darmstadt 2001, 1–157.

2   Vgl. für Ezechiel: S. NIDITCH, Ezekiel 40–48 in a Visionary Context, CBQ 48, 1986, 208–224. Dazu gehört auch die Position des Heiligtums im Heiligkeitsbereich des Landes, vgl. K. R. STEVENSON, Vision of Transformation. The Territorial Rhetoric of Ezekiel 40–48, Atlanta 1996.

daß im Lauf der Zeit ein reicher Schatz von Erfahrung auf dem Gebiet der Sakralarchitektur zur Tradition der Kreise und Familien gehörte, die mit der Verwaltung und Gestaltung des Jerusalemer Tempels zu tun hatten. Die salomonische Anlage ist ja nicht bis zu ihrer Zerstörung unverändert geblieben und die Wunschvorstellungen und Pläne für den Neubau waren durch diese Tradition bestimmt.[3] Ezechiel 40–48[4] und die Tempelrolle enthalten zwei beredte Zeugnisse dieser Bemühungen um ein Optimum kultisch-ritueller Funktionalität des Jerusalemer Heiligtums, ob real existent oder im programmatischen Entwurf.

Für das Folgende sind nur jene Kolumnen der Tempelrolle (11Q19) von Interesse, in denen die Tempelanlage selbst entworfen wird, das sind außer Kol. 3–13 (für das Tempelhaus und den Brandopferaltar) insbesondere Kol. 30–46 für die Tempelhöfe.

Die Tempelanlage von 11Q19 besteht aus drei architektonisch jeweils als quadratische Quadriportikus-Komplexe gestalteten Hofumfassungen:
1. Innerer Hof, der Funktion nach Priesterhof (wie bei Ezechiel).
2. Ein Mittlerer Hof, der Funktion nach Männerhof, möglicherweise auch der äußere Hof Ezechiels (jedenfalls im Verständnis Späterer), zumal das Ausmaß von 500 x 500 Ellen beiden gemeinsam ist.
3. Der Äußere Hof, der Funktion nach Israelitenhof (für kultfähige Männer und Frauen), im Zweiten Tempel der Bereich hinter der Abgrenzung mit den Warntafeln für Fremde (für Ezechiel vgl. 44,6–9).

Im Groben haben der Ezechiel-Entwurf und 11Q19 folgende Anliegen und architektonische Grundvorstellungen gemeinsam:
   a) Die Neigung zu quadratischen Hofflächen mit Umfassungsbauten.
   b) Die Fläche von 500 x 500 Ellen für den Äußeren Hof bei Ezechiel bzw. den Mittleren Hof in 11Q19.
   c) Die Abtrennung des allein für Priester zugänglichen Bereiches als eigenen architektonischen Innenhof-Komplex.

Während die Art und Weise der architektonischen Realisierung der Abgrenzung der Heiligkeitsbereiche in 11Q19 klar ersichtlich ist, bleiben bei Ezechiel manche Angaben über die Hof-Verbauung undeutlich bzw. unvollständig.

---

3   J. MAIER, The Architectural History of the Temple in Jerusalem in the Light of the Temple Scroll, in: G. J. BROOKE, Temple Scroll Studies, Sheffield 1989, 23–62; DERS., The Temple Scroll and Tendencies in the Cultic Architecture of the Second Commonwealth, in: H. L. SCHIFFMAN (ed.), Archaeology and History in the Dead Sea Scrolls, Sheffield (JSPE.S 8) 1990, 67–82; DERS., Temple, in: DERS. – J. C. VANDER-KAM, Encyclopedia of the Dead Sea Scrolls, II, New York 2000, 921–927; DERS., Tempel. IV. Judentum, TRE 33, 2001, 65–72.

4   TH. A. RUDNIG, Heilig und Profan. Redaktionskritische Studien zu Ez 40–48, Berlin – New York (BZAW 287) 2000, vor allem 244ff.

Da jedoch das Grundanliegen, die eindeutige Abgrenzung der Heiligkeitsbereiche, beiden Entwürfen gemein ist, ist zu fragen, wieweit auch für die
architektonischen Vorstellungen ähnliche Züge angenommen werden können. Da beide Entwürfe als Korrektur der realen historischen Tempelanlage
verfaßt worden sind, darf man davon ausgehen, daß die jeweils ideale Lösung
auch *en detail* und nicht bloß im Großen angepeilt worden ist. Darum ist es
äußerst unwahrscheinlich, daß zum Beispiel im Blick auf die ‚großen Tempelsakristeien' Ez 42,1ff. die von K. Galling[5] wie von K. Elliger[6] und anderen
angenommenen Geländeschwierigkeiten mit Felsvorsprüngen (siehe unten)
wirklich in Betracht kommen. Dergleichen paßt nicht zu einem Ideal-Entwurf,
wie ja auch in bezug auf die Arealeinfassung von 500 x 500 Ellen (bei Ez
42,15; 45,2) keine solchen Schwierigkeiten auftauchen, obschon sie von den
topographischen Gegebenheiten her hier eher zu erwarten wären als bei den
sog. Sakristeien, wo zudem die erheblichen Niveauunterschiede – drei Terrassen bzw. drei Stockwerke! – ja die natürlichen weit übersteigen würden, es
sei denn, man identifiziert mit K. Galling Stockwerke und Terrassen nicht.

Als Mittel der Abgrenzung der Heiligkeitsbereiche bzw. Höfe kennt die
Tempelrolle Einfassungsmauer und Umfassungsbauten, letztere ringsum
der Einfassungsmauer entlang, nur durch die Torbauten unterbrochen.
Niveauunterschiede, wie sie bei Ezechiel durch die Angabe der Stufenzahl
der zu den Torbauten hinaufführenden Treppen vorausgesetzt sind, werden
in 11Q19 innerhalb des Areals nicht erkennbar. Bautechnisch bedeutet dies
für den Ezechiel-Entwurf immerhin, daß die nach dem Zentrum der Heiligkeit zu jeweils höher werdenden Areale durch eine Einfassungsmauer oder
eine Böschung umgeben sein müssen, wobei das erstere wahrscheinlicher
ist, denn für die äußere Einfassung ist offensichtlich eine Mauer und nicht
eine Böschung vorgesehen (Ez 40,5), wobei sich das seltsame Ausmaß (sechs
Ellen hoch und sechs Ellen stark) durch die Doppelfunktion als Einfassung
des erhöhten Hofareals und als Teil-Fundament für die Umfassungsbauten
des Hofkomplexes erklärt. Eine durch die Torbauten unterbrochene Einfassung durch Böschungen, auf denen dann erst die „Hallen" des Innenhof-
bereiches stünden, ist für Ezechiel kaum wahrscheinlich, obwohl dies oft
angenommen wird. Es ist auch hier mit einer Einfassungsmauer zu rechnen,
deren Minimalhöhe das Innenhofniveau erreicht. Dies bedeutet zugleich,
daß der Innenhof bei Ezechiel nur durch die drei Torbauten betreten werden

---

5   K. GALLING in: G. FOHRER, Ezechiel, Tübingen (HAT I/13) 1955, 235ff. (mit Skizze
    am Ende des Bandes).
6   K. ELLIGER, Die großen Tempelsakristeien im Verfassungsentwurf des Ezechiel (Ez
    42,1ff.), in: Geschichte und Altes Testament (= Festschrift A. Alt), Tübingen 1953,
    79–103. Ihm folgte im wesentlichen H. GESE, Der Verfassungsentwurf des Ezechiel
    (Kap. 40–48), Tübingen 1957, 26ff.

konnte – im Grunde logisch, denn diese dienen ja gerade der Kontrolle und Regulierung des Verkehrs zwischen den Heiligkeitsbereichen. Dies wieder ist für die Frage von Belang, wie sich der Verfasser den Zugang zu den „Hallen" vorgestellt hat (siehe unten).

Hofanlagen als architektonische Abgrenzung von Heiligkeitsbereichen sind in der Umwelt Israels keineswegs unüblich gewesen, wenngleich erst verhältnismäßig spät so konsequent angelegt, wie es der Ezechiel-Entwurf oder 11Q19 fordern. Im Städtebau sind vom 6. Jahrhundert v. Chr. an Einfassungen von Hofplätzen mit Säulenhallen eine ständig zunehmende Erscheinung gewesen. Das Verhältnis zu 11Q19 in der Sache und im Blick auf die Chronologie bedarf noch genauerer Untersuchungen, doch sind sowohl der Ezechiel-Entwurf wie die Anlage in 11Q19 als architekturgeschichtlich beachtliche Beiträge einzuschätzen. Nun ist freilich die erhebliche Differenz zwischen Idealentwürfen und den durch die topographischen und kostenmäßigen Bedingungen bestimmten Realisierungen immer mitzubedenken. Schon ein oberflächlicher Blick auf die herodianische Tempelanlage zeigt, daß sie der Tendenz nach durchaus vergleichbare Ziele verfolgte, diese aber trotz riesigen bautechnischen Aufwands nur begrenzt erreichen konnte. Man darf ferner annehmen, daß die recht komplizierte und wenig durchsichtige Baugeschichte des Ersten und Zweiten Tempels auch durch Überlegungen und Bedürfnisse mitbestimmt war, wie sie in den Idealentwürfen Ezechiels und dann in 11Q19 – wenn auch mit beträchtlichen Unterschieden – systematisiert wurden; bei Ezechiel in einer weniger geschlossenen Weise, weil nur die besonderen Anliegen und umstrittenen Daten genauer behandelt bzw. erwähnt werden, in der Tempelrolle in einem viel weitergehendem Maß, so daß die architektonische Gesamtanlage zumindest grundrißmäßig mit ziemlicher Sicherheit festzustellen ist. Angesichts der nicht zahlreichen Möglichkeiten, die Abgrenzung der Heiligkeitsbereiche architektonisch durchzuführen, und anhand der archäologisch belegbaren Beispiele für die Gestaltung von Hofanlagen, dürfte es erlaubt sein, von 11Q19 her einige Rückschlüsse auf den Ezechiel-Entwurf zu ziehen.

Auf eine vergleichende archäologische Studie muß in diesem Rahmen verzichtet werden, doch einige Hinweise seien erwähnt. Abgesehen von ägyptischen Hofanlagen sind schon früh kleinasiatische, syrische und phönikische Anlagen belegt (zum Beispiel in Senčirli und Byblos). Von Interesse sind dann auch das Iseum von Savaria, der Astarte-Tempel von Umm el-'Amed, der von Stoen umgebene Tempelhof von Larissa aus dem 6. Jahrhundert, wobei zu vermerken ist, daß zweigeschossige Anlagen zu der Zeit immer häufiger auftauchen, zum Beispiel auch in Amrit. Es sind architektonische Muster, die dann im späthellenistischen und römischen Städtebau besonders große Bedeutung erlangen (Gestaltung des Forums,

Paläste und Villen, Thermen). Mehr oder minder quadratische Flächen, aus Ägypten wohlbekannt, erreichten schon in der Achaemenidenzeit besondere Bedeutung, waren aber weit verbreitet und entsprachen auch älteren Traditionen, teils im Städtebau und Festungsbau (auch Militärlager), teils in der Sakralarchitektur. Für 11Q19 ist abgesehen von der herodianischen Gesamtanlage in Jerusalem vor allem ein Vergleich mit den Anlagen von Baalbek und Palmyra, aber auch von Hatra wichtig.

2. Der Komplex des Äußeren Hofes

2.1 In der Tempelrolle

Die Außenhofanlage von 11Q19 besteht aus einem geschlossen umbauten Hofquadrat. Auf jeder Quadratseite befinden sich drei Torbauten von 50 x 50 Ellen im Grundriß, die den Gesamt-Hofflügel in vier Teile zu je 360 Ellen Länge unterteilen. Diese Teile bilden mit den Torbauten zusammen also einen architektonischen Komplex, insgesamt stellt sich die Hofanlage als Quadriportikus mit je drei Eingängen auf jeder Seite (also mit zwölf Toren nach den zwölf Stämmen Israels) dar. Der Tiefe nach besteht dieser Umfassungsbau abgesehen von den Torbauten aus folgenden Elementen: Außenmauer (sieben Ellen stark, 49 Ellen hoch), zehn Ellen Hinterraum (*ḥdr*), 20 Ellen Vorderraum (*nškh*) und zehn Ellen Galerie (*prwr*), und zwar in drei Stockwerken, die an den Torbauten durch (im Grundriß quadratische) Stiegenaufgänge im Bereich der Säulengänge verbunden sind.

Die Hoffläche erscheint also durch dreistöckige Galerien umgeben, unterbrochen durch die Torbauten. Die Galerie-Teile enthalten pro Stockwerk jeweils 18 Raumeinheiten (mit je einem Hinter- und Vorderraum), deren Türen auf die Galerien münden, also 54 pro Teilstück, ausgenommen auf der Nord- und Südseite an den Ecken, wo jeweils zwei Raumeinheiten wegfallen, weil sie offenbar mit den Küchenanlagen in den Eckbauten zusammenhängen, so daß mit zwölf Teilkomplexen zu 54 und vier Teilkomplexen zu 52 Raumeinheiten (insgesamt 856 Raumeinheiten) in den Einfassungsbauten des Äußeren Hofes zu rechnen ist, je 216 an der Ost- und Westseite, je 208 an der Nord- und Südseite. Damit ist ein zugleich optimaler Abgrenzungs- wie Raumnutzungseffekt gewährleistet. Man wird davon ausgehen dürfen, daß die Einrichtung von solchen Zellenbauten (*nškwt/ lškwt*) bereits in der Königszeit mit der Tendenz auf dieses Ziel hin einsetzte, wenngleich architektonisch offenbar erst Herodes mit seiner Heidenhofumbauung die völlige Einfassung nicht nur mit Mauern, sondern auch mit nutzbaren Bauten, in diesem Fall mit hellenistischen Säulenhallen, erreichte.

2.2 Bei Ezechiel

Von der Gesamtaußenlänge des Äußeren Hofes von 500 Ellen (Ez 42,15; 45,2)[7] verbleiben nach Abzug der (lichten!) Torbauweite von 25 Ellen 475, wovon noch auf beiden Ecken das Ausmaß der Kücheneckbauten abzuziehen ist, in Ez 46,21ff. mit 30 x 40 Ellen (Innenmaß) angegeben, wobei man bei diesem Eckbau, der ja als unüberdacht und damit als unverstrebt (als eine Art hohler Turmbau) vorzustellen ist, mit erheblichen Mauerstärken rechnen muß. Dabei ist vorauszusetzen, daß die eigentliche Küchenfläche 30 x 30 Ellen beträgt und die zehn überschießenden Ellen auf einer Seite die übliche Ezechielsche Zugangbreite bedeuten. Der Zutritt würde aus der Galerie erfolgen. Bei differierenden Mauerstärken wäre also ein Gesamt-flächenmaß von 40 x 40 Ellen denkbar, die Symmetrie bleibe damit gewahrt. Somit blieben 395 Ellen, geteilt in zwei Komplexe zu beiden Seiten des Torbaues, also à 187,5. Die 7,5 Ellen könnten die Mauerstärke des Torbaues sein, der damit ohne Vorhalle ein Außenmaß von 40 x 40 hätte – wie die Torbauten des Priesterhofs in 11Q19 Kol. 36. So blieben 180 Ellen pro *lškh*-Komplex, eventuell noch verkürzt um den Raum des Stiegenaufgangs (zehn Ellen breit?), den man wohl wie in 11Q19 seitlich an den Torbauten lokalisieren darf. Die Zahlenangabe von Ez 40,17, die 30 *lešakôt* auf der *riçpah* nennt, bezieht sich schwerlich auf die Gesamtzahl im Hofbereich, denn dies ergäbe gewaltige Hallen, architektonisch unwahrscheinlich. Wahrscheinlicher zählt jeder Einzelkomplex 30 *lešakôt* insgesamt, also zehn pro Stockwerk, so daß im Erdgeschoß ringsum insgesamt 6 x 10 und 2 x 5 (diese im Westen), also 70, anzusetzen sind, insgesamt bei zwei Geschossen 140, bei drei Geschossen 210. Die Zahl 30 allein auf die Erdgeschoßzellen eines Teilkomplexes zu beziehen ergäbe zu schmale Einheiten. Somit ergibt sich für die Einzel-*liškah* eine Länge von 18 oder 17 Ellen inklusive Trennwand-stärke, nicht viel weniger als in 11Q19 (20 Ellen). Die Tiefe des Umfassungs-baues ist teils durch die Kücheneckbauten und teils durch die Achsenlänge der Torbauten (50 Ellen) angegeben. Da die Maßangaben für die Bauten im Westen des Tempelhauses eindeutig voraussetzen, daß die sechs Ellen starke Einfassungsmauer von Ez 40,5 zugleich Fundamentmauer für die Außenwand der Umfassungsbauten ist, muß dies auch für die übrigen Seiten gelten. Offen ist die Stärke dieser Außenwand, sie betrug wohl mindestens sechs Ellen, in den Kücheneckbauten, wie schon bemerkt, gewiß

---

7   Das Ausmaß von 500 x 500 Ellen für das Hofareal (Ez 42,15; 45,2), in 11Q19 Kol. 38 auf den Mittleren Hof bezogen, begegnet auch in Angaben über den Zweiten Tempel, und zwar im für den Fremden nicht mehr zugänglichen Teil (vgl. mMid II,1). Aber auch die Terrasse des Zeustempels von Palmyra weist in etwa diese Fläche auf. Es dürfte sich um eine alte sakralarchitektonische Konvention handeln.

mehr. In der Tempelrolle ist die Außenmauer sieben Ellen stark (Kol. 40,9). Daß die lᵉšakôt-Komplexe mit der inneren Torbautenfront auf einer Flucht-linie lagen, wird Ez 40,18 nahegelegt, obschon die Möglichkeit besteht, daß nur die Torbautiefe selbst (40 Ellen) und nicht auch die Vorhalle gemeint ist. Aber die planerische Gestaltung der Hoffläche spricht dagegen, bildet die Fläche des Äußeren Hofes doch höchstwahrscheinlich zehn Quadrate zu je 100 x 100 Ellen. Bei einer Außenwand von nur sechs Ellen Stärke und einer Tiefe der Säulengalerie von zehn Ellen (stereotype Zugangsbreite) blieben 34 Ellen liškah-Tiefe, das Doppelte der oben erhobenen Länge, im Innenmaß wohl 15 x 30 (zwei Ellen Trennwand, vier Ellen Hofseitenwand), ein stattli-cher Raum, sofern nicht noch an eine Unterteilung gedacht war, etwa wie in der Tempelrolle in Vorder- und Hinterraum. Sollte die Galerie auf der riçpah aber zurückgesetzt sein, würde sich die Tiefe der lᵉšakôt eben verringern, die Vorhalle der Torbauten aber um die Torbauecken herum erstrecken. Jeden-falls weisen die archäologischen Beispiele von Hofumfassungsbauwerken ebenso wie die Tempelrolle darauf hin, daß es sich um eine geschlossene Umbauung handelt, nicht um für sich stehende Gebäude für je eine liškah, im ganzen 30, wie gelegentlich angenommen wurde. Die Septuaginta haben insofern richtig interpretiert,[8] obschon sie dabei auch bereits eine helleni-stische Ausführung im Sinn hatten.

In diesem Zusammenhang ist auch von Bedeutung, wie das hebräische riçpah in Ez 40,17f. und 42,3 aufgefaßt wird, das man meist als „Pflaster(ung)" übersetzt, jedoch schon in der Septuaginta mit peristylon und stoa wieder-gegeben wurde. Die syrische Version hat, wie H. Gese auch bereits vermerkt hatte,[9] dabei auch einen Stockwerkaufbau im Sinn, und auch Salomo b. Isaak (RŠ"J) erläuterte in diesem Sinn: Galerie und Obergeschoß. Möglicher-weise ist riçpah bei Ezechiel tatsächlich ein architektonischer terminus tech-nicus, der später so nicht mehr verwendet wurde. Y. Yadin meinte zuletzt,[10] er sei durch prbr/prwr ersetzt worden, da in 11Q19 für den Galerievorbau – wie überhaupt für Säulenvorbauten – prwr verwendet wird, wozu der Sprachgebrauch in 2Kön 23,11 paßt (wo die Septuaginta aber nur transkri-bieren). Möglicherweise ist Ezechiels terminus technicus mesopotamischer Herkunft, denn im Akkadischen bedeutet raçapu ‚aufschichten', ‚(Bauten) aufführen',[11] riçpu ‚Bau' und riçiptu ‚Errichtung',[12] und vielleicht ist eine ähn-liche Bedeutung auch vereinzelt im nordwestsemitischen Bereich belegt.[13]

---

8   Vgl. dazu auch YADIN, a.a.O. (Anm. 1), I, 204f.
9   GESE, a.a.O. (Anm. 6), 151f.
10 YADIN, a.a.O. (Anm. 1), I, 204f.
11 W. VON SODEN, Akkadisches Handwörterbuch, Wiesbaden 1959ff., II, 959f.
12 A.a.O., 989.
13 J. HOFTIJZER, Dictionnaire des inscriptions sémitiques de l'ouest, Leiden 1965, 282.

Von einer Grundbedeutung ,aneinanderfügen' her ist die Anwendung sowohl auf horizontale Vorgänge (Pflasterung) wie auf Aufbauten einleuchtend, dabei muß nicht speziell an eine Säulenfront gedacht sein, wie Y. Yadin (a.a.O.) annimmt, sondern an Gebäude mit größeren Fluchten überhaupt. Unbedingt notwendig ist diese Deutung aber nicht, sofern der Umstand zu erklären ist, warum dem Seher eine *riçpah* ins Auge fällt, denn eine Pflasterung hat es sicher auch im Inneren Hof gegeben. Möglicherweise ist an ein augenfällig erhöhtes Pflaster gedacht; dafür spricht das Verhältnis zwischen der Treppenstufenzahl des Torbauaufgangs außen – nämlich sieben Stufen – und der Höhe der Einfassungsmauer, sechs Ellen. Mit sieben Stufen könnte man diesen Niveauunterschied nicht überwinden, das Torbauniveau (sechs Ellen über dem Außenniveau) muß aber wohl das Niveau der Äußeren Hoffläche sein, so daß bis zur Höhe der Einfassungsmauer noch etwas mehr als 1 m fehlt, der vielleicht an die Einfassungsmauer anschließend als Fundament für die *liškah*-Komplexe bis an die Hoffront der Torbauten als *riçpah* aufgemauert werden soll. In diesem Fall wären die *riçpah*-Komplexe im Erdgeschoß von den Vorhallen der Torbauten aus über eine Treppe von etwa vier Stufen zu erreichen, während im rechten Winkel dazu, an den Torbauflanken, jeweils die Stiegen in die oberen Galerien zu denken wären. In diesem Fall könnte die Vorhalle in ihrer Länge eigentlich über die Torbaubreite (inklusive Mauerstärke) hinausgehen, also noch auf jeder Seite die Breite der Stiegenaufgänge verdecken, die vielleicht ebenfalls je zehn Ellen Breite haben, so daß, wie noch bemerkt werden soll, die 60 Ellen Frontbreite des Portikus in Ez 40,14 nicht absurd erscheinen.

3. Lage und Funktion der Torbau-Vorhallen

In 11Q19 wird für die Torbauten im Unterschied zu Ez 40 keine Vorhalle erwähnt. Da sich in dem Punkt der Ezechielsche Torbau auch von den bekannten Stadttorbauten unterscheidet, muß diesem Gebäudeteil eine wichtige Funktion zukommen. Dabei fällt vor allem auf, daß die Vorhallen der Außenhof-Torbauten innen liegen, also aus dem Tordurchgang auf die Fläche des Äußeren Hofes führen, während die Vorhallen der Innenhof-Torbauten außen liegen, ebenfalls an der Fläche des Äußeren Hofs. Diese Anordnung vis-à-vis muß einen plausiblen Grund haben, und dieser kann eigentlich nur darin bestehen, daß die Vorhallen eine konkrete Funktion in der Regelung und Kontrolle des Verkehrs zwischen bestimmten Bereichen erfüllen.[14]

---

14 Die bei FOHRER – GALLING, a.a.O. (Anm. 5), 226, gebotene theologische Deutung (Übergangsraum zwischen Heiligkeitsbereichen) trifft zwar das Grundanliegen, erklärt aber nicht die konkrete architektonische Funktion.

Nichts rechtfertigt die vorherrschende Meinung, daß die Vorhalle seitlich geschlossen sein soll, also nur den Tordurchgang hat. Bei den Außenhof-torbauten ist zunächst an die Galerien zu denken, die an der jeweiligen *lᵉšakôt*-Flucht auf der *riçpah* entlangführen, aber auch zum Stiegenaufgang zu den oberen Galerien, wie ja auch in 11Q19 Kol. 42,6ff. die Stiegen-aufgänge an die Torbauten angeschlossen sind, nur daß, wie erwähnt, hier keine Vorhalle angesetzt wird. Meint Ez 40 also, daß man von den Vorhallen der Torbauten des Äußeren Hofes aus zu den Galerien gelangt? Wenn ja, wäre unter Umständen die Vorhalle sogar breiter zu denken als die Innenweite des Torbaues von 25 Ellen mit den beiden Torbau-mauerstärken ausmacht, nämlich noch die Breite der Stiegenaufgänge dazu. So ergäbe sich folgendes Bild: Der eigentliche Torbau ohne Vorhalle bildet ein Quadrat von 40 x 40 Ellen Außenmaß, wie auch die Torbauten des Innenhofes in 11Q19 Kol. 36, die Vorhallenfront mißt 60 Ellen: 40 Ellen vor dem eigentlichen Torbau und insgesamt und darüber hinaus auf jeder Seite die stereotype Gangbreite von zehn Ellen für den Raum, von dem aus man Galerie bzw. Stiegenaufgänge erreicht. Nun bietet der Text von Ez 40,14 (vgl. v. 30) in der Tat eine Angabe, die allgemein als Produkt einer Textver-derbnis betrachtet wird,[15] jedoch dazu passen könnte: „Und er machte (maß?) die Vorhalle 60 Ellen ...", wobei die Septuaginta-Hauptüberlie-ferung mit *kai to aithrion tou ailam tês pylês hexekonta pêcheis* noch deutlicher wird. Hier heißt es dann ferner: „zwanzig Nischen des Torbaues ringsum", so daß man zur Schlußfolgerung kommt, im Vorhallenbereich und an den Vorderen Seitenwänden der Torbauten außen wären insgesamt 20 Abtei-lungen (Nischen) vorgesehen. Das Targum deutete die 60 Ellen auf die Höhe der Pfeiler, ebenso RŠ"J zur Stelle, doch dürfte dies nicht zutreffen, denn v. 14 gibt das innere Front-Breitenmaß und v. 15 das Achsen-Längs-maß des Gesamttorbaukomplexes an, und dafür bieten die Septuaginta den vernünftigsten Text, wie auch in v. 16, wo angegeben wird, daß der Torbau innen wie die Vorhalle voller blinder Fensternischen war – zur Ablage von Gegenständen. Daß *ḥallônôt* *ᵃṭûmôt* nicht wirkliche Fenster sein können,[16] ergibt sich schon daraus, daß sie auch an den Pfeilern vorgesehen sind, und 11Q19 gibt über diesen terminus technicus endgültig Aufschluß.[17]

---

15 Zur textkritischen Diskussion siehe Gᴇsᴇ, a.a.O. (Anm. 6), 145ff.; Fᴏʜʀᴇʀ – Gᴀʟ-ʟɪɴɢ, a.a.O. (Anm. 5), z.St.; W. Zɪᴍᴍᴇʀʟɪ, Ezechiel, II, Neukirchen (BK XIII) 1969, 985.1003; L. Vɪɴᴄᴇɴᴛ, Jérusalem de l'Ancien Testament, II–III, Paris 1956, 672. Die Ausklammerung von v. 14 zieht notwendigerweise jene von v. 30 nach sich.

16 Zu diesem terminus technicus siehe zuletzt G. Mᴏʟɪɴ, *Halonoth 'aṭumoth* bei Eze-chiel, BZ NF 15, 1971, 250–253; J. Oᴜᴇʟᴇᴛᴛᴇ, ʾAtumim in 1 Kings 6,4, BIJS 2, 1974, 99–102.

17 Yᴀᴅɪɴ, a.a.O. (Anm. 1), I, 174f.

Verblüffend ist nun, daß die Innenhoftore ihre Vorhallen auf der Außenhofseite haben, ein Umstand, der kaum beachtet wurde, aber einen praktischen Grund haben muß. Da man die Toreingänge über acht Stufen (Ez 40,37) erreicht, liegt das Niveau des Innenhofes mehr als mannshoch über dem des Außenhofes. Es ist ferner naheliegend, daß auch beim Innenhofkomplex die äußere Einfassung mit der Torbautenfront auf einer Fluchtlinie liegen, also ein Rechteck von 200 Ellen Breite im Osten und Westen und von 350 Ellen Länge im Norden und Süden bilden soll, im Westen mit der Gesamtumfassung abschließend. Im Ostteil innerhalb der Einfassungsbauten wäre, falls diese wie die Torbauten mit 50 Ellen Tiefe anzusetzen sind, nur mehr die 100 x 100 Ellen große Innenhoffläche frei, im Grunde der Kultdienstbereich, den man nur zu den vorgeschriebenen Verrichtungen und in Dienstkleidung betritt. Von wo aus sollen aber die Räume der Einfassungsbauten betreten werden? Möglicherweise durch die Vorhallen der Torbauten. In ihnen wird kontrolliert, wer den heiligen Innenhofkomplex betritt, zum Beispiel um zu den ‚Sakristeien' (Ez 42,1ff.) zu gehen und sich für den Priesterdienst umzukleiden, dann in die Vorhalle des Torbaues zurückzukehren und von dort – nach Kontrolle – durch den Torbau die Innenhoffläche zu betreten.

Einen eindeutigen Hinweis darauf, daß man von der Vorhalle aus in einen Umfassungskomplex gelangt, gibt Ez 40,38: Auf einer Seite des Torbaues gibt es einen Zugang zu einer *liškah*, wo man die Opferstücke zubereitet. Denkbar ist ein Streifen, ein Gang, der oben auf der Einfassungsmauer des Innenhofkomplexes und an den Umfassungsbauten selbst außen entlang führt – wie es in Ez 42,1ff. im Zusammenhang mit den ‚Sakristeien' geschildert wird. Da der Seher nur erwähnt, was ihm nötig erscheint, um bestimmte Anliegen durchzusetzen, also keine komplette Baubeschreibung bietet, ist die Ergänzung im Anschluß an Ez 42,9 in dem Sinn berechtigt: Man gelangt zu den ‚Sakristeien' im Westen, indem man aus der Vorhalle des Torbaues den Gang Richtung Westen geht, der dann innerhalb des Sakristeigebäudekomplexes an den Erdgeschoßzellen entlang führt. Der eigentliche Innenhofbereich bleibt damit von all dem Kommen und Treiben der nicht Diensthabenden unberührt, ein bemerkenswertes Anliegen, das auch in 11Q19 zum Ausdruck kommen dürfte, wenn auch die Beschreibung des Inneren Hofes Kol. 36–38 stark fragmentarisch ist. Kol. 37,8ff. grenzt nämlich offenbar ebenfalls die priesterlichen Küchen- und Eßeinrichtungen vom Kultdienstbereich ab, wenn auch nicht so strikt wie Ezechiel, nicht an der Außenseite lokalisierend, sondern innen durch eine Mauer abschirmend. Was die übrigen Teile des Umfassungsbaues bei Ezechiel betrifft, so erwähnt nur mehr 40,44ff. die nach Altardienst und Hekaldienst getrennten Diensträume der Priester am Süd- und Nordtor ohne nähere Bauangaben, und Ez 40,38 erwähnt ebenfalls eine besondere *liškah*, die dann wohl auf der anderen (östlichen?) Torbauseite liegen müßte.

Offen bleibt die Gestaltung der Ostseite. Auffällig ist auch, daß der Seher die ‚großen Tempelsakristeien' vom Äußeren Hof aus beschreibt, diese Priesterdienst-*lᵉšakôt* aber offenbar vom Innenhof aus (Septuaginta expressis verbis), dessen Hofplatzfläche ja v. 47 gemessen wird und von wo aus es v. 48 zur Tempelvorhalle weitergeht. Das heißt aber, daß im Gegensatz zu den ‚Sakristeien' von Ez 42,1ff. die Eingänge zu diesen Priesterdienst-*lᵉšakôt* an der Innenhoffläche liegen, was ja auch funktional sinnvoll ist, sind sie doch für die Diensthabenden bestimmt, die vor Dienstantritt durch die Vorhallen der Torbauten im Norden und Süden den Gang auf der Einfassungsmauer entlang nach Westen zu den Sakristeien gegangen sind und von dort in Dienstkleidung (Ez 42,14) zurück zur Vorhalle kommen, um von dieser aus durch den Torbau in den Innenhof zu treten, von dem aus sie in die erwähnten Diensträume gelangen konnten. Bei Dienstschluß nehmen sie denselben Weg, um sich vor dem Verlassen des Heiligkeitsbereiches wieder umzukleiden.

4. Die ‚großen Tempelsakristeien' Ez 42,1ff.

Für Ez 42,1ff. stehen einige neuere Rekonstruktionsversuche im Vordergrund der Diskussion, nämlich von K. Galling,[18] K. Elliger,[19] L. Vincent[20] und von M. Haran.[21] Vorweg ist an einige bisher erhobene, wahrscheinliche Punkte zu erinnern: Der Innere Hof liegt acht Stufen, also übermannshoch, über dem Äußeren, ist daher nur durch die Torbauten zu erreichen. Die angegebene Gesamttiefe der Torbauten und Baukomplexe von 50 Ellen läßt es schwerlich zu, daß dieses beträchtlich erhöhte Areal wechselnd teils durch eine Einfassungsmauer, teils durch eine Böschung begrenzt wird, vielmehr

---

18 K. GALLING, in: A. BERTHOLET, Hesekiel, Tübingen (HAT I/13) 1936. Anders 1955, a.a.O. (Anm. 5), wo weitgehend Elligers Ergebnisse vorausgesetzt werden.

19 A.a.O. Auf der Skizze S. 103 ist Gallings Rekonstruktion mitabgebildet. Die Lage des Gebäudes mit der westlichen Schmalseite an der West-Außeneinfassung wird dem Text am ehesten gerecht, vgl. GALLING, a.a.O., ELLIGER, a.a.O. (Anm. 6), und GESE, a.a.O. (Anm. 6).

20 VINCENT, a.a.O. (Anm. 15), 484ff. Er deutete die *'attîqîm* richtig als Terrassen- bzw. Galeriegänge vor den Zellenfluchten, legt den Zugang aber in der Mitte der Schmalseite an, was dem Text nicht entspricht. Alle erwähnten Autoren lassen die Priesterküchen von Ez 46,9ff. unberücksichtigt, weil dieses Stück meist als sekundär betrachtet wird. Vgl. GESE, a.a.O. (Anm. 6), 88ff.; ZIMMERLI, a.a.O. (Anm. 15), 1180ff.

21 M. HARAN, in: EB(B) V, 1968, 304–360 (347f.: Skizze).

ist wie beim Äußeren Hofkomplex an eine rechteckige Mauer-Einfassung zu denken, was auch der Flächeneinteilung und der Symmetrie am besten entspricht. Wahrscheinlich soll auch der gesamte Innenhof-Bereich ringsum von Einfassungs-Baukomplexen umgeben sein, jedoch von unterschiedlicher Art und Zweckbestimmung, wobei Ezechiel nur jene erwähnt, mit denen er ein besonderes Anliegen verbindet. Der Zugang zu einem Teil der Umfassungsbauten lag offenbar außen, über der Einfassungsmauer, den Umfassungsbauten entlang und nur durch die Torbau-Vorhallen erreichbar, die eben darum hier auf der Seite des Äußeren Hofes liegen. In hellenistischer Zeit hätte man auf der Einfassungsmauer ein Peristyl angelegt.

Äußerst wichtig ist die Aussage Ez 42,13f.: Die sog. ‚Sakristeien' liegen in dem Heiligkeitsbereich, der allein Priestern zugänglich ist, also im Priesterhof-Komplex. Es versteht sich eigentlich von selbst, daß dies einen unmittelbaren Zugang vom Äußeren Hof her ausschließt, der Zu- und Abgang also durch die Torbau-Vorhalle erfolgen muß, abgesehen davon, daß der große Niveauunterschied ja Treppen erfordern würde. Rekonstruktionen, nach denen der Zugang auf Außenhofniveau liegt, sind daher schwerlich zutreffend.[22] Entsprechend der strengen Konzeption sind auch die Fluchtlinien zu beachten, durch die Torbautentiefe von 50 Ellen vorgegeben, was für den Innenhofkomplex ein Rechteck ergibt, das außen 200 x 350 Ellen ausmacht. Die umbaute Fläche beträgt, da der „Bau" im Westen 80 Ellen tief ist (41,12ff.),[23] 100 x 220 (100 Ellen vor dem Tempelhaus, 100 Ellen Tempelhaus, 20 Ellen hinter dem Tempelhaus). Der Tempelhaus- und Altardienstbereich ist somit gegenüber außen vollständig abgegrenzt – eben ein Grundanliegen, das auch in 11Q19 zutage tritt, wenngleich dort die Westseite den übrigen Seiten gleich konzipiert ist. Ezechiel trennt jedoch den eigentlichen Dienstbetrieb architektonisch strenger vom sonstigen priesterlichen Tun und Lassen im Priesterbereich ab, und zwar mit Hilfe der Verlagerung von Eingängen an die Außenseiten der Umfassungskomplexe, die somit eigentlich nur 40 Ellen Tiefe haben – wie der Torbau ohne Vorhalle. Von diesen Voraussetzungen her ergibt sich für die sogenannten ‚großen Tempelsakristeien' von Ez 42,1ff., daß sie auf dem Innenhofniveau standen und die Breitenangabe von 50 Ellen das Gesamtmaß inklusive vorgelagertem Gang angibt, weil die Abgrenzungsmauer auf der Einfassungsmauer hier mit zum Gebäude zählt. Diese Abgrenzungsmauer sollte die Zellen mit ihren Öffnungen gegenüber dem Außenhof ausreichend abschirmen, während bei den übrigen Einfassungsbau-Komplexen nicht

---

22 So GALLING, a.a.O. (Anm. 5), und ELLIGER, a.a.O. (Anm. 6), sowie HARAN, a.a.O.
23 Allerdings ist ungewiß, ob die Mauerstärke von fünf Ellen einzubeziehen ist. M. HARAN, a.a.O., Anm. 2, rekonstruierte so und ließ daher im Norden und Süden des West-‚Binjan' einen Gang von je fünf Ellen frei.

solche Zellenfluchten anzunehmen sind, so daß sich eine solche Mauer erübrigt und eine niedrigere Einfassung oder ein Geländer genügt. In hellenistischer Zeit hätte man hier eine Stoa eingeschaltet. Man könnte also vom Außenhof aus sehen, wie die Priester von der Torbau-Vorhalle aus auf dem über der Einfassungsmauer (Innenhofniveau) liegenden Umgang vor den Umfassungsbauten gegen Westen gehen und hinter der Mauer verschwinden, die die Zelleneingänge der ‚großen Sakristeien' abschirmt (wobei diese Mauer nach 50 Ellen Länge an die innerste *liškah*-Wand der Außenhof-Umbauung anschließt), bzw. den umgekehrten Weg nehmen.

Die bautechnische Hofkomplexgestaltung in 11Q19 und die Analogie zum Umfassungsbau des Äußeren Hofes in Ez 40 läßt aber auch die Anlage der ‚Sakristeien' verständlicher erscheinen, wie Y. Yadin festgestellt hat:[24]

Es handelt sich um ein Gebäude mit drei Stockwerken, Erdgeschoß, Mittelgeschoß, Obergeschoß, die aus Zellenfluchten bestehen, deren Ein- bzw. Ausgänge an der dem Äußeren Hof zugewandten Seite auf einen zehn Ellen breiten Gang führen. Über die Begrenzung dieses Ganges wird nur für das Erdgeschoß etwas ausgesagt, soweit sich dieses über die Tiefe der Außenhof-Umbauung (50 Ellen) hinaus erstreckt. Diese drei Gänge vor den drei Zellenflucht-Geschossen liegen jedoch nicht wie bei den säulengetragenen Galerien des Äußeren Hofes voll übereinander, sondern terrassenförmig gestaffelt, so daß die Tiefe der Zellen des Mittelgeschosses sich um zehn und die Tiefe der Zellen des Obergeschosses sich um weitere zehn Ellen verkürzt. Das bedeutet konkret: für das Erdgeschoß zehn Ellen Gangbreite und 40 Ellen Zellentiefe, für das Mittelgeschoß zehn Ellen Terrassengangbreite und 30 Ellen Zellentiefe, für das Obergeschoß zehn Ellen Terrassengangbreite und 20 Ellen Zellentiefe. Gegen den Inneren Hofraum zu ist dieser Bau völlig abgeschlossen, 80 Ellen lang sowieso durch den ‚Binjan' im Westen (41,12ff.), aber wohl auch durch den 20 Ellen tiefen Platz (*gzrh*)[25] hinter dem Tempelgebäude entlang; hier ist schwerlich ein Gang zwischen Sakristei und Westbau anzunehmen (Ez 42,10ff. bezieht sich auf die andere Hofseite), sondern ein geschlossener Umbauungskomplex.

Ein weiteres Detail für die Rekonstruktion der ‚Sakristeien' bietet Ez 46,19ff. Der Seher wird durch den Eingang an den Torbau-Seiten geführt – also doch wohl durch die Vorhalle – und dann auf dem Torbau- bzw. Innenhofniveau (also über der Einfassungsmauer entlang) nach Westen zu den ‚Sakristeien' von Ez 42,1ff., diesmal aber in den von der Außenmauer abgeschirmten Gang hindurch bis an das westliche Ende zwischen Außenhof-*l^ešakôt* und West-Bau. Dort befinden sich die Küche und die Backstube

---

24 YADIN, a.a.O. (Anm. 1), I, 205.
25 Zu *gzrh* siehe ELLIGER, a.a.O. (Anm. 6), 81ff.

für die Priester, wobei wieder ausdrücklich festgehalten wird, daß die Anlage ein Betreten des Außenhofes verhindert. Ausmaße werden nicht genannt, doch ist anzunehmen, daß der größte Teil der westlichen Hälfte des 100 Ellen langen ‚Sakristei'-Gebäudes für die Küchen- und Backstubenanlagen dient. In diesem Fall könnte von hier aus auch ein Zugang zu dem rätselhaften *binjan* (Bau) im Westen des Tempelhauses geplant sein, der sich sehr gut für Vorratsräume eignen würde. Für den Seher bilden diese Küchen- und Backstubenanlagen samt den heiligen Priesterzellen einen Gebäudekomplex von 100 x 50 Ellen Grundrißausmaß, wovon vom Äußeren Hof aus aber nur 50 Ellen sichtbar sind, der dreigeschossige Terrassenteil, während der Küchenteil hinter dem westlichen Außenhof-*lešakôt*-Komplex (wahrscheinlich auch dreigeschossig) verschwindet. Es ist anzunehmen, daß diese Anlage für die Süd- wie für die Nordseite vorgesehen ist, wenngleich Ez 46,19ff. nur eine beschreibt.

Wie schon erwähnt, wird dieser Passus in der Regel gegenüber Ez 42,1ff. als sekundär angesehen, und daher erscheinen die Küchen in den Rekonstruktionen meist nicht. Ob dieses literarkritische Urteil zutrifft oder ob M. Harans Analyse eines planvollen literarischen Aufbaus von Ez 40–48 vorauszusetzen ist,[26] bleibt in einer Hinsicht irrelevant: Für die Späteren und damit auch für die weiteren architektonischen Planspiele und Realisierungen war der Ezechieltext maßgebend, wie er jeweils vorlag.

Was noch aussteht, ist eine gründliche Untersuchung des Septuaginta-Textes im Lichte der archäologischen und architekturgeschichtlichen Daten und im Verhältnis zu Tempelrolle (11Q19) einschließlich einer umfassenden und detaillierten und vergleichenden Untersuchung der termini technici. Erst auf dieser Basis wäre eine sachgerechtere Beurteilung der masoretischen Textgestalt möglich.

---

26 M. Haran, Ezekiel's Code (Ezek XL–XLIII) and its Relation to the Priestly School (hebr.), Tarb. 44, 1974/75, 30–53.

§ 14

„Siehe, ich mach(t)e dich klein unter den Völkern ..."

Zum rabbinischen Assoziationshorizont von Obadja 2

1. Rom als „Edom"

Die Auseinandersetzung mit Rom als übermächtiger Weltmacht durchzieht fast alle Teile der jüdischen Literatur der talmudischen Zeit. Als viertes und letztes Weltreich vor dem Anbruch der Gottesherrschaft (Dan 2 und 7),[1] also als letzte Verkörperung der gott- und israelfeindlichen Machtentfaltung innerhalb der Geschichte, geriet Rom in jüdischen Augen zur endzeitlichen widergöttlichen Macht schlechthin. Dabei kommt neben dem Schema der vier Weltreiche aus Daniel der Jakob-Esau-Typologie eine zentrale Rolle zu: Jakob repräsentiert das erwählte Gottesvolk, sein erstgeborener Zwillingsbruder Esau als Stammvater ,Edoms' das römische Reich, die endzeitliche Gegenmacht.[2] Esau ist zwar der Erstgeborene, der Stärkere, Größere (Gen 25,19–26), aber Jakob hat das Erstgeburtsrecht und den väterlichen Segen erworben (Gen 25,29–34) und damit die eschatologische Zukunft für sich gewonnen (Gen 27). Esau grollt und zürnt zwar, will sich mit dem heilsgeschichtlichen Vorrang Jakobs nicht abfinden (Gen 27,41), und Jakob muß der Stärke des Älteren weichen (Gen 27,42ff.), doch die Verheißung ist ihm gewiß (Gen 28,10–22). Es kommt nach Jakobs Rückkehr (Gen 32–33)[3] auch zu einem modus vivendi. Jakob weiß Esau zu besänftigen, entzieht sich aber

---

1   G. D. COHEN, A critical edition with a translation and notes of the Book of Tradition (Sefer Ha-Qabbalah) by Abraham ibn Daud, Philadelphia 1967, 223–262; J. MAIER, Die Vorstellung von den Weltreichen in der frühen hebräischen Dichtung des Mittelalters: ZAGV 84/85, 1977/78, 181–200.

2   A. C. ZAHLER, Redaction of the Jacob-Esau Legend in the Midrash, Los Angeles 1976. Zur Information siehe G. D. COHEN, Esau as Symbol in Early Medieval Thought, in: A. ALTMANN (Hg.), Jewish Medieval and Renaissance Studies, Cambridge/Mass. 1967, 19–48.

3   Dazu, speziell zum Ringkampf Gen 32,23–33, siehe A. BUTTERWECK, Jakobs Ringkampf am Jabbok. Das Verständnis von Gen 32,4–33 in der jüdischen Tradition bis zum Frühmittelalter, Frankfurt/M. (JudUm 3) 1981.

dessen Vorschlägen zu weiterer Gemeinsamkeit (Gen 33,12–16) geschickt mit einem kryptischen Versprechen (Gen 33,14: ... *bis ich zu meinem Herrn nach Seir komme*), was man mit Hilfe von Ob 21 auf den endzeitlichen Untergang ‚Edoms' gedeutet hat. Und in Gen 36,6–8 wird die Trennung der beiden Zwillingsbrüder als vorläufige Lösung des Problems ihres wechselseitigen Ausschließlichkeitsanspruchs gesehen. Diese Grundzüge des biblischen Jakob/Esau-Stoffes boten eine hervorragende Grundlage für die geforderte heilsgeschichtstheologisch-politische Auseinandersetzung mit der realen Übermacht Roms, insbesondere für die angesichts der verheißungswidrigen Verhältnisse so dringend nötige Selbstvergewisserung. Der Umfang dieser Auslegungstraditionen ist enorm, sie bestimmen einen beträchtlichen Teil der rabbinischen Literatur und wirken, da Rom in der christlichen Weltmacht für jüdische Augen kontinuierlich weiterlebte, bis in die Neuzeit und zum Teil bis heute fort. Aus dieser Fülle des Stoffes soll hier nur ein Motiv betrachtet werden, für das Ob 2 eine gewisse Bedeutung hat. Der räumlichen Beschränkung zuliebe wird auf eingehende Textanalysen verzichtet und nur der Assoziationshorizont abgesteckt, der beim Hörer oder Leser von Ob 2 die einschlägigen Vorstellungen provozieren konnte. Es ist nicht sicher, ab wann genau ‚Esau'/Edom' als Chiffre für das römische Weltreich verwendet worden ist, denn die ältesten rabbinischen Belege gibt es erst aus dem 2. Jahrhundert n. Chr. Liest man aber mit Aufmerksamkeit die einschlägigen Passagen bei Flavius Josephus,[4] so zeigt sich, daß er die Esau-Figur mit Rücksicht auf seine nichtjüdischen Leser ausgesprochen zurückhaltend nachgezeichnet hat, für sein jüdisches Publikum aber durch die Betonung Jakobs als des zukunftsträchtigen Verheißungsträgers die positive Seite der Medaille der Beziehung zwischen ‚Esau' und ‚Jakob'/,Israel' sehr wohl mitzuteilen wußte. Mit derselben gebotenen Vorsicht behandelte er die Figur des Esau-Enkels Amalek,[5] und ausgesprochen kryptisch, aber für den Kenner der Symbolik sehr wohl deutlich, präsentierte er den Inhalt der Prophetie des Daniel mit dem geschichtsträchtigen Schema der vier Weltreiche (Kap. 2 und 7), als deren viertes Rom bereits identifiziert werden konnte. Die Vermutung, daß die Jakob/Esau-Symbolik zu den ideologischen Voraussetzungen der blutigen Aufstände der Jahre 66–71 und 115–117 n. Chr. gegen Rom gehört, liegt somit nahe. Es ist auch nicht ausgeschlossen, daß die Typologie Esau/Edom – Rom anfangs gar nicht negativ gemeint war, sondern nach dem Verschwinden des historischen Edom/Idumaea von der politischen Bühne einfach eine genealogische Chance zur Einordnung und Gewichtung der neuen, anfangs noch verbündeten Welt-

---

4   Insbesondere *Antiquitates Iudaicae* I,257.274.331 und IV,114–117.

5   Siehe den Beitrag über Amalek in diesem Band (siehe oben S. 219–236).

macht bot, deren negative Kehrseite man aber nach der Eingliederung Judaeas in das römische Reich unter Pompeius nach 63 v. Chr. immer mehr zu spüren bekam. Der Jakob-Esau-Stoff diente von da an zur Illustration der konkurrierenden Machtansprüche, jüdischerseits für einen heilsgeschichts-theologisch begründeten Machtanspruch und nicht zuletzt zur Illustration der Diskrepanz zwischen verheißenen und realen Machtverhältnissen. Und er diente zugleich der Stärkung des Erwählungsbewußtseins, der Realität zum Trotz und im Blick auf die für mehr oder minder nah erwartete endzeitliche Erfüllung der Verheißungen. Das heißt konkret aber eben in Erwartung der endgültigen Umkehrung der Machtverhältnisse zugunsten ‚Jakobs' und des endgültigen Untergangs ‚Edoms'. Das Dilemma dieses Geschichtsbildes liegt nicht bloß in der erwähnten Diskrepanz zwischen Verheißungs-Anspruch und Realität, sondern vor allem in der risikoreichen Entscheidung, *wann* denn dieser endzeitliche Umschwung eintreten soll. Jede aktuelle Behauptung dieser Art stellte alle Betroffenen vor eine Art Glaubensfrage mit unabsehbaren praktisch-politischen Konsequenzen. Daher gab es auch nie eine völlig einheitliche Einschätzung der Situation. Zwar beteiligte sich nach den Anfangserfolgen im Jahr 66 n. Chr. die Mehrheit der jüdischen Bevölkerung Palästinas am Aufstand gegen Rom, doch die Diaspora blieb ruhig. Und während 115–117 n. Chr. die Diaspora in einen Strudel von Aufstandsbewegungen geriet, blieb es in Palästina offenbar ruhig. Der Aufstand des Bar-Kokba beschränkte sich weitgehend auf Jerusalem und seine Umgebung, erfaßte also Galiläa nicht, wo damals die Schwerpunkte des aufstrebenden rabbinischen Judentums lagen. Im traditionellen Geschichtsbild wurden diese partiellen Aufstände allerdings zu gesamtjüdischen Katastrophen stilisiert und gaben Anlaß zu einer martyrologisch gefärbten Geschichtstheologie, die bis heute wirksam blieb.

2. Zum Obadja-Text

1) Unter den zahlreichen Esau/Edom-Texten des Alten Testaments kommt dem kleinen Obadjabuch eine ganz hervorragende Bedeutung zu. Im alten palästinischen Perikopenzyklus (und im karäischen Ritus) diente Obadja als Prophetenlesung zur Pentateuchperikope, die mit Gen 32,4 beginnt;[6] so auch späterhin im sefardischen Ritus. Im aschkenasischen Ritus hingegen begegnet Hos 11,7–12,12. Daneben war im alten palästinischen Ritus eine

---

6   J. MANN, The Bible as Read and Preached in the Old Synagogue, I, New York 1971², 260–269.297f.411–418; CH. PERROT, La Lecture de la Bible dans la Synagogue, Hildesheim 1973, 50.60.63.

Prophetenlesung im Gebrauch, die mit Jes 21,11 einsetzte, also ebenfalls mit einem Edom-Text, der sonst als Lesung zu Ex 12,29ff. bezeugt ist. Eine weitere Propheten-Perikope war offenbar Joel 4,13–21 (eventuell mit Am 1,11f.), ein nicht minder militanter Edom-Text, der sonst für Lev 23 als Prophetenlesung verwendet worden ist. Bei dem synagogalen Dichter Jannaj (6. Jahrhundert) deutet eine Qerobah-Dichtung zum Pentateuchabschnitt Num 20,14ff. darauf hin, daß Obadja auch dafür als Prophetenlesung dienen konnte.[7] Dies alles zeigt zur Genüge, daß für das jüdische Geschichtsbewußtsein der Spätantike den Esau-Edom-Texten und dabei insbesondere dem Obadjabuch eine Schlüsselfunktion zukam.

2) Eine besondere Pikanterie fand man in der Überlieferung, daß der Prophet Obadja, der mit dem Hofmeister Ahabs in 1Kön 19 identifiziert wurde, ein edomitischer Proselyt gewesen sei.[8] Der Prophet der Strafandrohung gegen Edom kam also aus Edom selbst.

3) Im Vers Ob 2/Jer 49,15 provozierte im Wortlaut *Siehe, ich mach(t)e dich klein unter den Völkern, überaus verachtet bist du* das Adjektiv *klein* Assoziationen im Blick auf die gängige Gegenüberstellung von ‚groß' und ‚klein' im Rahmen des Verhältnisses Esau/Jakob in der Genesis und auf weitere Vorkommen des Gegensatzpaares ‚klein – groß', so daß im Lauf der Midraschtradition für Ob 2 ein Assoziationskontext von einer Bandbreite entstand, die schier ins Uferlose reicht, wenn man den Assoziationshorizont der einzelnen, dabei mitverwendeten biblischen Passagen auch noch in Betracht zieht.

3. bAZ 10a

Das empirische Rom betreffend wird in bAZ 10a nebenbei auch der Vers Ob 2 ausgedeutet, wobei der Kontext heidnische, speziell römische Feste betrifft. Rab Josef (frühes 4. Jahrhundert in Babylonien) soll den Vers so verstanden haben, daß die Römer weder eine Erbmonarchie kannten noch über eine eigene Schrift und Sprache verfügten, da sie (jedenfalls im Osten) das Griechische verwendeten. Diese nicht-eschatologische Deutung von Ob 2, die auch in YalqŠim II, § 549 begegnet, stellt aber die Ausnahme von der Regel dar (vgl. auch bAZ 10b–11b).

---

7   Siehe PERROT, a.a.O. (Anm. 6), 77.
8   Siehe bSan 39b und YalqŠim II, § 549 (zu Ob 1).

4. Der „Große" und der „Kleine"

Die unlautere Art, in der Rebekka Gen 27 ihrem Lieblingssohn den Erst-
geburtssegen des Vaters verschafft, beschäftigte natürlich die Ausleger
auch. Der Groll Esaus wird darum teilweise als verständlich und begründet
angesehen. Angesichts dessen kommt der Erzählung Gen 25,29–34 ein um
so größeres Gewicht als Argument zugunsten Jakobs zu. Meist ging man
noch weiter und führte den Wechsel im Vorrang auf die völlig gegensätzliche moralische Entwicklung der Zwillinge zurück. Im *Midraš zûṭaʿ* zu
Cant 1,15 (auch in YalqŠim II, § 23 zu Jos 14,15) wird das Attribut ‚groß'
samt allen Erstgeburtsrechten zwar prinzipiell Esau zuerkannt, aber der
Verlust all dessen sowohl dem Verkaufsvorgang wie dem moralischen
Versagen Esaus zugeschrieben. Als Schriftbeleg für die Umwandlung Esaus
vom ‚Großen' zum ‚Kleinen' wird Ob 2 (vgl. Jer 49,15) angeführt. Der
Gedanke, daß Esau zwangsläufig, letztlich aber kraft göttlichen Spruches
(Ob 2/Jer 49,15) zum ‚Kleinen' degradiert wurde, taucht auch später im
Mittelalter noch auf, recht knapp gefaßt zum Beispiel in Menachem ben
Salomos *Midraš Śekäl ṭôb* zu Gen 28,1.[9]

5. Eschatologische Anwendungen

1) Anstoß hat erregt, daß sowohl Isaak in Gen 27,1 als auch Rebekka in Gen
27,15 Esau als ihren ‚großen' Sohn bezeichnen. Eine öfters bezeugte Tradition[10]
wertet dies als menschliche Fehlleistung der Eltern und setzt ihr demonstrativ Gottes Beurteilung in Ob 2 gegenüber.[11] Damit aber nicht genug. Zum
Adjektiv *klein* in Ob 2 im Gegensatz und in sarkastischer Entsprechung zu
groß in Gen 27,1.15 wird in all diesen Überlieferungen noch Jes 34,6b hinzugefügt: *denn ein Opferfest veranstaltet der HERR in Bozra, ein großes Gemetzel
im Lande Edom*, mit Jes 34,5 und 7 einer der maßgeblichsten gegen Rom
ausgedeuteten Bibeltexte. Damit ist deutlich, daß ‚Esau'/‚Edom'/ Rom in
dieser Auffassung und Verwendung von Ob 2 im endzeitlichen Straf- und
Rachekrieg Gottes durch ein *großes* Gemetzel ‚klein' gemacht werden soll.

---

9   S. BUBER (Hg.), Menachem ben Salomo, Sechel Tob, I, Berlin 1900, 109.

10 BerR 65,11; ShirR II,33 zu 2,15; *Midrasch ʾAggadah* zu Gen 27,1; *Pᵉsîqtaʾ dᵉ-Rab Kahanaʾ*
    V; *Pᵉsîqtaʾ rabbatî* XV; *ʾAggadat Bᵉreʾšît* 40,3 zu Gen 27,1; YalqŠim I, § 114; II, § 332 (zu
    Jer 49,15); *Midrasch ha-Gadol* zu Gen 27,1; *Midrasch Läqah ṭôb* zu Gen 27,1.

11 Besonders kraß verurteilt die Eltern Isaak und Rebekka der Text in S. BUBER (Hg.),
    Agadath Bereschith, Krakau 1902, Kap. 40,3 (S. 81f.), wo auch Prov 17,25 und Thr
    3,3 angewendet werden.

In mehreren Fassungen des Stoffes[12] wird die Aussage eingangs durch ein Gleichnis illustriert, das im Wortlaut zwar schwankt, sinnmäßig aber konstant ist: Eine Mutter (zum Teil: ein Vater) bezeichnet in allzu töricht-liebevoller Verkehrung der Realität den zwergwüchsigen Sohn als großen Mann und erntet den Spott der Umwelt, vor allem der Behörden. Diese Illustration durch einen Vorgang aus dem römischen Verwaltungs- bzw. Militärwesen verleiht der Polemik noch eine spezielle Note.

Im Midrasch ShirR II,33 (zu 2,15), wo die „kleinen Füchse" auf Edom und seine Würdenträger gedeutet werden, wird der Faden über Jes 34,6 hinaus weitergesponnen. Die „Weinberge", die die „Füchse" verderben, repräsentieren Israel (Beleg: Jes 5,7), und den Abschluß bildet ein Zitat aus Mi 7,1. Gleich darauf folgt übrigens eine dem R. Berekjah zugeschriebene Deutung der „kleinen Füchse" auf die vier Weltreiche Daniels. Die frevelhaften Weltreiche dienen in den Fassungen von PesK V,18[13] und PesR XV,11 hingegen als Einleitung: Die Weltreiche werden aufgezählt und dazu jeweils die strafend-rächende Instanz genannt. Zitiert werden dabei Dan 2,38; Gen 25,25; Jes 41,4; Ex 12,3; Est 3,9. Zuletzt lautet die Frage: „Wer rächt euch an Edom?", worauf mit Ex 12,6 geantwortet wird: *Und es obliegt euch zur Beobachtung bis zum 14. Tag dieses Monats, dann soll die ganze Gemeinde Israels es schlachten um die Abendzeit*, eine Stelle, die auch eschatologisch aufgefaßt wurde. Erst danach folgt der Stoff im Anschluß an Gen 27,1.15 und Ob 2 mit Jes 34,6.

2) Die Frage nach dem Vollstrecker der endzeitlichen Rache an ‚Edom' erscheint in einer zugespitzten Form im Zusammenhang mit Amalek, dem Enkel Esaus (Gen 36,12), vor allem in den homiletischen Ausführungen zu Ex 17,8–16 und zum rückblickenden Passus Dt 25,17–19. Da Agag in 1Sam 15 ein Amalekiter ist und der Erzbösewicht Haman des Esterbuches ein Agagiter (Est 3,1) genannt wird, spannt sich der Assoziationshorizont noch weiter aus.

Die Rolle von Ex 17,8–16 im alten palästinischen Torah-Perikopenzyklus ist auf den ersten Blick nicht außergewöhnlich, denn der Seder begann Ex 16,28 und die Prophetenlesung mit Jes 58,13.[14] Die starke Repräsentanz von Ex 17,8–16 in der Midraschtradition hat inhaltliche Gründe, und diese verankerten in der liturgischen Tradition die Passage Ex 17,8–16 als Lesung zum Purimfest.[15]

Im Deuteronomium begann eine alte palästinische Torahperikope 24,19, und die dazugehörige Prophetenlesung war Hos 10,12.[16] Doch in mMeg

12 Siehe BerR 65,11; YalqŠim I, § 114; ShirR II,33 zu 2,15.
13 B. MANDELBAUM (ed.), Pesikta de Rav Kahana, New York 1962, 107.
14 Pᵉsîqtaʾ rabbatî, hg. von M. FRIEDMANN, Wien 1880, fol. 79 a–b.
15 PERROT, a.a.O. (Anm. 6), 219–222.
16 MANN, a.a.O. (Anm. 6), LXVIf.; PERROT, a.a.O., 85; E. FLEISCHER, The Pizmonim of the Anonymus, Jerusalem 1974, 37.

III,4 wird Dt 25,17–19 als zusätzliche Lesung zur Wochenperikope des Sabbat *Zakôr* (vor dem Purimfest) angegeben, und aus den ‚Propheten‘ wurde dazu 1Sam 15,2–34 gelesen.[17] Die Auslegungsstoffe zu diesen biblischen Partien nehmen einen beachtlichen Raum ein, was ihr Gewicht für die geschichtstheologisch-politische Selbstexplikation anzeigt.

Die im folgenden beschriebenen Kompilationen verwenden Ob 2 im Zusammenhang mit einer stereotyp als feststehende aggadische Überlieferung bezeichneten Deutung von *Kleine der Herde* in Jer 49,20 auf die Rachelsöhne. Diese Deutung begegnet auch ohne Verwendung von Ob 2,[18] zum Teil in sehr betont messianischen Kontexten. So werden im Midrasch *Tanḥûma*ʾ, ed. Buber *wjšlḥ* VIII (zu Gen 32,5), vorher Jer 13,21 und Dt 33,17, anschließend Sach 9,9, Ez 34,31 und Ps 123,2 verarbeitet. Oder im selben Midraschwerk, *wjḥj* XIII (zu Gen 49,27), dient von Am 3,7 ausgehend das ‚Geheimnis‘ der anhand von Gen 49,9 angedeuteten Weltreiche als Einleitung. In YalqŠim I, § 130 zu Gen 32,5 steht diese ‚aggadische Überlieferung‘ am Anfang und wird mit Ob 18; 1Sam 30,17; 1Chr 12,21; 4,42 und 5,23 weiter ausgeführt. Daß den Rachelsöhnen die Vergeltung an Esau/Rom obliegt, hat zudem einen breiteren haggadischen Hintergrund. Nur bYom 10a fällt aus dem Rahmen, da hier in einem Fall Jer 49,20 als Beleg dafür angeführt wird, daß Rom durch Persien fallen werde.

3) Der mit der Anwendung von Ob 2 verbundene Teil dieses umrissenen Assoziationskomplexes erscheint in der einfachsten greifbaren Form innerhalb der Midrasch-Kompositionen zu Dt 25,18 im Midraš *Tanḥûma*ʾ, ed. S. Buber *tçʾ* (des näheren in XVI), fast völlig gleichlautend in PesK III (Abschnitt 13).

Die Kompilation beginnt mit Erklärungen zu *müde/matt* und *nicht gottesfürchtig* im Text von Dt 25,18. Darauf folgt die stereotyp eingeleitete Einzelüberlieferung durch R. Pinchas (Palästina 4. Jahrhundert), als Tradition von Samuel b. Nachman (Palästina 3./4. Jahrhundert) angeführt:

„(aa) Eine aggadische Überlieferung ist es, daß die Nachkommenschaft Esaus nur durch die Rachelsöhne fällt.

(ab) (Schriftbeleg Jer 49,20): *Fürwahr, es sollen sie fortschleifen die Kleinen der Herde!*

(ac) Und warum nennt er sie *Kleine der Herde*? Weil sie die Kleinen (Jüngsten) der (zwölf) Stämme waren.

(ba) In bezug auf den einen (Josef) steht geschrieben *naʿar* (Knabe), in bezug auf den anderen steht geschrieben *qaṭôn* (Kleiner).

---

17 PERROT, a.a.O. (Anm. 6), 217.
18 BerR 73,6; 75,5 und 92,2.

(bb)   In bezug auf den einen steht geschrieben Knabe (Gen 37,2): *Und er war ein Knabe* ...; in bezug auf den anderen steht geschrieben Kleiner (Ob 2): *Siehe ich mach(t)e dich klein unter den Völkern.*

(caa) Dieser wuchs zwischen zwei Gerechten auf und handelte nicht entsprechend ihren Taten [TanB: und lernte nichts von ihren Taten],

(cab) und jener wuchs zwischen zwei Frevlern auf und handelte nicht entsprechend ihren Taten. [TanB: und lernte nichts von ihren Taten.][19]

(cb)   Daher komme jener und falle durch diesen!

(daa) Dieser achtete auf die Ehre seines Schöpfers,

(dab) und jener mißachtete die Ehre seines Schöpfers.

(db)   Daher soll jener kommen, und er falle durch diesen! [Fehlt in TanB]

(ea)   In bezug auf jenen steht geschrieben (Dt 25,18): *und nicht gottesfürchtig,*

(eb)   und in bezug auf diesen steht geschrieben (Gen 42,18): *Gottesfürchtig bin ich.* [In TanB sind diese Zeilen eingeleitet mit: Es komme jener, in bezug auf den ..., und er falle durch diesen, in bezug auf den ...].“

Die erwähnte ‚aggadische Überlieferung‘, wonach die Rachelsöhne die Rache an Esau vollziehen, ist hier im Blick auf Amalek zugespitzt: Josua als Josefs Enkel wird mit dem Vernichtungskampf gegen den Esau-Enkel Amalek beauftragt.

4) Eine andere Verarbeitung liegt in PesR XII vor,[20] wo die homiletische Darlegung zu Dt 25,17 mit Ps 9,6 einsetzt und zu Amalek (Dt 25,17.19; Ex 17,9) übergeht, nach einem Gleichnis das Motiv des Väterverdienstes und die Verheißung Num 23,9 aufgreift, danach den Gegensatz Josef-Josua/Esau mit Gen 42,18 und Dt 25,18 markiert und dann erst den Fall Esaus durch Josef begründet: Der kleine Knabe Josef von Gen 37,3 (der jüngste) und der ‚klein gemachte‘ Esau von Ob 2 werden einander zugeordnet. Hier folgen ein Passus über die Auferstehungsfrage (Ex 13,19ff.; Gen 25,32) und danach ein größerer, militant eschatologischer Abschnitt, in dem die zweimalige Verwendung von Am 1,11 den Ton angibt.[21] Zuletzt wird wieder Ob 18 aufgegriffen, abschließend Ex 17,8, Moses Auftrag an Josua, für den Kampf gegen Amalek Männer auszuwählen. Kennzeichnenderweise enthält PesR XII nochmals eine Verwendung von Ob 2 im Zusammenhang mit Ausfüh-

---

19 Vgl. bSan 39b.

20 Hg. von M. FRIEDMANN, Wien 1880, fol. 48b–49a.

21 Am 1,11 wird auf eine besondere Bosheit Esaus bezogen: Er verletzte bei seiner Geburt seine Mutter so schwer, daß sie unfruchtbar blieb und nicht, wie es ihr zugekommen wäre, die zwölf Stämme zur Welt bringen konnte. Die Stelle spielt in der Midraschtradition eine bedeutende Rolle, vergleiche auch MANN, a.a.O. (Anm. 6), 264f., der Joel 4,13–21 mit Am 1,11f. als alte Prophetenperikope vermutet (zu Gen 32,4).

rungen zu Dt 25,17f., und zwar mit der Gegenüberstellung zu Gen 37,2 (der *Knabe* Josef), ferner von Am 1,11 mit Gen 33,7, von Gen 42,18 mit Dt 25,18f., und abschließend wird Ex 17,13, die Erfolgsangabe Josuas, in Verbindung mit Ri 5,14 verwendet.[22]

5) In YalqŠim I, § 264 begegnet der Stoff mit der Anwendung von Ob 2 zunächst im Auslegungskontext zu Ex 17,9, im wesentlichen entsprechend der Fassung in *Tanḥûma*ʾ, ed. Buber *tçʾ* XVI, und PesK III,13, jedoch in anderer Einordnung. Der Gegensatz Josua – Amalek wird gleich anhand von Ob 18 dargelegt: Das „Haus Josef" wird als „Flamme" die „Stoppeln" = das Haus Esau verzehren. Darauf folgt die ‚aggadische Überlieferung' mit Jer 49,20. Die folgende Einschaltung trägt dem Rechnung: Nach Gen 30,25 war die Geburt Josefs die Veranlassung für Jakobs Beschluß, Laban zu verlassen und heimzukehren,[23] also der Konfrontation mit Esau nicht länger auszuweichen, was in dieser Tradition dann mit Num 24,19 polemisch-drohend unterstrichen wird. Danach folgt der Rest des schon bekannten Stoffes mit Ob 2 und Gen 37,2, Dt 25,18 und Gen 42,18.

Zu Dt 25,17 hat der *Yalqûṭ Šimʿônî* in I, § 938 aber eine nochmalige Verwendung des Stoffes aufzuweisen, hier eingeleitet anhand von Ex 15,15 (*Da erschraken die Mächtigen Edoms …*). Der mit Ob 2 verbundene Teil erscheint hier ohne die Einschaltungen von YalqŠim I, § 264, greift aber nach der Gegenüberstellung von Dt 25,18 und Gen 42,18 nochmals auf Ex 17 (v. 8 und 17) zurück und koppelt dies mit Dt 25,17.

Ein drittes Mal taucht der Stoff in YalqŠim II, § 51 zu Ri 5 auf. In Ri 5 wird ja v. 4 auf Seʿir/Edom Bezug genommen und in v. 14 mit Ephraim und Benjamin eine besondere Rolle der Josefsöhne angedeutet. Nach der ‚aggadischen Überlieferung' mit Jer 49,20 wird ähnlich wie in I, § 264 das Motiv der „Stoppeln" eingeführt, jedoch zuerst anhand Jes 47,14 und im Anschluß daran erst mit Ob 18, hier ausführlicher ausgedeutet. Darauf folgt der Stoff wieder in der bekannten Fassung.

In II, § 333 (zu Jer 49,20) begegnet die ‚aggadische Überlieferung' nochmals, einmal ausgehend von Num 24,17 und in der Folge Gen 15,5; Hos 13,14; Sach 13,8; Jes 15,24 zitierend, dann, nach Jer 49,20, noch eine polemische Behauptung gegen Esau als Homosexuellen (anhand von Jes 49,22; Gen 25,27; Jer 49,38).

6) Ob 18, kombiniert mit Jes 47,14 („Stoppeln"), beherrscht auch den Teil nach der ‚aggadischen Überlieferung' in *Tanḥûma*ʾ, ed. Buber *wjçʾ* XV, zu Gen 29,31, wo eingangs Gen 29,20 und Rut 4,11 verarbeitet werden.

---

22 Hg. von M. FRIEDMANN, Wien 1880, fol. 53a.
23 Siehe bBB 123b oben.

6. Amalek

Im Midrasch *Tanḥûmaʾ tç' X* zu Dt 25,18 wurde der Stoff in einer anderen, zum Teil auch stärker schematisierten und aufgefüllten Weise verarbeitet. Den Ausgang bildet eine grimmige Polemik gegen ‚Amalek' und ‚Esau' anhand von Ez 8,17 und Gen 27,36, mit dem Vorwurf, das Erwählungszeichen der Beschneidung zu Gotteslästerungen mißbraucht zu haben. Die Amalekiter schnitten demnach den Israeliten, die sie in ihre Gewalt bekamen, das betreffende Körperteil ab und warfen es mit den Worten: „Hier hast du, was du erwählt hast!" gen Himmel. Allem Anschein nach hat sich hier mit Edom/Amalek als Typos für Rom eine Überlieferung verbunden, die ihren Ursprung in Auseinandersetzungen über die Beschneidung im Anschluß an den Bar-Kochba-Aufstand hatte. Diese schreckliche Begegnung der Israeliten mit Amalek wird dann im Sinne einer verbreiteten Auslegungstradition mit dem Murren des Volkes und der Begebenheit Ex 17,1–7 begründet, und dabei wird Ps 78,18 aufgegriffen. Dann folgen die ‚aggadische Überlieferung' über die Rachelsöhne mit Jer 49,20, hier jedoch ergänzt um den Hinweis auf Josuas Beauftragung in Ex 17,9, danach die Gegenüberstellung von Dt 25,18 und Gen 42,18 sowie jene von Gen 37,2 („Knabe" Josef) und Ob 2. Diesem bekannten Bestand ist nun eine Serie von sechs Aussagen nach dem teilweise bereits bekannten Muster „Dieser ... jener ..." zur Herausstellung der Gegensätze zwischen Josef und Esau angefügt. Sie endet mit dem Schlußsatz: „Daher falle jener durch diesen". Dazu kommt eine weitere Überlieferung, mit dem Namen des R. Jochanan (Palästina 3. Jahrhundert) verbunden, die Josefs Rächerrolle begründet und nach Anwendung von Gen 50,24f.; 33,7 und Am 1,11 mit Ob 18 schließt.

7. Israel und die Völker

Mit Amalek als Esau-Nachkommen verbindet auch der *Sedär 'Elîjahû rabba'* XXII (XXIV)[24] eine betonte Auswertung des Obadjabüchleins zu eschatologischen Drohungen, eingeleitet mit dem Thema der Herrschaft über ‚Diese Welt' und die ‚Kommende Welt': Israel wird beide erben. Die homiletische Bibelanwendung setzt mit dem Amalekiterkampf Ex 17,8 ein und begründet die Niederlage Israels mit dem mangelhaften Gehorsam (Ex 17,1–7). Aber Gott, „der Herz und Nieren prüft", straft Amaleks Anmaßung und sagt seinen Untergang an: Num 24,20; Dt 25,19; Ex 2,17.14.16. Doch nicht genug mit der Amalekiterschlacht: Die Nachkommenschaft des Frevlers Esau fre-

---

24 M. FRIEDMANN (Hg.), Seder Eliahu rabba, Wien 1902, 126f.

velte noch mehr, sie lehnte die Beschneidung und den Sabbat ab, ja, überhaupt alle Torahgebote, und verfolgte die Knechte Gottes (Ps 79,2). Gott, „der Herzen und Nieren prüft", droht: Hätten die Frevler die Beschneidung bewahrt, würde er ihnen die Gedanken nicht als Werke anrechnen, so aber sehr wohl: Ez 35,6.10. Gott selbst lüftet das eschatologische Geheimnis: Jer 49,15 bzw. Ob 2: *Siehe, ich mache dich klein unter den Völkern, verachtet ...*, wegen der Anmaßung ‚Edoms' (Jer 49,16; Ob 4): „Gepriesen sei Gott, der Gepriesene, der den Hassern Israels vergilt! So wie es geplant war in der Absicht Gottes, entwurzelt er ihn und seine Nachkommenschaft aus der Welt, denn es heißt: ... (Ob 18; Mal 1,4 und Ob 10)". Die weiteren Ausrottungsansagen werden mit Esaus Unrechtstaten und mit den Unrechtstaten der Weltreiche gegenüber Jakob begründet. Die Torah (der Dekalog) war auch den Völkern angeboten worden, doch hatten sie sie anders als Israel abgelehnt, daher gilt Ps 7,7f.: *Stehe auf, Herr, in deinem Zorn, erhebe dich ...*, sowie Ps 7,9–11. Die Frage, was Israel von den Völkern unterscheide (Ex 33,16), wird so beantwortet: Es ist die Torah-Gabe (Dt 4,33). Und Gott leistet den Schwur, Israel nie gegen ein anderes Volk einzutauschen, denn es heißt (Hos 11,9): *Ich will meine Zornglut nicht zur Wirkung kommen lassen ...*

8. „Diese Welt" und „Kommende Welt"

1) Der Assoziationshorizont für Ob 2 ist damit noch nicht erschöpft, soweit der Gegensatz ‚groß – klein' betroffen ist, wie er im Verhältnis Esaus zu Jakob gesehen wurde. In PesK V zu Ex 12,2 wird eine auch sonst noch bekannte Tradition aufgegriffen, wonach der ‚große' Esau als Typos für Edom/Rom mit der Sonne und der ‚kleine' Jakob als Typos für Israel mit dem Mond verglichen wird,[25] hier angeregt durch den Bibeltext Ex 12,2, der durch das Wort *Monat* in besonderer Weise auf die spezifisch jüdische Kalenderberechnung hinweist (und sowieso mit eschatologischer Deutungstradition beladen ist). „Esau" rechnet nach der Sonne und Jakob nach dem Mond. Diese – etwas ungenaue – Charakterisierung des Kalendergegensatzes dient nur dem eigentlichen Ziel des Vergleichs: Sonnen- und Mondlicht schließen einander aus, und zuletzt gilt daher Jes 60,1: *Steh auf, leuchte, denn dein Licht kommt, und die Herrlichkeit JHWHs strahlt auf über dir ...*

2) Der Vergleich zwischen Sonne und Mond mit Esau/Rom und Jakob/Israel war, wie bemerkt, auch sonst bekannt. Unter Ausnutzung des Umstands, daß die Sonne nur tagsüber „herrscht", nachts aber nie sichtbar wird,

---

25 Siehe dazu bei J. MAIER, Die Sonne im religiösen Denken des antiken Judentums, in: W. HAASE (Hg.), ANRW II 19/1, Berlin/New York 1979, 347–412 (367f.).

während der Mond auch tagsüber wahrnehmbar sein kann, wird illustriert, daß Esau nur ,Diese Welt', Jakob aber beide ,Welten' erbt. Dies schließt eine Anerkennung der weltlichen Übermacht Roms ein. „Diese Welt" wird dabei dem Esau und dem Völkerengel Edoms (zum Teil Samael, dem Teufel!) überlassen. Freilich klingt dabei eine gewisse Resignation mit,[26] der Verzicht auf den politisch-militärischen Kampf um die reale Macht, und manche Traditionen warnen sogar expressis verbis vor dem Versuch, gegen die Weltmacht aufzubegehren. Dennoch blieben die alten militanten Motive aus der restaurativen Komponente der messianischen Erwartung weiterhin wirksam, denn die bei philosophierenden Theologen wie Mose ben Maimon (gest. 1204) vollzogene Unterscheidung zwischen ,Dieser Welt' und der ,Kommenden Welt' als transzendentem endgültigem Heilszustand wurde von den breiteren Schichten nur begrenzt vollzogen. Die geläufige Enderwartung blieb ein Gemisch von irdischen und Irdisches übersteigenden Vorstellungen, und selbst Maimonides hielt an der Erwartung der messianischen Zeit als der Endphase ,Dieser Welt' fest. Es war somit immer nur die Frage, ob man den Kairos für gekommen hielt, und falls ja, was man angesichts dessen für Konsequenzen ziehen soll. Bis dahin oblag den Repräsentanten der jüdischen Gemeinschaft(en) die schwierige Aufgabe, einen Kompromiß zu finden, der die Existenz der Gemeinschaft sicherte. Dergleichen bedurfte aber angesichts der kompakten romfeindlichen Überlieferungen einer Begründung und Rechtfertigung. Innerhalb des hier umrissenen Assoziationshorizonts boten sich dafür gewisse Möglichkeiten. So konnte man im Esau-Enkel Amalek eine extreme Ausartung der herrschenden Weltmacht erblicken und die kompromißlose Feindschaft insofern konzentrieren, Esau selbst aber etwas entlasten. Ein solcher Trend war schon darum naheliegend, weil politische Verantwortung tragende Rabbinen ja nicht umhin konnten, manche Vorteile der römischen Ordnungsmacht anzuerkennen, ja, selbst Repräsentanten Roms dann und wann positiv zu werten.

Zum Beispiel wird in bAZ 10b eines der sagenhaften Gespräche zwischen Rabbi (Jehuda ha-Nasi) und Antoninus (Typus eines judenfreundlichen Kaisers) tradiert: Antoninus nimmt an Ob 18 (... *und kein Entronnener wird dem Hause Esau bleiben*) Anstoß, aber Rabbi versichert ihm einen Anteil an der ,Kommenden Welt', denn die Drohung gelte nur dem, der „die Werke Esaus tut". Und als Antoninus entgegnet, daß doch in Ez 32,29 gerade die Könige und Fürsten Edoms bedroht werden, erläutert Rabbi: „Seine Könige ... heißt es, nicht alle seine Könige ...". Solch versöhnliche Töne (hier aus der Zeit des nichtchristlichen Rom!) sind freilich nicht häufig, und die

---

26 Vgl. z.B. die oben (Abschnitt 7) erwähnte Stelle aus SER XXII (XXIV) oder TanB, *Dbrjm* VI zu Dt 2,5. Zur Sache siehe vor allem N. N. GLATZER, The Attitude to Rome in the Amoraic Period, in: PWCJS 6, Jerusalem 1976, II, 9–19.

Midraschtradition, die in ihren großen Kompilationen erst in der Zeit des christlichen ,Edom' und im frühen Mittelalter ihre uns bekannte Gestalt erhielt, zeigt, daß die Konfrontation mit der Weltmacht für das rabbinische Geschichtsbewußtsein eher eine Verschärfung erfahren hat.

9. Schlußbemerkung

Die Auslegungsgeschichte des Obadjaverses ist damit nur in Umrissen skizziert. Gerade das jüdische Mittelalter mit einer sehr differenzierten exegetischen Literatur erschließt wieder neue Aspekte. Die heilsgeschichts-theologisch-eschatologische Sicht dominiert allerdings weiter, wie auch an der übersichtlich gestalteten Behandlung des Obadjabuches (im Vergleich mit Jer 49) im Prophetenkommentar des Isaak b. Jehuda Abrabanel (gest. 1508) deutlich zu erkennen ist.[27] Erst nach der Aufklärung, im Reformjudentum und zum Teil auch im konservativen Judentum, wurde das Verhältnis zwischen Religion und Politik neu durchdacht.

---

27 J. MAIER, Kriegsrecht und Friedensordnung in jüdischer Tradition, Stuttgart 2000, 410–421.

D. Zu den „Schriften"

§ 15

Psalm 1 im Licht antiker jüdischer Zeugnisse

Vorbemerkung

Als ‚Einleitung' zum Psalter[1] kommt dem Psalm 1 verständlicherweise eine hermeneutische Schlüsselfunktion zu, und demgemäß weit fächert sich das Spektrum der exegetischen Aussagen auf. Die folgenden Beobachtungen zu Ps 1 bieten keine Auseinandersetzung mit diesem reichen Befund,[2] sie sind nur als Hinweis auf die Fragwürdigkeit einiger Voraussetzungen der üblichen Exegese gedacht. Mit der Feststellung der formalen ‚einleitenden' Funktion des Psalms 1 ist nämlich nicht selten eine inhaltliche Qualifizierung des Psalms verbunden, wodurch der ‚hermeneutische Schlüssel', den der Psalm bieten sollte, oft unmerklich gegen einen eher subjektiven vertauscht wird. Es mag daher nützlich sein, nach den ältesten Zeugnissen für das jüdische Verständnis des Psalms in seiner Funktion als Einleitung zum Psalter zu fragen, also nach Zeugnissen, die zeitlich jenem Verständnis am nächsten liegen, das zur Verwendung dieses Psalms als Einleitung zum Psalter geführt hat. Dies kann einer historisch-kritisch orientierten Exegese eigentlich nicht gleichgültig sein. Um so erstaunlicher ist das geringe Interesse, das bislang dieser auslegungsgeschichtliche Aspekt in der exegetischen Arbeit gefunden hat.

---

1   Siehe die einschlägigen Kommentare, vor allem: H. J. KRAUS, Psalmen. Teil 1: 1–59, Neukirchen-Vluyn (BK 15) 2003[7]; G. RAVASI, Il libro dei Salmi, Bologna 1981; J. W. ROGERSON – J. W. McKay, Psalms 1–50, Cambridge (The Cambridge Bible Commentary) 1977; A. DEISSLER, Die Psalmen, Düsseldorf 1982[3]; P. C. CRAIGIE, Psalms 1–50, Waco/Texas 1983. Für die ältere Forschung siehe den Überblick bei P. H. A. NEUMANN (Hg.), Zur neueren Psalmenforschung, Darmstadt 1976; K. SEYBOLD, Beiträge zur neueren Psalmenforschung, ThR NF 61, 1996, 247–274; E. ZENGER, Die Psalmen im Psalter. Neue Perspektiven in der Forschung, ThRv 95, 1999, 443–456; J.-M. AUWERS, La composition littéraire du Psautier. Un état de la question, Paris 2000.

2   Zu Ps 1 speziell siehe an neueren Publikationen: P. AUFFRET, Essai sur la structure littéraire du Psaume 1, BZ 22, 1978, 27–45; R. LACK, Le psaume 1 – une analyse structurale, Bib. 57, 1976, 154–167; R. P. MERENDINO, Sprachkunst in Psalm 1, VT 29, 1979, 45–60; J. A. SOGGIN, Zum ersten Psalm, ThZ 23, 1967, 81–96.

Ps 1 wird durch die gattungsmäßige Bestimmung als ‚Weisheitspsalm', ‚Gesetzespsalm' oder dergleichen inhaltlich schon so abgestempelt, daß sich daraus je nach dem theologischen Standpunkt des Exegeten automatisch auch Wertungen ergeben.[3] Doch verteilen sich negative Wertungen keineswegs ausschließlich auf christliche Autoren und positive auf jüdische, auf beiden Seiten begegnen je nach religiös-theologischer Tendenz unterschiedliche, ja sogar gegensätzliche Äußerungen. Nur gegenüber einer christologisch zentrierten Exegese setzt sich das jüdische Psalmenverständnis klar und deutlich ab.

1. Vorrabbinische Zeugnisse

1.1 Psalm 1 im Text des Palters

Die einleitende Funktion des 1. Psalms ist im hebräischen Text des Psalters eigentlich evident. Auf welche Weise damit der Psalter hermeneutisch determiniert wird, ist hingegen strittig. Eine der neuesten Untersuchungen zur Redaktion des Psalters, von G. H. Wilson,[4] bestimmt zum Beispiel die hermeneutische Schlüsselfunktion von der Einleitungsfunktion aus, aber auf eine recht einseitige Art: „Ps 1 emphasizes individual meditation. The Pss thus became the source of each man's search for the path of obedience to the 'Torah of JHWH', the path which leads from death to life".[5] Oder: „The emphasis is now on meditation rather than cultic perfomance; private, individual use over public, communal participation. In a strange transformation, Israel's words of response to his God have now become the word of God to Israel".[6] Waren aber die Beweggründe für die Vorschaltung des Psalms 1 vor Psalm 2 als Einleitung zum ersten Buch des Psalters und weiter zum Psalter insgesamt tatsächlich solcher Art?

Eine gewisse crux stellt schon das Verhältnis zwischen den titellosen Psalmen 1 und 2 dar. Ihre Position am Anfang der Gesamtsammlung ist zweifellos signifikant für das Verständnis des ersten Psalmbuchs und dann des Gesamtpsalters zur Zeit seiner Endredaktion. G. H. Wilson hat diese Fragen eingehend behandelt, lehnt aber mit J. T. Willis[7] die Wertung der beiden Psalmen als einer Einheit ab. Die Gründe dafür sind allerdings eher

---

3   Vgl. die knappe, aber instruktive Übersicht bei E. Lipiński, Psaumes I, DBS fasc. 48, Paris 1973, 120f.
4   G. H. Wilson, The Editing of the Hebrew Psalter, Chico 1985.
5   Wilson, a.a.O. (Anm. 4), 143.
6   Wilson, a.a.O. (Anm. 4), 206.
7   J. T. Willis, Psalm 1 – An Entity, ZAW 91, 1979, 381–401.

‚moderner' Art. Der Unterschied in Struktur und Gattung der beiden
Psalmen ist zwar eklatant, aber ein anachronistisches Kriterium, und die
Behauptung, die beiden Psalmen differierten bezüglich des ‚subject matter'
völlig, setzt die bereits zitierte individualistische Deutung voraus. Dabei
wäre gerade die Gattungsbestimmung richtungweisend, weil es sich bei Ps
2 ja um einen Königspsalm handelt[8] und Königspsalmen für die Strukturierung des Psalters eine hervorragende Bedeutung haben.[9] Angesichts
der unmittelbaren Nachbarschaft zu Ps 2 liegt deshalb schon formal auch
für diesen eine Königsthematik nahe. Schon deshalb, weil der ganze Psalter
im wesentlichen als ‚davidisch' galt und somit eine angemessene Einleitung
thematisch am Platz ist. Somit ergibt sich vom Psalter selbst aus gesehen als
hermeneutische Schlüsselfunktion für Ps 1 (mit Ps 2) die Davids- bzw.
Königsthematik,[10] und zwar in enger Verbindung zum Begriff der Torah.[11]
Dabei geht es vor allem um die repräsentative und typologische Funktion
der Davids- bzw. Königsfigur, wobei einige weitere alttestamentliche Texte
ebenfalls ins Bild geraten: a) Jos 1,8 mit seinem Kontext, durchaus zur
Königsthematik im genannten Sinne passend; b) 2Sam 23,1–7; c) Jer 17,5–8;
d) Ps 112; e) Ps 119,1f. und 3–6. Hier scheint ein literarisches Grundmuster
durch, das trotz deuteronomistischer Färbung und Umdeutung noch Züge
einer ursprünglich auf den König gemünzten Segens- und Fluchformel
durchschimmern läßt. Bei einem ‚davidischen' Verständnis des Ps 1 verläuft
der Übergang zu Ps 2 inhaltlich glatt, der formale Bruch verleiht dem
Ganzen noch dramatischen Charakter. Dazu passen die alten Hinweise auf
Ps 1–2 als einer Einheit sowohl thematischer Art wie der Psalmenzählung
nach,[12] wofür auch noch gewisse Hinweise in der handschriftlichen
Überlieferung sprechen, nach denen die Zählung erst mit Ps 2 beginnt.[13]

---

8   E. ZENGER, „Wozu tosen die Völker …?" Beobachtungen zur Entstehung und
    Theologie des 2. Psalms, in: Freude an der Weisung des Herrn. Festgabe für Hans
    Gross, Stuttgart 1986, 495–512.
9   G. H. WILSON, The Use of Royal Psalms at the "Seams" of the Hebrew Psalter,
    JSOT 35, 1986, 85–94; G. BRAULIK, Christologisches Verständnis der Psalmen –
    schon im Alten Testament?, in: K. RICHTER – B. KRANEMANN (Hg.), Christologie
    der Liturgie. Der Gottesdienst der Kirche – Christusbekenntnis und Sinaibund,
    Freiburg/Br. (QD 159) 1995, 57–86 (siehe vor allem S. 67).
10 R. G. KRATZ, Die Tora Davids. Psalm 1 und die doxologische Fünfteilung des
    Psalters, ZThK 93, 1996, 1–34.
11 J. HÖGENHAVEN, The Opening of the Psalter. A study in Jewish theology, SJOT 15,
    2001, 169–180; R. COLE, An Integrated Reading of Ps 1 and 2, JSOT 98 (26/4), 2002,
    75–88.
12 Vgl. „westliche Lesarten" zu Act 13,33; ferner MTeh 1,2 (bBer 9b/10a; YalqMak I,3);
    vgl Tanchuma *wjhj xvii* (YalqMak I,7).
13 WILSON, Editing (Anm. 4), 203ff.

1.2 Qumran

Die Hinweise auf eine Verwendung des Psalms 1 in der frühjüdischen Literatur sind bezüglich seiner Auslegungsgeschichte weder zahlreich noch aufschlußreich,[14] doch ergibt sich nun dank der Qumranfunde ein etwas klareres Bild.

Aus Qumran ist zu Ps 1 nicht viel erhalten, keine der erhaltenen Psalmenrollenreste enthält den Anfang des Psalters. Beachtung verdient jedoch die Psalmenrolle aus 11Q5 mit ihrer eigentümlichen Einteilung,[15] welche die Frage nach der Verwendung von Psalmen, Psalmensammlungen bzw. unseres Psalters in ein neues Licht gerückt hat. Die Diskussion über Form und Funktion der Qumran-Psalmrollen und über ihr Verhältnis zum biblischen Psalter und dessen Form und Funktion ist allerdings noch immer im Gange.[16] Über die kultische und außerkultische Verwendung von Psalmsammlungen ist nun leider kaum etwas bekannt, auch wenn die Passage über Davids Dichtungen in 11Q5 XXVII,2–11 einen klaren Bezug zum Jahres- und Festzyklus voraussetzt.[17] Überdies findet wohl zu wenig Berücksichtigung, daß selbst die handschriftliche Textüberlieferung der masoretisch-biblischen Psalmensammlung nicht die Konsistenz aufweist, die gemeinhin unterstellt wird. Und dazu kommt noch die griechische Übersetzungtradition mit ihren Tochterübersetzungen, die für die christliche Seite maßgeblich war, deren jüdische Voraussetzungen aber schwierig zu definieren sind.[18] Es bleiben also in mehrerer Hinsicht noch einige Fragen offen.

---

14 Vgl. dazu J. MARBÖCK, Zur frühen Wirkungsgeschichte von Psalm 1, in: Freude an der Weisung des Herrn. Festgabe für Hans Gross, Stuttgart 1986, 207–222.

15 J. A. SANDERS, The Psalms Scroll of Qumran Cave XI (11QPsᵃ), Oxford (DJD IV) 1965.

16 Siehe vor allem: WILSON, Editing (Anm. 4); P. W. FLINT, The Dead Sea Scrolls and the Book of Psalms, Leiden (StTDJ 17) 1997; J. A. SANDERS, Psalms Scroll, in: L. H. SCHIFFMAN – J. C. VANDERKAM, Encyclopedia of the Dead Sea Scrolls, II, Oxford – New York 2000, 715f.; U. DAHMEN, Psalmentexte und Psalmensammlung. Eine Auseinandersetzung mit P. W. Flint, in: DERS. – A. LANGE – H. LICHTENBERGER (Hg.), Die Textfunde vom Toten Meer und der Text der Hebräischen Bibel, Neukirchen-Vluyn 2000, 109–126; SUSAN E. GILLINGHAM, From Liturgy to Prophecy; the use of psalmody in Second Temple Judaism, CBQ 64, 2002, 470–489; U. DAHMEN, Psalmen- und Psalterrezeption im Frühjudentum. Rekonstruktion, Textbestand, Struktur und Pragmatik der Psalmenrolle 11QPsᵃ aus Qumran, Leiden (StTDJ 49) 2003.

17 Vgl. M. CHYUTIN, The Redaction of the Qumranic and the Traditional Book of Psalms as a Calendar, RdQ 16, 1994, 367–395; J. C. VANDERKAM, Studies on "David's Compositions" (11QPsᵃ 27:2–11), ErIs 26, 1999, 212*–220*.

18 A. AEJMELAEUS – U. QUAST (Hg.), Der Septuaginta-Psalter und seine Tochterübersetzungen. Symposium in Göttingen 1997, Göttingen (AAWG.PH 3/230) 2000;

Jedenfalls dürfte unser Psalter als Einheit weder zu kultischer Verwendung (am Tempel) noch für ‚synagogale' liturgische Zwecke redigiert worden sein, geschweige denn, daß er als ‚Gesangbuch' der jüdischen ‚Gemeinde' gedient hätte.

Aufschlußreich ist für den Zusammenhang von Ps 1–2 aber der Text 4Q174 (Florilegium).[19] Es handelt sich um eine Kompilation eschatologischer Traditionen.

Der hebräische Text von 4Q174 III, Zeile 14 lautet: (14) *mdrš m'šrj h'jš 'šr l' hlk b'çt rš'jm*. Der Anfang dieser Passage wird unterschiedlich übersetzt, meist mit „Eine Auslegung von ..." oder ähnlich. Doch wie beim Verbum *drš* gilt, daß die Bedeutung ‚auslegen' erst für viel später bezeugt ist, nämlich erst in der nach-tannaitischen Literatur, also nicht vor 200 n. Chr. Die Septuaginta bezeugt klar und eindeutig für *midraš* die Bedeutung ‚Buch' bzw. ‚(offizielles) Schrift(stück)', und in Qumranparallelen steht *midraš* auch für *säräk*, (geschriebene) Ordnung. Der Ausdruck bezeichnet also eine schriftlich fixierte, mehr oder minder offizielle Darlegung. In 4Q174 III, Zeile 14 steht das Wort *mdrš* nach einem Leerraum, das heißt, daß eine neue literarische Einheit beginnt. Die Übersetzung mit ‚Auslegung' wäre hier auch deshalb unpassend, weil die Konstruktion mit *m(in)* = aus/von ungewöhnlich ist und auch nicht zum Folgenden paßt. Es folgten ja *Pešär*-Deutungen verschiedener Passagen. Einleuchtender ist die Annahme, daß *midraš aus/von* die Überschrift zu einem hier eingefügten Stück aus einem *Pešär*-artigen Psalmen-Kommentar ist, so daß kein direkter Bezug zu Ps 1,1 vorliegt. Aber auch so bleibt eine Ungereimtheit, denn die Pešär-Deutung in Zeile 14b–15a spricht im Plural, was zum Singular *'iš* ‚Mann' nicht paßt. Die einzige Möglichkeit, dort einen Plural vorauszusetzen, läge darin, *m'šrj* nicht als *me-* (*min*) zu verstehen, sondern als Partizipialform Plural im status constructus zu *'jš*: Glücklichpreisende des Mannes, der nicht ... etc. Alles Folgende handelt auch tatsächlich von diesen Leuten, die sich absondern, nicht aber vom ‚Mann'. Der Plural konnte allerdings auch unter der

---

R. V. HIEBERT – C. E. COX – P. J. GENTRY (eds.), The Old Greek Psalter. Studies in Honour of Albert Pietersma, Sheffield (JSOT.S 332) 2001; E. ZENGER (Hg.), Der Septuaginta-Psalter. Sprachliche und theologische Aspekte, Freiburg/Br. 2001.

19 Mangelhaft ediert in J. M. ALLEGRO, Qumran Cave IV,1, Oxford (DJD V) 1968, 53ff. Eine hervorragende Textrekonstruktion und Kommentierung bietet A. STEUDEL, Der Midrasch zur Eschatologie aus der Qumrangemeinde (4QMidrEschat[a.b]), Leiden (StTDJ 13) 1994; vgl. DIES., Die Texte aus Qumran, II, Darmstadt 2001, 187–200. Ferner siehe G. J. BROOKE, Exegesis at Qumran. 4QFlorilegium in its Jewish Context, Sheffield (JSOT.S 29) 1985, 80ff. 172ff.; J. ZIMMERMANN, Messianische Texte aus Qumran: Königliche, priesterliche und prophetische Messiasvorstellungen in den Schriftenfunden von Qumran, Tübingen (WUNT 104) 1999, 104–112.

Voraussetzung einer kollektiven Bedeutung von *'îš* (Mann) verwendet worden sein, nur bleibt das Problem des *m(in)* dabei bestehen.

Die Übersetzung von 4Q174 III,14–19 lautet:

„Eine N[ieder]schrift von (/aus): *Glücklich der Mann, der nicht gewandelt im Rate von Frevlern (Ps 1,1)*"

oder:

„Eine N[ieder]schrift: Die *glücklich* preisen den *Mann, der nicht gewandelt im Rate von Frevlern (Ps 1,1)*.

Die Deutung des Wor[tes]: Sie sind jene, die sich fernhalten vom Weg [des Volkes], (15) da im Buch des Propheten Jesaja für das Ende der Tage geschrieben steht (Jes 8,11): *Und es geschieht, daß Er mich wie mit starker [Hand entfernt vom Wandel auf dem Weg]* (16) *dieses Volkes*. Und sie sind es, über die im Buch des Propheten Ezechiel geschrieben steht (Ez 37,23), *daß sie sich ni[cht weiterhin verunreinigen sollen* (17) *durch] ihre Götzen*. Das sind die Söhne Zadoks und die [Män]ner ihres Ra[tes], die da streben nach ...[--] der Einung. (18) *[Warum erregt]en sich Völker und sp[rechen] Nationen [Trug?] Stellen [Erdenkönige sich hin und] stemmen [Mach]thaber sich miteinander im Boden fest gegen JHWH und gegen* (19) *[Seinen Gesalbten (Ps 2,1)? Die Deu]tung des Wortes ist,* [daß ....Völ]ker, und .[............]die" (Unterer Kolumnenrand).

Diese mit *midraš* eingeleitete Einfügung ist ein polemischer Text mit dementsprechenden biblischen Belegen samt *Pešär*-Deutungen: Ps 1,1; Jes 8,11; Ez 37,23 und Ps 2,1. Im vorangehenden Teil hingegen wurden folgende Passagen verarbeitet: 2Sam 7,10. 11; Ex 15,17.18; (Dt 23,3.4); 1Kön 5,19; 2Kön 7,11 (Jer 29,11); 2Sam 7,11–14; Am 9,11. Dieser erste Teil verwendet die traditionelle Regelung der Zugehörigkeit zu Israel für die Frage der eigenen Gruppenzugehörigkeit in Auseinandersetzung mit anderen jüdischen Gruppen. In diesem Zusammenhang wird wie in anderen Qumrantexten die ‚Haus'-Symbolik aufgegriffen, sowohl im Blick auf den Tempel wie auf die davidische Dynastie. Mit den herangezogenen Verheißungen für die davidische Dynastie kam der Name Davids mit ins Spiel, der das Stichwort für die Zitierung des *midraš* darstellte. Und mit diesem Einschub erhielt die Thematik einen noch stärkeren polemisch-aktualisierenden Ton. Es geht nun vorrangig um die Funktion der eigenen Dissidentengruppe, die sich als zadokidische Priester mit ihrem Anhang definieren.

Dabei ist der unmittelbare Anschluß von Ps 2,1 zu beachten, denn er stützt die Annahme, daß Ps 1 und 2 als Einheit angesehen worden sind. Dieser eschatologische und polemische Text setzt keine individuelle, meditative Psalmenfrömmigkeit voraus, er enthält vielmehr eine aktualisierende Interpretation biblischer Passagen unter Voraussetzung der repräsentativ-typologischen Bedeutung der Figur Davids. In Ps 1 werden nach dieser Sicht zwar Fromme und Frevler auseinanderdividiert und gegenübergestellt, doch nicht als fromme und böse Individuen, sondern als Gruppenvertreter. Nachdem geklärt ist, wer die heilsgeschichtliche Gruppe ‚Israel' legitimerweise repräsentiert, folgt der Schritt zu Ps 2,1, wo der Gesalbte, Symbol der eschatologischen Hoffnung der Gruppe, nunmehr die Gruppe ‚Israel' gegenüber den ‚Völkern' repräsentiert.

Der ‚davidische' Charakter des Psalters wird durch Qumranangaben über die Dichtungen Davids noch unterstrichen. 11Q5 Kol. 27,2–11[20] steht zwischen 2Sam 23,7 und Ps 140,1–5, eine im Vergleich mit Ps 1–2 nicht uninteressante Textfolge. Der Text belegt eine hohe Einschätzung der Bedeutung Davids als eines Dichters von 3600 *tehillîm* (Psalmen) und 450 *šîrîm* (Liedern; vgl. auch Josephus, Ant VII,305f.) und betont seine Inspiration. Solche Psalmen wurden als Offenbarung gewertet, mit David als Sprecher, aber auch als Gegenstand der Offenbarung, allerdings eben in der repräsentativen Bedeutung, die eine Identifizierung der Individuen mit ihm bzw. seiner Gruppe erlaubt.

1.3 Psalmen Salomos

Die *Psalmen Salomos*[21] enthalten in Kapitel 14 ebenfalls eine – freie – polemische Anwendung entweder des Psalms 1 selbst oder des zugrunde liegenden Schemas. Trotz einer gewissen Individualisierung und bei aller Betonung der Torah-Frömmigkeit bleibt die Gruppengebundenheit der Polemik deutlich. Vor allem mit v. 5, wo ausdrücklich die eigene Gruppe als „Erbteil Gottes" (Israel) bezeichnet wird. Gleich darauf folgt mit v. 6: „Nicht so die Sünder und Gesetzlosen …". Die negativen Folgen für sie werden breiter ausgeführt, vor allem schließt dieser Psalm mit einem positiven Satz für die Frommen. In welchem Maß auch in dieser Sammlung die Figur des Gesalbten (Königs) der Gruppendefinition dient, zeigt der Schluß mit den beiden Stücken 17 und 18.

1.4 Im Neuen Testament

Das neutestamentliche Schrifttum bietet zu Ps 1 unmittelbar nichts, doch ist das Gewicht des christologisch bedeutsamen Ps 2 zu beachten. In frühkirch-

---

20 J. A. SANDERS, The Psalms Scroll of Qumran Cave XI (11QPs^a) (Anm. 15), 48.
21 S. HOLM-NIELSEN, Die Psalmen Salomos, Gütersloh (JSHRZ IV/2) 1977, 91f.;
   J. SCHÜPPHAUS, Die Psalmen Salomos, Leiden 1977 (siehe Index); E. P. SANDERS,
   Paul and Palestinian Judaism, London 1977, 387ff. 398ff.

lichen Texten begegnen zwei markante polemische Passagen, die bemerkenswerterweise beide Gruppengegensätze (zu Heiden, Juden, Häretikern)
austragen, und zwar mittels allegorischer Verwendung der biblischen
Unterscheidung zwischen reinen und unreinen Tieren und anhand von Ps
1,1f.; so im Barnabasbrief X,10 und bei Irenäus, Adv. haer. V,8,3. Die das
‚wahre Israel' repräsentierende Figur ist nun natürlich Christus, auf den
gerade die Psalmen vorzugsweise gedeutet wurden. Bis zu einem gewissen
Grad ersetzte die Alte Kirche also die Davidfigur des ererbten Psalters
durch Christus, jedoch keineswegs vollends. David als Prophet auf Christus
hin bleibt mehr oder minder häufig nicht bloß als Autor, sondern auch als
Gegenstand des Psalters eine unverzichtbare Figur auch in der christlichen
Auslegung.[22] Auf diesem Grundraster entfaltet sich die ungemein reiche
weitere christliche Auslegung und Anwendung des Psalms 1 (und 2).[23]

1.5 Zusammenfassung

Im vorrabbinischen Judentum dominiert ebenso wie im frühen Christentum
in der Deutung von Ps 1,1.2 die polemische Verwendung, und dabei steht
die davidische Gestalt des Repräsentanten Israels, und zwar als des ‚wahren'
Israel (= die eigene Gruppe), eindeutig im Vordergrund. Die vielberufene
‚Gesetzesfrömmigkeit' ist Kriterium zur Scheidung der Gruppen, wobei
natürlich jede ihr eigenes Torahverständnis unterstellte. Ps 1 hatte ebenso
wie der Psalter insgesamt in früher Zeit also nicht zuletzt als Mittel der
internen Auseinandersetzung um ‚Israel' gedient und gleichzeitig mit der
Selbstbehauptung dieses ‚Israel' gegenüber der Völkerwelt zu tun. Diese
wird gewiß – freilich im Gruppensinne – auch gefordert, aber nicht in erster
Linie zur persönlichen Erbauung, sondern zum Zweck der Festigung des
Selbstbewußtseins und zur Erfüllung des kollektiven Erwählungsauftrags
der Gruppe, die sich durch ‚David' repräsentiert weiß.

---

22 Vgl. dazu M.-J. RONDEAU, Les commentaires patristiques du Psautier, II, Rome
    1985, 74ff. (Hilarius); H.-J. AUF DER MAUR, Das Psalmenverständnis des Ambrosius
    von Mailand, Leiden 1977, 32f.
23 Biblia Patristica. Index des citations et allusions bibliques dans la littérature
    patristique, Paris, I (1975), 179ff.; II (1977), 177ff.; III (1980), 150ff.

2. Die rabbinische Tradition

2.1 Die literarischen Zeugnisse

Sollte die geläufige Einschätzung des Psalms 1 als ‚Gesetzespsalm' zutreffen, dann müßte sie vorrangig bei jener Gruppe zu finden sein, die geradezu als Muster der ‚Gesetzesfrömmigkeit' (positiv wie negativ gewertet) gilt,
nämlich im rabbinischen Judentum. Allerdings läßt die rabbinische Literatur wegen ihres besonderen Charakters keine exakten Datierungen zu und
erstreckt sich über Jahrhunderte. Sie wurde mit dem 3. Jahrhundert n. Chr.
nach und nach schriftlich fixiert und erst im Mittelalter, und das nicht
einheitlich, endredigiert. Die folgende Skizze verweist aus der Fülle des
Materials nur auf jene Aspekte, die für die begrenzte Fragestellung hier von
Belang sind. Etwa 35 Traditionseinheiten zitieren, interpretieren oder
verwenden Ps 1 oder Verse daraus direkt. Die Einzeltraditionen sind
teilweise mehrfach überliefert, also in wechselndem Kontext, was zu
beachten ist. Für die Psalmen sind solche Einzeltraditionen auch aus ihren
Kontexten gelöst und gesammelt worden, wobei neue Kontexte entstanden.
Drei solcher späteren Sammlungen liegen vor:

1. *Midraš Tᵉhillîm* (Schocher Tob), hg. von S. Buber, Wilna 1891 (MTeh);
2. *Yalquṭ Šimʿônî* Band II, Nachdruck Jerusalem 1860 (= YalqŠim);
3. *Yalqûṭ Makîrî*, hg. von S. Buber, Berdyczew 1899 (= YalqMak).

Sie enthalten daher einen gewissen Grundstock gemeinsamer Einzeltraditionen (allerdings mit Varianten) und darüber hinaus Sondergut. Eine
frühere, kleinere Sammlung enthält bAZ 18b–19b (siehe dazu unten). Für
einen Psalm von nur sechs Versen entfallen auf Ps 1 in den drei großen
Sammlungen allerdings nicht wenige Abschnitte: Im Midrasch Tehillim sind
es 22, davon sind 16 in den *Yalqut Šimʿônî* übernommen worden, dessen
Passage insgesamt elf Paragraphen zählt, allerdings zum Teil umfangreiche
(detailliert 30 Einzeltraditionen), und im *Yalqûṭ Makîrî* ist bis auf Nr. 4 der
ganze Midrasch Tehillim (als Abschnitte 8–32) aufgenommen worden,
davor sieben und darnach weitere neun Einzeltraditionen, was insgesamt
41 Abschnitte ergibt. Ps 1 hat als ‚Einleitung' zum Psalter also durchaus
seine gebührende Aufmerksamkeit gefunden. Die liturgische Überlieferung
entfällt als Quelle für diesen Psalm fast völlig. Man hat zwar versucht, für
den Psalm eine liturgische Lesung nachzuweisen, und zwar im Zusammenhang mit dem palästinischen Dreieinhalbjahres-Lesezyklus, doch ohne
Erfolg.[24] Die Schwerpunkte in diesen rabbinischen Zeugnissen gelten dem
Vers 1, dem Vers 2 und dem Vers 3. Grundlegend ist die Überzeugung, daß

---

24 Siehe zuletzt auch WILSON, Editing (Anm. 4), 200ff.

der Psalter ein Werk Davids ist, der das erste Wort (*ʾašrê*) des Psalms
bewußt wählte, indem er den Schluß des Mosesegens (Dt 33,29) aufgriff[25]
und zudem Ps 1–2 als erste Einheit des Psalters mit diesem Ausdruck
rahmte (Ps 1,1 und 2,12).[26]

2.2 Der *Mann* in v. 1

Es gehört zu den Kennzeichen der ‚Haggadah‘, daß sie namentlich nicht
genannte Personen, Orte und dergleichen zu identifizieren versucht.[27]
Dieses Bemühen ist für Ps 1,1 recht umfangreich bezeugt, was darauf
hinweist, daß man in diesem „Mann", soweit man ihn nicht mit dem
sprechenden David selbst identifizierte, eben nicht ohne weiteres den
Frommen schlechthin sah. Deutungen dieser identifizierenden Art betreffen
folgende Gestalten der Bibel:

a) Adam, wobei auch weitere Personen der Urgeschichte mitverwertet
werden, unter anderem auch die Schlange.[28] V. 3 legte außerdem mit
„Baum" einen Bezug zum „Baum des Lebens" im Garten Eden nahe.

b) Noah, Noahs Söhne und die Flutgeneration.[29]

c) Abraham in seinem Verhältnis zur Turmbaugeneration (Gen 11),[30] zu
Sodomitern und Philistern.[31] Da aber Abraham als Typus des Frommen
(Israeliten) schlechthin gilt, begegnet er im Zusammenhang mit Ps 1 noch
öfters.[32] Er ist ferner heils- und erwählungsgeschichtlich eine so relevante
Gestalt, daß die Geschichtsauffassung und die Wertungen aktueller
politischer Machtverhältnisse mit den Abrahamsgeschichten (und den
Vätergeschichten überhaupt) illustriert wurden. Eine Polemik gegen ‚Esau‘
(= Rom) enthält zum Beispiel MTeh 1,22: Gott hat in seiner Vorsehung den
Bösewichten eben Gerechte gegenübergestellt, dem Nimrod den Abraham,

25 MTeh 1,2 (YalqMak 1,10) und *Tanḫûmaʾ wjhj* xvii (YalqMak I,7); vgl. auch MTeh 1,5 mit Parallelen.
26 bBer 9b–10a; YalqMak I,3.
27 I. HEINEMANN, Darkê ha-ʾAggadah, Jerusalem 1954², 21ff.
28 MTeh 1,9.10.11 mit Parallelen; BerR VIII,4 mit Parallelen.
29 MTeh 1,12 mit Parallelen; vgl. BerR XXVI,1 und in J. MANN, The Bible as Read and Preached in the Old Synagogue, I, New York 1971², 68 (aus einem Manuskript im Jewish Theological Seminary, New York).
30 BerR LXI,1/bAZ 18b–19a; MTeh 1,12 mit Parallelen; MTeh 1,13 mit Parallelen.
31 bAZ 18b/19a (YalqMak I,6); bSan 109a mit Parallelen (siehe YalqMak I,40); MTeh 1,13 mit Parallelen.
32 MTeh 1,4 mit Parallelen; SEZ XXV; ferner vgl. in Midraschim zu anderen Texten: YalqŠim II,296 (Jer 17,8); II,871 (Ps 112,1); MTeh 112,4; YalqŠim II,876 (Ps 119,1); YalqMak Ps 119,1–3 (und Ps 145,1).

dem Abimelech den Isaak, dem Esau den Jakob. Dies geschieht in Anknüpfung an Ps 1,6b, weshalb die Frage anschließt: „Und wann verliert sich der Weg der Frevler?" Den Abschluß von MTeh 1,22 und somit der dortigen Ausführungen zu Ps 1 bilden daher Aussagen über das eschatologische Gericht. AgBer 37,4 (zu Gen 25,18) richtet sich gegen Hagar, die Ägypterin, und ihren Sohn Ismael, den Repräsentanten der orientalischen Weltmacht. Gott kennt den Weg Gerechter (Ps 1,6a), daher kann Ismael niemals Isaak vergleichbar sein.

d) Der Stamm Levi in seiner Auseinandersetzung mit den Anbetern des Goldenen Kalbes Ex 32 (MTeh 1,14 mit Parallelen).

e) Korah und seine Söhne (MTeh 1,5 mit Parallelen).

f) David wird als Verfasser des Psalters und damit auch als Sprecher in Ps 1,1 naturgemäß öfters genannt.[33]

Im Midrasch Tehillim gelten neun Abschnitte dem Vers 1, davon beziehen sich die ersten sechs auf David; die in a) – e) aufgezählten Figuren folgen erst in den Abschnitten 9–15 danach, womit die Dominanz des Bezuges auf David deutlich ist. Abraham taucht hingegen zwar in vielen Einzeltraditionen auf, doch in den Midraschsammlungen nicht so massiv (in MTeh 1,13). Für beide Figuren, David wie Abraham, ist die repräsentative und typologische Relevanz kennzeichnend, also die Möglichkeit der Identifizierung mit ihnen, doch in erster Linie im Sinne einer Gruppenidentifizierung. Das moderne Klischee individuell – kollektiv enthält also eine sachfremde Scheinalternative.

2.3 Ps 1,2: Torah oder Königstorah?

V. 2a: *kj ʾm btwrt JHWH ḥpçw*

V. 2b: *wbtwrtw jhgh jwmn wlljlh*

Bezieht man das Suffix von *btwrtw* in v. 2b auf *JHWH*, ergibt sich eine trotz des synonymen Parallelismus auffällige Tautologie. Das Suffix kann aber auch auf den „Mann" von v. 1 bezogen werden, also auf das Subjekt des Satzes. Das ergibt bei einer ,davidischen' Deutung eine sachliche Differenzierung zwischen den beiden *tôrôt*: „Seine Torah" ist dann nämlich im Unterschied zur *twrt JHWH* (in v. 2a) das Königsgesetz gemäß Dt 17,14–20, ein Motiv, das auch für Jos 1,1–9 Pate gestanden hat und mit dem wohl auch, wie oben schon bemerkt, das Segen-Fluch-Schema in Jer 17,5–8; Ps 112 (und zum Teil Ps 119,1ff.) seiner Grundstruktur nach verbunden war. In der

---

33 bBer 9b/10a mit Parallelen; BerR XCVII (THEODOR – ALBECK 1226f.) mit Parallelen; bBB 14b/ShirR IV,14; bPes 117a mit Parallelen.

Tat ergibt sich die Deutung auf das Königsgesetz bei ‚davidischem' Verständnis des Ps 1 zwingend. Damit bezeugt Ps 1 mit dem ‚davidischen' Psalter gerade jene eigentümliche deuteronomistische Korrektur der altorientalischen Auffassung von König und Recht, die auch in nachbiblischen Zeugnissen so betont wurde: Der König ist mittels des Königsgesetzes („seiner Torah") in besonderem Maß der „Torah des HERRn" verpflichtet, ist dieser – als Herrscher und Richter – untergeordnet. Ps 1 (und 2) bietet nach diesem alten Verständnis zunächst also einen Beitrag zur politischen Ethik und zur Begründung des Rechts der Erwählungsgemeinschaft, in Ps 1 mit Blick auf die innerjüdische Szene, mit Ps 2 für die Auseinandersetzung mit der Außenwelt. Der Rekurs auf das Königsgesetz mag angesichts des alleinigen Hinweises auf Dt 17, Jos 1, Jer 17 etc. als weit hergeholt erscheinen, doch enthält die Tempelrolle von Qumran einen Abschnitt mit dem Königsrecht, der aus guten Gründen Aufsehen erregt hat.[34] Ob es sich wirklich um eine Reaktion auf die hasmonäische Königsherrschaft handelt, wie der Herausgeber Y. Yadin gemeint hat, darf man bezweifeln; wahrscheinlich ist, daß ältere Tradition verarbeitet wurde, eventuell aus spätpersisch-frühhellenistischer Zeit. Auch die Rabbinen haben später die deuteronomische Basis dazu benützt, um ihr politisches Anliegen zu verdeutlichen; die Frage des Königsrechts war also kontinuierlich, wenn auch nicht immer gleichmäßig aktuell. Die Endredaktion des Psalters mit der Entscheidung, ihm Ps 1+ 2 an den Anfang zu stellen, sollte auch unter diesen Gesichtspunkten überdacht werden. Die alte jüdische Auslegungstradition verweist jedenfalls auf diese Betrachtungsweise, sie ist der ‚hermeneutische Schlüssel', den die älteste Auslegungsgeschichte vorrangig bietet.

2.4 Torahgelehrsamkeit und Torahgelehrte

1. Zu Ausdeutungen auf Torahfrömmigkeit boten selbstverständlich vor allem die Verse 2 und 3 Anlaß.

---

34 Kol. 56,12–59. Text: Y. YADIN, Meĝîllat ha-miqdaš, III, Jerusalem 1977, plate 71–74; dazu DERS., Bd. I, 264ff. (engl.: The Temple Scroll, New York 1983, 344ff.). Ferner: J. MAIER, Die Tempelrolle vom Toten Meer und das «Neue Jerusalem», München (UTB 829³) 1997, 236–260 (mit Literaturhinweisen); M. O. WISE, A Critical Study of the Temple Scroll, Chicago 1990, 110–121; S. FROLOV, King's Law of the Temple Scroll: Mishnaic Aspects, JJS 50, 1999, 298–307 (datiert in die Jahre zwischen 164–153 v. Chr.); J. MAIER, Kriegsrecht und Friedensordnung in jüdischer Tradition, Stuttgart 2000, 32–46; STEVEN D. FRAADE, The Torah of the King (Deut 17:14–20) in the Temple Scroll and Early Rabbinic Law, in: J. R. DAVILA etc. (eds.), The Dead Sea Scrolls as Background to Postbiblical Judaism and Early Christianity. Papers from an international conference at St. Andrews in 2001, Leiden (StTJD 46) 2003, 25–60.

a) Die scheinbare Tautologie *twrt JHWH – twrtw* in v. 2 konnte auch so aufgelöst werden, daß mit dem Suffix die notwendige Aneignung im Lernprozeß zum Ausdruck kommt: Die Torah des HERRn (1,2a) wird zur Torah des Studierenden (1,2b).[35] Dessen Lernwille wird in *ḥpẓw* gesehen, im Sinne von Freude an der Torah selbst, so daß man nicht um Lohn lernt, wozu Ps 112,1 mit angeführt wird.[36] Aber bemerkenswert ist darüber hinaus ein ausgeprägtes Standesinteresse der Gesetzesgelehrten, das sich in einer Umdeutung von *ḥpẓ* (auch: „sein Erstrebtes" = sein Bedarf) ausdrückt, wofür man zur Verdeutlichung das Pluralsuffix – *ḥpẓjw* („seine Bedürfnisse/ Angelegenheiten") – ansetzte.[37] Während sich der Gelehrte mit der Torah des HERRn so intensiv und ausschließlich befaßt, sorgt der HERR für seine notwendigen Bedürfnisse; das *b-* vor *twrt JHWH* wird dabei instrumental aufgefaßt. Noch deutlicher drückt dies YalqMak I,36 aus: Handwerker leben von dem, was sie erzeugen, aber für einen Torahgelehrten sorgt Gott selbst: *'wsh lw 't ḥpẓjw*, er bestellt ihm seinen Unterhalt (*mzmn lw prnstw*).

b) *jhgh jwmm wljlh* in Ps 1,2b stellt wörtlich einen Anspruch, der im Durchschnitt unerfüllbar wäre. Der Ausdruck stammt offenbar aus der ältesten Traditionsschicht, dem Königsgesetz (vgl. Jos 1,8), wo er seinen programmatisch guten Sinn hatte. Bereits in Qumran wurde über die Königspflicht hinaus eine Verallgemeinerung vorausgesetzt, nach Ansicht mancher jedoch stellvertretend durch einen Turnusdienst erfüllt.[38] Die Rabbinen fanden hier grundsätzlich wohl auch eine verallgemeinerte Forderung, die zum Beispiel mit jener des Aufenthalts in der *Sukkah* während des Laubhüttenfestes zu kollidieren schien,[39] konnten aber nicht umhin, die Unmöglichkeit einer allgemeinen Praxis anzuerkennen. Bezeichnenderweise soll in Aquilas griechischer Übersetzung des Verses „und Nacht" gefehlt haben.[40] In MTeh 1,17 (YalqMak I,24/YalqŠim § 614) wird – widerwillig – der Realität Tribut gezollt und die regelmäßige Tefillin-Praxis und *Šema'*-Rezitation als Ersatz für die wegen Alltagserfordernissen nicht praktizierbare Erfüllung anerkannt. Aber gerade da folgt sogleich wieder ein standesgebundenes Anliegen, verbunden mit einer Polemik gegen assimilatorische Tendenzen. Die Frage, ob man Griechisch lernen dürfe, wird unter Verweis auf Jos 1,8 bzw. Ps 1,2 abgeblockt: Angesichts der Verpflichtung, „Tag und Nacht" Torah zu studieren, bleibt doch keine Stunde übrig – es sei denn ein wenig Zeit während der Dämmerung. Eine derartige Deu-

---

35 MTeh 1,16 mit Parallelen; YalqMak 1,23/YalqŠim II, § 750.
36 bAZ 19a/b mit Parallelen.
37 bAZ 19a/b; MTeh 1,17/YalqŠim II, § 614/YalqMak 1,24.
38 1QS V,6–8; vgl. CD VI,7; X,6.
39 yBer III,3/6c.
40 Nach Ambrosius, siehe AUF DER MAUR, a.a.O. (Anm. 22), 33.

tung im Sinne des gesetzesgelehrten Bildungsideals mußte zwangsläufig zu
der hier (und öfter) bezeugten Ansicht führen, daß im Grunde jede
zeitraubende Erwerbstätigkeit mit dem Gelehrtenstand unvereinbar sei. Das
Ideal wird mit Ps 119,164 beschrieben: Torahbeschäftigung ohne Hindernis.
Letztlich erfüllen die Gelehrten repräsentativ die Verpflichtung des
Studiums „Tag und Nacht". Konsequenterweise hat die Ehre der Gelehrten
Vorrang vor der Elternehrung. Indem der Gelehrte die Forderung von Ps
1,2b erfüllt, begegnet man in ihm der Torah, deren Ehre als Torah des
HERRn die Ehre des HERRn selbst repräsentiert.[41] Dieses Standesinteresse
hat auch die oben (2.2e) angeführte Beziehung von Ps 1,1 auf Korah und
seine Rotte bewirkt, denn sie empörten sich gegen Mose und Aaron und
damit gegen Repräsentanten gesetzesgelehrter Autorität.

c) Zu Ps 1,3a (*whjh k'ç štwl 'l plgj mjm*) wird zunächst vermerkt, daß *šatûl*
und eben nicht *naţûᵃ'* verwendet wird, „verpflanzt" und nicht einfach „ge-
pflanzt", was bereits Aquila zur Wahl von *metapefythoumenon* veranlaßte und
auch bei christlichen Exegeten vermerkt wurde.[42] Die rabbinische Tradition
fand hier die Lehrer-Schüler-Beziehung, den Lernvorgang, angedeutet.[43] Das
Bild vom Baum (auch Jer 17,8) hat stets große Wirkung ausgeübt, begegnet
zum Beispiel auch 1QH X,25f. Es konnte auch die Assoziation zum ‚Baum
des Lebens' im Garten Eden hervorrufen, was auf alte Vorstellungen
zurückgeht[44] und (siehe Ez 47,12) auch mit der Vorstellung vom Heiligtum
zusammenhing. Rabbinisch gesehen war die Symbolik Lebensbaum – Torah
geläufig,[45] wozu Prov 3,18 gut paßte. So schillert der *Baum* in der bildlichen
Ausdeutung, einmal Chiffre für die Torah, einmal Chiffre für den Gesetzesgelehrten. Unvermeidlicherweise mußte dann bei *palgê majîm* der so beliebte
Vergleich Wasser – Torah in den Sinn kommen.[46] Dabei animierte die
Bedeutung von *plg* (teilen) noch zur Deutung auf die Einteilung des
Lernstoffes in *Miqra'* (Bibel), Mischna und Talmud.[47]

Ps 1,3b (*der Frucht gibt zu ihrer/seiner Zeit*) gab Anlaß, eine Dreiteilung
der Lernzeit für Bibel, Mischna und Talmud anzuführen.[48] Der Rest des
Verses wird gleich mit ausgedeutet: Alle sind auf die Äußerungen und auf
den Rat des Gelehrten angewiesen. Erreicht der Schüler sein Ziel und wird

---

41 bQid 32a/b.
42 Vgl. für Ambrosius: AUF DER MAUR, a.a.O. (Anm. 22), 35.
43 bAZ 19a/YalqŠim II,614/YalqMak 1,37.
44 Vgl. O. KEEL, Die Welt der altorientalischen Bildsymbolik und das Alte Testament,
    Neukirchen/Einsiedeln 1972, 329ff.; zu Ps 1,3 siehe auch J. WEINGREEN, From Bible
    to Mishna, Manchester 1976, 62ff.
45 Für Ps 1,3 siehe MTeh 1,19 mit Parallelen.
46 MTeh 1,18 mit Parallelen.
47 bAZ 19a/b.
48 MTeh 1,19/YalqMak I,26.

selbst zum Lehrer, bringt er „seine Frucht", andernfalls gilt 1,4: Er wird wie
Spreu, die der Wind verweht. Daß zwischen den Ausdrücken *ḥpç* in 1,2 und
jçljḫ (gelingt) in 1,3d ein Zusammenhang besteht, lag schon angesichts von
Jes 53,10 nahe. So nimmt es nicht wunder, daß die Ursache des Erfolgs eben
in der Torahgelehrsamkeit gesehen wurde,[49] doch nicht bloß in ‚Dieser
Welt', sondern auch für die jenseitige ‚Kommende Welt'.[50] Der Ausdruck
Frucht zu seiner Zeit veranlaßte jedoch auch zur Erörterung der Frage, wieweit Gelehrte von den ehelichen Pflichten befristet befreit werden können,
um ihrem Studium optimal nachzukommen.[51] Den ganzen Abschnitt Ps 1,1–
3 bezieht SEZ I auf Frömmigkeit, Studium, Praxis, vor allem aber
Wohltätigkeit, alles mit entsprechendem Erfolg in ‚Dieser Welt', auf die so
bewirkte Beschleunigung der Erlösung und Erhebung zum Gottesthron.

2. Der *Sitz der Spötter* (*môšab leçîm*) in Ps 1,1c unterlag unter anderem ebenfalls Ausdeutungen in diesem schriftgelehrten Sinne. Die Auslegungsgeschichte dieses Versgliedes ist allerdings kompliziert, für hier seien nur
einige Hinweise angefügt. In einem alten Stratum der rabbinischen Tradition
polemisierte man anhand dieser Phrase gegen Leute, die an heidnischen
Vergnügungsveranstaltungen (Zirkus, Theater) teilnahmen,[52] und diesem
Vorwurf[53] gesellte sich die Begründung bei, es handle sich um Vernachlässigung der Torah, was auch späterhin als Grundlage für die Ablehnung
jedweder Beschäftigung mit Dingen außerhalb des rabbinischen Bildungs-
horizonts dienen konnte. Weit umfangreicher freilich ist die polemische
Anwendung gegen interne Gegner, Kritiker des rabbinischen Establishments. Dazu enthält die christliche Auslegungsliteratur noch markantere
Parallelen, weil *môšab leçîm* über das griechische *loimos* im Lateinischen zu
cathedra pestilentiae oder ähnlich geworden ist, was sich hervorragend auf
Vertreter abweichender Lehrmeinungen beziehen ließ.

Die Vernachlässigung der Torah wird in Ps 1,1 und dessen drei
Versgliedern in ihren Folgen abgestuft dargestellt gefunden, nämlich in der
Wortfolge *hlk* (gehen) – *ʿmd* (stehen/betreten) – *jšb* (sitzen/niederlassen), was
die Mahnung veranlaßt, den Anfängen zu widerstehen, um nicht am Sitz
der Spötter zu landen und alles andere zu treiben als Torahstudium.[54]

---

49 bAZ 19b.
50 MTeh 1,11 mit Parallelen.
51 bKet 62b; bBQ 82a/b.
52 yAZ I,7/40a; tAZ II,6; bAZ 18b/19a. So auch in altkirchlicher Literatur.
53 In ARN XXI[a] mit antirömischer Spitze, verbunden mit Mal 3,19 als eschatologi-
    scher Drohung.
54 Vgl. mAv III,2 und ARN[b] XXXIV; bQid 40b/41a; bBer 9b/YalqMak I,6; vgl. MTeh
    1,4/YalqMak I,21.

3. Schlußbemerkungen

Die hier anhand bestimmter Verse des Psalms 1 vorgestellten auslegungsgeschichtlichen Daten lassen erkennen, daß die speziellen Anliegen einer
individuellen Torahfrömmigkeit nicht zum ältesten Stratum der Zeugnisse
gehören. Dort dominiert die ‚davidische‘ Deutung des Psalms, der einzelne
ist jedoch als Teil jener Gemeinschaft miteinbezogen, die durch die Davids-
figur repräsentiert wird. Ähnlich verhält es sich mit der Abrahamsgestalt.
Zwar ist ein Zug zur Verallgemeinerung früh bemerkbar, aber er stieß, wie
am Passus *jômam wa-lajlah* (Tag und Nacht) in 1,2b deutlich wird, an
Grenzen. Dies forderte wiederum eine repräsentative Funktion, zuletzt der
Gesetzesgelehrten. Es war also eher das gesetzesgelehrte Standesinteresse
als eine individuelle Torahfrömmigkeit, was in den antiken jüdischen
Zeugnissen die ältere Auslegung ergänzte. Dies ist für die Definition des
hermeneutischen Schlüssels, den Psalm 1 als ‚Einleitung‘ zum Psalter
darstellen soll, von nicht geringem Gewicht.

Erst im Mittelalter, unter dem Einfluß philosophierender Tendenzen,
verstärkte sich die individuelle Note, entsprechend der Auffassung von der
Zweckbestimmung des einzelnen Menschen im Sinne erkenntnismäßiger
und moralischer Vervollkommnung.

Die kabbalistischen Deutungen bilden dazu noch ein Kapitel für sich.
Im 19./20. Jahrhundert begegnen in der jüdischen Auslegung dann auch
Deutungen auf jene individuelle Torahfrömmigkeit, die in der modernen
Exegese weithin als Anliegen des Psalms 1 behauptet wird.

§ 16

Psalm 24,1: Rabbinische Interpretation, jüdische b⁽ᵉ⁾rakah und christliche Benediktion

1. Levitisch-liturgische Verwendung des Psalms 24

1.1. Die hebräische Psalmüberschrift *L⁽ᵉ⁾-Dawid mizmôr* hat wegen seiner Wortfolge die allgemeine Aufmerksamkeit der Interpreten auf sich gezogen. Es wurde festgestellt, daß in diesem Fall das Verhältnis zwischen Zuschreibung des Psalms an die Initiative eines Autors und Zuschreibung an die Inspiration durch den heiligen Geist schwankt, da in den anderen Fällen die Überschrift *Mizmôr l⁽ᵉ⁾-Dawid* lautet.[1] Darüber hinaus ist ein noch auffälligerer Tatbestand zu vermerken: In den griechischen Übertragungen und deren Sekundärübersetzungen variiert die Überschrift mit folgender Erweiterung: *tês mias (tou) sabbatou/tôn sabbatôn*. Die Verbindung mit dem Tag I der Woche (Sonntag) wird auch in der rabbinischen Tradition festgehalten. Das bedeutet wohl, daß der Psalm 24 während der letzten Zeit des Zweiten Tempels einen festen Platz in der Kultliturgie gefunden hatte. Nach mTam VII,4 und mTaan IV,3 sowie nach späteren Zeugnissen[2] wurde Ps 24 im Tempel von den Leviten als *Šîr šäl jôm* (Tagespsalm) für das Tamidopfer am Tag I verwendet.[3] Doch nicht als Begleittext zur kultischen Verrichtung selbst, denn die Leviten sangen die Tagespsalmen für das Publikum, für die Tempelbesucher. Diese wohnten dem Ritual zwar bei, aber ziemlich weit entfernt vom kultischen Geschehen, im sogenannten Frauenvorhof, von

---

1 Vgl. bPes 117a; Jacob b. Sheshet, Mešîb d⁽ᵉ⁾barîm n⁽ᵉ⁾kôḥîm, ed. G. VAJDA, Recherches sur la philosophie et la kabbale dans la pensée juive du Moyen Age, Paris 1962, 50ff.

2 bRHSh 31a; bAr 11b/12a; ShirR IV,8; ARN I,8. E. BEAUCAMP, Psaumes II, 1–3, in: Le Psautier, DBS fasc. 48, Paris 1973, 126–206 (142f.); J. MAIER, Zur Verwendung der Psalmen in der synagogalen Liturgie, in: H. BECKER – R. KASZYNSKI (Hg.), Liturgie und Dichtung, St. Ottilien 1983, 55–90 (65ff.); S. SAFRAI, The Ritual in the Second Temple (hebr.), in: M. AVI-YONAH, Sepher Yerushalayim, I, Jerusalem 1956, 369–391 (386ff.).

3 P. L. TRUDINGER, The Psalms of the Tamid Service. A Liturgical Text from the Second Temple, Leiden (VT.S 98) 2003.

dem aus die Opferdarbringung im Priesterhof auf Grund der architektonischen Abgrenzung kaum zu sehen war. Es war dann auch diese Bindung
an das Publikum, was später die Aufnahme der Tagespsalmen in die tägliche, nicht an den Tempel gebundene Gebetsordnung nach sich gezogen hat.

1.2. Die Verbindung mit dem ersten Wochentag (Sonntag) war sicher keine
zufällige. Es wurde eine Entsprechung von Motiven und Themen zwischen
den Wochentagen und den Tagen der Schöpfungswoche vorausgesetzt, also
auch zwischen Sonntag und erstem Schöpfungstag. Man begriff den Tempel
und seine Einrichtungen und Funktionen im Sinne eines kosmologischen
Symbolismus und sah eine Entsprechung zu kosmischen Gegebenheiten.
Auf Grund dessen schien Ps 24 für den ersten Wochentag besonders geeignet. Die rabbinische Tradition hat übrigens die Vollendung des Zeltheiligtums am Sinai auf den Sonntag festgesetzt, also Schöpfungsanfang und Kult-
beginn zueinander in Beziehung gebracht. Möglicherweise sind in Ps 24 auch
Reminiszenzen an eine alte Festliturgie zur Tempelweihe enthalten. Jedenfalls empfahl sich der Psalm für den ersten Wochentag als Tagespsalm.

Die Textfunde von Qumran haben bezüglich Ps 24 leider keine Belege
aufzuweisen. Auch kein Hinweis auf seine kultkalendarische Funktion ist
erhalten, was bedauerlich ist, weil der Sonntag im Festkalender des 364-
Tage-Jahres neben dem Mittwoch ein Fixtag für Feste ist. So für den Beginn
der Erstlingsfrucht-Perioden zu 50 Tagen, beginnend mit der Gersten-
erstlingsabgabe am Beginn der Omer-Zählung am 26. Nisan, und gefolgt
vom Wochenfest (Weizenerstlingsfest) am 15. Siwan, mit dem Weinfest am
3. Ab und dem Ölfest am 22. Elul. Hingegen fallen Neujahrsfest, Tag I des
Mazzotfestes und Tag I des Sukkotfestes jeweils auf einen Mittwoch.[4]
Jedenfalls wird auch dabei deutlich, daß der Sonntag einen besonderen
Bezug zur Schöpfung bzw. Natur aufweist.

2. Psalm 24 und die Gebetspraxis im rabbinischen Judentum

Für die rabbinische Gebetspraxis und die synagogale Gottesdienstordnung
hat nicht die Tempelkultliturgie als Modell gedient, daher ist auch der
Psalmengebrauch nicht einfach eine Fortsetzung der Tempelpraxis. Der
kleine Talmudtraktat *Sôf⁺rîm* setzt in XVII,1 zwar die Verwendung von Ps 24
voraus, enthält aber keinen genaueren Hinweis. Zwar wurde angenommen,

---

4   1Q19 Kol. XIII–XXX; cf. J. MAIER, The Temple Scroll, Sheffield 1985, 50ff.; nun
    ausführlicher in: DERS., Die Qumran-Essener: Die Texte vom Toten Meer, III,
    München (UTB 1916) 1996, 52–66.

daß es eine liturgische Lesung des Psalters gegeben hat,[5] doch dafür gibt es genau besehen keinen Beleg. Was zu untersuchen bleibt, ist also nur die bezeugte Praxis der Verwendung von Ps 24 als Tagespsalm in Spätantike und Mittelalter, und zwar im Rahmen des sogenannten *taḥanûn* („Flehen"), im letzten Teil des Morgengebets (*šaḥarît*), der sich erst im Lauf der Zeit an Stelle eines Gebets des einzelnen im Rahmen der Gottesdienstordnung herauskristallisiert hat. Zunächst handelte es sich also um die Rezitation des Tagespsalms im Rahmen eines noch nicht festen Teils der Morgengebete, der schließlich auch in der synagogalen Liturgie festgeschrieben worden ist.[6] Auf diese Weise erhielt der Tagespsalm mit dem festgeschriebenen *taḥanûn* auch eine feste Position innerhalb der individuellen wie öffentlichen Gebetsordnung, für die – abgesehen von einzelnen rabbinischen Hinweisen – erst mit dem *Siddûr* des Rab Saʿadja Gaon (RS"G, gest. 942 n. Chr.) ein regelrechtes Gebetbuch vorliegt. Der *Siddûr* des RS"G erwähnt aber den Psalm 24 nicht. Doch Maimonides (gest. 1204 in Ägypten), kannte den bereits geläufigen Brauch, am Tag I gegen Ende des *taḥanûn* vor dem Psalm 25 den Psalm 24 als Tagespsalm zu rezitieren. Im Spätmittelalter und im Lauf der Neuzeit hat sich diese Verwendung des Psalms immer fester eingebürgert.

Dazu ist zu erwähnen, daß im Rahmen des sogenannten *maʿamad*-Gottesdienstes die Tagespsalmen in Verbindung mit der Thematik der Schöpfungswoche einen festen Platz einnehmen. Es handelt sich um eine Veranstaltung zu den Opferzeiten, zur Zeit des Tempels für das Kultpersonal und die Repräsentanten der Stämme Israels eingeführt und in Palästina noch bis ins Mittelalter hinein weitergepflegt.[7] Hier handelt es sich in der Tat um eine liturgische Brücke zwischen Tempelzeit und späterer Gottesdienstpraxis, aber eben nicht zwischen eigentlicher Kultliturgie am Tempel und synagogalem Gottesdienst. Diese Tradition hat den Tagespsalmen wahrscheinlich allmählich immer mehr Gewicht verliehen und ihnen so auch zu Positionen innerhalb der Gebetsordnung verholfen.

Allerdings gibt es auch Traditionen, die den Psalm 24 als Teil der himmlischen Liturgie betrachten, die sich dreimal täglich vor dem Gottesthron vollzieht.[8] Das paßt allerdings nicht zur levitischen Verwendung als Tages-

---

5   L. RABINOWITZ, Does Midrash Tillim Reflect the Triennial Cycle of Psalms?, JQR n.s. 26, 1935/36, 349–368 (354.359.362).

6   B. S. JACOBSON, The Weekday Siddur, Tel Aviv 1973, 312–317; IDEM, The Sabbath Service, Tel Aviv 1981, 546f.; MAIER, Zur Verwendung (Anm. 2).

7   mTaan I und insbesondere IV,1–4/mMeg III,6; Sôferîm XVII,6. Vgl. J. HEINEMANN, Prayer in the Talmud, Berlin (StJ 9) 1977, 272ff.

8   Z.B. *Massäkät Hêkalôt* VII (A. JELLINEK, Bet ha-Midrasch, Leipzig 1853-1877, II, 45). Krit. Ausgabe: K. Herrmann, Massekhet Hekhalot. Traktat von den himmlischen

psalm bei den zwei täglichen Opferdarbringungszeiten (des tamîd), ist daher schwerlich von da abzuleiten. Eher steht dahinter die kosmologische Symbolik bzw. die Vorstellung von der Entsprechung zwischen himmlischem und irdischem Heiligtum und Kult. Die esoterischen Texte enthalten verhältnismäßig viel Material dieser Art, das auf alte Traditionen zurückgehen dürfte, wenn auch nicht in direkter Linie und gekennzeichnet von mehreren Interpretationsstufen, deren Sitz im Leben nicht mehr näher bestimmt werden kann, aber wohl in levitischen und priesterlichen Kreisen anzusetzen ist.

Die kirchlich-liturgische Verwendung des Psalms 24 kann hier nicht näher beschrieben werden.[9] Die Thematik der Tagespsalmen schien jedenfalls für christliche Zwecke angesichts der neuen Bedeutung des Sonntags als ‚Tag des Herrn' recht passend, denn schon der Titel *kyrios* in der griechischen Übersetzung bot Anlaß zu theologisch-christologischen Assoziationen. Ps 24 findet sich zu verschiedenen Anlässen in der Nocturn, regelmäßig in der ersten Nocturn des Sonntags.

3. Die schöpfungstheologische Interpretation in der rabbinischen Überlieferung

In der rabbinischen Literatur wird Ps 24,1 (wie Ps 50,2; 89,2) fast immer mit der Absicht zitiert, die absolute Macht Gottes gegenüber dem Geschaffenen zu demonstrieren, und zwar sowohl im Blick auf die Schöpfung insgesamt wie im Blick auf alles Geschaffene im einzelnen, und nicht zuletzt im Blick auf irdisch-menschliche Verfügungsbereiche. Damit war auch das Thema des Landes und des Volkes Israel mit betroffen,[10] zwei Größen, denen die jüdische Überlieferung eine besondere Gottesbeziehung innerhalb der

---

Palästen. Edition, Übersetzung und Kommentar, Tübingen (TSAJ 39) 1994, hier § 24 (Text 72*–75*, Übersetzung: 176–178; Kommentar zur Verwendung von Ps 24: 304–306.

9   Bibliographie: H. J. SIEBEN, Exegesis Patrum. Saggio bibliografico sull'esegesi biblica dei Padri della Chiesa, Roma 1983, 33. Für die liturgische Verwendung siehe T. K. CHEYNE, The Christian Use of the Psalms, London 1899, 99–109; J. M. NEALE – R. F. LITTLEDALE, A Commentary on the Psalms from Primitive and Mediaeval Writers and from the Various Office-Books and Hymns, I, London 1874, 325–335. Im übrigen siehe dazu auch im Index (Ps 23) zu M.-J. RONDEAU, Les commentaires patristiques du Psautier (IIIe–Ve siècles), Roma 1982–1985, II, 428.

10 Siehe vor allem die großen Sammelwerke (1) Midrasch Tehillim (Schocher Tob), hg. von S. BUBER, Wilna 1891; (2) Yalqut ha-Makhiri al Sefer Tehillim (Jalkut Machiri. Sammlung halachischer und hagadischer Stellen aus Talmud und Midraschim zu den 150 Psalmen), hg. von S. BUBER, Berdyczew 1899–1900 (Nachdruck Jerusalem 1964).

Schöpfung zuschreibt. Zum Verhältnis von absoluter Herrschaft Gottes über alles und begrenzter Verfügungsgewalt von Menschen geben vor allem die folgenden Texte Aufschluß.

Ein erstes, aussagekräftiges Beispiel findet man in ARNᵇ XIII (vgl. PRE II). In einer Diskussion im Rahmen einer kleinen Erzählung führt R. Eliezer als Argument an:[11] „Hätte ich von Gott Silber und Gold erbeten, hätte er es mir geben können, denn es steht geschrieben (Hag 2,8): *Mein ist das Silber, und mein ist das Gold.* Hätte ich Ihn um ein Stück Land gebeten, hätte Er es mir geben können, denn es steht geschrieben (Ps 24,1): *Des HERRn ist die Erde und was sie füllt.*"

Hag 2,8 wird in vergleichbaren Kontexten des öfteren (siehe unten) in einem ähnlichen Sinne angeführt.

Die folgende Erzählung, die in mehreren Varianten überliefert ist, betrifft den Lohn, den einer erwarten kann, der die Sabbatruhe einhält:

„Ein Fleischhauer in Laodicea pflegte während der Woche die besten Tiere für den Sabbat vorzusehen. Daher segnete ihn Gott mit Reichtum, und der Fleischhauer war sich dessen dankbar bewußt." Dazu kommt folgende Geschichte: Ein rabbinischer Gelehrter (Chijja b. Abba) wurde von einem reichen Herrn zu einem üppigen Gelage eingeladen. Der rabbinische Gelehrte fragte den Gastgeber, weshalb dieser die Benediktion über die Speise rezitiere. Der Gastgeber antwortete und erklärte ihm den Grund für sein Verhalten. Diese Bankett-Szene ist in drei Varianten überliefert.

a) BerR XI,4: „Er ließ eine Tischplatte hereinbringen, mit sechzehn Stangen getragen, und darauf etwas von allem, was in den sechs Tagen der Schöpfung erschaffen worden war. Ein Diener befand sich in der Mitte darüber sitzend und rief (Ps 24,1): *Des HERRn ist die Erde und was sie füllt.* – Und wozu das? – Damit der Geist des Hausherrn sich nicht überhebe!"[12]

b) bShab 119a: „Eine goldener Tisch wurde vor ihn gebracht, von sechzehn Männern getragen. Darauf befanden sich sechzehn Goldketten, Teller, Becher, Kelche, Geschirr, und alle Arten von Speisen, Leckerbissen und Gewürze. Bevor man etwas nahm, rezitierte man (Ps 24,1): *Des HERRn ist die Erde und was sie füllt.* Und wenn man etwas nahm, rezitierte man (Ps 115,16): *Die Himmel sind die Himmel des HERRn, aber die Erde hat Er den Menschenkindern gegeben.*"

c) PesR XXIII,7: „Er ließ ein Silbergefäß mit Stangen in Ringen daran vor sich bringen, und vierundzwanzig Männer trugen es. Darauf befand sich jede Art von Speisen, die seit den sechs Schöpfungstagen erschaffen worden

11   Aboth de Rabbi Nathan, hg. von S. SCHECHTER, Wien 1887 (Nachdruck New York 1997 mit Prolegomenon von M. KISTER), 32f.
12   Bereschit Rabba, hg. von J. THEODOR, I, Jerusalem 1965², 90f.

waren, um gegessen zu werden. Zwei Diener standen dabei, einer rechts und einer links. Der erste rief (Ps 24,1): *Des HERRN ist die Erde und was sie füllt*, der andere rief (Hag 2,8): *Mein ist das Silber, und mein ist das Gold.* Warum so? Damit sich sein Geist nicht darob überhebe!"[13]

Dabei ergeben sich literarisch gesehen interessante Variationen, aber dies hat für die Fragestellung hier keine Bedeutung. Anders die Bezugnahme auf die Schöpfungstheologie und auf die Frage der Verfügung des Menschen über die von Gott erschaffene Natur. Es sind Aspekte, zu denen auch das Thema des Reichtums gehört,[14] vor allem aber das Thema der Unvergleichbarkeit der Herrschaft bzw. Verfügungsgewalt Gottes und der des Menschen. Dieser Gesichtspunkt wurde wiederholt auch in Königsgleichnissen behandelt, vor allem in sogenannten Kontrastgleichnissen.[15]

4. Psalm 24,1 und die *berakah* vor dem Mahl

a) Die Verse Ps 24,1, Hag 2,8 und Ps 115,16 wurden aber nicht nur als Belege für die Schöpferfunktion Gottes zitiert,[16] sondern auch zur Begründung eines Brauches, der nicht von einem biblischen Gebot abgeleitet werden konnte, wohl aber von einer rabbinischen Vorschrift. Demnach soll man vor dem Genuß einer Speise eine *berakah* rezitieren. Die halakischen Grundlagen dafür findet man in mBer VI,1 (Benediktion über Früchte), in tBer IV,1, in yBer VI,1/9d–10a und in bBer 35a–b. Es handelt es sich um eine der zahlreichen Benediktionen vor dem Genuß einer Sache.[17] Da es solche auch im christlichen Brauchtum gibt, liegt es nahe, bestimmte davon zu vergleichen.[18]

b) tBer IV,1: „Niemand esse irgendetwas, ohne zuvor eine *berakah* rezitiert zu haben, da geschrieben steht (Ps 24,1): *Des HERRN ist die Erde und was sie füllt, der Weltkreis und die in ihm wohnen.* Wer in Dieser Welt etwas ohne *berakah* genießt, hat eine kultische Unterschlagung begangen (*ma'al*), solange er das Gebot nicht erfüllt hat. Ein Mensch soll sich seines Gesichts,

---

13 Pesikta Rabbati, ed. M. FRIEDMANN, Wien 1880, 119b.
14 Vgl. MTeh 82,8 (zu Ps 82,2).
15 Vgl. MekhY, *šjrt`* I zu Ex 15,1a; MTeh 24,2 e 5; *Tanchûma`, bšlḥ* xi und *bms'j* X; ShemR XLI,1.
16 Siehe für Beispiele einer schöpfungstheologischen Verwendung auch WaR XXX,4 (zu Lev 23,40); XXVII,2, und vgl. BemR XIV,2 (zu Num 7,48); MTeh 24,4; 82,2 und PesK XXVII,4.
17 A. M. FELDMAN, Sefär tôrat ha-berakah. Dînê berakôt äl nähªnîn. Luªḥ ha-berakôt ha-šalem, Jerusalem 2002.
18 C. GIRAUDO, La struttura letteraria della preghiera eucaristica. Saggio sulla genesi letteraria di una forma. Toda veterotestamentaria, beraka giudaica – Anaforma cristiana, Roma (AnBib 92) 1981.

seiner Hände und seiner Füße nur zur Ehrung seines Schöpfers bedienen, denn es heißt (Prov 16,4): *Alles hat der HERR um seinetwillen gemacht."*

Zu vergleichen ist *Midraš Tᵉhillîm* (MTeh) 16,1 zu Ps 16,1f.: „*Bewahre mich, Gott, denn auf dich harre ich.* Das ist es, was die Schrift sagt (Ps 24,1): *Des HERRN ist die Erde und was sie füllt.* Darum haben die Weisen gesagt: Wer in Dieser Welt etwas ohne *b*rakah genießt, hat eine kultische Unterschlagung begangen, solange er das Gebot nicht erfüllt hat."

Die Aussage vom Anfang von tBer IV,1 begegnet in etwa auch im palästinischen Talmud: Wer irgendetwas ohne *b*rakah genießt, verhält sich wie einer, der sich einer kultischen Verpflichtung entzieht, das heißt: Er begeht eine kultische Unterschlagung, eine *me'îlah* (vgl. Lev 5,1ff. und den Traktat *Mᵉ'îlah* in Mischna, Tosefta und babylonischem Talmud).[19] Die Hinterziehung kultischer Abgaben oder dem Tempel geweihter Dinge wird als Entsprechung und zur Illustration des Sachverhalts in den Fällen angeführt, in denen jemand etwas ohne Benediktion genießt. Denn grundsätzlich gehört Gott als dem Schöpfer aller Dinge ja alles, daher bedarf der Genuß einer Sache durch den Menschen einer Erlaubnis seitens dessen, der die Sache geschaffen hat und eigentlich allein darüber verfügen kann. Der Mensch genießt eine Sache also rechtmäßig nur unter der Voraussetzung, daß er Gott um ihre Freigabe gebeten und dafür gedankt hat, indem er eine entsprechende *b*rakah rezitiert.

Im palästinischen Talmud wird dies von Dt 16,2 abgeleitet (betreffend *kil'ajim*/verbotene Vermischung von Pflanzen), von Ps 16,2 her, aus Lev 19,24 *(hillûlîn,* heilige Abgaben) und auf Grund einer Analogie zwischen *b*rakah und Lesung bzw. Studium der Torah.[20]

Der babylonische Talmud enthält zu diesem Sachverhalt eine weit umfangreichere Komposition. a) Sie ist eingefügt in eine Diskussion, die bei Lev 19,24 einsetzt und erschließt, daß es verboten ist, etwas ohne *b*rakah zu genießen. b) Das Zitat aus tBer IV,1 B, wonach es erforderlich ist, eine *b*rakah zu rezitieren, wird in dem Sinne interpretiert, daß der Vers Ps 24,1 sich auf die *b*rakah vor dem Mahl bezieht und daß der Vers Ps 115,16 sich auf die *b*rakah nach dem Mahl bezieht, wobei Prov 28,14 mit einbezogen wird. c) Ein dritter Teil behandelt den anscheinenden Widerspruch zwischen Hos 2,11 und Dt 11,14 und entwickelt daraus eine weiterreichende Thematik.

Später hat man die halakischen Grundlagen einheitlicher formuliert. So etwa im Kodex des Mose ben Maimon (gest. 1204), *Mišneh Tôrah, Sefär ha-'ahabah, Hilkôt b*rakôt* I, 2. Maimonides fährt nach Zitierung von Dt 8,10 zur

19 EJ XI, Jerusalem 1971, 1238f.; J. MILGROM, The concept of *ma'al* in the Bible, JAOS 96, 1976, 236–247.

20 Vgl. auch yQid I,6/61a, wo eine Weihegabe *heqdeš* betroffen ist, ein Thema, das auch in bHul 138b/139a auftaucht.

Begründung des Gebots der *berakah* nach dem Mahl wie folgt fort:[21] „Nach den Worten der alten Experten (*soferîm*) muß man vor jedem Mahl eine *berakah* rezitieren, danach darf man die Speise genießen. ... Wer die Speise genießt, ohne die *berakah* zu rezitieren, begeht eine kultische Unterschlagung".[22]

Anders als im Fall der Sachbenediktion, bei der etwas konsekriert und somit dem profanen Gebrauch entzogen wird, wird bei der *berakah* vor dem Genuß etwas, was an sich in der alleinigen Verfügungsgewalt des Schöpfers liegt, für den normalen Gebrauch freigegeben, also gewissermaßen profanisiert. Erstaunlicherweise ist dieser fundamentale Unterschied der Weltsicht bei der Behandlung der jüdischen *berakah*[23] und der christlichen Benediktion[24] kaum beachtet worden.[25]

Das bedeutet aber keineswegs, daß es keine jüdische Sachbenediktion gibt. Im Zusammenhang mit dem Tempelkult waren natürlich die Konsekration bzw. Weihe von Opfergaben oder Weihegaben eine Selbstverständlichkeit, mit dem Bann (*ḥäräm*) als extremster Form der Unantastbarkeit des Geweihten. Und auch späterhin konnten durch die Ablegung von Gelübden und entsprechende Widmungen von Sachen für bestimmte gemeinnützige Zwecke Dinge einen „heiligen" Charakter erhalten, das heißt dem normalen Gebrauch entzogen werden.

Einen Sonderfall stellt der Fleischgenuß dar, denn es gibt keine spezielle *berakah* im Zusammenhang mit Fleisch. Doch steht dahinter im Grunde derselbe Gedanke der absoluten Verfügungsgewalt des Schöpfers, in diesem Fall demonstrativ illustriert durch das Blutgenußverbot. Blut als Sitz des Lebens ist in jedem Fall tabu, weil der Schöpfer allein über das Leben verfügt. Die Erlaubnis des Fleischgenusses ist mit der Bedingung verbunden, das Blutgenußverbot zu respektieren und auf diese Weise die Verfügungsgewalt des Schöpfers anzuerkennen.

---

21 M. HYAMSON, Mišneh Tôrah. The Book of Adoration by Maimonides, Jerusalem 1965, 144.
22 Vgl. auch Josef Karo, *Šûlḥan 'arûk, 'Oraḥ ḥajjim,* §§ 175–177 (§ 177).
23 Für theologische Motivationen siehe C. DI SANTE, La Preghiera di Israele, Casale Monferrato 1985, 19ff.40ff., und vor allem 44ff. Außerdem siehe EJ IV, Jerusalem 1971, 484–489; VII, 841; BILLERBECK, Kommentar zum Neuen Testament aus Talmud und Midrasch, II, München 1924, 259–262; C. W. DUGMORE, Jewish and Christian Benediction, in: Paganisme, Judaisme, Christianisme. Mélanges offerts à M. Simon, Paris 1978, 145–152; HEINEMANN, a.a.O. (Anm. 7) (s. Register S. 305f.).
24 A. FRANZ, Die kirchlichen Benediktionen im Mittelalter, Freiburg/Br. 1909 (Nachdruck Graz 1960).
25 Mit der bemerkenswerten Ausnahme von B. M. BOKSER, Ma'al and the Blessing over Food, JBL 100, 1981, 557–574.

5. Biblische und spätantike jüdische Voraussetzungen

5.1 1Sam 9,13

Der einzige biblische Beleg für eine Benediktion vor dem Mahl ist in 1Sam 9,13 zu finden. Dabei handelt es sich allerdings um ein Opfermahl und nicht um eine normale Mahlzeit. Auch beim Opfermahl ist die Beachtung des Bluttabus vorausgesetzt, und zwar schon im Rahmen der Opferdarbringung. Die jüdischen Exegeten habe von daher mit ihren hermeneutischen Mitteln die Pflicht zu einer *b^erakah* vor dem Mahl ritualrechtlich abgeleitet.[26] Ebenso verfuhren die aramäischen Übersetzer in den Targumim, wobei sie *prs* statt *brk* verwendeten.[27] Raschi hat zur Stelle aber eine spezielle *b^erakah* angeführt: *Gepriesen bist Du, HERR, unser Gott, König der Welt, der uns durch seine Gebote geheiligt und uns befohlen hat, das Schlachtopfer zu essen.* Der Verzehr des Schlachtopfers wird hier als Gebotserfüllung bezeichnet, und daher wird eine *b^erakah* verwendet, die diesem Anlaß entspricht.

Im übrigen ist im hebräischen Text von 1Sam 9 die Verwendung von *brk* mit dem Akkusativ zu beachten: Hier wird etwas gesegnet. Die Situation ist nach 1Sam 9,11ff. die: Das Volk bringt auf einem Heiligtum ein Opfer dar und wartet mit dem Mahl – aber nicht mit dem Opfer – auf die Ankunft des Sehers Samuel, *kî hû' j^ebarek ha-zäbaḥ.* Der Priester/Prophet Samuel soll das Schlachtopfer benedeien, damit man es zubereiten und essen kann. Die griechische Übersetzung wählte für diesen Vorgang: *eulogei tên thysian,* und die Vulgata *benedicit hostiae.* Samuel erfüllt nach dieser Auffassung eine priesterliche Funktion und segnet eine Sache. Aus alledem ergibt sich, daß diese Passage keinen Beleg für eine Benediktion vor dem normalen Mahl darstellt.

5.2 Qumrantexte und Essenerberichte

a) In den Qumrantexten, die zahlreiche Benediktionsformeln enthalten,[28] wird zweimal eine Benediktion vor einem Mahl erwähnt, wobei der priesterliche Vorrang als ein besonderes Anliegen zum Ausdruck kommt. Zwar wurde ein Qumrantext (4Q434)[29] auf Grund zweier ähnlicher Phrasen in einem viel späteren jüdischen Gebet auch als ‚Grace after Meal' in einem

---

26 yBer VII,1/11a; bBer 48b; MekhY, *pisha'* xvi (zu Ex 13,3).

27 Vgl. auch M. GOSHEN-GOTTSTEIN, Fragments of Lost Targumim, Ramat Gan 1983, 70.

28 B. NITZAN, Qumran Prayer and Religious Poetry, Leiden (StTDJ 12) 1994, 69–80. 119–142.

29 DJD XXIX, Oxford 1999, 267–286.

Trauerhaus benannt bzw. das betreffende Fragment als solches Gebet (als 4Q434a) abgetrennt,[30] aber das Ganze stellt (wie Ps 103 und 104) mit *Barᵉkî nafšî* beginnend eine besondere Gattung dar (4Q434–438), und die gehört nicht speziell zu einer solchen Mahlsituation.[31]

1QS VI,3–6 lautet:[32] „Und an jedem Ort, wo sich zehn Männer vom Rat der Einung befinden, soll nicht von ihnen weichen ein Mann (4) priesterlichen Standes, und sie sollen ein jeder entsprechend seiner Rangordnung vor ihm sitzen, und so sollen sie hinsichtlich jeglicher Sache nach ihrem Rat befragt werden. Und wenn man den Tisch bereitet, um zu essen oder um den Neuwein[33] (5) zu trinken: Der Priester strecke seine Hand zuerst aus, um die Benediktion zu rezitieren über die Erstlingsabgabe des Brotes und um den (neuen) Wein zu trinken. Der Priester strecke zuerst seine Hand aus, (6) um die Benediktion zu rezitieren über die Erstlingsabgabe des Brotes und des Neuweins."

Das gilt also für eine Gruppe von mindestens zehn, die Mindestteilnehmerzahl (später: *minjan*) für eine liturgische Veranstaltung, und besagt nichts über die Benediktionspraxis eines einzelnen oder einer kleineren Gruppe. Auch die spätere rabbinisch-synagogale Tradition kennt für ein Mahl mit mindestens zehn Teilnehmern eine eigene mehrteilige Gebetsordnung.[34] Vor dem Mahl sind dabei vorgesehen: die rituelle Händewaschung mit der dazugehörigen Benediktion, die Benediktionen zu Wein und Brot, ein anlaßspezifisches *Jᵉhî raçôn*-Gebet und Ps 23. Unter den zahlreichen Stücken nach dem Mahl hat auch der Tagespsalm einen Platz.

---

30 M. WEINFELD, Grace After Meals at the Mourner's House in a Text from Qumran, Tarb. 41, 1991, 15–23; DERS., Grace after Meals in Qumran (4Q434), JBL 111, 1992, 427–440 und R. KIMELMAN, A Note on Weinfeld's "Grace after Meals in Qumran", JBL 112, 1993, 695f.; J. R. DAVILA, Liturgical Works, Grand Rapids 2001, 172–176: Grace after Meals (4Q434a).

31 D. R. SEELY, The *Bareki Nafshi* Texts (4Q434–439), in: D. W. PARRY – ST. D. RICKS (eds.), Current Research and Technological Developments on the Dead Sea Scrolls, Leiden (StTDJ 20) 1996, 194–214; E. M. COOK, A Thanksgiving for God's Help (4Q434 II–III), in: M. KILEY etc. (eds.), Prayer from Alexander to Constantine. A Critical Anthology, London 1997, 14–17; D. R. SEELY, Barkhi Nafshi, in: L. H. SCHIFFMAN – J. C. VANDERKAM, Encyclopedia of the Dead Sea Scrolls, I, Oxford – New York 2000, 76f.

32 Vgl. J. MAIER, Die Qumran-Essener: Die Texte vom Toten Meer, I, München 1995, 181.

33 *tîrôš*, der Wein aus der kultischen Abgabe von der letzten Lese.

34 N. M. BRONZNICK, Birkat ha-mazôn we-nûs̲h̲ah, Jerusalem 1993; L. A. HOFFMAN, The Canonization of the Synagogue Service, Notre Dame 1979 (siehe Register s.v. Grace after meals).

1QSa II,11–21 setzt zwei Situationen voraus, eine Versammlung und ein Mahl, und das verbindende Thema ist die Frage der Rangordnung. Der Text lautet:[35] „11b) Das ist die S[it]zung der Männer des Namens, der [(zur) Fest-versammlung] Berufenen, für den Rat der Einung, wenn sich [zusammen-fin]det (12) [der Priester], der gesalbte, mit ihnen. Es trete ein [der Priester, H]aupt der ganzen Gemeinde Israels, und [alle (13) seine Brüder, die Söhne] Aarons, die Priester, Festversammlungs-[Berufene], die Männer von Namen, und sie setzen sich (14) v[or ihm hin, ein jeder] entsprechend seiner Würde. Danach [kommt (/setzt sich) der Gesal]bte Israels, und es setzen sich vor ihm hin die Häupter (15) der Tausendschaften Israels, ei]n jeder entsprechend seiner Würde, gemäß seinem Rangposten in ihren Kriegs-lagern und auf ihren Kriegszügen. Und alle (16) Häupter [der Sippen der Gemeind]e mit [den] Wei[sen ....]setzen sich vor ihnen hin, ein jeder entsprechend (17) seiner Würde. [Und wenn sie zu] gemeinschaftlichem [Ti]sch sich zusammenfinden [.... Neu]wein und Zubereiten des Tisches, (18) die Einung .[......]Neuwein zu trink[en, strecke nie]mand seine Hand aus nach der Erstabgabe (19) des Brotes und [des Neuweins] vor dem Prie-ster. Den[n er be]nedeie die Erstabgabe des Brotes (20) und des Neuwei[ns und strecke] seine Hand nach dem Brot zuerst [aus], und dana[ch strec]ke der Gesalbte Israels seine Hände aus (21) nach dem Brot, [und danach bened]eie die ganze Gemeinde der Einung, ein jeder nach seiner Würde. Und gemäß dieser Vorschrift verfahren [sie] (22) in bezug auf jeden Po[sten (?), wenn sie sich zus]ammenfinden zu (mindestens) zehn Männ[ern].“

4Q249f Frg. 3,3 (vgl. auch 4Q249g Frg. 6–7):[36] „(1) [Danach kommt/setzte sich der Gesalbte Israels]und es setz[en sich vor ihm die Häupter] (2) [der Tausendschaften Israels in]ihren [Lag]ern[--] (3) [   ]mit den Weis[en --]“.

Bei einem Mahl, an dem die beiden Gesalbten (Hohepriester und Herrscher)[37] teilnehmen, gilt also dieselbe Regel: Niemand darf vor dem Priester (hier: Hohepriester) und dessen Benediktion die Hand nach Brot und Wein von den Erstlingsabgaben ausstrecken, der Herrscher tut es als zweiter im Rang, danach die Priester nach Rangfolge, und zuletzt die Laien-Israeliten, und zwar ebenfalls nach vorgeschriebener Benediktion. Wie ausdrücklich ange-geben wird, handelt es sich um ein kultisches Mahl im Zusammenhang mit

---

35 Nach MAIER, a.a.O. (Anm. 32), 243f.

36 S. J. PFANN, 4Q249f. 4Qpap cryptA Serekh ha-ʿEdahᶠ, in: DJD XXXVI, Oxford 2000, 560–562 (und 4Q249g, S. 563–568).

37 Meist wird aus christlich-theologischen Motiven die eschatologische Situation („messianisches Mahl") überbewertet. Eigentlich geht es aber um ein nach dieser Tradition „richtiges", hierokratisch orientiertes Verfassungskonzept, das auch in der Tempelrolle (11Q19–20) zugrunde liegt und in der Endzeit natürlich (wieder) in Kraft tritt.

den Erstlingsabgaben, nicht aber um eine normale Mahlzeit.[38] Aus diesem Grund wird auch die hohepriesterliche Benediktion hervorgehoben, und sie entspricht jener in 1Sam 9,13. Leider wird der Text der Benediktionen in keinem Fall zitiert, daher ist auch nicht feststellbar, welche Funktion sie hatten.

b) Die priesterlich dominierte Struktur, die in den betreffenden Qumranordnungen zutage tritt, hatte auch für das tägliche Mahl die Konsequenz, daß dem für jede Zehnergruppe vorgesehenen Priester ein Vorrang zukommt. Josephus hat in Bell II,131 das Mahl der Essener beschrieben, und auch danach durfte keiner vor dem priesterlichen Gebet mit dem Essen beginnen.[39] Josephus verwendete zwar nicht das griechische Wort, das für das hebräische *brk* (eine Benediktion rezitieren) zu erwarten ist, sondern *kateuchomai* und *euchê* (Gebet), aber seine Nachricht entspricht eher den Zeugnissen der Qumrantexte als den rabbinischen Passagen über die *b^erakah* vor dem Mahl. Natürlich haben diese Qumrantexte zu zahlreichen Vergleichen mit dem letzten Abendmahl Jesu und mit der christlichen Eucharistie geführt,[40] doch fand der Aspekt der Benediktionsfunktionen dabei kaum Beachtung.

6. Neues Testament

6.1. In den Evangelien ist mehrmals die Rezitation eines Gebets vor dem Essen bezeugt. Dabei wechseln die Verben *eulogein* und *eucharistein*, und der Einfluß der Sprache der griechischen Übersetzungen des Alten Testaments ist spürbar.

a) Mk 6,41/Mt 14,19/Lk 9,16: Mahl der 5000 (mit Brot und Fisch). In Lk 9,16 wird abweichend von den Paralleltexten so formuliert, daß das Brot (und die Fische) als Gegenstand der Benediktion erscheinen. Das entspricht einer Tendenz zur Sachbenediktion, die sich in der frühen Kirche weiter verfestigt hat.

b) Mk 8,7/Mt 15,36: Mahl für 4000 (mit Brot und Fisch).

---

38 Y. YADIN, Megillat ham-miqdash, I, Jerusalem 1977, 112f.; D. E. SMITH, Meals, in: Encyclopedia of the Dead Sea Scrolls (Anm. 31), I, 530–535.

39 T. S. BEALL, Josephus' Description of the Essenes, Cambridge (MSSNTS 58) 1988, 52–64.

40 Zuletzt recht eingehend H.-W. KUHN, The Qumran Meal and the Lord's Supper in Paul in the Context of the Graeco-Roman World, in: A. CHRISTOPHERSEN etc. (eds.), Paul, Luke and the Graeco-Roman World. Essays in Honour of Alexander J. M. Wedderburn, Sheffield (JSNT.S 217) 2002, 221–248.

c) Das letzte Abendmahl Mk 14,22; Mt 26,26 mit den Benediktionen zu Brot und Wein in Lk 22,17–19, mit umgekehrter Reihenfolge, wobei das Passahmahlszenarium vorwiegt.

d) Lk 24,30: Das Mahl zu Emmaus.

In jedem Fall ist eine übliche Praxis festzustellen, vor dem Genuß von Brot und Wein bzw. vor einem Mahl eine Benediktion zu rezitieren, deren Charakter aber meist unklar bleibt. Das wird durch weitere Belege bestätigt.

6.2. In Act 27,35 verdient die Formulierung *eucharistêsen tô theô* besondere Aufmerksamkeit, sie begegnet auch (s. u.) Röm 14,6.

6.3. Bei Paulus werden zweimal Fälle einer Mahlzeit erwähnt, in Röm 14 und 1Kor 10,23ff. Beide Male handelt es sich um die ‚Schwachen', die in der Freiheit Christi noch nicht ausreichend verfestigt sind und Anstoß nehmen. Röm 14,6 läßt mit der Formulierung *eucharistei gar tô theô* die Praxis der Benediktion erkennen, wenn auch nicht als einen vor dem Mahl unerläßlichen Brauch. Theologisch steht die Zusicherung im Zentrum, daß alle für den Kyrios leben und wirken, die Danksagung Gott gegenüber erscheint eher als zweitrangig, als selbstverständliche Voraussetzung.

Anders steht es im Fall, der 1Kor 10,26 vorliegt.[41] Das Thema ist hier viel konkreter, es geht um den Genuß von Fleisch, das möglicherweise von Götzenopfern stammt. Es ist diese Herkunft, die Skrupel bereitet oder gar einen Status confessionis heraufbeschwört.[42] Einen halakischen Gesichtspunkt, der für hier von Bedeutung ist, gilt es dabei zu beachten: Es geht dabei nicht um Vorschriften bezüglich ritueller Profanschlachtung (*hûllîn*), die stehen hier unter Christen nicht mehr zur Diskussion, wohl aber um ein Problem des Kontaktes mit Fremdkult (*'abôdah zarah*), was auch für Christen durchaus von Belang war.

Im übrigen argumentiert Paulus, wie A. Schlatter[43] und E. Lohse ausführlich dargelegt haben, schöpfungstheologisch.[44] Dies hat er mit der rabbinischen Tradition gemein, die Ps 24,1 anführt, um anzuzeigen, daß alles Gott, dem Schöpfer, gehört, auch das Fleisch von Götzenopfern, bei dem es sich um mißbrauchtes Gut handelt. Paulus geht es nicht um den Effekt einer *b⁽e⁾rakah*, die etwas zum Genuß freigibt, das wie alles in Gottes

---

41 H.-J. KLAUCK, I. Korintherbrief, Würzburg (NEB.NT VII) 1984, 76.

42 Eingehend untersucht und diskutiert von B. J. OROPEZA, Laying to Rest the Midrash: Paul's message on meat sacrificed to idols in light of the Deuteronomistic tradition, Bib. 79, 1998, 57–68; A. T. CHEUNG, Idol Food in Corinth. Jewish Background and Pauline Legacy, Sheffield (JSNT.S 176) 1999; J. FOTOPOULOS, The Food offered to Idols in Roman Corinth, Tübingen (WUNT 2.151) 2003.

43 A. SCHLATTER, Paulus, der Bote Jesu, Stuttgart 1956², 303–306.

44 E. LOHSE, Zu 1 Cor 10,26.31, ZNW 47, 1956, 277–280.

alleiniger Verfügungsgewalt liegt. Bei Berücksichtigung von 1Kor 10 kann Röm 14 nur so verstanden werden, daß der Christ Gott durch den Kyrios verbunden wird. Entscheidend ist der Vers 30: Der Dank reicht aus, um außer Frage zu stellen, daß keine götzendienerische Handlung vorliegt. Doch zeigt sich Paulus über die ‚Schwachen' besorgt. Es verblüfft allerdings, in v. 31 eine Formulierung anzutreffen, die auf den ersten Blick an tBer IV,1 erinnert: daß man stets zu Ehren Gottes handeln soll, und manche Exegeten haben daher auch darauf verwiesen, zumal Ps 24,1 zitiert wird, nur hatten Schlatter und Lohse vor allem eine Gegenüberstellung von Gesetz und Evangelium im Sinn. Paulus dachte offenkundig bei seiner Erwähnung der Danksagung nicht an die Funktion der Freigabe einer Sache für den Genuß, er sah in ihr eher einen Akt des Bekenntnisses, durch den der Verdacht einer götzendienerischen Handlung ausgeschlossen werden kann und soll. Das ist aber nur ein Teilaspekt der jüdischen *b^erakah* vor dem Mahl.

Mehr Aufschluß gibt 1Tim 4,1–5, denn hier dient das Gebet vor dem Mahl als Argument für die kontroverse Zulässigkeit von Speisen: Nichts von allem, was mit Danksagung empfangen wird, ist unzulässig. Dabei wird aber auch hier schöpfungstheologisch argumentiert: Alles von Gott Geschaffene ist gut. 1Tim 4,5 setzt voraus, daß die Speise durch Gottes Wort und durch das Gebet ‚geheiligt' wird (*hagiazetai/sanctificatur*), das heißt, es handelt sich um eine Sachbenediktion, und mit ihr faßte der rituelle Heiligkeitsbegriff Fuß.[45]

7. Jüdische *b^erakah* und christliche Benediktion

In 1Tim 4,1–5 wird also mit der Sachbenediktion der Unterschied zur jüdischen *b^erakah* vor dem Mahl und der jüdischen Anwendung von Ps 24,1 deutlich. Die *b^erakah* vor dem Mahl hat nämlich eine gegenteilige, eine desakralisierende Funktion. Die schöpfungstheologische Aussage in 1Tim 4 richtet sich gegen die Behauptung, es gäbe negativ zu bewertende geschaffene Dinge; sie verneint dies, doch nicht im Sinne des Verses Ps 24,1 und dessen jüdischer Verwendung, wonach alles in der Verfügungsgewalt Gottes steht und für den menschlichen Genuß erst freigegeben werden muß. Vielmehr wird trotz der Feststellung, alles von Gott Geschaffene sei gut, eine Heiligung durch Gottes Wort und durch das Gebet vorausgesetzt. Es handelt

---

45 Vgl. auch H. VAN DE SANDT, «Do not give what is holy to the dogs» (Did 9: 5D and Matt 7: 6A). The eucharist food of the Didache and its Jewish purity setting, VigChr 56, 2002, 223–246.

sich also um zwei in der Sache völlig verschiedene Typen der Benediktion, die christliche Variante kommt der biblischen Sachbenediktion näher.

Damit zeichnet sich eine grundlegend gegensätzliche Bewertung der Welt bzw. des Geschaffenen ab. Die jüdische *berakah* vor dem Mahl ist insofern kultisch-rituell motiviert, als alles in der Welt dem Schöpfer gehört und insofern ‚heilig' ist, ein Genuß ohne Freigabe also etwas wie ein Sakrileg darstellt, eine unzulässige Aneignung von ‚Heiligem'; das entspricht in einem engeren Blickfeld dem Konzept, daß der Genuß von Nahrungsmitteln, von denen die vorgeschriebenen kultischen Abgaben nicht entrichtet worden sind, ein Sakrileg darstellt, wie eine Stufe weiter auch der unberechtigte Genuß von kultischen Abgaben, die als solche rituell geheiligt worden sind. Die christliche Benediktion setzt wie bei einer Opferbenediktion die Notwendigkeit einer ‚Heiligung' voraus. Wie aber 1Tim 4 anzeigt, kommt noch die Frage der Weltbewertung und die Problematik eines Dualismus hinzu. Die Kirche hat die gnostische Verteufelung der Schöpfung zwar verurteilt, aber eine negative Weltsicht dennoch nicht zu vermeiden vermocht, was auch eine entsprechende Begründung der Askese nach sich gezogen hat.[46] Dennoch läßt sich der Befund nicht schlicht zweiteilen, als sei das Christentum durchwegs durch eine negative, das Judentum hingegen durch eine positive Weltsicht gekennzeichnet. In der Praxis hat auch auf der jüdischen Seite eine Dämonisierung der ‚Welt' Platz greifen können, allerdings weniger von der in der Spätantike grassierenden negativen Weltbewertung aus, sondern infolge der absolut negativen Bewertung aller Personen und Dinge, die mit Fremdkult bzw. Götzendienst zu tun haben. Als Götzendienstgebiet galt in der Antike ja alles außerhalb des Landes Israel, und so gesehen konnte *ha-ʾaräç* („die Erde") in Ps 24,1 auch enger gefaßt werden, als „das Land" (Israel), im Gegensatz zur *galût*, zum Bereich und zum Status der Verbannung innerhalb der ‚Weltvölker'. Tempelzerstörung und Exilssituation (*galût*) haben daher eine durchaus reservierte, zwiespältige Haltung gegenüber ‚Dieser Welt' und sogar auch der Natur mit sich gebracht.[47] Demgegenüber zielt die christliche Tendenz mit der Missionierung der Welt in erster Linie auf eine Ausweitung des geheiligten Bereiches ab, eine fortschreitende Reduzierung des Götzendienstbereiches und eine zunehmende ‚Heiligung' durch Christus. In der Praxis lief das allerdings auf eine organisatorische Definition und insofern ebenfalls auf eine Verengung hinaus: Der Bereich des Heiligen und Sakramentalen wurde mit dem kirchlichen Bereich

46 T. WEISS-ROSMARIN, Judaism and Christianity: The Differences, New York 1965[5], 65ff.
47 G. ANDERSON, The Expression of Joy as a Halakhic Problem in Rabbinic Sources, JQR 80, 1989/90, 221–252; R. P. BULKA, The Jewish Pleasure Principle, New York 1987.

gleichgesetzt und alles außerhalb entsprechend negativ empfunden, was durch eine gewisse pessimistische Neigung im antiken Zeitgeist noch verstärkt werden und ebenfalls eine Art Exilsbewußtsein hervorrufen konnte.[48] Diese Tendenz erleichterte eine Annäherung an das kultische Konzept heiliger Bereiche in der biblischen Tradition, und daher kam es in der Kirche sogar zu einer Wiederaufnahme der Konzeption des aaronidischen Priestertums, im eklatanten Gegensatz zu der Grundthese, daß in und durch Christus das Ritualgesetz aufgehoben worden sei. So präsentierte sich schließlich die Kirche als weit mehr ritualisiert als das tempellose rabbinische Judentum, in dem die vererbbare Priesterfunktion zwar noch mit einigen Privilegien vertreten ist, aber keine maßgebliche religiöse Funktion mehr erfüllt.

Im Lauf der Spätantike und des Mittelalters hat allerdings die neuplatonische Weltwertung im Zusammenhang mit der neuplatonischen Seelenauffassung auch im Judentum die negativen Züge der ‚Welt‘ verstärkt, zuletzt recht massiv in der Kabbalah. Das hat auch das überlieferte Geschichtsdenken weiter in dem Sinne profiliert, als die *galût*-Existenz Israels im Fremdkultbereich geradezu als Perversion des göttlichen Heilsgeschichtsplanes empfunden werden konnte. Darüber hinaus lag eine Parallelisierung der Geschichte Israels mit dem Geschick der Seele in der ‚Welt‘ nahe. Der religionsgeschichtliche Vergleich der beiden Religionen ergibt also keine einheitlichen Einstellungen, nur bestimmte, im Ansatz unterschiedliche Ansätze, deren Auswirkungen aber im Wechsel der Situationen relativiert wurden. Die jüdische Verwendung von Ps 24,1 als Beleg für den Brauch der *b^erakah* vor dem Mahl kann also trotz des aufgezeigten grundlegenden Unterschiedes im konkreten Fall nicht unbesehen für die teilweise in Mode gekommene Behauptung einer an sich positiven jüdischen Weltsicht im Kontrast zu einer angeblich an sich negativen christlichen Weltwertung in Anspruch genommen werden.

---

48 P. WIDMER, Die unbequeme Realität. Studien zur Niedergangsthematik in der Antike, Stuttgart (Sprache und Geschichte 8) 1983; R. FELDMEIER, Die Christen als Fremde. Die Metapher der Fremde in der antiken Welt, im Urchristentum und im 1. Petrusbrief, Tübingen (WUNT 64) 1992.

§ 17

Auslegungsgeschichtliche Beobachtungen zu Ps 37,1.7.8

1. Vorbemerkung

In Ps 37,1.7 und 8 begegnet eine formelhaft anmutende Ermahnung: 'al
tithar b- ..., sonst nur noch Prov 24,19 zu finden. Das Verbum ḥrh steht dabei
im Parallelismus zu qn' im Pi'el, das mit vergleichbarem Objekt noch Prov
3,31; 23,17 und 24,1 verwendet wird. In einer eigentümlichen Form (Tif'el)
punktiert, taucht ḥrh noch im Sinne von ,wetteifern' Jer 5,22 und 22,15 auf,
zwei Passagen, die für die Bedeutung auch der anderen Stellen maßgebend
wurden,[1] setzt die rabbinische Auslegung doch weitgehend voraus, daß das
Verbum ḥrh im Parallelismus zum Pi'el von qn' ebenfalls ,wetteifern' bzw.
,beneiden', ja ,nacheifern' bedeutet.[2] Von diesen Voraussetzungen aus
ergaben sich in der rabbinischen Auslegung und Anwendung zwei Linien,
eine mit dem Akzent auf der persönlichen Moral, wobei als Objekt des
,Beneidens' vor allem jüdische Sünder, Missetäter und Frevler aufscheinen
und somit das Thema der Theodizee nahelag. Eine zweite Linie trägt
heilsgeschichtstheologisches Kolorit. Dabei werden in den Objekten der
betreffenden Verben Nichtjuden gesehen, und zwar speziell Repräsentanten
der gott- und israelfeindlichen Weltmacht ,Edom'/,Esau', also Roms.[3]
Das Theodizeeproblem bildet eine Brücke zwischen den beiden Linien,
die sich folglich im Lauf der Traditionsvorgänge auch überschneiden konn-

---

1 Die alten Versionen und das Targum zu diesen beiden Stellen haben allerdings
besonderen Charakter. Für die erwähnte Auffassung siehe auch noch Raschi z.St.,
während Abraham b. Meir ibn Ezra differenziert, indem er eine mögliche Deutung
von ḥarôn und eine zweite von Jer 12,5 her angibt.

2 Also mit der Folge der Nachahmung. Vgl. auch Raschi zu Prov 24,19 (,,... zu sein
wie sie") und Abraham ibn Ezra (,,zu handeln gemäß ihren Taten"). Die altkirchliche Auslegung folgt weitgehend demselben Trend.

3 Zur Jakob-Esau-Symbolik siehe G. D. COHEN, Esau as Symbol in Early Medieval
Thought, in: A. ALTMANN (ed.), Jewish Medieval and Renaissance Studies,
Cambridge/Mass. 1967, 19–48; M. HADAS-LEBEL, Jacob et Esau, ou Israël et Rome
dans le Talmud et le Midrash, RHR 201, 1984, 369–392; A. BUTTERWECK, Jakobs
Ringkampf am Jabbok. Das Verständnis von Gen 32,4–33 in der jüdischen Tradi-
tion bis zum Frühmittelalter, Frankfurt/M. (JudUm 3) 1981.

ten. Wie dies geschah, wird anhand der folgenden Texte illustriert, die durchwegs im Assoziationsfeld der anfangs genannten Schriftstellen verankert sind. Ps 37 war in Qumran Gegenstand einer *Pešär*-Deutung im Rahmen eines Psalmenkommentars,[4] also ebenfalls einer heilsgeschichtstheologischen Auslegung. Es handelt sich um 4Q171, ein leider sehr fragmentarisch erhaltener Text.[5] Soweit es die Fragmente der paläographisch auf ca. 50 n. Chr. datierbaren Schriftrolle erkennen lassen, handelte es sich allerdings um eine vorwiegend auf die innerjüdische Auseinandersetzung konzentrierte Aktualisierung, mit Bezugnahmen auf konkrete Vorgänge und Personen im Zusammenhang der Geschichte der dahinter stehenden Gruppierung. Es ist nicht uninteressant, diese Verwendung mit jener im rabbinischen Bereich zu vergleichen, weil dabei manche allzu schematischen Urteile über Eschatologie und ‚Apokalyptik' etwas zurechtgerückt werden könnten. Die Sachanalyse hat dabei aus Platzgründen Vorrang vor der literarischen Analyse.

2. *Midraš Tehillîm* (MTeh) 37,1 und 73,1

2.1 MTeh 37,1[6]

„(Aa) *Beneide nicht die Bösewichte,*
sei nicht eifersüchtig auf Übertreter (Ps 37,1).
Das ist es, was die Schrift sagt (Prov 23,17): *Dein Herz sei nicht eifersüchtig auf Sünder.*

(Ab)   Worin sollst du (hingegen) wetteifern? – *In der Furcht des Herrn den ganzen Tag* (ebd.).

(Ba)   Beneide nicht die Leuchte der Frevler, die wertlos ist. Wieviel (immer) auch Öl in ihr ist, ein Achtel oder ein Viertel, sie hat keine Zukunft: Das Öl geht zu Ende, und sofort erlischt die Leuchte. Und so heißt es

---

4   Zur Orientierung siehe M. J. BERNSTEIN, Pesher Psalms, in: L. H. SCHIFFMAN – J. C. VANDERKAM, Encyclopedia of the Dead Sea Scrolls, II, Oxford – New York 2000, 655–656.

5   J. M. ALLEGRO, DJD V, Oxford 1968, 42ff. Diese Edition ist allerdings revisionsbedürftig, siehe: J. STRUGNELL, Notes en marge du Volume V des "Discoveries in the Judaean Desert of Jordan", RdQ 7 (26), 1970, 163–276 (211–218). Zum Text siehe D. PARDEE, A Restudy of the Commentary on Psalm 37 from Qumran Cave 4, RdQ 8, 1973, 163–194; M. P. HORGAN, Pesharim, Washington 1979, 191–228; M. A. KNIBB, The Qumran Community, Cambridge 1987, 217ff.; C. COULOT, Un jeu de persuasion sectaire: le commentaire du Psaume 37 découvert à Qumran, RScR 77, 2003, 544–551.

6   Vgl. YalqŠim II, § 728; in anderer Anordnung der Einheiten auch im *Yalqûṭ ha-Makîrî* zu Prov 23,17 und zum Teil auch zu 24,1 sowie 24,19f.

(Prov 24,20), daß der Böse keine Zukunft hat: *Die Leuchte der Sünder erlischt* – ihr Licht ist vergänglich. Und darum heißt es (Prov 23,17): *Dein Herz sei nicht eifersüchtig auf Sünder.*

(Bb) Eifre nach jener Leuchte, die niemals erlischt und deren Licht nie aufhört. Welche ist das? Das ist es (Prov 6,23): *Eine Leuchte ist das Gebot und die Torah ein Licht.*

(Bc) Daher (gilt): *Dein Herz sei nicht eifersüchtig auf Sünder.*

(Ca) Der Heilige, gepriesen sei Er, spricht: (Wett)eifre für mich, denn ohne Eifer könnte die Welt nicht bestehen, kein Mann würde eine Frau nehmen und ein Haus bauen.

(Cb) Hätte nicht Abraham wettgeeifert ... etc."[7]

2.2 MTeh 73,1[8]

„(Aa) *Ein Psalm Asaphs.*
Nur gut ist zu Israel Gott zu denen mit lauterem Herzen ...
denn ich beneidete die Leichtfertigen.
Das ist es, was die Schrift sagt (Ps 37,1): *Beneide nicht die Bösewichte, sei nicht eifersüchtig auf Übeltäter.*

(Ab) Neide nicht etwas, das keine Zukunft hat, denn so heißt es (Prov 24,20a): *denn der Böse hat keine Zukunft.*

(Ac) Es spricht der Heilige, gepriesen sei Er:
„Wenn du siehst, daß die Leuchte der Frevler gut brennt, so beneide sie nicht, denn sie verlischt für die Kommende Welt, da es heißt (Prov 4,20b): *der Frevler Licht erlischt.*

(Ad) Worin sollst du wetteifern? – *In der Furcht des Herrn den ganzen Tag* (Prov 23,17), etwas, das eine Zukunft hat und nimmermehr aufhört, weil es heißt (Prov 23,18): *Vielmehr gibt es eine Zukunft.*

(Ba) Asaph sprach: *denn ich beneidete die Leichtfertigen,* und ich wußte nicht, daß die Leiden, die der Heilige, gepriesen ist Er, über Israel bringt, ihnen zum Guten gereichen, daher sagt er: *Nur gut ist zu Israel Gott.*
Es heißt nicht: *Nur gut ist Gott,* sondern: *nur gut ist zu Israel Gott.*[9]

---

7   Teil C schildert, wie Abraham den Melchisedek (Sem) übertraf: Noah versorgte mit seinen Söhnen in der Arche verdienstvoll die Tiere, Abraham übte Wohltätigkeit an Menschen. Den Abschluß bilden die Zitate Koh 4,4 und Prov 23,17.

8   Auch YalqŠim II, § 808 (zu Ps 73,1). Einzeltraditionen zu Ps 73,1–4 finden sich auch in WaR XVII,1. Teil C, hier fortgelassen, bringt eine Überlieferung nach WaR XIII,1 und weitere Aussagen zu Ps 73,4.

9   YalqŠim II § 807 fügt hier ein: „Nur gut ist das bißchen Leiden, das Er über Israel bringt. Wozu? Für die mit lauterem Herzen für die Kommende Welt."

(Bb) Die Leiden, die er über sie gebracht hat, sind gut.
Und für wen? – Für jene mit lauterem Herzen, um das Herz der Gerechten zu läutern.
Das ist es, was geschrieben steht (Ps 24,3.4): *Wer darf hinaufsteigen zum Berg des Herrn? Wer reine Hände hat und lauteren Herzens ist!*
(Bc) Asaph sagte: Ich habe nicht gewußt, daß die Leiden gut sind, und ich beneidete die Frevler, und weil ich neidete, *glitten beinahe meine Füße aus* (Ps 73,2). Und warum? *Denn ich beneidete die Leichtfertigen, da ich das Wohlbefinden der Frevler sah, ihr Tod ist ohne Qualen, und gesund (bleibt) ihr Leib* (Ps 73,3f.).“

2.3 Vergleich

Beide Texte verarbeiteten im wesentlichen die gleichen Traditionen, die vorrangig der Thematik der Theodizee im Verhältnis zwischen dem Ergehen von Frommen und Frevlern galten. Das Theodizeeproblem wird aber kollektiviert, und zwar durch die Bezugnahme auf die Leiden Israels, wodurch die *Frevler* selbstverständlich zu Nichtjuden werden. Gipfelt der erste Text im Preis der Torahfrömmigkeit, in der es zu wetteifern gilt, weil dadurch Unvergängliches erlangt wird, so klingt im zweiten die kollektive eschatologische Hoffnung an: Israel gehört trotz des Erfolgs der Feinde und trotz aller Leiden in Dieser Welt die Heilszukunft. Der Schluss (Bc) lässt noch einmal deutlich werden, wie schwierig es war, diese Sicht zu verfechten, impliziert sie doch den Verzicht auf die Durchsetzung der Ansprüche Israels in Dieser Welt. Die Lösung des heilsgeschichtstheologischen Theodizeeproblems wird erst für die Kommende Welt erwartet, wie es (siehe oben) im Zusatz des *Yalqûṭ Šim'ônî* zum Stück (Ba) expressis verbis heißt.

3. bBer 7b und bMeg 6b

3.1 bBer 7b

„(Aa) R. Jochanan sagte ferner im Namen des R. Simon b. Jochaj:
Es ist erlaubt, mit den Frevlern zu wetteifern in Dieser Welt, denn es heißt (Prov 28,4): *Die die Torah verlassen, preisen den Frevler, aber die die Torah halten, (wett)eifern mit ihnen.*
(Ab) Es wird überliefert: R. Dostaj bar Matun sagte:
Es ist erlaubt, mit den Frevlern zu (wett)eifern in Dieser Welt, denn es heißt (Prov 28,4): *Die die Torah verlassen, preisen den Frevler ...*

(Ac) Und flüstert dir einer ein: Es steht doch geschrieben (Ps 37,1): *Beneide nicht die Bösewichte, sei nicht eifersüchtig auf Übeltäter,* so sage ihm: So spricht einer, den sein Herz drängt. Vielmehr bedeutet (Ps 37,1): *Beneide nicht die Bösewichte* – so zu sein wie die Bösewichte, *sei nicht eifersüchtig auf Übeltäter* – zu sein wie Übeltäter.

(Ad) Und es heißt aber auch (Prov 23,17): *Dein Herz sei nicht eifersüchtig auf die Sünder, vielmehr in der Furcht des Herrn den ganzen Tag.*

(Ba) Das verhält sich nicht so, denn hat nicht R. Isaak gesagt:
Siehst du, daß einem Frevler das Glück lacht, so laß dich nicht durch ihn ereifern, denn es heißt (Ps 10,5): *Ihre Wege gedeihen zu jeder Zeit.*

(Bb) Und nicht nur dies, er gewinnt auch im Prozeß, denn es heißt (Ps 10,5): *hoch (entfernt) sind deine Gerichte von ihm.*

(Bc) Und nicht nur dies, er triumphiert auch über seine Bedränger, denn es heißt (Ps 10,5): *all seine Bedränger bläst er fort.*

(Ca) Das ist kein Widerspruch: Das eine bezieht sich auf eigene Angelegenheiten, das andere auf religiöse Angelegenheiten.

(Cb) Oder, wenn du willst, sage ich: Das eine wie das andere bezieht sich auf religiöse Angelegenheiten, und dennoch gibt es keinen Widerspruch: Das eine bezieh sich auf einen Frevler, dem das Glück lacht, das andere auf einen Frevler, dem das Glück nicht lacht.

(Cc) Oder, wenn du willst, sage ich: Das eine wie das andere bezieht sich auf einen Frevler, dem das Glück lacht.
Und dennoch ist kein Widerspruch: Das eine bezieht sich auf einen vollkommenen Gerechten, das andere auf einen nicht vollkommenen Gerechten.

(Da) Denn Rab Huna hat gesagt: Was bedeutet das Schriftwort (Hab 1,13): *Warum siehst Du den Verrätern zu, schweigst du, wenn der Frevler den verschlingt, der gerechter ist als er?* – Kann denn ein Frevler einen Gerechten verschlingen? Denn siehe, es steht, doch geschrieben (Ps 37,33): *Er wird ihn nicht in seiner Hand lassen,* und es steht geschrieben (Prov 12,21): *Keinerlei Unheil widerfährt dem Gerechten.* Jedoch einen, der (nur) gerechter ist als er, den verschlingt er, einen vollkommenen Gerechten kann er nicht verschlingen.

(Db) Oder, wenn du willst, sage ich: Wenn ihm das Glück lacht, ist es anders."

3.2 bMeg 6b

„(Aa) Siehst du, daß einem Frevler das Glück lacht, so laß dich nicht durch ihn ereifern, denn es heißt (Ps 37,1): *Beneide nicht die Bösewichte.*

(Ab) Und nicht nur dies, ihre Wege sind erfolgreich, denn es heißt (Ps 10,5): *Ihre Wege gedeihen zu jeder Zeit.*

(Ac) Und nicht nur dies, er gewinnt auch im Prozeß, denn es heißt (Ps 10,5): *hoch (entfernt) sind deine Gerichte von ihm.*

(Ad) Und nicht nur dies, er triumphiert über seine Feinde, denn es heißt (Ps 10,5): *all seine Bedränger bläst er fort.* Da verhält es sich nicht so, denn:

(Ba) Hat nicht R. Jochanan im Namen des R. Simon b. Jochaj gesagt: Es ist erlaubt, mit den Frevlern zu wetteifern in Dieser Welt, denn es heißt (Prov 28,4): *Die die Torah verlassen, preisen den Frevler.* Die aber die Torah halten, (wett)eifern mit ihnen.

(Bb) Es wird überliefert: R. Dostaj b. Matun sagte: Es ist erlaubt, mit den Frevlern zu wetteifern in Dieser Welt. Und flüstert dir einer ein (Ps 37,1):

(Bc) *Beneide nicht die Bösewichte, sei nicht eifersüchtig auf Übeltäter,* so spricht einer, den sein Herz drängt. Vielmehr bedeutet: *Beneide nicht die Bösewichte* – um so zu sein wie die Bösewichte, und *sei nicht eifersüchtig auf Übeltäter.*

(Bd) Es heißt aber auch (Prov 23,17): *Es eifre dein Herz nicht wegen der Sünder ... etc.*

(Ca) Das ist kein Widerspruch: das eine bezieht sich auf eigene Angelegenheiten, das andre auf religiöse Angelegenheiten.

(Cb) Oder, wenn du willst, sage ich: Das eine wie das andere bezieht sich auf eigene Angelegenheiten, und dennoch gibt es keinen Widerspruch: Das eine bezieht sich auf einen vollkommenen Gerechten, das andere auf einen nicht vollkommenen Gerechten.

(Da) Denn Rab Huna hat gesagt: Was bedeutet das Schriftwort (Hab 1,13): *Warum siehst du zu den Verrätern, schweigst, wenn der Frevler den verschlingt, der gerechter ist als er?* – Er kann einen verschlingen, der (nur) gerechter ist als er, einen vollkommenen Gerechten kann er (aber) nicht verschlingen.

(Db) Oder, wenn du willst, sage ich: Weil ihm das Glück lacht, ist es anders."

3.3 Vergleich

bBer 7b steht ganz auf der Linie des individuellen Theodizeeproblems, doch sind zwei Anknüpfungspunkte für ein kollektives Verständnis vorhanden. Einmal im Kontext, da dem Stück einige andere mit R. Jochanan verknüpfte Traditionen vorangehen, wobei auch Esau genannt wird; zum andern durch eine innerjüdische Polemik, die mit dem Zitat Prov 28,4 (in Aa) gegen Juden Front macht, die auf Grund ihrer Beobachtungen zum Schluß kommen, das Wohlergehen der Frevler sei ein Argument, um die Torah zu verlassen. Auch die Verwendung von Hab 1,13 (im Teil Da) weist auf eine schwerwiegende Auseinandersetzung, wobei übrigens an die *Pešär*-Deutung dieses Verses in 1QpHab I zu erinnern ist, wo ebenfalls eine innerjüdische Auseinandersetzung vorliegt. Die mit solchen Auseinandersetzungen verbundenen Verluste werden zwar mit der Versicherung hingenommen, daß sie Juden betreffen, die nur etwas gerechter sind als die Frevler selbst, vollkommene Gerechte aber davor gefeit seien (Teil Da), aber der Schluß (Db) relativiert doch in etwas resignierendem Ton: Es gibt Situationen, in denen die Frevler eben einfach Glück haben, und dann versagen die Normen. Die Warnung, nicht den Bösen nachzueifern, um nicht zu werden wie diese, erhält hier keinen beruhigend-tröstenden Verweis auf die Kommende Welt.

Die Materialien, die in bBer 7b verarbeitet wurden, gerieten in bMeg 6b in einen viel eindeutigeren Kontext. In bMeg 6a beginnt eine Diskussion über die Definition von ‚Stadt' und Ortsidentifizierungen, wobei schon gewisse Ortsnamen die Assoziationen mit Rom provozierten, was dem Gesamtkontext eine anti-römische Note verleihen musste. Diese tritt schon zutage, da eine dem R. Abbahu zugeschriebene Überlieferung Ekron erwähnt, Zef 2,4 zitiert und Caesarea als ‚Tochter Edoms' apostrophiert. Hier wird die sehr geläufige Gegenüberstellung zwischen Caesarea (als Repräsentantin Roms) und Jerusalem (für Israel) eingebracht, Tyrus in Ez 26,2 als Rom gesehen, und schließlich wird dieser Gegensatz mit den im Mutterleib rivalisierenden Zwillingen Esau und Jakob (Gen 25,23) beschrieben, einer der wichtigsten Belegverse für das Verhältnis zwischen Rom und Israel in der rabbinischen Literatur. Es folgen dann Traditionen, die mit dem Namen R. Isaaks verbunden sind, eine anti-römische Deutung von Jes 26,10, wobei die geläufige Bezeichnung Esaus als *raša'* (Frevler) das Stichwort liefert, und (fol. 6a/b) im gleichen Sinne eine Verwendung von Ps 140,9. Nach diesen Partien mußte das auch in bBer 7b verarbeitete Material über ‚Frevler', hier eingebaut, von selbst anti-römische Polemik werden, ohne daß der Text der Überlieferungen viel verändert zu werden brauchte. Die innerjüdische Kontroverse mit Juden, die ‚die Torah verlassen', gewinnt hier durch die klare Einbettung in den romfeindlichen Kontext explizit jene Schärfe, die im Kontext von bBer 7b nur in Ansätzen spürbar wird.

4. *Yalqûṭ ha-Makîrî* Ps 37,13 (zu 37,7)[10]

„(Aa) R. Azarjah im Namen des R. Juda bar Simon eröffnete eine Auslegung mit *Stille (vor) dem Herrn*[11] *und hoffe auf ihn* (Ps 37,7). Was heißt *Stille (vor) dem Herrn?* Doch (Folgendes): Der Heilige, gepriesen ist Er, sieht sein Haus verwüstet und schweigt. Und du, du schweigst nicht? *Und hoffe auf ihn?* – Schaue aus nach ihm, entsprechend der Bedeutung von (Ps 42,1): *Hoffe auf Gott.*"

(Ab)   Eine andere Deutung.[12]

(Ac)   Eine andere Deutung.[13]

„(Ba) *Beneide nicht den, dessen Weg gelingt:* das ist Esau, denn es heißt (Jer 12,1): *Warum gelingt der Weg der Frevler?, der Mann, der Ränke treibt.*

(Bb)   *Wetteifre nicht, auch Böses zu tun:* R. Isaak: Mit Recht sagte Rebekka (Gen 27,44ff.) ... *bis deines Bruders Grimm sich gelegt hat, bis sich der Zorn deines Bruders von dir gewendet hat.* Aber der handelte nicht demgemäß, sondern (Am 1,11): *er nährt seinen Zorn für immer, und seinen Grimm wahrt er ewig*(, daher gilt): *auch ich übe in Zorn und mit Grimm Rache an allen Völkern* (Mi 5,1).

(Bc)   *Wetteifre nicht, auch Böses zu tun:* jeder, der sich ereifert, fällt (Ps 37,9): *denn die Bösewichte werden ausgerottet.* Das ist Esau. *Aber die auf den Herrn hoffen:* das ist Israel.

(C)   *Noch ein wenig, und keinen Frevler gibt es (mehr):* R. Meir sagte: Man wird sagen: Da sind seine Paläste, dort war sein Gerichtshof, *und du, du schaust auf seine Stätte, und er ist nicht mehr, und die Demütigen werden das Land in Besitz nehmen:* das ist Israel.

(D)   R. Azarja im Namen des R. Juda bar Simon: Es reicht jener Friede, da ich sagte (Dt 2,3): *Genug habt ihr dieses Gebirge umrundet ...*"

Die heilsgeschichtstheologische Anwendung verrät in diesem Text eine ganz bestimmte Tendenz, die in rabbinischer Tradition geradezu den Gegenpol zum revolutionären, politisch aktiven Messianismus darstellt. Zugrunde liegt die Ansicht, daß ‚Esau/Edom' (die römische/christliche Weltmacht) ‚Diese Welt' zwar ebenso illegitim in ihrer Macht hält, wie Esau den Erstgeburtsvorrang beanspruchte, doch im Sinne eines göttlich eingeräumten Spielraums, also vorläufig, diese Machtposition behält. Dabei ist ‚vorläufig'

---

10 Aus einem Deuteronomium-Midrasch im Zusammenhang mit der reich mit Polemik gegen ‚Edom' befrachteten Ausdeutung von Dt 2,3.

11 *dôm lᵉ-JHWH* wird hier als Stille bzw. Schweigen Gottes verstanden. Der folgende Imperativ fordert also zur *imitatio Dei* auf: Wie Gott zur Tempelzerstörung (einstweilen) schweigt, soll auch der Fromme sein Geschick zunächst auf sich nehmen.

12 Es folgt eine Anwendung auf das Martyrium.

13 Es folgt eine Anwendung auf das Leiden des Frommen.

in dieser Auffassung nicht mehr innerzeitlich begrenzbar, denn es fällt mit dem Ende ‚Dieses Äons' zusammen, wird erst mit dem Eschaton beendet. Derartige Aussagen haben sich gerade auch mit Auslegungen zu Dt 2,2–7 ausgedrückt: Gott selbst ordnete gewissermaßen eine Resignation und ein Arrangement an: *Genug ...* etc.

So wird die Lösung des Konflikts strikt eschatologisiert, gerät zur ‚Apokalyptik', mit entsprechender Radikalisierung der Aussagen bis zur Ankündigung der Ausrottung der Frevler, das ist Esau (Rom), mit der entsprechend gedeuteten Landverheißung an die ‚Demütigen' (Israel) als universalhistorischem Machtwechsel am Ende ‚Dieses Äons'.

Der so begründete Verzicht auf die politische Kraftprobe mit ‚Esau' prägte das jüdische Geschichtsverständnis durch viele Jahrhunderte hindurch, in strikt orthodoxen Kreisen wirkt er noch heute in der Ablehnung des Zionismus nach. Aber es handelte sich um keine prinzipielle Revision des heilsgeschichtstheologischen Denkens, und wann immer sich die Ansicht verbreitete, das Ende ‚Dieses Äons' sei nahe, wähnte man auch den Zusammenbruch ‚Edoms' für gekommen. Die Differenz liegt im wesentlichen in der Bestimmung der Kriterien zur Feststellung des eschatologischen Termins. Da man diesen Termin doch allgemein für die nicht allzu ferne Zukunft erhoffte, blieb das Thema des Konflikts zwischen ‚Jakob' und ‚Esau', der Zusammenbruch des ‚vierten Reiches' des Buches Daniel, nach wie vor aktuell, beflügelte die Phantasie jedenfalls nicht minder.[14]

5. Midrasch *Numeri Rabba* (BemR) XI,1

5.1 Übersetzung

„So segnet die Israeliten ...:

(Aa)   Das ist es, was da geschrieben steht (Prov 3,31): *Beneide nicht einen Mann der Gewalttat und wähle dir keinen seiner Wege.* Mann der Gewalttat – das ist Esau der Frevler; *Mann* – wie es heißt (Gen 25,27): *Und Esau wurde ein Mann, der das Waidwerk verstand; Gewalttat* – wie es heißt (Ob 1,10): *Wegen der Gewalttat an deinem Bruder Jakob.*

(Ab)   Und warum heißt es: *Beneide nicht?* Weil es offenbar war vor dem Heiligen, gepriesen ist Er, daß die Israeliten unter Edom geknechtet und bedrückt und unterdrückt werden unter ihnen und daß die Israeliten deswegen grollen würden, wie Maleachi gesagt hat (Mal 3,14f.): *Ihr sagt: Es ist umsonst, dem Gott zu dienen, was bringt es für Gewinn, daß*

---

14   J. MAIER, Apokalyptik im Judentum, in: H. ALTHAUS (Hg.), Apokalyptik und Eschatologie, Freiburg/Br. 1987, 43–72.

*wir seine Wache wahren … Nun preisen wir die Anmaßenden glücklich,
haben die Übeltäter doch Aufbau erfahren, dazu noch Gott versucht und
sind davongekommen.*

(Ac) Darum sprach der heilige Geist durch Salomo: *Beneide nicht einen
Mann der Gewalttat:* Beneidet nicht das Wohlergehen Esaus, des
Frevlers, *und wählt euch keinen seiner Wege,* daß ihr nicht handelt entsprechend ihren Taten. Warum? – Blickt auf den Ausgang der Sache,
denn siehe, es kommt der Tag, an dem wird Gott jeden verwerfen,
der von den Geboten abweicht, wie es heißt:

(Ba) *Denn ein Greuel ist dem Herrn ein Abtrünniger* (Prov 3,3); so wie es
heißt (Ps 5,7): *Einen Mann der Bluttaten und des Truges verabscheut der
Herr.* Aber wer seine Wege geradlinig wandelt vor Ihm, der wird zu
den Männern seines Rates zählen,

(Bb) wie es heißt (Prov 3,32b): *aber mit den Gradlinigen ist sein Rat;* wie es
auch heißt (Num 23,23): *Jetzt wird es Jakob gesagt etc.,* und es heißt (Ps
25,14): *der Rat des Herrn gilt denen, die ihn fürchten, etc.* und es heißt
(Mal 3,18): *und ihr werdet wieder sehen den Unterschied zwischen Gerech-
tem und Frevler, zwischen dem Diener Gottes und dem, der ihm nicht dient.*

(Ca) *Der Fluch des Herrn liegt auf dem Hause des Frevlers* (Prov 3,33): das ist
Esau der Frevler, wie es heißt (Mal 1,4): *Wir sind zerschlagen, aber wir
werden wiederaufbauen die Ruinen! – So spricht der Herr Zebaoth: Sie
bauen auf, ich aber reiße nieder … etc.*

(Cb) *Aber die Wohnstatt der Gerechten segnet er* (Prov 3,33): das sind die
Israeliten, denn über sie steht geschrieben (Jes 60,21): *Dein Volk sind
alles Gerechte, für immer erben sie das Land,* und (Mal 1,5): *und eure
Augen werden sehen, und ihr werdet sagen: Groß ist der Herr … etc.*

(Daa) *Mit den Spöttern wird Er Spott treiben* (Prov 3,34): das sind die
Edomiter, die Spötter genannt werden, denn es heißt (Prov 21,24):
Ein Anmaßender, Überheblicher, sein Name ist Spötter.

(Dab) Und sie heißen Anmaßende (*zedîm*), wie es heißt: (Mal 3,14): *Nun
preisen wir die Anmaßenden glücklich.*

(Dac) wieso bezieht sich das Schriftwort auf die Edomiter? – Weil es auch
geschrieben steht (Mal 3,15): *haben die Übeltäter doch Aufbau erfahren.*
Das sind die Edomiter, wie es heißt (Mal 1,4b): *und man wird sie Gebiet
des Frevels nennen.*

(Dad) Sie spötteln jeden Tag über die Israeliten wegen der Bedrängnisse,
die über sie kommen, wie es heißt (Ez 35,13): *Groß redet ihr über mich
mit eurem Mund, und viel freche Worte habt ihr über mich gesprochen, ich
habe es gehört.*

(Dae) *… wird Er Spott treiben* (Prov 3,34): (das heißt), daß der Heilige, gepriesen ist Er, ihnen mit gleichem Maß (Strafe) zumessen wird, wie es

heißt (Ob 1,15): *Wie du getan hast, so wird dir getan werden, deine Tat fällt zurück auf dein Haupt!*

(Dba) *Aber den Demütigen wird er Wohlgefallen erweisen* (Prov 3,34): das sind die Israeliten, welche als Arme unter ihnen weilen und in ihrer Mitte in Demut wandeln und ihr Joch tragen, um den Namen des Heiligen, gepriesen ist Er, zu heiligen; denn der Heilige, gepriesen ist Er, wird ihnen Wohlgefallen erweisen und an jenen Gericht üben, wie es heißt (Jes 30,18): *So wartet der HERR darauf, euch Wohlgefallen zu erweisen,*

(Dbb) und es heißt (Jes 29,19): *Und es werden weiter sich freuen die Demütigen im Herrn,* und es heißt (Jes 30,19): *denn du Volk, das auf Zion wohnt, du wirst nicht weinen.*

(Eaa) *Ehre werden die Weisen ererben* (Prov 3,35): das sind die Israeliten, die Weise genannt werden, wenn sie die Torah und die Gebote erfüllen, denn es heißt (Dt 4,6): *und ihr sollt (sie) halten und erfüllen, denn sie sind eure Weisheit und eure Einsicht.* Denn wenn die Israeliten unter sich die Torah bewahren, wird der Heilige, gepriesen ist Er, ihnen einen Ehrenthron zum Besitz geben, da es heißt (I Sam 2,8): *und einen Ehrenthron wird er ihnen zum Besitz geben.*

(Eab) Denn der Heilige, gepriesen ist Er, wird den Israeliten die Königsherrschaft wieder zurückgeben, wie es heißt (Dan 7,27): *Und das Königtum und die Herrschaft und die Macht der Königsherrschafl unter dem ganzen Himmel.*

(Eba) *Die Toren aber tragen Schande davon* (Prov 3,35): das sind die Edomiter, wie es heißt (Ob 1,8): *Und ich vernichte die Weisen aus Edom und die Einsicht aus dem Gebirge Esaus.* Und es heißt (Jer 49,7): *Gibt es keine Weisheit mehr in Teman? Der Rat ist den Einsichtigen verlorengegangen, ihre Weisheit ist verdorben.*

(Ebb) Was heißt (Prov 3,35): *tragen Schande?* Daß sie als ihren Anteil Schande davontragen werden, weil sie zuletzt ins Feuer kommen. Und «Schande» heißt nichts anderes als Feuerbrand, wie es heißt (Jer 29,22): *... die geröstet hat der König von Babel im Feuer,* und es heißt (Lev 2,14): *Ähren, geröstet im Feuer,* und desgleichen (Ob 1,18): *und das Haus Josef eine Flamme ...,* und es heißt (Dan 7,11): *ich sah, daß das Tier getötet wurde und sein Körper vernichtet und dem Feuerbrand übergeben.*

(Ebc) Das bedeutet: *Toren aber tragen Schande davon."*

5.2. Zum Text

Literarisch handelt es sich bei BemR XI,1 um eine meisterhafte Komposition. Als Gerüst dient eine Einzel-Ausdeutung von Prov 3,31–35, die der

Pešär-Methode sehr nahe kommt. In diese Grundstruktur wird ein ganzes Florilegium einschlägiger (das heißt auf Edom bezogener) Schriftstellen mit ihren Deutungen eingeflochten. Dabei erfüllen Verse (1,10. 15. 8. 18) aus dem Obadja-Büchlein, das ja als ganzes der Polemik gegen ‚Edom' diente,[15] eine tragende Funktion. Der Bezug auf Esau wird in (Aa) unverzüglich mittels Gen 25,27 hergestellt, wo er als Jagdexperte etikettiert wird, was man durchwegs negativ verstand, entsprechend Gen 27,39f. als einen, der von seiner Waffe lebt. Und in geradezu dramatisch dichter Folge danach Ob 10, die heilsgeschichtstheologisch relevante Konkretisierung dieser Gewalttätigkeit ‚Esaus' als eine gegen ‚Jakob'/Israel gerichtete. Nach dieser gerafften Definition der heilsgeschichtlichen Konfrontation schließt Teil (Abc) mit im Grunde derselben anti-revolutionären Maxime, die im Text zuvor vermerkt werden konnte: Israel soll Esau gerade nicht nacheifern, ihn um seine Macht und sein Wohlergehen nicht beneiden, ihn nicht nachahmen, sondern auf das heilsgeschichtliche Ende achten. Dieses wird in den Teilen (B–C) beschrieben, wobei einschlägige Maleachi-Stellen zugrunde gelegt werden. Das Stück (D) greift gewissermaßen zurück auf einen besonderen Zug im Verhalten der ‚Edomiter', nämlich ihren Spott über die Ohnmacht und das Leid Israels als einem evidenten Widerspruch zum Erwählungsanspruch. Auch dieser Spott soll seine endzeitliche Ahndung finden, und zugleich erreicht Israel sein Heilsziel. Das letzte Stück (E) stellt die Weisheit Israels, die Torah, der Weisheit der Edomiter entgegen und verbindet diesen Gegensatz mit dem konkurrierenden Herrschaftsanspruch. Die eschatologische Auflösung des Antagonismus trägt deutlich ‚apokalyptisches' Kolorit, durch die Verwendung von Daniel-Passagen unterstrichen, wobei die letzte (Dan 7,11) den Untergang Roms als des vierten Weltreiches Daniels markiert. Womit abschließend die Weisheit der Edomiter nochmals – und zwar endgültig – disqualifiziert wird: Die Edomiter gehen als Toren unter.

6. Schlußbemerkungen

Was anhand der Verse 1, 7 und 8 illustriert werden konnte, wäre auch anhand anderer Teile des Psalms 37 möglich. Auch wenn die individuelle Theodizeeproblematik und die moralisierende Ausdeutung einen breiten Platz einnimmt, was auch für die altkirchliche Auslegung kennzeichnend ist, kommt bei geeigneten Versen die heilsgeschichtstheologische Linie doch zum Zug. Im Mittelalter freilich tritt, der Akzentverschiebung auf die

---

15 Siehe in diesem Band: „‚Siehe, ich mach(t)e dich klein unter den Völkern …'. Zum rabbinischen Assoziationshorizont von Obadja 2" (siehe oben S. 343–355).

Bedeutung des Individuums entsprechend, in den Kommentaren die erste Linie stärker in den Vordergrund. In der kabbalistischen Interpretation bleiben allerdings dank der Sefirot-Symbolistik und der Bedeutung des Frommen (Kabbalisten) für die Wechselwirkungen zwischen ‚Oben' und ‚Unten' beide Linien der Ausdeutung gleichermaßen relevant.

Blickt man auf die Ausdeutung des Ps 37 im *Pešär* aus 4Q zurück, so zeigt sich sehr deutlich eine veränderte Situation. Die *Pešär*-Deutung aus 4Q erfolgt ganz im begrenzten Horizont der innerjüdischen Gruppengeschichte, orientiert sich stärker am internen Kampf, was sicher nicht heißt, daß eine gesamtgeschichtliche Perspektive fehlte. Für das rabbinische und mittelalterliche Judentum jedoch hat sich der Horizont erweitert, und somit dominiert die gesamtgeschichtliche, eschatologische Deutungsmöglichkeit, weil man alles von der Konfrontation Jakob – Esau/Edom (bzw. Israel/Rom) her versteht und dazu Rom als viertes, letztes Weltreich im Sinne der Vierreiche-Vorstellung Daniels begreift. Die geläufige Aussage, das rabbinische Judentum sei anti-apokalyptisch eingestellt gewesen, trifft nur einen Teilaspekt, nicht das Geschichtsbild im Grundsätzlichen. Der Teilaspekt besteht in der Frage der Opportunität einer akut eschatologischen Deutung der jeweiligen Gegenwart, also in der Terminfrage, und im Fall einer akuten Endzeiterwartung bekam auch die literarische Produktion oder Revision von ‚Apokalypsen' erneut Auftrieb.[16] Sie stellte sich den Verantwortlichen in den jüdischen Gemeinden im Fall jeder neuen Termindiskussion wegen der unausweichlichen praktischen Konsequenzen einer solchen Ankündigung des endgültigen Machtwechsels. Die pragmatische rabbinische Lösung, der Verzicht auf den revolutionären Messianismus bei ungebrochener Zukunftshoffnung auf Gottes endgültiges Eingreifen, vermochte aber das Problem nicht zu lösen, sondern jeweils nur zu verschieben, nicht ohne teilweise tiefreichende Differenzen im eigenen Lager über die damit verbundene bedrängende Frage, ob man etwa den Kairos des Heils durch eigenes Zögern versäume oder gerade versäumt habe.[17] Die ‚messianische' Hoffnung wirkte

---

16 J. MAIER, Jüdische Apokalyptik im Mittelalter, in: W. VÖGELE – R. SCHENK (Hg.), Apokalypse. Vortragsreihe zum Ende des Jahrtausends, Loccum (Loccumer Protokolle 31/99) 2000, 247–288.

17 Siehe A. H. SILVER, A History of Messianic Speculation in Israel, New York 1927 (Boston 1959²); Z. BARAS (ed.), Messianism and Eschatology. A Collection of Essays (hebr.), Jerusalem 1983; Y. LIEBES, Studies in Jewish Myth and Messianism, transl. by B. STEIN, New York 1992; M. SAPERSTEIN (ed.), Essential Papers on Messianic Movements and Personalities in Jewish History, New York 1992; J. J. COLLINS (ed.), The Encyclopedia of Apocalypticism, New York 1998; A. I. BAUMGARTEN (ed.), Apocalyptic Time, Leiden (Numen Book Series 86) 2000; D.-Y. ARIEL etc. (eds.), Milchämät Gôg û-Magôg, Tel Aviv 2001; E. BRUGGER – M. KEIL (Hg.), Die Wehen des Messias. Zeitenwenden in der jüdischen Geschichte, Berlin 2001.

als Leitbild allgemein als zukunftsweisend und gemeinschaftserhaltend, animierte auch zu innovativer Dynamik.[18] Der Versuch der Realisierung im Rahmen messianischer Bewegungen bewirkte hingegen Enttäuschungen und Gefährdungen und im Fall machtpolitisch scheinbar günstiger Verhältnisse die Versuchung zu gewaltsamer Durchsetzung der vermeintlichen Theokratie. Dieses Problem stellte sich nicht nur den Juden immer wieder erneut.[19]

---

18 A. B. SELIGMAN (ed.), Order and Transcendence. The Role of Utopias and the Dynamics of Civilizations, Leiden 1989.

19 W. SOMMER (Hg.), Zeitenwende – Zeitenende. Beiträge zur Apokalyptik und Eschatologie, Stuttgart (Theologische Akzente 2) 1997; R. A. LANDES (ed.), Encyclopedia of Millennialism and Millennial Movements, New York 2000; C. R. KOESTER, Revelation and the End of all Things, Grand Rapids 2001; M. DELGADO – K. KOCH – E. MARSCH (Hg.), Europa, Tausendjähriges Reich und Neue Welt. Zwei Jahrtausende Geschichte und Utopie in der Rezeption des Danielbuches, Freiburg/Schweiz – Stuttgart 2003.

§ 18

Die Feinde Gottes

Auslegungsgeschichtliche Beobachtungen zu Ps 139,21–22

1. Empfindung oder Aktion – passives und aktives Verhalten

Ps 139,21f. lautet im überlieferten Bibeltext: (21) *Soll ich nicht hassen, Herr, die dich hassen, deine Gegner (tqwmmjk) nicht verabscheuen [oder: befehden] (`tqwṭṭ)? (22) Ich hasse sie mit tiefstem Haß, zu Feinden (`wjbjm) sind sie mir geworden!*

Das hapax legomenon *tqwmmjk* ist problematisch, und daher wurde vorgeschlagen, *m* für *t* zu lesen, zumal *wbmtqwwmjk* und *wmtqwmmjk* als handschriftliche Textvarianten belegt sind. Die Auslegungstradition bezeugt in der Tat bis auf Ausnahmen durchwegs das Verständnis „Gegner", „Widersacher" bzw. „Feinde", und auch die Septuaginta verwendete hier beide Male *echthroi* (Feinde). Nun liegt aus Qumran mit 11Q5 XX,13 eine weitere Variante vor, nämlich *wmmtqwmmjk*, was so keinen Sinn ergibt und wohl darauf zurückzuführen ist, daß der Kopist zunächst einen Text mit einem Verb im Sinn hatte, das mit *min* konstruiert wird, nach einem Wort aber den Fehler erkannte, das irrtümlich geschriebene Wort ausradierte und den Vers korrekt beendete.[1] Somit geht die verderbte masoretische Lesart auf eine alte Unsicherheit in bezug auf *m/b* zurück.

Das zweite Verb (`tqwṭṭ) im hebräischen Text von Ps 139,21 läßt die Annahme von zwei Verhaltensweisen gegenüber den Feinden Gottes zu, eine eher passive und eine aktiv-offensive. Sprachlich und sachlich am nächsten kommt dieser Passage im Psalter selbst Ps 119,158: *Habe ich Abtrünnige gesehen, w`tqwṭṭh – so empfinde ich Abscheu [oder: will ich streiten], da sie dein Wort nicht eingehalten haben.* Die Septuaginta-Übersetzer verwendeten in beiden Passagen für das zweideutige hebräische Verb *ektēkein*, „schmelzen lassen", „schmelzen", „dahinschwinden". Das hat zwar transitiv eine konkrete, recht drastische Bedeutung, aber häufiger eine metaphorische, die einer psychologisierenden Deutung entgegenkommt.

---

1   J. A. SANDERS, The Psalms Scroll of Qumran Cave XI (11QPsᵃ), Oxford (DJD IV) 1965, 41 und dazu pl. xiii.

Das (ziemlich späte) Targum, die aramäische Übersetzung, übertrug in Ps 139,21 ˀtqwṭṭ mit mgrg, „hadern", in Ps 119,158 ˀtqwṭṭh mit ˀdjnjt, „führe ich Streit"[2]. Hieronymus folgte für Ps 138(139),21 im Unterschied zur späteren Vulgata einer ähnlichen Auffassung und formulierte: *Nonne odientes te, Domine, odiui? Et contra aversarios tuos stabam* (Varianten: *resistebam* und ähnlich)? Aber für Ps 119(118),158 entschied er sich anders: *Vidi praevaricatores tuos et maerebam.*[3]

Es waren also zwei Auffassungen möglich. Die eine hatte die Bedeutung einer Nebenform der Wurzel qwç (verabscheuen) bzw. ihre aramäische Entsprechung im Auge, die andere das Verb qwṭṭ (streiten mit, befehden), was für diese Psalmpassagen eine aktivere und militantere Haltung voraussetzt. In jedem Fall aber gilt als selbstverständlich, daß man haßt, was Gott zuwider ist, wie es Prov 8,13 formuliert: *Furcht des JHWH heißt Hassen von Bösem; Hoffart, Überhebung, bösen Wandel und trügerische Rede hasse ich;* und mit dem positiven Gegenstück Ps 119,163: *Lüge hasse ich und will ich verabscheuen (ˀtˁbh), Deine Torah liebe ich,* bzw. Ps 119,104: *Aus deinen Befehlen gewinne ich Einsicht, darum hasse ich alle Pfade der Lüge.*

Aber es geht nicht bloß um Sachverhalte, sondern auch um die Personen, die sie repräsentieren. Daher zum Beispiel schon Ps 26,5: *Verhaßt ist mir eine Versammlung von Übeltätern, ich sitze nicht bei Frevlern!* In diesem Zusammenhang ist im Blick auf die spätere Geschichte des Haß-Motivs eine Figur hervorzuheben, die als Zwillingsbruder Jakobs, welcher ‚Israel' repräsentiert, den Erzrivalen Israels darstellt, nämlich Esau als Ahnvater Edoms. Edom galt in der exilisch-nachexilischen Periode als naher Hauptfeind, aber da die Edomiter durch den Hasmonäerfürsten Johannes Hyrkan (135–105 v. Chr.) zwangsweise ins Judentum integriert wurden, war der genealogisch so prominente Platz für eine neue Identifizierung frei, und seit dem 1. Jahrhundert n. Chr. galt die Weltmacht Rom als ‚Edom', repräsentiert durch Esau. Und von Esau heißt es Mal 1,3: *Esau aber hasse ich.* Und Esau selbst galt als Typus des grollenden und hassenden Bruders schlechthin, in seinem Haß nur übertroffen von der Figur seines Nachkommen Amalek, durch die Jahrhunderte hindurch Repräsentant des jeweils schlimmsten Feindes Israels. Wie das Martyrium im Leben des einzelnen ist die Konfrontation mit der gottfeindlichen Weltmacht für Israel als Ganzes der Extremfall im Konflikt mit der Umwelt und engstens mit eschatologischen Vorstellungen verbunden: Wenn das letzte, das vierte Weltreich des Danielbuches fällt, können

2 Abgesehen vom üblichen Text auch L. DIEZ MERINO, Targum de Salmos, Madrid 1982, 318 und 175.
3 TH. AYUSO MARAZUELA, Psalterium S. Hieronymi de Hebraica veritate interpretatum = Biblia Polyglotta Matritensia, series VIII, Madrid (Vulgata Hispana 21) 1960, 288 und 274.

die messianische Zeit und die Gottesherrschaft einsetzen. Die kriegerische Konfrontation ist Teil des endzeitlichen Dramas, denn es ist die Aufgabe des davidischen Gesalbten, ‚die Kriege des Herrn' zu führen und die Feinde Gottes und Israels zu bezwingen.[4] Der Krieg hat daher im Rahmen der religiösen Vorstellungen und Normen auch seinen legitimen Platz, auch wenn die Möglichkeiten zur Kriegführung infolge der machtpolitischen Verhältnisse auf wenige Perioden der jüdischen Geschichte beschränkt waren. Diese Aspekte sollen aber hier ausgeklammert bleiben.[5]

2. Qumrantexte

Das Thema Feindeshaß hat im Zusammenhang mit bestimmten Qumrantexten wegen Mt 5,43 besondere Aufmerksamkeit gefunden:[6] *Ihr habt gehört, daß gesagt ist: Du sollst deinen Nächsten lieben und deinen Feind hassen.* Diese Gegenüberstellung entspricht nicht der von Ps 139,21f. und braucht daher hier nicht weiter erörtert zu werden. Hingegen belegt im Neuen Testament die Apokalypse des Johannes gegen Ende des Sendschreibens an Ephesus (2,6) ein entsprechendes Denkschema, nunmehr in christlicher Anwendung gegen Dissidenten: *Aber das hast du (zugute), daß du die Werke der Nikolaiten haßt, die auch ich hasse …*

Es gibt in den Qumrantexten zahlreiche Passagen über innerjüdische Feinde, und dabei scheinen zunächst vor allem innerpriesterliche Kontroversen als Vorstufen für erweiterte Frontstellungen gedient zu haben. Allein die Zugehörigkeit zur Priesterkaste, die mit genealogischen Mitteln definiert wurde, gab von früh an Anlaß zu Auseinandersetzungen. Es ist im Zusammenhang mit Priestergenealogien, daß das Motiv auftaucht, Gott hasse konkrete Personen bzw. Personengruppen:

CD II,13–15: „(11) Und in ihnen allen ließ Er für sich antreten namentlich Berufene, um einen Rest zu lassen für das Land, den Weltkreis zu füllen

---

4   J. MAIER, Jüdische Apokalyptik im Mittelalter: W. VÖGELE – R. SCHENK (Hg.), Apokalypse. Vortragsreihe zum Ende des Jahrtausends, Loccum (Loccumer Protokolle 31/99) 2000, 247/288.

5   Quellenmaterial dazu siehe bei J. MAIER, Kriegsrecht und Friedensordnung in jüdischer Tradition, Stuttgart (ThFr 14) 2000.

6   Siehe die Kommentare zu Mt 5,43 und zuletzt Th. SÖDING, Feindeshaß und Bruderliebe. Beobachtungen zur essenischen Ethik, RdQ 16, 1995, 601–619; M. BROSHI, Hatred – An Essene Religious Principle and its Christian Consequences, in: B. KOLLMANN – W. REINBOLD – A. STEUDEL (Hg.), Antikes Judentum und Frühes Christentum. Festschrift für Hartmut Stegemann, Berlin/New York (BZNW 97) 1999, 245–252.

mit ihrer Nachkommenschaft. Und er gab ihnen Wissen durch die Gesalbten seines heiligen Geistes und die Seher (13) von Wahrheit, und sie haben in einer ausführlichen Darlegung ihre Namen niedergelegt; doch wen er haßt, hat er irregeführt."

Was Gott liebt und was er haßt, ist etwas, was in erster Linie das Kultpersonal zu wissen hat, jedenfalls laut 4Q418 Frg. 81,2:

> „(1) deine Lippen hat Er geöffnet als Quelle, Heilige zu segnen,
> und du, als ewige Quelle, lobsinge .[....].
> Er hat dich abgesondert von jedem (2) Fleisch-Geist,
> und du sondere dich ab von allem, was Er haßt,
> und enthalte dich von allen Abscheulichkeiten."

Sobald aber in bezug auf gewisse Sachfragen keine Einigkeit mehr darüber besteht, was Gott liebt und haßt, und bereits vorhandene Spannungen bzw. Machtkämpfe durch solche Qualifikationen motiviert werden, ist die Verwendung weiterer Gegensatzpaare vorprogrammiert, was eine dualistische Färbung der Polemik bewirkt. Denn natürlich ist das, was Gott liebt, Wahrheit, und was er haßt, demgegenüber Lüge, und Licht und Finsternis sind ebenfalls beliebte Metaphern zur Kennzeichnung dieses profunden Gegensatzes.

Ein solch innerpriesterlicher Konflikt wurde zum innerisraelitischen Konflikt, sobald Laien als Anhängerschaft der Streitparteien mobilisiert waren und Partei ergriffen und folglich eine Spaltung Israels eintrat, eine Situation, die in der sogenannten Damaskusschrift Kol. VIII (mit einer Textparalllele in CD XIX,17–32) so beschrieben wird.

> „Weil sie nicht abgewichen sind von einem Weg von (5) Verrätern und sich befleckt haben auf Wegen von Dirnen und durch Frevelbesitz und (durch) Rächen und Grollen, ein (6) jeder gegenüber seinem Bruder, und (mit) Hassen, ein jeder seinen Nächsten, und sie sich verleugnet haben ein jeder gegenüber seiner leiblichen Verwandtschaft (7) und zu Schandbarem herantraten, sich stark machten für Besitz und Profit, und ein jeder tat, was ihm recht dünkte in seinen Augen, (8) und ein jeder die Verstocktheit seines Herzens vorzog.

> Und sie haben sich nicht zurückgehalten vom Volk, sondern arteten mit Vorsatz aus, (9) um dahinzugehen auf einem Frevlerweg, sie, über die Gott zu ihnen gesagt hatte (Dt 32,33): *Drachengeifer ist ihr Wein* (10) *und grausames Viperngift*. Die *Drachen* – sie sind die Könige der Völker, und *ihr Wein* – das sind (11) ihre Wege, und das *Viperngift* – das ist das Haupt der Könige Jawans (Griechenlands), das einherkommt, um zu vollstrecken (12) Rache an ihnen.

> Aber alles das haben nicht eingesehen die ‚Erbauer der Trennwand‘ und ‚Tüncheschmierer‘ (Ez 13,10), denn (13) ein ‚Windwäger‘ und ‚Lügenpredi-

ger' (vgl. Mi 2,11) predigte ihnen, so daß Gottes Zorn gegen seine ganze Gemeinde entbrannt ist.

(14) Und wenn Mose gesagt hat (Dt 9,5): *Nicht um deiner Gerechtigkeit und um der Aufrichtigkeit deines Herzens willen kommst du dazu, zu vertreiben* (15) *diese Völker,* sondern (Dt 7,8): *aus Seiner Liebe zu deinen Vätern und wegen Seiner Einhaltung des Schwures,* (16) so ist auch das Urteil über Israels Büßer: Sie sind abgewichen vom Weg des Volkes dank der Liebe Gottes (17) zu den Alten, die nach Ihm Liebe geweckt hatten bei denen, die nach ihnen kommen, denn ihnen gilt (18) der Bund der Väter. Aber da Er die Trennwandbauer haßt, ist sein Zorn entbrannt."

In poetischen Texten tauchen wiederholt Formulierungen auf, die zwar allgemein gehalten sind, aber leicht auf die jeweilige aktuelle Situation bezogen werden konnten.

1QH IV,24:

„[-- w]andeln in allem, was Du liebst,
    und zu verwerfen alles, was [Du] haßt,
    [und zu tun,] was gut ist in Deinen Augen."

1QH VI,9–11:

„(9) [--] sich zusammenzunehmen gegenüber Mach[enschaften] von
    Frevel
und zu benedeien (10) [.. ....
...........w]as Du liebst,
    und zu verabscheuen, was (11) [Du haßt.
...............]. eines Mannes,
    denn gemäß Geistern (richtet sich) ihr [Los],
ob (12) ein Guter oder ein Frevler,
    [................]... ihr Werk.«

1QH VI,24–25:

„Du bist erhab]en und groß (24) [und reich an Erbarm]en,
    der Vergehen vergibt
    und Verschuldung von Frevlern heimsucht
[..........] in Willigkeit
(25) [........] und Du haßt Unrecht auf immer."

Eine deterministische und dualistische Färbung, aber gleichzeitig verbunden mit dem Vorwurf einer falschen Entscheidung, kennzeichnet das polemische Stück 1QH VII,17–19:

„Doch Frevler schufst Du für die Z[eit] Deiner [Zornglut],
    und von Muttlerleib an *hast Du sie geweiht*
    für (den) Schlachttag (vgl. Jer 12,3),
(18) denn sie beschritten *einen Weg, der nicht gut ist* (vgl. Jes 65,2),

sie verachteten Dei[nen Bund,
und] Deine [Wahrheit] verabscheute ihre Seele.
Sie fanden kein Gefallen an all dem,
    was Du (19) befohlen,
    und erwählten sich, was Du haßt."

Geradezu katechismusartig listen gewisse Texte in diesem Sinne auf, was man als Frommer auf sich nehmen soll. So 1QS I,4–10:

„Zu lieben alles, (4) was Er erwählt hat,
    und zu hassen alles, was Er verworfen,
sich fernzuhalten von allem Bösen,
    (5) anzuhangen allen Werken des Guten
    und zu üben Treue, Gerechtigkeit und Recht (6) im Lande.
Nicht mehr zu wandeln in Verstocktheit des Herzens,
    in Schuld und (mit) Augen der Unzucht,
    (7) um lauter Böses zu tun.
Herbeizubringen alle die Willigen,
    auszuführen die Vorschriften Gottes (8) im Gnadenbund,
um sich zu vereinen in Gottes Rat
    und vor Ihm vollkommen zu wandeln (nach) allem (9) Offenbaren
    gemäß den Zeiten ihrer Bezeugungen.
Zu lieben alle Licht-Söhne,
    jeden (10) nach seinem Los in Gottes Rat,
und zu hassen alle Finsternis-Söhne,
    jeden nach seiner Schuld (11) in Gottes Rache."

Innerhalb der Gemeinschaft werden Liebe und Haß im Umgang miteinander nicht nur grundsätzlich thematisiert, sie haben eine rechtlich-soziale Bedeutung.

1QS IX,12–16 (vgl. 4Q258/4QSd Frg. 2 iii,1–6)
„(12) Dies sind die Vorschriften für den Maskîl:
Um nach ihnen zu verfahren mit allem, was lebt,
    gemäß der Ordnung jeder einzelnen Zeitperiode
    und gemäß der Gewichtigkeit jedes einzelnen Mannes,
(13) um auszuführen Gottes Willen
    gemäß allem Offenbaren für jede einzelne Zeitperiode
und um zu lernen alle Verstandeserkenntnis,
    die sich einfindet gemäß den Zeitperioden,
    und die (14) Vorschrift der Zeitperiode.
Um abzusondern und einzuschätzen Söhne der Gerechtigkeit
entsprechend ihren Geistern,
    und um an den Erwählten der Zeitperiode festzuhalten

gemäß (15) Seinem Willen, wie Er es befohlen,
und jedem entsprechend seinem Geist sein Urteil zu fällen
und jeden entsprechend der Reinheit seiner Hände nahe zu bringen,
und entsprechend seinem Verstand (16) ihn herantreten zu lassen,
und zwar seine Liebe wie seinen Haß."

Den Mit-Israeliten und den Angehörigen der eigenen Gruppe vor einem Vergehen zu warnen und zu bewahren gehört zur geforderten Nächstenliebe. Daher die gesetzliche Verpflichtung zur Verwarnung des Nächsten,[7] der nicht als Feind behandelt werden soll, wie 1QS V,26 es formuliert: „Er rede nicht zu ihm in Zorn oder mit Vorwurf (26) oder in Hals[starrigkeit oder in einem Eifer von] Frevel-Geist, und nicht soll er ihn hassen [........]L[..] seines Herzens, sondern am [selben] Tag (noch) soll er ihn zurechtweisen und nicht ...". Oder als Vorwurf an die Gegner im oben zitierten Stück aus der Damaskusschrift (CD VIII,5–6 par. CD XIX,18), daß sie sich nicht daran halten.

Im Gegensatz dazu haben Gegner Gottes keinen Anspruch auf diese Verwarnung, sie sollen Gottes Vergeltung anheimfallen, ihnen gilt Haß:

1QS IX,16 „Nicht zurechtzuweisen und nicht zu streiten mit Männern des Verderbens (17) und verborgen zu halten den Ratschluß der Torah unter Männern des Unrechts. Aber aufzuweisen wahre Erkenntnis und gerechtes Recht den (18) Weg-Erwählenden, jeden gemäß seinem Geist nach der Rangordnung der Zeit sie zu leit[en] in Kenntnis und desgleichen sie zu unterweisen in Mysterien von Wunderbarkeit und Wahrheit inmitten (19) der Männer der Einung, vollkommen umzugehen ein jeder mit seinem Nächsten in allem, was ihnen geoffenbart ist. – Das ist die Zeit der Wegbereitung (20) zur Wüste! – Um sie zu unterrichten alles, was sich zu praktizieren ergibt in dieser Zeit, und absondern von jedermann, der ferngehalten hat seinen Wandel (21) von jeglichem Unrecht. Und das sind die Bestimmungen des Weges für den Unterweiser in diesen Zeiten hinsichtlich seiner Liebe mit seinem Haß: Ewiger Haß (22) gegenüber Verderbens-Männern, in verhehlendem Geist, um ihnen Besitz zu überlassen und Arbeitsertrag, wie ein Knecht dem, der über ihn gebietet, und der Demut (erweist) vor dem, (23) der über ihn herrscht. Und daß jeder mit Eifer bedacht sei auf die Vorschrift und ihre Zeit, auf (den) Rachetag, um Wohlgefallen zu erwirken mit allem Werk (der) Hände (24) und in all seinem Verfügungsbereich, so wie Er es befohlen hat."

---

7   Y. AMITAL, Rebuking a Fellow Jew. Theory and Practice, in: J. J. SCHACTER (ed.), Jewish Tradition and the Non-Traditional Jew, Northvale 1992, 119–138. Für Qumran siehe zuletzt B. NITZAN, The Laws of Reproof in *4QBerakhot* (4Q286–290) in Light of their Parallels in the *Damascus Covenant* and Other Texts from Qumran, in: M. J. BERNSTEIN – F. GARCÍA MARTÍNEZ – J. KAMPEN (eds.), Legal Texts and Legal Issues, Leiden (StTDJ 23) 1997, 149–165.

Der Abtrünnige als Verächter des Gotteswillens und der Bundesverpflichtungen ist selbstverständlich ‚Feind Gottes', an dem sich die Bundesflüche (Lev 26; Dt 27–28) erfüllen. Aus der Polemik in manchen Qumranschriften geht hervor, daß dieselbe Bewertung auf abtrünnige Mitglieder der Gruppe übertragen wurde, die sich in der innerjüdischen Konfrontation als das eigentliche, bundestreue Israel darstellte.[8] Dementsprechend gab es nicht nur im Rahmen von Bundeserneuerungs-Zeremonien (1QS I–III,12) die gattungsüblichen Segens- und Fluchformeln, sondern auch im Fall eines endgültigen Ausschlusses aus der Gemeinschaft war eine Verfluchungszeremonie vorgesehen.

Wie in dem bereits zitierten Stück aus 1QS I (Zeile 10–11) wird also vorausgesetzt, daß der Fromme sehr wohl auch konkret gegen die Feinde Gottes vorgehen soll, aber als Vollstrecker der göttlichen Vergeltung, deren Zeitpunkt in Gottes Ermessen steht.

In Anbetracht der akuten Enderwartung war es keine übergroße Zumutung, bis dahin Zurückhaltung zu fordern. Man hat nach der Qumran-Chronologie damit gerechnet, daß 490 Jahre nach der Zerstörung des ersten Tempels (im Jahr 3430 der Schöpfung, das heißt 586 v. Chr.) die erste Endzeitperiode beginnt, also etwa 98 v. Chr. Das ist nach Hen 90,19 die achte Periode zu 490 Jahren, die „Periode des Schwertes", in der auch ein neuer Tempel errichtet werden soll. Kein Wunder, daß mit dieser neuen Periode die militärischen Überlieferungen für die eschatologische Situation adaptiert eine besondere Bedeutung erhielten, wie die Kriegsrolle 1QM und die Reste verwandter Schriften zeigen. Nun sind die äußeren wie inneren Feinde als Hasser Gottes gleichermaßen Objekt der Vergeltung. Der endzeitliche Kampf richtet sich gegen die feindlichen Völker und gegen die „Frevler am Bunde", und er vollzieht sich synchron mit einem Kampf der Mächte des Lichts und der Finsternis auch im übermenschlichen Bereich.

Diese Konstellation ist systembedingt und insofern nicht eine sektiererische Eigenart, sie tritt auch später in apokalyptischen Darstellungen der endzeitlichen Auseinandersetzungen in Erscheinung. Der Kampf gegen die fremden Mächte ist nämlich nicht zuletzt zugleich ein Kampf gegen deren Götzen. Die Haltung gegenüber Götzendienst und Götzendiener war im Judentum prinzipiell kompromißlos, und soweit innere Gegner als Abtrünnige diesen Feinden Gottes zuzurechnen waren, galt ihnen mindestens dasselbe, in der Regel sogar ein noch größeres Maß an Feindschaft. Der Sachverhalt, der in Ps 139,21f. angesprochen wird, war im Rahmen der

---

8   G. FORKMAN, The Limits of Religious Community. Expulsion from the religious community within the Qumran Sect, within Rabbinic Judaism and within primitive Christianity, Lund 1972.

internen Auseinandersetzung zur Zeit des Zweiten Tempels also aus innen-
wie außenpolitischen Gründen hochaktuell. Und das nicht, weil man sich
an diesem Psalmwort diesbezüglich orientiert hätte; die einschlägigen
Passagen enthalten weder Zitate noch Anspielungen darauf. Das Schriftwort rückte erst nach 70 n. Chr. in solchen Zusammenhängen in den Vordergrund, als Folge einer zunehmenden Bedeutung der ‚Heiligen Schriften‘
während der Zeit zwischen ca. 150 v. Chr. bis 150 n. Chr.

3. Rabbinische Traditionen

3.1 Innere Feinde

Die talmudische Literatur verwendete Ps 139,21f. zumeist im Kontext der
Polemik gegen innerjüdische Gegner. Die Rabbinen waren bestrebt, die
volle Kontrolle über die autoritative Tradition auszuüben, und versuchten
auch die liturgische Verwendung von Schriftexemplaren auf Schriftrollen
zu beschränken, die aus der eigenen Produktion stammten und nach bestimmten Schreibvorschriften angefertigt waren. Schriftrollen aus der Hand
nicht rabbinisch orientierter Juden sollten dem Gebrauch entzogen werden,
solche der *mînîm* sollte man im Fall eines Brandes verbrennen lassen oder
überhaupt verbrennen, sobald man ihrer habhaft wird. Diese *mînîm* waren
offensichtlich Juden, allerdings mit synkretistischen Neigungen, einem
Nahverhältnis zur römischen Weltmacht, und einer aggressiven und spötti-
schen Haltung gegenüber den Rabbinen. Dementsprechend schroff waren
die rabbinischen Reaktionen. Sie fanden unter anderem ihren Ausdruck im
Zusammenhang mit der gesetzlichen Frage in mShab XVI,1, was man am
Sabbat vor dem Verbrennen retten darf, ohne gegen die gebotene Arbeits-
ruhe zu verstoßen. Dabei erweitert sich die Diskussion auf die korrekte
Behandlung von Schriftexemplaren, die nicht oder (wegen Schäden) nicht
mehr für die liturgische Lesung zulässig sind, und schließlich kommt
überhaupt die Frage auf, wie man mit Schriftexemplaren aus nichtrabbini-
scher Hand umgehen soll.[9]

Die Tosefta enthält in tShab XIII,1–6 und in tYad II,13 über die Mischna
hinaus in XIII,5 einen kurzen Passus über Schriftexemplare (Einzelfolien
wie Schriftrollen) von *mînîm* und spricht solchen Exemplaren die Fähigkeit
(den Heiligkeitsgrad) zur rituellen Verunreinigung der Hände ab. In tShab
XIII,5 befindet dazu eine sehr polemische Passage:

---

9   Dazu siehe J. MAIER, Jüdische Auseinandersetzung mit dem Christentum in der
    Antike, Darmstadt (EdF 177) 1982, 21–113.

„Die Einzelfolien und Schriftrollen der *mînîm* rettet man nicht aus dem Brand, sondern läßt sie an ihrem Ort samt ihren Gottesnamen verbrennen. R. Jose ha-Galili hat gesagt: Am Werktag schneidet man die Gottesnamen heraus und deponiert sie rituell, den Rest läßt man verbrennen.

Und R. Tarfon sagte: Meine Söhne will ich einbüßen, wenn ich für den Fall, daß sie mir in die Hände geraten, nicht verbrenne, sie und ihre Gottesnamen zusammen! Verfolgt mich ein Verfolger, würde ich zwar das Haus eines Fremdkultes betreten, aber nicht ihre (der *mînîm*) Häuser, denn die Götzendiener kennen ihn (Gott) nicht und leugnen ihn, jene aber kennen ihn und leugnen ihn. ...

Es sagte R. Jišmaʿel: Wenn Gott, um Frieden zwischen einem Mann und einer Frau zu stiften, gesagt hat: ‚Mein Name, der in Heiligkeit geschrieben worden ist, soll in dem Wasser getilgt werden' (vgl. Num 5,23), so gilt in bezug auf die Schriftrollen der *mînîm*, die Feindschaft und Eifer und Neid zwischen Israeliten und ihrem Vater im Himmel stiften, um so mehr, daß sie ausgetilgt werden samt ihren Gottesnamen. Und über sie sagt die Schrift (Ps 139,21f.): *Soll ich nicht hassen, Herr, die dich hassen, nicht verabscheuen/befehden deine Gegner? (22) Ich hasse sie mit tiefstem Haß, zu Feinden sind sie mir geworden!"*

Der palästinische Talmud enthält eine Variante der Passage in yShab XVI,1–2/15b, der babylonische Talmud eine umfangreichere Ausarbeitung in bShab 116a.

Im letzten Abschnitt von ARN XVI begegnet die folgende aufschlußreiche Aussage zum Menschenhaß als einem Faktor, der den Menschen aus der Welt bringt: „Wie das? Das lehrt, daß ein Mensch nicht sagen soll: Liebe die Weisen und hasse die Schüler, liebe die Schüler und hasse die ʿammê ha-ʾaräç (rabbinisch Ungebildeten),[10] vielmehr: Liebe sie alle und hasse die *mînîm* und die *mešûmmadîm* (Apostaten) und die *mesôrôt* (Denunzianten). Und auch David hat gesagt (Ps 139,21f.): *Soll ich nicht hassen, Herr, die dich hassen, deine*

---

10 Zum Haß dieser Bevölkerungsschicht gegen die rabbinischen Gelehrten und deren Reaktion vgl. bPes 49b: „Es wurde überliefert, R. Eliezer hat gesagt: Wären wir für sie nicht zum Handel erforderlich, würden sie uns töten. R. Chijja lehrte: Wer vor einem ʿam ha-ʾaräç Torah studiert, ist wie einer, der vor ihm seine Braut begattet, denn es heißt (Dt 33,4) ... Der Haß, mit dem die ʿammê ha-ʾaräç den (rabbinischen) Gelehrten hassen, ist größer als der Haß, mit dem der Nichtjude Israel hassen, und das gilt für ihre Frauen noch mehr als für sie selber. Es wurde gelehrt: Wer (Torah) studiert und dann aufgegeben hat, (haßt den rabbinischen Gelehrten) mehr als alle diese." Auch hier wird also der Abtrünnige der eigenen Gruppe zuletzt als gefährlicher eingestuft.

Gegner nicht verabscheuen [oder: befehden]? (22) Ich hasse sie mit tiefstem Haß, zu Feinden sind sie mir geworden!"[11]

Zu den *mînîm* treten hier noch zwei Arten von internen Feinden, die Apostaten und Denunzianten, und alle drei werden klar von den nicht rabbinisch orientierten Juden unterschieden. Letztere sind noch für die richtige Religionspraxis zu gewinnen, die ersten drei hingegen verloren, weil Feinde Gottes selbst. Eine Tradition in YalqŠim II, § 888 zu Ps 139 nennt als Objekt die ʾäppiqôrsîm, denen man die Leugnung der göttlichen Vorsehung nachsagte, die in Handschriften zur zitierten Stelle aus den Abot de-Rabbi Natan neben *mesîtîm* (Anstifter zum Götzendienst) aufscheinen. Im kleinen Talmudtraktat Semachôt II,8 (10) wird auch der *pôreš mi-darkê çibbûr* genannt, einer, der sich den Gemeinschaftsverpflichtungen entzieht; bei seinem Tod ist keine Trauer am Platz: „Ihre Brüder und Verwandten kleiden sich in Weiß und umhüllen sich mit Weiß, und sie essen und trinken und freuen sich, daß die Feinde Gottes umgekommen sind, denn es heißt (Ps 139,21f.) ...".[12]

Abtrünnige bzw. Apostaten bewirken, wie bereits erwähnt, infolge der kollektiven Erwählungsverpflichtung automatisch negative Folgen, die in den Bundesflüchen (Dt 28) Israel angedroht werden. Konsequenterweise hat man den einzelnen Abtrünnigen auch entsprechend behandelt.[13] Abgesehen von den strafrechtlichen Maßnahmen, die in allen drei monotheistischen Religionen für Abfall bzw. Rückfall als Kapitalverbrechen vorgesehen sind, aber im Judentum umständehalber meist nicht exekutiert werden konnten, handelt es sich um soziale und religiöse Distanzierungs-Demonstrationen. Obwohl auch der Apostat als Sünder Israels der Bundesverpflichtung unentrinnbar unterliegt und somit nach jüdischem Recht für verantwortlich gehalten wird, wurden über Apostaten als Akt rigoroser sozialer Distanzierung die Trauergebete rezitiert und bei seinem leiblichen Tod auf Trauerbräuche verzichtet. Auch hat man die Fluchsituation, in der sich der Frevler am Bund als Mitglied des Kollektivs ‚Israel' befindet, durch Verfluchungszeremonien individuell zugespitzt. Derartige Formeln sind schon aus den Qumrantexten bekannt und werden auch sonst voraus-

---

11 S. SCHECHTER, ʾAbôt de-Rabbî Natan, Wien 1887 (Nachdruck New York – Jerusalem 1997), 64.

12 M. HIGGER, Treatise Semahot, New York 1931 (Nachdruck Jerusalem 1970), 106.

13 H.-G. VON MUTIUS, Das Apostatenproblem im Lichte jüdischer Rechtsgutachten aus Deutschland, Frankreich und Italien vom Ende des 10. bis zum Ende des 11. Jahrhunderts, in: Vorträge zur Justizforschung, II, Darmstadt (Rechtsprechung. Veröffentlichungen des Max Planck-Instituts für Europäische Rechtsgeschichte Frankfurt am Main 7) 1993, 1–24.

gesetzt.[14] Offenbar hat man auch in Synagogengemeinden der späteren Antike etwas Derartiges praktiziert, wodurch unter anderem auch Judenchristen betroffen waren, wie aus Vorwürfen in der patristischen Literatur erschlossen werden kann.

Die bisher aufgeführten Gottesfeinde entsprechen weitgehend jenen Personen, denen in der Tradition zum Traktat mSan X der Anteil am 'ôlam ha-ba', das heißt am endgültigen Heil, abgesprochen wird. Dabei wurde die Liste der Mischna im Lauf der Zeit jeweils aktualisiert und ergänzt. Bis zu einem gewissen Grad ergeben sich dafür vergleichbare Haltungen und Maßnahmen auch in der Geschichte der Alten Kirche, soweit es darum ging, die orthodoxe Linie von abweichenden Tendenzen abzusetzen und die letzteren als Häresien zu brandmarken.[15] In der rabbinischen Literatur hat man dabei Ps 139,21f. nicht verwendet, der Sache nach lag aber eine Verknüpfung durchaus nahe, und im Mittelalter wurde diese Möglichkeit auch wahrgenommen.

Die extremste Reaktion auf nicht tolerierbare Vorfälle bzw. Situationen ist der Zelotismus. Für die Zeit vor 70 n. Chr. ist der Sachverhalt wohlbekannt und ausgiebig behandelt worden.[16] Bemerkenswert ist dabei, daß er von Anfang an mit priesterlich-levitischem Verhalten in Verbindung steht, denn als Typoi des Zelotismus gelten Levi (Gen 34, vgl. dazu Jub 30) bzw. die Leviten (Ex 32,26–29; vgl. Dt 32,8f.) und insbesondere der Priester Pinchas (Num 25), dessen genealogische Linie damit ihren hohepriesterlichen Anspruch begründete. Die Auslegungsgeschichte dieser biblischen Passagen bezeugt durch die Jahrhunderte hindurch die Aktualität dieser Rechtsauffassung, nach der es im Fall des Versagens der normalen Rechtsordnung erforderlich ist, unmittelbare Ausnahmejustiz zu üben.[17] In der talmudischen Literatur werden zum Beispiel in bSan 82b Fälle erörtert, in denen qanna'îm (Zeloten) aktiv werden. Im Mittelalter hat Mose ben Maimon

---

14 Philo, *De specialibus legibus* I §§ 54–65; *De praemiis et poenis* §§ 127–172 und vgl. das positive Gegenstück §§ 97–125; ähnlich die Gegenüberstellung von Bösen und Gerechten in den Benediktionen XII und XIII des Achtzehngebets.

15 G. N. STANTON – G. G. STROUMSA (eds.), Tolerance and Intolerance in Early Judaism and Christianity, Cambridge 1998.

16 M. HENGEL, Die Zeloten. Untersuchungen zur jüdischen Freiheitsbewegung in der Zeit von Herodes bis 70 n. Chr., Leiden (AGAJU 1) 1976².

17 H. H. COHN, Art. Extraordinary Remedies: EJ 6, 1971, 1071–1074.

abgesehen vom Kontext eines biblischen Gebots[18] in seinem Gesetzeskodex mehrmals auf diese Form von Ausnahmejustiz Bezug genommen.[19]

Der gebotene Haß betrifft unter Umständen aber auch harmlosere Übeltäter im moralischen und forensischen Sinn, hat insofern eine soziale und paränetische Funktion. Im Talmud werden zum Beispiel in bPes 113b Zahlensprüche aufgeführt, darunter über drei, die Gott liebt, und dementsprechend drei, die er haßt. Bei den letzteren handelt es sich um Personen mit tadelnswerten Verhaltensweisen: 1. Wer mit seinem Mund und in seinem Herzen unterschiedlich redet; 2. wer zugunsten seines Nächsten eine Zeugenaussage machen kann und dies nicht tut; 3. wer gegen seinen Nachbarn etwas Inkriminierendes aussagt, aber dies als einzelner tut, während das Recht zwei Zeugen verlangt. Zum letzten Fall, daß ein einzelner Augenzeuge gezwungen ist, die Tat zu verschweigen, folgt eine Erörterung darüber, ob ein solcher Zeuge den Täter hassen dürfe, auch wenn es sich um einen Israeliten handelt, weil Lev 19,17 doch ausdrücklich Haß gegenüber dem ‚Bruder' verbietet, andrerseits alle den Täter hassen dürfen, falls es mehr als einen Zeugen für sein Vergehen gibt. Und als Belegvers für die Verpflichtung, ihn zu hassen, wird Prov 8,13 angeführt: *Furcht des JHWH heißt Hassen von Bösem/eines Bösen.*

3.2 Samaritaner

Einen Grenzfall stellen die Samaritaner dar, weil sie eigentlich Israeliten sind, in nachexilischer Zeit aber infolge der Konflikte mit den aus dem Exil heimkehrenden Judäern in eine konkurrierende Gegenposition gerieten. Eine militante Stellungnahme dazu findet sich zum Beispiel in Sifre Dt § 331 zu Dt 32,41: *Ich werde Rache üben an meinen Bedrängern* – das sind die *Kûtijîm* (Samaritaner), da es heißt (Esra 4,1): *Da hörten die Bedränger Judas und Benjamins. Und meinen Hassern werde ich vergelten* – das sind die *mînîm*. Und so heißt es auch (Ps 139,21): *Soll ich nicht hassen, Herr, die dich hassen, deine Gegner nicht verabscheuen [oder: befehden]?"* (aufgenommen in YalqŠim I, § 946).

---

18 *Sefär ha-miçwôt*, Verbot Nr. 52 (Dt 7,3) in bezug auf Heirat bzw. sexuellen Umgang mit Nichtjüdinnen und unter Verweis auf Pinchas in Num 25.

19 *Mišneh Tôrah, Hilkôt 'issûrê bê'ah* XII,4–6; *Hilkôt ḥôbel û-mazzîq* VIII,10–11; *Hilkôt rôçe^aḥ* IV,10–11; vgl. Mischna-Kommentar zu Ḥullin I,2 (bezüglich çaddûqîm und mînîm).

3.3 Innere und äußere Feinde

So weit war von inneren Gegnern, also Mitjuden die Rede, denen im Sinne von Ps 119,158 offene Verachtung des Gotteswortes und somit auch eine Mißachtung des Erwählungsauftrages vorgeworfen wird, der Israel als einem Kollektiv gilt, dem sich der einzelne nicht auf Grund individueller Entscheidung entziehen kann. Die Folge der Nichterfüllung der Bundesverpflichtungen Israels ist aber das Wirksamwerden der Bundesflüche. In der so heraufbeschworenen Gefährdung Israels deckt sich die Wirkung der internen Gottesfeinde mit jener der äußeren Feinde Gottes, die Israels physische Existenz durch Gewaltanwendung in Frage stellen. Das sind in der Sicht des traditionellen Geschichtsverständnisses die Weltreiche und Weltherrscher, die in Konkurrenz zu Gott treten und Israels monotheistisches Bekenntnis als Infragestellung ihres eigenen Machtanspruches empfinden. Für die Rabbinen stellte sich die Frage, wie man sich gegenüber der damals aktuellen Weltmacht Rom zu verhalten habe, die de facto die Welt beherrscht, diese Herrschaft aber usurpiert. Ein ähnlicher Befund ergibt sich zum Beispiel auch bei Ps 37, wo in den Versen 1.7.8 das Verb *ḥrh* ebenfalls zu einer doppelten Deutung im Sinne einer Alternative Quietismus – Aktivismus Anlaß gegeben hat. Hier ist allerdings die Zuspitzung auf die römische (und später römisch-christliche) Weltmacht (‚Esau'/ ‚Edom') als dem vierten Reich des Danielbuches von vornherein beabsichtigt.[20] Für Ps 139,21f. ergab sich auslegungsgeschichtlich hingegen nur sekundär ein Bezug auf äußere Feinde Israels als Gottesfeinde.

In der *Mᵉkîlta' dᵉ-R. Yišma''el, šrt'* vi zu Ex 15,7f., wird Ps 139,21f. ohne Rücksicht auf die Bedeutung im Kontext des Psalms in eine Reihe von Belegen einschlägiger Art eingeordnet: *„Und in der Fülle deiner Erhabenheit*:

Du hast dich als überaus erhaben erwiesen gegenüber jenen, die sich gegen dich erhoben haben. Und wer sind die, welche sich gegen dich erhoben haben? – Es sind jene, die sich gegen Deine Söhne erhoben haben. Es steht hier nicht geschrieben: reißt Du nieder unsere Widersacher, sondern *reißt du nieder Deine Widersacher*. Die Schrift sagt aus, daß jeder, der sich gegen Israel erhebt, wie einer ist, der sich gegen den erhebt, der gesprochen hat, so daß die Welt entstanden ist. Und so heißt es auch (Ps 74,23): *Du sollst nicht vergessen die Stimme deiner Bedränger, das Getöse deiner Widersacher, ständig ansteigend* (Ps 83,3f.): *Denn siehe, deine Feinde, wieso toben sie gegen dein Volk, schmieden heimlich Pläne etc.* Und es steht geschrieben (Ps 139,21f.): *Soll ich nicht hassen, Herr, die dich hassen, deine Gegner nicht verabscheuen [oder: befehden]? (22) Ich hasse sie mit tiefstem Haß, zu Feinden sind*

---

20 Dazu siehe in diesem Band: „Israel und ‚Edom' in den Ausdeutungen zu Dt 2,1–8" (siehe oben S. 285–325).

sie mir geworden! Und er sagt auch (Sach 2,12): *Wer euch antastet, tastet meinen Augapfel an. ... etc."* (vgl. für das Folgende auch Sifre Num § 84 und Sifre zuta' zu Num 10,35).

Sehr viel Beachtung hat die zwölfte Benediktion bzw. *Berakah* des sogenannten Achtzehngebets (*'amîdah*) gefunden, die in Wirklichkeit eine Verwünschung darstellt, die sich gegen zwei Größen richtet, einmal gegen die *mînîm* und zum andern gegen die anmaßende Weltmacht. Diese ‚Benediktion' wird traditionell *Birkat ha-mînîm* genannt, die Schlußformel, die den Inhalt verkürzt wiedergibt, nennt aber als Objekt die *zedîm* (Anmaßenden). In der Tat handelt es sich um zwei Themen, die in einer Formel vereinigt wurden. Die Aufmerksamkeit richtete sich ziemlich einseitig auf die Frage, ob mit den *mînîm* die Christen gemeint seien, was so nicht zutreffen kann. Richtig ist hingegen, daß Judenchristen mitbetroffen sind, sobald neben *mînîm* auch die Apostaten (*mᵉšûmmadîm*) erwähnt wurden, und in einigen Genizah-Handschriften aus dem früh- und hochmittelalterlichen Palästina und Ägypten sind auch tatsächlich *nôçrîm* (Christen) gesondert erwähnt, was man zu Unrecht für eine alte Tradition gehalten hat. Wie immer dies sei, es handelt sich dabei schwerlich um jene Verfluchung in Synagogen, die in patristischen Texten beklagt wird und die man irrtümlich mit dem dreimal täglich zu rezitierenden Pflichtgebet und dessen Benediktion XII in Verbindung gebracht hat.[21] Was in dieser *Birkat ha-mînîm* tatsächlich verflucht wird, sind die inneren und die äußeren Gegner im oben beschriebenen Sinn. Dabei wechselte der Textbestand hinsichtlich der inneren Gegner ständig, denn er wurde der jeweiligen Situation angepaßt und auch umgedeutet, auch die Bezeichnung *mînîm* aus der frührabbinischen Zeit wurde später auf aktuelle Gegner wie Karäer etc. umgemünzt, in der Neuzeit auf Sabbatianer, Chasidim und schließlich auch Reformer angewendet. Den inneren Feinden wünschte man, daß ihnen keine Hoffnung bleibe und sie augenblicklich verschwinden mögen. Dem äußeren Feind, der anmaßenden, frevelhaften Weltmacht wünschte man, daß sie alsbald der Herrschaft Gottes weicht, und so schließt das Gebetsstück mit der Formel: „Gepriesen bist Du, Herr, der Anmaßende niederzwingt". Christen sind insofern davon mitbetroffen, soweit sie die anmaßende Weltmacht mit repräsentieren.

---

21 Darüber siehe zuletzt: R. KIMELMAN, *Birkat ha-minim* and the Lack of Evidence for an Anti-Christian Jewish Prayer in Late Antiquity, in: E. P. SANDERS etc. (eds.), Jewish and Christian Self-Definition, II, Leiden 1981, 226–244; MAIER, a.a.O. (Anm. 9), 132.136–141.173.224.237; W. HORBURY, The Benediction of the *Minim* and Early Jewish-Christian Controversy, JThSt 33, 1982, 19–61; K. MATSUNGA, Christian Self-Identification and the Twelfth Benediction, in: H. W. ATTRIDGE – G. HATA (eds.), Eusebius, Christianity, and Judaism, Leiden 1992, 355–371; K. HOHEISEL, Birkat ham-minim, RAC Supplement-Lieferung 9 (2002) 1–7.

4. Mittelalter

In den maßgeblichen theologischen Werken des jüdischen Mittelalters spielt Ps 139,21f. keine besondere Rolle. Nur Jehuda b. Samuel Hallevi (gest. 1141) benützte den Vers 21 in seinem *Sefär ha-Kûzari* (IV,3) dazu, die einzigartige Beziehung Israels zu Gott zu unterstreichen.

Die jüdischen Exegeten des Mittelalters äußerten sich unterschiedlich. Saadja b. Josef Gaon (gest. 942 in Mesopotamien) hat sowohl zu Ps 119,158 wie zu Ps 139,21 ohne irgendeine Erklärung das fragliche Verb arabisch im Sinne von ‚als unbedeutend betrachten‘ übersetzt, was am ehesten der Septuaginta-Deutung nahekommt.[22]

David Qimchi (Südfrankreich, 12./13. Jahrhundert) schrieb in seinem einflußreichen Psalmenkommentar zu Ps 119,158: *„w'tqwṭṭh*: von der Bedeutung von *qṭṭh* (Streit) her in den Worten unserer Meister (bShab 130a). Er sagte damit: Ich stritt mit ihnen mehr deshalb, weil sie dein Wort nicht beachtet haben, als daß ich mit ihnen stritt, weil sie mir Böses angetan haben." Doch er fügt hinzu, daß sein Vater Josef nach Hi 10,1 das Wort psychologisierend („verabscheuen") gedeutet hat. Und zu Ps 139,21 verwies David Qimchi zu diesem Wort einfach auf die rabbinische Deutung im Sinne von ‚Streit‘.[23]

Menachem b Salomo ha-Me'iri (Südfrankreich, 1249–1316) führte in seinem Psalmenkommentar zu Ps 119,158 beide Deutungen an, bevorzugte aber die aktivistische, und zu Ps 139,21 notierte er: *„'arîb* (führe ich Streit), von dem Ausdruck *qṭṭh* (Streit) her".[24]

Im *Sefär Hᵃsîdîm*, einem großen Sammelwerk, dessen Einzeltraditionen schwer zu datieren sind, ist als Sondergut der Fassung des Ms. Parma in § 189 eine Anweisung hinsichtlich der Opportunität einer Auseinandersetzung mit den äußeren Feinden enthalten, in der auch Apostaten eine Rolle spielen.[25]

„Wenn geschrieben steht (Ps 139,21): *und ich deine Gegner befehde*, so für den Fall, daß Israel mächtig ist. Wenn sie aber, wenn man streitet, Israel schaden können, und die Bewahrer der Torah sie beschimpften, während

---

22 Y. Qafih, Tᵉhillîm 'im targûm û-fêrûš ha-Ga'ôn Rabbênû Saʿadjah ben Jôsef Fajjûmî, Jerusalem 1966, 259 und 275.

23 A. Darom, R. David Qimchi (RD"Q), Ha-pêrûš ha-šalem 'al Tᵉhillîm, Jerusalem 1971², 279 und 304.

24 J. Hakohen, Pêrûš lᵉ-Sefär Tᵉhillîm. Rabbî Mošäh b"R Šᵉlomoh ha-Me'îrî, Jerusalem 1970/71, 260 und 276.

25 J. Dan, Ashkenazic Hasidism in the History of Jewish Thought, Tel Aviv 1990, 85–98 (hebr.); J. Maier, Apostaten im Sefer Chasidim, in: H. Preissler – H. Seiwert (Hg.), Festschrift für Kurt Rudolph zum 65. Geburtstag, Marburg 1994, 459–470.

diese die Oberhand haben, dann darf kein Jude mit einem Apostaten streiten, damit dieser Apostat sie nicht denunziert, die Proselyten nicht denunziert oder den Juden Verluste verursacht. Steht doch geschrieben (2Kön 18,36): *und die Leute schwiegen und antworteten ihm nichts, denn das war das Gebot des Königs: ,antwortet ihm nicht' …"*[26]

Diese Problemstellung kommt jener nahe, die letztlich im Blick auf das Martyrium akut wird. In der Abhandlung über die Situation der Zwangsbekehrung, die dem Torahgelehrten und philosophierenden Theologen Mose b. Maimon (Maimonides, gest. 1204 in Ägypten) zugeschrieben wird und im Hebräischen ʾIggärät ha-šemad oder Maʿamar qiddûš ha-šem genannt wird, heißt es in Kapitel iv:[27]

„Es ist bereits durch die Propheten ausführlich dargelegt worden, daß jeder, der unter Gottesleugnern lebt, wie einer von ihnen ist, denn so hat der König David – der Friede über ihn! – gesagt (1Sam 26,19): *weil sie mich heute vertrieben haben von der Zugehörigkeit zum Erbteil des HERRn, wie folgt: Geh, diene anderen Göttern!* Also wiegt für einen das Wohnen unter den Nichtjuden so viel, als würde man anderen Göttern dienen. Und desgleichen haben die Frommen und Gottesfürchtigen es für verpflichtend gehalten, daß man das Böse und seine Vollbringer verwirft und sich an das Gute und seine Vollbringer hält. So hat auch David – der Friede über ihn! – gesagt (Ps 139,21): *Soll ich nicht hassen, Herr, die dich hassen, deine Gegner nicht verabscheuen* [oder: *befehden*]? Und er hat ebenfalls gesagt (Ps 119,63): *Ein Gefährte bin ich für alle, die Dich fürchten, und für die Befolger Deiner Befehle.* Und so haben wir es auch bei unserem Vater Abraham – der Friede über ihn! – gefunden, der seine Familie und seinen Wohnort verworfen hat und geflohen ist, um sich vor den Ansichten der Gottesleugner zu retten. Das alles gilt für den Fall, daß die Gottesleugner einen nicht mit Gewalt zwingen, nach ihren Praktiken zu verfahren, daß also der Mensch von ihnen weggehen soll. Aber wenn sie ihn mit Gewalt zwingen, eines von den Geboten zu übertreten, dann ist es verboten, an diesem Ort zu bleiben. Vielmehr ziehe man fort und lasse alles zurück, was einem gehört, und gehe Tag und Nacht, bis man einen Ort findet, wo man seine Religion ausüben kann – und die Welt ist ja groß und weit."

In seinem Mischna-Kommentar, in der Einleitung zum Traktat Sanhedrin X (häläq), hat Maimonides 13 Glaubensgrundlehren (ʿiqqarîm) niedergeschrieben, also im Zusammenhang mit den Traditionen über Dissidenten, die keinen Anteil am endgültigen Heil haben. Im Schlußabschnitt formulierte der große Gesetzesgelehrte für jüdische Verhältnisse ungewöhnlich dogma

---

26 J. WISTINETZKI – J. FREIMANN, Das Buch der Frommen, Frankfurt/M. 1924², 73.

27 M. D. RABINOWITZ, Rabbênû Mošäh bän Majmôn, ʾIggarôt, Jerusalem 1960, 65.

tisch und überhaupt recht schroff:[28] „Wenn nun ein Mensch alle diese Grundlehren vollständig annimmt und sein Glaube an sie lauter ist, dann gehört er zur Gesamtheit Israels, und es ist Pflicht, ihn zu lieben und mit ihm so zu verfahren, wie Gott es geboten hat in bezug auf den Menschen und seinen Nächsten in Hinblick auf Liebe und brüderliche Solidarität. Und wenn er von den Übertretungen aus so viel verübt hat, als er infolge der Begierde und der Übermacht der bösen Natur imstande war, wird er zwar gemäß seinen Sünden bestraft, hat aber Anteil (an der Kommenden Welt) und zählt zu den Sündern Israels. Wenn aber bei einem Menschen eine von diesen Grundlehren erschüttert worden ist, dann ist er aus der Gesamtheit Israels ausgeschieden, hat die Grundlehre schlechthin geleugnet und wird ,Häretiker', ,Epikureer', und ,einer, der Pflanzungen abschlägt' genannt. Es ist Pflicht, ihn zu hassen und ihn zugrunde zu richten, und über ihn heißt es (Ps 139,31): *Sollte ich die nicht hassen, Herr, die dich hassen?"*

Dieser strengen Haltung entspricht auch eine Passage in seinem Gesetzeskodex, *Mišneh Tôrah, Hilkôt 'äbäl* (Trauervorschriften) I,10: „Alle, die sich von der Allgemeinheit absondern, das sind die Leute, welche das Joch der Gebote von ihrem Hals abwerfen und die sich nicht in der Gesamtheit Israels befinden in der Praktizierung der Gebote und bei der Ehrung der Feste und beim Besuch der Synagogen und Lehrhäuser, diese sind wie ,Freie' (das heißt: nicht Torahverpflichtete, also Nichtjuden) für sich. Desgleichen die *'äppîqôrôsîn* <und die Apostaten> und die Denunzianten. Alle diese betrauert man nicht, sondern ihre Brüder und übrigen Verwandten kleiden sich in Weiß und hüllen sich in Weiß und essen und trinken und freuen sich, denn es sind ja Feinde des Heiligen – Er ist gepriesen! – umgekommen. Und über sie sagt die Schrift (Ps 139,21): *Sollte ich nicht deine Hasser, HERR, hassen?"*

5. Ausblick

Jakob Culi (gest 1732), der Autor der judeo-espagnolischen Bibelübertragung *Me-'am lô'ez*, definierte die Hasser Gottes von Ps 139,21, die es zu hassen gilt, als Leugner der göttlichen Vorsehung: „Die sich gegen dich erheben, um dir die Vorsehung abzusprechen, gegen sie führe ich Streit (*'arîb*)". Und zu Ps 139,22 formulierte er: „Und ich sage: Falls ich befürchten müßte, daß sie mir zu Feinden werden, würde ich sie mit tiefstem Hasse

---

28 Übersetzung aus J. MAIER, Geschichte der jüdischen Religion, Freiburg/Br. 1992², 404f.

hassen. Aber nachdem du den Frevler töten und mich an die Herrschaft bringen wirst, stoße ich sie fort von mir und führe mit ihnen Streit."[29]

Moses Mendelssohn (1729–1786) übersetzte Ps 119,158 wieder psychologisierend: „Ich sehe Treulose, verabscheue sie, daß sie nicht halten deine Worte."[30] Und Ps 139,21f. übersetzte er folgendermaßen: „So haß ich, Herr! Ja deine Hasser; verabscheue die, so wider dich setzen. (22) Ich hasse sie mit unbegrenztem Hasse; als meine Feinde sind sie mir."[31]

In der von L. Zunz (1794–1886) herausgegebenen Bibelübersetzung von 1837 hat M. Sachs (1808–1864) die Psalmen übertragen. Dabei gab er Ps 119,158 so wieder: „Ich sah Treulose, und ergrimmte, die dein Wort nicht beobachten", aber in Ps 139,21f. wählte er für das Verbum die andere Bedeutung: „Sollte ich deine Hasser, Ewiger, nicht hassen, und nicht mit deinen Widersachern hadern? (22) Des äußersten Hasses hasse ich sie, Feinde gelten sie mir."[32]

Samson Raphael Hirsch (1808–1888), der streitbare Begründer der Neo-Orthodoxie, hat in seiner Psalmenerklärung kennzeichnenderweise die aktivistische Bedeutung vorgezogen, dabei offenbar an Assimilanten und Reformer seiner Zeit gedacht und daher Ps 119,157f. so übersetzt: „Viel sind ja meine Verfolger und Dränger weil ich von deinen uns zierenden Zeugnissen nicht mich abgeneigt. (158) Vielmehr wo ich Treulose sah, da ging in Streit ich ein, weil sie deine Ueberlieferung (!) nicht gehütet." Seine Erklärung dazu lautet: „Meine Leiden sind ja eben durch meine Anhänglichkeit an deinem Gesetz hervorgerufen, die ich als ‚Leuchte und Zierde' unseres Lebens geachtet, und ich da entgegentrat, wo ich treulosen Abfall von deinem Gesetze gewahrte."[33]

Auch für Ps 139 bot er eine entsprechende Übersetzung, entpersonalisierte aber den entscheidenden Passus zu einer Auseinandersetzung in der Sache: „(19) Wenn, Gott, du den Gesetzlosen tödten mögest – und, blutschuldige Männer, weichet von mir! – (20) die, zum Nichtigkeits-Eid ausgesprochen, dich einem Bubenplane zusagen, sie, die deine Gegner sind: (21) so sind es doch nur deine Hasser, die ich hasse, und mit den Auflehnungen (!) gegen dich gehe ich ein in Streit, (22) mit äußerstem Haß hasse ich sie, so wurden sie mir zu Feinden." In seiner Erklärung begründet er die Entpersönlichung der ‚Gegner' zu ‚Auflehnungen' mit dem Hinweis auf die

---

29 Yalqûṭ me-ʿam lô ʿez. Sefär Tᵉhillîm. Mizmôrîm 101–150, Jerusalem 1984, 308.

30 Sefär zᵉmîrôt Jiśraʾel, Offenbach 1804, V. Buch 43a.

31 A.a.O., 67a.

32 Die vier und zwanzig Bücher der Heiligen Schrift, Berlin 1837; 1873², 629 und 633.

33 SAMSON RAPHAEL HIRSCH, Die Psalmen, Zweiter Theil: Buch 3, 4 und 5, Frankfurt/M. 1882, 271.

ungewöhnliche Form des Wortes, die „mit großer Bedeutsamkeit" gewählt worden sei. Zur Sache selbst schrieb er paraphrasierend: „So habe ich dies doch nicht aus persönlicher Feindschaft ausgesprochen, als deine Hasser, ja, wie ja vielleicht das Wort heißt (vgl. Num 10,35), als die Verbreiter deines Hasses, die Haß gegen dich in die Brust der Menschen säen wollen, nur als solche traf und trifft sie mein Haß. ... Nicht also gegen die Menschen, die sich wider dich auflehnen, gegen die wiederholten Auflehnungen gegen dich gehe ich ein in Streit. (22) ... sie, diese Empörungen wider dich, hasse ich mit äußerstem Haß, und dadurch wurde nicht ich ihnen, sondern sie wurden mir zu Feinden."[34]

Der konservative Historiker Heinrich Graetz (1817–1891) hat auch einen Psalmenkommentar geschrieben und darin wieder psychologisierend übersetzt. Ps 119,158: „Sah ich Abtrünnige. So empfand ich Ekel, dass sie Dein Wort nicht bewahren", und dementsprechend auch Ps 139,21f.: „Wahrlich, Deine Feinde, Herr, hasse ich und an deinen Widersachern (sic!) habe ich Ekel. (22) Mit äusserstem Hasse hasse ich sie, sie sind mir Feinde geworden."[35]

S. Bernfeld (1860–1940) wählte unterschiedliche Wiedergaben des fraglichen Wortes Ps 139,158: „Ich sah Treulose und es ekelte mir, weil sie dein Wort nicht beobachten", und Ps 139,21f.: „Deine Hasser, Herr, hasse ich gewiß, und mit deinen Widersachern hadere ich. (22) Mit dem größten Hasse verabscheue ich sie, Feinde sind sie mir geworden."[36]

Martin Buber (1878–1965) formulierte in seiner Psalmenübersetzung Ps 119,158 so: „Sah ich Verräter, es widerte mich, daß sie deinen Spruch nicht hüten." Und Ps 139,21f.: „Hasse ich deine Hasser nicht, DU, widerts mich der dir Aufständischen nicht? Ich hasse sie mit der Ganzheit des Hasses, mir zu Feinden sind sie geworden."[37] Später ersetzte Buber in Ps 139,22 „Ganzheit" durch „Allheit".

---

34 A.a.O., 326.
35 H. Graetz, Kritischer Commentar zu den Psalmen, I, Breslau 1883, 622 und 670.
36 Die Heilige Schrift, Berlin 1902, 680 und 685.
37 M. Buber, Die Schrift XV. Das Buch der Preisungen, Berlin o.J., 240 und 261.

§ 19

„Schwarz bin ich und schön": Cant 1,5–6 in der jüdischen Tradition der Antike

1. Der biblische Text

1.1 Der masoretische Text von Cant 1,5–6

š^ehôrah 'ᵃnî w^ena'wah, b^enôt J^erušalajim,
    k^e'oh^olê Qedar,
    kijrî'ôt Š^elomoh.
'al tir'ûnî šä-'ᵃnî š^eharḥorät,
    šä-š^ezafatnî ha-šämäš.
b^enê 'immî niḥᵃrû bî,
    śamûnî nôṭerah 'ät ha-k^eramîm –
    karmî šällî lo' naṭartî.

Schwarz bin ich, und/aber schön, Töchter Jerusalems,
    wie Zelte Qedars,
    wie Baldachine Salomos.
Schaut mich nicht an, weil ich schwarzgebräunt bin,
    weil die Sonne mich verbrannt hat:
Die Söhne meiner Mutter haben mir gezürnt,
    haben mich zur Hüterin der Weinberge gemacht –
    aber meinen Weinberg habe ich nicht gehütet!

Zwei Aspekte haben die Aufmerksamkeit der Ausleger in besonderem Maß auf sich gezogen. Einmal der Anfang von 1,5, weil sofort die Frage aufkommt, wie das Verhältnis zwischen *schwarz* und *schön* aufzufassen sei,[1] und dann der Schluß, weil man nachfragte, was denn mit dem eigenen Weinberg gemeint sei. Entsprechend dem Schönheitsideal jener Zeiten[2]

---

1   Vgl. E. BENZ, „Ich bin schwarz und schön", in: H.-J. GRESCHAT etc. (Hg.), Wort und Religion, Stuttgart 1969, 225–242.
2   CH. W. REINES, Beauty in the Bible and the Talmud, Jdm 24, 1975, 100–107; M. AUGUSTIN, Der schöne Mensch im Alten Testament und im hellenistischen Judentum, Frankfurt/M. 1983.

wurde eine dunkle Hautfarbe alles andere als positiv gewertet, und das
kam auch in Aussagen über Afrikaner zum Ausdruck., denn Kusch galt
nach Gen 10,1.6 als Ham-Sohn, und die Hamiten wurden traditionell mit in
den Fluch von Gen 9,25 über Kanaan einbezogen und als Sklaven
betrachtet, eine Voraussetzung, die das Schicksal der Schwarzafrikaner über
Antike und Mittelalter hinaus auf nachhaltige Weise negativ bestimmt hat.[3]
Schwarz und *schön* wurde also von vornherein als ein schroffer Gegensatz
empfunden. Da es in Cant 1,5 aber nicht um die angeborene Hautfarbe geht,
kam stets die Frage nach der Ursache der Schwärzung auf, denn freiwillig
würde eine Schönheit sich nicht so lange der Sonne aussetzen, daß sie
schwarz genannt werden kann. Das alles gab unter der selbstverständlichen
Voraussetzung eines allegorischen Sinnes natürlich noch viel mehr Anlaß
zum Nachfragen. Daß schwarz auch schön sein könnte, war für die alte Zeit
keine Voraussetzung für die Interpretation. Erst im Mittelalter setzte
diesbezüglich ein gewisser Wandel ein, zum Teil mitbewirkt durch Motive
aus der durch die arabische Umgebung[4] geprägten profanen hebräischen
Poesie.[5] Man hat sich damals trotz aller Einwände des Hohenliedes bedient,
und zwar sowohl für religiöse wie profane Zwecke (Liebesgedichte), und
das hat auch wieder Einfluß auf die Hohelieddeutung ausgeübt.[6]

Die Verwendung des Hohenliedes in der jüdischen Tradition ist bis heute ein
eher wenig beachteter Gegenstand der Forschung geblieben.[7] Es existieren
dazu nur wenige Untersuchungen,[8] vor allem fehlt noch eine umfassende

---

3   D. T. ADAMO, Africa and the Africans in the Old Testament, San Francisco 1998;
     A. MELAMED, Hª-jahªpôk kûšî ʿôrô? Ha-ʾadam ha-šaḥor kᵉ-"ʾaḥer" bᵉ-tôlᵉdôt ha-
     tarbût ha-jᵉhûdît. The image of the Black in Jewish Culture, Lod 2002.

4   TH. BAUER, Liebe und Liebesdichtung in der arabischen Welt des 9. und 10. Jahr-
     hunderts. Eine literatur- und mentalitätsgeschichtliche Studie des arabischen
     Gazal, Wiesbaden 1998.

5   J. SCHIRMANN, Der Neger und die Negerin. Zur Bildersprache und Stoffwahl der
     spanisch-hebräischen Dichtung, MGWJ 83, 1939, 481–492.

6   P. DRONKE, The Song of Songs and Medieval Love Songs, in: W. COURDAUX etc.
     (eds.), The Bible in Medieval Culture, Leuven 1979, 236–262; I. LEWIN, Biqqaštî ʾt
     šä-ʾahebah nafšî. Lᵉ-ḥeqär ha-hašpaʿah šäl šîrat ha-ḥešäq ha-ḥîlônît ʿal ha-šîrah ha-
     datît ha-ʿibrît bi-Sᵉfarad bîmê ha-bênajîm, Ha-Sifrut 3, 1970/71, 116–146.

7   P. KUHN, Hoheslied II, TRE 15, 1986, 503–508.

8   P. VUILLAUD, Le Cantique des Cantiques d'après la tradition juive, Paris 1925; P. K.
     RIEKERT, A Few Notes on the Tannaitic Interpretation of Canticles, in: POTWSA
     20–21, 1977/78, 130–148; A. GREEN, The Song of Songs in Early Jewish Mysticism,
     Oriens 2,2, 1987, 49–63; R. IFRAH, Le Cantique des cantiques dans l'exégèse
     traditionelle juive, AEPHR.R 80–81 (1972/73–1973/74), 67f.; G. D. COHEN, Šîr ha-
     šîrîm ba-ʾaspeqlarjah ha-jehûdît, in: A. SHAPIRA (ed.), Tôrah nidräšät, Tel Aviv
     1984, 89–108; H. GRAF REVENTLOW, Das allegorische Verständnis des Hohenliedes
     im Judentum, FrRu 19,69–72, 1967, 79–83.

Überblicksdarstellung und eine angemessen vergleichende Auswertung in religionsgeschichtlicher Hinsicht. Immerhin berücksichtigen manche der neueren Kommentare recht ausführlich christliche[9] oder jüdische[10] Auslegungtraditionen. Ebenso wie die christliche Tradition der allegorischen Hoheliedauslegung[11] setzte sich auch die jüdische kontinuierlich ins Mittelalter fort, denn auf beiden Seiten diente die allegorische Auslegung dieses Büchleins zur Darlegung des eigenen Selbstverständnisses. Für die Antike wurde die allegorische Auslegung mehrerer christlicher Autoren näher untersucht, für einzelne hat man auch Entsprechungen zu jüdischen Auslegungen oder auch eine gewisse Abhängigkeit von diesen nachzuweisen versucht. Das gilt insbesondere für Origenes, der in Caesarea Kontakte mit jüdischen Gewährsmännern hatte.[12] Der Aufweis mehr oder minder augenfälliger Parallelen sollte aber über die fundamentalen Unterschiede der beiden religiösen Grundkonzeptionen nicht hinwegtäuschen.[13]

1.2 Am 9,7

In bestimmten Fällen wurde der Vers Am 9,7 für die Auslegung von Cant 1,5f. herangezogen,

> $h^a lo'$ kibnê kušîjîm 'attäm li, b^e nê Jiśra'el …
> *Seid ihr für mich nicht wie Söhne von Kuschiten, Söhne Israels?/*
> *Seid ihr für mich etwa wie Söhne von Kuschiten, Söhne Israels?*
>   *Habe ich nicht Israel heraufgeführt aus dem Land Ägypten*
> *und die Philister aus Kaftor und die Aramäer aus Qir?*

Berücksichtigt man die gewohnte Interpunktion der Übersetzungen nicht, ist der Sinn des ersten Versteiles keineswegs eindeutig. Im Hebräischen gibt es kein Fragezeichen am Ende des Satzes, eine Frage wird vielmehr wie in

---

9   G. RAVASI, Cantico dei Cantici, Milano 1985.

10 So z.B. Y. GERSTENKORN, Sefär 'ahabah ba-ta'anûgîm, I–II, New York 1958/59.

11 W. RIEDEL, Die Auslegung des Hohenliedes in der jüdischen Gemeinde und der griechischen Kirche, Leipzig 1898; F. OHLY, Hohelied-Studien. Grundzüge einer Geschichte der Hohelied-Auslegung des Abendlandes bis um 1200, Wiesbaden 1958.

12 N. R. M. DE LANGE, Origen and the Jews, Cambridge 1976; H.-J. VOGT, Origenes als Exeget, hg. von W. GEERLINGS, Paderborn 1999; Adamantius: Notiziario del Gruppo Italiano di Ricerca su „Origene e la tradizione alessandrina" 5, 1999, 173–323; 6, 2000, 155–390 (Repertorio bibliografico); H. P. C. HANSON, Allegory and Event. A study of the sources and significance of Origen's interpretation of Scripture, Louisville 2003.

13 J. MAIER, Jüdische Auseinandersetzung mit dem Christentum in der Antike, Darmstadt 1982 (siehe im Register s.v. Hohelied).

diesem Fall mit *h^a-* eingeleitet. Damit ist die Frage aber weder in ihrem Textumfang noch als solche gesichert, denn es könnte sich ja auch um eine rhetorische Verneinungsform und somit um die gegenteilige Aussage handeln. Im vorliegenden Fall würde es sich dann um eine negativ formulierte Bekräftigung handeln, dem Sinne nach wie: „Ihr seid doch sicher …". In der Tat wurde der Amos-Vers entsprechend unterschiedlich aufgefaßt, denn man nahm die zweite Möglichkeit wahr, wenn es galt, die kränkende Gleichstellung mit Kuschiten (Schwarzafrikaner, Inder) und damit Sklaven auszuräumen.

Die meisten beharrten auf der Deutung, daß Gott nicht nur den Israeliten einen Exodus bereitet habe, sondern auch den Philistern und den Aramäern. Bei dieser Deutung lag es nahe, den Ausdruck Kuschiten-Söhne mit Cant 1,5 zu verbinden, da die Kuschiten eben als Schwarze schlechthin galten. Zugleich damit ergab sich durch die Gegenüberstellung Israel – Nichtjuden eine zusätzliche assoziative Verklammerung.

2. Der Text von Cant 1,5–6 im Judentum
vor dem Jahr 70 n. Chr.

Aus der Zeit des Tempels stammen für das Hohelied einige Textzeugen aus den Qumranhöhlen. Es handelt sich um Reste von vier durchwegs späten Kopien in Form sehr kleiner Schriftrollen. Zwei davon (4Q106 und 4Q107) enthielten offenbar kürzere Textfassungen, bezeugen also genau genommen nicht das biblische Buch. Es handelt sich um (1) 4Q106 = 4QCant^a (DJD XVI,199–204) aus den Jahren 30–1 v. Chr. mit Text aus Cant 3,4f.; 3,7–11; 4,1–6 und 4,7; 6,11(?)–12; 7,1–7. (2) 4Q107 = 4QCant^b (DJD XVI,205–218) aus den Jahren 20–1 v. Chr. mit Text aus: Cant 2,9–17; 3,1f.; 3,5.9–11; 4,1a; 4,1b–3. 8–11a; 4,14–16; 5,1. (3) 4Q108 = 4QCant^c (DJD XVI,219) von 20–1 v. Chr., mit Textrest aus Cant 3,7f. (4) 6Q6 = 6QCant (DJD III,112–114) von 40–60 n. Chr. mit Text aus Cant 1,1–6 und 1,6f.

Die Handschrift 6Q6, die den hier zur Debatte stehenden Vers enthält, ist sehr fragmentarisch und stammt von einer besonders kleinformatigen Rolle, die wahrscheinlich 27 Kolumnen enthielt.

Die kleinen Reste sind textgeschichtlich von einem gewissen Interesse, ergeben aber auslegungsgeschichtlich nichts. Bemerkenswerterweise ist in den Qumranschriften keine wirklich nachweisbare Verwendung oder Erklärung von Hoheliedpassagen zu verzeichnen, und wozu diese kleinen Rollen einmal gedient haben, ist eine noch offene Frage. Aber auch in der sonstigen frühjüdischen Literatur ist das Hohelied ja so gut wie nicht bezeugt, auch nicht bei Philo von Alexandrien und bei Flavius Josephus, und für das Neue Testament gilt im Grunde dasselbe, auch wenn versucht wurde, einige Spuren aufzuzeigen.[14] Für die weitere altchristliche Literatur hingegen erweist sich das Hohelied als ein sehr gewichtiger Text.[15] Nur in einem poetischen Stück in 4Esra V,24–26 (Ende 1. Jahrhundert n. Chr.) ist eine mögliche Anspielung erkennbar, denn die für Israel verwendeten Ausdrücke ‚Rose' und ‚Taube' erinnern an Cant 2,2.14 und Cant 5,2,[16] doch müssen sie nicht daraus entnommen worden sein. Es handelt sich nämlich um symbolische bzw. poetische Bezeichnungen aus dem Bereich der Natur, die auch sonst zur Charakterisierung der besonderen Beziehung zwischen Gott und Israel dienen. Insofern gehören sie zur Symbolsprache der Erwählungstraditionen,[17] und zwar solche, die speziell mit dem Heiligtum verbunden waren und das Gottesvolk Israel als Kollektiv hervorhoben. Die Symbolik des Heiligtums war seit jeher eng mit den Motiven vom Gottesberg und Gottesgarten verbunden,[18] daher könnte das, was auf den ersten Blick als Metapher aus dem Bereich der Natur erscheint, eigentlich mythische Bedeutung gehabt haben.

Die Assoziation ‚Volk Israel' – ‚(Stadt) Zion' zog auch bestimmte architektonische Bilder nach sich, wie Cant 4,4; 7,5 oder 8,10 zeigen. Im Rahmen der Kulttheologie war die Annahme einer Entsprechung zwischen Tempel und Aufbau des Kosmos fest verankert, und von daher erhielt die Hoheliedexegese ebenfalls kosmologische Impulse. Einen Anknüpfungspunkt

14 A. FEUILLET, Les épousailles messianiques et les références au Cantique des cantiques dans les Évangiles synoptiques, RThom 84, 1984, 181–211. 399–424; A. R. WINSOR, A King is Bound in the Tresses. Allusions to the Song of Songs in the Fourth Gospel, New York – Frankfurt/M. 2000.

15 U. KÖPF, Hoheslied III. 1. Alte Kirche bis Herder, TRE 15, 1986, 508–513; J. M. VINCENT, ebd., 513f.; R. J. DE SIMONE, The Bride and the Bridegroom of the Fathers. An Anthology of Patristic Interpretations of the Song of Songs, Rom 2000; Neuere Einzelpublikationen mit Bibliographien: B. WINLING, Le Cantique des Cantiques par Origène, Grégoire d'Elvire, Saint Bernard. Homélies traduites, Paris 1983; A. VELASCO DELGADO, Origenes, Comentario al Cantar de los cantares, Madrid 1986; S. MUELLER, „Fervorem discamus amoris". Das Hohelied und seine Auslegung bei Gregor dem Großen, St. Ottilien 1991; F. DÜNZL, Braut und Bräutigam. Die Auslegung des Canticum durch Gregor von Nyssa, Tübingen (BGBE 32) 1993.

16 F. ROSENTHAL, Vier apokryphische Bücher, Leipzig 1885, 43f.; J. M. MEYERS, I and II Esdras, Garden City/N.Y. 1974, 109ff.; J. SCHREINER, Das 4. Buch Esra, Gütersloh (JSHRZ V/4) 1981, 326f.

17 Vgl. W. HARNISCH, Verhängnis und Verheißung der Geschichte, Göttingen 1969, 20ff.; E. BRANDENBURGER, Die Verborgenheit Gottes, Zürich 1981, 163.

18 Bezüge zum Garten Eden fanden z.B. F. LANDY, Paradoxes of Paradise. Identity and Difference in the Song of Songs, Sheffield (BiLiSe 7) 1983; I. J. CAINION, An Analogy of the Song of Songs and Genesis Chapters Two and Three, SJOT 14, 2000, 219–259.

bot zum Beispiel die traditionelle Verwendung des geographischen Begriffs ‚Libanon' für den Tempel,[19] und im Text von Cant 1,5f. gaben die aus der Psalmdichtung wohlbekannten Begriffe ‚Zelt' und ‚Baldachin' Anlaß zu kosmologischen Deutungen.

Zion – Jerusalem galt von früh an als der Ort der Gottesgegenwart und zugleich als Repräsentation des Volkes Israel insgesamt,[20] und zwar im Sinne einer weiblichen Figur, weil Länder- und Stadtnamen im Hebräischen eben weiblich sind. In der antiken jüdischen Literatur ist die ‚dramatische' Personifikation Zions/Jerusalems als weiblicher Figur (Tochter, Braut, Ehefrau, Mutter, trauernde Witwe) schon früh nachweisbar[21] und fußt wohl auf sehr alten Vorstellungen.[22] Sehr massiv vertreten ist sie in 4Esr 9,38ff. und 10,25ff. und etwa gleichzeitig in der Offenbarung des Johannes (19,7ff.; 21,9; und vgl. Kap. 12), zu einer Zeit, da unter den frühen Rabbinen Diskussionen über das Hohelied und seine Bedeutung und Verwendung aufkamen. Das Verhältnis zwischen der weiblichen Symbolfigur ‚Zion' und dem Tempel bzw. der Gottheit war also von vornherein und nicht erst durch die Hohelieddeutung auch durch eine erotische Note gekennzeich-net, und es war diese Konstellation, die für die religiöse Deutung des Hohenliedes maßgeblich geworden ist: Es beschreibt die Beziehung zwischen dem Gott Israels und Israel. Folglich war es von früh an eine Selbstver-ständlichkeit, den Text des Hohenliedes nicht wörtlich zu verstehen und diese allegorische Deutung auf das Verhältnis Gott – Israel als selbst-verständliche, „einfache" Bedeutung des Textes zu werten. Die christliche Exegese bezog den Geliebten des Hohenliedes vorrangig auf Christus, und

19 Vgl. G. VERMES, Scripture and Tradition in Judaism, Leiden (StPB 4) 1961, 37–39.

20 B. C. OLLENBURGER, Zion, the City of the Great King, Sheffield 1987; B. KAISER, Poet as "Female Impersonator": The Image of Daughter Zion as Speaker in Biblical Poems of Suffering, JR 67, 1987, 164–182; O. H. STECK, Zion als Gelände und Gestalt, ZThK 86, 1989, 261–281.

21 E. R. FOLLIS, The Holy City as Daughter, in: DERS. (ed.), Directions in Biblical Hebrew Poetry, Sheffield 1987, 173–184; D. STOLTMANN, Jerusalem – Mutter – Stadt. Zur Theologiegeschichte der Heiligen Stadt, Altenberge 1999; M. HENGEL, Die „auserwählte Herrin", die „Braut", die „Mutter", und die „Gottesstadt", in: M. HENGEL etc. (Hg.), La Cité de Dieu. Die Stadt Gottes. 3. Symposium Strasbourg 19.–23. Sept. 1998, Tübingen (WUNT 129) 2000, 245–286.

22 A. FITZGERALD, The Mythological Background for the Presentation of Jerusalem as a Queen and False Worship as Adultery in the OT, CBQ 34, 1972, 403–416; L. LUCCI, La figlia di Sion sullo sfondo delle culture extra-bibliche, RivBib 45, 1997, 257–287; M. WISCHNOWSKY, Tochter Zion. Aufnahme und Überwindung der Stadtklage in den Prophetenschriften des Alten Testaments, Neukirchen-Vluyn (WMANT 89) 2001.

an die Stelle Israels trat die Kirche.[23] Daneben kam aber auf christlicher wie jüdischer Seite auch die Deutung der Geliebten als Repräsentation der Einzelseele auf, doch verschwimmen in der mittelalterlichen jüdischen Hohelieddichtung und Hohelieddeutung die Grenzen zwischen individueller Seele und Volk Israel sehr leicht, da das Geschick beider (Abstieg der Seele – Exil Israels) gern parallelisiert wurde.

Die dramatische Personifikation hat die weitere Entwicklung der Beziehung zwischen dem weiblichen Symbol Zion – Jerusalem und den großen Daten der Heilsgeschichte entscheidend gefördert, wobei vor allem Stichwortverbindungen ausschlaggebend waren und später zu gewohnheitsmäßigen Assoziationen Anlaß gaben. So lag eine Bezugnahme auf das ‚Schilfmeerlied' Ex 15 nahe, das auch kultliturgisch verankert war, aber auch auf andere Lieder. Jedenfalls hat sich die Symbolik des Hohenliedes eng mit dem Exodus-Motiv und in der Folge mit der Symbolik des Passah-Mazzotfestes verbunden,[24] für das das Büchlein auch als Festlesung dient. Die synagogalen Dichtungen zum Passahfest sind beredte Zeugen dieser Entwicklung.

Trotz dieser intensiven Bindung an die Erwählungs- und Heilsgeschichtsthematik und an das Passahfest blieb die Hohelieddeutung aber eher eine arkane Disziplin, wozu gewiß die erotischen Aspekte entscheidend beigetragen haben. Aber auch die Verankerung in der Kulttheologie, also in der priesterlich-levitischen Berufswissenstradition, dürfte eine der Vorbedingungen sein. Sollte nämlich die Beschreibung des Geliebten in Cant 3,6–11 und 5,10–16 schon früh mit der Vorstellung vom thronenden Gott-König im Tempel assoziiert worden sein, liegt dies nahe. Immerhin wurde das Hohelied in der Spätantike auch im Sinne der Ši‘ûr qômah-Tradition ausgedeutet, in der es um die Beschreibung der Gestalt des thronenden Gottes geht.[25] Eine Verbindung mit den vielfältigen Ausdeutungen der märkabah in Ez 1–3 oder 10 ist hingegen so nicht nachweisbar, denn diese Ezechiel-Traditionen waren mit der Thematik des Wochenfestes verbunden.[26] Es ist also mit unterschiedlichen thematischen bzw. kulttheologischen Kontexten zu rechnen.[27]

---

23 H. J. SIEBEN, Exegesis Patrum. Saggio bibliografico sull'esegesi biblica dei Padri della Chiesa, Roma 1983, 39–41. WINLING, a.a.O. (Anm. 15); D. GRANOTTI, Gregorio di Elvira, interprete del Cantico dei Cantici, Aug. 24, 1984, 421–439; K. S. FRANK, Das Hohelied in der frühen Mönchsliteratur, EuA 61, 1985, 247–260; U. KÖPF, Hoheslied III, TRE 15, 1986, 508–513 und 513f. (J. VINCENT).

24 I. HEINEMANN, Altjüdische Allegoristik, in: Jahresbericht des Jüdisch-theologischen Seminars Breslau für 1935, Breslau 1936, 60ff.

25 G. SCHOLEM, Jewish Gnosticism, Merkabah Mysticism, and Talmudic Tradition, New York 1965, 118–126: S. LIEBERMANN, Mišnat Šîr ha-šîrîm; GREEN, a.a.O. (Anm. 8).

26 D. J. HALPERIN, The Faces of the Chariot, Tübingen (TSAJ 16) 1988, 282ff.

27 R. ELIOR, The 'Merkavah' Tradition and the Emergence of Jewish Mysticism: From Temple to 'Merkavah,' from 'Hekhal' to 'Hekhalot,' from Priestly Opposition to

Alles in allem deutet einiges auf eine ursprünglich kultische Verankerung des Hohenliedes hin.[28] Soweit die altchristliche Hoheliedinterpretation durch die Kenntnis jüdischer Auslegungen bestimmt worden ist, dürfte es sich in der Regel um hellenistisch-jüdische Traditionen gehandelt haben, doch ist nur begrenzt belegbar, wie man im hellenistischen Judentum das Hohelied verstanden und verwendet hat.[29]

In welcher Funktion das Hohelied in der palästinischen Judenheit einmal konkret Verwendung gefunden hat, ist nicht auf befriedigende Weise zu belegen. Die ältesten rabbinischen Belege bezeugen aber, daß das Hohelied vor 70 n. Chr. in Gruppen, denen die Rabbinen einen Teil ihrer Tradition verdankten, schon als allegorische Beschreibung der Beziehung zwischen Gott und Israel gelesen worden ist. Und gleichzeitig lassen sie erkennen, daß es Personen gab, die den Text für profane Zwecke verwendeten, was schroff kritisiert wird (bSan 100b/101a).

Eben das dürfte zu Diskussionen darüber Anlaß gegeben haben, ob das Hohelied überhaupt zu den Hagiographen zu zählen sei.[30] In diesen Rahmen gehören Nachrichten über frühe rabbinische Diskussionen zum Hohenlied und insbesondere die Schule des R. Akiba. R. Akiba war ein energischer Verfechter der allegorischen Hoheliedexegese und ebenso schroffer Gegner einer säkularen bzw. profanen Hoheliedverwendung, und zwar offensichtlich auf Grund esoterischer oder zumindest arkaner Traditionen. Das heißt, daß im Nachfeld der kultischen Verwendung selbst in rabbinischen Kreisen eine restriktive Praxis in bezug auf Hoheliedverwendung und Hoheliedexegese bestehen blieb, was auch durch christliche Zeugnisse bestätigt wird.[31]

Gazing upon the 'Merkavah', in: A. OPPENHEIMER (ed.), Sino-Judaica: Jews and Chinese in Historical Dialogue. An International Colloquium, Nanjing, 11–19 October 1996, Tel Aviv 1999, 101–158.

28 Vgl. auch O. KEEL, Das Hohelied, Zürich (ZBK.AT 18) 1986.

29 N. FERNÁNDEZ MARCOS, La lectura helenística del Cantar de las cantares, Sef. 56, 1996, 265–282.

30 D. BARTHELEMY, Comment le Cantique des Cantiques est-il devenu canonique?, in: A. CAQUOT (ed.), Mélanges bibliques et orientaux en l'honneur de M. Delcor, Kevelaer 1985, 13–22.

31 Origenes, In Cant. Prol. (GCS VIII,62f.); vgl. Hieronymus, In Ezechielem, Prol.: Nicht vor Erreichung des Priesterdienst-Alters (30 Jahre) zur Lektüre erlaubt.

3. Verwendung und Interpretation von Cant 1,5–6

Von den neueren Studien zur umfangreichen altkirchlichen Hoheliedexegese und Hoheliedverwertung sei insbesondere auf einen Beitrag von G. Gaeta zu Cant 1,5f. verwiesen, der auch die jüdische Seite mitberücksichtigt.[32] Auch einzelne auslegungsgeschichtliche Aspekte der christlichen Tradition von Cant 1,5f. sind bereits untersucht worden, freilich ohne Einbettung in den religionsgeschichtlichen Kontext.[33] In den folgenden Abschnitten werden die ältesten Belege für die Verwendung und Auslegung der Verse Cant 1,5f. analysiert und die variierenden Auslegungen, die der hebräische Text möglich machte, in ihrem Verhältnis zueinander erfaßt und katalogisiert. Auch wenn aus Raumgründen nur die Inhalte bzw. die Themen der Texte angeführt werden und die Auslegungsvorgänge daher nicht einfach nachvollzogen werden können, sollte die Fülle der Interpretationsmöglichkeiten und der Motive einen Eindruck vom Reichtum rabbinischer Auslegungstraditionen vermitteln und nicht zuletzt auch zeigen, in welchem Maß man dabei biblische Passagen heranzuziehen und zu verwerten verstand, wobei feste Schemata bzw. Konventionen und freie Assoziationen gleichermaßen zum Zug kommen konnten.

4. Die rabbinischen Quellen

Die auslegungsgeschichtlichen Traditionen zu Cant 1,5f. begegnen stets in festgeformten Überlieferungseinheiten, aber in durchaus unterschiedlichen Kontexten und daher nicht immer in gleicher Bedeutung. Manche dieser Einheiten waren von früh an mit bestimmten Pentateuchperikopen und mit anderen biblischen Texten verbunden, die das Heiligtum betreffen. Im folgenden werden vierzehn (I–XIV) Texteinheiten (einige in variierenden Fassungen) beschrieben, in denen Cant 1,5f. ausgedeutet bzw. verwendet worden ist. Diese Texteinheiten sind von unterschiedlicher literarischer Struktur, diese in Einzelfällen erstaunlich zahlreichen Strukturelemente

---

32 G. GAETA, Nera e bella. L'esegesi antica di Cantico 1,5–6, ASEs 2, 1985, 115–124. Gaeta stützte sich vor allem auf U. NERI, Il Cantico dei Cantici. Targum e antiche interpretazioni ebraiche, Roma 1976 (1987²) und auf eine englische Übersetzung des Midrasch Shir Ha-Shirim Rabba.

33 Y. CONGAR, Cant I,6–7 dans la discussion entre Augustin et les Donatistes, in: Augustin, Traités anti-Donatistes, I, Paris (BAug 28) 1963, 747f.; E. BENZ, „Ich bin schwarz und schön" (Hl 1,5). Ein Beitrag des Origenes zur Theologie der negritudo, in: Wort und Religion. Studien zur Afrikanistik, Missionswissenschaft, Religionswissenschaft. Ernst Dammann zum 65. Geburtstag, Stuttgart 1969, 225–242.

werden mit ihren Untereinheiten als Text-Teile mit arabischen Ziffern
bezeichnet und geben so auch die Position einer Tradition innerhalb der
größeren Texteinheiten I–XIV an. In diesem Sinne sind auch die Übersichts-
tabellen in den beiden letzten Kapiteln dieses Beitrages gestaltet.

I. Talmud Y^erûšalmî

In yEr III,9/21c ist ein Text enthalten, der wörtlich auch in PesK Kap. XIV
erscheint, mit einer Einleitung und einer anderen Zuschreibung in Shir Ha-
Shirim Rabba zu 1,6 (siehe unten) und in YalqŠim II § 982 (Absatz 10), und
ohne Einleitung auch im Schlußteil von § 358 zu Ez 16,20.

Die Passage wird mit einem Schlüsselwort eingeführt, das sich auf die
Vorschrift bezieht, das Neujahrsfest außerhalb des Landes Israel mit einem
zweiten Festtag zu begehen. Der verwendete Versteil, der den Grund für
die zwei Festtage und die beiden ḥallôt (kultische Brotabgabe) angibt, stellt
allerdings eher ein stilistisches Ornament dar als einen Beitrag zur
eigentlichen Diskussion. Möglicherweise handelt es sich um ein altes Relikt,
denn die redaktionelle Gestalt des Ganzen setzt wohl einen älteren thematischen Kontext voraus, während der jetzige das Problem der Schuld Israels
in den Vordergrund rückt. Dabei wurde bei Cant 1,6 für *Die Söhne meiner
Mutter haben mir gezürnt, haben mich zur Hüterin der Weinberge gemacht …)*
vorausgesetzt, daß die Geliebte durch ihre Brüder bestraft wurde, indem sie
sie zur Weinberghüterin einsetzten, sie aber nicht einmal den eigenen
Weinberg zu hüten vermochte.

II. P^esîqta᾿ d^e-R. Kahana, Kap. XIV,4[34]

Die literarische Homilie in PesK IV fußt auf Jer 2,4–28, der Haftarah
(Prophetenlesung) zur Pentateuch-Leseperikope Num 33,1–36,13, die in den
alten palästinischen Lesezyklen anscheinend auch zu andern Pentateuch-
perikopen verwendet worden ist.[35] Diese Perikope spielt in der Midraschliteratur eine beachtliche Rolle. Thema ist das Versagen Israels in der
Vergangenheit, insbesondere die Episode mit dem Goldenen Kalb (Ex 32)
im Kontrast zum Versprechen von Ex 24,7: *wir wollen tun und hören*, und die
Folgen dieses Fehlverhaltens in der Gegenwart. In diesem Rahmen fand
auch die im Text I (yEr III,10) enthaltene Tradition einen Platz.

---

34 B. MANDELBAUM, Pesikta de Rav Kahana, I, New York 1962, 243f.
35 Vgl. J. MANN, The Bible as Read and Preached in the Old Synagogue, I, New York
    1971², 319.452.

III. P^esîqta᾽ rabbatî XXVIII[36]

Der Kontext innerhalb der Homilie behandelt Ps 137,1f.: *An den Flüssen Babels, da saßen wir, und wir weinten, wenn wir an Zion dachten.* …
Die Homilie selber gilt dem Thema der Klage Gottes über die Zerstörung des Tempels und über das Exil des Volkes,[37] und zwar auf der Basis von Jer 10,20. Im ersten Teil nimmt Gott gewissermaßen die Klage Israels auf. Die Katastrophe wird nicht bloß als historisches Ereignis aufgefaßt, sondern (im zweiten Teil) auch als kosmisches Unglück, denn die Toraherfüllung Israels, und dazu gehört die vorgeschriebene Kultausübung, garantiert im Sinne der Kulttheologie Bestand und Ordnung der Schöpfung. Daher werden (im dritten Teil) die Vergehen in bezug auf die Festtage besonders hervorgehoben, als gewichtiger Teil der Schuld, als deren Folge Israel für die Völker zum Gespött geworden und ins Exil geführt worden ist (vierter Teil). Israel anerkennt aber seine Eigenverantwortung (fünfter bis sechster Teil), nicht zuletzt, daß es sich von falschen Propheten zur Mißachtung von Festtagsvorschriften hat verführen lassen (siebter Teil). Den Abschluß (achter Teil) bildet eine Verheißung: Gott selber wird den künftigen Tempel bauen, und zwar für immer, unzerstörbar.

IV. ᾽Abôt d^e-R. Natan (ARN^a) XX[38]

Das Kapitel XX in den ᾽Abôt d^e-R. Natan zitiert anfangs einen Ausspruch des Priestervorstehers R. Hanajah und fügt dem noch einige andere Materialien bei. Im zweiten Teil folgt ohne Bezug zum Kontext ein Komplex mit Traditionen zu Cant 1,6, wahrscheinlich aus einem älteren Traditionskomplex übernommen. Hier begegnen einige Besonderheiten. Im Teil 1 wird die Wahl eines menschlichen Königs (Saul) im Sinne einer kritisch-politischen Sicht als vorrangige Ursache für die „Einschwärzung" Israels hingestellt (1.1) Ein zweiter Abschnitt (1.2) interpretiert Ex 2,11f. (Mose erschlägt einen Ägypter) als einen Exekutionsvorgang im Sinne rabbinischen Rechts. Hinzu tritt (1.3) eine Auslegung ähnlicher Art zu Ex 2,15–17. Die beiden folgenden Überlieferungen, die vom Goldenen Kalb von Ex 32 (Teil 4) und jene von den Kundschaftern Num 14,29 (1.5), gehören indessen zum klassischen

---

36 M. FRIEDMANN, Pesikta Rabbati, Wien 1880.
37 Siehe P. KUHN, Gottes Trauer und Klage in der rabbinischen Überlieferung, Leiden (AGJU 13) 1978, insbesondere S. 163ff.215ff.250ff.265ff. bezüglich des Kapitels XXX im Sedär ᾽Elijahû rabba᾽ (aber hier ohne Behandlung von Cant 1,5f.).
38 S. SCHECHTER, Aboth de Rabbi Nathan, Wien 1887 (New York – Jerusalem 1997), 72 (36b).

Repertoire. Der vorletzte Teil (2.1) betrifft wieder die Frage des Herrschafts-
verhältnisses zwischen dem sündigen Israel und den Weltvölkern: Gott
gewährt den Nichtjuden ein Leben in Wohlstand, während Israel die Strafe
für sein Vergehen erdulden muß. Die Schlußpassage (2.2) weist auf den
ursprünglichen Sitz im Leben der Tradition, es handelt sich um einen kultischen Hintergrund, um das Vergehen der kultischen Veruntreuung ritueller
Abgaben, ein Thema, das in den Auslegungen zu Cant 1,5f. öfters auftaucht.

V. *Tanna' dᵉ-Bê 'Elijahû (Sedär 'Elijahû Rabba')*[39]

V.1 SER Kap. XXIX

Wie PesR XVIII handelt auch dieser homiletisch-paränetische Text vom
Mitgefühl und vom Mitleiden Gottes angesichts des traurigen Geschickes
Israels, das es durch seinen Ungehorsam selber verursacht hat. Die Schuldigen waren *die Söhne meiner Mutter*, das heißt des eigenen Volkes. Die Verwendung von Cant 1,6 erscheint aber in der Homilie durch ein Exemplum
bzw. ein Gleichnis etwas zurückgedrängt, das von einer Königstochter
handelt und illustrieren soll, daß Israels Götzendienst nur ein zeitweiliger
war, während der Götzendienst der Nichtjuden einen ständigen Sachverhalt darstellt. Das zentrale Vergleichsmotiv in den folgenden Teilen der
Homilie liefert das im Buch Numeri beschriebene Verhalten der Kundschafter, eines der Leitmotive in der Exegese von Cant 1,6.

V.2 SER Kap. XXX[40]

Auch diese Homilie handelt vom Mitleiden und der Trauer Gottes angesichts der Exilssituation Israels und des zerstörten Jerusalemer Tempels.
Gott beklagt, daß er genötigt war, wegen Israels Ungehorsam solche Strafen
über sein Volk zu verhängen. Ps 79,1f. bildet die Einleitung zum ersten Teil
(1), der mit der Einfügung von Jer 10,20 seinen Höhepunkt erreicht: *Mein
Zelt ist zerstört, und alle meine Seile sind gerissen, meine Söhne sind von mir
fortgezogen und nicht mehr da.* Dem Text nach ist dies auf den Tempel und die
Exilierten zu beziehen, wobei das Wort ‚Zelte' allerdings nicht in Betracht
gezogen wird. In Entsprechung zu PesR. XXVIII (siehe oben III.) wird auch
nicht Cant 1,6 *Zelte Qedars* herangezogen, um die Frage nach der Ursache

---

39 Jerusalem 1959, fol. 110a–b. Englische Übersetzung: W. G. BRAUDE – I. J. KAPSTEIN,
    Tanna dBe Eliyyahu. The Lore of Elijah, Philadelphia 1981, 353f.
40 Text: a.a.O., fol. 113b; englische Übersetzung: S. 366.

des Unglücks zu beantworten, da es keine inhaltliche Entsprechung gibt, wohl aber ein anderer Teil von Cant 1,6, nämlich *die Söhne meiner Mutter haben mir gezürnt*. Dabei taucht in Teil 1 das Motiv der beiden Neujahrsfesttage auf und in Teil 2 die Auslegung von *Söhne meiner Mutter* als ‚Söhne meines Volkes' sowie das Motiv der Falschpropheten, die Israel verleitet hatten. Das Folgende wird durch Ps 137,1ff. und durch Ps 79,1 bestimmt, womit die Trauer Gottes über das Geschick des Tempels und des Volkes Israel hervorgehoben wird. Der Schluß besteht in der Anerkennung der Verantwortung für das Geschehene. Die Annahme der Strafe und des Leidens soll zu einer künftig besseren Kenntnis und Praxis der Torah führen.

VI. Midrasch zur Pentateuchperikope Ex 25,1ff.: *Befiehl den Söhnen Israels, daß sie mir eine Abgabe erheben*[41]

Die Leseperikope betrifft die Abgabe für das Zeltheiligtum,[42] als dazugehörige Prophetenlesung (Haftarah) dient Jes 60,17–61,6. Eingeschoben in den Midraschkontext erscheint in Teil 1 eine ‚historische' Auslegung der in Ex 25,3ff. erwähnten Metalle (Gold, Silber, Bronze) und der *rotgefärbten Widderfelle* von Ex 25,5. Die Metalle wurden begreiflicherweise (Dan 2,32f.) mit den 4 Weltreichen Daniels in Verbindung gebracht und damit die Brücke zwischen Vergangenheitsbetrachtung und Endzeithoffnung geschlagen. Den Abschluß bilden eine messianische Verheißung und in Teil 2 eine Serie von zwölf Passagen in Beziehung zu *schwarz – schön* in Cant 1,5, die mehr oder minder gleichlautend auch andernorts auftaucht.

VII. Midrasch *Exodus Rabba*[43]

VII.1 ShemR XXIII,10 (–11)

Der Text befindet sich im Kontext der Behandlung von Ex 15, und zwar innerhalb einer Serie von Midrasch-Aussagen zu Ex 15,1. Es ist auch das Zitat Ex 15,1, das die Auslegung von Cant 1,5f. einleitet und abschließt. Die Passage selber ist aus mehreren Überlieferungen zusammengesetzt worden. Der Anfang (Teil 1) konfrontiert die eigenen Taten mit den Taten der Väter in Analogie zum Gegensatz *schwarz/schön*. In Teil 2 wird *bᵉnôt* (Töchter) *Jᵉrûšalajim*, als *bônôt* vokalisiert, auf dreifache Weise gedeutet: als ‚Einsehen-

---

41 MANN, a.a.O. (Anm. 35), I, hebr. Teil S. 250.
42 MANN, a.a.O., I, 481ff.
43 M. A. MIRKIN, Midraš rabbah. Šemôt rabbah, I–II, Tel Aviv 1960.

de' bzw. ‚Verständige' und auf das Sanhedrin bezogen, als ‚Aufbauende'
aufgefaßt, und als ‚Tochterstädte' der endzeitlichen Welthauptstadt Jerusalem interpretiert. In Teil 3 folgen drei Auslegungen von *Zelte Qedars*. Die
erste behandelt den Gegensatz zwischen dem negativen Eindruck des
äußeren Aussehens und der positiv gewerteten inneren Beschaffenheit,
welche durch die Weisen Israels repräsentiert wird. Die zweite benutzt den
Gegensatz zwischen Beweglichem/Versetzbarem und Unbeweglichem/Un-
versetzbarem, wobei eine Analogie zwischen Israel und dem ‚Baldachin'
des Kosmos hergestellt wird, die dritte den Gegensatz zwischen Abwasch-
barem (Sühnbarem) und Unabwaschbarem. In Teil 4 begegnen zwei sche-
matische Interpretationen des Gegensatzes *schwarz – schön*, und zwar im
Rahmen der Behandlung zweier heilsgeschichtlicher Stationen, des Horeb
und des Schilfmeerwunders, und das führt zu Ex 15,1 zurück. Als Abschluß
dient eine Passage eschatologischen Inhalts mit Hinweis auf die vier
Weltreiche Daniels und mit einem Wortspiel bezüglich der femininen und
maskulinen Form des hebräischen Ausdrucks für Lied, also *šîrah* und *šîr*.

VII.2 Midrasch *Exodus Rabba* XLIX,2

J. Mann hat vermutet, daß mit Ex 36,8 (statt Ex 35,30?) einmal eine Penta-
teuchperikope begann und die zugehörige Haftarah Jes 54,2ff. war.[44]
Sowohl in Ex 36,8 als auch in Jes 54,3 erscheint das Wort *jerî'ôt* (Zeltdecken,
Planen, Baldachine). J. Mann nahm auch an, daß ShemR XLIX,2 einmal eine
‚Petiḥah' mit Cant 1,5 enthielt.

Das Kapitel behandelt die Ausführung der Anweisungen für den Bau
des Zeltheiligtums (Ex 36,8): *Da machten alle kunstfertigen Handwerker unter
denen, die arbeiteten, das Zeltheiligtum aus zehn Leinen-Planen ...".* Zu Anfang
greift der Midrasch den Vers Cant 8,7 auf: *Viele Wasser können die Liebe nicht
löschen.* Die *vielen Wasser* werden auf die Götzendiener bezogen, welche die
Liebe zwischen Gott und Israel auslöschen wollten. Israel hat aber
widerstanden (Cant 8,7b): *Böte ein Mensch alles Gut seines Hauses für die Liebe,
es wäre ungenügend.* „Aber meine Söhne (sagt der Herr) bauten für mich ein
Heiligtum aus Baldachinen, und ich bin hinabgestiegen und lebte in ihrer
Mitte, da es heißt (Ex 40,35): *Mose konnte nicht ins Zelt der Begegnung eintreten
... und die Herrlichkeit des HERRn füllte das Zeltheiligtum."*

Die Schlüsselwörter ‚Liebe' und ‚Baldachine' boten die Möglichkeit einer
Verbindung zweier Stücke, die ursprünglich zu unterschiedlichen Traditio-
nen über Cant 1,5f. oder in andere Kontexte gehört haben. Der vorliegende
Text bezüglich Cant 1,5 beginnt (Teil 1) mit einer Kombination der Bibel-

---

44 MANN, a.a.O. (Anm. 35), 541.

verse Ex 36,8 und Cant 1,5 und schließt mit der Frage: „wenn schwarz, warum dann schön?" Mit Teil 2 folgt eine Sammlung von sechs Auslegungen zum Gegensatzpaar schwarz – schön, und zwar im Zusammenhang mit den Sinaiereignissen. Teil 3 nimmt die Diskussion über Ex 36 wieder auf, mit einer eschatologischen Ausdeutung der in Ex 25,3–5 erwähnten Metalle, aber nicht von gleicher Art wie jene in Text VI. Anschließend folgt in Teil 4 eine kurze Auslegung gleichen Typs zu Cant 4,3 und Ps 68,28 und (Teil 5) eine Alternativ-Auslegung der Metalle, die hier auf die Patriarchen bezogen werden. Das vorletzte Stück (Teil 6) entspricht mehr oder minder dem Teil 3, und zuletzt wird (Teil 7) das Stück 5 wiederholt.

VIII. Midrasch ʾAgadah zu Ex 26,7f.[45]

Der literarische Zusammenhang mit Cant 1,6 beruht auf dem Ausdruck *jᵉrîʿôt (ʿizzîm)* (Ziegenfell-Zeltplanen) in Ex 26,7. Das Wort *jᵉrîʿôt* provozierte auch Assoziationen, die auf eine schöpfungstheologisch-kosmologische Analogie zwischen dem himmlischen und irdischen Heiligtum hinauslaufen, hier auf das Hohelied übertragen. Der erste Teil besteht aus einer vierteiligen Komposition mit folgenden Themen: in Teil 1 die Analogie zwischen Zeltplanen und Himmel bzw. dem irdischen und himmlischen Heiligtum. In Teil 2 wird die Frage gestellt, wieso *schwarz* als *schön* bezeichnet werden kann; die Antwort besteht in einem Gleichnis von einer Königstochter, die zeitweilig dunkelgebräunt war, und in seiner Anwendung auf Israel: Auch Israel war am Horeb (Ex 32) zeitweilig dem Götzendienst verfallen. Als eigentliche Antwort dient die Gegenüberstellung der eigenen Handlungsweisen und der Handlungsweisen der Väter. Damit wird (Teil 3) eine Serie von Gegenüberstellungen zu *schwarz – schön* eingeführt, mit besonderer Hervorhebung eines Stückes zu Ex 32, das mit der Gegenüberstellung von ‚äußerlich' und ‚innerlich' schließt: Israel erscheint den Nichtjuden zwar als häßlich, ist aber innen voller Torahkenntnisse. Schließlich wird in Teil 4 in Form einer Verheißung die Analogie zwischen beweglichen und unbeweglichen Zeltplanen und den unversetzbaren Himmeln gezogen und so die Unveränderlichkeit Israels und seines Gottesverhältnisses aufgezeigt.

IX. Cant 1,5f. und Am 9,7

Wie oben (Abschnitt 1.2) erwähnt, bot Am 9,7 die Möglichkeit unterschiedlicher, teilweise sogar widersprüchlicher Ausdeutungen.

---

45 S. BUBER, Agadischer Commentar zum Pentateuch, Wien 1894, 169.

IX.1 Targum zu Am 9,7

Am 9,7–15 (im sefardischen Ritus Ez 20,2–20) bildet die Prophetenlesungs-
perikope zu Lev 19,1–20,27. Die aramäische Version läßt den Passus über
die Kuschiten aus und unterstreicht die Erwählung Israels, indem sie den
ersten Halbvers so paraphrasiert: „Ihr werdet von mir nicht wie geliebte
Söhne betrachtet, Söhne Israels?"

IX.2 Midrasch *Sifre Numeri* § 99 zu Num 12,1

Dieser Text behandelt den skandalösen Umstand, daß Mose eine kuschiti-
sche Frau genommen hat. Dabei wird vorausgesetzt, daß der Ausdruck
‚kuschitisch' nicht wörtlich zu nehmen ist, sondern figürlich gemeint sei,
nämlich als metaphorische Feststellung unveränderbarer Unterschiedlich-
keit, so wie in Am 9,7. Auf diese Weise wird das Motiv dazu benutzt, um
den fundamentalen Unterschied zwischen Israel und den Weltvölkern zu
illustrieren.

X. *Midraš rabba Šîr ha-Šîrîm* (ShirR) I,35–43[46]

In dieser umfangreichen Komposition exegetischer Traditionen zu Cant
1,5f. wurde das Material in 16 Teilen nach den fünf (bis sechs) Versteilen
(A–F) angeordnet.

A. (Cant 1,5a: *ich bin schwarz, aber schön*). Dieser Teil 1 des Ganzen enthält
eine Serie von 17 schematischen Interpretationen zum Gegensatz *schwarz –
schön* (siehe unten Abschnitt 5.1.2 [S. 451ff.]), die mit einer Gegenüberstellung von „Dieser Welt" und „Kommender Welt", also mit einem
eschatologischen Topos, abschließt.

B. (Cant 1,5: *Töchter Jerusalems*; ShirR I,37). Zu Anfang dieses Teiles (2)
werden zwei Auslegungen von Cant 1,5 *bnwt Jᵉrûšalajim* (2.1) im Sinne von
bônôt ‚Aufbauende'/‚Verständige' (Synhedrion) angeführt und (in 2.2) zu
Töchter die Deutung im Sinne von ‚Tochterstädten' Jerusalems, der
endzeitlichen Welthauptstadt, erwähnt (Teil 3). Eingeleitet durch ein Wort
aus Jes 54,1 folgt (Teil 4) eine Gegenüberstellung aus dem Personenrecht

---

46 S. DUNSKI, Midraš rabbah Šîr ha-šîrîm, Jerusalem/Tel Aviv 1980, 29f. Siehe auch
    M. SIMON, Midrash Rabbah, vol. IX, Song of Songs, London 1961³, 51–62;
    J. NEUSNER, Song of Songs Rabbah. An Analytical Translation, I, Atlanta 1989, 92ff.;
    DERS., The Midrash Compilations of the Sixth and Seventh Centuries, IV: Song of
    Songs Rabbah, Atlanta 1989.

betreffend Töchter, und zwar mittels der Feminin- und Maskulinformen *šîrah* und *šîr* (Ex 15,1/Ps 96,1) mit Anspielung auf die bevorstehende Wende zur kommenden Heilszeit. Das zieht wieder eine letzte Metapher nach sich, eine Gebärende (Teil 5). Das ist ein üblicher Topos der Eschatologie, die hier der weiblichen Figur von Jes 54,1 am Anfang dieses Stückes entspricht.

C. (Cant 1,5: *wie Zelte Qedars*; ShirR I,38). Dieser Teil (6) enthält Auslegungen zu *Zelte Qedars*. Anfangs wird der Kontrast zwischen äußerlichem Eindruck und innerer Beschaffenheit aufgegriffen und auf das vernachlässigt wirkende Äußere der Israeliten im Gegensatz zu ihren inneren Werten (Torahkenntnisse) bezogen. Dann folgt die Gegenüberstellung abwaschbar – nicht abwaschbar, in diesem Fall auf die Entsühnung bzw. Reinigung angewendet, die Israel am Jom Kippur erfährt. Weiterhin begegnet der Kontrast beweglich – unbeweglich, die Analogie zwischen Kosmos und Israel und schließlich eine Analogie zwischen freien Zeltbewohnern und Israeliten.

Das Stück wird durch eine drohend-verheißende Typologie im Blick auf das Geschick des biblischen Joseph abgeschlossen: Der Gefangene fängt letztendlich jene, die ihn verkauft haben.

D. (Cant 1,6; ShirR I,39) behandelt *Schaut mich nicht an, weil ich schwarzgebräunt bin etc.*, und fügt einen Block von Traditionen über ‚Verleumder' Israels ein, mit Erwähnung Moses, Elias, Jesaja und zweier Rabbinen (Teil 7).

E. (Cant 1,6b; ShirR I,40) listet zum Lemma *weil die Sonne mich verbrannt hat* Ursachen auf, die zu Israels Sünden und zu seinem derzeitigen beklagenswerten Zustand geführt haben. Es handelt sich vor allem um Götzendienst, speziell Sonnenkult, wofür die Könige Israels verantwortlich gemacht werden (Teil 8–9), juristisch illustriert mit Num 25 (in Teil 10). Darauf folgt (Teil 11) zur Veranschaulichung des Gegensatzes zwischen dem ständigen Götzendienst der Nichtjuden und dem temporären Götzendienst Israels das Gleichnis von der Königstochter.

F. Ursachen und Verantwortliche werden unter dem Lemma *die Töchter meiner Mutter* weiter behandelt, insofern ist also ein Stück F abgrenzbar. Eine Liste von Schuldigen enthält die Namen von Datan und Abiram, der Kundschafter (Teil 12) und des Jerobeam ben Nebat (Teil 13). Sie wird durch einen Komplex (Teil 14) unterbrochen, der die Gründung Roms polemisch zu König Salomos Hochzeit mit der Pharaonentochter und zu Jerobeam in Beziehung setzt. Die Liste der Verantwortlichen wird (in Teil 15) fortgesetzt und enthält Ahab, Jezebel und Zedekia. Abgeschlossen wird (Teil 16) das Ganze durch die Tradition von der Vernachlässigung der Festkultvorschriften (bezüglich der beiden *ḥallôt* und der Festtage) im Land Israel, der Ursache für Exilierung und Bestrafung durch Gott, mit dem Zitat Ez 20,25 am Ende: *darum gab ich ihnen auch Gebote, die nicht gut waren …*

XI. *Midraš Šîr ha-šîrîm*[47]

Eine Midraschkompilation mit 13 Teilen eröffnet im Midrasch das Kapitel über Cant 1,5f., mit (nur) drei Interpretationen zum Gegensatz *schwarz – schön*. Die erste Interpretation ist die bereits bekannte bezüglich des Gegensatzes zwischen eigenen Handlungsweisen und Handlungsweisen der Väter, erweitert um die Verheißung Jes 54,10. Die beiden anderen sind Sondergut und betreffen Zurechtweisungen, Tröstungen, Bedrückungen, und das Thema Gehorsam. In Teil 2 wird mittels Gen 1 die kosmische Bedeutung Israels illustriert. Der zweite Teil darin, von ähnlicher Struktur, beschreibt die himmlische Trauer angesichts des Geschickes Israels. In den weiteren Teilen begegnen in knapper Form einige verschiedenartige Traditionen; zuerst eine singuläre Überlieferung (Teil 3) bezüglich der *Töchter Jerusalems*, danach (Teil 4) der Gegensatz zwischen äußerem Aussehen und innerer Beschaffenheit (Torahkenntnisse Israels), zueinander in Relation gesetzt mittels der *Zelte Qedars*. Teil 5 besteht aus einer Interpretation der *Baldachine Salomos*, und Teil 6 bietet eine Deutung der eigenartigen Kantillation der Bücher Hiob, Proverbien und Psalmen, verbunden mit einer Bezugnahme auf den prophetisch geweissagten endzeitlichen Machtwechsel.

Das wieder leitet mittels *schaut mich nicht an, weil ich schwarzgebräunt bin* zur Hervorhebung des prinzipiellen Anspruchs Israels auf Freiheit von Fremdherrschaft über (Teil 7). Zugefügt erscheint hier der Komplex mit den Traditionen, nach denen der Götzendienst der Nichtjuden ein immerwährender sei, jener Israels aber nur ein temporärer. Der Komplex beginnt mit einem Bekenntnis (Teil 8): *"weil ich schwarzgebräunt bin* – auf Grund ihrer Taten", und erwähnt den Sonnenkult Israels (Teil 9) als Ursache. Im folgenden wird dies durch die Gleichnisse von der schwarzen Sklavin (Teil 10) und vom Königssohn (Teil 11) illustriert. Das Unglück ist von den Israeliten selbst heraufbeschworen worden, *den Brüdern meiner Mutter* (Teil 12), das heißt: Durch die Sünder Israels allgemein und durch die Falschpropheten im besonderen. Zum Abschluß erscheint wieder der Verweis auf die kultischen Vergehen als Ursache des Unheils, und zwar (Teil 13) als Interpretation von *aber meinen Weinberg habe ich nicht gehütet!*

---

47   E. H. Grünhut – J. Ch. Wertheimer, Midraš Šîr ha-šîrîm, Jerusalem 1971, 28–30.

XII. *Midraš zûṭa*[48]

Die Kompilation beginnt (Teil 1.1) mit der Frage, wie man gleichzeitig schwarz und schön sein könne. Als Antwort folgt das Königstochtergleichnis und seine Anwendung auf den Gegensatz zwischen dem temporären Götzendienst Israels und dem immerwährenden der Völker. Im weiteren (Teil 1.2) begegnet eine Auslegung zum Gegensatz *schwarz – schön*, angewendet auf den ägyptischen Aufenthalt Israels und auf die Zeit des Exodus, und dann (im Teil 1.3) anhand von *Zelte Qedars* die Gegenüberstellung von äußerem Anblick und innerem Reichtum (hier: an Verdiensten). Teil 2 enthält eine kosmologische Passage, ausgehend von *Zelte Qedars* und mit dem Ziel, Gottes Allmacht zu illustrieren. Den Abschluß bilden zwei Stücke, das erste (Teil 3) deutet die „Söhne meiner Mutter" auf die Regenten Israels, die infolge ihres Verhaltens auch als erste die Strafe Gottes auf sich nehmen mußten, was mit einem Gleichnis illustriert wird. Und zum Schluß (in Teil 4) wird die Vernachlässigung der Kultvorschriften als Ursache für die Herrschaft Roms angeführt, und zwar mit der deutlichen Absicht, damit zugleich auch das endgültige Ende dieser Fremdherrschaft anzukündigen.

XIII. *Yalqûṭ Šimʿônî*[49]

Der *Yalqûṭ Šimʿônî* ist eine verhältnismäßig späte mittelalterliche Zusammenstellung von Einzelauslegungen zu den biblischen Schriften. Neben bekannten begegnen hier aber auch sonst nicht belegte, manchmal sogar recht alte Traditionen. In Band II, § 982 wurden aus verschiedenen Quellen zwölf Stücke zusammengestellt,[50] die inhaltlich allerdings nur neun darstellen, und zwar in dieser Folge:

Die Stücke 1–4 bilden einen Block (Teil 1) für sich, mit einer Einleitung, deren 13 Bestandteile aus verschiedenen Quellen extrahiert wurde. Es wird zunächst die Frage aufgeworfen, wie etwas gleichzeitig *schwarz und schön* sein könne. Darauf folgt das Königstochtergleichnis mit seiner Anwendung auf den Gegensatz zwischen Israel und den Völkern. Zuletzt wird der Gegensatz *schwarz – schön* auf den Gegensatz zwischen den eigenen Verhaltensweisen und den Verhaltensweisen der Väter bezogen (Teil 1.1–3; vgl. *Cant. zûṭaʾ* 1,5). Bemerkenswert ist, wie unter Bezugnahme auf Am 9,7 in Teil 1.2 als letztes eine Deutung angefügt wurde, die den Gegensatz auf die

---

48 S. Buber, Midrasch suta, Berlin 1894, 13f. = S. Schechter, Agadath Shir Hashirim, Cambridge 1896, 365ff.
49 Yalqût Šimʿônî, II, Jerusalem 1960.
50 A. B. Hyman, The Sources of the Yalkut Shimeoni, II, Jerusalem 1965, 480.

Gegenüberstellung des Eindrucks „vor mir selber" und „vor meinem Schöpfer" bezieht. Es folgt (Teil 1.3–11) eine Serie von 17 recht unterschiedlich strukturierten Auslegungen des Gegensatzes *schwarz – schön*, im Umfang fast wie ShirR I,35–36 (Text X, Teil 1). Der Komplex wird mit einer Gegenüberstellung der Verhältnisse in ‚Dieser Welt' und in der ‚Kommenden Welt' abgeschlossen.

Das fünfte Stück bildet den Teil 2 (vgl. ShirR I,37 = Text X, Teil B 2), er bietet eine knappe Fassung des Motivs von Jerusalem als endzeitlicher Welthauptstadt mit Tochterstädten.

Stück 6 (= Teil 3, vgl. ShirR I,38 = Text X, Teil C 4–6) betrifft den Kontrast zwischen äußerem Eindruck und inneren Werten, wie immer so auch hier unter Bezugnahme auf *Zelte Qedars*, angewendet auf Israels äußeren Zustand und seinen inneren Reichtum an Torah (Teil 3.1). Darauf folgen (als Teil 3.2) die Gegenüberstellungen ‚abwaschbar – nicht abwaschbar' mit Bezug auf die Reinigung Israels am Jom Kippur und (in Teil 3.3) zwischen beweglich und unbeweglich (unversetzbar).

Stück 7 (= Teil 4.1–2; vgl. ShirR I,39 = Text X, Teil D 7) formuliert in knapper Form und auf Mose beschränkt unter dem Lemma *Schaut mich nicht an* mit Verwendung von Num 20,10 und Jes 6,5 das Motiv von der Verleumdung Israels durch Mitisraeliten, und zwar bis zur Unverständlichkeit verkürzt.

Stück 8 (= Teil 4.3; vgl. ShirR I,40–41 = Text X, Teil E 8–11). Anhand desselben Halbverses wird die Vorstellung von der Freiheit Israels von der Völkerherrschaft eingeführt. Das Gleichnis von der schwarzen Sklavin und seine Anwendung zur Polemik gegen den Götzendienst (Teil 4.5) führt die Gegenüberstellung Israel – Völker weiter. Sie wird (in Teil 4.6) durch das Königssohngleichnis abgeschlossen, das die zeitliche Begrenzung des Götzendienstes Israels im Gegensatz zum immerwährenden Götzendienst der Völker illustriert.

Stück 9 (= Teil 5–6; vgl. ShirR I,42 = Text X, Teil 15): *Die Söhne meiner Mutter* werden zuerst auf Datan und Abiram bezogen, danach auf Jerobeam, Ahab, Jezebel und Zedekia.

Stück 10 (= Teil 7; vgl. ShirR I,4 = Text X, Teil 16) enthält das Motiv der vernachlässigten Kultvorschriften (konkret: bezüglich der *ḥallôt*) als Ursache der Bestrafung Israels, auch hier mit Ez 20,25 als Abschluß.

Stück 11 (= Teil 8; cf. EkhaR I,54): Hier begegnet eine Passage aus dem Beginn von EkhaR I,54 über die Falschpropheten und den Götzendienst.

Stück 12 (= Teil 9) enthält eine sonst (aber vgl. unten zum Targum Canticum) nicht bezeugte Tradition als Abschluß des Ganzen: Weil Israel seinen eigenen Weinberg nicht gehütet hat, das heißt seinem Gott nicht gedient hat, muß es den Völkern dienen.

XIV. Das *Targum* zum Hohenlied[51]

Die aramäische Übersetzung des Hohenliedes setzt die allegorische Deutung als normalen Sinn des Textes voraus. Es handelt sich im Grunde auch gar nicht um eine Übersetzung, sondern um eine Art Midrasch in aramäischer Sprache, daher begegnen auch auf Schritt und Tritt Midraschtraditionen.[52] Dabei werden zum Beispiel die emotionalen Ausdrücke in Cant 1,2 auf die Gabe der (Schriftlichen und Mündlichen) Torah bezogen, während Cant 1,3 auf die großen Taten Gottes zugunsten Israels gedeutet wird. Cant 1,4 (*Zieh mich nach dir ...*) wird auf die Wüstenwanderung bezogen, während der Israel der *Šᵉkînah* folgte, der Gegenwart Gottes in der Wolken- bzw. Feuersäule, um am Sinai die Torah aus dem himmlischen Schatzhaus zu empfangen und dadurch von den Völkern abgesondert zu werden.

Die Konsonanten des Namens *Qedar* (*qdr*), den nach Gen 25,13 ein Ismael-Nachkomme trägt, werden im Sinne des Zustandsverbums *qdr* ,dunkel sein' verstanden. Die Auffälligkeit der Hautfarbe rechtfertigt den Bezug auf ,Kuschiten', das heißt Äthiopier bzw. Schwarzafrikaner und (ebenfalls dunkelhäutige) Inder, und damit auch auf Am 9,7. Kuschiten wurden ihrer Hautfarbe wegen auf stereotype Weise den blassen Germanen gegenübergestellt.[53] Germanen und Goten waren den Juden der Spätantike in erster Linie als Kriegsleute[54] oder als Sklaven[55] bekannt. Der Gegensatz im äußeren Erscheinungsbild führte zur Anwendung als Metapher für Schwarz – Weiß, und gleichzeitig repräsentierten die beiden wegen ihrer

---

51 A. SPERBER, The Bible in Aramaic, IVa, Leiden 1966; Jerushalmi I: The Song of Songs in the Targumic Tradition. Vocalized Aramaic Text with facing English translation and Ladino versions, Cincinnati 1993; C. ALONSO FONTELA, El Targum al Cantar de los Cantares (edición crítica), Madrid 1987. Italienisch: U. NERI, Il Cantico dei Cantici. Targum e antiche interpretazioni ebraiche, Roma 1976 (1987²); A. PIATELLI, Targum Shir ha-shirim. Parafrasi aramaica del Cantico dei Cantici, traduzione e note, Roma 1975. Englisch: H. GOLLANCZ, The Targum to the Song of Songs, in: B. GROSSFELD (ed.), The Targum to the Five Megillot, New York 1973, 171–252 (ursprünglich in: H. GOLLANCZ, Translations from Hebrew and Aramaic, London 1908). P. S. ALEXANDER, The Targum of Canticles (The Aramaic Bible: The Targums), Collegeville/Minn. 2002. Niederländisch: M. J. MULDER, De Targum op het Hooglied, Amsterdam 1975 (mit einer gründlichen Einleitung). Siehe ferner: A. PIATTELLI, Una caratteristica del Targum Aramaico del „Shir Hashirim", in: AStE 2 (1964/65), 123–129; M. Z. MELAMED, Targum Canticles (hebräisch), in: Tarb. 40, 1970/71, 201–215. A. Z. RABINOWITZ, Targûm ha-Targûm la-Shîr ha-shîrîm, Tel Aviv 1927/28.

52 J. HEINEMANN, Targum Canticles and its Sources, in Tarb. 41, 1971/72, 126–129 (hebr.).

53 mNeg II,1; BerR 86,3 (zu Gen 39,1).

54 M. WAAS, Germanen im römischen Dienst, Bonn 1971²; nach Josephus, Bell I,672 mit Thrakern und Galatern im Dienst des Königs Herodes.

55 yShab VI/8c // yYom VIII,5/45b; vgl. auch yAZ III,10/42b.

Herkunft bzw. Lokalisierung auch geographische und allgemeine Extreme.[56] Das Motiv der ins Gegensätzliche reichenden Verschiedenheit der Hautfarbe wurde zur Beschreibung des Verhältnisses Israel – Völker aufgegriffen und im Targum auf so knappe Weise verwertet, daß es ohne Kenntnis der einschlägigen Midraschtraditionen kaum verstanden werden kann.

5. Topoi und Motive

5.1 Ursachen

Die Frage nach den Ursachen und den Verantwortlichen für Israels Unglück ist ein Thema, das nicht allein in der Auslegung von Cant 1,5f. thematisiert wurde. In Jer 10,20f., in Text III (PesR XXVIII) 3 und in Text V,2 (SER XXX) wird die Vernachlässigung der Festkultvorschriften als Ursache der Bestrafung durch Gott angeführt. Die Verbindung mit Cant 1,5f. ist eine sekundäre, erfolgte im jeweiligen Kontext anders und wurde mit wechselnden biblischen Stellen verknüpft.

5.1.1 *Schwarz bin ich und/aber schön*

Ein Teil des Materials, das sich auf diese Passage bezieht, war schon vor der Aufnahme in einen der hier behandelten Kontexte in einer Reihe kleiner Einheiten auf unterschiedliche Weise eingebunden gewesen. Im Rahmen der hier untersuchten Stücke haben diese frühen Einheiten ihren Platz natürlich im Sinne der jeweiligen Absicht der Kompilatoren gefunden. Doch stets wird im ersten Teil angegeben, wo und wodurch Israel ‚schwarz' geworden ist, und im zweiten Teil wird dargelegt, wie und unter welchen Bedingungen Israel dennoch ‚schön' genannt werden kann. Es handelt sich um folgende der oben aufgelisteten und beschriebenen 14 Texte, hier nach der Anzahl der enthaltenen Stücke gereiht:

Text Nr.	Titel	Zahl der Teile
XII	*Midraš zûṭa Cant.*	1: Schilfmeer
VII,1	ShemR XXIII,10f.	2: Horeb, Schilfmeer
XI	*Midraš Šîr ha-šîrîm*	3
VIII	*Midraš 'Agadah* zu Ex 26,8	5
VII,2	ShemR XLIX	6

---

56 Vgl. das Fragment Cambridge, T.-S. C 2 fol. 1b aus der Geniza bei MANN, a.a.O. (Anm. 35), II, hebr. S. 212.

VI	Midraš zu Ex 26,8ff.	12
X	ShirR I,1,5.35–36	17
XIII	YalqŠim II, § 982	17

Der Text VII.2 (ShemR XLIX) enthält (in Teil 2) eine Serie von sechs Stücken (ausgenommen Nr. 1) mit eigentümlichem Charakter.

In Text VIII (Midrasch ʾAgadah) folgt auf die Frage, ob es möglich sei, zugleich schwarz und schön zu sein, in Teil 3 eine Serie von fünf Stücken, gefolgt von einem Gleichnis von einem Mädchen, das in den Parallelen eine Königstochter ist. Der Ausdruck ‚Zeltdecken aus Widderfellen' in Ex 26,7 gab Anlaß, Cant 1,5 einzuführen.

Die Serie VI (Midrasch zu Ex 25,1ff.) beginnt in Teil 2 mit dem Stück über das Goldene Kalb, und zwar als Begründung der Exilssituation. Für die Zukunft hingegen sollen die Verheißungen bezüglich des Untergangs Roms, des vierten der Weltreiche Daniels, in Erfüllung gehen.

In der Serie X (Midrasch ShirR I,35) entspricht Teil 1 weithin dem Text VI.

Die Kompilationen X (ShirR I,35f.) und XIII (in den Teilen 1,3–13) enthalten zwei literarische Einheiten von ähnlicher Thematik mit nur geringen Abweichungen (in X mit *, in XIII mit ** gekennzeichnet). Der Yalqût enthält in der Regel kürzere Fassungen von Traditionen. Die Texte VII (ShemR) und XI enthalten nur einige Stücke, allesamt Beifügungen oder Abweichungen (mit *** gekennzeichnet). In keinem der erwähnten Fälle handelt es sich um identische Kompositionen. Eines der Hauptmotive stellt die Gegenüberstellung der eigenen Verhaltensweisen und der Verhaltensweisen der Väter dar. Unter den häufigsten Motiven hebt sich ein Block von "historischen" Topoi hervor, allen voran der Exodus aus Ägypten, die Wüstenwanderung, die Sinaiepisoden und über Num 25 (Schittim) bis zu den Königen Israels.

A	Text und Teil	*Schwarz bin ich*	*und schön*
1)	X,1 = XIII,1 VII,1,1 VII,2,2 VIII,2	Eigene Verhaltens-weisen[57]	Verdienste der Väter
1a)	XI,1	Eigene Verdienste	Väterverdienste + Jes 54,1
1b)***	XII,1	*Zelte Qedars* Äußerlich	Innerlich
2)	X,1 = XIII,1	Vor mir selber	Vor dem Schöpfer + Am 9,7

---

57 III,6.1 verwendet nur den ersten Teil des Stückes und konkretisiert die eigenen Verhaltensweisen als Götzendienst (Sonne und Mond).

2

3)**	VI,2 X,1	In Ägypten Ez 20,8 (Revolte)	In Ägypten Ez 16,6 infolge des Blutes des Passah-Lammes und der Beschneidung
3a)	XIII,1	In Ägypten Ex 1,14	In Ägypten infolge des Blutes des Passah-Lammes und der Beschneidung
3b)***	VIII,3	In Ägypten Ez 20,7	In Ägypten Ez 16,6 (Blut)
3c)***	VII,2	In Ägypten	Am Sinai Ex 24,7: *tun und hören*
4)	VI,2 VII,2,2 X,1 = XIII,1	Am Schilfmeer Ps 106,7: Rebellion	Am Schilfmeer Ex 15,2
4a)		cf. VII,1,4: Ps 106,7	Ex 15,1
5)	X,1 XIII,1 (Kurzform)	Bei Mara Ex 15,24 (Rebellion)	Bei Mara Ex 15,25
6)	VI,2 X,1 = XIII,1	Bei Refidim Ex 17,7 (Rebellion)	Bei Refidim Ex 17,15 (Altar)
7)	VI,2 *X,1	Am Horeb Ps 106,19	Am Horeb Ex 24,7: *tun und hören*
7b)	XIII,1	Am Horeb Ex 32,4	Am Horeb Ex 24,7
7c)***	VI,2 VII,2,2.4 XII,1 XIV,1 (Targ. Cant.)	Wegen Goldenen Kalbs Ex 32	Wegen Baus des Zeltheiligtums
7d)**	VII,2,2	Wegen des Stiers Ps 106,20	Wegen des Stiers Lev 17,3
7e)***	VII,1,4 VIII,3	Am Horeb Dt 9,5 (Provokation)	Am Horeb Ex 24,7
7f)***	VIII,3	Gold für das Kalb Ex 32,3	Gold für das Zeltheiligtum Ex 35,22
8)	X,1(*Num 9,15) XIII,1	In der Wüste wegen Ps 78,49 Revolte	In der Wüste wegen Zeltheiligtumsbau
9)	X,9 = XIII,1 (Kurzform)	Zeit der Kundschafter Num 13,32	Zeit der Kundschafter Num 32,12

10)	VI,2 X,1 XIII,1	Bei Schittim (*Num 25,1)	Bei Schittim + Ps 106,30 (Pinchas)
11)*	X,1	Wegen Achan Jos 7,1	Wegen Achan Jos 7,19
12)	VI,2 X,1 XIII,1	Wegen der Könige Israels	Wegen der Könige Judas
13)	XIII,1	In Ägypten im Frondienst	Am Schilfmeer
13a)	VIII,3	In Ägypten im Frondienst	Am Schilfmeer Ex 14,31
13b)	XII,1	In Ägypten im Frondienst	Am Schilfmeer mit Beute
14)*	X,1	Ahab 1Kön 6,39	--
15)	X,1 = XIII,1	An Wochentagen	Am Sabbat
15a)	VI,2	An allen Tagen des Jahres	Am Sabbat
16)	X,1 = XIII,1	An allen Tagen des Jahres	Am Jom Kippur
17)*	VI,2 X,14 XIII,13	10 Stämme Israels	Juda und Benjamin
18)	VI,2 X,1 = XIII,1	In Dieser Welt	In Kommender Welt
19)	VII,2,2	Verunreinigung des Heiligtums Ez 23,38	Bau des Zeltheiligtums Ex 36,38
19a)	VI,2	Verunreinigung des Heiligtums Num 19,13	Bau des Zeltheiligtums Num 9,15
20)	XI,1	Wegen Zurechtweisungen	Wegen Tröstungen
21)	XI,1	Wegen Ungehorsams	

Die 21 aufgelisteten Topoi wurden teilweise auch in anderen Einheiten verwendet, stellten also zunächst unabhängige Traditionen dar. Die vorliegenden literarischen Einheiten, in denen sie auftauchen, sind daher im Verhältnis dazu später anzusetzen, stammen aus einem Stadium, da man gewohnt war, in großem Umfang bereits vorhandene Einheiten aufzugreifen und mehr oder minder adaptierend in neue Kontexte einzubauen.

A 7f): Die Gegenüberstellung von Ex 32 (Goldenes Kalb) und von Ex 24,7 (*wir werden tun und hören*) erscheint in IV,1 anders eingeordnet, nämlich unter dem Lemma *die Söhne meiner Mutter,* wie A 9 die Kundschafter im Text IV,1 (+ Num 14,29).

Die Aussagen zur Episode vom Goldenen Kalb (Ex 32) bilden einen gewichtigen Block für sich und spielten auch in der zwischenreligiösen Polemik eine beachtliche Rolle.[58] Das Thema ist in der Tradition weit verbreitet und wurde recht unterschiedlich behandelt, es ist wohl die am meisten beachtete Passage über Israels Fehlverhalten. Im vorliegenden Kontext allerdings steht das Motiv nicht im Vordergrund. Es begegnet auch nicht etwa unter dem Lemma *schwarz – schön,* sondern in den folgenden Passagen: Im Text II (PesK XIV,4) erfüllt es eine Schlüsselfunktion im Rahmen der Aussagen zu Jer 2,4ff., wo sich allerlei Traditionen zu Cant 1,5 verbinden. In Text IV,1 erscheint es im Kontext zum Lemma *die Söhne meiner Mutter* und in Text VIII,2 verbunden mit dem Königstochtergleichnis.

B. Das Königstochtergleichnis

Einige der Texte enthalten eine aus folgenden Komponenten zusammengesetzte Einheit: a) die Frage, wie etwas oder jemand zugleich schwarz und schön sein könne. b) Ein Königstochtergleichnis: Eine Prinzessin wird von ihrem Vater wegen einer Ungehörigkeit zur Strafe angewiesen, auf dem Feld Ähren zu lesen, wobei sie in der Sonne für einige Zeit gebräunt wurde. c) Die Anwendung dieses Gleichnisses auf die Beziehung Gott – Israel bzw. Israel – Völker. Israel hat das Goldene Kalb fabriziert, aber das war ein zeitweiliges Abgleiten in den Götzendienst, die Völker hingegen dienen den Götzen ständig.

Der Text XII (Cant. zûṭa᾽) führt in Teil 1 nach dem Gleichnis eine Passage ein, in der erklärt wird, daß Israel nicht schwarz geboren und daher sein Zustand nicht unveränderlich ist. Der Text schließt mit der Gegenüberstellung von der Fabrikation des Goldenen Kalbes und dem Bau des Zeltheiligtums (A 7c).

Text XIII,1 entspricht fast völlig dem Text XII, doch ist die Formulierung präziser, und der Abschluß wird wie in VIII,2 durch A 1 gebildet, der Gegenüberstellung von eigenen Verhaltensweisen und Verhaltensweisen der Väter. Auf dieser Basis eröffnet A 2 (vor mir selber – vor dem Schöpfer) eine Serie von 13 Einheiten.

---

58 P. C. BORI, The Golden Calf and the Origins of the anti-Jewish Controversy, transl. by D. WARD, Atlanta 1990; I. J. MANDELBAUM, Tannaitic Exegesis of the Golden Calf Episode, in: P. R. DAVIES – R. T. WHITE (eds.), A Tribute to Geza Vermes, Sheffield 1990, 207–223.

Text VIII,2.2 schließt die Komposition mit A 1 (eigene Verhaltensweisen und Verhaltensweisen der Väter) und anschließend mit einer Serie von fünf Einheiten. Das Königstochtergleichnis erscheint hier in apologetisch erweiterter Form: Der Vater prüft den Sachverhalt erneut, stellt fest, daß seine Tochter sich nicht vergangen hat, und erläßt ihr die Strafe. Im weiteren begegnet eine Passage, die sonst mit dem Königssohngleichnis (siehe unten) auftaucht: Nach mehreren Waschungen und kosmetischen Maßnahmen verschwindet die häßliche Hautfarbe wieder.

5.1.2 Ursachen der Schwarzfärbung

a) Götzendienst

aa) In Text III (PesR) bietet Jer 10,2 mit den Schlüsselbegriffen *Zelte* und *Söhne* die Gelegenheit zur Wiederaufnahme von Cant 1,5f.; so in III,4, zunächst indirekt durch eine Bezugnahme auf die in Thr 2,15 und Ez 16,14 genannte verlorene Schönheit. In Teil 4.3 wird als Ursache der Tempelzerstörung und der Exilierung der Bundesbruch Israels genannt. In 5.1 wird Cant 1,6 zitiert: *Schaut mich nicht an ...*, was in 5.2 durch einen sehr verbreiteten Vergleich illustriert wird: Das Gesicht ist geschwärzt wie ein Kochtopf an seinem Außenrand; 6.1 führt als Ursache die eigenen Handlungsweisen an (Einheit 1 des Typus A) und konkretisiert dies als Götzendienst (Sonnen- und Mondkulte). Der Text wurde schließlich durch die Frage nach den Verantwortlichen erweitert, die *Söhne meiner Mutter* (siehe unten):

ab) X (ShirR), Teil 10.1 (Ez 8,16) und 10.2 (2Kön 23,11), und in

ac) XIV,4.

b) Die Gleichnisse von der Sklavin und vom Königssohn

Das literarische Motiv der Bräunung wurde gern mit dem Sonnenkult verbunden (vgl. auch Dt 4,19). Um die Differenz zwischen tatsächlichem Verhältnis und grundsätzlicher Verschiedenheit zwischen Weltvölkern und Israeliten aufzuzeigen, wurde das Gleichnis von der Sklavin benutzt, die ständig mit Ruß beschmutzt und folglich schwarz wie eine Kuschitin erscheint. Sie meint in ihrem Wahn, daß ihr Herr sich von seiner Ehefrau trennen werde, weil er diese einmal mit rußbeschmutzten Händen gesehen hatte, um sie, die ständig geschwärzte Sklavin, zu ehelichen. Dementsprechend wird auch Gott wegen eines vorübergehenden Rückfalls Israels in den Götzendienst sich nicht für immer von seinem Volk trennen. Das wird des weiteren anhand des Vorwurfs in Ps 106,19f. und des Spottes in Ps 3,3 auf das Verhältnis Völker – Israel bezogen.

Darauf folgt als Entgegnung das Gleichnis vom Königssohn, der von einem Wüstenzug gebräunt zurückkehrt und nach mehreren Waschungen und kosmetischen Maßnahmen sein häßliches Aussehen wieder verliert. Dieses Gleichnis wird auf Israel bezogen, das ebenfalls wieder *schön* sein werde, während die Völker, von Geburt an und immerwährend Götzendiener, häßlich bleiben.

Text XI, Teil 9: Wegen des Sonnenkultes (Dt 4,19). In Teil 10 (R. Isaak) folgt das Gleichnis von der Sklavin mit einer erweiterten Anwendung und in XI,11 das Königssohngleichnis mit seiner Anwendung.

Text X,13 enthält das Gleichnis von der Sklavin mit der Beifügung von Ps 106,20; in 13.2 begegnet das Gleichnis vom Königssohn mit Anwendung und Erklärung.

Text XIII,4.5 enthält das Gleichnis von der Sklavin (unter dem Namen R. Isaaks) mit der Beifügung von Ps 106,20 und Ps 3,3 und in Teil 4.6 das Gleichnis vom Königssohn mit seiner Anwendung. Vgl. Text XIV.

Das Gleichnis erscheint in V.1,3 in einer abgewandelten Form und unter dem Lemma *die Söhne meiner Mutter*. Nicht der Vater, sondern die Söhne bestrafen also hier die Prinzessin. Dabei taucht auch das Bild vom außen geschwärzten Kochtopf auf.

5.1.3 Die Söhne meiner Mutter

(a) In Text V,1.3 wurde, wie bereits festgestellt, das Königstochtergleichnis unter diesem Lemma eingebaut.

(b) In einem Teil der Tradition wird *meine Mutter* auf das Volk Israel bezogen, danach werden Personen oder Situationen aufgelistet, denen die Hauptverantwortung für den Götzendienst in Israel angelastet wird:

(1)   Falschpropheten: XIV,5; XIII,8 (speziell Baalspropheten)

(2)   Zedekia ben Kanaan und Genossen: III,6.2; V.2,2.1.2; 2.2.2; XI,12.1

(3)   Hananjah ben Asor und Genossen: XI,12.2; vgl. V.2,2.2.1

(4)   Hananjah ben Asor, Ahab ben Kulia und Zedekia ben Maasja (Falschpropheten): V.2,2.2.1

(5)   Der König, die Fürsten und die Falschpropheten: XII,3.1.1

(6)   Die Ratgeber, die die Wahl eines Königs veranlaßten: IV,1.1.2

(7)   Die Verräter, die die Tat des Mose dem Pharao mitteilten (Ex 2,1–12): IV,1.2

(8)   Datan und Abiram: XIII,5.2

(9)   Die Verhältnisse in Midian zur Zeit Moses: IV,1.3

(10) Israel als Ersteller des Goldenen Kalbs (Ex 32): IV,1.4 (vgl. Topos 1!)

(11) Die Kundschafter (vgl. Topos 9): IV,1.5 (Num 14,29)
(12) Die Sünder Israels im allgemeinen (Sach 1,6): XI,12.3
(13) Jerobeam ben Nebat: X,14.2; XIII,6.1
(14) Ahab: X,16.1; XIII,6.2
(15) Jezebel: X,16.2; XIII,6.3
(16) Der König Zedekia: X,16.3; XIII,6.4
(17) Zustände während der Wüstenwanderung: XIII,5.3

Ergänzt wird die Feststellung der Ursache schließlich mittels der Ausdeutung der Phrase *die Söhne meiner Mutter haben mich zur Hüterin der Weinberge gemacht – aber meinen Weinberg habe ich nicht gehütet.* Die Maßnahme der Brüder wurde als Strafe verstanden.

5.1.4 Die Verleumder

Es gibt Traditionen über Mitisraeliten, die über Israel Ungehöriges gesagt haben und bestraft wurden bzw. eine Bestrafung Israels heraufbeschworen haben.

In Text X (ShirR) Teil 9 finden wir dafür als Untermauerung ein Zitat aus Prov 30,10: *Verleumde nicht den Knecht vor seinem Herrn.* ‚Knechte' Gottes werden alle Israeliten genannt, insbesondere die Propheten, aber gerade diese haben gesündigt:

(1) Mose selber, da er nach Num 20,10 die Israeliten ‚Rebellen' genannt hat. Zur Strafe durfte er das Land Israel nicht betreten.
(2) Jesaja, der laut Jes 6,5 Israel ein Volk unreiner Lippen genannt hat, mußte seine Lippen durch eine glühende Kohle reinigen lassen.
(3a) Elias, der Israel Bundesbruch vorgeworfen hat (1Kön 19,14).
(3b) Elias, weil er dem Volk Israel Götzendienst vorgeworfen hat.
(4) R. Abbahu und Reš Laqiš, weil sie eine israelitische Stadt (Cäsarea!) verunglimpft haben.

5.1.5 ... *haben mich zur Hüterin der Weinberge gemacht – aber meinen Weinberg habe ich nicht gehütet*

(1a) Israel hat in seinem Land einen bestimmten Festtag nicht korrekt begangen, daher muß es nun im Exil einen zweiten Festtag einhalten: siehe die Texte I,2.1; III,7.1; X,17.2; XI,13.2; XIII,7.3.

(1b) Text V,2,1.2 verbindet das Motiv vom Festtag mit den "Söhnen" von Jer 10,20 und kehrt die Aussage um: Im Land hat Israel die Feste mit einem Tag ordnungsgemäß eingehalten, im Exil hingegen nicht einmal einen von zwei vorgeschriebenen. Danach wird Cant 1,6 benutzt, um die Frage nach den Verantwortlichen aufzuwerfen.

(1c) Israel hat in seinem Land die gebotene Abgabe einer *ḥallah* nicht geleistet und muß daher im Exil eine zweite *ḥallah* abliefern. Siehe I,2.2; X,17.1; XIII,7.2.

Das Doppelthema Festtage – *ḥallôt* (in X,17 in umgekehrter Folge) wurde mit der Zitierung von Ez 20,24 durch R. Jochanan zu einem festen Topos in der Hoheliedexegese.

(1c) Israel hat die vorgeschriebenen Abgaben an Priester und Leviten nicht geleistet: IV,2.2.

(1d) Israel hat sich als des Tempels nicht würdig erwiesen und muß daher im Exil in Hütten leben: XII,4.

(1e) und (1f) Israel hat Gott nicht gedient und dient nun den Völkern: XIII,9.

(2) Baalspropheten: XIII,8.

5.2 Töchter (*bᵉnôt*) oder Aufbauende (*bônôt*) Jerusalems

Eine Tradition deutet die ‚Töchter' als Tochterstädte Jerusalems (VII.1,2.2; X,2.2; XIII,2), eine andere interpretiert wörtlich: Es handelt sich um alle, schwarze wie schöne, und alle sind Töchter Jerusalems. Aber auch eine andere Vokalisation wird vorgeschlagen, einmal *bônôt* im Sinne von ‚Aufbauende', zum andern *bônôt* in der Bedeutung von ‚Einsichtige, Verständige', und das wird auf die Mitglieder des Sanhedrin bezogen, die Torah studieren und praktizieren: VII.1,2.2; X,2.1.

5.3 *Wie Zelte Qedars, wie Baldachine Salomos*

Die Gegenüberstellung der *Zelte Qedars* hat zur Ausformung mehrerer literarischer Motive in verschiedenartigen Kompositionen geführt: in VII.2,3, XIII,3, X,7 und X,4–6. Grundlegend ist dabei stets der Gegensatz zwischen unansehnlichem Äußerem und wertvollem Innerem.

(a) Die Weisen Israels repräsentieren diesen Kontrast. Ihrer bescheidenen äußeren Erscheinung steht ihr innerer Reichtum an Torah gegenüber: VII.1,3.1; X,7.1; XIII,3.1.

Manchmal wird das Motiv verallgemeinert: Die Israeliten erscheinen wegen ihrer einstigen Taten äußerlich in einem ungünstigen Zustand (vgl. oben A 1), sind aber intern voller Gebote (XII,1.3: Verdienste) wie ein Granatapfel aus dem Lande Israel: VIII,3.2; XI,4.

(b) Beweglich/veränderlich – unbeweglich, unveränderlich

Die *Zelte Qedars* – der Ismaeliten – werden abgebaut, versetzt und wieder aufgestellt. Die *Baldachine des Šlmh* nicht so, sie werden als Baldachine Gottes verstanden, als Baldachine dessen, der über *šlwm* (Friede, Wohlbefinden) verfügt. Dazu wird eine Passage aus Jer 33,20 angeführt: VII.1,3.2; X,7.3 (mit Jes 33,20); XIII,3.3 (mit Hiob 37,18; Jes 33,20).

c) Nicht abwaschbar/sühnbar – abwaschbar/sühnbar

jᵉrîʿôt šlmh ist unvokalisiert auch als *jᵉrîʿôt šlmh* lesbar, als *śalmah*, Kleid. So wie Kleider schmutzig werden können, aber gewaschen werden können, so werden auch Israels Sünden nach dem Sündenbekenntnis vergeben. In diesem Sinne wird in VII.1,3.3; XIII,3.2; X,7.2 der Jom Kippur als Mittel der Entsühnung bzw. Reinigung angeführt. In Text X folgen (7.3.3) noch Zitate aus Lev 16,30 und Jes 1,18.

(d) Die Frage nach dem aktuellen Zustand und der geziemenden Herrschaftsausübung Israels wird unter demselben Gesichtspunkt behandelt, und das läuft in der Regel auf eine eschatologische Zuspitzung hinaus.

5.4 Das Heiligtum

Die Schlüsselbegriffe *Zelte* bzw. *Baldachine* haben Assoziationen provoziert, die den Bau, die Zerstörung und den Wiederaufbau des Heiligtums betreffen. Zunächst dachte man bei „Zelt" natürlich an das Zeltheiligtum der Wüstenzeit.

5.4.1 Das Zeltheiligtum in der Wüste

Der Komplex mit den „historischen" Ursachen für den zwiespältigen Zustand *schwarz und schön* wurde offensichtlich mit dem Doppelcharakter der Ereignisse am Horeb/Sinai assoziiert, wo der Kontrast in der willigen Annahme der Torah (Ex 24,7) bzw. dem Bau des Zeltheiligtums einerseits und dem Götzendienst mit dem Goldenen Kalb (Ex 32) andrerseits besteht (vgl. auch XIV).

5.4.2 Der Tempel in Jerusalem

In X,10.1 wird unter Zitierung von Ez 8,16 auf die Entweihung des ersten Tempels verwiesen.

In der Texteinheit III (PesR XXVIII) dient die Zerstörung des Tempels auf der Basis von Jer 10,20 zur Ausbildung einer homiletischen Ausdeutung. Die Verwendung von Elementen aus den Auslegungen zu Cant 1,5f. erfolgte durch Einfügung zweier kleiner Einheiten (Teile 5–7) in diesen Kontext von acht Teilen.

XII,4 verbindet die Entweihung des Tempels mit der Exilierung, und in III,8.1–2 wird das Motiv des endzeitlichen, von Gott selber erbauten Tempels hinzugefügt.

5.5 Kosmologische Motive

Die Ausdrücke Zelt und Zeltplanen begegnen in metaphorischer Anwendung häufig in kosmologischen Kontexten, auf die Struktur der Himmelswelt bezogen. Der himmlische Baldachin steht aber im Unterschied zu den Qedar-Zelten unverrückbar fest, und dies auch als verheißendes Zeichen für Israels Verhältnis zu Gott (VII,3.2; VIII,4; X,7.3).

Die Nachbarschaft der Schlüsselbegriffe führte in VIII,1.1 zu einer Analogie Zelte – Himmel und zu einem Bezug zu den Zeltdecken für das Wüstenheiligtum (Ex 26,7), zumal die Entsprechung zwischen irdischem Heiligtum und Struktur des Kosmos eine selbstverständliche Vorgabe war. Daß Gott die Welt um Israels willen erschaffen hat, war ein fester Topos in der Haggadah. In XI,2 wird auf der Basis von Gen 1 und anderen biblischen Passagen im ersten Teil dargelegt, daß Israel die ganze Schöpfung aufwiege, während im zweiten Teil in Analogie dazu festgestellt wird, daß der gesamte Kosmos (und der Schöpfer selber) in Trauer verfiel, als die Israeliten ins Exil geführt wurden.

5.6 Eschatologisches

(a) Mit dem Kontrast zwischen äußerem Anblick und inneren Werten verband sich der Widerspruch zwischen der verheißenen Vorherrschaft Israels, die als eschatologische Verheißung bestehen bleibt, und den tatsächlichen Machtverhältnissen. So legt X,7.4 dar, daß die nomadischen *Zelte Qedars* keiner Herrschaft unterliegen und analog dazu auch Israel eigentlich keiner Herrschaft untersteht, ausgenommen der Gottesherrschaft. Die Passage wird durch Zitierung von Lev 26,13, einer Bezugnahme auf Josef, Gen 37,28 und 47,20, und die Zitierung von Jes 14,2 abgeschlossen.

(b) In XI,5–6 erfährt das Motiv eine ganz andere Behandlung. Die Herrschaft Salomos, einmal verloren und wiedergewonnen, dient (X,5) als Exempel für die Beschaffenheit der Herrschaft Israels.

(c) In XI,6 werden Inhalte aus den Büchern Hiob und Proverbien und aus dem Psalter aufgegriffen, um eine Serie historischer Beispiele für die Aufeinanderfolge von Leid und Herrschaft zu bilden.

(d) In XI,10 findet man das Motiv der Herrschaft in einem anderen Kontext wieder, und zwar im Rahmen der Anwendung des Gleichnisses von der Sklavin.

(e) Das Problem der Herrschaftsverhältnisse wird in XII,4 (*Midraš zûṭa'*) konkretisiert: Es geht um die Rivalität zwischen Israel und Rom.

(f) Die römische Herrschaft wird natürlich stets zum Thema, wenn das Schema der vier Weltreiche Daniels bemüht wird (VI,1; VII,1.5).

(g) Am Ende der Tage wird Jerusalem zur Welthauptstadt (VII,1.2; X,2; XIII,2).

(h) Der endzeitliche Tempel wird im Unterschied zum ersten und zweiten Tempel von Gott selber für immer erbaut werden (III,1 und 8).

(i) Letztlich wird die Diskrepanz zwischen Wunschvorstellung und realem Zustand mit einem etwas resignativen Beiklang so aufgelöst: Der *schwarze* Zustand Israels gehört zu ‚Dieser Welt', der Zustand *schön* wird auf die ‚Kommende Welt' vertagt.

5.7 Die Gemeinde Israels

In allen Auslegungen zu Cant 1,5f. steht Israel im Zentrum des Geschehens und im Brennpunkt der Aufmerksamkeit, und zwar als heilsgeschichtliches Kollektiv. Daher gilt das Interesse auch vorzugsweise heilsgeschichtlichen Daten, der gegenwärtige, aktuelle Zustand wird als Folge von Ereignissen der Vergangenheit erklärt, in erster Linie als Folge der Episode mit dem Goldenen Kalb (Ex 32) und des Götzendienstes der Israeliten in der Königszeit mit entsprechender Vernachlässigung des wahren Kultes. Diesen negativen geschichtlichen Daten stehen die Verdienste der Väter gegenüber. Die Gegenwart wird durch eine schroffe Konfrontation zwischen Israel und den Völkern gekennzeichnet, und zwar nicht nur, weil die Völker Götzendienst betreiben, sondern auch, weil sie die vorübergehend schlechte Situation Israels (*schwarz*) fälschlich als Dauerzustand interpretieren. Die Zukunftshoffnung Israels besteht in der Wiederherstellung des ungetrübten Gottesverhältnisses und in der Folge auch der Umkehrung der Herrschaftsverhältnisse, im Fall Roms und in der darauf folgenden Gottesherrschaft. Zur Zeit der Redaktion der großen Midraschsammlungen begegnet eine Bezugnahme auf diesen Wechsel der Religion, er erschien im Verhältnis zur Machtfrage unwichtig. Rom blieb, ob pagan oder christlich, die frevelhafte Weltmacht, das vierte Reich Daniels bzw. ‚Edom', repräsentiert durch Esau, den rivalisierenden Zwillingsbruder Jakobs.

6. Die Verwendung biblischer Passagen

6.1 Die Bibelstellen in den Texteinheiten

Text/Teil	Bibelstelle	Position im Text/Teil
I. yEr III,9	Cant 1,6 *die Söhne* + Ez 20,25	(Kontext)
II. PesK XIV	Jer 2,4–28 + Num 33,1–36,13	(Kontext)
	Ex 32 ; Ex 24,7	1
	Cant 1,6 *die Söhne*	2
	Ez 20,24	2
III. PesR XXVIII	Ps 137,1f.	(Kontext)
	Jer 10,20; Ps 78,60	1
	Jer 10,20	2
	Jer 10,20; Thr 2,15; Ez 16,14	3
	Dt 29,23f.	4
	Cant 1,6 *Schaut mich*	5
	Cant 1,6 *weil die Sonne*	6
	Cant 1,6 *die Söhne*	6
	Cant 1,6 *mich zur Hüterin*	7
	Cant 1,6 *meinen Weinberg*	7
	Jer 10,20	8
	Ps 147,2	8
	Jer 10,20	8
IV. ARNª XX	Ps 19,9 + Dt 28,46ff.	(Kontext)
	Cant 1,6 *Schaut mich*	1.1
	Ex 2,11f.	1.2
	Ex 2,14	1.2
	Cant 1,6 *die Söhne*	1.3
	Ex 2,15–17	1.3
	Cant 1,6 *die Söhne*	1.4
	Ex 24,7	1.4
	Ex 32,4	1.4
	Cant 1,6 *die Söhne*	1.5
	Num 14,29	1.5
	Cant 1,6 *haben mich*	2.1
	Cant 1,6 *haben mich*	2.2
V.1 SER XXIX	Thr 1,2	(Kontext)
	Cant 1,6 *Schaut mich nicht*	1.1
	Cant 1,6 *die Söhne*	1.4
	Ex 22,21–23	2

	Ps 89,3	2
	Jes 54,14	2
	Ps 116,4f.	2
	Dt 4,31	2
	Ex 34,6	2
V.2 SER XXX	Ps 79,1f. + Jer 10,20	(Kontext)
	Jer 10,20	1
	Cant 1,6 *die Söhne*	2
	Cant 1,6 *die Söhne*	3
VI. Midr. zu Ex 25,1ff.	Ex 25,1ff. + Jes 60,17–61,6	(Kontext)
	Ex 25,3 Gold + Dan 2,32	1.1.1
	Ex 25,3 Silber + Dan 2,32	1.1.2
	Ex 25,5 + Gen 25,25	1.1.3
	Ex 25,6 + Jes 60,1 + Ps 132,17	1.2
	Cant 1,5 *Schwarz bin ich …*	2
	Ex 32 + Bau des Zeltheiligtums	2.1
	Ez 20,8 + Ez 16,6	2.2
	Ps 106,7 + Ex 15,2	2.3
	Ex 17,7 + Ex 17,15	2.4
	Ps 106,19 + Ex 24,7	2.5
	Ps 78,40 + Cant 8,5	2.6
	Num 19,13 + Num 9,15	2.7
	Num 25,1 + Ps 106,30	2.8
VII.1 ShemR XXIII	Ex 15,1ff.	(Kontext)
	Ex 15,1 + Cant 1,5 *Schwarz*	1
	Cant 1,5 *Töchter Jerusalems*	2.1
	Cant 1,5 *Töchter Jerusalems*	2.2
	Jos 15,47	2.2
	Cant 1,5 *Zelte Qedars …*	3
	Cant 1,5 *Baldachine …*	3.2
	Cant 1,5 *Baldachine Salomos*	3.3
	Cant 1,5 *Schwarz*	4
	Dt 9,8; Ex 24,7	4.1
	Ps 106,7; Ex 15,5	4.2
	Ex 15,1	5
	Jes 65,16; Jes 35,10	5.3
	Ps 98,1	5.4
VII.2 ShemR XLIX,2	Ex 36,8ff. + Jes 54,2ff.	(Kontext)
	Ex 36,8 + Cant 1,5; 8,7	(Kontext)
	Ex 40,35	(Kontext)
	Ex 36,8	(Kontext)

	Cant 1,5 *Schwarz bin ich*	1
	Cant 1,5 *Schwarz bin ich*	2
	Ägypten + Ex 24,7	2.2
	Ps 106,7 + Ex 15,2	2.3
	Ex 32 + Zeltheiligtum	2.4
	Ps 106,20 + Lev 17,3	2.5
	Ez 23,38 + Ex 36,8	2.6
	Ex 25,3ff.	3
	Jer 2,3	3.1
	Ex 25,3 + Ps 68,14	3.2.1
	Ex 25,3 + Dt 8,9	3.2.2
	Ex 25,4a + Num 15,38	3.2.3
	Ex 25,4b + Jes 41,14	3.2.4
	Cant 4,3 + Ps 68,28	4
	Ex 25,3ff.	5
	Gen 30,27	5.3
	Ex 36,8	6
	Ex 25,3	6.1
	Jer 2,3	6.2
	Ex 36,8 + Ps 68,14	6.2.1
	Ex 26,8 + Dt 8,9	6.2.2
	Ex 25,4 + Num 15,38	6.2.3
	Ex 25,4 + Jes 41,14	6.2.4
	Cant 4,3 + Ps 68,28	6.3
	Ex 36,8	7
	Ex 36,8 + Gen 30,27	7.3
VIII. Midrasch Agadah zu Ex 26,8	Ex 26,7f.	(Kontext)
	Ex 26,7	1
	Jes 63,15 + 1Kön 8,13	1.1
	Ps 104,2 + Ex 26,7	1.2
	Ex 26,7	2
	Ex 26,7 + Cant 1,5	2.1
	Cant 1,5 *Schwarz bin ich*	2.2
	Cant 1,5 *Schwarz bin ich*	3
	Ägypten + Ex 14,31	3.1.1
	Ägypten Ez 20,7 + Ez 16,6	3.1–2
	Ps 106,7 + Ex 15,2	3.1.3
	Dt 9,8 + Ex 24,7	3.1.4
	Ex 32,3 + Ex 35,22	3.1.5
	Cant 1,5 *Zelte Qedars/ Baldachine Salomos*	4

	Ps 104,2	4.1
IX	Cant 1,5f. + Am 9,7	(Kontext)
IX.1	Am 9,7–15 + Lev 19,1–20,27	(Kontext)
IX.2	Num 12,1 + Am 9,7	(Kontext)
X. ShirR I,35–42		(Kontext)
A. ShirR I,35–36	Cant 1,5 *Schwarz bin ich …*	1.1–15
	Cant 1,5 + Am 9,7	1.2
	Cant 1,5 + Ez 20,8 + Ez 16,6	1.3
	Ps 106,7 Schilfmeer + Ex 15,2	1.4
	Ex 15,24 (Mara) + Ex 15,25	1.5
	Ex 17,7 (Massa) + Ex 17,15	1.6
	Ps 106,19 (Ex 32) + Ex 24,7	1.7
	Ps 78,40 (Rebellion) + Num 9,15 (Zeltheiligtum)	1.8
	Num 13,32 (Kundschafter) + 32,12	1.9
	Schittim (Num 25) + Ps 106,30 (Pinchas)	1.10
	Achan (Jos 7,1) + Jos 7,19	1.11
	Ahab 1Kön 21,27 + 2Kön 6,30	1.13
B. ShirR I,3	Cant 1,5 *Töchter Jerusalems*	2
	Jos 15,47; Ez 16,6	2.2
	Jes 54,1	3–4
	Ex 15,1 ; Ez 48,7.1f.; Ps 96,1	4.1
	Jes 26,1	4.2
C. ShirR I,38	Cant 1,5 *Zelte Qedars*	5
	Lev 16,30; Jes 1,18	5.2
	Cant 1,5 *Zelte Qedars/ Baldachine Salomos*	5.3
	Jes 33,20	5.3
	Lev 26,13	5.4
	Gen 37,28; 47,20; Jes 14,2	6
D. ShirR I.39		7
	Cant 1,6 *Schaut mich*	7.1
	Prov 30,10; Lev 25,55; Am 3,7	7.1
	Num 20,10	7.2.1
	Cant 1,6 *Schaut mich*	7.3.1
	Jes 6,5	7.3.1
	Jes 6,6 (Jesaja)	7.3.1
	1Kön 19,14 (Elia)	7.3.2
	Jes 6,6	7.3.3
	Jes 17,1f.	7.3.4

	Ri 10,6	7.3.4
	1Kön 19,15	7.3.5
E. ShirR I,40–41	Cant 1,6 *die Sonne*	8
	Jer 2,13; Ez 8,16; Lev 22,25	8.1
	Cant 1,6 *die Sonne*	9
	2Kön 23,11	9
	Cant 1,6 *die Sonne*	10
	Num 25,4	10
	Num 25,41; Ps 106,28; Ps 106,20	11
F. ShirR I,42	Cant 1,7 *die Söhne*	12
	Datan und Abiram (Num 16)	12.1
	Ex 2,16f.	12.2
	Cant 1,7 *habe ich nicht*	12.2
	Kundschafter (Num 13)	12.2
	Jerobeam (1Kön 12f.)	12.2
	Salomo (1Kön 11,1)	13
	Jerobeam/Rom (1Kön 12f.)	14.1
	Edom (1Kön 22,48)	14.3
	Cant 1,7 *die Söhne*	15.1
	Ahab (1Kön 16,29ff.)	15.1
	1Kön 22,27 Zedekia	15.1
	Cant 1,7 *die Söhne*	15.2
	1Kön 19,2 (Jezebel)	15.2
	Cant 1,7 *die Söhne*	15.3
	Jer 37,21	15.3
	Cant 1,7 *habe ich nicht*	16
	Ez 20,25	16
XI. *Midraš*	Cant 1,5 *Schwarz bin ich*	1
Šîr ha-šîrîm	Jes 54,1	1.1.2
	Gen 1	2
	Gen 1,1 + Dt 33,26	2.1
	Gen 1,2 + Dan 12,3	2.1
	Gen 1,11 + Ez 16,7	2.1
	Gen 1,15 + Cant 6,10	2.1
	Gen 1.20 + Ex 1,7	2.1
	Gen 1,26 + Ez 34,31	2.1
	Gen 1,1 + Jes 50,3	2.2
	Gen 1,2 + Dan 7,9	2.2
	Gen 1,11 + Hag 1,6 + Joel 1,12	2.2
	Gen 1,15 + Jes 13,10	2.2
	Gen 1,20 + Hos 4,3	2.2

	Gen 1,26 + Jes 24,11 + Jes 30,5	2.2
	Cant 1,5 *Töchter Jerusalems*	3
	Cant 1,5 *Zelte Qedars*	4
	Cant 1,5 *Baldachine*	5
	Hos 2,24	5
	Cant 1,5 *Baldachine*	6
	Cant 1,6 *Schaut mich*	7.1
	Cant 1,6 *Schaut mich* + 1Sam 6,19	7.2
	Cant 1,6 *weil ich*	8
	Cant 1,6 *die Sonne* + Dt 4,19	9
	Ps 106,20	10
	Ps 3,3	10
	Cant 1,6 *die Söhne*	10
	Sach 1,6	12
	Cant 1,6 *haben mich*	13
XII. *Midraš zûṭaʾ*		1
	Cant 1,5 *Schwarz*	1.1
	Ex 32	1.2
	Cant 1,5 *Schwarz*	1.2
	Ps 68,14	1.3
	Cant 1,5 *Schwarz*	2.1
	Cant 1,5 *Zelte Qedars*	2.1
	Jes 40,22	2.2
	Cant 1,6 *Baldachine Salomos*	3
	Gen 1,1ff.	3
	Cant 1,6 *Söhne*	3
	Cant 1,6 *haben mich*	4
XIII. YalqŠim 1. Vgl. ShirZ zu 1,5 2. Vgl. ShirR I,35	Cant 1,5 *Schwarz bin ich*	1.1
		1.2–11
	Am 9,7	1.2
	Ägypten; + Ex 1,14	1.3
	Ps 106,7 Schilfmeer; + Ex 15,2	1.4
	Ex 15,24 Mara; + Ex 15,25	1.5
	Ex 17,7 Refidim + Ex 17,15	1.6
	Ex 32,4 Horeb + Ex 24,7	1.7
	Ps 78,40 Revolte + Zeltheiligtum	1.8
	Kundschafter (Num 13) + Josua/Kaleb (Num 14,6ff.)	1.9
	Schittim (Num 25) + Pinchas (Num 25,7ff. + Ps 106,30)	1.10

3. ShirZ zu 1,5	Ägypten	1.12
4. ShirR I,36		1.13
5. ShirR I,37 (2)	Cant 1,5 *Töchter Jerusalems*	2
6. ShirR I,38 (3)	Cant 1,5 *Zelte Qedars*	3
	Cant 1,5 *Zelte Qedars*	3.1
	Cant 1,5 *Zelte Qedars*	3.2.1
	Cant 1,5 *Baldachine Salomos*	3.2.2
	Cant 1,5 *Baldachine Salomos*	3.2.4
	Lev 16,30	3.2.4
	Jes 1,18	3.2.4
	Cant 1,5 *Baldachine Salomos*	3.3
	Jes 40,22	3.3
	Hiob 37,18	3.3
	Jes 33,20	3.3
7. ShirR I,39 (7)	Cant 1,6 *Schaut mich*	4
	Num 20,10	4.1
	Jes 6,5	4.2
8. MŠîr	Cant 1,6 *Schaut mich*	4.3
	Cant 1,6 *Schaut mich*	4.4
	1 Sam 6,19	4.4
	Cant 1,6 *Schaut micht*	4.5–6
	Ps 106,20; Ps 3,3	4.5
9. ShirR I,42 (12–15)	Cant 1,6 *die Söhne*	5
	Datan und Abiram (Num 16)	5
	Cant 1,6 *die Söhne*	6
	Jerobeam (1Kön 12f.)	6.1
	Ahab (1Kön 16,29ff.)	6.2
	Zedekia/Jeremia	6.2
	1Kön 22,27	6.2
	Jezebel	6.3
	Zedekia/Jeremia (Jer 37,21)	6.4
10. ShirR I,42	Cant 1,6 *die Söhne*	7
	Ez 20,25	7.4
11. EkhaR I,54	Cant 1,6 *die Söhne*	8
	Thr 1,19	8
12.	Cant 1,6 *haben mich*	9
XIV. Targum zu Cant 1,5f.	Ex 32	1,5–6

6.2 Index der biblischen Zitate nach der Folge im TN"K

Bibelstelle	Text	Position/Teil
Gen 1	XI. MŠîr	2
Gen 1,1ff.	XII. Midr. zûṭaʾ	2.2
Gen 1,1	XI. MŠîr	2.1
Gen 1,1	XI. MŠîr	2.2
Gen 1,2	XI. MŠîr	2.1
Gen 1,2	XI. MŠîr	2.2
Gen 1,11	XI. MŠîr	2.1
Gen 1,11	XI. MŠîr	2.2
Gen 1,15	XI. MŠîr	2.1
Gen 1,15	XI. MŠîr	2.2
Gen 1,20	XI. MŠîr	2.1
Gen 1,20	XI. MŠîr	2.2
Gen 1,26	XI. MŠîr	2.1
Gen 1,26	XI. MŠîr	2.2
Gen 25,25	VI. Midr. zu Ex 25	1.1.3
Gen 30,27	VII.2 ShemR XLIX	5.3
Gen 30,27	VII.2 ShemR XLIX	7.3
Gen 37,28	X. ShirR	6
Gen 47,20	X. ShirR	6
Ex 1,7	XI. MŠîr	2.1
Ex 1,14	XIII. YalqŠim	1.3
Ex 2,11–12	IV. ARNa XX	1.2
Ex 2,14	IV. ARNa XX	1.2
Ex 2,15–17	IV. ARNa XX	1.3
Ex 2,16f.	X. ShirR	12.2
Ex 14,31	VIII. Midr. ʾAg.	3.1.1
Ex 15,1ff.	VII.1 ShemR XXIII	(Kontext)
Ex 15,1	VII.1 ShemR XXIII	4.2
Ex 15,1	VII.1 ShemR XXIII	5
Ex 15,1	X. ShirR	4.1
Ex 15,2	VI. Midr. zu Ex 25	2.3
Ex 15,2	VII.2 ShemR XLIX	2.3
Ex 15,2	VIII. Midr. ʾAg.	3.1.3
Ex 15,2	X. ShirR	1.4
Ex 15,2	XIII. YalqŠim	1.4
Ex 15,24	X. ShirR	1.5
Ex 15,24	XIII. YalqŠim	1.5
Ex 15,25	X. ShirR	1.5

Ex 15,25	XIII. YalqŠim	1.5
Ex 17,7	VI. Midr. zu Ex 25	2.4
Ex 17,7	X. ShirR	1.6
Ex 17,7	XIII. YalqŠim	1.6
Ex 17,15	VI. Midr. zu Ex 25	2.4
Ex 17,15	X. ShirR	1.6
Ex 17,15	XIII. YalqŠim	1.6
Ex 22,21–23	V.1 SER XXIX	2
Ex 24,7	II. PesK XIV	1
Ex 24,7	IV. ARN[a] XX	1.4
Ex 24,7	VI. Midr. zu Ex 25	2.5
Ex 24,7	VII.1 ShemR XXIII	4.1
Ex 24,7	VII.2 ShemR XLIX	2.2
Ex 24,7	VIII. Midr. 'Ag.	3.1.4
Ex 24,7	X. ShirR	1.7
Ex 24,7	XIII. YalqŠim	1.7
Ex 25,1ff.	VI. Midr. zu Ex 25	(Kontext)
Ex 25,3ff.	VII.2 ShemR XLIX	3
Ex 25,3ff.	VII.2 ShemR XLIX	5
Ex 25,3	VI. Midr. zu Ex 25	1.1.1
Ex 25,3	VI. Midr. zu Ex 25	1.1.2
Ex 25,3	VII.2 ShemR XLIX	3.2.1
Ex 25,3	VII.2 ShemR XLIX	3.2.2
Ex 25,4	VII.2 ShemR XLIX	3.2.3
Ex 25,4	VII.2 ShemR XLIX	6.1
Ex 25,4	VII.2 ShemR XLIX	3.2.4
Ex 25,4	VII.2 ShemR XLIX	6.2.3
Ex 25,4	VII.2 ShemR XLIX	6.2.4
Ex 25,5	VI. Midr. zu Ex 25	1.1.3
Ex 25,6	VI. Midr. zu Ex 25	1.2
Ex 26,7	VIII. Midr. 'Ag.	1
Ex 26,7	VIII. Midr. 'Ag.	1.2
Ex 26,7	VIII. Midr. 'Ag.	2
Ex 26,7	VIII. Midr. 'Ag.	2.1
Ex 26,7f.	VIII. Midr. 'Ag.	(Kontext)
Ex 26,8	VII.2 ShemR XLIX	6.2.2
Ex 32	II. PesK XIV	1
Ex 32	VI. Midr. zu Ex 25	2.1
Ex 32	VII.2 ShemR XLIX	2.4
Ex 32	XII. Midr. zûṭa'	1.1
Ex 32	XIV. Targ. Cant.	1.5–6

Ex 32,3	VII. Midr. ʾAg.	3.1.5
Ex 32,4	IV. ARNᵃ XX	1.4
Ex 32,4	XIII. YalqŠim	1.7
Ex 34,6	V.1 SER XXIX	2
Ex 35,22	VIII. Midr. ʾAg.	3.1.5
Ex 36,8ff.	VII.2 ShemR XLIX	(Kontext)
Ex 36,8	VII.2 ShemR XLIX	1
Ex 36,8	VII.2 ShemR XLIX	2.6
Ex 36,8	VII.2 ShemR XLIX	6
Ex 36,8	VII.2 ShemR XLIX	6.2.1
Ex 36,8	VII.2 ShemR XLIX	7
Ex 36,8	VII.2 ShemR XLIX	7.3
Ex 40,35	VII.2 ShemR XLIX	(Kontext)
Lev 16,30	X. ShirR	5.2
Lev 16,30	XIII. YalqŠim	3.2.4
Lev 17,3	VII.2 ShemR XLIX	2.5
Lev 19,1–20,7	IX.1 Targ. Am 9,7	(Kontext)
Lev 22,25	X. ShirR	8.1
Lev 25,55	X. ShirR	7.1
Lev 26,13	X. ShirR	5.4
Num 9,15	VI. Midr. zu Ex 25	2.7
Num 9,15	X. ShirR	1.8
Num 12,1	IX.2 Sifre Num	9
Num 13	X. ShirR	12.2
Num 13	XIII. YalqŠim	1.9
Num 13,32	X. ShirR	1.9
Num 14,6ff.	XIII. YalqŠim	1.9
Num 14,29	IV. ARNᵃ XX	1.5
Num 15,38	VII.2 ShemR XLIX	3.2.3
Num 15,38	VII.2 ShemR XLIX	6.2.3
Num 16	X. ShirR	12.1
Num 16	XIII. YalqŠim	5
Num 19,13	VI. Midr. zu Ex 25	2.7
Num 20,10	X. ShirR	7.2.1
Num 20,10	XIII. YalqŠim	4.1
Num 25	X. ShirR	1.10
Num 25	XIII. YalqŠim	1.10
Num 25,1	VI. Midr. zu Ex 25	2.8
Num 25,4	X. ShirR	10
Num 25,4	XII. Midr. zûṭaʾ	3
Num 25,4	X. ShirR	11

Num 25,7ff./Ps 106,30	XIII. YalqŠim	1.10
Num 32,12	X. ShirR	1.9
Num 33,1–36,13	II. PesK XIV	(Kontext)
Dt 4,19	XI. MŠîr	9
Dt 4,31	V.1 SER XXIX	2
Dt 8,9	VII.2 ShemR XLIX	3.2.2
Dt 8,9	VII.2 ShemR XLIX	6.2.2
Dt 9,8	VII.1 ShemR XXIII	4.1
Dt 9,8	VIII. Midr. 'Ag.	3.1.4
Dt 28,46ff.	IV. ARNᵃ XX	(Kontext)
Dt 29,23f.	III. PesR XXVIII	4
Dt 33,26	XI. MŠîr	2.1
Jos 7,1	X. ShirR	1.11
Jos 7,19	X. ShirR	1.11
Jos 15,47	VII.1 ShemR XXIII	2.2
Jos 15,47	X. ShirR	2.2.1
Ri 10,6	X. ShirR	7.3
1Sam 6,19	XI. MŠîr	7.2
1Sam 6,19	XIII. YalqŠim	4.4
1Kön 8,13	VIII. Midr. 'Ag.	1.1
1Kön 11,1	X. ShirR	13
1Kön 12f.	X. ShirR	12.2
1Kön 12f.	X. ShirR	14.1
1Kön 12f.	XIII. YalqŠim	6.1
1Kön 16,29ff.	X. ShirR	15.1
1Kön 16,29ff.	XIII. YalqŠim	6.2
1Kön 19,2	X. ShirR	15.2
1Kön 19,3	XIII. YalqŠim	6.3
1Kön 19,14	X. ShirR	7.3.2
1Kön 19,15	X. ShirR	7.3.5
1Kön 21,27	X. ShirR	1.13
1Kön 22,27	X. ShirR	15.1
1Kön 22,27	XIII. YalqŠim	6.2
1Kön 22,48	X. ShirR	14.3
2Kön 6,30	X. ShirR	1.13
2Kön 23,11	X. ShirR	9
Jes 1,18	X. ShirR	5.2
Jes 1,18	XIII. Yalq	3.2
Jes 6,5	X. ShirR	7.3
Jes 6,5	XIII. YalqŠim	4.2
Jes 6.5	X. ShirR	7.3.1

Jes 6,6	X. ShirR	7.3.3
Jes 13,10	XI. MŠîr	2.2
Jes 14,2	X. ShirR	6
Jes 17,1f.	X. ShirR	7.3
Jes 24,11	XI. MŠîr	2.2
Jes 26,1	X. ShirR	4.2
Jes 30,5	XI. MŠîr	2.2
Jes 33,20	X. ShirR	5.3
Jes 33,20	XIII. YalqŠim	3.3
Jes 35,10	VII.1 ShemR XXIII	5.3
Jes 40,22	XII. Midr. zûṭaʾ	2.1
Jes 40,22	XIII. YalqŠim	3.3
Jes 41,14	VII.2 ShemR XLIX	3.2
Jes 41,14	VII.2 ShemR XLIX	6.2
Jes 50,3	XI. MŠîr	2.2
Jes 54,1	X. ShirR	3–4
Jes 54,2ff.	VII.2 ShemR XLIX	(Kontext)
Jes 54,10	XI. MŠîr	1.1
Jes 54,14	V.1 SER XXIX	2
Jes 60,1	VI. Midr. zu Ex 25	1.2
Jes 60,17ff.	VI. Midr. zu Ex 25	(Kontext)
Jes 63,15	VIII. Midr. ʾAg.	1.1
Jes 65,16	VII.1 ShemR XXIII	5.3
Jer 2,3	VII.2 ShemR XLIX	3.1
Jer 2,3	VII.2 ShemR XLIX	6.2
Jer 2,4–28	II. PesK XIV	(Kontext)
Jer 2,13	X. ShirR	8.1
Jer 10,20	III. PesR XXVIII	1
Jer 10,20	III. PesR XXVIII	2
Jer 10,20	III. PesR XXVIII	3
Jer 10,20	III. PesR XXVIII	8
Jer 10,20	V.2 SER XXX	(Kontext)
Jer 10,20	V.2 SER XXX	1
Jer 37,21	X. ShirR	15.3
Jer 37,21	XIII. YalqŠim	6.4
Ez 8,16	X. ShirR	8.1
Ez 16,6	VI. Midr. zu Ex 25	2.2
Ez 16,6	VIII. Midr. ʾAg.	3.1
Ez 16,6	X. ShirR	1.3
Ez 16,6	X. ShirR	2.2
Ez 16,7	XI. MŠîr	2.1

Ez 16,14	III. PesR XXVIII	3
Ez 20,7	VIII. Midr. ʾAg.	3.1
Ez 20,8	VI. Midr. zu Ex 25	2.2
Ez 20,8	X. ShirR	1.3
Ez 20,25	I. yEr	
Ez 20,25	II. PesK XIV	2
Ez 20,25	X. ShirR	16
Ez 20,25	XIII. YalqŠim	7.4
Ez 23,38	VII.2 ShemR XLIX	2.6
Ez 34,31	XI. MŠîr	2.1
Ez 48,7.1f.	X. ShirR	4.1
Dan 2,32	VI. Midr. zu Ex 25	1.1.1
Dan 2,32	VI. Midr. zu Ex 25	1.1.2
Dan 7,9	XI. MŠîr	2.2
Dan 12,3	XI. MŠîr	2.1
Hos 2,25	XI. MŠîr	5
Hos 4,3	XI. MŠîr	2.2
Joel 1,12	XI. MŠîr	2.2
Am 3,7	X. ShirR	7.1
Am 9,7–15	IX.1 Targ. Amos 9,7	
Am 9,7	IX.2 Sifre Num	9
Am 9,7	X. ShirR	1.2
Am 9,7	XIII. YalqŠim	1.2
Hag 1,6	XI. MŠîr	2.2
Sach 1,6	XI. MŠîr	12
Hiob 37,18	XIII. YalqŠim	3.3
Ps 3,3	XI. MŠîr	10
Ps 3,3	XIII. YalqŠim	4.5
Ps 19,9	IV. ARNᵃ XX	(Kontext)
Ps 68,14	VII.2 ShemR XLIX	3.2
Ps 68,14	VII.2 ShemR XLIX	6.2
Ps 68,14	XII. Midr. Zûṭaʾ	1.2
Ps 68,28	VII.2 ShemR XLIX	4
Ps 68,28	VII.2 ShemR XLIX	6.3
Ps 78,40	VI. Midr. zu Ex 25	2.6
Ps 78,40	X. ShirR	1.8
Ps 78,40	XIII. YalqŠim	1.8
Ps 78,60	III. PesR XXVIII	1
Ps 79,1f.	V.2 SER XXX	(Kontext)
Ps 89,3	V.1 SER XXIX	2
Ps 96,1	X. ShirR	4.1

Ps 98,1	VII.1 ShemR XXIII	5.4
Ps 104,2	VIII. Midr. ʾAg.	1.2
Ps 104,2	VIII. Midr. ʾAg.	4.1
Ps 106,7	VI. Midr. zu Ex 25	2.3
Ps 106,7	VII.1 ShemR XXIII	4.2
Ps 106,7	VII.2 ShemR XLIX	2.3
Ps 106,7	VIII. Midr. ʾAg.	3.1
Ps 106,7	X. ShirR	1.4
Ps 106,7	XIII. YalqŠim	1.4
Ps 106,19 (Ex 32)	VI. Midr. zu Ex 25	2.5
Ps 106,19	X. ShirR	1.7
Ps 106,20	VII.2 ShemR XLIX	2.5
Ps 106,20	X. ShirR	11.1
Ps 106,20	XI. MŠîr	10
Ps 106,20	XIII. YalqŠim	4.5
Ps 106,28	X. ShirR	10
Ps 106,30	VI. Midr. zu Ex 25	2.8
Ps 106,30	X. ShirR	1.10
Ps 116,4f.	V.1 SER XXIX	2
Ps 132,17	VI. Midr. zu Ex 25	1.2
Ps 137,1f.	III. PesR XXVIII	(Kontext)
Ps 147,2	III. PesR XXVIII	8
Prov 30,10	X. ShirR	7.1
Cant 1,5	VIII. Midr. ʾAg.	2.1
Cant 1,5	X. ShirR	1.2
Cant 1,5 *Schwarz und schön*	VI. Midr. zu Ex 25	2
Cant 1,5 *Schwarz und schön*	VII.1 ShemR XXIII	1
Cant 1,5 *Schwarz und schön*	VII.1 ShemR XXIII	4
Cant 1,5 *Schwarz und schön*	VII.2 ShemR XLIX	1
Cant 1,5 *Schwarz und schön*	VII.2 ShemR XLIX	2
Cant 1,5 *Schwarz und schön*	VIII. Midr. ʾAg.	2.2
Cant 1,5 *Schwarz und schön*	VIII. Midr. ʾAg.	3
Cant 1,5 *Schwarz und schön*	X. ShirR	1.1–15
Cant 1,5 *Schwarz und schön*	XI. M. Šîr ha-š.	1
Cant 1,5 *Schwarz und schön*	XII. Midr. zûṭaʾ	1
Cant 1,5 *Schwarz und schön*	XII. Midr. zûṭaʾ	1.2
Cant 1,5 *Töchter Jerusalems*	XII. Midr. zûṭaʾ	1.3
Cant 1,5 *Töchter Jerusalems*	XIII. YalqŠim	1.1
Cant 1,5 *Töchter Jerusalems*	VII.1 ShemR XXIII	2.1
Cant 1,5 *Töchter Jerusalems*	VII.1 ShemR XXIII	2.2

Cant 1,5 *Töchter Jerusalems*	X. ShirR	2
Cant 1,5 *Zelte Qedars*	XI. MŠîr	3
Cant 1,5 *Zelte Qedars*	XIII. YalqŠim	2
Cant 1,5 *Zelte Qedars*	VII.1 ShemR XXIII	3
Cant 1,5 *Zelte Qedars*	X. ShirR	5
Cant 1,5 *Zelte Qedars*	XI. MŠîr	4
Cant 1,5 *Zelte Qedars*	XII. Midr. zûṭaʾ	2.1
Cant 1,5 *Zelte Qedars*	XIII. YalqŠim	3
Cant 1,5 *Zelte Qedars*	XIII. YalqŠim	3.1
Cant 1,5 *Zelte Qedars*	XIII. YalqŠim	3.2
Cant 1,5 Zelte – Baldachine	VII.1 ShemR XXIII	3.2
Cant 1,5 Zelte – Baldachine	VII.1 ShemR XXIII	3.3
Cant 1,5 Zelte – Baldachine	VIII. Midr. ʾAg.	4
Cant 1,5 Zelte – Baldachine	X. ShirR	5.3
Cant 1,5 *Baldachine Salomos*	XI. MŠîr	5
Cant 1,5 *Baldachine Salomos*	XI. MŠîr	6
Cant 1,5 *Baldachine Salomos*	XII. Midr. zûṭaʾ	2.2
Cant 1,5 *Baldachine Salomos*	XIII. YalqŠim	3.2.2
Cant 1,5 *Baldachine Salomos*	XIII. YalqŠim	3.2.4
Cant 1,5 *Baldachine Salomos*	XIII. YalqŠīm	3.3
Cant 1,6	V.1 SER XXIX	(Kontext)
Cant 1,6 *Schaut mich nicht*	III. PesR XXVIII	5
Cant 1,6 *Schaut mich nicht*	IV. ARNa XX	1.1
Cant 1,6 *Schaut mich nicht*	V.1 SER XXIX	1.1
Cant 1,6 *Schaut mich nicht*	X. ShirR	7
Cant 1,6 *Schaut mich nicht*	X. ShirR	7.3
Cant 1,6 *Schaut mich nicht*	XI. MŠîr	7.1
Cant 1,6 *Schaut mich nicht*	XI. MŠîr	7.2
Cant 1,6 *Schaut mich nicht*	XI. MŠîr	8
Cant 1,6 *Schaut mich nicht*	XIII. YalqŠim	4
Cant 1,6 *Schaut mich nicht*	XIII. YalqŠim	4.3
Cant 1,6 *Schaut mich nicht*	XIII. YalqŠim	4.4
Cant 1,6 *Schaut mich nicht*	XIII. YalqŠim	4.5–6
Cant 1,6 *weil die Sonne*	III. PesR XXVIII	6
Cant 1,6 *weil die Sonne*	X. ShirR	8
Cant 1,6 *weil die Sonne*	X. ShirR	9
Cant 1,6 *weil die Sonne*	X. ShirR	10

Cant 1,6 *weil die Sonne*	XI. MŠîr	9
Cant 1,6 *die Söhne*	I. yEr	
Cant 1,6 *die Söhne*	II. PesK XIV	2
Cant 1,6 *die Söhne*	III. PesR XXVIII	6
Cant 1,6 *die Söhne*	IV. ARNᵃ XX	1.3
Cant 1,6 *die Söhne*	IV. ARNᵃ XX	1.4
Cant 1,6 *die Söhne*	IV. ARNᵃ XX	1.5
Cant 1,6 *die Söhne*	V.1 SER XXIX	1.4
Cant 1,6 *die Söhne*	V.2 SER XXX	3
Cant 1,6 *die Söhne*	X. ShirR	12
Cant 1,6 *die Söhne*	X. ShirR	15.1
Cant 1,6 *die Söhne*	X. ShirR	15.2
Cant 1,6 *die Söhne*	X. ShirR	15.3
Cant 1,6 *die Söhne*	XI. MŠîr	12
Cant 1,6 *die Söhne*	XII. Midr. zûṭa᾿	3
Cant 1,6 *die Söhne*	XIII. YalqŠim	5
Cant 1,6 *die Söhne*	XIII. YalqŠim	6
Cant 1,6 *die Söhne*	XIII. YalqŠim	7
Cant 1,6 *die Söhne*	XIII. YalqŠim	8
Cant 1,6 *die Söhne*	II. PesR XXVIII	7
Cant 1,6 *haben mich*	V. ARNᵃ XX	2.1
Cant 1,6 *haben mich*	IV. ARNᵃ XX	2.2
Cant 1,6 *haben mich*	XII. Midr. zûṭa᾿	4
Cant 1,6 *haben mich*	III. PesR XXVIII	7
Cant 1,6 *haben mich*	XI. MŠîr	13
Cant 1,6 *haben mich*	XIII. YalqŠim	9
Cant 1,6 *haben mich*	X. ShirR	12.2
Cant 1,6 *haben mich*	X. ShirR	16
Cant 4,3	VII.2 ShemR XLIX	4
Cant 4,3	VII.2 ShemR XLIX	6.3
Cant 6,10	XI. MŠîr	2.1
Cant 8,5	VI. Midr. zu Ex 25	2.6
Cant 8,7	VII.2 ShemR XLIX	(Kontext)
Thr 1,2	V.1 SER XXIX	(Kontext)
Thr 1,19	XIII. YalqŠim	8
Thr 2,15	III. PesR XXVIII	3

Erstveröffentlichungsnachweis

§ 1
Möglichkeiten und Formen theologischer Exegese im Judentum, in: H. von Stietencron (Hg.), Theologen und Theologie in verschiedenen Kulturkreisen, Düsseldorf: Patmos, 1986, 115–132.

§ 2
Zur Frage des biblischen Kanons im Frühjudentum im Licht der Qumranfunde, in: Jahrbuch für Biblische Theologie 3, 1988, 135–146.

§ 3
Early Jewish Biblical Interpretation in the Qumran Literature, in: M. Sæbø (ed.), Hebrew Bible/Old Testament. The History of its Interpretation. Vol. I: From the Beginnings to the Middle Ages (until 1300), Part 1: Antiquity, Göttingen: Vandenhoeck & Ruprecht, 1996, 108–129.

§ 4
Das jüdische Gesetz zwischen Qumran und Septuaginta, in: H.-F. Fabry – U. Offerhaus (Hg.), Im Brennpunkt: Die Septuaginta. Studien zur Entstehung und Bedeutung der Griechischen Bibel, Stuttgart: Kohlhammer (BWANT VIII,13 [153]), 2001, 155–165.

§ 5
Die biblische Geschichte des Flavius Josephus, in: Bibel und Kirche 53, 1998, 55–58.

§ 6
Zur ethnographisch-geographischen Überlieferung über Japhetiten (Gen 10,2–4) im frühen Judentum, in: Henoch 13, 1991, 157–194 .

§ 7
Zu ethnographisch-geographischen Überlieferungen über Jafetiten (Gen 10,2–4) im rabbinischen Judentum, in: We-zo't le-Angelo. Raccolta di studi giudaici in memoria di Angelo Vivian, a cura di Giulio Busi, Bologna (AISG) 1993, 311–356.

§ 8
Amalek in the Writings of Josephus, in: F. Parente – J. Sievers (eds.), Josephus and the History of the Greco-Roman Period. Essays in Memory of Morton Smith, Leiden: Brill (Studia Post-Biblica 41), 1994, 109–126.

§ 9
Der Finger Gottes und der Dekalog. Ein exegetisch-theologisches Problem im mittelalterlichen Judentum, in: U. Tworuschka (Hg.), Gottes ist der Orient, Gottes ist der Okzident. Festschrift für Abdoldjavad Falaturi zum 65. Geburtstag, Köln: Böhlau (Kölner Veröffentlichungen zur Religionsgeschichte 21), 1991, 396–408.

§ 10

Grundlage und Anwendung des Verbots der Rückkehr nach Ägypten, in: B. Kollmann – W. Reinbold – A. Steudel (Hg.), Antikes Judentum und Frühes Christentum. Festschrift für Hartmut Stegemann, Berlin/New York: Walter de Gruyter (BZNW 97), 1999, 225–244.

§ 11

Verleumder oder Verräter: Zur jüdischen Auslegungsgeschichte von Lev 19,16, in: P. Mommer P. – W. Thiel (Hg.), Altes Testament. Forschung und Wirkung. Festschrift für Graf Reventlow, Frankfurt/M.: Lang, 1994, 307–311.

§ 12

Israel und ‚Edom' in den Ausdeutungen zu Dt 2,1–8, in: G. Stemberger – C. Thoma – J. Maier (Hg.), Judentum – Ausblicke und Einsichten. Festschrift für K. Schubert zum 70. Geburtstag, Frankfurt/M.: Lang (Judentum und Umwelt 43), 1993, 135–184.

§ 13

Die Hofanlagen im Tempel-Entwurf des Ezechiel im Licht der »Tempelrolle« von Qumran, in: J. A. Emerton (ed.), Prophecy. Essays presented to Georg Fohrer on his sixty-fifth birthday, 6 September 1980, Berlin/New York: Walter de Gruyter (BZAW 150), 1980, 55–67.

§ 14

Siehe, ich mach(t)e dich klein unter den Völkern …. Zum rabbinischen Assoziationshorizont von Obadja 2, in: Lothar Ruppert etc. (Hg.), Künder des Wortes. Josef Schreiner zum 60. Geburtstag, Würzburg: Echter, 1982, 203–221.

§ 15

Psalm 1 im Licht antiker jüdischer Zeugnisse, in: M. Oeming – A. Graupner (Hg.), Altes Testament und christliche Verkündigung. Festschrift für A. H. J. Gunneweg zum 65. Geburtstag, Stuttgart: Kohlhammer 1987, 353–365.

§ 16

Salmo 24,1: Interpretazione rabbinica, berakah giudaica e benedizione cristiana, in: Augustinianum 28, 1988, 285–300.

§ 17

Auslegungsgeschichtliche Beobachtungen zu Ps 37,1. 7. 8, in: Revue de Qumran 13 (49–52), 1988, 465–479.

§ 18

Die Feinde Gottes. Auslegungsgeschichtliche Beobachtungen zu Ps 139,21–22, in: M. Hutter – W. Klein – U. Vollmer (Hg.), Hairesis. Festschrift für Karl Hoheisel, Münster: Aschendorff (JAC.E 34), 2002, 33–47.

§ 19

Io sono nera e/ma graziosa. Cant 1,5–6 nella antica tradizione giudaica, in: Augustinianum 37, 1992, 305–348.

Stellenregister

1. Altes Testament

Genesis		27	347	37,28	456. 461
1,1ff.	462. 463	27,1	347. 348	42,18	350f. 352
1,1	462	27,11	321	47,20	456. 461
1,2	462	27,15	311. 347. 348	49,9	349
1,11	462	27,22	314	49,27	349
1,15	462	27,36	352	50,24f.	352
1,20	462	27,39ff.	402		
1,26	462. 463	27,40f.	302. 321. 324. 343		
6,9	101	27,44ff.	398. 305	Exodus	
8,4	210 (Targum)	28,1	347	1,14	448. 463
9,13	244	28,10–22	343	2,11f.	435. 458
9,20–27	256	29,20	351	2,14	352. 458
9,25–27	159	29,31	351	2,15–17	435. 458
9,25	426	30,25	351	2,16f.	462
9,27	290	30,27	460	2,16	352. 462
10	139–175. 176–218. 290	32,2(3/4)–33	286. 292f.	2,7	352
10,2–4	139–175. 176–218		321. 343	4,17	244
10,6	256	32,5	321. 349	6,27	280
10,13–19	256	32,19	306	12,2	353
13,7	297. 298	33	290	12,3	348
14,5–7	226–228	33,7	351. 352	12,29ff.	346
14,9	225	33,9	302	12,29	293
14,10	227	33,12–16	344	13,19ff.	350
15,5	351	33,14	303. 344	14,13	255. 256. 259.
15,13	315	34	416		267–275
16,12	315	36	227f.	14,31	252. 450. 460
21,20	292	36,6–8	227. 344	15	431. 437. 459
25,1ff.	459	36,6	287	15,1	437f. 441. 459. 461
25,3	459	36,9–14	227f.	15,2	448. 459. 460. 463
25,5	459	36,11–14	227f.	15,7f.	418
25,6	459	36,12	219. 227. 287. 348	15,12–16	297
25,19–26	343	36,14	227f.	15,12	269
25,23	397	36,15–19	227f.	15,14–16	297
25,25	348. 459	36,19	306	15,15	351
25,27	292. 351. 399. 402	36,22	219. 287	15,24	461. 463
25,28f.	301f.	36,40–43	227f.	15,25	461. 463
25,29–34	286. 343. 347	37,2	351. 352	16,15	244
25,32	350	37,3	350f.	16,28ff.	348

2. Qumrantexte

3. Frühjüdische Texte

4. Philo Alexandrinus

5. Josephus Flavius

6. Neues Testament

7. Rabbinische Schriften

8. Altkirchliche Texte

9. Mittelalterliche und neuzeitliche Quellen

Namen und Sachen

Moderne Autoren